牟宗三儒学平议

Mou ZongSan RuXue PingYi

杜保瑞 著

新星出版社 NEW STAR PRESS

图书在版编目（CIP）数据

牟宗三儒学平议 / 杜保瑞 著.—北京：新星出版社，2017.10
（岳麓书院国学文库）
ISBN 978-7-5133-2345-1

Ⅰ.①牟… Ⅱ.①杜… Ⅲ.①牟宗三（1905-1995）—新儒学—哲学思想—研究 Ⅳ.①B261.5

中国版本图书馆CIP数据核字（2016）第244037号

牟宗三儒学平议
杜保瑞　著

策划统筹：彭明哲　简以宁
责任编辑：冯文丹
责任印刷：李珊珊
装帧设计：几木艺创

出版发行：新星出版社
出 版 人：谢　刚
社　　址：北京市西城区车公庄大街丙3号楼　　100044
网　　址：www.newstarpress.com
电　　话：010-88310888
传　　真：010-65270449
法律顾问：北京市大成律师事务所

读者服务：010-88310811　　service@newstarpress.com
邮购地址：北京市西城区车公庄大街丙3号楼　　100044

印　　刷：北京玥实印刷有限公司
开　　本：710mm×1000mm　1/16
印　　张：34
字　　数：425千字
版　　次：2017年10月第一版　2017年10月第一次印刷
书　　号：ISBN 978-7-5133-2345-1
定　　价：89.00元

版权专有，侵权必究；如有质量问题，请与印刷厂联系调换。

岳麓书院国学研究与传播中心工作指导委员会

主　　任：许又声
副 主 任：李友志
成　　员：李湘舟　王柯敏
　　　　　　吕焕斌　周发源
　　　　　　刘克利
办公室主任：邓清柯

岳麓书院国学文库编委会

学术顾问（按姓氏笔画排名）：

汤一介　张岂之　李学勤　杜维明

饶宗颐　袁行霈

主　　编：朱汉民

编委会委员（按姓氏笔画排名）：

卜宪群　王子今　王继平　张怀承

吕锡琛　刘海峰　朱汉民　李　零

李存山　肖永明　陈　来　陈　致

姜广辉　洪修平　莫砺锋　郭齐勇

黄俊杰　黄朴民　葛兆光　廖可斌

办公室主任：李　兵

岳麓书院国学文库总序

朱汉民

"岳麓书院国学文库"即将陆续出版。借为这个文库作"总序"的机会，我想讨论一下这样几个问题：现代世界已经发生了惊人的变化，传统国学还有什么意义呢？"国学"是一门独立的学科吗？国学与岳麓书院有什么密切的联系？

（一）国学的意义

我认为，对现代中国和世界而言，国学至少有四个层面的重要意义。

第一，国学能够为现代人的个体精神需求提供思想营养。中国正面临社会的急剧变革，每个人的命运正在发生很大的变化，每个人的行动也有更多的选择自由，但是，能够给我们驾驭命运的精神方向、做出行动选择的人生智慧却严重不足。现代中国人往往会感到是非的迷茫、得失的困扰，同时引发对生命意义的追问。社会底层民众是这样，那些成功人士也是如此。儒家、道家、佛家的经典，诸子百家的思想，对人生意义的选择，包括是非的迷惘、毁誉的困扰、得失的彷徨，以及对人生终极价值的选择，都能够提供很多很好的思想营养。今天很多人思考的问题，其实古代先贤都思考过，而且有非常好的解决办法。我们回头去看经典，原来我们的老祖宗已经有很好的思考了。

第二，国学能够满足当代社会建立和谐社会的需求，并提供重要的文化资源。在中国的现代化转型过程中，我们正面临着种种社会问题和思想危机。我们常常感到人与人之间越来越缺乏信任，我们不相信超市里买来的食品是否安全，我们怀疑来自陌生人的帮助是否藏着恶意，我们甚至还在讨论见到老人摔倒该不该扶起，还有许多人损人利己的做法，已经到了完全不能容忍的地步。

诚信危机、道德危机成为我们建立和谐社会的大敌。大家都在想，怎么来制止相关恶劣事件的发生，怎么来建立一个有诚信、有道德的和谐社会。中国传统国学，对于如何建立有诚信、有道德的和谐社会，有着一系列重要的思想，中国传统的仁爱思想、忠恕之道，仍然可以成为建构现代和谐社会的价值理念，"己所不欲，勿施于人"，仍然是我们建立有诚信、有道德的和谐社会的金科玉律。

第三，国学能够为当代中华文明的崛起提供重要的支撑力量。当前的"国学热"其实和中华文明的崛起有着密切关系。中国崛起与中华文明崛起不是一个概念。中国崛起是指一个独立的中国在政治上、经济上的强大，而中华文明崛起则是强调一种延续了五千年的文明体系在经历了近代化、全球化的"浴火"之后，重新成为一个有着强大生命力的文明体系。在世界文明史上，中华文明是唯一历经五千年而没有中断的原生形态的古文明，并且一直保持其强大的生命力，位居世界文明的前列。但是，中国近代史是一部中国被瓜分、侵略的历史，在这个历史过程中，中国人开始失去文明的自信。其实，近代中国学习、吸收西方先进文明是非常正确的，但是我们必须坚持中华文明的主体性，采取对自我文化的虚无态度是非常不应该的。我们必须有一种文明的自我意识，我们要认识到，现代化中国的崛起，离不开中华民族文化精神的崛起。我们活下来并且能够昂首挺胸的不仅仅是我们的身体，首先应该是我们高贵的精神和灵魂！那么，我们高贵的精神和我们的灵魂是如何形成的呢？其实，就是国学熔铸了我们的精神和灵魂。正是从这个意义上说，国学能够为当代中华文明的崛起提供重要的支撑力量。

第四，国学能够为21世纪新的人类文明建构做出重要的贡献。我一直认为，中国国学里面所包含的许多价值观念，比方说仁爱、中和、大同，不仅仅对中华民族具有重要的意义，同时，它们一定能够成为具有全球性的、普遍意义的价值观念，能够弥补某种单一文明主导的价值观念的缺失。西方文明一直在坚持他们倡导的许多核心价值。其实，中华文明近代化的过程，就是一个接受这种西方价值的过程。但是，许多中国人在此过程中，却忽略或者忘记了中华文明中的价值理念。特别是在整个20世纪的文明史上，以西方为主导的现代文明已经暴露出越来越多的弊端。21世纪建构的人类文明，一定是一种多元一体的文明，而延续五千年没有中断的中华文明，一定会对21世纪的人类文明建构做出自己的贡献。

（二）国学是一门独立的学科

尽管国学如此重要，但对国学是否可以成为一门独立学科，学界内部还存在着不少疑虑与分歧。人们首先会问，国学的确切定义是什么？其实，"国学"有非常明确的内涵和外延。首先，"国学"的"国"应该是指中国，这个很明确。其次，这个"学"就是指传统学术，即中国传统的知识体系与价值体系，这种知识体系与价值体系总是要通过文字、典籍的形式固定和保存下来。中国古代文献典籍有经、史、子、集，所以今天人们所说的国学往往也分为经、史、子、集。

人们又会进一步追问：国学的知识架构和学理依据是什么？当然，国学之所以可以成为一门独立学科，必须要有两个重要条件：其一是国学学科体系的内在条件，即国学体系的知识架构和学理依据；其二是国学的外在条件，即国学能否具有现代学术视野而得到普遍承认并开展广泛的或全球化的学术交流。

国学这门学科，之所以在学界还有不少疑虑与分歧，与它在当代中国学术体制内的处境有关。现在大学院系的分科，基本上是近代引进西学而建立起来，分为理学、工学、文学、历史、哲学、艺术、宗教、政治学、教育学等等。尽管近些年各个大学纷纷创建了国学院，但是国学在当代中国的学术体制内并无合法性的身份。这样，我们延续几千年的中国传统国学，在这种学科体制下只能变成其他学科的材料。比如国学中最重要的经学，在现代大学的学科中就没有合法的独立地位，我们不能独立地研究、学习经学，只能够将其分别切割到文学、历史学、哲学、政治学、法学、宗教学、教育学等不同学科。这样，国学中的经、史、子、集的不同门类知识，全部被分解到了文学、历史、哲学、艺术、宗教、政治学、教育学等不同学科视野里面，变成其他不同学科的材料。

近代引进的文学、历史、哲学、艺术、宗教、政治学、教育学等不同学科，对于拓展我们对中国传统学术的研究视野，确实有它的长处，但也有其短处。中国传统学术是一个有着密切联系的有机整体，其知识体系和价值体系有着内在联系。当我们用各门现代学科把传统国学分割之后，就有可能失去原来知识体系的联系和特点。每一种知识体系或学科框架，实际上是我们人类把握世界的一种具有主观性因素的图式。不同文明有不同的把握世界的图式，西方知识学有它自己的长处，中国传统知识体系也有自己的长处，譬如中国的知识传统具有整体性、实践性、辩证性的特点，以此成就了中华文明的世界性贡献。正因为如此，研究中国传统学术，应该保持对其原文化生态的、有机整体的学问特点的思考。国学作为这样一种原文化生态的、有机整体的学问特点，有它存在的必要性和合理性。

其实，在讲到中国"国学"合法性的时候，我们还可以暂且借用西方大学的"古典学"的概念。在西方世界许多大学都设立了古典学系。这个古典学研究什么呢？它最初是以古希腊、罗马的文献为依据，研究那个时期的历史、哲学、文学等等。古典学的特点是注重将古希腊、罗马文明作为一个整体来研究，而不是分别研究古希腊、罗马时期的历史、哲学、文学。在西方，古典学一直是一门单独的学科。我们认为，"国学"其实也可以说是"中国古典学"。如果我们用"中国古典学"来说明中国"国学"，可以提供"国学"作为一门独立学科的上述两个条件。一方面，在几千年的漫长历史中中国形成了自己特有的具有典范意义的文明体系。建立"中国古典学"，也就是以中国古人留下的历史文献为依据，将中华文明作为一个整体来研究。由于"中国古典学"是以中国传统学术体系为学科基础，这是一门从学术范式到知识架构、学理依据均不同于现有的文学、历史、哲学学科的独立学科，这是"中国古典学"得以确立的内在条件。另一方面，由于"国学"概念仅仅能够为中国人自己使用，西方人则只能使用汉学，以"中国古典学"来定义原来的国学，"国学"具有了知识共享、学术交流的现代学科的要求，并能兼容国学、汉学，为中外学者所通用，这是国学能够具有现代学术视野并能开展国际学术交流的外在条件。

（三）国学与岳麓书院

书院是一种由古代儒家士大夫创办并主持的学术教育机构，它形成了一套独具特色的组织制度、基本规制、讲学形式，对中国传统学术文化的发展做出了不可磨灭的历史贡献。书院继承、发扬了中国优秀的教育传统，表现出儒家士大夫那种追求独立的学术思考、人格自由的精神。书院将中国传统教育和传统学术发展到一个高级阶段，从而促进了中国文化的蓬勃发展，宋元明清学术文化思潮迭起，无不与书院这种独特学术教育机构有着密不可分的内在联系。

岳麓书院是中国书院的杰出代表，在中国教育史、中国学术史上具有十分重要的地位，因其有着悠久的办学历史和卓著的学术成就，受到古今人们的普遍敬仰。继先秦诸子等学术思潮之后，两宋时期兴起了理学思潮。理学以复兴先秦儒学为旗帜，要求重新解释儒家经典，力图使儒家文化在新的历史时期得以振兴；同时，它又吸收、综合了佛、道两家的学说，将儒学发展为一种具有高深哲理的思想体系。岳麓书院创建于宋代，很快成为新兴理学思潮的大本营，学术界一大批有影响的著名理学家纷纷讲学于此。南宋乾道年间，被称为"东南三贤"之一的张栻主持岳麓书院讲席，在此聚集了一大批理学之士，并且形成了当时学界很有影响的湖湘学派。同时，后来被称"致广大，尽精微，综罗百代"的著名理学家朱熹两次在岳麓书院讲学传道，更是形成了学术鼎盛的历史局面。岳麓书院成为宋代学术文化史最著名的四大理学基地之一。以后，许多著名理学家纷纷来此讲学。南宋后期，著名理学家真德秀、魏了翁讲学岳麓书院；明代中叶以后，理学思潮中的心学一派王阳明及其弟子王乔龄、张元忭、季本、邹元标等亦纷纷来岳麓书院讲学，使岳麓书院因新兴的心学思潮再度发挥极其重要的学术大本营的作用。明清以来，中国学术文化又发生重大变革，先后出现清代理学、乾嘉汉学、今文经学等不同的学术思潮，而岳麓书院一直是不同时期内学术思潮的重镇，从而推动着中国传统学术的创新发展，继续在中国学术领域发挥重要的作用。可见，岳麓书院在一千多年的办学过程中，一直是中国传统国学的重镇。宋以后的各种学术思潮、学术流派均以它为学术基地，如宋代理学派、事功学派，明代心学派、东林学派，清代乾嘉学派、今文学派等等，许多学术大师如朱熹、张栻、陈傅良、王阳明、王文清、王先谦、皮锡瑞等在这里传道授业，培养了一代代国学领域的著名学者。

光绪二十七年（1901），清政府下诏全国各地改书院为学堂，岳麓书院也于1903年改为湖南高等学堂，后来又改为湖南高等师范学堂、湖南大学。但岳麓书院遗址在战乱年代，一度受到严重损害。从20世纪80年代开始，湖南大学全面修复岳麓书院，经过二十年的努力，岳麓书院古建全面修复，基本上恢复了历史上办学最盛时期的建筑规制。与此同时，我们启动了岳麓书院国学研究、教育的复兴工程。近二十多年来，岳麓书院培养、引进了一批国学研究的学者，逐步获得学士、硕士、博士学位点及博士后流动站。岳麓书院学术、教育功能的恢复，是建立在现代高等教育体制及学科建设基础之上的。今天的岳麓书院已经成为国学复兴的重镇。岳麓书院的明伦堂仍是讲授国学的讲堂；朱熹、张栻"会讲"的讲堂仍在举办国学论坛，斋舍也仍然是学者从事国学研究的场所。古代学术传统内核的经学、理学、诸子学、史学及其相关的知识学问，均成为岳麓书院的主要学习内容和重要研究方向。国学是在中国传统文化生态中逐渐形成的一种学术文化类型，作为一种具有民族主体性的学术文化，国学确实不同于西学，因为它有不同于西学的文化土壤与生态环境。从这个意义上说，国学与书院有着共生的独特文化背景。

我们有一种传承中华学脉的强烈愿望，希望推动岳麓书院学术的现代复兴。岳麓书院的现代复兴，是在中华民族伟大复兴的背景下发生的一个重要文化教育现象。我们相信，在中华民族伟大复兴之际，我们完全可以做好书院文化传统的转换、创新工作。所以，我们编辑、出版"岳麓书院国学文库"，也是与传统国学的当代复兴有着密切关联的。我们希望有更多的书院、学者加入到这个行列来，盼望国学界的研究者能够不断赐稿，共同推动当代国学的繁荣！

甲午年于岳麓书院文昌阁

目 录

绪　论 / 001
　　一、从认同到反对的过程 ……………………………………………… 001
　　二、本书工作方式之说明 ……………………………………………… 002
　　三、研究中国哲学的基本立场 ………………………………………… 004
　　四、本书对读者的帮助 ………………………………………………… 005

第一章　对牟宗三谈宋明儒学之所以为新儒学意见的方法论反省 / 007
　　一、前言 ………………………………………………………………… 007
　　二、心性之学 …………………………………………………………… 008
　　三、内圣之学 …………………………………………………………… 012
　　四、宋明新儒学之新意 ………………………………………………… 017
　　五、《大学》一书的地位 ……………………………………………… 021
　　六、孔子之仁与天的关系 ……………………………………………… 027
　　七、孟子之心性与天的关系 …………………………………………… 032
　　八、暂结 ………………………………………………………………… 038

第二章　对牟宗三谈宋明儒学之课题与分系的方法论反省 / 040
　　一、前言 ………………………………………………………………… 040
　　二、《中庸》之性与天的关系 ………………………………………… 040
　　三、易传中的天道实体 ………………………………………………… 048
　　四、程明道的一本论 …………………………………………………… 059
　　五、程伊川只存有不活动的理 ………………………………………… 061
　　六、胡五峰的以心着性 ………………………………………………… 065
　　七、象山与阳明的主观面挺立 ………………………………………… 067

八、宋明儒学的分系 …………………………………………………… 069
　　九、结论 …………………………………………………………………… 076

第三章　对牟宗三诠释周敦颐言诚体的形上学之方法论反省 / 077
　　一、前言 …………………………………………………………………… 077
　　二、圆教的形上学之诠释立场 ………………………………………… 078
　　三、诚体直贯的宇宙论 ………………………………………………… 085
　　四、由诚体谈濂溪的入路与限制 ……………………………………… 087
　　五、气质之性的概念定位 ……………………………………………… 092
　　六、思的工夫论问题 …………………………………………………… 096
　　七、无极而太极解 ……………………………………………………… 099
　　八、结论 …………………………………………………………………… 101

第四章　对牟宗三谈张载道体性体心体义的方法论反省 / 103
　　一、前言 …………………………………………………………………… 103
　　二、太和、太虚、神体的理论定位 …………………………………… 104
　　三、对老子"有生于无"的诠释 ……………………………………… 106
　　四、对鬼神之神与太虚神体的辨正 …………………………………… 110
　　五、对"合虚与气有性之名"的批判立场 …………………………… 114
　　六、对"物体我，知其不遗也"的批评 ……………………………… 116
　　七、对"天地之性"与"气质之性"的诠释意见 …………………… 117
　　八、对"性未成则善恶混"的批评 …………………………………… 121
　　九、以理言与以气言之命的辨正 ……………………………………… 123
　　十、对性心合义之理论意义的讨论 …………………………………… 124
　　十一、结论 ………………………………………………………………… 130

第五章　对牟宗三程颢哲学诠释的方法论反省 / 132
　　一、前言 …………………………………………………………………… 132
　　二、牟先生定位程颢哲学兼主客观面而成就本体宇宙论的一本论 …… 135
　　三、天道篇建立圆顿化境的特殊解释 ………………………………… 141
　　四、天理篇建立性心不二的本体宇宙论之实体 ……………………… 151
　　五、一本篇建立圆顿化境的一本论 …………………………………… 161
　　六、生之谓性篇辩人物之性的特殊解释 ……………………………… 165

七、识仁篇谈仁者境界 ················· 173
　　八、定性书谈积极工夫与本质工夫 ··········· 174
　　九、圣贤气象篇有目无文 ················ 180
　　十、结论 ························ 180

第六章　对牟宗三谈程颐《理气篇》的方法论反思 / 182
　　一、前言 ························ 182
　　二、对"引言"做纲领定位的讨论 ············ 183
　　三、理气篇谈只存有不活动的理体 ············ 189
　　四、小结 ························ 201

第七章　对牟宗三胡宏诠释的境界形上学之方法论反思 / 202
　　一、前言 ························ 202
　　二、牟先生对胡宏哲学定位的基本问题 ·········· 203
　　三、牟先生对主客合一的讨论 ·············· 216
　　四、心如何形着？ ···················· 223
　　五、心之形着如何能为一客观普遍的生化原理？ ····· 227
　　六、结论 ························ 229

第八章　对牟宗三批评朱熹与程颐依《大学》建立体系的方法论反省 / 231
　　一、前言 ························ 231
　　二、批评北宋前三子之学缺乏工夫入路 ·········· 232
　　三、程颐的问题意识即从工夫入路下手 ·········· 236
　　四、牟先生将工夫入路问题上升到形上学问题层次上来谈 ··· 238
　　五、牟先生以《大学》为程朱之学所据的定本 ······ 242
　　六、结论 ························ 247

第九章　对牟宗三诠释朱熹中和说的方法论反省 / 249
　　一、前言 ························ 249
　　二、对牟宗三谈中国哲学及儒家哲学义理型态的意见定位 · 250
　　三、对牟宗三谈朱子学的义理型态之意见定位 ······ 254
　　五、牟先生对朱熹中和说的批评及反省 ·········· 261
　　六、小结 ························ 279

第十章　对牟宗三诠释朱熹仁说的方法论反省 / 280

一、前言 ··· 380
二、仁性爱情说 ··· 281
三、以觉训仁 ·· 288
四、逆觉体证 ·· 295
五、教育程序 ·· 300
六、结论 ··· 305

第十一章　对牟宗三诠释朱熹以《大学》为规模的方法论反省 / 307

一、前言 ··· 307
二、对朱熹是在中和说与仁说之后定位对《大学》的意见 ······ 308
三、以顺取为《大学》工夫意旨之反省 ···························· 312
四、以明德为德行而非德性 ··· 316
五、以格物致知为泛认知主义 ·· 325
六、格致工夫是他律道德 ·· 327
七、对格物致知与诚意关系的解读 ·································· 329
八、结语 ··· 335

第十二章　对牟宗三诠释朱熹孟子学的方法论反思 / 336

一、前言 ··· 336
二、牟先生对朱熹《孟子》诠释的讨论脉络 ······················· 337
三、牟先生对朱熹解释孟子"情、才"概念的讨论 ··············· 338
四、对孟子论"性、命"概念的解读 ································ 346
五、小结 ··· 450

第十三章　对牟宗三谈朱熹心性情理气论的方法论反思 / 352

一、前言 ··· 352
二、道体神体的本体宇宙论解析 ····································· 354
三、心性情的宇宙论解析 ·· 365
四、枯槁有性 ·· 374
五、结论 ··· 379

第十四章　对牟宗三诠释陆象山的方法论反省 / 381

一、前言 ··· 381

二、象山学的特色与牟宗三的诠释策略 …………………………… 382
　　三、说陆象山是"非分解说"哲学的反思 ……………………………… 383
　　四、以第一义说谈象山学特质 ………………………………………… 384
　　五、从自律与他律问题定位象山学 …………………………………… 387
　　六、对朱熹说象山是禅的反驳 ………………………………………… 398
　　七、牟先生讨论象山学有无超过孟子之处 …………………………… 401
　　八、牟先生衡定朱陆端绪之是非 ……………………………………… 405
　　九、结论 ………………………………………………………………… 410

第十五章　对牟宗三谈朱陆之争的方法论反思　/ 411

　　一、前言 ………………………………………………………………… 411
　　二、面对朱陆的基本态度 ……………………………………………… 412
　　三、对象山学是第一义的定位 ………………………………………… 414
　　四、尊德性与道问学之争 ……………………………………………… 423
　　五、对朱熹中和旧说的批评 …………………………………………… 426
　　六、对朱熹中和新说的批评 …………………………………………… 431
　　七、小结 ………………………………………………………………… 446

第十六章　对牟宗三以"觉悟说"诠释朱陆之争的方法论反思　/ 447

　　一、前言 ………………………………………………………………… 447
　　二、以下学上达说批评朱熹 …………………………………………… 447
　　三、以后天积习说批评朱熹 …………………………………………… 451
　　四、以本心呈现说诠释象山 …………………………………………… 454
　　五、以觉悟说诠释象山 ………………………………………………… 458
　　六、以顿悟说诠释象山 ………………………………………………… 460
　　七、以内圣之学诠释象山 ……………………………………………… 462
　　八、为象山气质粗暴做辩护 …………………………………………… 467
　　九、结论 ………………………………………………………………… 471

第十七章　对牟宗三诠释王阳明哲学的方法论反省　/ 473

　　一、前言 ………………………………………………………………… 473
　　二、牟宗三说阳明学是孟子学 ………………………………………… 474
　　三、牟宗三从良知概念说的圆教形上学 ……………………………… 477

四、牟宗三从圣人境界说的圆教形上学 …………………… 480
　　五、王阳明的形上学论旨 …………………………………… 482
　　六、牟宗三批评程朱非本质工夫 …………………………… 486
　　七、牟先生另创良知坎陷说 ………………………………… 489
　　八、结语 ……………………………………………………… 498

第十八章　对牟宗三诠释刘蕺山以心着性的方法论反思 / 500

　　一、前言 ……………………………………………………… 500
　　二、定位刘蕺山为"归显于密"与"以心着性" ………… 501
　　三、对刘蕺山批判王阳明意见的驳议 ……………………… 505
　　四、对刘蕺山的人格意境的衡定 …………………………… 510
　　五、两分心宗与性宗谈蕺山之学 …………………………… 512
　　六、以刘蕺山人谱为内圣之学的完成 ……………………… 516
　　七、结论 ……………………………………………………… 521

后　记 / 522

绪 论

《牟宗三儒学平议》一书之出版，是笔者总结过去三十年来学术工作的一个重要领域的研究成果，它代表了当代中国哲学研究者，对牟宗三先生的哲学创作，从学习模仿接收到质疑挑战扬弃的一个过程，它是笔者从青年时期学习研读牟宗三先生著作以来，从吸收养分以滋养成长到独立思考而辩难否定的结果。

一、从认同到反对的过程

在过去五十年间，牟宗三先生的哲学一度是所有中国哲学研究者必须攻坚的巨作，笔者自己就是在对牟先生著作的阅读吸收的过程中逐步成长起来的学术经历，一方面经过了学生时期的成长岁月，至少十年以上，二方面在担任教授之后，却开始质疑牟先生的观点，约近二十年。后面这二十年来，笔者不断撰写牟先生在中国哲学诠释及创作上面的种种观点之方法论检讨的论文，开始是宏观式的讨论，后来发觉，牟先生的创作历程与观念的真义，必须在他的分部著作之各章各节的细节中逐一对谈才有可能完全澄清，于是深入《心体与性体》《才性与玄理》《佛性与般若》《四因说演讲录》《中国哲学十九讲》《圆善论》等著作中作个别主题的逐一讨论，尤其是，针对其中的儒家哲学部分，便直接以《心体与性体》之各章节，作为讨论的对象，而提出笔者个人的反思意见。针对道家与佛教哲学部分，亦是如此进行。在这个过程中，笔者一方面建立了自己的宋明儒学诠释观点，而有《北宋儒学》与《南宋儒学》的著作产出，更有笔者自己的方法论解释架构的创作成功，而有《中国哲学方法论》专书的诞生。可以说笔者的学术成长是伴随着牟宗三哲学著作的消化而同时成长亦不为过。在这个意义上，笔者认为自己就是牟宗三哲学的弘扬者，虽然多半是站在批评反对的立场上，但以如此长时期的时间之投入，以及进行如此深入细密的讨论，笔者对于弘扬牟宗三哲学而言，确有其功。

牟先生对当代中国哲学的贡献，就在于创造出一套二十世纪最庞大并抽象细密的中国哲学理论体系，并以其思辨力道之深邃奇诡而夺人眼目，他提出了分辨中西哲学特质的观点，也提出了诠释儒释道三教异同的哲学观点，在他的努力创造下，儒家哲学成为古今中外最圆满完美的哲学体系。这个结论的获得，正是缘于二十世纪的中国哲学家们在面对国族危难之下的积极反应，就是一定要将中国哲学在中西比较上站上胜点，又一定要将儒学在三教辩证上高于道佛。但也正因如此，这就像庄子的"此亦一是非，彼亦一是非"，"是亦一无穷，非亦一无穷"的判断上，那就是变成各说各话了。为了还原中西哲学的真相，也为了忠实诠释儒释道三教，笔者逐渐看出牟先生以成见建构哲学的缺失，甚至是以定义做哲学讨论的问题，因此无论如何必须有以抗辩。笔者早期所讨论的牟先生哲学的作品，重点在说明他的概念使用特色以及对他的问题意识的重新定位，两千零六年以后，近十年的期间，就都是针对他的著作体系的各个部分做一一的对辩，一方面指出牟先生的意见对于文本诠释上的出入，二方面指出牟先生的工作模式就方法论的解释模型而言多有可以改进之处。就这样，笔者亦得同时重新撰写自己的儒学诠释专著，并且创造自己的中国哲学方法论解释架构。

二、本书工作方式之说明

本书各章节之写作，集中于近十年，大约在两年前，就已经完成所有重要的部分，以及掌握了牟先生于儒学诠释的系统性纲领，只是等待时机一鼓作气重新编整便可问世，这个过程，也不能只是对于儒学诠释的讨论，还须同时深入牟先生的道佛诠释，以便能在儒释道三教的观点参照中更为精确地了解牟先的儒学观点。所以就在本书可以问世的同时，笔者对牟先生道佛的讨论也已告一段落，也是只要出现一个较长的空档时段，便能集结出版《牟宗三道佛平议》之书。

在笔者写作本书的过程中，由于是一章一章单篇写作的，因此每篇文章在写作之时，都有照顾全局的若干话语，既是各个主题的专题之作，也是针对牟宗三哲学的统整之作，这就导致在做全书重新汇整编辑的时候，会出现一再而再地纲领综述之文句段落，面对此事，笔者多半就仍是保留，而不断然删减，希望这样的文字风格，在读者阅读之际，能发挥不断架构提要的正面功能。此外，牟先生哲学的形成，必然是有一套特定的思维模式，虽然它会在不同的写作时期以及针对处理对象的不同而有所扩充与刷新，但毕竟仍会有从头到尾一贯一致的核心型态，而这也就会是本书各处都会不断出现的笔者的纲领性意见，几乎在所有的章节中都会出现笔者的几条固定不变的批评意见，这一点，也希望在读者阅读之际，是发挥一次又一次的加深理解而接受笔者观点的正面功能。又，虽然牟先生有其固定且特定的哲学立场，但这却是在他针对先秦、两汉、宋明儒学各家理论的诠释批评肯定的种种思虑中发展出来的，固有共通的立场，但更有各家个别不同的意见，正是这些个别差异的分析意见，却更能见出牟先生析理之时的偏执之处，这也同时是本书值得以牟先生讨论宋明各家哲学体系做逐章逐节的讨论分析的写作模式之理由，事实上，笔者认为牟先生特有的哲学创作之所以能够产生，便是在他针对宋明儒学各家理论都有创造性误解及偏执性批判的讨论中发展出来的，而本书各章节的写作，除了藉由各章的讨论建构共同的笔者对牟先生批评的固定意见之外，同时也是笔者为解救各家理论被牟先生偏颇地诠释的重构之作。

牟先生为对比中西，是以实践和非实践作架构而言说的，为辩证三教，是以实有和非实有为立场而分辨的，为批评程朱，西方哲学的特色中的非实践性竟成了牟先生定位程朱的标准标签，然而，在对宋明各家的批评中，为了独标他的道德的形上学意旨，竟至几乎批判了宋明儒学史上的所有新儒学家学者的哲学理论，意旨甚多，但归根结柢，就是哲学基本问题意识的混淆，亦即不分各种哲学问题而是以一套理论而绾合种种问题于一型之中，这一点，就要请读者们进入本书各章细节中去阅读体会了。

笔者对牟先生著作的讨论，既是进行在这样逐章逐节的细节中，则所得自然与他人不同，到了最后，笔者已经认定牟先生成见太重，以致所有的讨论几乎是藉由自下定义以批判各家，再经自圆其说以分辨系统，而非公平思考以创作理论，如此的工作态度，则其创作之成果，便只有因不被超越而受到谬赞，却不能因切中真相而贡献卓越。因此也可以说，本书之作，就是要将被牟先生曲解的宋明儒学各家理论再度还原真相，澄清其义，以回归本旨。

笔者的工作模式，始终是回归哲学基本问题，以为文本之诠释，藉由一套良好的解释架构以为工具，再进行原典意旨的文本诠释，以找到相应各家意旨的诠释观点，以此为基础，面对牟宗三先生的诠释，便会发现，牟先生是事先建立一套理论系统，然后将程朱陆王的哲学语句套用入内，因为他对各家的文本解读，都只是不断地套用在自己的系统内的某种模型而已，先下定义以约定问题，再造理论以框限它说，这样就几乎要把整个宋明儒学各家的理论捆绑限制在他自己的问题意识和创造系统之内了。其结果，各家理论在认识上有偏差、在诠释上有误会、在理解上有错谬，这样的宋明儒学诠释之作，究竟是创造新说有所贡献于儒家哲学？还是建立奇说有所框限于儒家哲学呢？笔者的立场当然是后者，然而，此一立场，并非目前学界的主流意见，不得已，必须以这样的专书面世，以求厘清与贞定。

三、研究中国哲学的基本立场

笔者对中国哲学研究的态度，是把它当作真理奉行的观念系统，是作为实践效行的学派理论，然而，儒释道三家各有所重，各有自家开发的世界观及价值信念，三教皆有创造，也就各家皆为真理，基于实践哲学各自开发的特质，任谁也没有否定它教的可能，甚至辩难高下也只是一种理性傲慢的作为而已，其实没有可能，在这样的立场上，笔者的中国哲学研究，始终对准各家原意的解读以为研究之根本目的及最后的成果，从来不做优劣高下的较劲之说，从系统而说，各家有不同的理论，从检视来讲，各家有不同的作风，从效果来看，各家都有贡献于世之处，于是，中国哲学的学习，必须以正确理解、准确诠释为态度，有些涉及它在世界的理论必须有信仰的态度才能有效理解，有些深刻的体悟之言必须有相应的智慧才能真正认识，三教皆然。于是，笔者不作评比三教的工作，认为这都只是自家意识形态的强势构作而已。理解三教，彰显三教，运用三教，才是笔者中国哲学研究的真正心态，这种态度，其实也是研究牟宗三先生著作有以反省之后的态度，关键就是，牟先不断地曲解儒学各家之言，只为成就他自己的特殊理论，不断地错解道佛两家之言，只为高推他自己的儒学理论，如果恢复中国的自信必须曲解他人，那不如放弃，这样只是成就了偏执，而不是彰显了智慧。

本文之作，直接就是笔者与牟宗三先生儒学作品的对谈，当代学人中，对牟先生的学问，效习者众，支持者多，质疑者少，为文批评反对者寥寥可数，是以本书之写作，并没有什么可参考的著作，都是笔者直接理解后的发言。

笔者认为，学界接受牟先生哲学观点的学者，固然为数众多，但是绝大多数也只是学习接收而未有深刻的反思，即便对于若干观点有些疑惑，也未必能全面启动、深入研究、表示异议，于是，牟宗三哲学便因此泛衍在当代中国哲学界中，学者不论谈论什么问题，碰到牟先生表示过意见的主题，莫不稍微援引一下牟氏意见以为攀附，似乎这样便获得了真理的基石。面对此种现象，笔者深深不以为然，学术论文不是写写作文也不是写写新闻，写作文只要有别人不反对的意见出现即可，本身就只是意见的表述而非哲理的论辩。写新闻就是整理一下别人的东西，使它看似权威，却也不必自持立场以为当否。然而，牟先生当代哲学大家也，他的著作就是哲学的创作，既是哲学的创作就是论理思辨的产品，重述它，表彰它固无不可，却不能阻止对它的质疑反对甚至超越扬弃，只要研究者确有新见，言之成理，就应该充分表达，然后深度问难，反复征诘，并且，在这样的过程中，才是真正可以使牟宗三哲学受到继续关注与弘扬讨论的机转，牟宗三不是政治人物，而是哲学家，对他的作品的批判反思才是对他的创作的最佳礼赞。

四、本书对读者的帮助

笔者认为，本书的功能，就是对那些仍然愿意深入阅读牟宗三先生著作的年轻学人，当他们有所疑惑于牟先生所说之时，能有笔者的著作以为参考，比对印证进而确定自己的思考，互为订正。而且，牟先生的整个宋明儒学讨论的意见，针对一一个别儒学家理论的发言，确实有太多误解偏执的地方，理应被提出检讨，否则，大家便都是表面上接收牟先生思想，却不能真正利用牟先生著作以挑动对中国哲学研究的新里程新问题新思想新方向，那就是找出牟先生问题意识的根本，文本诠释的出入，意见表述的基础，挑出错误偏解之见，订正其余，重新建构。

  本书之章节，直接依据《心体与性体》三大册、《从陆象山到刘蕺山》巨著的章节次序，至于内文的讨论，也多半就是依照牟书原文之次序而逐条对谈，读者阅读之时，可以先看牟先生原书，再找到本书相对应的章节，两相比对，必可找出牟先生哲学观点中需要质疑的部分，或者接受笔者的批评意见，或是站在牟先生的立场以与笔者论诤，这样便更能延续牟宗三哲学的生命力了。

第一章：对牟宗三谈宋明儒学之所以为新儒学意见的方法论反省

一、前言

本章将针对牟宗三先生《心体与性体》一书之《综论》部分做逐章的细节讨论，这正是笔者对牟先生学术研究的总体计划的一部分，即针对牟先生儒释道相关著作做逐章的地毯式讨论。牟先生所建立的当代新儒学体系，是当代中国哲学最具创造力的系统，就其开创之功而言，在当代著作中，难有出其右者。然而，牟先生在儒释道三教辩证问题的立场上，对道佛多有不准确，此事，需有订正，笔者另书即将谈到[①]。至于在儒学内部的义理高下之检择上，牟先生高陆王、贬程朱，将陆王学及先秦儒学的义理型态，建立为是一"道德的形上学"系统，而程朱则不在这个系统内。笔者对于牟先生处理程朱之论点，多有不契，亦认为是牟先生的过度诠释，充满了对程朱之学的误解与贬抑，对程朱实不公允，亦有所妨碍于程朱之学在当代及未来的学习与研究，笔者虽多有为文讨论，然因牟先生之著作卷帙浩瀚，义理绵密深厚，要反对牟先生之意见绝非一两个命题理论能说清楚的，因此，除非直接面对他的所有文本做一对一的疏解反省，实亦难以说清楚究竟牟先生的误解与不准确是落在何处。因

[①] 笔者近期另有专书《牟宗三道佛平议》之编辑出版计划，内容收录笔者近十年来相关牟宗三道佛论文整理修改而得。

此，从本章开始，将以《心体与性体》及《从陆象山到刘蕺山》两书的所有章节，做逐章重点的疏解及讨论，本文之作，即其中的开头部分。事实上，牟先生的写作，也很难判断是从何处开始做起，但总是将全书处理过一遍，从义理掌握而言，即不至于有因疏漏而致误解其说之虞。

二、心性之学

牟先生在《心体与性体》书中首先为宋明儒学作定位，并以"性理之学"名义说之①，又称其实义为"心性之学"，牟先生又说他的"性理"不是程伊川所说之"性即理"之学，而是"本心即性"之"心性之学"，且又说"心性之学"又是一种"内圣"之学。在这简短的立场标明中，已有太多哲学问题蕴含其中，应予解析，首先，参见其言：

> 此"性理之学"亦可直曰"心性之学"。盖宋明儒讲学之中点与重点唯是落在道德的本心与道德创造之性能（道德实践所以可能之先天根据）上。"性理"一词并非性底理，乃是即性即理。若只说"性理之学"，人可只以伊川朱子所说之"性即理也"之"性理"义去想，此则便不周遍，不能概括"本心即性"之"性理"义。当吾人说"性理之学"时，此中"性理"一词，其义蕴并不专限于伊川朱子所说之"性即理"之义，故亦不等于其所说之"性即理"之"性理"义，乃亦包括"本心即性"之"性理"义。依此之故，直曰"心性之学"，或许更较恰当。说心性，人易想到"空谈心性"。实则欲自觉的作道德实践，心性不能不谈。念兹在兹而讲习之，不能说是空谈。空谈者自是空谈，不能因此而影响此学之本质。②

"性理之学"是旧名称，牟先生欲以"心性之学"称之，这也是本书以

---

① 参见其言："宋明儒讲者即'性理之学'也。此亦道德亦宗教，即道德即宗教，道德宗教通而一之者也。"（牟宗三《心体与性体》第一册，正中书局发行，1968 年第一版，页 4。）
② 参见：牟宗三《心体与性体》第一册，正中书局发行，1968 年第一版，页 4-5。

《心体与性体》定名的用意，此即表示，牟先生有一个放在"心性之学"名称下的用意。牟先生以"本心即性"之命题说"心性之学"之实义，实已见出牟先生自觉地站在道德实践义上做讨论。一方面是道德实践活动的主体，此心；一方面是道德实践之所以可能的先天根据，此性。依据牟先生全书的讨论，他主张孔子所言之仁是天，而孟子所言之心、性是天，于是仁、心、性、天一贯，而完成"道德的形上学"的圆满。

以上这些话都仍十分抽象，本文将在以下的讨论中逐步深入而具体化它们的意思，重点在指出，这些都是牟先生的特殊术语使用与哲学思考方式，它们固然创造了一代新儒家的思想体系，但是对传统宋明儒家的理解与诠释而言，牟先生的意见既对被他所肯定的儒学系统不准确，亦对被他所批评的儒学系统有错误。关键就在，牟先生将形上学思路与工夫论思路混在一起，从而形成一个牟先生自己的理想的形上学型态，而那其实是一个圣人境界的话语内涵，却被牟先生以形上学语言标出，因此整个牟先生的新儒学体系充满了理解与诠释上的扭曲。本章之讨论，将先重新定位中国哲学术语使用的方法，然后再展开对牟先生说法的讨论。

首先，中国哲学使用的概念有几个传统上早已形成的不同类型，一是价值意识概念：如仁、义、礼、知、诚、善、无为、逍遥、苦、空；二是存有范畴概念：如心、性、情、才、理、气、天、道；三是抽象功能概念：如有无、一多、本末、体用等。以上这些概念，在传统上哲学问题意识析类不明的背景中，时而被视为也是哲学问题，因此用它们作为论文的标题来讨论与表意，如谈某家系统的心性论、理气论、有无论、体用论、空论、仁论等等，似乎这些概念本身就是一种哲学基本问题。到了现代，来自西方学术背景的哲学基本问题的术语也出现了，形上学、知识论、伦理学、辩证法等等，这是所有习于西方哲学者所周知的基本哲学问题，而且，它们是各自是一套独立的问题，以及独立的哲学理论，并不是一套解释架构。为顾及这些术语不能恰当表意中国哲学，于是学界纷纷提出适合中国哲学的基本问题，心性论、天道论、人道论、道德论、价值论、工夫论、宇宙论、修养论、太极论、阴阳论、理气论、修炼论、修行论等等不一而出，然而一般人都不能深入分辨及归类这些术语的意义。依笔者之见，西方哲学的特质在于思辨，对"形上学、知识论、伦理学"的讨论都是在思辨解析的轨迹中进行，它们依然可以用来讨论中国哲学，只是讨论的方式要相应，亦即需要在思辨分析的方式上进行，至于不相应的中国哲学部分则要用别的方法来讨论，如此则中国哲学过往的许多的理论材料皆可置放在形上学、知识论、伦理学等不同类别的哲学基本问题上作讨论。但是，中国哲学首先是以学派作分类而为认识的对象，并且，每一个学派都是人生哲学，也是实践哲学，对于这一整个以追求理想人生为目标的实践哲学之研究，就受到西方影响以及必须与西方交流的当代讨论而言，固然须以思辨分析的方式来进行，但是针对中国哲学的实践哲学特质，必须建立相应此种特质以谈论儒释道三家的解释架构来研究中国哲学，那就是"宇宙论、本体论、工夫论、境界论"的四方架构，并且，这是一套针对实践哲学的各个学派都适用的架构，是能说明其内部理论系统一致的解释架构，亦即，一方面各家学派的理论建构是逻辑上建立于这个解释架构之上的，二方面当代研究者在方法上是要以这套解释架构来研究传统哲学才能清晰有效的。因此，传统中国哲学的儒释道三家所面对的各种哲学问题，最适合总收于这一套实践哲学的解释架构来诠释。若是将其置放于形上学、知识论、伦理学的任一基本哲学问题中，则皆无法尽诠其意，若是以这三种哲学基本问题一起来谈中国哲学的某一家或某一学派的理论体系，则它们其实各自是一种独立的哲学基本问题，彼此之间是不同问题的分类项目，而合起来却不是一套共同的问题系统[①]，因此从理解与诠释的角度而言，并不适宜于以形上学、知识论、伦理学的整体作为一套架构来谈中国哲学，而是可以个别地独立地以各自的哲学问题意识，就着中国哲学的材料，来谈理解与诠释，甚至创作新理论的。

针对上述传统中国哲学的术语类型而言，其中的"价值意识"一类就直接相应于在实践哲学的本体论中讨论，而"存有范畴"与"抽象功能"类的概念则是在所有四方架构中都会出现。于是所有中国哲学的命题就可以在概念分类与解释架构的方法论中获得较准确的定位，如"本心即性"、"性即理"、"心即

[①] 参见拙著：《中国哲学的基本哲学问题与概念范畴》，山东大学《文史哲》学报，2009年7月第4期，页49-58。以及：杜保瑞《中国哲学史方法论——以四方架构为中心》(*The Methodology of Chinese Philosophy, Exemplified by the four Square Framework*)，《亚非文集》(*Asian and African Studies*)，2012年3月，页3-27。或《中国哲学方法论》，台湾商务印书馆。

理"、"理一分殊"、"以心着性"等等，亦即藉由问题意识的分类，说出它们是在那一个问题中的意见主张，而且是使用哪一种类的概念在讲述主张的。

综观牟先生在宋明儒学的讨论中，充满了将价值意识概念与存有范畴概念混用的情况，也充满了将工夫论、境界论与本体论、宇宙论混用的情况，从而以哪一家的哪些概念是同一的而另一家不是同一的方式①，分别诸家的理论类型。而牟先生的这种概念等同的分析方法其实又是形上学中心的思路在主导的，而且是牟先生自己特殊定义的形上学，并不是传统中国哲学所有命题本身的思路，关键在，牟先生固然十分重视工夫论的思路，但是一方面并不能区分工夫论与境界论的思路差异，另方面更严重的是，他总是将工夫论与境界论思路下的命题当成形上学思路的命题，并在这之中讨论概念同异与否的形上学问题。当然，就牟先生言，谈中国哲学就是要谈出最理想圆满的中国形上学，而这将是以儒家哲学中的某一支为典范，他一方面注意到中国哲学的实践哲学特质，另方面又要面对比较于西方形上学的哲学研究进路，于是融合出一套讲实践活动与普遍原理的形上学型态，可以说他把太多的哲学问题混在一起讨论，遂导致所建构的新儒学系统十分扭曲复杂。

回到本文中的"性理之学"或"心性之学"而言，他其实是将伊川之学放在谈概念范畴的存有论形上学形态中定位，以此理解所谓的"性即理也"之学；而将陆王之学放在谈主体实践的工夫论形态中定位，以此理解所谓的"本心即性"之学，所以他说宋明学的"性理之学"应该是陆王的"本心即性"的"心性之学"之义，而不是"性即理也"的程朱学之义。因此改"性理之学"为"心性之学"，以免混淆义理。就此而言，牟先生展开了漫天的高陆王贬程朱之理学诠释，可以说，整个牟先生的宋明儒学就是以这个立场为轴心的理论创作之学，本书自本章以后也都是在面对这个问题，以下一一讨论之。

---

① 此义尔后会正式且繁多地出现，此处仅简单说明，亦即牟先生最重要的立场是主"心即理"，而非"性即理"，就是心性天是一，而不是心性情三分，理气二分，是合一的都是陆王的立场，是分开的都是程朱的立场。其实，这是过度简单化哲学命题的做法。笔者主张，是工夫境界论的就是要合一，是形上学存有论的就是要分说，且两类问题可以是同一位哲学家的立场，牟先生硬分程朱、陆王，固然是朱陆自己本来的对立造成，但后人应善解其义，而不是扩大裂痕，错解文本。

三、内圣之学

就上文之"心性之学"而言，牟先生说"心性之学"就是"内圣之学"，就是自觉地作圣贤工夫之学，因此他的"心性之学"就是一套实践哲学，而程朱谈"性即理"之命题的时候，是思辨解析的存有论哲学，因此被牟先生批评及否定。依笔者之立场，儒家哲学建构中有各种哲学问题要照顾，实践哲学的工夫论当然是核心问题，但存有论建构一样是有意义、有价值、有功能的哲学理论，分辨清楚理论的功能即是准确理解、正确诠释，毋须必要争个互相彼此的高下。至于讨论概念意旨是否同一以别异哲学系统之高下，这更不是恰当的做法，因为概念之同一与否是关联在不同的哲学问题下的意见表述，不同问题即有不同表意立场，而在中国哲学基本问题的分析厘清问题上，牟先生并未深着其力，在他自己设想的问题意识下的概念同一，常常是跳跃在不同的哲学问题中而说的。参见其言：

此"心性之学"亦曰"内圣之学"。"内圣"者，内而在于个人自己，而自觉的作圣贤功夫（作道德实践）以发展完成其德性人格之谓也。"内圣外王"一语虽出于庄子天下篇，然以之表象儒家之心愿实最为恰当。"外王"者、外而达于天下，则行王者之道也。王者之道、言非霸道。此一面足见儒家之政治思想。宋明儒所讲习者特重在"内圣"一面。"内圣"一面在先秦儒家本已彰显而成定型，因而亦早已得其永恒之意义。此本属于孟子所谓"求则得之，舍则失之，是求有益于得也，是求之在我者也"。此"求之在我者"实是儒家之最内在的本质。……"外王"一面虽属孟子所谓"求之有道，得之有命，是求无异于得也，是求之在外者也"，……但尧舜三代究不如内圣面之完整与清晰。内圣面可即得其完整而永恒之意义，而外王面之尧舜三代却并不能即代表政治形态之完整而永恒之意义，是以儒家之政治思想尚只在朦胧之发展中。宋明儒对此亦贡献甚少。……对于内圣面有积极之讲学与浸润，而对于外王面则并无积极之讨论。彼等或以为只正心诚意即可直接达之治国平天下，实则政治问题不如此之简单。只一"家天下"便非只是道德的正心诚意所能解决。①

牟先生谈宋明儒学时是谈的他们的心性之学，而他们的心性之学又是内圣之学，牟先生又谓先秦内圣之学已臻圆熟，但外王之学却未能深入。关于儒家外王学之得失成败，此可再议。但是牟先生因此即将讨论宋明儒学的纲领定在内圣学的思路中，并且所谓的内圣学即是自觉地作内圣工夫，这就引发出了牟先生另外的两个思路上的发展，其一为对于《大学》之宗旨不能肯定，因其明显地是谈内圣外王之学；其二为对于儒学之核心意义一定要放在做工夫的脉络中谈，因此对于不直接谈工夫的宋儒理论即予批评否定。此义后文亦将不断重现。

以下先从他的"内圣之学"即"成德之教"的说法讨论起，其言：

> 此"内圣之学"亦曰"成德之教"。"成德"之最高目标是圣、是仁者、是大人，而其真实意义则在于个人有限之生命中取得一无限而圆满之意义。此则即道德即宗教，而为人类建立一"道德的宗教"也。此则即与佛教之以舍离为中心的灭度宗教不同，亦与基督教之以神为中心的救赎宗教不同。在儒家，道德不是停在有限的范围内，不是如西方者然以道德与宗教为对立之两阶段。道德即通无限。道德行为有限，而道德行为所依据之实体以成其为道德行为者则无限。人而随时随处体现此实体以成其道德行为之"纯亦不已"，则其个人生命虽有限，其道德行为亦有限，然而有限即无限，此即其宗教境界。体现实体以成德（所谓尽心或尽性），此成德之过程是无穷无尽的。要说不圆满，永远不圆满，无人敢以圣自居。然而要说圆满，则当体即圆满，圣亦随时可至。要说解脱，此即是解脱；要说得救，此即是得救。要说信仰，此即是信仰，此是内信内仰，而非外信外仰以假祈祷以赖救恩者也。圣不圣且无所谓，要者是在自觉地作道德实践，本其本心性体以彻底清澈其生命。此将是一无穷无尽之工作。一切道德宗教性之奥义尽在其中，一切关于内圣之学之义理尽由此展开。②

---

① 牟宗三《心体与性体》第一册，页4-5。
② 牟宗三《心体与性体》第一册，页6。

前文言于宋明儒学是心性之学，而心性之学即是一内圣之学，而内圣之学亦是一成德之教，因此儒学是为人类建立一道德的宗教，因为就在其心性之学中主体因道德的实践而可达至无限，此即"成德"之意。而在这"成德之教"中既是"当体圆满"且"圣亦随时可至"。而这就又是牟先生思路中的一大重要特征，牟先生从心性之学谈到了圣人境界，至此以后讨论宋明儒学各家作品的命题意义时，必以圣人境界的圆满义为形上学型态的圆满，从而以此甄定各家之优劣高下。牟先生以成德之教言于圣人境界之说者又如下：

> 此"成德之教"本非是宋明儒无中生有之夸大，乃是先秦儒者已有之弘规。孔子即教人作"仁者"……是以其践仁以知天即是"成德之教"之弘规。……易乾文言则曰："夫大人者，与天地合其德，与日月合其明，与四时合其序，与鬼神合其吉凶。先天而天弗违，后天而奉天时，天且弗违，而况于人乎，况于鬼神乎？"此即"成德之教"之极致。坤文言亦说："直其正也，方其义也。君子敬以直内，义以方外，敬义立，而德不孤。直方大，不习无不利，则不疑其所行也。"宋明儒所弘扬者无能越此"成德之教"之弘规。①

牟先生建立先秦儒学理想的规模，以孔子言仁、孟子言大人、荀子言圣人、《易传》言大人言君子来定规模，这就是最终定于圣人境界之儒学宗旨，此义笔者完全赞同，宋明儒学的理论建构之理想就是在追求人人最终成君子成圣人，问题是，讨论与这一个理想相关的哲学问题很多，而在牟先生特意建立的以圣人境界为原型的形上学架构中，把太多的哲学问题拆解重组之后，牟先生的成德之教变成只是一两家的宋明儒学才能符合他的理想型，这就变成是牟先生个人的问题而非圣人的理想有问题，亦非宋明儒学的那家那派有问题了。牟先生以成德之教的观点建构的哲学理论如下：

> 此"成德之教"，就其为学说，以今语言之，已可说即是一"道德哲

---

① 牟宗三《心体与性体》第一册，页6–7。

学"（Moral philosophy）。进一步，此道德哲学亦涵一"道德的形上学"（Moral metaphysics）。道德哲学亦即讨论道德的哲学，或道德之哲学的讨论，故亦可转语为"道德底哲学"（Philosophy of morals）。人对于哲学的态度不一，哲学的思考活动（厘清活动）亦可到处应用，故"道德底哲学"其系统亦多端，其所处理之问题亦可有多方面。但自宋明儒观之，就道德论道德，其中心问题首在讨论道德实践所以可能之先验根据（或超越的根据），此即心性问题是也。由此进而复讨论实践之下手问题，此即工夫入路问题是也。前者是道德实践所以可能之客观根据，后者是道德实践所以可能之主观根据。宋明儒心性之学之全部即是此两问题。以宋明儒词语说，前者是本体问题，后者是工夫问题。就前者说，此一"道德底哲学"相当于康德所讲的"道德底形上学"，即其"道德底形上学之基本原则"（Fundamental principles of the metaphysic of morals）一书是也。康德此书并未涉及工夫问题。此盖由于西哲学对此学常只视为一纯哲学之问题，而不知其复亦是实践问题也。然而宋明儒之讲此学则是由"成德之教"而来，故如当作"道德底哲学"而言之，亦当本体与工夫两面兼顾始完备。而且他们首先所注意者勿宁是工夫问题，至于本体问题则是由自觉地作道德实践而反省澈至者，澈至之以成全其道德实践者。由"成德之教"而来的"道德底哲学"既必含本体与工夫之两面，而且在实践中有限即通无限，故其在本体一面所反省澈至之本体，即本心性体，必须是绝对的普遍者，是所谓"物体而不可遗"之无外者，顿时即须普而为"妙万物而为言"者，不但只是吾人道德实践之本体（根据），且亦须是宇宙生化之本体，一切存在之本体（根据）。此是由仁心之无外而说者，因而亦是"仁心无外"所必然涵其是如此者。不但只是"仁心无外"之理上如此，而且由"肫肫其仁，渊渊其渊，浩浩其天"之圣证之示范亦可验其如此。由此一步澈至与验证，此一"道德底哲学"即涵一"道德的形上学"。此与"道德之（底）形上学"并不相同。此后者重点在道德，即重在说明道德之先验本性。而前者重点则在形上学，乃涉及一切存在而为言者。故应含有一些"本体论的陈述"与"宇宙论的陈述"，或综曰"本体宇宙论的陈述"（Onto-cosmological statements）。此是由道德实践中之澈至与圣证而成者，非如西方希腊传统所传的空头的或纯知解的形上学之纯为外在者然。故此曰"道德的形上学"，意即由道德的进路来接近形上学，或形上学之由道德的进路而证成者。此是相应"道德的宗教"而成者。①

以上文字，牟先生从"成德之教"的概念转入"道德哲学"的概念，而道德哲学又分为"道德底形上学"和"道德的形上学"两型，前者不涉及工夫，只从形上学层面谈道德的先验本性，后者则含本体与工夫两面，而且是由工夫而澈至本体而成全其道德实践者，此一本体又既是道德实践的也是宇宙生化的，故名曰本体宇宙论，"是由道德实践中之澈至与圣证而成者"、"形上学之由道德的进路而成证者"。此处，必须极为深思密查，才能见出牟先生如何将多种哲学问题合在一起谈的确实思路。首先，"道德的形上学"就是一套形上学，这一套形上学所谈的本体既是主体的实践依据，又是天道的创生根源，这一部分笔者完全赞同。但是，牟先生之意还要更进一层，那就是这一套形上学甚至已经在道德实践中澈至与圣证而证成者。笔者以为，谈"证成"已是"知识论"的课题了，形上学是形上学，中国哲学中的儒释道三教之形上学可以说是由本体论与宇宙论共构而成，它们也确实都是为要谈实践活动而建构的形上学，因此这些形上学可以蕴含或推演出工夫论与境界论，而它们的工夫论与境界论也应该预设着一套相应符合的形上学，因此主体实践的价值本体亦必同时是宇宙万物的创生本体，本体论、宇宙论、工夫论、境界论势必形成系统一致的推演关系，所谓的理论完成就在于此。但是，实践的"证成"则是另一回事，理论上上述系统可以在纯理的推演中自成一家之言，但现实经验上却必须是在实践中才有所谓的"证成"，于是在主体实践以至成圣的境界时，即是这个系统的澈至圣证与证成。因此，说形上学系统时不必说证成的问题，也不是所有的形上学系统的证成方式皆是需要透过实践，只有人生哲学系统的形上学需要实践以为证成，但是，哲学并不只是人生哲学，哲学也不能必以人生哲学为最高级之哲学，东方哲学固然是这个型态，东方哲学家也可以主张这个立场，但这毕竟只能说是东方哲学家的哲学立场而已。笔者也不是要反对这个

---

① 牟宗三《心体与性体》第一册，页 8-9。

是迂曲歧出间接地允许，不是其本质之所直接地允许者。前者之新于本质无影响，亦即是说恰合原义；后者之新于本质有影响，亦即是说于原义有不合处。依通常使用"新"字之义说，于本质无影响者实不得为"新"，只是同一本质之不同表示法而已。而于本质有影响者始有"新"的意义。然则宋明儒所讲者之客观内容底新，如其有之，究是前者之新？抑是后者之新？抑是两者兼而有之？此则未易言也。此须对于孔子传统真有生命上之感应，对于宋明儒所圈定之代表此传统之儒家经典真有生命上之相契，而对于宋明儒诸大家真有确实之经历与检定，方足以决定之，此非浮泛、摇荡、浅尝者所能知也。①

牟先生自此极有自信地指出：需要真正能了解孔子者，才能建立这个新不新的判准，然而，如何可言为孔子哲学之本有之引申发展？如何而又可言于孔子哲学之歧出以为补助呢？此即牟先生以内圣成德之教以定儒家宗旨，以说圣人境界为形上学的圆满，以孔子思想所涉及的哲学问题作为宋明儒学在传承上之是继承还是歧出的判准，这样的结果，必然导致只谈实践活动及成圣境界的理论系统会被视为是孔子的继承发展，而兼谈其他抽象问题的儒学系统即会被视为是歧出的。实际上，牟先生就是要对程朱哲学所开出的儒学，说其为不合孔子之学者，且是真为宋明儒学中之新儒学者。然而，笔者以为，孔子以外的所有系统皆与孔子不同，至于合不合？那就要看标准何在。至于牟先生的标准，那就是携带着工夫论与境界论的理论，并藉由概念的同一与否之指涉而说为是否孔孟之学的型态，于是他说了孔子之仁应是与天为一，说了孟子已言及心性是一，但孟子之心性应与天为一，说了《中庸》之意旨应是天道性命通而为一，说了《易传》亦是天道与性命为一，直至说《大学》时，却说《大学》内圣之旨不明，故而诠释有多途，因而不能定于一。牟先生且认为，这是程朱以外的宋明儒的共识，因此前述孔子、孟子、《中庸》《易传》是一合于孔子之学的继承发展与衍申，其中陆王即是此系之接续，但伊川和朱子却没有这样的共识，因此程朱自己的系统是一歧出之补充系统，如其言：

---

① 牟宗三《心体与性体》第一册，页16。

但伊川朱子之讲法，再加上其对论、孟、中庸、易传之仁体、心体、性体、乃至道体理解有差，结果将重点落在大学，以其所理解之大学为定本，则于先秦儒家原有之义有基本上之转向，此则转成另一系统。此种新于本质有影响，此为歧出之"新"。此一系统虽在工夫方面有补助之作用，可为原有者之所允许，然亦是迂曲歧出间接地助缘地允许，不是其本质之所直接地允许者，即不是其本质的工夫之所在。至于在本体方面，则根本上有偏差，有转向，此则根本上非先秦儒家原有之义之所允许。如果前一种新，以论、孟、中庸、易传为主者，实不算得是新，则宋明儒学中有新的意义而可称为"新儒学"者实只在伊川朱子之系统。大体以论孟中庸易传为主者是宋明儒之大宗，而亦较合先秦儒家之本质。伊川朱子之以大学为主则是宋明儒之旁枝，对先秦儒家之本质言则为歧出。然而自朱子权威树立后，一般皆以朱子为正宗，儱侗称之曰程朱，实则只是伊川与朱子，明道不在内。朱子固伟大，能开一新传统，其取得正宗之地位，实只是别子为宗也。人忘其旧，遂以为其绍孔孟之大宗矣。①

牟先生以程朱为别子，也就是宋明儒学真正有新意之处，这却不是一种褒奖的意味，这也正是他的当代新儒学最重大的意见，这里包含了对程朱的种种严重的误解，包括：说《大学》并非孔孟一系的核心著作，《论》《孟》是与《庸》《易》为调适上遂的一系，这就是一个极严重的儒学意见的立场。又包括，说程朱对仁体心体性体道体的理解有差谬；说程朱之工夫为助缘而非本质。前者是对整个程朱形上学的批判，后者是对整个程朱工夫论的批判。而牟先生批判程朱之所据，则是他的以实践活动及所达致的主体境界作为形上学的"道德的形上学"之观念系统，再加上对程朱的偏读与误读所致。简言之，笔者认为，牟先生将程朱思辨分析进路的形上学意见，从实践哲学的本体宇宙论进路来解读，以至认为程朱所言全不见道，因为缺乏动力以及将概念都分开了，所以是于本体之见上有偏差。另又将程朱从《大学》所言之工夫次第论的意见，视为与本体工夫对立的工夫论意见，以致认为程朱之工夫为歧出而非本

---

① 牟宗三《心体与性体》第一册，页 18—19。

质，因此是别子为宗而非正宗。其实这是牟先生稍见程朱以《大学》言工夫重视先知后行之说，即以之为重知不重行，更以为程朱就是在工夫上走《大学》之路，而有歧义于孔孟之工夫入路者。实际上，程朱只是发挥《大学》本意而多有强调下学上达的一般工夫，程朱对于其他经典的解读讨论之分量与深度更决不在任何其他诸儒之下，甚至更有过之而无不及，牟先生是以朱熹与象山论辩的几句话套住了朱熹的整个系统，将之封锁在牟先生自己所谓的《大学》诠释传统中，才能有的观点，此实为在选材上的偏差加上理解上的错误而提出的说法。至于《大学》言于先知后行，这就是外王事业的工夫次第问题，牟先生自己也说外王事业不是简单的诚意、正心的事情而已，依《大学》的意见，它就是需要格物致知一番之后才能掌握正确的施政行事的做法，方案先定，才能诚意正心，以致一路行去，而至平天下的境界为止。此非仅是认识活动，亦非仅是闻见之知，因此绝不能说不是本质的工夫而为歧出者，是故，牟先生对《大学》的诠释有严重的偏见。

牟先生建立这样的程朱定位，乃于《心体与性体》之百万字书中绵密建构而出的，笔者企图说明牟先生之说之不恰当，亦不能是简易轻松的工作。以下仍随着牟先生的讨论而逐步贴近以处理之。

五、《大学》一书的地位

牟先生说程朱依《大学》而立，非从《中庸》《易传》之路之说，也差不多把《大学》的地位给说低了，其言：

> 据吾看，论、孟、中庸、易传是孔子成德之教（仁教）中其独特的生命智慧方向之一根而发，此中实见出其师弟相承之生命智慧之存在地相呼应。至于大学，则是开端别起，只列出一个综括性的，外部的（形式的）主观实践之纲领，所谓只说出其当然。宋明儒之大宗实以论、孟、中庸、易传为中心，只伊川朱子以大学为中心。①

---

① 牟宗三《心体与性体》第一册，页19。

又见：

> 是则大学只列举出一个实践底纲领，只说一个当然，而未说出其所以然，在内圣之学之义理方向上为不确定者，究往哪里走，其自身不能决定，故人得以填彩而有三套之讲法。①

笔者并不认同牟先生说《大学》之内圣学的宗旨不定之说，也不认同牟先生说程朱只走《大学》之路之说。前者是牟先生自己的特殊方法论视野下的误读，且只因为后人对《大学》诠解之创意过多，就说是《大学》本身意旨之不定。后者是牟先生对程朱著作材料的偏选与偏读的结果，这是因为，牟先生能以《庸》《易》为依据孔、孟实践哲学的内圣之路的向上发展，却不能认同《大学》为依据孔、孟实践哲学的兼内圣及外王之路的向外发展，因此把明明是在讲向外发展的外王之学的理论以内圣之学的角度来研读，则处处不见其内圣之路的方向，而谓得任由阳明、蕺山、朱熹各自填彩。实则《大学》就是孔孟的兼内圣外王学的系统，为求外王事业以致平天下之成就，因此特重次第工夫以至终极圆满。至于《大学》明言明明德以至止于至善，明言诚意、正心，岂能说其缺乏内圣之宗旨？或宗旨不定？岂可因二程、朱熹、阳明各有己意以解读《大学》并创造己学，即谓《大学》内圣宗旨不定！至于程朱对先秦典籍之传承，当然不只《大学》，只不过，《大学》之工夫次第论确实为程朱直接继承，而大学之此路，又是牟先生误以为有所别异、对立于他所强调的逆觉体证之本体工夫之路者，又因牟先生只管内圣实践一路以定宗旨，而程朱走次第之路，故而说程朱只继承《大学》，亦即程朱非走内圣成德的实践工夫之路，故而说程朱只归《大学》一路。然依笔者之见，工夫次第不对立于本体工夫，本体工夫的立场程朱亦所在多有，例如程朱言敬的本体工夫者即是，而朱熹有更多本体工夫的工夫入手观念，如收敛、谨畏、专一、持守等等，都是本体工夫的立场，所以笔者说这是牟先生在材料上的偏选及误读的结果。

牟先生检择整个宋明儒学各家系统与先秦著作的关系，并由此定出先秦儒

---

① 牟宗三《心体与性体》第一册，页18。

学实仍是以《论》《孟》《庸》《易》以为主导,其言:

> 分别言之,濂溪开始,只注意中庸易传,对于论孟所知甚少,且无一语道及大学。横渠渐能注意论孟,亦未言及大学。至明道,通论孟中庸易传而一之,以言其"一本"义,亦少谈大学。胡五峰亦不论大学。象山纯是孟子学,以孟子摄论语。就关涉于中庸易传之理境言,则只是一心之申展,是亦兼摄中庸易传也。然而亦很少论大学。偶有言及,亦只是假借大学之词语以寄意耳。自朱子权威成立后,阳明亦着力于大学,着落于大学以展示其系统,实则仍是孟子学,假大学以寄意耳。刘蕺山就大学言诚意,其背景仍是中庸易传与孟子也。伊川朱子所讲之大学虽亦不必合大学之原义,然一因伊川朱子对于论孟中庸易传所言之仁体、心体、性体、道体不能有相应之契悟(心性为二、性道只是理、心理为二),二因大学之"明德"不必是因地之心性,"至善之则"不能确定往何处落,故伊川朱子以其实在论的、顺取的态度将其所理解之性体、道体、仁体(都只是理)着落于致知格物以言之,以成其能所之二,认知关系之静摄,将致知格物解为常情所易见之认知义,将"至善之则"着落在所格之物之"存在之理"上,此虽不合大学之原义,然因在大学,至善之则不能确定往何处落,则如此解大学亦甚顺适,此即成主智论,以智决定意,此是直接从大学上顺着讲而即可讲出者。此是以大学为主而决定论孟中庸易传也。是故大学在伊川朱子之系统中,其比重比以论孟中庸易传为主者为重,对于其系统有本质上之作用,而在其他则只是假托以寄意耳。其实意是将大学上提于论孟中庸易传,而以论孟中庸易传决定或规范大学也。此是宋明儒之事实。故吾人实可将大学与论孟中庸易传分开看,而以大学为待决定者,由此以识宋明儒之大宗。若以大学为决定者,则即形成伊川朱子系统。①

牟先生以上之说,涉及对整个宋明儒学家在先秦义理的经典诠释成效的定位,实则多有值得商榷之处,他是以宋儒对先秦经典文本的是否使用来论断

---

① 牟宗三《心体与性体》第一册,页 19—20。

宋儒对先秦经典意旨的是否继承。但是，笔者以为，对经典的哲学立场的继承与否，与对经典文本的引用与否并不是同一件事，还有，就算宋儒对某经典没有引用及没有讨论，也不表示对该经典的文本及立场有反对之意。牟先生说周濂溪对《论》《孟》所知甚少，对《大学》则无一字提及，牟先生是想说周濂溪直接走本体直贯的形上学之路，而《大学》的特殊认知型态并不为周濂溪所取。笔者以为，濂溪固重《中庸》《易传》，亦确有对先秦儒家形上学的准确继承，但濂溪言于"亲师友"、"重贤人"、"论改过"，及"文章以教化为目的"和"重礼乐的德性教育目的"之诸文，岂不即是孔子思路之正解，因此，说其于《论》《孟》所知甚少，此说难以成立。牟先生如此说濂溪，实只为说濂溪由《中庸》《易传》入儒学，因此会缺乏对主观面的认识，而这需由明道系统才补足之。笔者认为，这正是牟先生过于形上学中心的思路所导致之过度诠释的结果，实际上濂溪文中充满了工夫论的命题思想，更重要的是明明白白地建立了圣人境界观的思维，只是使用《中庸》《易传》的形上学命题来说圣人境界，反而并不是在讲牟先生口中的本体宇宙论的由上而下的系统，而是由客观的形上学理论以说主体的圣人境界，而在这个论述中，便充满了主体实践的工夫理论，以及是心性之学的理论，以及圣人境界由形上学而说的理论[①]。总之，说濂溪于《论》《孟》所知甚少实不成立，圣人境界当然是来自孔子的根本定位，文中又多有《论语》思路，岂能说对《论语》所知甚少，濂溪文中却少有《孟子》文句之引用及讨论，所言性概念的思路又非能见到《孟子》的明显思路，说濂溪少有使用《孟子》的思路是可以的，但说对《孟子》所知甚少的话还是太过于强势了。至于说濂溪无一语道及《大学》，笔者没有意见，这是事实。

牟先生说横渠稍有《论》《孟》，却无《大学》，笔者亦无意见。牟先生说程颢融《论》《孟》《庸》《易》为一本，笔者也不反对，事实上程颢直接谈的是境界工夫的命题，故而诸存有范畴概念皆因主体实践的活动而同合于诸价值意识之概念，故谓之一本而已，程颢点名讨论的《论》《孟》《庸》《易》之文

[①] 参见拙著：《北宋儒学》第一章《周敦颐说圣人境界的儒学建构》，台湾商务印书馆，2005年4月初版。

句是不多的，但谈到的时候都是引用之就说出了境界工夫的操作观念，因此说程颢继承《论》《孟》《庸》《易》的经典哲学立场，笔者是必不反对的，只不过程颢真正的创作，是在圣人境界的功力展示一点上，而这却是牟先生所未能言及的①。程颢正是依圣人位而说，所以才会有牟宗三先生依形上学思路而说程颢之学为融合各说而为一本之论。

牟先生特重胡五峰，却说胡五峰不论《大学》。错了，胡五峰可不是不谈《大学》，他不仅谈《大学》，更且是依程伊川的思路在说先知后行的要点②，而这就造成牟先生立论的一大漏洞，牟先生就是过度诠释《大学》为非孔孟系统，并和对程朱言论的批评，以致认为整个宋明儒的其他各家对程朱与《大学》都是排斥的立场，事实不然。程朱与其他诸儒之别异，一是发生在陆王自己的定位中，二是发生在要继承陆王学的后学者的力图建构上。牟先生自己就是后者。至于《大学》的历史地位，在程朱大力提起讨论之后，实已无人不重此书。至于《大学》本身之意旨，就是内圣外王义之最佳经典，且为实现外王，故重工夫次第之说，且必以致知工夫为先，因为在外王事业中，必是"物有本末、事有终始、知所先后、则近道矣"的原理，故而重视这个先知后行的工夫以为其始。而牟先生以为《大学》内圣一面不足，不以明明德为本体工夫，都是过度诠释的做法。《大学》明讲止于至善，这如何能不是儒家本体？又如何能不落在儒家的本体工夫中？牟先生以胡五峰是与朱熹立场对扬的系统，认定胡五峰不论《大学》，但这却正好不是事实。不仅胡五峰论《大学》，象山也论《大学》，更不是只借《大学》词语以寄意，而是与五峰做的一样的事情，就是还是在发挥程伊川及朱熹所强调的《大学》之先知后行的次第工夫之思路的③。因此。朱陆之争的意义与面貌都必须彻底重新检讨。关键即在，两人间许多意气之争的话语，在后人的宗朱或宗陆的立场上被扩大解释为对立的哲学命题。此暂不多论。

---

① 参见拙著：《北宋儒学》第四章《程颢境界哲学进路的儒学建构》，台湾商务印书馆，2005年4月初版。

② 参见拙著：《南宋儒学》第三章《胡宏对二程的继承与对道佛的批判》，台湾商务印书馆，2010年9月初版。

③ 参见拙著：《南宋儒学》第十二章《鹅湖之会与朱陆之争》，台湾商务印书馆，2010年9月初版。

对于《大学》，牟先生说象山及阳明都是假《大学》以寄意，象山部分不成立，阳明部分笔者同意，这也正是说阳明所说之《大学》并非《大学》本义。但是牟先生自己却说《大学》并无固定之本义，这就矛盾了，因此说《大学》没有固定意旨，笔者不同意，实际上，程朱之说《大学》以及五峰、象山之说《大学》即是《大学》之原义。牟先生一方面把程朱论形上学的命题以《大学》说致知而导入《易传》说穷理而结合在一起，建立了"理气心性说的存有论形上学"与"致知穷理说的《大学》工夫次第论"之文本诠释的超越连结，亦即程朱重知，此知既是认识外在事物的客观之知，因此需渐进，故而是工夫次第论的；此知又即是同于穷理之知，而所穷之理在朱熹的讨论中又多落入理气论之理，因此朱熹谈致知穷理的工夫次第论，便被牟先生结合入朱熹谈理气心性情的形上学存有论，因此，从工夫论谈到了只存有不活动的存有论，但，这是牟先生自己对程朱的拆解过度以致错解程朱之做法，并非《大学》有牟先生所说之此意，亦非程朱如此讲《大学》。因此，并不存在一个以《大学》决定《论》《孟》《庸》《易》的程朱学说系统，这是牟先生自己的跳跃思维、过度连结所自行建立的当代新儒家系统，而非程朱之学，亦非《大学》之学。

关键就在，牟先生漠视五峰、象山以程朱思路解《大学》之《大学》原意，硬要以寄言出意的阳明之《大学》解以说《大学》义在未定，再将《大学》与《论》《孟》《庸》《易》列为二路，从而辨其孰主孰从，从而建立起牟先生自己的主从论断。文中提到的程朱以"心性为二、性道只是理、心理为二"，以及"性体、道体、仁体（都只是理）"之说法，这都是存有论的讨论，而非工夫论的命题，当然更不是道德的形上学的命题，这就是笔者所说的，牟先生把程朱存有论的命题当成了工夫论命题来批评，故而说其意旨支离且不活动，而且，这些命题也与《大学》诠释无甚相关，反而更多的是程朱在《论语》《孟子》《中庸》《易传》的诠释中建立起来的，可是，因为牟先生只管工夫实践以致成圣之内圣成德一路，因此，对《论》《孟》《庸》《易》也只能做出道德的形上学的定位及理论之发展，故而牟先生不能接受朱熹从存有论谈《论》《孟》《庸》《易》，而这也是他定位宋明儒与先秦典籍的关系的方式，如其言：

识宋明儒之大宗即是恢复论、孟、中庸、易传之主导地位。在此，吾人首先须知：依宋明儒大宗之看法，论、孟、中庸、易传是通而为一而无隔着，故成德之教是道德的同时即宗教的，就学问而言，道德哲学即涵一道德的形上学。①

在牟先生的根本定位中，宋明儒学正是一成德之教，正是一谈道德的哲学系统，经典依据上是在《论》《孟》《庸》《易》，而哲学的建构则朝向一道德的形上学，于是，《大学》之书因程朱的特为重视与牟先生的特为宗陆贬朱的立场而旁置了，并在他的形上学中心的道德的形上学的诠释架构中，建立了《论》《孟》《庸》《易》四部著作的"道德的形上学"之理论。

六、孔子之仁与天的关系

牟先生对先秦著作的"道德的形上学"建构功能进行说明，而这是从对《论语》《孟子》《中庸》《易传》的逐步诠释中建立起来的一整套理论系统，首先，对孔子《论语》的讨论而言，牟先生建立的最重要命题就是孔子之言"仁"即是"天"之义。参见其言：

关于仁与天。孔子所说的"天"、"天命"、或"天道"当然是承诗、书中的帝、天、天命而来。此是中国历史文化的超越意义，是一老传说。以孔子圣者之襟怀以及其历史文化意识（文统意识）之强，自不能无此超越意识，故无理由不继承下来。但孔子不以三代王者政权得失意识中的帝、天、天命为已足。其对于人类之绝大的贡献是暂时撇开客观面的帝、天、天命而不言（但不是否定），而自主观面开启道德价值之源、德性生命之门以言"仁"。孔子是由实践仁以知天，在实践仁中或"眈眈其仁"中知之，默识之，契接知，或崇敬之。故其暂时撇开客观面的帝、天、天命而不言，并不是否定"天"或轻忽"天"，只是重在人之所以能契接

---

① 牟宗三《心体与性体》第一册，页20。

"天"之主观根据（实践根据）重人之"真正的主体性"也。重"主体性"并非否定或轻忽帝、天之客观性（或客体性），而勿宁是更加重更真切于人之对超越而客观的天、天命、天道之契接与崇敬。不然，何以说"五十而知天命"？又何以说"畏天命"？孔子此步"践仁知天"之提供，一方面豁醒人之真实主体性，一方面解放了王者政权得失意识中之帝、天、或天命。①

牟先生上文中之思路即是一对孔子所言之"仁"之应具形上学普遍原理地位的讨论，是要去说孔子自主观面所言之仁，实具一客观面的天之意旨。笔者认为，这样的思路就是十分形上学中心的思路，所谓形上学中心就是将一切命题收在形上学问题意识中谈的做法。这样的做法，就会将本来即是主体实践的活动说成是主观面的命题，然后再透过强势的分析，要将此一主观面的命题说成是具有客观面意旨的命题，即是以天说仁，仁天合一，仁即是天。笔者认为，牟先生实在不需要如此形上学中心地谈孔子之践仁知天的意旨。其实，仁是一价值意识的概念，在孔子的使用中它就是主体的价值意识，就是要由主体来体贴实践而落实于日用百行中的价值，牟先生说孔子言仁是"而自主观面开启道德价值之源、德性生命之门以言仁"即此意也。至于在哲学史的发展中，这个仁的价值意识如何上升为普遍人性甚至即是天道的价值原理则是后来的事，而牟先生则因为孔子并未明确地以仁为天，故而说孔子自主观面地说仁只是暂时撇开客观面的天，重视人的主体性，并非否定天，而是特重人对天的契接。笔者完全同意孔子所言之仁，可以有普遍原理之意义，故而可说为即是天之义，因此可以说仁即是天的话，但是就孔子本来所论者而言，其实是以仁为主体实践的价值意识而进行的本体工夫之说，如"里仁为美、依仁游艺、以友辅仁"等，都是以仁为价值意识而由主体实践以追求此一价值理想的说法。亦即，孔子是在谈本体工夫，本体工夫以价值意识的本体为终极理想，因此在哲学的讨论上，会意识到主体实践所具的价值意识即应是一性体义的人性本质以及道体义的普遍原理。孔子虽然没有大谈天义，但意旨上蕴含此意，此一立场

---

① 牟宗三《心体与性体》第一册，页21。

笔者亦完全同意。问题只在于，说仁为主体性的描述这样的理论意旨不准确，孔子是在讲工夫论及圣人境界的话语，工夫境界论肯定要涉及价值，就是为着价值的理想而为工夫而有境界。而工夫肯定是主体的活动，非客体之所为之事，所以，不是孔子在形上学问题上重主体性，而是孔子在谈工夫论与境界论的问题，而工夫境界论就是就人而言，因此由主体性处谈起，人的主宰是心，主体性以心概念撑起才是准确的说法，仁是价值意识，它既是主体之本性也是天道客体之本体，故而以仁为价值意识，它既可以作为人性之内涵，也可以作为天道之内涵。然而，牟先生特重形上学义，故将孔子之仁说为有天之意，而为儒家"道德的形上学"的建构，亦即，是牟先生过于急切地就着讲工夫境界论的《论语》之言仁之命题，说成了形上学的命题，故而必要说仁即是天。又见其言：

> 孔子虽未说天即是一形而上的实体，然"天何言哉？四时行焉，百物生焉。天何言哉"！实亦未尝不涵蕴此意味。……此种以"形而上的实体"视天虽就孔子推进一步，然亦未始非孔子意之所涵与所许。①

牟先生亦深知孔子确未多谈形上学义的天，但认为孔子行文中所透出的思想确实应视为已预涵了形上学的天，此说笔者亦可认同。形上天的问题意识在孔子思想中并未大加发挥，但是预涵了此义而可由后人接续言说以创发之，只不过，这是形上学的创发，而孔子所论并非形上学命题，而是工夫论命题，只是以仁概念来说此工夫论命题中的本体工夫中的本体，反而，是牟先生自己进行了一个形上学义的"仁即是天"的义理开创，参见其言：

> 天之义既如此，则仁心感通之无限即足以证实"天之所以为天"，天之为"于穆不已"，而与之合而为一。在孔子，践仁知天，虽似仁与天有距离，仁不必即是天，孔子亦未说仁与天合一或为一，然（一）、因仁心之感通乃原则上不能划定其界限者，此即涵其向绝对普遍性趋之申展，

---

① 牟宗三《心体与性体》第一册，页22。

（二）、因践仁知天，仁与天必有其"内容的意义"之相同处，始可由践仁以知之，默识之，或契接之，依是二故，仁与天虽表面有距离，而实最后无距离，故终可合而一之也。中庸言"肫肫其仁，渊渊其渊，浩浩其天"，此即示仁心仁道之深远与广大而与天为一矣。易传言天道"显诸仁，藏诸用，鼓万物而不与圣人同忧，盛德大业至矣哉"！此亦是仁与天为一也。此亦未始非孔子意之所涵与所许。如果天向形而上的实体走，不向人格神走，此种合一乃是必然者。此亦是孔门师弟相承，其生命智慧之相呼应，故如此自然说出也。宋明儒尤其如明道即依此呼应而亦存在地呼应之，遂直视仁与天为一矣。在此，明道对于仁之体会不误也。此须有生命智慧之存在地相感应始能知，非文字之训诂与知解事也。自明道如此体会后，宋明儒之大宗无人不首肯。伊川朱子之讲法（以公说仁，仁性爱情，仁是心之德爱之理），不能有此呼应也。①

牟先生的推断都是成立的，但是哲学基本问题的厘清却是杂糅混乱的，就是在这个混乱中，牟先生对程朱之学做出了不能呼应孔子哲学的宣断，这就是上文最需要澄清的地方了。其实程朱之言于"以公说仁，仁性爱情，仁是心之德爱之理"都是存有论讨论，并不是本体宇宙论的讨论，也不是工夫境界论的讨论。而存有论命题的哲学立场，也不会干涉、破坏、对立于本体宇宙论及工夫境界论的命题立场，只是牟先生在其中读不出本体宇宙论及工夫境界论的意旨而已，但不能说这就是对于《论语》的歧出或背离，至于能不能呼应，这还要看在讨论的是哪种问题，存有论的命题当然是与工夫境界论的命题有其关联与互相发明的，就看哲学研究者问不问这个问题而已了。

牟先生说仁是天之语意在本文中出现了以仁心、仁道与天为一的说法，笔者认为，这样的说法才是准确的，而不是"仁是天"，其实是"心是天"，而实义是"心与天有共同之价值意涵，即仁"。天、道、心甚至是性、理、气，这些都是存有范畴的概念，从存有论说，当可大说特说这几个概念之间的关系，而这甚且是当说必说者，程朱哲学即深入及此，其他各家则是随意说说，并

---

① 牟宗三《心体与性体》第一册，页22–23。

非不谈，而是所谈不深入，更且以为谈这些是"支离"，可以不必谈。事实上这些就是存有论问题，是在讨论概念关系的思辨哲学的问题，而不是本体宇宙论中之言于天道创生的问题。对于人心与天道有其共同的价值意涵而言，说此"仁心仁道与天为一"是很准确的说法，亦即心之价值意识即是天道之价值意识，其内涵即是仁，心之仁与天道之仁为一，仁这个价值意识既是天的也是人的，既是天道也是人心。而此处又有三条思路，其一为工夫论思路，亦即人心经由实践的修养工夫，其与天道的价值意识合一，是人的境界上升到与天的意志一致，是存有状态上的一致；其二为形上学存有论思路，是存有论上说人的本心亦即是天道，这是存有范畴问题上的一致；其三为本体论思路，是本体论上说人的本心与天道的价值意识内涵都是仁，是价值意识上的同一。然而，说心之价值意识是说其本心，亦即其本质，亦即普遍人性，亦即性，因此存有论思路就同于"性即理"说。人性即天理，存有论上人性是人的本质，而理是天的普遍原理，以其皆为本质原理，故而得说"性即理"；本体论上人性的价值意识其实就是天所赋命的，这就是本体宇宙论的思路，因此内涵相同，都是仁，以其皆是仁，故亦可说"性即理"。

从系统哲学说，说"仁是天"得有上述诸义，清清楚楚，并不混淆，亦不会不一致。但是，从知识论说，又有另一义，此即牟先生所言人心之感通可以证实天之所以为天者。由践仁可以默识仁之与天为一，说天为仁是说天的价值意识为仁，是说有此天，此天有价值意识，其价值意识为仁，而这个天是仁的普遍原理的命题在实证上是透过人心的践仁感通而实现而证实的，这个证实的完成是需要有主体的实践的，所以主体的实践是命题的实证的前提，说仁就是要说主体以仁为价值意识而发为本体工夫了，此即人心之以仁价值而为感通作用，此作用中可以体知证知天道的实存及其价值意识亦是仁。笔者此处要强调从实证说是知识论课题的目的，是因为牟先生在其他更多地方的讨论中把实证的课题又当成是道德的形上学的圆满地完成的圆教义来说，亦即是把知识论当成形上学来说。实践可以证成普遍原理是一回事，系统哲学的内部一致性推演是另一回事，谈实证是知识论的课题，谈系统推演则是在谈实践哲学的本体论、宇宙论、工夫论、境界论的互相推演，以及思辨哲学的存有论与实践哲学的相关涉问题。就此而言，牟先生说孔子之说天可以视为一形而上的实体，此即系统哲学问题中的一致性推演，因为孔子确实说天，而周以前之天主要是人格神义，但孔子以人心之仁价值之感通为必可实践的事业，论其缘由，是依据实体义的普遍原理，此说笔者亦完全同意。但是，谈证成还是要在工夫实践中才能谈，并不是有工夫理论即是完成了实证，有工夫理论只是完成了系统哲学的一致性推衍，而哲学思辨的工程到此即已完成，实践而实证是人存有者的生活事业，儒释道三教都能因着实践而证成其普遍原理为真，此处并没有儒学的证成优位的理论意义，亦即并非只有儒学能证成而它教不能，更重要的是，并非只有儒学内部系统中谈到工夫理论的系统能证成，而其他学派的理论系统不能证成。牟先生于程朱、陆王之别异中，以陆王能证成而程朱不能证成，这就是实践哲学的系统理论与知识论的证成课题的混淆，是以陆王有工夫论即认定陆王有实践及证成。

总之，牟先生由孔子处定位"道德的形上学"，做法上就是要说如何从仁心的感通以知天而证天，从而说仁与天之为一，从而建立"道德的形上学"命题，笔者赞同其实践之实证说以及天之实体说，但要强调前者是知识论课题，后者是系统性哲学问题的本体宇宙论之推演问题。至于仁与天之为一，其实有三义，根本上是人与天之合一，有工夫论、存有论、本体论三路可说者，而语义表述上都不宜说是仁与天之为一。

七、孟子之心性与天的关系

牟先生说孟子，讨论其于"道德的形上学"建构之重点，则是以仁与心性及心性与天的关系处说，首先，就仁与心性关系而言，笔者前面言于孔子之在主体性处所说之仁必是人心中之价值意识等义，即在牟先生说孟子学贡献中见出，参见：

> 孔子未说心字，亦未说仁即是吾人之道德的本心，然孔子同样亦未说仁是理，是道。心、理、道都是后人讲说时随语意带上去的。实则落实了，仁不能不是心。仁是理、是道，亦是心。孔子由"不安"指点仁，不安自是心之不安。其他不必详举。故孟子即以"不忍人之心"说仁。理义

悦心，亦以"理"说仁。"仁者人也，合而言之，道也"。亦以"道"说仁。这些字都是自然带上去的，难说非孔子意之所涵，亦难说孔子必不许也。是以孟子即以道德的本心摄孔子所说之仁。①

牟先生以孔子虽未说心字，但仁即是道德的本心，故孟子得以本心说孔子之仁，此说笔者赞同。心、性、理、道等概念是逐渐出现哲学意涵的，而哲学问题意识的深入也是逐渐发生的，因此概念的使用也愈加分殊亦愈加精确，因此当谈论实践主体的问题意识愈加清晰之后，就会出现要锁住心概念说实践活动的思想，于是孟子强调"不忍人之心"，不忍人即是仁的态度，这是心态，是心这个主体的价值意识，故说出心。然后，当哲学史再度发展，则会出现"性、情、才、欲、念、虑"等等概念来分摊及承担更多问题的讨论，于是程朱有"心统性情"之说，牟先生可以接受孔子言仁朝心性概念发展，却硬要批评程朱更细节地讨论"心、性、情"概念关系的思想，说其为歧出于孔孟，实不公允。

以上说孟子的"心"概念之出现及使用，以下说孟子的"性"概念之出现及使用。其言：

孔子亦未说仁即是吾人之"性"。子贡言"夫子之性与天道不可得而闻也"。孔子亦偶尔言及"性相近也，习相远也"。其心中如何意谓"性"字很难说。"性相近也"之"性"，伊川朱子具视为气质之性，此大体亦不误。……如果指超越面的义理之性说，则当与仁为一，仁即是吾人性体之实。如果指经验面的气性、才性、或生之谓性之性说，则仁与性不能是一。……孔子已接触此问题，然可能一时未消化澈，犹处于"性者生也"之老传统中，故性是性，仁是仁，齐头并列，一时未能打并为一。……是则性之问题在孔子犹是敞开者。②

---

① 牟宗三《心体与性体》第一册，页23—24。
② 牟宗三《心体与性体》第一册，页24—25。

此处牟先生认为孔子在性概念的使用及讨论上是处于一个未决的状态，实际上就是孔子尚未深入这个问题去思辨，只是一般地使用着这个性概念，尚未在性概念的特殊哲学意义上落实。即就此而言，牟先生也说程朱对于孔子之"性相近也"的"气质之性"的解读是有道理的。但这也只是对孔子的一句使用到性概念的话的解读，并没有定执地说孔子主张性就是什么，也没有主张性就只能是气，而是就众人的差异而说是气的禀受的结果，至于众人成圣的可能则仍是有天命之性的保证的，两路都是性概念可以使用及言说的路径，各有所面对的问题，也各自是成立的理论，只是天命之性的思路在孔子的话语中尚未出现而已。牟先生既可尊重未提"天命之性"的孔子思路，但却对后来说程朱所说之性多有批评，如批评其说"心性情"三分，以及批评其对"气质之性"视之为"性之堕在气质中"而非"气质本身是一种性"者，这实在是牟先生未能尊重程朱的思路所致。又见：

> 至孟子时，性之问题正式成立，告子顺性者生也之老传统说性，而孟子遮拨之，则从道德的本心说，此显然以孔子之仁为背景。在孔子，仁与性未能打并为一，至此则打并为一矣。在孔子，存有问题在践履中默契，或孤悬在那里，而在孟子，则将存有问题之性即提升超越面而由道德的本心以言之，是即将存有问题摄于实践问题解决之，亦即等于摄"存有"于"活动"（摄实体性的存有于本心之活动）。如是，则本心即性，心与性为一也。至此，性之问题始全部明朗，而自此以后，遂无隔绝之存有问题，而中国亦永无或永不会走上西方柏拉图传统之外在的，知解的形上学中之存有论，此孟子创关心灵之所以为不可及也。[1]

在这一段话里面，牟先生将孟子说性的理论意义予以申述，说即是将存有问题以实践之路解决之，笔者以为，此说有哲学基本问题的混淆，必须检讨。存有问题是形上学问题，就实践哲学相关的形上学问题而言有本体论及宇宙论两部分，实践问题是工夫境界论问题，形上学问题当然会跟工夫境界论问题

---

[1] 牟宗三《心体与性体》第一册，页 25-26。

有理论的关涉、推演、互动，但是，孟子是讲工夫论问题，而说尽心知性，至于尽心可以知性则是形上学命题已为其预设，因此说工夫论预设形上学是可以的，至于说将存有问题摄于实践问题则不妥当。牟先生之意是孟子谈性是一个存有论问题，因性由心知，因此是摄存有于实践中，于是牟先生之意是孟子的"道德的形上学"是从实践之路建构的，因着从实践之路建构，遂无隔于存有，也不会走入西方知解式形上学之路。其实，知解之路的形上学存有论问题有它独立的问题意识与哲学功能，而这也正是笔者于本文中使用存有论一辞以有别于本体论一辞之使用意，即是讨论概念思辨的知解的形上学问题；而实践哲学的思路又是另一路，这是两项各不相同的哲学问题，并没有所谓不会走入知解之路的断语之有必要说者。牟先生后来就说程朱之学就是西方柏拉图、多玛斯传统的"本质伦理"之学，这就是知解之路，但是，笔者主张，这一路的功能在于清楚地界说所使用的概念的义涵，而孟子所使用之性概念就有必要从这个纯粹存有论的进路来深入解析，那就是在讨论"心性情气"的关系的问题了，藉由关系的界定，更使孟子性善论说能与其形上学有一致性的推衍，因此也就更可以说出工夫论了。

但是，牟先生的做法却是把工夫论收在形上学里面说，以致建立一个有实践活动义的动态的"道德的形上学"。然而，并不是孟子讲了工夫论就表示孟子的形上学不会走入知解之途，所谓知解之途其实就是从概念解析以建构思考模式，它本身并不是在谈工夫论的问题，但是所谈的命题又都可以作为工夫论命题的言说依据，所以各是两路的哲学问题，因此亦皆有理论功能，所以也不是孟子否定了这条概念分解之路，而是孟子没有进入这个问题的更深入的思辨讨论中。孟子是直接使用概念以发表实践观点的工夫理论，至于其所使用的概念，当然自动开放给后人从其他更多的哲学问题面向来讨论，包括思辨性知解的存有论讨论，并且，不会因为孟子发挥了工夫论思路，就表示知解分析之路是孟子反对的、或是背离孟子的。也就是说，牟先生据此以为孔孟之形上学是一摄存有于实践中的"道德的形上学"，笔者认为这是牟先生的特殊建构，只管从工夫论一路来讲实体形上学，而拒绝其他哲学问题的合法性地位，企图经由这样的建构，而要排斥知解之路的纯粹存有论发展，亦即要排斥程朱之学。然而，程朱之学虽然确实具有此一面向，但这也只是程朱之学所具备的其中的一个面向，事实上程朱之学不只有这个面向而已。

此外，从语意分析说，牟先生讲的"本心即性"，是"摄实体性的存有于本心之活动"，其实牟先生应该讲的是"心即性"，是气化实然之心之做工夫变化气质而谨守纯粹至善的天命之性，是心之做工夫以至于处在本心的状态，而不是人有一个本心、又有一个非本心而为放心的心，因此由那个纯善的本心去做工夫而致即性，且排斥那个会为恶的放心，这样说是不对的。应该说是"会为善也会为恶的气化实然之心"去做工夫，并以性善之性即本心之性为蕲向而做工夫，因此整个是一套工夫论的思路，而非形上学的思路之言于以实践说存有之事者。实践就是实践，实践跟存有是有关系而非没关系的，但并不需要说是摄存有于实践以致使两者合为一事。实践以最高存有的价值意识范畴为心理意志之凝练的蕲向，而不是把存有讲成了实践，即便在这样的讲法中，牟先生讲的本心亦本来就已经是性概念的意思了，因此不宜于说本心即性，否则就只是存有论的本心概念就是性概念的命题意旨，而这正好不是牟先生的思路，牟先生的思路是主体之心已实践而即性，因此才能说是摄存有于实践。笔者之意是实践就是实践，存有就是存有，存有与实践有理论上的关系，但两者不是一回事，故而存有不能摄于实践中。谈本心概念即是性概念，这是存有论的讨论，谈主体之气化实然之心之做工夫以致蕲向于其性是工夫论的讨论，两件事情要分开来说。

牟先生又接着讨论孟子所使用的心性概念与天概念的关系，认为孟子之心性与天尚有一点相隔，但其心性与天必应是一无隔的关系。其实，这也就是牟先生必欲建立实体形上学的形上学中心的思路所致的特殊诠解结果，其言：

> 仁与心、性既如此，则孟子处心性与天的关系即同于孔子处仁与天之关系。孟子从道德实践上只表示本心即性，只说尽心知性则知天，未说心性与天为一。……在孟子的语句上似表示心性与天尚有一点距离，本心即性，而心性似不必即天。然此一点距离，一因心之绝对普遍性，二因性或心性之内容的意义有同于天处，即可被撤销。故明道云："只心便是天，尽之便知性，知性便知天，当下便认取，更不可外求。"明道如此说，实因其生命智慧与孟子相呼应，孟子本可有此开启，故即存在地呼应之而即

如此说出也。如果天不是向人格神的天走，又如果"知天"不只是知一超越的限定，与"知命"稍不同，则心性与天为一，"只心便是天"，乃系必然者。尽心知性则知天，顺心性说，则此处之"天"显然是"实体"义的天，即所谓以理言的天，从正面积极意义看的天。所谓性之内容的意义有其与天相同处亦是从积极意义的"天"、"实体"意义的天说。此所谓"内容的意义"相同实则同一创生实体也。"天"是客观地、本体宇宙论地言之，心性则是主观地、道德实践地言之。及心性显其绝对普性，则即与天为一也。明道如此呼应，宋明儒之大宗亦无一不如此呼应。惟伊川朱子则转成另一系统，遂亦不能有此呼应矣。①

牟先生说孟子之心性与天的关系应同于孔子之仁与天的关系，此说笔者也是认同的，但牟先生说孟子对心性与天的关系尚有一隔，此说亦无必要，那只是就尽心知性知天一句说的，其实，在《孟子》书中的"诚者天之道，诚之者人之道"的说法中，天人之间已经以有共同的价值意识而为一了，所以说心性与天之为一或不为一是要看是在谈什么问题才说的。牟先生特举的明道之说法，是一言"心、性、天"之可以合一的标准说法，但是，明道的合一说的命题却不是形上学的问题意识下的合一，而是在工夫论脉络下说工夫已臻至纯境时的主体体贴状态，天当然可以是实体字义，实体字义的天被心认取是它的价值意识，并不能说主体的心当下即是实体的天，只能说主体的心当下即以天命的性以为活动的唯一意识，因此不必外求。可以说主体之性即天道之天理，此即是指其价值意识，此两者作为原理义的角色是相同的，而非存在上是合一的，故而不是"心性天"三个概念在一切问题的面向上都可以说为合一的。从工夫论上说，"心性天"在主体实践以至纯粹圣境时可言同一于主体之境中，但是从概念指涉的实义上说时，天、性、心各具一存有范畴，对其做清晰分解之事，即是一存有论讨论，此项工作并不等于不能呼应工夫论的"心性天"之合一义，这里便是牟先生对程朱之学的强为拆解与批评了。

此外，牟先生说天是实体义的天，同时是以理言的天，亦即天是价值意

---

① 牟宗三《心体与性体》第一册，页26–27。

识之原理，其本身是一个实体。既然如此，如何能说从主观面说的主体的心与性亦是这个实体呢？若以此性亦为一实体，并认定此性体是自天理之赋命而有者，因而与天道实体是同一个价值意识之实体，此说当可成立，但是此一性体毕竟是在于人存有者的主体中的性体，从存有范畴说，不能说它就是天道实体的本身。至于心性显其绝对普遍性时，亦即可以说是当主体实践以达致圣人境界之时，则此圣人之主体心与其天命之性与天道实体的价值意识完全同一，此话仍是可说，但是圣人的心性与天道实体毕竟不是同一个存有范畴，所以所谓与天为一之为一之意义，依然不能说是完全同一于一个存有范畴之同一义。既然没有这样的一个同一义，则牟先生摄存有于实践中的说法就没有这个必要了，因为那是形上学中心的思路，存有论上该论于同一的就是"性即理"，工夫境界论上可论于同一的就是"心即理"，但并没有一个"道德的形上学"上的"心性"即是"天"之义理之可说的。

以上牟先生的这些说法，实际上真正是与熊十力论于《新唯识论》中的意思是一样的，熊十力依佛教唯识学说一套唯心论的整体存在界理论，天道之心与人道之心不分，牟先生此处亦即是此意，但熊十力已是混淆问题的一套做法[①]，至牟先生又重犯其故。

八、暂结

本文谈《对牟宗三谈宋明儒学之所以为新儒学意见的方法论反省》，牟先生藉由"仁心性天"等概念意旨的界定，以及"道德的形上学"之特殊形态约定，来说"周、张、明道、陆、王"与"伊川、朱熹"是两种不同型态的新儒学，前者是准确继承而发扬之为新，后者是别出新旨而为新，显然前者是正宗而后者是旁出了。

本文讨论的重点，在对牟宗三先生《心体与性体》概念使用的方法论反

[①] 笔者对熊十力哲学宗旨的意见，参见拙著：《熊十力新唯识论的问题意识与思想立场》，2013年1月18—20日，"儒家思想与当代中国文化建设国际学术研讨会"，深圳大学国学研究所主办。http://homepage.ntu.edu.tw/~duhbauruei/1dbr/paperbook.htm

省，企图从他所有的概念使用背后的问题意识之揭露说起，逐步发觉牟先生其实就是建立了一套自己特殊使用的形上学概念模型，将工夫论塞入形上学中，从而比较程朱、陆王的高下，既不能独立地见出工夫论的思路脉络，又不能清晰地呈现形上学概念的意旨。因此，笔者主张，应该区分工夫论与形上学的问题意识，将之分开讨论，并且在工夫论中区分工夫论与境界论，并且在形上学中区分实践哲学的本体论、宇宙论，以及思辨哲学的存有论问题意识。从此对程朱、陆王的异同，既能别其异，又能不必使其在差异中有所对立，这就是本文写作的目标。然牟先生著作庞大，每一段文字中都蕴含了所有的思想系统的思路，分析疏解时十分不易，不得已仅能以本文之逐段分析的方式进行，篇幅已多，暂结于此。关于《综论》部，还有下一章的讨论。

▶ 第二章：对牟宗三谈宋明儒学之课题与分系的方法论反省

一、前言

本书第二、三两章之作，乃针对牟宗三先生《心体与性体》一书之《综论》部分做细节的讨论。第二章之作，即其中的开头阶段，包括《综论》第一章之第一节及第二节之全部，以及第三节论于孔、孟部分，本章即从《综论》第一章第三节之《庸》《易》部分往后讨论。

二、《中庸》之性与天的关系

牟先生的"道德的形上学"是由先秦儒学各家经典的诠释而建立起来的，建立之后，便产生对宋明诸儒的诠释及检择之判准，牟先生论于孔孟时是讨论"仁、心、性、天"的体系关系，其实就是把价值意识的本体论"仁"，和主体实践的工夫论"尽心知性知天、存心养性事天"合在一起讲的体系。至于对《中庸》定位的讨论，牟先生是把它放在"性"与"天"之合一的命题重点上，而这一部分就是关于概念范畴的存有论之学，把存有论讲清楚，则本体工夫论也就更可以讲了。参见其言：

关于"天命之谓性"。中庸说此语，其字面的意思是：天所命给吾人者即叫做是性，或天定如此者即叫做是性。单就此语本身看，尚看不出此天所命而定然如此之"性"究是何层面之性。然依下句"率性之谓道"一语看，性不会是气性之性。又依"中也者天下之大本也"一语看，如果"中"字即指"性体"言，则作为"天下之大本"之中体、性体亦决不会是气性之性。又依中庸后半部言诚、言尽性，诚是工夫亦是本体，是本体亦是工夫，诚体即性体，性亦不会是气性之性。此可能是根据孟子言性善而来。①

牟先生首先讨论《中庸》首章"天命之谓性"一句，重点在指出，这是依据孟子性善论的本体论立场而有的发挥。在以上这段文字中，牟先生所关切的问题就是这个"性"不能是"气性之性"，它不携带着"气"，而是纯粹的"天命、天道"。牟先生这样的强调，其实就是藉由《中庸》的命题，继续建立"道德的形上学"系统，这个系统，是有一个超越的实体，一个纯善的、非气存在的、能起创生作用的实体，它固是性体，是人性主体的性体，但是它不受人存有者的气性生命之限制，因为它是与天道同体的性体。对于这个问题的讨论将在本文下一节讨论《易传》时再一并深入处理。这样的说法在理论上可产生的效果即是正面地说出一个天道性命相贯通的性体，而与孟子从主体实践上说的性体既有不同也可沟通，这才是牟先生谈《中庸》的重点，参见牟先生另言：

> 孟子之自道德自觉上道德实践地所体证之心性，由其"固有"，"天之所与"，即进而提升为与"天命实体"为一也。而此亦即形成客观地从本体宇宙论的立场说性之义。如果"天"不是人格神地天，而是"於穆不已"地"实体"义之天，而其所命给吾人而定然如此之性又是以理言的性体之性，即超越面的性，而不是气性的性，则此"性体"之实义（内容的意义）必即是一道德创生之"实体"，而此说到最后必与"天命不已"之实体（使宇宙生化可能之实体）为同一，绝不会"天命实体"为一层，

---

① 牟宗三《心体与性体》第一册，正中书局发行，1968年第一版，页29。

"性体"又为一层。……是则诚体即性体，亦即天道实体，而性体与实体之实义不能有二亦明矣。①

在牟先生的讨论中形成了说性的两路，其一为孟子的自道德实践地说性，其二为自天道实体的本体宇宙论进路地说性，牟先生说两路必须是一路，说两层必须是一层。其实，这里还涉及两个不同层次的哲学基本问题。第一、从主体说性及从天道说性是一回事，第二、说主体之性即是天道是另一回事。就第一个层次而言，孟子自实践上说性，是工夫论上说工夫所据之在人存有者身上的良知良能之性，此性是否上升为天道，也许孟子并未明说，但是《中庸》之所说就确实是说有一个天道赋命的人性，但是《中庸》所说及孟子所说之性都只能是同一个性，同一个扮演主体本质性本性的功能的性，它从工夫论说，是作为主体实践的价值意识之定准，它从形上学说，是作为天所赋命于人的本性，但它总之就都是说人之本性，因此它有工夫论的功能，也有形上学的角色。工夫论上使主体之实践有定准，形上学上使天道实体与天地万物有内在的连结，可以说在孟子处多注意及工夫论上的功能，而在《中庸》处则发展它形上学的角色。就第二点而言，说性体即天道实体，这差不多等同于说孔子之仁即天的意思。然而，从概念范畴说，性体与道体两者毕竟在指涉上有所不同，虽然，从价值意识的内涵说，性体与道体当然必须相同，因为两者都是纯粹至善的本体。只不过，从存有论的角度说，性体以其为人存有者的本质性本性而为本体，道体以其为整体存在界的根本意义而为本体，两者内涵可以相同，但是存有范畴的指涉意义仍是不同，因此牟先生特为指出两层是一层之意应予辨析。牟先生的思路常常都是从形上学跳到工夫论，再从工夫论跳回形上学，最终多半以工夫论说形上学，以致造成工夫论与形上学不分，导致理论的纠缠难解。因此说性体与道体不分的话只能是从工夫论上说性体与道体的价值意识皆是主体的价值意志之内涵，但是纯粹从概念分解的存有论上说时，两者并不相同。牟先生说的诚体即性体的话只能是借着圣人实践达至圆境时，此时整个天下都是圣人意志的涵幅，此时圣人之性体无限扩充之，而即与天道实体为一，

---

① 牟宗三《心体与性体》第一册，页30。

天地万物就是由这位圣人的实践的心意来贞定的，此时说性体即是道体是可以的。但是这个性体及道体之为一是就着圣人境界说的，而仍不是就着存有范畴说的，在其他个别的状态中，性体与道体只能是有价值意识内涵的同一，存有范畴上它们始终是两回事。

以上笔者所做的区别，是加上了清楚的工夫论与境界论的问题意识后的区别，也是加上了清楚的存有论与本体宇宙论的问题意识后的区别。在圣境中主体与实体的行动是二而一的，但主体与实体毕竟是两个存有，因此性体与道体也只能说是价值意识内涵之同一，而绝不是同一个存有。当圣境出现，主体与天道实体二而一矣，此诚其然，亦甚美矣，更已圆满，但是要就一般人而谈的工夫论旨时，则主体之作为与天道实体不一，关键在气性生命本身不圆满，因此谈工夫修养，必定是要在此处讨论，亦即就是要对治气性生命。牟先生追求圆满的圣境是一回事，强调性体即是道体确实是重点，但哲学问题面向众多，处理一般人的实践理论是另一回事，更需要讨论气性生命的对治，这些部分牟先生未能清楚区分，在以下所述之旨意中仍是混在一起谈的，其言：

> 就其统天地万物而为其体言，曰实体；就其具于个体之中而为其体言，则曰性体。言之分际有异，而其为体之实义则不能有异。是即横渠所谓"天所性者通极于道，气之昏明不足以蔽之"之义。性体与道体或天命实体通而为一，故自此义言性者特重"维天之命于穆不已"之诗，遂形成客观地超越地自本体宇宙论的立场说性之义，而与孟子之自道德自觉实践地说性、特重"民之秉彝好是懿德"之诗句者有异，然而未始不相呼应、相共鸣，而亦本可如此上提也。由孟子之自道德自觉上实践地说性，由其如此所体证之性之"固有"义、"天之所与"义，以及本心即性、"万物皆备于我"、心性向绝对普遍性申展之义，则依一形而上的洞悟渗透，充其极，即可有"性体与天命实体通而为一"之提升。中庸如此提升，实与孟子相呼应，而圆满地展示出。①

---

① 牟宗三《心体与性体》第一册，页30—31。

文中牟先生说所言有分际之异但其为体之实义不异，是既承认有别又要说共同，这是指天道实体与性体而言，说两者之存有范畴有别但价值意识共通，这是一定可以成立的话。因此牟先生说《中庸》上升孟子之从主体实践处之性体为天道之实体，这话应解读为《中庸》谈出了一个可以作为主体实践的性体之形上依据的天道实体，这个天道实体因着主体的实践实证而可确知为真有此体，所以《中庸》是在孟子的实践哲学的基础上说出了形上学的普遍原理的天道实体的命题。但是，形上实体还是形上实体，它就是天道实体，而主体实践之依据的良知良能之性体还是主体的性体，它就是性善之主体的性体，这个性体一方面作为实践的主宰一方面作为存有的本质，因此又可说"从本体宇宙论说性体与从道德实践说性体是一"的话，因为两路所说者都是性体，只是从两种哲学基本问题的入路进来说此一性体的，一路是存有论地说性体，一路是工夫论地说性体。

但是，说"道体即是性体"这话就有问题了。这样的说法是两个存有范畴合为一个存有范畴的意思，严格地说，只有佛教华严宗的毗卢遮那佛有这样的存有论的地位，此佛自身之主体即是遍在的整体宇宙，因此道体即性体。说儒家的圣人之依主体之性体而实践而影响及于整体存在界而说为即是道体时都稍有说过头的情形了。笔者必须说，从牟先生更多的其他文本显示，最终牟先生还是要指出性体即是道体的天道命相贯通之理想圆满义，笔者要强调的就是，这只能是就着圣人的境界说的，而不是在形上学上能有这样的一个命题可以成立。正是因着牟先生在谈形上学命题的时候流入了工夫论的问题意识，又因为只有做工夫才能成圣境，而成圣境正是儒学的最终目标，所以牟先生在谈形上学时就会以成圣境为圆满的形上学，但是，这正是哲学基本问题的错置，也正因为如此，所以他就会对纯粹停在形上学存有论思路中谈性体与道体的概念分解的程朱的命题予以批判了。如其言：

> 由于中庸之提升，宋明儒即存在地与之相呼应，不但性体与天命实体上通而为一，而且直下由上面断定：天命实体之下贯于个体而具于个体（流注于个体）即是性。"于穆不已"即是"天"此实体之命令作用之不已，即不已地起作用也。此不已地起命令作用之实体命至何处即是作用至

何处，作用至何处即是流注至何处。流注于个体即为个体之性。此是承中庸之圆满发展直下存有论地言之也。此虽与中庸稍有间，然实为中庸之圆满发展之所涵。宋明儒如此断定，不得谓无根也。此断定几乎是宋明儒共同之意识，即伊川朱子亦不能外乎此，即象山阳明亦不能谓此为歧出。惟积极地把握此义者是横渠、明道、五峰与蕺山，此是承中庸易传之圆满发展而言此义者之正宗。伊川朱子亦承认此义，惟对于实体、性体理解有偏差，即理解为只是理，只存有而不活动，此即丧失"于穆不已"之实体之本义，亦丧失能起道德创造之"性体"之本义。象山阳明则纯是孟子学，纯是一心之申展。此心即性，此心即天。如果要说天命实体，此心即是天命实体。[1]

本文前段所说之天命实体下贯个体即是性，此意是说天道流行，此说可以成立，说其成立是说人存有者的本质性本性即是天道赋命的，这就是从本体宇宙论地定位人性主体之性体的存有论地位之义。但是，说主体实践之性体即是道体是不能成立的，因为天道赋命于人以成之人之本性时就是个体之性体了，个体之性体与天道实体有共同价值意识是当然可说的，但是存有范畴上还是两回事。要说是一回事只能是在说做工夫时，主体以性体为意志之蕲向而此性体即在价值意识上同于道体，因此做活动的时候可以说性体即道体，但是这个同一还是指涉价值意识的同一，主体既是以性体也是以道体为实践的意志蕲向，只要主体在存在范畴上并不即是整体存在界，就不能在形上学上说性体即是道体，最多说其为一理一分殊之关系，统体一太极，物物一太极。然而，明明是形上学存有论的问题，牟先生却还是以工夫论问题意识来侵入形上学命题的定位中，故而肯定象山之此心即是此性、又即是此天之说，因此此心即是天命实体，而牟先生却批评程朱之理是只存有不活动者，故而其已丧失道德创造力。笔者认为，朱熹某些谈话只是在存有论问题意识脉络下的谈话，不涉及工夫论问题，但这并非不谈工夫论更非否定工夫论，而是某些命题确实单单只是在谈存有论问题而说的存有范畴的概念定位，故而性体、天道实体甚至主体之心各

---

[1] 牟宗三《心体与性体》第一册，页31-32。

是不同的存有范畴，纯粹就其价值意识之为实体而言，它是不变动的，因为它是永恒地价值同一的，至于当整体地以其就在天地万物之中主导万物之生发而为现象之流行变化而言，它就带出了现象的活动，因此，牟先生强调的即存有即活动之活动义，应该要转为说就是天地万物的现象世界的活动，若还要说是价值意识的实体的活动，那就是要另有语意约定了。至于强调实体之价值永恒不变，不随任何现象流变而更改自己，这时谈的是这个恒善的本体，就此而言，此理不动，这是程朱从存有论进路在谈的问题，而且这仍然是可说当说且应说的话，这就是朱熹理气论的命题在处理的问题，这就是纯粹在抽象思辨的存有论脉络中的命题。

至于牟先生说象山之此心即是天命实体的话，依笔者的分析，这就是工夫论的话，是此一主体之心以性体及实体为意志的蕲向，所以还是价值意识的同一，是工夫主体的价值意识之同一，而非形上学问题中的存有范畴的同一，因此并不存在着说性体与道体的同一才是正确的命题的形上学立场。亦即并不存在形上学问题中的即存有即活动的性体与道体，只是形上学中的性体与道体皆在主体的心的实践中作为同一个价值意识而为主体所实现着。同时，也不存在着只存有不活动的形上学命题，而只是有说此价值意识的道体与性体的价值意识是永恒不变的意旨，而此一意旨所指之道体即在天道流行中即以整体存在界的活动而动作了，以及此一意旨所指的性体即在主体的道德实践活动中亦有其动作了。前者是存有论的性体、道体、理体之在宇宙论中说的，后者是性体、道体、理体之在工夫论中说的。因此，只有明确说明正在谈论哪种问题，才有要提出哪种命题的立场。

由于牟先生刻意地将工夫论置入形上学中谈，以至于有性体、道体为一的立场，甚至，更有心体与性体、道体为一的立场，这就更是将工夫论与形上学合构的做法了。牟先生对王阳明谈我的灵明便是天地鬼神的主宰之说，就是把实践活动置入形上命题中处理的做法，其言：

>　　此便是一心之申展、一心之涵盖、一心之遍润。自道德自觉上道德实践地所体证之本心、所扩充推致之良知灵明顿时即普而为本体宇宙论的实体，道德实践地言之者顿时即普而为存有论地言之者。惟不先客观地言

一"于穆不已"之实体而已。而先客观地言之、再回归于心以实之,或两面皆饱满顿时即为一以言之,亦无过。此即横渠、明道、五峰、蕺山之路也。①

王阳明的语义确实是极强烈的,但是,王阳明的哲学立场不可能是说得像佛教绝对唯心论意旨的话语意义,只能视为是说天地万物的价值意识必须是因着主体的实践才会有所彰显的意旨,因此只有工夫论的意思。但是牟先生却将王阳明的话语意旨向上提升为本体宇宙论的意旨,将阳明之本心说成了本体宇宙论的实体,这就是将主体的道德活动语言说成为天道流行的存有论语言,这就进入了牟先生的"道德的形上学"的语言系统了,这是笔者不同意的部分。就主体活动而言,主体的价值意识遍在了天地万物而与天道的意识合而为一,这是可说的,这就是工夫实践以致成圣的境界的话。但是,就存有论的语言而言,主体还是主体,整体存在界还是整体存在界,天道实体以为本体还是天道实体以为本体,个人性体还是个人性体,这些都是必须分开说的。因此不论是阳明由主体实践以体证天道,或是横渠、明道、五峰、蕺山等先说天道再说由主体对天道的实践及体证,儒学家所说的都是在工夫论脉络上的意旨,此时说性体、心体与天道因着主体的实践活动而合一是可以的,但是无论如何说,所说的都不是存有范畴中的主体之心、主体之性体,天道之本体的三事为一事的合一,因此并没有牟先生所意旨的那个形上学的合一的命题。除非,儒家能讲出明确的宇宙发生论,而且是主观唯心论旨的宇宙发生论。但这既不是孔孟的专长,也无法是儒家的立场。

总之,牟先生定位《中庸》的哲学,将《中庸》在儒家的"道德的形上学"建构中的最重要功能,就放在性体的建构上,而此性体又即在实践中即是天道实体,因此性体即天道实体,但是此一性体即天道实体的说法却是将工夫论语言错误地置入形上学语言中而说出的。此外,当讨论到象山、阳明的言于心体之工夫实践活动的命题时,就更跳跃地将心体与性体及道体合一了,而这又更是工夫论与形上学的错误地混同。

---

① 牟宗三《心体与性体》第一册,页32。

三、易传中的天道实体

就《易传》之讨论言，牟先生认为在《易传》哲学之处，儒家之"道德的形上学"便已圆满地建立了，这是因为，《易传》又多了宇宙论的命题，因此使得讲形上学的命题更臻丰富。但是，也正是因为宇宙论的命题出现得较多，在牟先生的讨论中，却一方面将性体与气概念分开，一方面将心体与性体等同。因此造成了一套只活动却不存在的空谈心性之理论。这是因为，牟先生要确保那心性天合一的圣境义之"道德的形上学"论旨，便千万拒绝气性存在的涉入，但也因此，断送了谈一般人做工夫的存有论架构分析，使得工夫论命题之提出缺乏管道，甚至导致只能谈顿悟不能谈渐教了。参见其言：

"乾道变化，各正性命。"此语字面的意思是：在乾道变化底过程中，万物（各个体）皆各得正定其性命。此语本身并不表示所正定的各个体之性命即是以理言的性命，亦可能是以气言的性命。但首先不管是以理言的性命，抑还是以气言的性命，此总是从"乾道变化"说下来，此即是性命之本体宇宙论的说明。此说明之方式尚未见之于《中庸》。《中庸》只表示性体与道体通而为一，未直接表示从道体之变化中说性命之正或成。但《易传》却直接宣明此方式。《乾·文言》曰："乾元者始而亨者也。利贞者性情也"。从利贞处说性情即是从个体之成处说"各正性命"也。从利贞处见个体之成，即见性情之实，亦即见性命之正。乾道之元亨利贞即表示乾道之变化。实则乾道自身并无所谓变化，乃假气（即带着气化）以显耳。乾道刚健中正，生物不测，即是一创生实体，亦即一"于穆不已"之实体。然此实体虽是一创生的实体，虽是不已地起作用，而其自身实无所谓"变化"。"变化"者是带着气化以行，故假气化以显耳。变化之实在气，不在此实体自身也。假气化以显，故元亨利贞附在气化上遂亦成四阶段，因而遂俨若成为乾道之变化过程矣。然而元亨利贞亦称乾之四德，则申展出去说为四阶段，亦可收摄回来附在乾道之体上说为四德也。即是体之四德，则申展出去成为四阶段而显一"变化"相，此显是假气以显耳。①

牟先生从"乾道变化，各正性命"说本体宇宙论，就其落实于个体生命时则提出"乾道"所落实的性命是以理言还是以气言的问题，而牟先生自己则主张，是以理言而非以气言，且说乾道自身无变化，变化在气不在此实体本身。依据牟先生这样的说法，这个不变化的乾道之说法，简直就是在说朱熹的理气说中的理存有的特征了。乾道之实体有创生的活动，但却不变化，变化的是气，假气以显乾道的创生作用。如此一来，实体落实于个体而成一只是以理言之性命，则牟先生系统中更是强烈地存在着理气二元的立场，此义，与朱熹之理气论何别？实际上陆象山和王阳明也都是共享着朱熹的理气论的，只是牟先生更强调《庸》《易》之理是活动的，而说朱熹所言之理是不活动的。笔者认为，牟先生讲乾道实体不变化的意思也就是朱熹讲理是不动的接近的意思了，因为朱熹所论的真正重点是在理是一与气共在共构的存有范畴，气是实然的一面，理是规范此一实然的原理，实际的活动变化都是现象界的气的事迹，至于此理是否说为活动，在牟先生是关切作为道德实践的发动力量，亦即是那创生的动力在此，就此而言，朱熹两分太极、阴阳为理与气时，太极势必要带动阴阳，因此其理势必要带动其气，因此朱熹之理当是有创生活动之义，只是就此理仅为一理存在而非气存在而言，活动变化的具体现象都应该是就气说的，故而说理是不动的，重点在强调没有动相，因为动相都在气的一边显现了。上文中，经过牟先生这样的强调，其言与朱熹之存有论思路下的说法能有多少差异已是说不太出来了，朱熹说不动之语在牟先生处即是说不变化，则几乎可说无有差异了。牟先生之所以要对于乾道实体之理这么说，主要是为保住此实体与性体的纯粹至善性，因其一旦落入气禀的一边，则就有善恶夹杂了，则即不能论于圣境的圆满了。但是，这样一来，却对牟先生更强调的另一个重点，即是实践活动力，是个重大的致命伤。笔者的意思是说，牟先生在本文中的实体是理的讨论意见，正使他自己进入了纯粹的存有论的思路中，反而脱离了他一向注重的本体宇宙论的脉络，这样一来，别人也可以对牟先生提出批评，而这批

---

① 牟宗三《心体与性体》第一册，页33。

评正如牟先生对朱熹的批评，就是对这种单单强调性体、道体的唯理面向的说法，等于正是"论理不论气不备"，这是存有论上不完备的讨论，这样的唯理存在的道体与性体，并不能将现象世界的活动说明清楚，这不正是牟先生批评于朱熹的意见宗旨嘛？即是一不变不动的理体而已。虽然，是没有别人这样批评牟先生没错，但如果牟先生强调的唯理之道体、性体并不至于有遗漏现象世界的缺点，那也正是说明了朱熹单谈存有论问题时，也并不会否定本体宇宙论的立场，因此就不存在牟先生所指责的缺失了。否则，对朱熹之理体只存有不活动的批评，一样都直接可以用在以上这段牟先生谈乾道实体唯理非气的文字意旨了。

同样的排除气化实然于天道实体的思路之说法，又见其言：

> 然则此所正之性命是以理言的性命，还是以气言的性命？濂溪之赞语只表示易道是"性命之源"，未表示此性命即是以理言的性命。然通极于"体"而言性命，衡之以儒家之道德意识，此性命不会是以气言的性命，历来亦无人作如此理会者。是故必是正面的、超越面的、以理言的性命。当然以气言的性命，于个体之成时，亦自然带在气之凝结处。然言道德实践之先天根据（超越的根据），却无人以此性命为气之凝结处之气之性命，却必须视为超越面的理之性命。如其是理之性命，则性即是此实体之流注于个体中。实体之流注于个体中，因而个体得正其性也。正其性即是定其性，亦即成其性。此是存有论地正、定、成也。①

针对"乾道变化各正性命"的性命而言，牟先生此处明讲的是以理言而非以气言之性命。笔者以为，说主体的道德活动的根据，只以理言而说，这是可以的，朱熹也正是这样讲的。但是，讲天地万物的大化流行，而只停在理的一面，而未带着气的一面，这是不完整的。虽不完整而做这样的强调还是可以的，目的在强调其性之纯善的一面，此性善之实体贯注于个物中而为性体，但是不能不顾气化实然的现象世界，必须是气化实然的现象世界亦已纯善了才有

---

① 牟宗三《心体与性体》第一册，页34。

所谓成性的作用之可说者，否则就只是说了个体存在之有理有气，理固是纯善的，且必是道德实践的先天根据，但不进入气化实然中作用变化而致气亦受导正而为善的流行的话，则说其成性之意义何在？当然，问题还可以分为本体宇宙论的天道流行说及工夫论的主体实践说两面向，因此，"乾道变化各正性命"当然主要还是在天道流行面说，因此重点就在天道流行之万物化生是否需要说为纯善无恶？要说纯善，则必须此性善之性贯注气化之实然而使万物成性为善，否则就是尚未将本体宇宙论所有该面对的问题处理完，因此又是要触碰到气化一边的问题了，因此并不是单单提出那价值意识的性善本体就是本体宇宙论问题的全部，更不是哲学理论的圆满完成。然而牟先生却仍然只重视正面、超越、以理言的性命义，且认为《易传》是儒学的圆满完成，因而，在这个圆满的《易传》诠释中，气化世界的存在的一面硬是被冷落了，参见其言：

> 大抵先秦后期儒家通过中庸之性体与道体通而为一，必进而从上面由道体说性体也。此即是易传之阶段，此是最后之圆成，故直下从"实体"处说也。此亦当作圆满之发展者，不当视作与论孟为相反之两途。盖论孟亦总有一客观地、超越地言之之"天"也。如果"天"不向人格神方向走，则性体与实体打成一片，乃至由实体说性体，乃系必然者。此与汉人之纯粹的气化宇宙论不同，亦与西方康德前之独断形上学不同。此只是一道德意识之充其极，故只是一"道德的形上学"也。先秦儒家如此相承相呼应，而至此最后之圆满，宋明儒即就此圆满亦存在地呼应之，而直下通而一之也：仁与天为一，心性与天为一，性体与道体为一，最后由道体说性体，道体性体仍是一。若必将中庸易传抹而去之，视为歧途，则宋明儒必将去一大半，只剩下一陆王，而先秦儒家亦必只剩下一论孟，后来之呼应发展皆非是，而孔孟之"天"亦必抹而去之，只成一气命矣。孔孟之生命智慧之方向不如此枯萎孤寒也。是故儒家之道德哲学必承认其涵有一"道德的形上学"，始能将"天"收进内，始能充其智慧方向之极而至圆满。①

---

① 牟宗三《心体与性体》第一册，页35-36。

牟先生就《中庸》《易传》谈"道德的形上学",而所谈的"道德的形上学"就着重在"天、性、心"三概念的是否合一的问题上,但是,却是进行在将工夫论与形上学问题混淆的思路中谈的,同时也是将工夫论上升到了境界论的思路中进行的,因为只有在境界论的陈述中,就圣人之活动而说其心与其性时,才能与天有一意境上的全然是一的状态,但是这毕竟是论于圣人境界,并不是单就"心、性、天"而论其存有范畴,如此则"心、性、天"皆应分说,此义牟先生并未注意及。至于就具体的天地万物之大化流行,以及主体的变化气质、去人欲存天理的工夫实践活动说时,则"心、性、天"与实然之气皆须一并纳入讨论,此义亦被牟先生说偏了。牟先生言《中庸》《易传》不应与《论》《孟》为两途,因《论》《孟》亦言天,故《论》《孟》之"性"与《庸》《易》之"天"应是一事。但是,牟先生在说此义时却又是偏向道德意识而遗漏现象世界。说实体即是性体是可以的,这是就其本体论的价值意识之相同,以及存有论的扮演价值原理的角色之相同而说的,或是就其工夫论的主体以性体亦即是实体为意志蕲向而说性体与实体之相同的。以上是就道德意识一路之说性体与道体之为相同者。但是,就存有范畴说,实体是天道本体,性体是人存有者的性体,范畴不同,本为二事。至于就现象存在世界而言,牟先生说这不是汉人的纯粹的气化宇宙论,这只是一道德意识之充极,故而是一"道德的形上学",并且不只性体与道体是一,更即于心体亦是合一。这样一来,这个性体、实体、心体怎么说都距离现象世界愈来愈远了,汉人之气化宇宙论固然论及现象,但亦非没有价值意识的要求蕲向,更重要的是,先秦儒与宋明儒亦皆不能没有气化宇宙论的面向,价值本体不能不贯注落实至气化世界中来,主体实践不能不即在社会团体中发生效果,这都是气化的一面的角色功能,本来,性体、实体、心体只是道德意识,以道德意识而为存有范畴,无气的一面就无现象的世界,也无人生百态。因此,牟先生只注意及将心体、性体、与天道实体的合一,而忽视其与现象世界的实际关涉,这是不完整的讨论。牟先生重视形上学的天道实体与主体实践的心体、性体之合一,实际上是对儒家哲学的诠释先从孔孟之心体、性体出发,心性是言于实践活动的,此一实践活动有其形上学的理据之保证,亦以此一实践活动证实了此一形上实体之为真实,因此系统中需有天道实体与性体为一的立场,牟先生认为《庸》《易》的功能就在于此，而这正是"道德的形上学"的建构，若性体不能与天道实体为一而完成"道德的形上学"，则儒家便只剩孔孟之言心、言性了。所以牟先生又要将孔孟之心性与天合一，说其与天合一本来是最好的道德实践与现象世界的合一之思路，可是牟先生因关切在圣人境界中实践实证而证成的理论功能，故而只强调纯善的价值意识之在天性心之流行，表面上使说现象的形上学同时得以与道德实践活动合一地说，但因为牟先生过于急切地排除气化实然的面向，其结果，反而无法将道德实践的活动状态说清楚，也同时难以对存在的现象做正面的陈述与客观的说明了。这些思路，牟先生是不断地反复申说的，参见其言：

> 宋明儒之将论孟中庸易传通而一之，其主要目的是在豁醒先秦儒家之"成德之教"，是要说明吾人之自觉的道德实践所以可能之超越的根据。此超越根据直接地是吾人之性体，同时即通"于穆不已"之实体而为一，由之以开道德行为之纯亦不已，以洞澈宇宙生化之不息。性体无外，宇宙秩序即是道德秩序，道德秩序即是宇宙秩序。故成德之极必是"与天地合其德，与日月合其明，与四时合其序，与鬼神合其吉凶，先天而天弗违，后天而奉天时"，而以圣者仁心无外之"天地气象"以证实之。此是绝对圆满之教，此是宋明儒之主要课题。此中"性体"一观念居关键之地位，最为特出。西方无此观念，故一方道德与宗教不能一，一方道德与形上学亦不能一。①

本文所说的"宇宙秩序即是道德秩序，道德秩序即是宇宙秩序"，就是牟先生要将说现象的形上学与说道德活动的实践哲学结合的做法，笔者以为，这样的话语只能在有人存有者涉入的动态活动中定位，或是人存有者的特定心态视野中见之，就现象而说的世界存在而言，道德秩序与宇宙秩序还是两套视野的。牟先生说性体即是天道实体，这是要为道德实践活动找到超越根据，此时这样说两者是同一是可以的，但那是就价值意识之为同一而说之合一，亦是就天道赋命于人性而为价值意识之同一，而一旦有主体实践至其彻底完成之

---

① 牟宗三《心体与性体》第一册，页37。

时,也当然可以说就此一主体而言,"宇宙秩序即道德秩序,道德秩序即是宇宙秩序"。但就广大生民而言,是否亦仍如此说则就不一定了,这就要看这位主体实践者是以何人为典范了,仅以孔子、阳明而言,都只能说是自己的道德秩序即宇宙秩序,都不能是说天下生民的宇宙秩序亦已被道德秩序化了,至于历史上的儒者圣者,有哪一位是这一彻底意义下的使所有生民的宇宙世界即是道德世界呢?这恐怕是说不出来的。亦即,牟先生以儒家圣者之仁心无外之实践成就而说为绝对圆满之教,这一个面向的义理当然是存在的,这就是圣人境界相,但是要说成是整体现象世界的形上学理论则是说不到一起的。所以说到底,牟先生必要提出一个心体、性体即是天道实体的命题立场的理论意义,就是要就着圣人境界说出一套圆满的"道德的形上学"。说在圣人境界中有此三者之合一的话笔者是同意的,因为圣人的实践既是依据着天道实体更是证成了天道实体,但是这个合一仅仅只能是就着一位圣人的自我境界而言,它既不是现象世界的现况描述,也不能说是形上学的圆满。形上学之是否圆满是有多义的,牟先生是以圣人境界为典范而界定形上学的圆满义的,而在这个圆满义的形上学中,道德、宗教与形上学则三事合为一事了。

而牟先生又强调,此一合为一事的圆满的形上学中,性体的角色是最核心最重要最有特色的,就是性体才能将形上学的实践活动义建立了起来,其言:

> 然无论是讲实体,或是讲存有,或是讲本体(Substance),皆无一有"性体"之观念,皆无一能扣紧儒者之作为道德实践之根据、能起道德之创造之"性体"之观念而言实体、存有、或本体。无论自何路入,皆非自道德的进路入,故其所讲之实体、存有、或本体皆只是一说明现象之哲学(形上学)概念,而不能与道德实践使人成一道德的存在生关系者。故一方道德与宗教不能一,一方道德与形上学不能一,而无一能开出一即涵宗教境界之"道德的形上学"。[①]

牟先生此处即是在做中西哲学比较了,整个西方哲学史之实体讨论,皆

---

① 牟宗三《心体与性体》第一册,页38。

无性体概念,故而只是讲现象,只有儒家讲性体,藉由主体的道德实践,性体与天道实体合一,道德与形上学及宗教境界合一,这才是圆满的"道德的形上学",由道德实践的进路讲形上学而达至圆满。然而,笔者仍要强调,这个圆满只能是就一位圣者自身意境的圆满,而非形上学系统就因之更为圆满。此外,牟先生这样的立说,就是基于这个性体的能进行道德实践活动的意旨而说的,不过,这样的说法,就把本来应该是心概念的功能给包含到性概念的功能进去,因而有所混淆了。另外就是藉由说实践的性体义又将程朱之学给排斥在实践义之外了,因为程朱有一思辨哲学进路的心性概念分说的哲学问题意识,而这正落入牟先生要批评其心性不一的立场中,如其言:

> 儒者所说之"性",即是能起道德创造之"性能";如视为体,即是一能起道德创造之"创造实体"(Creative reality)。此不是一"类概念",它有绝对的普遍性(性体无外、心体无外),惟在人而特显耳,故即以此体为人之"性"。自其有绝对普遍性而言,则与天命实体通而为一。故就统天地万物而为其体言,曰形上的实体(道体 Metaphysical reality),此则是能起宇宙生化之"创造实体";就其具于个体之中而为其体言,则曰"性体",此则是能起道德创造之"创造实体",而由人能自觉地作道德实践以证实之,此所以孟子言本心即性也。①

本文中牟先生就是将性说成是体,并且是创造实体,故而有将性与天道实体及主体人心混淆的结果。因为谈创造即是谈活动,活动必有活动的主体,人则自己就是这个主体,而所谓自己当是指人的主宰,就主宰而言则为此心,因此是心在主宰自己做活动而为实践义的。除心以外,亦可假设整体存在界有一天道实体之存在,而为现象世界一切客观自然活动的主体,亦即推动者,因此也可以说天道实体在作用而因有实践义。当人心主体以价值意识推动社会人伦时,即是与天道实体的作用合一,而成就理想社会,理想社会既成,亦即是证成天道实体的价值意识与人心主体的价值意识是同一的,亦即实体与性体

---

① 牟宗三《心体与性体》第一册,页40。

一，或是道体与性体一。但是，这一切都是主体的心与整体的天道的活动，而不是性体的活动，以性体有活动义就是心体的功能被替代了。牟先生强调本心即性，其实就是意识到谈活动要从心谈，但是此心本是血气心知之气化实然之心，此心需有工夫的上提，上提至良知良能的纯善的状态中，或说是天命之性的纯粹状态中，而称本心，故说本心即性。然而在牟先生的使用义中，此语尚有二义，其一为人心就其为血气心知之纯善状态而言即性，是说心要进入性体的纯善状态而改称此心为本心，故而即性，其二为人心之有其本性在，故说此本性为本心，故概念上本心就是在讲人心之性，故而本心即性。其一在讲工夫实践活动，是把性说成了心，故而性也活动了，其二在讲概念定义的存有论问题，是把心说成了性，故而心也纯善了。以上说心之方式都使得心的血气心知的意涵愈益减杀了，而牟先生说心就是在本心的位置上发言的，是人在本心的状态中才有做道德实践之事，因此牟先生的讨论结果，却又造成心、性不分的效果了，参见：

> "性体"义既特殊，则"心"亦必相应此"性体"义而成立。……故孟子所言之心实即"道德的心"也。此既非血肉之心，亦非经验的心理学的心，亦非"认识的心"，乃是内在而固有的、超越的、自发、自律、自定方向的道德本心。……是故心即是"道德的本心"。此本心即是吾人之性。如以性为首出，则此本心即是彰着性之所以为性者。……则此本心是道德的，同时亦即是形上的。此心有绝对的普遍性，为一超然之大主，本无局限也。心体充极，性体亦充其极。心即是体，故曰心体。自其为"形而上的心"言，与"于穆不已"之体合一而为一，则心也而性矣。自其为"道德的心"而言，则性因此始有真实的道德创造之可言，是则性也而心矣。是故客观地言之曰性，主观地言之曰心。自"在其自己"而言，曰性；自其通过"对其自己"之自觉而有真实而具体的彰显呈现而言则曰心。心而性，则尧舜性之也。性而心，则汤武反之也。心性为一而不二。①

---

① 牟宗三《心体与性体》第一册，页41–42。

牟先生前于言《易传》之乾道作用时，所言之天道流行已是不夹杂气化实然的一边，说性体更是就其纯粹至善而非气性之路而说的，就本文之说心而言，则又几乎是同样的思路，牟先生则是将心说成性，也是排斥此心之任何经验义了，其明指"此既非血肉之心，亦非经验的心理学的心，亦非认识的心"，即是排斥从血气心知之气化实然处说心，因为其实所说者是"道德的本心"，然本心即性，不论是上述之第一义还是第二义，善固醇矣，然实践活动的主体性何在？不挂搭在气性生命的纯善活动究为何义？只能是圣人的圆境，但那是已经做过工夫而全体纯熟了以后的事。至于说心，就是说要拿来做工夫的，就是在心理之心、血肉之心的基础上，以性为内在价值意识而戮力实践，以追求与天道价值意识合一的圣人境界。因此，存有范畴上有心有性，心、性各自是一个范畴，心之价值意识即是性、即是本心，活动时要求此心以此性为意志的蕲向，如此则心、性的功能界分清晰。否则，活动的既是心、又是本心、又是性、又是实体，那就只能说得是说圣人自我的内在意识之流动。必须活动的是肉体心理之心，才真有工夫论之可言，此心以灵觉能力为主宰，其主宰以本心即性即天道之天理为价值蕲向，其成就圆满之时即是圣人境界，在此境界中才能说得心体、性体、实体是一，而此一只是说其价值义涵同一，而存有状态协和一致。除此之外，一般的情况下，活动的就只是心，性是心之活动中不动的指针，并不是性在活动，而是心在活动，活动是工夫论课题，并不是形上学存有论的课题。牟先生说性体要说其有活动创造力，但是性是人存有者之性，是人的活动不是性自己的活动，人的活动是心在主宰的，故而是心有活动义，而心的活动是为要做工夫而动的，做工夫就是从不完美到完美，故而是在气性生命的基础上说此心的变化气质的工夫活动的。如果只愿意讲一个与性体一样纯粹至善的本心的活动的话，那就变成了像柏拉图的理型，并且只在理型界活动，这又如何能是儒学化成天下的理论定位呢？依上文中的牟先生的说法，原本是心的活动的功能也给了性体，原本是性的纯善的定位也给了此心，造就一套纯善的心体与性体的系统，但这并不是现象世界的实际，而只是高高在上指导宇宙的纯善之唯理。对于这一个是心也是性也是天道实体的唯理对象，牟先生说其正是由《论》《孟》的仁与心性之实践而证成的，证成之故而成了圆满的成德之教，参见下文：

客观地自"于穆不已"之天命实体言性，其"心"义首先是形而上的，自诚体、神体、寂感真几而表示。若更为形而上地言之，此"心"义即为"活动"义（Activity），是"动而无动"之动。此实体、性体、本是"即存有即活动"者，故能妙运万物而起宇宙生化与道德创造之大用。与论孟通而为一而言之，即由孔子之仁与孟子之心性彰着而证实之。是故仁亦是体，故曰"仁体"；而孟子之心性亦是"即活动即存有"者。以上由论孟中庸易传通而为一以言宋明儒之主要课题为成德之教，并言其所弘扬之成德之教之殊特。此下再就宋明儒之发展以言其分系。①

本文中牟先生所言说的性与心，是实体、是形而上的，能妙运万物而起宇宙生化之大用的，所以言性上升至天道实体，言心亦然。主体性的实存活动又有了证成此天道实体的角色功能，将一般言于工夫论的心性主体，说成了天道实体，因其能以实践活动而证成天道实体为真，故而其本身就即是此实体，此处就是笔者所说的一切都成了纯善唯理的存有了。笔者认为，孔、孟言仁、言心、言性是在谈本体工夫论，《中庸》《易传》谈诚体、神体，固然是在谈牟先生所关切的天道实体没错，这个实体也可以透过主体的实践而证其为真也是对的，但是问题的关键在于：主体实践时谈的是气化成形后有气质存在的人心之作为，而不是天道的作为，固然天道是这个人心的超越依据，甚至内在人心以为发动的主宰，但人心还是血气心知之心，因此有一套论于血气心知之心的存有论架构系统可说者，即朱熹于心性情关系之所说者，否则，岂不都变成柏拉图的理型之以思维之形式在洁净空阔的世界中自我交流？那这样就与现象世界毫无关系了。文中又说《庸》《易》的天道实体由孔孟的仁与心性彰着而证实之，笔者以为，说证实是在实践活动中之证成，而不是由理论来证成，理论只能说有所谓一致性的完成。天道实体之可以证成是实践的问题而不是理论的问题，是主体的实践成功而能证成天道实体的价值意识，而不是建构了工夫理论就是实践了及证成了，因此《论》《孟》《庸》《易》确实有着理论的完成，但不能说有着理论的圆满，假使圆满是带着证成为真而排斥其他系统的意思的

---

① 牟宗三《心体与性体》第一册，页42。

话。可惜的是，这却正是牟先生的意思。自此以后，牟先生即将工夫论系统视为可以证成的圆满系统，而对于仅仅论于天道实体的概念解析的系统都会被牟先生贬抑，对于它们没有同时携带工夫论命题的理论界定为背离孔、孟传统。亦即，牟先生将实践与实践理论相混为一，将实践理论的工夫论部分与形上学的本体宇宙论部分相合为一，因而说《庸》《易》有孔、孟之仁与心性之内在实践的证成，所以是圆满之教。于是说形上学的成了说工夫论的，说工夫论的又以说形上学的方式在表述，从性说是即存有即活动，从心说是即活动即存有。工夫论与形上学相混在一起，甚至也与境界论相混在一起，于是以此为成德之教的殊义，并以之定位宋明儒学。这样的处理，笔者当然是反对的，因为他混淆了太多的问题，以致对宋明儒学的文本诠释做出了许多错误的判断。以下即将讨论之。

四、程明道的一本论

针对宋明儒学的理论建构之系统比较而言，牟先生自从建立了《论》《孟》《庸》《易》以及《大学》的理论定位之后，便以《论》《孟》《庸》《易》一以贯之"道德的形上学"为典型范本，而谈论宋明儒学各家的系统型态，并且，一开始就是与劳思光先生的意见直接对立的立场，其言：

> 又先秦儒家是由论孟发展至中庸与易传，而北宋诸儒则是直接由中庸易传之圆满顶峰开始渐渐向后返，返至于论孟。人不知其通而为一之背景，遂以为北宋诸儒开始，是形而上学的意味重，似是远离孔孟实践之精神。固是形而上学，然却是先秦儒家发展至中庸易传所本有之"道德的形上学"，固以论孟为底据，非是空头的"知解形上学"（Theoretical metaphysics）。[①]

牟先生既已定位《中庸》《易传》为依据《论》《孟》而上遂的"道德的形

---

① 牟宗三《心体与性体》第一册，页42。

上学"系统，就当然也会对于北宋诸儒从《中庸》《易传》入手的体系建构视为亦是一"道德的形上学"，亦即是既有存有又有活动的实践哲学进路的形上学。所以反对以北宋诸儒之说为一空头的形上学之定位，说空头的形上学即是与主体实践无关的客观知解的说现象的系统，并认为这正是劳思光先生定位北宋周、张、二程及南宋朱熹系统的意见。

牟先生以《论》《孟》《庸》《易》通而为一，因此也就定下了一个谈儒学的标准模型，就是前文所述的"即存有即活动"的形上学与工夫境界论的混合体。牟先生亦即藉此一典范型态作宋明各家系统的评价工作。首先，对于周濂溪的体系建构，牟先生是大体赞扬肯定，但小处有批评。濂溪由《庸》《易》形上学以言圣人境界，并因此谈出圣人的本体工夫论，牟先生却只看到他的重述于《庸》《易》的本体宇宙论，甚至对濂溪的工夫论话语亦不甚肯定，甚至稍有指责濂溪与《论语》《孟子》的著述精神没有深刻的相契。至于对张载，则是相当肯定他在形上学方面对立于道佛的儒学创作成就，却总认为张载由主观说客观的力道仍尚有差池，因为还是从《庸》《易》入手的色彩太重。牟先生说明道，则是称许其已达圆教的饱满系统，但也就在这样的称赞中，却最严重地透露出牟先生混淆工夫境界论与本体宇宙论的哲学基本问题的做法，参见其言：

> 至明道则两方面皆饱满，无遗憾矣。明道不言太极，不言太虚，直从"于穆不已"、"纯亦不已"言道体、性体、诚体、敬体。首挺立"仁体"之无外，首言"只心便是天，尽之便知性，知性便知天，当下便认取，更不可外求"，而成其"一本"之义。是则道体、性体、诚体、敬体、神体、仁体、乃至心体、一切皆一。故真相应先秦儒家之呼应而直下通而为一之者是明道。明道是此"通而一之"之造型者，故明道之"一本"义乃是圆教之模型。从濂溪、横渠、而至明道是此回归之成然。两方皆挺立而一之，故是圆教之造型亦是宋明儒学之所以为新，此是顺先秦儒家之呼应直下通而一之，调适上遂之新。①

---

① 牟宗三《心体与性体》第一册，页44。

依笔者的研究，明道之所言，就是站在主体实践成熟之圣人境界上的说话，故而在圣人心境中天道的价值意识本体就在主体的心中呈现，故而牟先生说其提出道体、性体、诚体、敬体、神体、仁体、心体一切皆一的命题，其实此一"一本"就是一在圣人心境中之一，然而，这却不是一个形上学的命题，并没有那样的一个形上学的主张诸体是一而有命题与实证的圆满之可说者。就概念分析而言，道体、性体、心体是存有范畴，诚体、仁体是价值意识的概念而以本体说之而为体，敬体是本体工夫的纯粹化主体意志之作用以为体而称体，神体是天道作用的特征以为体而称体。牟先生将价值意识的概念与存有范畴的概念与作用特征的概念都以形上学意味的体义说之，这就是他的形上学中心的思路所致，而这个形上学中心的思路又是工夫论特征的定位，将工夫理论混合入形上学而说而仁、心、性、敬的实践而证天、诚、神的实体为真。于是再下来论于伊川、朱熹之纯以形上学存有论问题意识所建构的哲学理论时，如心统性情及理气二分等命题时，便会批评其中有见道不明之处，故而有实践力道不足之失，关键即在程朱分别诸概念之定义，而明道总和诸概念为一本；至于当面对程朱真论及于工夫论命题时，因为程朱重在工夫次第及工夫入手问题，牟先生又因为对本体工夫及工夫次第及工夫入手问题不能准确厘清[①]，不能理解并接受它们都是本体工夫，故又予以批评，以为重知不重行，因而不能有公平的理解。

五、程伊川只存有不活动的理

牟先生论于程颐时言：

> 伊川对于客观言之的"于穆不已"之体以及主体言之的仁体、心体与性体似均未能有相应之体会，既不同于前三家，亦不能与先秦儒家之发展相呼应。他把"于穆不已"之体（道体）以及由之而说的性体只收缩提

[①] 有关工夫论的种种不同次级问题的界定及厘清，请参考拙著《哲学概论》及《南宋儒学》。

练，清楚割截地视为"只是理"，即"只存有而不活动"的理。(明道亦说理或天理，但明道所说的天理是就其所体悟的"于穆不已"之体说，广之，是就其所体悟的道体、诚体、敬体、神体、仁体、心体皆一说，是即存有即活动者。)①

牟先生抓着伊川言"性即理"之说，指责此理此性是只存有而不活动，实际上牟先生说的活动就是天道论的大化流行的宇宙论，以及人道论的主体实践的工夫论，说宇宙论及工夫论都要说及活动，这是肯定的，但是说价值意识的仁义礼知之为一存有范畴之天理之时，则此一天理是恒守此一价值意识永不改变，故而可被说为不动，这就是存有论的问题意识，说本体论则说其价值意识，如说其为诚、为仁、为善等义，此处亦无所谓动不动的问题。说工夫论则说本体工夫的实践命题，当然要动。牟先生合形上学与工夫境界论为一混合型，而不许单在形上学层面谈存有范畴的存有特征，这对哲学史的发展是不利的，也是对哲学家的定位是不公平的。牟先生说明道是以诸体皆一，这是因为明道所说者为主体实践后的境界，在圣人心境中主体之心即性即理即天道，故而说为皆一。牟先生自己创造了一种特殊的说形上学的进路，把存有及活动合一，肯定谈工夫境界论的系统，而否定谈存有论的系统，这就是他的思路的特征。牟先生谈伊川又言：

> 他把孟子所说的"本心即性"亦拆开而为心性情三分：性亦只是理，性中只有仁义礼智，仁义礼智亦只是理；仁性爱情，恻隐羞恶等亦只是情；心是实然的心气，大体是后天心理学的心，心与性成为后天与先天、经验的与超越的、能知与所知的相对之二。心发而为情，心亦有两个重要的触角：一是后天的偶然的收敛凝聚，由此说敬，说涵养；一是心知之明，由此说致知格物。孔子的仁亦只是理，以公说仁，公而以人体之便是仁。此全部与其老兄所体会者不同，实体性体只是存有论的理，而心与性不能一自此始。工夫之重点落在大学之致知格物上，总之是"涵养须用

---

① 牟宗三《心体与性体》第一册，页44。

敬，进学则在致知"。此即丧失论孟中庸易传通而为一之境以及其主导之地位，而居主导之地位者是《大学》。①

牟先生对伊川思路的叙述，其实十分精准清晰，但这一路说下来就是让人们看到伊川确实是在处理存有论问题，是在处理所有存有范畴的概念之间的定义与关系的问题，概念定义处理好了，自可用于谈本体宇宙论、工夫境界论，因此存有论的讨论亦可说是本体、宇宙、工夫、境界论谈出来以后的哲学理论发展的必走之路，是宋明儒学的进步，而非别子。牟先生说孟子的"本心即性"被伊川分为"心、性、情"，其实，"本心即性"亦是存有论命题，若说是血气心知之"心"之做了工夫以后而"即性"，此是工夫论命题，但若说是心之纯粹至善的良知良能之本心之即性，则根本是套套逻辑，本心的概念本来就是性善之性的意思，说"本心即性"便成为存有论的概念解析。而做工夫的心当然必须是"实然的心气"，否则纯粹至善的本心，它就是性，那么它还做什么工夫呢？做工夫是主体的事业，主体是实然之心气，此处才有做工夫的意义在，一旦论及做工夫，则此心即将追求与至善本性的性体合一的理想，此时心即一于性矣。然而，牟先生不许存有论思路，只关心实践哲学的一路，所以是讲到了已成圣境的层次上，但他又要把主体成圣境后的范畴关系说成是形上学理论中的范畴关系，这就造成笔者所说的，牟先生特殊的形上学思路造成的是一个柏拉图的至善理型的自我意识之流，一切一之且排斥气化实然的质素之后，反而是谈不到真正的工夫论的问题上来。程伊川说"仁性爱情"亦是在做存有论的概念解析，并无反对工夫论的任何主张，至于牟先生讲伊川只以《大学》为主而不以《论》《孟》主导之说亦不恰当，这是不能正视《大学》之论于工夫者是以外王为目标，也不能正视《大学》之论于工夫者是以工夫次第为主题，而伊川存有论的命题立场也根本与他的工夫论的工夫次第说的《大学》诠释立场没有关系，把心性情三分的存有论与先知后行的工夫次第论结合，这只是发生在牟先生有所误解下的错误诠释的特殊连结而已。又见其言：

---

① 牟宗三《心体与性体》第一册，页44-45。

彼有取于中庸易传者只是由之将道体提练而为一个存有论的理,彼所取于论孟者亦只是将仁与性提练而为理,而心则沉落与傍落。此一套大体是实在论的心态,顺取之路,与前三家远矣。亦与先秦儒家论孟中庸易传之相呼应远矣。此一系统为朱子所欣赏,所继承,而且予以充分的完成。此一系统,吾名之曰主观地说是静涵静摄之系统,客观地说是本体论的存有之系统,总之是广摄系统,而非纵贯系统。此方是有一点新的意味,此是歧出转向之新,而非调适上遂之新。此是以荀子之心态讲孔子之仁,孟子之心与性,以及中庸易传之道体与性体,只差荀子未将其所说之礼与道视为"性理"耳。此自不是儒家之大宗,而是"别子为宗"也。此一系统因朱子之强力,又因其近于常情,从来遂成为宋明儒之正宗,实则是以别子为宗,而忘其初也。①

牟先生说伊川讲的道体是存有论的理,此说正确,只是存有论的理并不妨碍在本体宇宙论及工夫境界论下是会发挥作用的,因为这根本是不同的问题意识的言说进路,是牟先生强将伊川说存有论的命题从本体宇宙论及工夫境界论的脉络中来解读,而指责伊川之命题没有活动的宗旨,这当然就是哲学基本问题的错置。事实上,牟先生对伊川论学中有别于他家的特色及所标出的重点其实不误,只是牟先生有一自我定义的标准形上学说法,故而对伊川之所说有所批判,其实,就牟先生所关切的本体宇宙论的纵贯系统以及工夫论的逆觉体证之说,伊川与朱熹皆是有所论及的,唯一有别的是,伊川、朱熹所谈的存有论系统他家不及深谈,且牟先生不喜而已。牟先生说其为本体论的存有系统,诚哉斯言,说是静涵静摄亦无误,只是把静涵说成了是工夫论问题,就是混淆了,因为工夫论一定是动的,所以牟先生以为找到了批判伊川学说的进路,实在两者不应相混。但是若是说静摄是存有论问题,则亦确而无误,只是程朱并不只有这一路的理论言说而已。至于牟先生说其非纵贯系统之意,是说其非论于本体宇宙论的天道大化流行及工夫论的主体实践,就此而言,其实这两个层面的哲学议题及命题,伊川与朱熹都是肯定保存、未有反对的,只是牟先生不重视这

---

① 牟宗三《心体与性体》第一册,页45。

些话头，只重视静态存有论和工夫次第论的话头，以及过于受到象山和阳明批评朱熹的思路影响。因此，牟先生说程朱为别子，实是太有道统意识与别异高下的心态下的说法，二十一世纪的中国哲学研究，应该避免以此种心态论学。

六、胡五峰的以心着性

对于胡五峰，牟先生说五峰之学是"以心着性"、"逆觉体证"，乃承明道之学，而竟为朱熹所疑，故而牟先生积极地为胡五峰之命题建立纵贯系统的型态定位，其言：

> 但南渡后，胡五峰是第一个消化者。五峰倒却是承北宋前三家而言道体性体，承由中庸易传回归于论孟之圆满发展，即承明道之圆教模型，而言以心着性，尽心成性，以明心性之所以为一为圆者。明道只是圆顿地平说，而五峰则先心性分设，正式言心之形着义，以心着性而成性，以明心性之所以一。心即孔子之仁、孟子之本心也。性即由"于穆不已"之体而言者也。故言"性天下之大本"，"性也者天地所以立也"，"性也者天地鬼神之奥也"，"诚成天下之性，性立天下之有"；而于心，则言永恒而遍在，"心也者知天地宰万物以成性者也"，"仁者人所以肖天地之机要也"，"圣人传心，教天下以仁也"，圣人"尽心者也，故能立天下之大本"；而于工夫，则重在"先识仁之体"。重在当下指点以求其放失之心，正式言"逆觉体证"以复其本心以为道德实践之本质的关键，正因的工夫，此与伊川朱子之顺取之路根本有异，不落于大学之教致知格物言也。此一系统无论是"以心着性"一面，或是"逆觉体证"一面，皆是直承明道之圆教而开出。宋明儒中最后一个消化者刘蕺山亦是此路。北宋三家后，一头一尾，两人相隔如此其远，然而不谋而合，亦云奇矣！（刘蕺山从未提过胡五峰。）惟五峰之学为朱子所不契，作《知言疑义》以疑之；[1]

---

[1] 牟宗三《心体与性体》第一册，页46。

牟先生说五峰之"以心着性"、"尽心成性"之命题，是在理论上达致心性合一之命题，然笔者以为，这就又是牟先生的形上学中心的思路过于僵化所致。"以心着性"不见于五峰文句，是牟先生之铸辞，"尽心成性"也是合辞，这些都不妨，重点是，这都是本体工夫的命题，心性皆是存有范畴的概念，言以心着性、言尽心成性都是言于本体工夫，这都可以被说为是五峰工夫论之言说立场，但却不能因此而谓其有一形上学的心性合一之立场的主张。形上学问题层次多矣，必须要有清楚的形上学问题意识才可说有心性之合一或不合一的主张之可言，实际上，心性之合一反而是在工夫境界论上为必可说者，指做工夫时此心以性为蕲向，此为一心性合一；工夫达成时，主体全体在性中，此亦一心性合一；至于在价值意识的本体论中，心与性皆为同一价值意识而为一。但就"以心着性"及"尽心成性"的工夫论命题而言，心性合一就是前述两义而已。不过，重点还不在心性合一的意旨之厘清，而是牟先生以此而批评其他心性分说的命题及其背后的整套理论，如伊川之"心统性情"者，这其实才是牟先生的重大混淆之处，"心统性情"之存有论命题，是对心性情三概念之关系的讨论，既然是做概念分析就当然是要分说的，但这绝不会妨碍在工夫境界论上能有合一之立场之主张，因为问题根本不同。

牟先生说的五峰之工夫是识仁、求放心，其实五峰言工夫之命题就是以尽心、尽性两概念为主要的用语模型，牟先生以"求放心"为儒学言工夫的基本模型而说了"逆觉体证"的命题，这其实并不是一个说儒家工夫最终原型的恰当用词，孟子固然说求放心，固可说是逆觉，但孟子不也言于扩而充之吗？不也言乃若其情吗？这就是顺取了呀！当气化实然之心在于放失状态，因着本体是善，故而求回即是，故说求放心，而译为逆觉体证；但是当气化实然之心在于纯善的状态时，则是扩而充之，是顺其情，是尽心，因此根本不必以逆觉体证说为工夫的根本意旨，如此也就更无需说此一逆取是与程朱之顺取者有别的话了。以程朱之顺取是走《大学》格致之路之意旨，此意牟先生从来就不相应，此待后文再予详述。最后，朱熹不契五峰，皆是五峰用辞散漫，而朱熹系统已成，故而误解而致批评之所致，并不是两者真有什么立场上的根本歧异，这一部分确实是朱熹批评太过。①

七、象山与阳明的主观面挺立

至其说象山，则谓：

> 象山与阳明既只是一心之朗现，一心之伸展，一心之遍润，故对于客观地自"于穆不已"之体言道体性体者无甚兴趣，对于自客观面根据"于穆不已"之体而有本体宇宙论的展示者尤无多大兴趣。此方面之功力学力皆差。虽其一心之遍润，充其极，已伸展至此境，此亦是一圆满，但却是纯从主观面伸展之圆满，客观面就不甚能挺立，不免使人有虚歉之感。自此而言，似不如明道主客观面皆饱满之"一本"义所显之圆教模型为更为圆满而无憾。盖孔子与孟子皆总有一客观而超越的言之之"天"也。此"天"如不能被屏除，而又不能被吸纳进来，即不能算有真实的饱满与圆满。是则中庸易传之圆满发展当系必然者，明道之直下通而一之而铸造圆教之模型亦当是必然者，而由此圆教模型而开出之"以心着性"义（五峰学与蕺山学）亦当是必然者。自象山阳明而言，则不需要有此响应，但承明道之圆教模型而言，则应有此响应以明其所以为一为圆，以真实化其"一本"与圆满。自此而言，象山阳明之一心遍润，一心申展，始真有客观的落实处，而客观的挺立矣。自此而言，五峰蕺山与象山阳明是一圆圈两来往。前者是从客观面到主观面，而以主观面形着而真实化之，后者是从主观面到客观面，而以客观面而挺立而客观化之。两者合而为宋明儒之大宗。皆是以论孟中庸易传为主导也。若分别言之，则五峰与蕺山是由濂溪、横渠、而至明道所成之圆教模型之嫡系，而象山与阳明则只是孟子学之深入与扩大也。如不能把孔孟之"天"摈除，则中庸易传之圆满发展为合法者，明道之圆教模型亦合法者，五峰蕺山之"以心着性"之回应亦是

---

① 参见：杜保瑞《对朱熹在〈知言疑义〉中批评胡宏的方法论反省》，《台大哲学论评》第37期，2009年3月。该文已收录于拙著《南宋儒学》书中。

合法者。如不能断此为歧途，则此两系最好视为一圆圈之两来往。须知在成德之教中，此"天"字之尊严是不应减杀者，更不应抹去者。如果成德之教中必涵有一"道德的形上学"，则此"天"字亦不应抹去或减杀。须知王学之流弊，即因阳明于此处稍虚歉，故人提不住，遂流于"虚玄而荡"或"情识而肆"，蕺山即于此着眼而"归显于密"也。（此为吾之判语。）此为内圣之学自救之所应有者。（以博学事功来补救、相责斥。则为离题。）而象山于此稍虚歉，故既启朱子之责斥，而复不能顺通朱子之蔽而豁醒之也。①

本文在说象山学的特征，说象山学在本体宇宙论的客观学方面甚为缺乏，但象山学又确实是孟子学的直接彰显的型态，而孟子学又绝对有天道一面的理论意涵，故而牟先生之意似是象山之纯孟子学之开显，亦将达至客观面之挺立的理论结果。本文之陈述中，牟先生表现出对于本体宇宙论的天道客观面的绝对要求态度，无论如何都要保留它的存在与作用，除了孟子、象山、阳明一系之外，就是五峰、蕺山的另一系，后者是先讲客观面再讲主观面，前者是只讲主观面但应有客观面的落实，因此五峰、蕺山与象山、阳明两系应合为一系。对于这一段文字，牟先生的重点还是"成德之教"之说为一套"道德的形上学"的思路在主导的，然而牟先生不仅对《论》《孟》之诠释要说其有向天之发展的意义在，对于《庸》《易》之本身的形上学命题，即说其有来自《论》《孟》之仁及心性之向上发挥的结果。而当讨论到明道时，就对明道本来是言于圣人境界的天道心性之融会合一的命题，更视为是最圆满的形上学的圆教型态。甚至当其说到象山、阳明之只说及主体一面而未及客体一面的系统时，还是要强调其结果必有客观面的天道实体的理论效果。亦即，牟先生非常重视由天道实体说的本体宇宙论之"道德的形上学"意涵，而这个系统是以《论》《孟》的心性仁体以及象山、阳明的一心之申展遍润之主观面、及《中庸》《易传》言于天道之客观面共构而建立起来的。牟先生如此重视天，其实就是因为牟先生要建立儒家的形上学，所以需要系统中有此一天概念所指涉的整体存在

---

① 牟宗三《心体与性体》第一册，页47—49。

界的意涵。此外，又需要儒家形上学有其可以证立的条件，因此，就极力推尊《论》《孟》中言于仁与心性的实践活动之话语，所以天与实践都是必要的元素，就此而言，牟先生才能说阳明系统中本来少于言天的结果就会管摄不住，而导致其后学的情识狂荡现象，而象山亦是此一言天之面向稍有不足。笔者以为，并不存在"道德的形上学"之圆满型，被牟先生所说为圆满型的多为说圣人境界的命题型态，而孔孟庸易周张二程朱陆王刘，一家一家各自有其哲学理论的问题意识之重心，不需见高下，也不需立分系系统，就是这个高下分系的问题意识让牟先生制造了不必要的理想型态及不理想型态的差异分别。

八、宋明儒学的分系

以下，即讨论牟先生建立了说宋明儒学的三系说系统，其言：

> 依以上之疏通，宋明儒之发展当分为三系：（一）、五峰蕺山系：此承由濂溪、横渠、而至明道之圆教模型（一本义）而开出。此系客观的讲性体，以中庸易传为主，主观地讲心体，以论孟为主。特提出"以心着性"义以明心性所以为一之实以及一本圆教之所以为圆之宝。于工夫则重"逆觉体证"。（二）、象山阳明系：此系不顺"由中庸易传回归于论孟"之路走，而是以论孟摄易庸而以论孟为主者。此系只是一心之朗现，一心之申展，一心之遍润；于工夫，亦是以"逆觉体证"为主者。（三）、伊川朱子系：此系是以中庸易传与大学合，而以大学为主。于中庸易传所讲之道体只收缩提炼而为一本体论的存有，即"只存有而不活动"之理，于孔子之仁亦只视为理，于孟子之本心则转为实然的心气之心，因此，于工夫特重后天之涵养（"涵养须用敬"）以及格物致知之认知的横摄（"进学则在致知"），总之是"心静理明"，工夫的落实处全在格物致知，此大体是"顺取之路"。[1]

---

[1] 牟宗三《心体与性体》第一册，页48。

这一套三分系统，最特出的就是第三路，即伊川朱子系。几乎所思所言皆与前二系不类，然笔者以为，事实不然，前二系亦有牟先生未及言出之差异在，而第三系亦有与前二系相同的型态在，关键即在牟先生分系的问题意识、思路及立场。说宋明儒各系以那部先秦著作为主的做法亦是有待商榷，而牟先生对《论》《孟》《庸》《易》的定位亦当可再议，但大致不差，唯《大学》一书被牟先生定位为内圣之路不明，以致开放诠释之说颇有不当，因为牟先生自己已经确定是要从内圣之路讲儒学，而将外王之学收摄于内圣之路上讲，但是，《大学》明确地是一套外王学为目标的儒学工夫次第论系统，此义牟先生始终未能掌握住，此其一。其二，牟先生讲的从客观到主观、从主观到客观之说法，其实就是客观的天道论的本体宇宙论系统与主观的主体实践的工夫境界论系统，此二型态在伊川、朱子系统中皆是实际存在的理论部分，只是程朱另有牟先生所说的存有论系统的命题建构，表面看上去不同于说天道论及工夫境界论的语词，但是，也并未有对立、悍格于天道论及工夫境界论之立场与主张，牟先生所以为的对立差异皆是以象山与朱子争辩之意见为依据而说的。此外，牟先生于工夫论问题中不分本体工夫及工夫次第，事实上还有境界工夫及具体操作方法的知识智能都是工夫论中的不同项目，这些不同项目之间并没立场的对立，只是有不同的问题层面与言说路径而已，而这些不同的路径层面是不存在理论意见的对立的，只是朱陆二人互有人身攻击，详细解析之后，并不能说两人之想法中存在着真正的理论冲突。至于牟先生以逆绝体证说儒学工夫的宗旨，笔者前文已说及此，儒学工夫宗旨应说其为本体工夫即可，并无需以逆觉体证说之，理由是：其一，说逆觉与说扩而充之皆是本体工夫，偏向逆觉将不见儒学工夫的正大光明面；其二，体证是工夫实践活动对理论之实证，这与工夫理论本身还是两回事，牟先生有把谈工夫论的系统即当成是能实证形上命题的系统，因此认为象山、阳明之说有其实证性，而程朱系统缺乏。其实有逆觉体证之说工夫论型态者是所有儒学系统的共同型态，以此检别程朱、陆王是不准确的，而逆觉体证也就是本体工夫，程朱一样有本体工夫的，不只是一样而是一定是一样的，因为儒学的工夫论就是本体工夫，且有别于锻炼身体的宇宙论进路的工夫。只是就此本体工夫中仍可再谈具体操作方法、入手方法、工夫次第、甚至是境界工夫等不同的项目的次级工夫论问题，这样才能形成丰富的儒学工夫论的总体面貌。总之，牟先生对程朱之分为第三系的立场，充满了误解与扭曲，需要极为费力的疏解与重建，才能澄清，尤其是他将程朱说存有论的形上学与程朱说工夫次第论的知行说结合，更是牟先生自己的诠释跳跃，一般人很难看出此中扭曲的环节，因此其实是需要深入《心体与性体》全书各章再为分析才可以说清楚的。牟先生又批评第三系言：

> 此第三系，若自"体"上言，则根本有偏差；顺其义而成之，则亦可说是转向，即转成本体论的存有之系统（system of ontological being）。若自工夫言之，涵养与致知亦有补充助缘之作用，因吾人亦总有后天之心也，此亦须涵养之敬以收敛凝聚之，以使之常清明，此于道德实践之称体而行（纯依本心性体而行）亦有助缘之作用。但"致知"方面则须有简别。自此而言，照顾到实然的心气，则其所成者是主智主义之以知定行，是海德格所谓"本质伦理"，是康德所谓"他律道德"，此则对儒家之本义言根本为歧出，为转向，此处不能说有补充与助缘之作用。但因其在把握超越之理之过程中需通过"格物"之方式，在格物方式下，人可拖带出一些博学多闻的经验性的知识，此则于道德实践有补充助缘之作用。但此非伊川朱子之主要目的，但亦未能十分简别得开，常混在一起说。是即所谓"道德学"之意也。①

本文为牟先生定位程朱之学，重点有三，其一为本体论的存有系统，其二为主智主义之知行观的工夫论，其三为他律道德说。他律道德说后文再论，以下先说第一项。并合前文之讨论，牟先生说程朱建立了本体论的存有系统，此话之意即是说程朱在讨论概念知解的存有论问题，此说笔者同意，只是程朱不只是说这种存有论问题，程朱亦言及本体宇宙论及工夫境界论问题，因此不能说程朱谈存有论问题就是体上有偏差，这是牟先生直接接收象山批评朱熹是见道不明的指责之诠释的发挥。笔者认为，重点是存有论的命题并不即对立于本体宇宙论命题之意旨，因此谈存有论并无见道不明的缺失。谈见道的问题是对

---

① 牟宗三《心体与性体》第一册，页49。

本体是否是仁义礼知之认识，以及是否能笃行之，这才是见道与否的问题，因此象山之说其实是对朱熹的人身攻击，说其不能实践。而牟先生却以谈存有论等于是否定实践的立场来支持象山对朱熹之指控，说程朱言理成了只存有不活动之理，以及程朱言心成了血气心知之实然心气之心，因此不见道。这就是牟先生的特殊哲学思路限制下才能有的发言。依存有论思路言，天道实体是一纯善无恶之理体，此理洁净空阔、永恒不变，故说其不动，不动指其性善意旨永不改易，并非指程朱主张天道不动。至于此心是气化实然之心之说更不应受到批评，谈工夫本应就一般人性存有者的主体处说，此即一般人之主体心，此即一气化实然之心。牟先生关切纯粹至善的天道实体与主体的实践活动义，所说之心已是本心，然本心即性，本心概念即是性概念，说本心概念之活动是没有意思的话，不携带主体血气心知之心与不携带气化现象世界的活动根本非关重点，因为这等于没有落实到现象世界来经验及实践，谈之无甚价值。若要真的说工夫，则必然是在一般人的主体状态中而有为善去恶之事时，才真的有说到工夫的意思，否则一个纯善的性体的自我活动是没有工夫的意义的，有的只是境界的自我流出而已。所以，若还要说本心即性即天道实体是活动的的话，那就是要说圣人的境界状态，但圣人的境界并不是形上学的命题，只是牟先生自己确实是以圣人境界来说形上学的圆满的，这就是牟先生在哲学基本问题讨论上的错置与混淆。

就工夫论而言，程朱强调的致知工夫正是来自《大学》之所重者，这是将平治天下的大人工夫之始点，故以格物致知说开始，就其以知定行而言，其目的还是行，且须是行之完成才是知之完成，此即知是始点之意，此即工夫次第之问题意识下的命题。牟先生却以格物致知通于穷理，而谓程朱之言格致穷理是要穷那本体论的存有之理。牟先生此说是将程朱的存有论哲学与其工夫次第论做了过度的连结，这两者在程朱系统中当然不能是没有关系的两回事，格致穷理工夫是可以说成是在一物有一物之理的存有论的预设下，去做经验之知的取得，但也绝不只是经验之知，而是以价值意识确断经验之知的使用的德性之知，此知才有格致之后之诚正修齐治平的功能效用，因此并不是如牟先生所说的在思辨地求存有论之知时无有道德实践之辅助作用，以及在格物致知地研究经验之知的时候仅有道德实践的辅助作用。事实上是，格物致知本身就是道德实践的活动，因为它是十五、二十岁以后的成年人之格致诚正修齐治平的一整套内圣外王工夫的系统。

牟先生立场鲜明地以程朱非儒学正宗，又见其言：

> 吾人所以不视伊川朱子学为儒家之正宗，为宋明儒之大宗，即因其一、将知识问题与成德问题混杂一起讲，既于道德为不澈，不能显道德之本性，复于知识不得解放，不能显知识之本性；二、因其将超越之理与后天之心对列对验，心认知地摄具理，理超越地律导心，则其成德之教固应是他律道德，亦是渐磨渐习之渐教，而在格物过程中无论是在把握"超越之理"方面或是在经验知识之取得方面，一是皆成"成德之教"之本质的工夫，皆成他律道德之渐教之决定的因素，而实则经验知识本是助缘者。①

本文谈程朱非儒学之正宗与大宗，然而，是否为正宗或是否为大宗都是标准的问题，标准在哪里意见就在哪里，不须申论。至于说程朱将知识与道德混杂，则已述之于前，那就是牟先生不能正视工夫次第问题在成德之教中的理论意义，而牟先生只管本体工夫一路，并将之与本体宇宙论的思路结合为一"道德的形上学"之系统，牟先生以此为唯一的道德实践问题的理论模式，故而对先知后行的《大学》工夫次第论有所批评。至于说程朱提超越之理与后天之心之对列，其实是存有论讨论中提出超越原理与人存有者之气化实然之心，理论上没有任何错误。说心认知地摄具理，这是存有论理论建构过程中的思辨活动，本来就不是在谈工夫活动的问题，说理超越地律导心，这也只能说是天理即在人性中以为人之本质，而心统性情故而有理律导心之说，但这也还是存有论讨论，本来就不是工夫论问题，既非谈道德实践问题，则又何来他律之说？谈本质是存有论问题，谈工夫才是道德实践问题，因此何来本质工夫之他律之说呢？

牟先生整体地评价了朱熹的思想型态，总结地言之：

---

① 牟宗三《心体与性体》第一册，页50-51。

以上六点，如再收敛而为一点，则只是对于道体不透，因而影响工夫入路之不同。此所谓一处不透，触处皆异也。（所谓不透是对原有之义说。若就其自己所意味者言，则亦甚透。）此所不透之一点，说起来亦甚简单，即在：对于形上学的真体只理解为"存有"（being, ontological being）而不活动者（merely being but not at the same time activity）。但在先秦旧义以及濂溪、横渠、明道之所体悟者，此形而上的实体（散开说，天命不已之体、易体、中体、太虚、诚体、神体、心体、性体、仁体）乃是"即存有即活动"者。（在朱子，诚体、神体、心体即不能言。）此是差别之所由成，亦是系统之所以分。此为吾书诠表此期学术之中心观念。依"只存有而不活动"说，则伊川、朱子之系统为：主观地说，是静涵静摄系统，客观地说，是本体论的存有之系统，简言之，为横摄系统。依"即存有即活动"说，则先秦旧义以及宋、明之大宗皆是本体宇宙论的实体之道德地创生的直贯之系统，简言之，为纵贯系统。系统既异，含于其中之工夫入路亦异。横摄系统为顺取之路，纵贯系统为逆觉之路。此其大较也。①

本文之重点即是指出，对道体之体悟是会影响工夫的。但是笔者认为，影响工夫之道体者主要是价值意识之本体的本身而已。就道体作为一个抽象的存有之概念范畴之讨论，实无关工夫，因此亦绝不影响工夫。至于牟先生主张儒家之言于道体之即存有即活动之义者，程朱学中不见有反对此义之说，其实亦不能反对，只是其所重视并为学界所强调之主要问题并不在此而已。论于道体之即存有即活动义者，首先就天道论说是可以的，其次在圣人境界状态中说也是可以的。然而，程朱并未主张道体只存有不活动，只是就道体论道体之存有论特征时有此不动义之言说，然虽有此言说，却仍不妨碍道体在天道流行及主体实践时即是要活动的。然而一旦论及活动，即要定出活动的主体，天道可以是一个主体，则其活动即是整体存在界的流行演化；人存有者是另一个主体，则其活动或为一般人的为善为恶之生活或为善去恶之工夫活动，另即或为圣人

---

① 牟宗三《心体与性体》第一册，页58-59。

的境界展现。因此道体之活动义就是天道流行及主体实践两义，因此还是气化世界的整体存在界以及有血气心知之人存有者在活动，而不是道体、易体、神体、虚体、诚体、仁体、性体、心体在活动，如果这些概念都是指向本体的存有范畴的话，那么其实都不是这些概念在活动，反而是现象世界的气化流行在活动。是气化世界的存在界与人存有者在活动时依据价值意识的本体所主张之方向而为活动，如说为本体自身之活动而不同时携带现象世界的气存在的话，这样反而成了理型在超越界的自我交流，而不具现实意义了。但是，牟先生却特就活动义决定程朱、陆王之别，且是将程朱之言于存有论的命题立场，说成了实践哲学的问题，而说程朱有不活动之实践哲学的立场，这当然是问题意识的错置，并就在程朱存有论的讨论中将此些命题之立场与程朱之工夫次第论做结合，于是牟先生自己定出了一个横摄系统的型态给程朱学，且说程朱才真是宋明儒学之新义，亦即陆、王、周、张等是准确继承先秦，故而非新，但却才是正宗，其言：

> 依先前之说法，见道不见道，体上工夫足不足，本体透彻不透彻，端在是否能体悟"即活动即存有"之实体。支离不支离亦系于此。心性一不一、心理一不一，亦系于此。凡此，一般皆能感觉的到，吾之诠表亦如此归结。此所谓不背常识也。惟吾能全尽而确定地说出之。此亦并非真容易透彻明白也。然则吾谓伊川、朱子之系统倒有一点"新"的意味，非随便妄言也。此步新开，虽对先秦旧义以及宋、明儒之大宗为不合，然并非无价值。朱子之系统亦自有其庄严宏伟处，如其本性而明澈之，亦当属可喜之事，非贬视也。此两系统一纵一横，一经一纬。经之纵亦须要纬之横来补充。此两系统，若对立地看，恰似西方之柏拉图传统与康德传统之异。前者，海德格名之曰"本质伦理"；后者，海德格名之曰"方向伦理"。此两词甚善，不误也。先秦旧义以及宋、明儒之大宗是方向伦理，而伊川、朱子之新开则是本质伦理。唯在西方，本质伦理先出现，而在中国则后起也。中国以"方向伦理"为大宗，此康德传统在西方之所以为精绝，而自中国儒学观之，又所以为可贵也。然希腊传统在西方为大宗，亦正有其值

得吾人之崇赞与钦慕者也。吾人亦如此看朱子。①

笔者不反对中西有别之议论，也不反对西哲史上的方向伦理与本质伦理之区别，但是究竟方向伦理与本质伦理如何应用于中国程朱、陆王学之界定上，并且各是何义之界定？则是尚待澄清。牟先生文中固有言于经纬互需互补，然查其更多言辞意见，其实是不见道、且支离、又为歧出，则又有何补充之助力功效而为其赞赏者？不见道者又如何有所补足于见道者呢？支离又有何补足于不支离者呢？依牟先生之陈述方式，心性是一是二即是对立之立场，心理是一是二亦是对立之立场，透不透彻亦是对立之立场，牟先生其实并没有留给程朱之理论有重要角色扮演之空间。所以这段话看似给程朱学一个经纬互补的空间之肯定，其实并不实惠。

九、结论

本文对于牟宗三先生在《心体与性体》书中的观念进行方法论反省，企图从他所有的概念使用背后的问题意识之揭露说起，逐步发觉牟先生其实就是建立了一套自己特殊使用的形上学概念模型，将工夫论塞入形上学中，从而比较程朱、陆王的高下，既不能独立地见出工夫论的思路脉络，又不能清晰地呈现形上学概念的意旨，反而造成传统哲学在诠释与理解上的偏差。因此，当代研究，应该区分工夫论与形上学的问题意识，将之分开讨论，并且在工夫论中区分工夫论与境界论，并且在形上学中区分实践哲学的本体论与宇宙论，以及思辨哲学的存有论问题意识，从此对程朱、陆王的异同，既能别其异，又能不必使其在差异中有对立，这就是本文写作的目标。然牟先生著作庞大，每一段文字中都蕴含了所有的思想系统的思路，分析疏解时十分不易，不得已仅能以本文之逐段分析的方式进行，篇幅已多，暂结于此。至于细节的展开，另待以下诸章。

---

① 牟宗三《心体与性体》第一册，页59。

第三章：对牟宗三诠释周敦颐言诚体的形上学之方法论反省

一、前言

本章讨论牟宗三先生《心体与性体》书中对周敦颐的诠释意见，重点在对其进行方法论的反省。本文是笔者一系列讨论牟先生《心体与性体》之作的专文之一，本文的工作方式为将牟先生的诠释意见做重要议题的深入讨论，一方面呈现牟先生思路的特点，二方面依据笔者的方法论解释架构提出反省的意见。本文之作，企图使宋明儒学的诠释，在深受牟先生影响下的形象能有所转换。

牟先生对周敦颐的哲学定位，相当注重本体宇宙论的纵贯型态之形上学定位，亦即注重于提出一套谈由道德意志所形成的形上学系统，而由诚体概念当之。但是，牟先生认为周敦颐之学仍有不足之处，他认为，《中庸》《易传》有孔孟践仁、尽心的主体实践之前提在，而周敦颐直接从《中庸》《易传》谈儒家诚的形上学时，却稍有忽略于这个主体实践的重点。因此牟先生既肯定周敦颐之诚体有本体宇宙论的动态形上学意味，又强调它必须也是预含有心、神意味的主体活动义，并认为这是周敦颐似有忽略却实不能忽略之要点。并且，周敦颐言于思之工夫，牟先生也批评似有忽略《孟子》直下本心以言工夫的重点。以上牟先生所论之诸义，笔者皆提出方法论的反省，指出周敦颐哲学并无需即以形上学创作定位之，而是依据《中庸》《易传》之形上学系统而讲说圣人境界的境界哲学，并因而充满了谈主体实践的工夫论哲学，所以牟先生以其为本体宇宙论的形上学系统，却缺乏主体实践意识的说法，是不必要的。牟先生的关键立场即在，北宋儒学的理想型尚未出现，周敦颐系统尚不完美，要在明道一本论的系统中才见出主体实践义及形上道体发用流行义的圆满。但是，此说又等于是以圣人境界说形上道体，并不是什么形上学的圆满义。总之，牟先生以其自身特殊又曲折的形上学概念定义并定位北宋儒学，造成对各家既评价不一又分判优劣，非常干扰学者对宋明儒学的基本认识，笔者遂以宇宙论、本体论、工夫论、境界论的实践哲学系统与思辨哲学的存有论系统分开讨论之，定位周敦颐为境界哲学系统，默认本体宇宙论系统，包含工夫论系统，以此即可免于牟先生的强势诠释，而得以准确地认识传统文本。

以下各节讨论议题都是来自牟先生建构周敦颐哲学的重点项目，这些项目将能呈现牟先生谈周敦颐学说时的思路特点，也将藉此表达笔者对其思路的检讨意见。包括："圆教的形上学之诠释立场"、"诚体直贯的宇宙论"、"由诚体谈濂溪的入路与限制"、"气质之性的概念定位"、"思的工夫论问题"、"无极而太极解"。

二、圆教的形上学之诠释立场

牟先生讨论宋明儒学，在其专著《心体与性体》中就是从周敦颐开始的，其言："本书诠表宋明心性之学，从北宋起，直接断自周濂溪。"[①] 牟先生此处使用"心性之学"的概念，这同时也是劳思光先生最重视的概念，然而在牟先生全书讨论中，"心性之学"的概念却不如其他像"道德的形上学"、"纵贯系统"、"圆教系统"、"本体宇宙论"等概念地使用频繁，"心性之学"固然是他讨论的起点，但是形上学的思路才是最具主导性的。亦即劳思光先生所重的"心性论"概念，虽亦为牟先生所重，但他更主要是以建立"形上学"系统为定位宋明儒学的纲领。牟先生说：

---

① 牟宗三《心体与性体》第一册，台北：正中书局，1981年10月台四版，页321。

吾今只明言，中国文化生命发展至北宋，已届宏扬儒家内圣之学之时，此为历史运会之自然地所迫至者。因是历史运会之自然地所迫至，故濂溪之学，虽无师承，而心态相应，出语即合。①

所谓心态相应，生命相应者，实即道德意识之豁醒。道德意识中含有道德主体之挺立，德性动源之开发，德性人格（德性之体现者）之极致。②

牟先生认定北宋的学术必然走入谈内圣之学的路子，因为是历史条件所致，此说是牟先生的历史判断，意见性多于理论性，真正能谈理论的就是对宋明儒学系统的理解与诠释，而这也正是最重要的工作。牟先生又说周敦颐与此学心态相应，且直指就是对道德意识的理解，以及主体的道德实践与达至最高境界的事实，这几句话其实就是牟先生谈宋明儒学的问题意识的总纲领，包括价值意识的本体论，主体实践的工夫论，实践完成的境界哲学。上述三种哲学基本问题是笔者的定位，在牟先生的处理中，则是以一套"道德的形上学的圆教系统"以收管之，亦即这些都被牟先生安置在一套形上学的解释体系中。并且，由于牟先生要以形上学型态定位周敦颐之学以及其他宋明儒学系统，所以对劳思光先生所提出的"心性论中心"的解释架构，并批评周敦颐为"宇宙论中心"之说③，十分反对，因此展开大篇幅的批评，其言：

而周子之默契此义，则自中庸（后半部）与易传入。中庸易传者是先秦儒家继承论语孟子而来之后期之充其极之发展。所谓"充其极"，是通过孔子践仁以知天，孟子尽心知性以知天，而由仁与性以通澈"于穆不已"之天命，是则天道天命与仁、性打成一片，贯通而为一，此则吾亦名曰天道性命相贯通，故道德主体顿时即须普而为绝对之大主，非只主宰吾

---

① 牟宗三《心体与性体》第一册，页321。
② 牟宗三《心体与性体》第一册，页322。
③ 参见劳思光先生言："周敦颐立说，已有自造一系统之意。因此已是以理论系统抗拒佛教，而非如唐人之仅有拒佛之意象。然就理论内容言之，则周氏之说，基本上未脱宇宙论之影响，不过增多形上学成分而已。其中心性论之成分甚少。"《新编中国哲学史》第三册上《序论》，页5。

人之生命，实亦主宰宇宙之生命，故必涵盖乾坤，妙万物而为言，遂亦必有对于天道天命之彻悟，此若以今语言之，即由道德的主体而透至其形而上的与宇宙论的意义。①

以上申说周敦颐从《中庸》《易传》契入先秦儒家的思想脉络，而《中庸》《易传》的角色已经是先秦儒家继承孔孟精神之后向天道发展的述作，亦即由孔孟言仁、言性之作向天道衍伸而贯通之。如果说在孔孟之处就是道德主体的实践活动的发挥，那么到《中庸》《易传》处就是提升这个主体的发挥使得它也具备主宰天地万物的意义："故道德主体顿时即须普而为绝对之大主，非只主宰吾人之生命，实亦主宰宇宙之生命。"那就是在主体的实践活动中有了对整体存在界的大彻大悟而深体之，因而能"由道德的主体而透至其形而上的与宇宙论的意义"。此处应特别注意的是：牟先生自己的话语中十分明白地表示这是由道德主体而感知、体知的形上学、宇宙论意义，也就是说《中庸》《易传》的形上学宇宙论型态的命题是经由孔孟的道德主体之践仁尽心的工夫活动而彻悟的天道意义，所说出的天道的客观真相，因而有了形上学宇宙论的建构，所以《中庸》《易传》的形上学宇宙论建构是因着实践而有的建构，本身与实践无法割离，没有实践就没有这一套形上学宇宙论。笔者要在这里强调的是，牟先生此说差不多就把《中庸》《易传》的"形上学"、"宇宙论"说成了是一套孔孟心性"工夫论"项下所辖的系统了，因此也就预含了工夫做得最好的圣人，其所感知体知的形上学宇宙论也就是最圆满的系统，但是，这就又再度将"形上学"、"宇宙论"说成了是"境界论"项下所辖的系统。因此，一切都还是要回到主体的实践中，才能确定《中庸》《易传》这一套形上学宇宙论的知识地位。也因此，牟先生批评了劳思光先生极力主张的思路，亦即是以《中庸》《易传》为孔孟心性论下堕的形上学宇宙论之说，其言：

若是表面观之，此俨若为空头的外在的宇宙论之兴趣，而特为某种现实感特强者所不喜，亦为囿于道德域，人文界，而未能通透彻至其极者所

---

① 牟宗三《心体与性体》第一册，页322。

深厌。实则此种不喜与深厌中之割截既非先秦儒家一脉相承开朗无碍之智慧之全貌，亦非北宋诸儒体悟天道天命之实义。是以若以西方哲学康德前之外在的非批判的形上学视之误也，名之曰宇宙论中心者亦误也，囿于人文、切感于现实、而不准涉足乎此者亦非儒家道德意识中道德主体之涵量之本义，此为道德之局限，而非儒家开朗无碍之道德智慧也。①

劳先生依据康德哲学的思路，将形上学、宇宙论的哲学系统，视为不能证成自身之普遍原理的哲学，而《中庸》《易传》即是谈形上学、宇宙论的哲学系统，因此是从孔孟心性论之言于实践活动的哲学下堕的系统。亦即，劳先生并未将《中庸》《易传》视为如牟先生所说的是由孔孟心性论之实践所体悟感知的整体存在界的意义，因而与心性之学内在相通；而是视为外在的、客观的、独断的、与实践无关的另一系统。笔者以为，《中庸》《易传》的形上学、宇宙论当然是一套外在的客观的哲学系统，只是它的被认识、被确定、被证实的路径是由主体的实践活动而得的，但是它与主体的实践理论仍有重大的理论内在关系，此即是作为主体实践活动的客观理据。亦即理论系统上说，形上学、宇宙论是工夫论的理由依据；而从命题证成的角度说，实践活动是证成形上学命题之为普遍有效的途径。所以，实践活动从经验上证成形上学命题为真实的，形上学命题从理论上保证工夫理论为有效的，工夫理论提供实践的方法知识，主体实际去从事实践活动，待其成功，则证成了其形上学命题（也包括工夫理论）的真实有效性。因此，劳先生看到了形上学理论的外在客观性，却忽略了它有可以被主体内在证成为真的可能性。牟宗三先生看到了它有可以被证成为真的必然性，却忽略了它自身作为理论存在的独立性特质，而不断地将形上学与工夫论和境界论结合共构，于是将一套客观形上学系统说成了一套

---

① 牟宗三《心体与性体》第一册，页322-323。文中虽无指名劳思光先生，但在当代中国哲学界中提出牟先生所批判之意见者就是劳思光先生，是以笔者亦明指牟先生此说就是针对劳先生的意见的。参见劳思光先生《新编中国哲学史·三上》："周氏之说，基本上未脱宇宙论之影响，不过增多形上学成份而已。其中心性论成分甚少。""濂溪所承之儒学，乃易传及中庸所代表之理论。此一理论以形上学为主要成分，与先秦孔孟之心性论固不同，即与汉代流行之宇宙论亦有不同。"台北：三民书局，1990年11月第6版，页5、页151–152。

谈主体实践的工夫境界理论。参见其言：

> 开朗无碍之道德智慧必透至此而始充其极，必充其极始能得圆满。圆满者圣人践仁知天圆教之境也。此圆教之境，中庸易传盛发之，北宋诸儒即契接此境而立言。故其彻悟天道天命而有形而上学的意义与宇宙论的意义，是圆教义，非是空头的外在的形而上学，亦非泛宇宙论中心也。道德主体既如此，则就德性动源之开发言，此道德主体作为绝对之大主者，即是道德的创造（亦即真实创造）之真几。内圣之学，心性之学，惟是开辟此道德创造之真几以为吾人之大主，亦且为宇宙之大主。而理不空言，道不虚悬，必以德性人格以实之。德性人格者即体现此大主、体现此创造真几之谓也。体现之极致即为圣。圆教者亦相应圣人境界而言也。故儒家道德哲学之有形上的意义与宇宙论的意义必依践仁知天之圆教而理解始不误，一离乎此，则迷茫而乱矣。①

本文之内容，实已揭示牟先生整个儒学思维的总纲，亦即孔子的践仁与孟子的尽心，将不仅只是道德实践主体的真实作为，更且同时要成为客观世界的活动意义，因此主体的实践有客观形上学及宇宙论的意义在，即主体的实践活动甚至也已经是整体存在界的活动的主宰，主体体现道德意志而为实践活动，整体存在界亦因此一体现而亦彰显其道德意义，整体存在界的道德存在意义由主体的实践而呈现并由之而主宰之，主体的实践达至究竟至极之境时，即是整体存在界的存在及活动意义达至究竟圆满之时，此即圣人之作为，更亦为圆教义之形上学，亦即说圣人境界与说形上学的圆满至极之学变成了同一件事，但也因此儒家的形上学、宇宙论成了可说之学，只是此一可说之儒家形上学、宇宙论却必须即是从实践之体知、感知而说的，而其系统的极致又必须即是就着圣人境界之体知、感知而说为系统的圆满的。是以牟先生的圆教说等于就是圣人的境界论，即如其言："圆教者亦相应圣人境界而言也"。

牟先生之说圣人是道德实体之实践的圆满义者又见下文：

---

① 牟宗三《心体与性体》第一册，页 322–323。

> 道德的实体只有通过道德意识与道德践履而呈现而印证。圣人是道德意识道德践履之最纯然者，故其体现此实体（诚体）亦最充其极而圆满。所谓充其极而圆满，一在肯定并证成此实体之普遍性，即此实体是遍万物而为实体，无一物之能外；二是圣心德量之无外，实体之绝对普遍性即在此无外之圣心德量中而为具体的呈现。不只是一外在的潜存的肯定。此圆满之模型即是理想之圣人，现实上为孔子所代表。①

牟先生说道德的实体本是一本体宇宙论进路的形上学论述，但是他又说这个实体是需要透过主体的道德意识的实践才能印证，故而圣人是这个实体的最充极的体现者，是圣人在证成此实体的普遍性，也是此实体的普遍性在圣人的实践中而呈现，所以以孔子为代表的圣人，即是此实体的理想模型。笔者以为，说实体被圣人的实践而证成的话是可以说的，但是圣人毕竟是说的人存有者的境界，然而此实体之为一本体宇宙论的假设，却仍应是一客观的实体，它可以在被实践之后来谈其是否被证成，而不是就在圣人的实践中说其理想型，说理想型只能是说圣人为体现此道德义实体的理想型人格，而不能说圣人就是这个理想型的实体，如此一来就是把客观形上学的本体宇宙论的道德意志实体说成了主体的境界了，也是把人存有者说成了普遍原理的最高实体，这是牟先生将主体实践活动的理论与客观形上学的理论混淆的一套思路，然而这却已经是牟先生对宋明儒学分系问题的超越依据了，又见下文：

> 宋明儒之发展，大体是由中庸易传开始而逐步向论孟转，以孔子之仁与孟子之心为主证实天道诚体之所以为天道诚体而一之……一之于仁，一之于心，重新恢复先秦儒家从孔孟到中庸易传之发展。如此而知中庸易传是其圆境。否则，中庸易传之天道诚体只是空头的宇宙论的，亦是外在的，此则客重而主轻，濂溪横渠俱有此意味。本是主客观之真实统一之圆教，然而因不能贯通先秦儒家发展之序遂显出客重而主轻，亦可说是内轻而外重，主观性原则（心）不足故也。逐步向论孟转，第一步关键

---

① 牟宗三《心体与性体》第一册，页333–334。

是明道之一本论，第二步关键是象山之孟子学。至此而主观性原则彻底挺起矣。①

牟先生的意思就是说，先秦儒学由孔孟的主体实践之理论，发展到预设这个实践活动但却扩及天道的《中庸》《易传》之作，因此这时的《中庸》《易传》之作就能有依于主体实践的挺立而有客观证实的圆满。至于宋明儒学，则是由周敦颐、张载的自《中庸》《易传》的诠释开始，但是却因为尚缺乏对孔孟实践活动的深刻体会，因此会有偏客忽主、内轻外重的缺点。因而只能由明道的一本与象山、阳明的言于主体而收摄补足。牟先生此处对周、张之批评，说其："客重而主轻，亦可说是内轻而外重，主观性原则（心）不足故也。"其实已有劳思光先生的思路型态了，此不多论，简言之，劳思光认为，周、张为宇宙论论述较多，并缺乏心性论。

笔者以为，《中庸》《易传》的客观形上学的命题是一本身就是作为客观义的形上学系统，它可以被主体的实践而证实是一回事，它是否预设了孔孟的实践活动又是另一回事；说主体实践活动是一回事，说主体实践活动的理论也就是工夫论又是另一回事。就理论建构而言，只要是说了客观形上学，就在理论上可以推出主体实践的理论（也就是工夫论），所以《中庸》《易传》的客观形上学在理论的发生过程上固然是依据孔、孟的实践活动的理论而上推的客观原理系统，但是它的理论角色是作为一套客观的形上学命题原理，以便成为主体实践的理论（也就是工夫论）的理论依据。它的命题发现的次序是一回事，它的理论角色的系统关系是另一回事，牟先生是把发现的次序与系统关系的次序混淆了，亦即是把实证的次序与逻辑推演的次序混淆了。但是，这尚非讨论周敦颐哲学的重点，重点在下文讨论。

依据笔者的研究，周敦颐对《中庸》《易传》的诠释而发言的文字，一方面就是一套客观形上学的系统的转述继承，二方面就是直接推出主体实践的工夫境界理论，所以，并没有周敦颐的系统有所谓的主体实践面的缺乏之事。更深入言之，周敦颐哲学对于先秦《中庸》《易传》哲学的讨论，其实就是重述

---

① 牟宗三《心体与性体》第一册，页346-347。

牟先生对程朱这样的批评是基于他自己对形上学的特殊解释而提出的意见，牟先生把这个作为天道实体的诚体，与实践主体的性体、心体视为同一个实体，这一部分当然是牟宗三哲学的创造性定义，这就是牟先生把实践活动及客观存在混合在一起所构作的"道德的形上学"的说法，这个说法就是他用以批评濂溪、横渠及程颐、朱熹的理据。下一节即涉及这个批评。

四、由诚体谈濂溪的入路与限制

《中庸》言诚，濂溪继承并发挥，牟先生指其所言之诚主要为天道实体义，但亦应有人道主体之义在，其言：

> 惟至诚为能尽性，即以诚体之内容渗透于性体，此即是性，离此别无性也。性与天道皆只是一诚体。性与天道是形式地说，客观地说，而诚则更是内容地说，主体地说。①

本文为牟先生解读《中庸》之语，以主体之诚意志贯彻于现实生活中的活动，才能充分实现性体，而天道亦为依此诚意志之实践而呈现。牟先生又说，性与天道是形式地说、客观地说，诚是主体地说、内容地说。上说看似圆融，其实含混，此处有两种思路需要厘清：其一为哲学基本问题的区分，其二为概念使用的区分。笔者以为，《中庸》本身本就包含了以诚直接为天道的价值意识而赋命于人与天地万物的第一路，以及以诚为主体实践的价值意识而体合于天道的第二路。第一路是第二路的形上理据，第二路是第一路能够呈显的途径，也是第一路之所以为真的证立方法。第一路为形上学，第二路为工夫论。区分为两路之后，就不需要把两路合一而称其为某种特殊的形上学。此外，"性与天道"甚至是"心、情、理、气"等是"存有范畴"，而"诚"是"价值意识"，是主体实践时的价值意识蕲向，至于"存有范畴"及"价值意识"两者都可以作为说本体的文字使用，只是个别系统是以那一个概念为本体，则端

---

① 牟宗三《心体与性体》第一册，页324。

视系统本身的使用,两种类型的概念固然互不冲突,但也不宜混淆,否则就会造成更严重的理解与诠释的偏差。牟先生接近的说法又见下文:

> 濂溪以诚体合释易传,于易见出性命之根源其实亦即此性命天道相贯通之大义也。……此诚虽亦是工夫字作用字,然即在诚之工夫作用中,性之全体内容具于中,故诚亦是工夫,亦是本体,故曰诚体,而诚体亦等于性体也。①

牟先生说周敦颐以《中庸》之诚合释《易传》的文本系统,周敦颐确实是如此做的,不过这样做是完全合法的,因为《中庸》之诚是价值意识的概念,儒家所有的价值意识的概念必然是意旨相通的,如"仁义礼知"与"诚"与"善"等。而《中庸》与《易传》的合释,还有形上学理论的结合的作用在,《中庸》多本体论、存有论建构,《易传》除了有本体论之外,还包含了一些零星的宇宙论建构。因此可以说儒家形上学在《中庸》《易传》之时达到了一个高峰,而由宋明儒学家直接继承之、结合之而发挥新意之。

牟先生又说"诚"是工夫也是本体,此说亦无误,诚作为价值意识的概念,既是以"天之道"说出的,即是以其为天道的终极价值意识,因而即是本体。价值意识的本体即是主体实践的价值蕲向,因此可以用来谈工夫作用。所以诚体是既就天道实体言、亦是就主体心性之本体言,以主体心性本体言时当然即是性体。从存有范畴说,天道实体就是道体,说实体、说本体则是分别就其为"存有之最终真实义"及"价值之最终根本义"而说的,这是就整体存在界而说的道体;至于就人性存有者的主体存在而说时即是性体。道体与性体皆是就存有范畴说,若就价值意识的概念说时,它们就是"诚"、"仁"、"善"等等,至于将之说为"诚体"、"仁体"之时,则应讨论这是就其为道体说还是为性体说,但不论是就道体说还是就性体说,它的价值意识都还是诚的、仁的或善的。

本文一开始,牟先生已经以诚体为天道实体,文末又说:"而诚体亦等于

---

① 牟宗三《心体与性体》第一册,页330。

性体也"，于是道体与性体因皆是诚体似乎即为同一了。但其实，道体与性体就其所具之价值意识皆为诚、为仁而言，可说其有共同的价值意识，但是说道体与性体是同一的这样的说法就有过度跳跃的缺失了，或是说它们有相贯通的作用是可以的，只是不能不假分别地说它们是同一个实体。总之，每一个概念皆有它们的特定功能与使用脉络，必须要将哲学问题意识厘清，这样才不会混淆概念的使用。牟先生言于诚体者又见下文：

> 对于天道诚体之神、寂感真几，有积极的体悟。所谓"默契道妙"者，即在此面有积极的意义。在濂溪之体悟中，天道诚体亦是心，亦是神、亦是理，不是如后来朱子之所分解，天道成为"只是理"，而心神属于气。①

牟先生一直以来的立场就是，周敦颐是从《中庸》《易传》入手说儒学而建立体系的，而《庸》《易》是说天道为主的系统，虽然《中庸》《易传》系统中默认了《论语》《孟子》所谈的主体的实践，但是周敦颐之作品中却没有这么明确的洞见，因此牟先生要补充说周敦颐所说的诚体之天道义中必须亦即是有主体的意味在的，所以他要说"天道诚体亦是心"。笔者以为，周敦颐是使用先秦儒学经典的形上学命题以说工夫论与境界论的哲学系统，本就没有只停留在天道论中说形上学命题，因此其实不必特别费心为周敦颐说他有心性论旨。一旦说及工夫论，就是心在做工夫的，因此并不是周敦颐体悟的天道诚体有心之意义在，而是周敦颐就是谈了工夫论，一旦谈工夫论就必然是"心"这个存有范畴在作用的，而其作用时的价值意识蕲向即是"诚"，即是以天道实体的价值意识本体以为蕲向。笔者以为，其实是牟先生混淆了形上学与工夫论哲学，不能独立地看到工夫论哲学的思维脉络，也没有重视到存有范畴的概念在哲学问题论述中的互操作性，所以才要辛苦地言说这些存有范畴之互操作性。

但是，就在牟先生辛苦地言说"天道诚体亦是心，亦是神、亦是理"的

---

① 牟宗三《心体与性体》第一册，页356。

话的时候，牟先生正是混淆了存有范畴的概念与价值意识的概念，也是混淆了谈存有论与谈本体工夫论，也就因此有了对朱熹的批评意见，说"不是如后来朱子之所分解，天道成为'只是理'，而心神属于气"。其实，从有论进路谈概念范畴的意义时，"诚、仁、善"等就是价值意识的概念，从存有范畴说，道体或性体的存在性其实就是理体义的存在，而非具经验现实义的存在。从天道流行说，可以说天地万物都是体现了天道之诚的意志而有的存在；但是从人道说，整体存在界的整个社会国家必须是人做了道德实践活动且充分完成实现之后，才能说为天下社会都已经实现了诚的价值意识，因此就整个社会国家说为诚体是必须在主体做工夫实践已达到完成的境界之后才能说的，因此在非关工夫论思路的情形下，纯粹从存有论进路说："天道只是诚仁善之理，而人心之存在是气化成形之后的存在，故而心属气存在的一边。"这样的讲法就形上学、存有论的思路而言，本来就是正确的说法。关键即在，牟先生思维中的诚体是用在主体做工夫实践达到完成境界时候的状态，因此心必须以诚为价值意识而进行实践活动，而在工夫完成之时，整个社会天下的整体呈显诚的价值理想，此时可以说"天道之诚体之理，进入人心之意识，化成天下，作用神妙。"而不是说"天道诚体亦是心，亦是神、亦是理"，因为就存有论说概念定义时，朱熹所说的"天道成为'只是理'，而心神属于气"的话是没错的。下文亦是牟先生相似的思路：

> 濂溪言诚体本乎中庸易传。诚固是理，但亦是心，亦是神，是"心神理是一"之体，是"即存有即活动"之体。"真实无妄"决不只是客观地形容或指目理，亦主观地形容或指目心，而心是本心、天心，而本心天心即是理。①

本文说诚是理、是心、是神，前文亦是同样立场的申述，这就是牟先生企图将周敦颐哲学说为有别于朱熹思路的做法，朱熹从存有论思路说天道只是理，其义在于说作为存有范畴的道体就是一理体义之存有，亦即是以

---

① 牟宗三《心体与性体》第一册，页377。

原理的角色而为道体，这是存有论地说。但若是工夫论地说，则此一唯理身份的道体将赋命于人心而成为性体，此性体将在主体的心的实践中充极发挥而呈现整体存在界的天道理体之真实义涵，此一呈现即显神妙，故而"道、理、心、神"的存有范畴全体互通。所以即便在朱熹分开心性与天道理体的话语中亦仍有再度结合心性与天道理体的可能，只要将基本哲学问题意识分辨清楚即可。但是，牟先生却只重视工夫论与形上学共构的一路，并认为这是儒家哲学的主要形式，因此对纯粹从存有论进路言说道体的思路有意排斥，以为它会妨碍工夫论与形上学共构的一路。笔者以为，说两路有哲学基本问题意识的差异是可以的，说两路的思路之差异有哲学基本立场的不同（甚至对立）是不可以的。但是牟先生却因此强以程、朱的一路为"只存有不活动"，而以周敦颐的一路为"即存有即活动"，亦即是说周敦颐的诚体可以发为天道作用的流行以及主体实践的工夫活动，而朱熹所谈的天道只是理，因此就没有活动义了。笔者以为，这都是牟先生过度割裂朱熹理论所致，依朱熹，说存有论时仅论概念定义，但是说天道作用及主体活动时，就会将不同概念通连在一起，朱熹并非不说天道流行及主体活动的话语，牟先生却只撷取朱熹的存有论话语以定位朱熹，实不公允。牟先生这样的诠释立场，不仅对朱熹不公允，事实上对周敦颐、张载等也不甚公允。以下即可见出：

> 濂溪虽根据中庸易传言诚体，不直接根据孟子言本心，然此诚体断然是心神理合一的，决不会抽掉了心神寂感而只是理。纵然此心神是宇宙论的意味重，不似孟子之直从道德的心性言本心，然此诚体必然地含有"心"义则无疑，否则不能说神说寂感。……心神寂感理合而为一便是诚体。而若知中庸易传之所言乃是继承孔孟之所言而发展至充其极，则知中庸易传之诚体即是孔子之仁、孟子之心性之扩大，其内容完全是一。如此，则可无疑于诚体之为心神寂感理之合一。只因濂溪，横渠亦在内，是从中庸易传开始，不甚能提挈之以孔子之仁与孟子之心性，遂易使人有割截之想法。然谓其诚体，甚至横渠之太和太虚，不含有宇宙论意义的

"心"义不可得也。至明道，则孔孟中庸易传完全合而为一矣。①

周敦颐、张载皆有工夫论的命题，反而是牟先生强调他们是从《中庸》《易传》入手建立形上学体系时才定位他们主要是谈天道的系统，因此认为他们有疏于谈主体的缺失，但是虽有此项缺失，却因为《中庸》《易传》本就是依孔孟而发的天道论，因此周敦颐所论之天道诚体亦必定是有主体活动的意义在的，意即"谓其诚体……不含有宇宙论意义的'心'义不可得也"。牟先生这样的诠释，实在是非常扭曲的做法，关键即在牟先生将一切哲学问题都归于形上学问题来谈，而且讨论问题时不能区分"存有范畴概念"与"价值意识概念"的差异，于是本来是哲学基本问题的论述进路差异的问题，便衍生为概念使用立场的主张差异的问题，因此而有了讨论周敦颐的"诚概念"有无"心概念"义的问题。其实，诚是价值概念，可以作为天道本体，亦是主体实践时的心之活动的蕲向，此即与心合，而不必说什么"宇宙论意义的心"，总之，概念的使用义涵，端视文本论述时的脉络而定，本就十分灵活，理论世界并没有这么多的对立系统，而只是有各种不同问题意识的表述系统，厘清各系统的问题意识，也是准确理解其哲学义涵的方法，更是解消传统哲学过于对立冲突、竞争高下的理论态度的改进方法。

五、气质之性的概念定位

《通书·师第七》周敦颐言："性者，刚柔，善恶，中而已矣。"牟先生以之为"气质之性"而批判之。"气质之性"的概念在张载著作中正式提出，朱熹承之，牟先生对此一概念的提出并没有明确的反对意见，只是对于如何使用以及是否能上接"天命之性"有意见而已。牟先生认为"气质之性"有两种使用义，其一为性之堕在气质中被限制时所说，此义之性仍是本质上只是天地之性，价值主体能挺立住；另一为说气质本身是一种性，世俗义之命定论之种种气性便在此说，此种气质之性便不能被价值主体收摄妥当。牟先生解周敦颐

---

① 牟宗三《心体与性体》第一册，页368。

《通书·师第七》谈"性者，刚柔善恶中而已矣。"时，认为周敦颐所说即是气质之性，但因为不能看到言气质之性之上述两种区别，因而总有命定义的气质本身成为一种性的意味在，因而主体挺立的分量就不甚足够，牟先生并以此批评周敦颐，其言：

> 所谓"性者刚柔善恶中而已矣"，此言性实指"气质之性"而言，不指诚体之为性，或天道性命相贯通之性而言，"气质之性"一词由张横渠开始用。濂溪于此只言"性者刚柔善恶中"，此所谓性明是指"气质"而言，因气质始有此差异，如言诚体之为性，则只是纯粹至善，无所谓刚柔善恶中之差异也。如就此种气质而言气质之性，则气质之性意即是一种性，此即王充所谓气性，或人物志所言之才性。吾意横渠二程言气质或气质之性即是此意，非如后来朱子理解为性体在气质中滤过，因而成为在气质限制中之性也。如照此解，则性只是一性，只是一超越之性体，只是伊川朱子所谓"性即理也"之性，并无二性，但却可自两面观，一是就其本身之本然观，一是就其在气质之限制或混杂中观。如是，气质之性便成为气质中的性，而非气质本身不同即是一种性也。①

牟先生对于周敦颐这一段话的定位是放在气性、才性的气质本身是一种性的路上说的，而"不指诚体之为性，或天道性命相贯通之性而言"。牟先生要强调有诚体之为性，或天道性命相贯通之性，是因为要将天道与主体皆在诚体的实践中贯彻，以便谈主体臻至圣境的可能性。但因为周敦颐的这种刚柔善恶的说法，使得诚体的下贯似有不畅及隔阂。关键就在周敦颐使用"性"概念谈问题时没有把握到与天道性命相贯通的主体实践义与天道流行义，因此引起牟先生的疑虑。而牟先生在这个问题上对于朱熹明确严分"气质之性"与"义理之性"的做法反而是赞同的，牟先生认为程朱言"性即理"时之性，确乎只是纯然至善的天命之性，而其言"气质之性"时，则主要是指性之堕在气质中而言，因此使得纯粹至善的"天命之性"有其一时不易呈现的限制，然而其性

---

① 牟宗三《心体与性体》第一册，页336。

终究仍是至善一义而已，因而永远是通于天道性命及诚体流行之性。（其实这就是笔者不断强调的，程、朱之存有论思路，必然有其儒学理论贡献之意义在者。）当然，牟先生也认为朱熹言于气质之性有时也是会有气性、才性的命定论义之气质之性的用法，这里他倒是没有说死。而牟先生也承认，说气质之性是就"才性或气质本身是一种性"的意思才是此词成立时的本来意思，因为气质方面的限制确实是人们的工夫实践活动中最应关心的事情。其言：

> 濂溪此处说刚柔善恶中之性显然即是说此种"气质之性"。此种气性或才性虽须有超越之性以主宰之，亦须要本超越之性自觉地作道德实践以变化之，然其本身之作用以及其限制性之大乃事实上不能抹杀者。①

气质之性需要超越之性以主宰之的立场，其实是所有言于气性说、耳目口鼻之欲说、天理人欲之辨等说法的儒学理论之共同立场。因为确实有人性的差异及限制，也确实有人之为恶的事实，因此气质之性概念的出现，确实是为说明这些差异及限制的原因，问题只是在形上学的建构中，气质之性的理论架构要如何界定而已。界定之后，即要提出变化气质的超克方法。牟先生却认为周敦颐的性概念使用，似乎只说到了气质限制的这一面，却对于就在性中可以超克的另一路认识不及，其言：

> 对于通于诚体之性并无积极之正视，对于气质之性与天地之性（义理之性）之分别亦无显明之意识。天地之性或通于诚体之性或超越之性如不能挺立起，则"变化刚柔善恶之气性以使之为合于中道之纯善"之工夫便无超越之根据。即挺立矣，而不能通于孟子"道德的实体性之体义"的心而一之，则道德践履之工夫亦不能真切而得其必然。②

牟先生在这一段文字中对周敦颐言性的理论成就是持批判的立场，认为这

---

① 牟宗三《心体与性体》第一册，页337。
② 牟宗三《心体与性体》第一册，页356。

样一来不能有孟子的道德实践主体之实体性义,亦即就做工夫而言没有一个上达的保证与依据,因此工夫即不能真切。笔者并不认同牟先生对周敦颐言性这一段文字的批评,问题并不是周敦颐这一段文字没有气质之性的才性限定义,而是周敦颐的言说,固然侧重气质之性一面而说,但并不表示他的认知中有主张这一面的气质之性不可能被超克,更重要的是,周敦颐在其他地方的文字中都处处已经明白显示了主体实践的必要性与可能性,不能因为有这一段话就把周敦颐言性的说法限定在如此狭窄的范围内而予以批评。牟先生这样的说法,就是因为他事先已经将周敦颐说诚体的进路限定在天道一路,因此先认定了周敦颐的系统在主体由诚之道的实践一路上未能建构完整,因此对于周敦颐此处说气性的话语才会有如此之反应。事实上,再细究下去,牟先生自己根本也说过这种气性刚柔的说法也是有隐涵诚体之性的意义在的,如其言:

> 在此贯通中,性自是通于理之一(诚体)之性,不会是刚柔气质之气性或资性,命自是天道之命或性体之命,不会是寿夭吉凶生死富贵等命运之命或气命之命,而是道德的命令之命,人受此命令而必然遵循之,无可移易,亦是其命也,此即是正宗儒家道德的理想中"性命"一词中之命也。性命若落于气上说,则性为气性,命为气命。气命之命是命定主义之命,此即董仲舒、王充、人物志等所说之性命,王充所谓"性成命定"也。而其基本原则即告子所谓"生之谓性",亦即老传统之"性者生也"。此在宋明儒即自横渠开始所说之"气质之性"。而天道性命之性则是横渠所说之"天地之性",后来朱子所谓"义理之性"。此种分别,在濂溪之通书中并不显明。而通于诚体之性,亦未正面直说,而其所显明地直说者却是"性者、刚柔善恶中而已矣",此则于言性有不尽也。然而此理性命章却亦很显明地隐合着此通于诚体之性,亦很显明地可表示出天道性命之相贯通。①

牟先生明分天命论一路之言性命及命定论一路之言性命,从而认为周敦

---

① 牟宗三《心体与性体》第一册,页355。

颐《通书·师第七》之所说于"言性有不尽也",却又说在《通书·理性命第二十二》中有"隐含着此通于诚体之性",这就是笔者所说,牟先生其实是自己多做了不必要的批评,所以才又有再做疏通的动作。总而言之,在儒学系统内说气质之性,从来就是为了说从气禀限制中提起价值意识做工夫之用,儒者所说之性字不论是放在天命之性的一性说、还是天命与气质之性的二性说路线,都必须认同两说都有预含超越性主宰的意旨在;并且,这只是言于形上学思路的一面,至于工夫论,言于心之主宰者永远是天命之性之路,因此就永远能提起价值意识自做工夫,则又何来"道德践履之工夫亦不能真切而得其必然"之局限呢。此一讨论再度显见牟先生过于集中地要求一种特定型态的言说模式,把工夫论及宇宙论都塞入形上学中,一定要见到同时顾及实践活动及普遍原理的论述才肯定之为天道性命相贯通的圆教型态,因此反而把别人没有二分的系统刻意二分,把别人没有割裂的说法刻意割裂了。牟先生言于周敦颐之气质之性的讨论就是这样,看到周敦颐的形上学讨论中的性字使用没有同时携带价值意识及主体活动义,就要批评此说不能有真切的道德践履,而不能就他人之完整的系统有机地解读之,以使其文义有所疏通于其他文字而有完整的体系模型。牟先生固然以周、张、明道、五峰、象山、阳明、蕺山说为同是圆教的一路,但其实,在他这套过于紧缩的系统中,却未必能容得下周敦颐的所有文字,而事实上,同样严厉的批判意见也出现在对张载的讨论中,而对程颢也有说其不足的论述,并不只有程颐、朱熹受到他的批判而已。根本上就可以说,没有可以完全不受到牟先生批评的宋明儒学系统。

六、思的工夫论问题

牟先生对宋儒的诠释立场,十分注意及孔孟心性论旨,以及由此上升所建立的《中庸》《易传》之形上学论旨。因之对于宋儒言及《中庸》《易传》意旨之时,若未同时运用《论语》《孟子》文本,则便指责未能深契《论语》《孟子》心性论旨,但是在文本诠释上,又要说明其意旨必蕴涵通彻《论语》《孟子》论旨。这真是一大崎岖之路矣。牟先生对周敦颐《通书·思第九》言:

此为通书之第九章，正式言工夫。工夫者，主观地通过心之自觉明用以体现天道诚体之谓也。天道诚体为客观性原则，心为主观性原则。心之自觉明用可多方以言之，而濂溪于此则根据洪范而言"思"。故知此章实濂溪之言"心"也。乃由思以明心之用。①

牟先生说此章是濂溪正式言工夫之语，意即其他章节是在说形上学的。其实周敦颐之《通书》无处不是言工夫论旨，是牟先生过度地以《中庸》《易传》的形上学进路定位周敦颐学说，才需如此费力地另外寻绎周敦颐的工夫论旨。笔者认为，《通书》本来就是以工夫境界论为主，只是其说主要是以《中庸》《易传》形上命题以为工夫境界论的依据而已，反而主要不是在谈形上学命题的②。周敦颐自《尚书·洪范》说思之功用③，而非自孟子之"心之官曰思"之文本疏解下来，因此牟先生认为濂溪之说有未能深悟孟子心性论旨之缺失，此说又是牟先生过度限制儒家工夫论旨的来源，以其仅能是在于《论语》《孟子》之作中，因此，被牟先生认定为从《中庸》《易传》系统来的周敦颐哲学思想，便缺乏心性论旨，参见其言：

吾之提出此义，旨在表示就体现诚体之工夫而注意及心而言，此时之心即不能只注意其思用，必须进一步更内在地注意其道德的实体性之体义，此即是"其圆用能本质地挺立起"之关键，亦是"其圆用即是此诚体寂感神用"之关键。此道德的实体性之体义的心即是孟子由之以说性善的心，即所谓本心，其所以为体之内容即所谓恻隐、羞恶、辞让、是非等等者。由此开工夫更是真切于挺拔之道德践履者，更是切近于先秦儒家所表示的道德的创造之阳刚之美者。而不是只从思用以言也。而濂溪所妙契之思用之"无思而无不通"之睿境亦正在此而充实起而挺立起，因而亦有其

---

① 牟宗三《心体与性体》第一册，页339。
② 参见：杜保瑞《北宋儒学》，台湾商务印书馆，2005年4月初版，第一次印刷。
③ 参见：周敦颐《通书·思第九》：洪范曰："思曰睿，睿作圣。"无思，本也；思通，用也。几动于彼，诚动于此。无思而无不通，为圣人。不思，则不能通微；不睿，则不能无不通。是则无不通，生于通微，通微，生于思。故思者，圣功之本，而吉凶之几也。易曰："君子见几而作，不俟终日。"又曰："知几其神乎！"

必然性。濂溪之妙契是用在中庸与易传，而于孟子之言心似不甚能真切，而亦有忽略，故于言工夫，迂曲而寻根据于洪范，而不知就教于孟子，可谓舍近而求远。此固是在初创，然亦由其不能贯通先秦儒家之发展而然也。此亦是其易被人联想为有道家意味者之故。……能就孟子之道德的实体性之体义的心而谓其即是此天道诚体之神用，因而极成其所谓"一本"者，乃是明道；能由之而开工夫而更真切于挺拔之道德践履，更切近于先秦儒家所表示之道德创造之阳刚之美者，则为陆象山。此则乃进于濂溪者。①

牟先生强势地将《中庸》《易传》说为与《论语》《孟子》心性论旨内在贯通，因而《中庸》《易传》之形上意旨即有主体实践的意义在，但是其他著作即不能有这样的理论功能在，他对周敦颐自《尚书·洪范》转化的工夫言说即不认定为有相应《论语》《孟子》的心性论旨，真奇乎怪哉矣！笔者认为，牟先生坚持直贯创生的理论型态固然已是过于执着，此处却又坚持《孟子》文本，实在是更加执着了。其实，宋儒从那一部经典入手言说都只是外缘的问题，依不依《孟子》文本皆不碍其有道德实践的直贯思路，只要明白本体工夫论旨，不论依何经典，都没有舍近求远的缺失。牟先生只肯同意那些用到《孟子》文本的发言才有主体实践的意旨，实是太过执着于经典文本。下文就是这样批评周敦颐的：

  自体现诚体之工夫说，必须言及心，而濂溪对于孔子之践仁以知天，孟子之尽心知性以知天，总之对于孟子之心学，并无真切的理解。彼自洪范之"思曰睿，睿作圣"以言圣功，不自孟子之"道德的实体性之体义"的心以言圣功，即示其对于心之了解并不真切。如能正视孔子之仁，孟子之心，而真能透彻之，心之"道德的实体性之体的意义"真能挺得起，则自"思"言，自"无欲"言，皆是妙谛，否则皆是隐意之偶然，并无必然。②

---

① 牟宗三《心体与性体》第一册，页343-344。
② 牟宗三《心体与性体》第一册，页356。

牟先生必欲以孟子言工夫之文本以为定位宋儒言工夫之意旨的做法，笔者以为这是太过僵化地以心性概念言说工夫的做法，事实上，心性论旨重点即是本体工夫，本体工夫不是只能由心性概念言，由"理、气、道、物、身、形"皆得言之，这是从存有范畴的概念而言的；至于从价值意识的概念如"诚、善、仁、义、礼、知"更得言此；至于从活动形式说时，如"思、持、守、尽、求、操、存、格、致、正、修、做……"等。可以使用的概念更多。周敦颐以《尚书》言思之文说工夫也只是他说工夫的其中一路，牟先生却认定只此为其说工夫之路，并认定周敦颐未由孟子言思之路说工夫，因此挺不住道德实体性，对心之了解不真切，所以周子之言或只是隐意之偶然，并无必然。笔者认为，牟先生此说，太过僵化。可以说只顾经典文本传承，而不顾义理内涵，可谓是依经不依法了。

七、无极而太极解

周敦颐《太极图说》第一句"无极而太极"，在朱陆《辩太极图书说》书中成为主要的争议焦点，朱以无极为状词说太极是无形解之，陆以无极是道家词汇应舍之而批判之。牟先生仔细讨论解读，认为《太极图说》全文和《通书》文义前后相贯通，即便是"无极而太极，太极动而生阳"似有争议，其实仍是意旨相通的，总之，牟先生于此处却几乎都是以顺成朱熹所说的方向解读的，参见其言：

> 此图说全文，无论思理或语脉，皆同于通书，大体是根据动静章、理性命章、道章、圣学章而写成。… 惟有一点不同于通书，此即"无极而太极，太极动而生阳"两句是。……依吾观之，"无极而太极"一语是对于"太极"本身之体会问题，本是一事，加"无极"以形容之，本无不可。太极是正面字眼，无极是负面字眼。似亦可说太极是对于道体之表诠，无极是对于道体之遮诠。太极是实体词，无极是状词，实只是无声无臭、无形无状、无方所（神无方）、无定体（易无体）、一无所有之"寂然不动感而遂通"寂感一如之诚体本身，而此即是极至之理，故曰"无极而

太极",此语意不是无极与太极。"无极"一词虽出于老子"知其白,守其黑,为天下式。为天下式,常德不忒,复归于无极"(王弼本,二十八章),然老子之使用此词亦是状词意。①

牟先生一向宗陆贬朱,但对周敦颐"无极而太极说"之文本解读,却是依朱不依陆,朱主无极是说太极无形之状语,陆以若是要说太极是无形,则只曰无声无嗅即可,故说无极即是入老。牟先生却以为,说无极就是无声无臭、无形无状、无方所无定体、一无所有之意,牟先生对无极之语是否语出于老子没什么意见,但重点是无极就是义理上的遮诠进路以对太极之表诠进路作强化而已,所以无极就是太极,说无极和说太极其实同是一事,又见其说:

"无极而太极"一语,如译成完整的语体语句,当为:那无限定的而一无所有者但却亦即是极至之理。如明此意,则单说无极亦可,如下文"无极之真,二五之精,妙合而凝",即无"太极"字,"无极之真"即太极也;单说太极亦可,如通书动静章"五行阴阳,阴阳太极",即只说太极,而不说无极;无论单说那一面,而只是浑圆之一,故只说"一"字,亦可表示此无极之极,如通书理性命章"五殊二实,二本则一",此中亦无无极,亦无太极,但此一字即是太极,即是无极之极;如将此一字详细展示,则太极无极俱说亦可,如此图说下文"五行一阴阳也,阴阳一太极也,太极本无极也",即先有太极之表,后有无极之遮。②

象山以为《通书》中并无无极的表达方式,事实不然,上文中牟先生即以《通书》中的无极同义于太极之进路解说了《通书》中的无极字义,说其就是太极之意。此外,先说无再说有的表述形式在《通书》中有多处见之,如"无思,本也;思通,用也。"③,而牟先生即亦针对"静无而动有"一句说其即是

---

① 牟宗三《心体与性体》第一册,页358。
② 牟宗三《心体与性体》第一册,页359–360。
③ 周敦颐《通書·思第九》。

无极而太极的同义语，参见：

> 如依《通书》诚体之神解太极，则"无极而太极，太极动而生阳"两语实即《通书》诚下第二言诚体"静无而动有"一与之引申。"静无"即无极而太极，"动有"即太极动而生阳。[①]

笔者不反对牟先生此处所解读之意，总之，在朱陆辩争十分激烈的"无极而太极"这个问题上，牟先生并没有站在象山立场，反而是倾向朱熹的诠释方向。笔者以为，牟先生自己毕竟是形上学性格浓厚的思路型态者，而朱熹的讨论就都是形上学存有论的问题意识之进行，反而象山的批评不在文义上而转从学派归属上说周敦颐之说是道家，但牟先生自是以周敦颐为儒家，因此便从文义上顺成此句，而使其成为一能沟通《通书》文义的形上学命题。思想是很吊诡的，一直强分程朱陆王的牟先生，将周、张、明道说为与象山、阳明同型，却在象山坚持与朱熹争辩的"无极太极说"的解读上，牟先生非陆而是朱。

八、结论

周敦颐由《中庸》《易传》之文本诠释，建立儒家的圣人境界理论，继承《庸》《易》以诚概念所论之形上学型态，但更为说圣人境界而说了圣人的本体工夫命题，此义在劳思光及牟宗三两位先生的周敦颐诠释中都未能见出，一以周敦颐只有宇宙论而无心性论批判之，另以周敦颐的形上学只是《中庸》《易传》而未及《论语》《孟子》而批评之，一以否定立场批判，另以未臻圆满批评。笔者对两位先生的周敦颐定位都不以为然，本文就牟宗三先生专著讨论他的周敦颐诠释意见。牟宗三先生以诚体创生解义周敦颐系统，肯定他有讲实体创生的宇宙论思维，却屡屡以周敦颐少谈《论语》《孟子》，而担忧其系统有实践动力不足之缺失。这样的诠释，实在是牟宗三先生于《心体与性体》一书之写作意见中一路发展的思索结果，肯定《论语》言仁及于天，肯定《孟子》言

[①] 牟宗三《心体与性体》第一册，页360。

心性亦即于天，肯定《中庸》《易传》是依据《论语》《孟子》言仁与心性之基础而上达提升至言于天道诚体的形上学系统。此一模型既定，《论语》《孟子》《中庸》《易传》四部一体。周敦颐继承《中庸》《易传》，不及《论语》《孟子》，因而形上学系统有所不足。牟先生这样的诠释，几乎都是在为顺成他的纵贯纵讲的圆教系统之道德的形上学型态做调整，调整宋明诸儒之学以为符合其说的案例，若有不合，即予批评。一般只知牟先生批判程、朱而张本陆、王，实则不然，在牟先生自创构筑的解释系统里，周敦颐、张载、程明道等人亦皆在其批评之列，可见能完全符合其纵贯创生系统者实只剩五峰、蕺山、象山、阳明而已，但其实，除了五峰、象山较少受到牟先生批评以外，蕺山、阳明亦不少见牟先生的批评，这就表示纵贯纵讲的道德的形上学不是一套宽厚的解释架构，反而成了一套追求别异的诠释系统了。甚至，为了批评朱熹，而高度标榜朱熹的敌论象山及五峰，则"道德的形上学"变成只是一套辩论的工具而已！

第四章：对牟宗三谈张载道体性体心体义的方法论反省

一、前言

中国道论思维绵延两千年，从老子提出普遍原理义的道概念开始，儒道两家皆共享此一概念，并发展各自的理论系统，哲学史的历程不谈，仅就当代新儒家哲学而言，牟宗三先生就以实体创生义的道体概念建构他的"道德的形上学"以为新儒家的核心观念，但却也因此造成对宋明儒学各家系统的误解与错解。

牟宗三先生在《心体与性体》一书中对张载哲学进行深入的讨论[①]，主要是以道体、性体、心体义的架构进行张载重要哲学文本的疏解讨论，并将性体、心体合义于道体，并以此为标准，使得牟先生对张载哲学之若干命题有批评的意见。本文即将以牟先生的张载诠释为对象，反省牟先生的思路，以及为张载理论作澄清，亦即是针对牟先生讨论张载哲学思想的意见，进行方法论之反省。本文将讨论的议题包括：太虚与神皆为天道实体的理论定位问题、对老子有生于无的诠释立场、对鬼神之神与太虚神体的辨正、对"合虚与气有性

[①] "张载是北宋时代很突出的哲学家，字子厚，凤翔郿县横渠镇人，生于宋仁宗天禧四年（一零二零年），死于宋神宗熙宁十年（一零七七年）。"参见：《张载集》，汉京文化事业有限公司印行，1983年初版，页1。

之名"的批判立场、对"天地之性与气质之性"的诠释意见、对"性未成则善恶混"的批评意见、以理言与以气言之命的辨正、对"合性与知觉有心之名"的批判，以及性心合义之理论意义等。

二、太和、太虚、神体的理论定位

牟宗三先生强调一个具有创生作用义的"道体"，并将此义漫衍到性体及心体义，以藉此建立他的道德的形上学系统，并以此义定位张载所言之太和、太虚与神体等概念，亦即此三个概念已皆是道体之同义辞矣，如此则导致牟先生对张载全书之若干命题有批评的意见，包括对老子言无的意见、对鬼神的定义，以及虚气之名义关系的问题。

首先，张载已称太和为道，牟先生则亦以太和为道体，并称：

> 太和即至和。太和而能创生宇宙之秩序即谓为道。此是总持地说，若再分解地说，则可以分解为气与神。[1]

牟先生对太和概念的界定，差不多就是张载的意旨，重点在说其为宇宙之有秩序之义者，但太和所说之和毕竟是针对气化活动的现象的秩序而说者，故而有气的面向，也有动而有理的面向，即神，而其气的面向在过去则使得张载之道论被视为唯气论[2]，牟先生以太和之道所重在创生义，而不在气化义，而论其非唯气论。其言：

> 若云不离野马絪缊可，若云野马絪缊即是太和，即是道，则非是。故太和一词必进而由太虚以提之，方能立得住，而不落于

---

[1] 牟宗三《心体与性体》第一册，台北：正中书局，1981年10月4版，页437。
[2] 参见朱伯崑言："程颐是理学派代表，而张载则是气学派代表，所谓气学，是说把气作为其哲学的最高范畴。这种哲学体系，同样是建立在易学的基础上的，张载就是这一学派的奠基人。"朱伯崑《易学哲学史》第二卷，台北：蓝灯文化事业股份有限公司，1991年9月初版，页291。

唯气论。……故核实言之，创生之实体是道。而非游气之絪缊即是道也。①

依此，"太和所谓道"一语，是对于道之总持地说，亦是现象学之描述地指点说，中含三义：（一）能创生义；（二）带气化之行程义；（三）至动而不乱之秩序义。……"太和所谓道"并不是此实然平铺之气化。乃是能创生此气化之至和也。……太和是总宇宙全体而言之至和，是一极至之创生原理，并不是自然生命之絪缊之和。……太和而能创生宇宙之秩序即曰道。②

总以上诸语，牟先生重视道体义之创生、纯善、非气化实然之诸义，而即由张载所言之太和概念承担之，太和概念之原意在于宇宙现象活动之总体和谐而有秩序之义，在牟先生手中，则更强调其创生实体义。而这个创生义，正是牟先生言于天道实体的最重要特征，并且也以此义定位张载论道体的"太虚"及"神"两义。然而，由牟先生不断强调道体并非实然气化边事之义而言，牟先生确有建立一个纯善、超越的形上理体的明显倾向。这个倾向在于他讨论老子之无、鬼神与神体之别异、太虚与气之关系等问题中皆能见出。以下先讨论牟先生对张载言"太虚"与"神"概念的界定。其言：

太和是综持说之词，以明道之创生义为主。太虚是由分解而立者，一方既与气为对立，一方又定住太和之所以为和，道之所以为创生之真几。"太虚无形，气之本体"，此与乾称篇"气之性本虚而神"为同意语。"气之性"是气之超越的体性，是遍运乎气而为之体，故此处直云"气之本体"。……气以太虚——清通之神——为体，则气始活。……气变虽有客形，而清通之神与虚则遍而一，乃其常体。……此真几实体本身是即寂即感，寂感一如的；总言之曰"神"亦可，神以妙用定义；曰太虚亦可，太虚以"清通无迹"定。③

---

① 牟宗三《心体与性体》第一册，页439。
② 牟宗三《心体与性体》第一册，页439。
③ 牟宗三《心体与性体》第一册，页443–445。

不论"太虚"在张载哲学系统中原是何义，在牟先生的讨论中，太虚一方面不是气存在，一方面以其作用的神妙，因而亦可称之为"神"，再配合原来太和的意旨，太虚与神亦具创生义了。于是，创生、非气存在、神妙作用皆成为说道体的特质了，因着这些特质而使道体亦可称之为太和、太虚、神，而有虚体、神体之概念使用。

牟先生对张载哲学的讨论，是由道体、性体、心体三义结构而成，且终极地言之，三义仍将共成一义，就道体而言，则谓其实义将于性中见：

> 故凡儒者之思参造化，言天道、言太极、言诚体、言太和、太虚、乃至寂感之神，皆不过是通彻宇宙之本源，清澈吾人之性体，以明道德创造润身践形所以可能之超越根据，而其实义皆落于"性"中见，亦由性体之主宰义、创生义而贞定之，决不是空头拟议之词，亦不是自然主义、唯气论之由气蒸发也。①

由上文可见，对牟先生而言，天道实体之名义有太极、有诚体、有太和、太虚及神，而此实体之功能则是作为人存有者之道德实践的超越根据，但是，此一超越根据是既超越又内在，故而落实于人存有者之性体中，由性体之主宰、创生而贞定，贞定此一道体之实义之确实如此。于是，牟先生由张载之言于道体之太和、太虚、神妙三义而得建立他的"道德的形上学"，而有别于道佛。此一道体且是能由主体实践而贞定，此一道体且非是气化宇宙之存在，并以诚、仁的纯粹性善之价值意识而作用而遍在，并终于与主体之心体义总体结合而为一。并依此义展开了牟先生对张载讨论的各种批判意见。

三、对老子"有生于无"的诠释

张载是北宋儒者中最具哲学思辨能力，且能以理论辨正道佛的第一人，张

---

① 牟宗三《心体与性体》第一册，页445。

载藉气化宇宙论之虚气相即说以与道佛辩，主张气散无形而为虚体而仍实有之说以反对道佛世界观，张载认为老子之道论为主张"有生于无"者，但依张载自己的意见，则是主张有形与无形不断聚散，因此此聚散之气乃永恒地是实有而非是无，于是张载说老子的"有生于无"，等于是说"虚能生气"，这是张载反对的，而张载自己的虚气关系是"虚空即气"，亦即整个世界是一个气化的实有，气散入无形时以虚说之，其仍是实有之气，但若说是有生于无，亦即虚能生气，则有两层存有矣。

以上，张载意旨鲜明，然而，牟先生对于张载以"虚能生气"以批评老子"有生于无"之说却是不认同的。一方面在于牟先生自己已经以虚是太虚实体义定位之，因此虚即是道体，因此虚应能生气，故而不赞成张载所说之"虚能生气"会变成"虚无穷，气有限，体用殊绝，入老氏有生于无之论"。至于对老子的"有生于无"之说，牟先生则提出境界型态的形上学以定位之，因而同意"有生于无"的表述方式。这样的诠释立场就是因为牟先生将"虚"概念仅以"太虚实体"义定位之，才会有的讨论结果。其言：

> 若谓虚能生气，则虚无穷，气有限，体用殊绝，入老氏有生于无之论，不识所谓有无混一之常"。此批评老氏也。案此评不必谛。归结虽在说老氏"有生于无"之非，而实旨在明"虚空即气"虚不生气，故云："若谓虚能生气"云云也。实则此种遮拨正是伊川所谓"意屡偏而言多窒"之一例也。"天地之道可一言而尽，其为物不贰，则其生物不测"，何以不可言"虚能生气"耶？"生"者妙运，妙应之义。以清通之神、无累之虚妙运乎气而使其生生不息，使其动静聚散不滞，此即是生也。仁体之感润而万物生长不息，此即是生也。①

张载言太虚，是要说气之物质性之体义为虚，为虚即非无，故气有有无聚散之出入义，散入无形之时并非绝对无，仍是有，只是无形，以其无形却仍实

---

① 牟宗三《心体与性体》第一册，页460。

有而称之为虚，因此宇宙论上说是一气之遍运有无出入不已，并非有一"无"之存有层而生"有"之存在世界，此即张载对老子之言"有生于无"说法之解义，此即张载又以自己的话语系统之"虚"概念来说此一"有生于无"是"虚能生气"之意，虚就是气，只是气有有形无形的不同状态，所以不必虚能生气。然而，张载用语之意旨在牟先生系统中已经被转变了，虚概念是天道实体的本身，天道实体是有创生义的，且此一创生是妙运乎气而使其生生不息的，故而，牟先生是同意"虚能生气"这个命题的。不过，仍必须注意的是，牟先生的虚体与神体并不就是气，而是不离气之即气义，其言：

> "虚空即气"，顺横渠之词语，当言虚体即气，或清通之神即气。言"虚空"者，乃是想以一词顺通佛老而辨别之也。虚体即气，即"全体是用"之义（整个虚体全部是用），亦即"就用言，体在用"之义。即可言虚体即气，亦可言气即虚体。气即虚体，即"全用是体"之义，亦即"就体言，用在体"之义。是以此"即"字是圆融之"即"，不离之"即"，"通一无二"之"即"，非等同之即，亦非谓词之即。显然神体不等同于气。就"不等同"言，亦言神不能是气。此"不能"乃"不等"义。显然神亦非气之谓词（质性）。①

上文中之"即"都不是"就是"的意思，而是"在于"之意，故而牟先生说"不离"，因此，牟先生对"虚能生气"的立场，就是天道实体的创生作用之即在、遍在流行气化的实然世界中之意，就此而言，虚是天道实体，且不是气。笔者以为，这岂不就是朱熹的理气二元、不离不杂之存有论意旨了，此虚即理体，此理体即在气，只是依牟先生特有用语立场，要增加说此理是即活动的而已。

此外，对于老子"有生于无"之说，牟先生亦认为这并不会有"体用殊绝"的问题，这是因为牟先生有着另一套特殊的解老理论，其言：

---

① 牟宗三《心体与性体》第一册，页458–459。

老子之宇宙论地言"无"为天地万物之始、之本,道显似有客观性、实体性、及实现性。然此三性,说穿了,只是一种姿态,实并无一正面之实体性的东西曰"无"而可以客观存在地(存有论地)生天地万物,而天地万物亦存有论地实际存在地由无而生出也。盖"无"是一遮诠字,由否定人为的造作有为而显。其原初之义仍是由生活上而体验出。道家盖对于人为造作之苦确有实感。故遮此有为即显无为;遮此造作,即显自然。故"无"一遮词所显示之正面意义只是"自然",而"自然"乃是一种境界,无实物可指,不可说不可说,非名之所能定,非称之所能谓。故王弼云:"自然者、无称之言、穷极之辞也。"(二十五章,"道法自然"注)。故道、无之客观性、实体性只是一种姿态,乃由"本"义、"根据"义而显示,而实则可消化于主体之自在、自然、自适、自得而为一种境界。故道家之形上学乃彻底"境界形态"之形上学,非"实有型态"之形上学。①

牟先生依郭象注庄主张无道体之立场以解老,又以王弼注老之不生之生义而说老子之道,因此老子非实在论,老子并未建构一以"无"为实有的哲学立场,以说天地万物之"由无而有"的创生意旨,"无"只是否定掉人为造作而显出的作为的意思,因此其实并没有建立宇宙创生的哲学命题,只有对此一世界提出由不禁不塞而让其自生自存的观解态度,故而只说了境界,而没有说到实在世界的生成,故谓之境界型态的形上学。既然老子之学不是一套实有立场的本体宇宙论,则其"有生于无"之说,当然就不会有"体用殊绝"的毛病了。

笔者以为,在牟先生说为境界型态的形上学中的传统文本,其实都不是形

---

① 牟宗三《心体与性体》第一册,页462。

上学的命题，而是一些主体实践的工夫论命题[①]，而老子文义中却并不是没有实体创生之形上学立场的，将老子的道体义说成只是境界而非实有，这在当代中国哲学家中只有牟先生一家持此义，此议题在其他讨论中已辩之甚伙，此不多论[②]。

对张载所谈的老子哲学观点，牟先生屡屡提出反对的意见，这都是牟先生有自己的老子哲学诠解系统，更有自己的张载术语界定系统，所以不仅不赞同张载对老子的理解，甚且是不赞同张载的系统了。

四、对鬼神之神与太虚神体的辨正

张载谈"鬼神"，其目的是要解消"鬼神"的存在，做法是将"鬼神"视为阴阳二气的作用，因此张载谈的"鬼神"概念是有气化实然的存在义的。但是，牟先生解读张载哲学后的"神"概念，却是天道实体的"神体"义，因此认为张载在此有所混淆。而终极地说，牟先生甚至是要强调气化一边的"鬼神"义是不重要的，重要的唯在祭祀时之有其诚敬即可。

首先，牟先生以"神"为天道神体之实体义，其言：

> 吾于前文第四段解"虚空即气"时，即已明在此体用不二之义

[①] 参见牟先生言："王弼注第十章之'生之'云：'不塞其源也'；注'畜之'云：'不禁其性也'；注'生而不有'云：'不塞其源，则物自生，何功之有'？注'为而不恃'云：'不禁其生，则物自济，何为之恃'？然则所谓'道生之'，所谓以无为本，实非道或无能存有论地生之也，乃是通过无为无执一种无的境界，让开一步，不塞物之自生之源，不禁物之自济之性，物自能生自能济也。是则仍是物之自生、物之自济。惟须让开一步，不塞其源、不禁其性，以让其自生自济。'不塞其源'是遮造作、干涉、骚扰、乱动手脚之窒塞其生命；'不禁其性'是遮矫揉、亿计、把持、桎梏之拘禁其性（戕贼其性）。绝大工夫是在此'遮拨'上作，而由此以显道与无。"牟宗三《心体与性体》第一册，页463。

[②] 参见拙著：《对牟宗三由道家诠释而建构儒学的方法论反思》，提交"当代新儒家与西方哲学——第九届当代新儒学国际学术会议"，香港中文大学哲学系、中央大学中文系哲学系儒学研究中心、鹅湖月刊社、师范大学国际与侨教学院联合主办，2011年12月5–7日；《对牟宗三道家诠释的方法论反省》，提交"诠释学与中国经典诠释'全球化'作为'视域融合'的诠释学经验"国际学术研讨会，成功大学中文系与中国山东大学文史哲研究院合办，2011年11月4–5日。以上会议论文近期内将整理出版于笔者专书《牟宗三道佛平议》中。

下，"即"字非等义，虚与神非是气之谓词（predicates），非是气之质性（properties），"虚空即气"非是"实然之陈述语"（factual statement），非是"指谓语"（predicative proposition），乃是形而上的抒意语，指点语，乃是在体用不二下辩证的相消相融语。虚与神虽不是一隔离的独立物（independent entity），但却是一独立的意义（an independent meaning）。指点一个独立的意义以为体。①

本文中所说之神，实是以一个实体的作用意义而亦称为体而谓之神体的，而此神体即是天道实体，且此天道实体并不是气化宇宙的整体，但却是会起无限妙用的作用之体，又见：

> 儒家说神非人格神之意义，……唯无方无体之神方可说是至虚之体。但不是隔离的独立物体，而却是即由其妙万物，万物因之而生生不息、生化不测，而见其为神、而见其为体，此即所谓虚不离气，即气见神，体用不二之圆融之论也。此义必须有以善会而确认之，即不可离，亦不可滞。离则为一独立物，体用不圆矣。滞则成为气之质性，则成唯气论（唯物论）矣。此神义之最后贞定与极成是在超越的道德本心之挺立。先秦儒家中庸、易传之境本是由孔子之仁与孟子之心性而发展至者。宋儒自濂溪、横渠开始，虽直接继承先秦儒家发展至之最高峰、由中庸易传说起，然其讲天道性命实无不自觉或不自觉地以论、孟之道德心性为其所共许或所默认之底据也。超越的道德本心显然不是心理学的心。道德的本心虽不是一独立物，然却是一独立的意义而为吾人道德实践之先天根据，为吾人道德生命之本体也。此作为本体之本心决非气之质性明矣。心理学的心是气，而此道德的本心决不可视作气也。在"本体、宇宙论"处，虚与气之体用不二，亦复如此。②

---

① 牟宗三《心体与性体》第一册，页470–471。
② 牟宗三《心体与性体》第一册，页471–472。

牟先生把许多不同的问题同置于此文中以并合处理，把主体实践的心性与整体存在界的气禀合在一起谈，把工夫论与存有论合在一起谈，且直指达圣境的纯善境界论以批评谈变化气质的工夫论与气禀存在的存有论。牟先生说神是说天道之神妙作用，但是天道能有此神妙作用是以人心主体之道德实践活动而证实之者，故而需有一纯粹至善的道德本心之起作用，以达圣境，而证成天道神体的实存。而此心既是要进行纯善作为，故而心中需无气质挂搭才能为纯善之持守，故而心需无有气义，故而神亦非气化实然的存在，于是有一纯善之神体以及心体共同作用以为天道之流行与主体的实践活动。以上是牟先生的思路，然而，依据本文之文义，神体既贞定于本心，而本心又非心理学的心，而为道德生命之本体，则本心即性矣。如此则缺少了由血气心知之人心来变化气质以做道德实践以成圣的主体活动之意义了，如此则皆成了纯善的神体、性体、本心以理存在的身份而在理型世界做自我流动而已了。这就是牟先生只追求成圣境界以说圆满的道德的形上学，而误解张载许多在基本哲学问题中的理论命题的功能与意义之失误。

神体既需是道体义，则张载之鬼神概念便不在这个界定之内了，其言：

> "鬼神之实不越二端"即不越气之屈伸，此是就气化之实然之状说，将鬼神化归于气化，予以宇宙论的解析。鬼者归也，神者伸也。气之屈（归回）即是鬼，气之伸即是神。气之屈阴也，气之伸阳也。故"不越二端"，亦即是"二气之良能"。如此作解，则鬼神之神不能视作即是太虚神体之神。[1]

其实，鬼神之神与道体作用神妙之神，本来在张载的系统中就是有不同的使用意义的，并无严重冲突及差异，且张载本就是要反对气化存在义的鬼神观，而改为气之阴阳作用的鬼神义，而牟先生既将神概念定位于天道实体之神体义，则不能接受张载讲阴阳气化作用的鬼神义，这样的批评其实很不必要，

---

[1] 牟宗三《心体与性体》第一册，页 477–478。

语意厘清即可，实不必反对。一个词语怎么使用是有它背后的问题意识的，牟先生只关心自己的问题，便只同意概念词语的唯一使用意义，这样在理解与诠释的工作中是极为偏颇的。另外，就鬼神之为气化实然的存在而言，牟先生对其是否存在的问题，明确表示是不甚重要的事。此义，实与朱熹的立场接近，参见其言：

> 大体鬼神的经验从古就有。左传即多记鬼神之事。主要是就祭祀说。就祭祀说，鬼神是已存在的生命之归于幽冥。此仍可视为幽冥中之实然的存在。视为一个体生命（自然的或是德性的）之精灵不散可，视为气之屈伸，予以宇宙论的说明，亦可。然无论如何解析，总是属于精气之实然。即是精气之实然，就前一解析看，亦无永久不散之理。此在或有或无之间。故孔子对于鬼神之态度，据论语说，一是"敬鬼神而远之"，一是"未能事人，焉能事鬼"？一是"子不语怪、力、乱、神"，一是"祭神如神在"。即就中庸此文说，如此文真是孔子之言，则亦是就祭祀言，以诚敬为主，与"祭神如神在"同。孔子不以此为主。孔子所重视，视之为天人之纲维者，主观地说是仁，客观地说是天、天道、天命。鬼神的地位并不高，是仁与天道、天命之间的实然存在。……天不可以鬼神论。鬼神的观念只能应用于祖与圣人。祖宗不必皆是有极高之德性者，然所以必祭之，乃是崇始报本之意。其死后是否成神，是否精灵仍不散，并不是重要者。故重在自己之仁德与诚敬，不重在对方之存在。至于祭圣人，是重视其德性生命，是对于其德性人格之崇敬。其死后是否成神，精灵不散，亦非重要者。故就祭祀言，仍是祭神如神在。惟祭天则不同。天不可以鬼神论，天是真正的超越体，是必须积极肯定者。践仁以契之，正示仁与天只是一道德实体之遍在，此是儒家宗教精神之最精特处。由此亦示鬼神正是夹缝中之存在，乃是由德性所带起者，故须以诚敬贯注之。其自身存在不存在无关也。就其自身说，仍是实然之精气上的事。故宋儒得以阴阳二气之屈伸明之也。及夫以二气之屈伸明之，则其在幽冥中为一个体式的存在之义即全融化而不存。此亦示其存在不存在并不重要也。此即为宇宙论的

解析。①

张载言鬼神为阴阳作用，实有以概念定义取消民俗义鬼神的立场，牟先生退回去谈民俗义之鬼神，实非张载刻意界定下的鬼神义。就牟先生之讨论言，对民俗义之鬼神在祭祀中的地位问题，牟先生所论亦是一理。但重点在于，谈鬼神存在重不重要是一价值立场，谈鬼神存在的宇宙论意义则是一宇宙论哲学问题，说为鬼神概念的存有论讨论亦可，朱熹对鬼神的讨论正在此义中②，即是以人死为魂魄之气而终将散，就其未散之魂言为鬼；另以天地山川之功能说天地社稷之神存在；又以圣贤之理性精神说圣贤之神，朱熹即是在宇宙论的气化实然中界说民俗义的鬼神概念。但就气化实然之鬼神存在而论其存有论结构是一回事，就天道实体之神妙作用义而为神体之说是另一回事，并不会因为对于气化鬼神之讨论而有否定天道实体的纯善、创生立场，这是牟先生自己的划分不开，而不是朱熹的理论有重大缺失，牟先生却以此批评朱熹，参见其言：

> 若是鬼神之神与诚体之神划不开，……此朱子学之症结也。③

牟先生只重视天道实体、性体、心体之纯善创生义一义，但是哲学问题种类众多，朱熹所谈是不同的问题，牟先生全混在一起，所有哲学问题成为只有一种哲学问题，因而以己意批评朱熹，实不需如此。

五、对"合虚与气有性之名"的批判立场

牟先生立道体、性体甚至心体皆为同一的命题意旨，而虚即太虚神体，即是道体义，至于性，则是性体义之性，因此虚与性皆没有气化实然的结构，因

---

① 牟宗三《心体与性体》第一册，页479-481。
② 参见：杜保瑞《从朱熹鬼神观谈三教辩证问题的儒学理论建构》，《东吴哲学学报》，2004年8月，第十期，页55-92。本文已收录于拙著：《南宋儒学》专章中，台湾商务印书馆。
③ 牟宗三《心体与性体》第一册，页482。

此对于张载所言之"合虚与气有性之名"之说十分反对。牟先生此一批评意见，实在不是很必要，关键在于牟先生关切心、性、天为一的道德流行，故而一切皆是纯善的活动，但是张载之说可以说是一存有论的概念解析之作，因此以气在虚实有无交流之中落实为物而有性之名，因此并非不可说之语，张载深思力辨、穷探力索，故而语多难解，但牟先生也无须以自己的话语系统以反对张载之言说，更何况，牟先生是以自己所解读的张载的虚体义以反对张载的合虚与气之说，这其实是不能成立的。参见其言：

> 由"合虚与气"以说性之名之所以立，此根本是滞辞。……太虚是气之本体即等于说神是气之本体，太虚神体是同意语之一词，不能将神混作气。然则性之名只能超越分解地偏就太虚神体之体万物而建立，不能由"合虚与气"而建立。由"合虚与气"而建立，则性适成一混杂体或组合体，而此正非性。……若云合太虚神体与气之聚散动静等而一之以见性体之真实义与创生妙用义，则可。[①]

牟先生不许张载的虚与气合以说性的意见，关键在于，他认为这样一来道体义的虚与性便下堕于气禀杂染中了。牟先生之定义中的道体、性体、心体，只能是一纯善无恶的流行，故而性之名中不能有气化实然的部分。其实，张载另立天地之性与气质之性之分说，即是既见于纯善之流行，亦正视气禀的杂染，从而可以有效地谈工夫论之变化气质说，因为，要谈工夫，岂能无视于气化实然的一边，遗漏气化实然的一边而只说纯善无恶的流行的正是牟先生自己的系统。也就是笔者说的牟先生只论做工夫达圣境之天人合一义以为形上学的圆满，既遗落工夫论，也排除存有论[②]。牟先生说虚体与气之聚散等同以见性体之创生义，这正是只见其善的一边，说性体之创生义是就着主体实践之尽心尽性义而说者，这是工夫论进路，说合虚气以言性则是存有论问题，两者间

---

① 牟宗三《心体与性体》第一册，页495-496。
② 此处存有论一词之使用取牟先生本体论的存有系统一义，亦即非动态的存有论。参见牟先生言："朱子学之主观地说为静涵静摄之系统，客观地说为本体论的存有之系统。"牟宗三《心体与性体》第三册，页68。

题不同，因此无需有义理之冲突，牟先生之批评是哲学基本问题意识的过于偏狭所致，是只关心做工夫以达圣境而将其说成圆满的形上学，却忽略做工夫的现实背景，也就是主体存在的存有论问题，就此而言，必须将气化实然一面说得清清楚楚，才能有变化气质、提升境界的说明系统。而牟先生关心形上学问题，且欲追求圆满义之形上学体系，但何谓圆满？以及标准何在？牟先生这就游移在境界哲学问题处推思设想了，结果限缩性体虚体的问题意识范围，提出一唯理纯善的观念，笔者认为，这样反而不能真正解决什么问题，更遗漏了众多重要问题，且于传统哲学文本解读工作有碍。

六、对"物体我，知其不遗也"的批评

张载言："我体物，未尝遗。物体我，知其不遗也。"牟先生以程颢之言于人能推而物不能推的意旨，说张载之语有误，关键即在物之不能有心觉以为尽性之活动。笔者以为，此物以动物解之为佳，若将"物体我，知其不遗"之"其"解为物之自己，其义则为物体我知其受我关怀而未被遗弃，则此句可通于"我体物，未尝遗。"参见其言：

> 人物既同一性体，故我之尽性，体物而未尝遗，因而即尽人物之性，至人物之命，则自物方面说，物亦可体我而不遗也。但此须有辨。我尽人物之性，他人亦可尽人物之性，自亦可体我未尝遗。但"物体我，知其不遗"，此只可本体论地，潜存地说是如此，盖同一本体也。但不能实践地，呈现地说是如此。明道云："万物皆备于我，不独人耳，物皆然。都只这里出去。只是物不能推，人能推之耳。"明道此语却妥当。盖即能说到同体，又能照顾到推不推。我能尽性，故尽人物之性，至人物之命，体物而未尝遗，即能本体论地说是如此，又能实践地说是如此。"尽"之时义大矣哉！尽即能推。此是使实践地呈现地体物不遗之所以为可能之关键也。然而物不能通过心觉活动以尽其性，即是不能推扩得去，而只围封于其堕性或物质结构之性，作为同一本源之性体在它个体内根本没有呈现，没有起作用，是则只是本体论地，潜存地体我而不遗，实并未能实践地，呈现

地体我而不遗也。①

笔者对牟先生对张载此语的批评没有反对的意见，只是就文句解读上提出建议，则意旨可通，亦通于牟先生的基本立场。但是，牟先生说"物体我"可以在本体论地潜存地说，但不能实践地呈现地说。此义即又见出牟先生思路的特点，亦即，牟先生是极重实践义的进路以说形上学的命题意旨的，至于本体论地潜存的说法，其实就是存有论的思路预设。

七、对"天地之性"与"气质之性"的诠释意见

牟先生对张载"天地之性"与"气质之性"的区分，提出在气质之性的部分有两种解读，其一为纯善之性之堕在气中而有一种限制而成为气质之性，其二为"生之谓性"的气质本身作为一种性。牟先生认为前者是朱熹的做法，后者是张载本来的意思，牟先生自己则认为以第二种意思解读气质之性即可。笔者认为，朱熹论"理"时即已有多种层面的意思，就第一种言，即是从价值意识说的统体纯善的天道义，就第二种言，即是从个体性存在而说的物理、化学形式因的存在原理义。就前者而言，谈及人之为善的能力限制时，即是性之堕在气质里边而有之限制，此限制性且是众人不等的。就后者言，则是个人有个人的个性特殊性而无所谓善恶的，但是却是会限制道德实践的能力。牟先生在气质之性的这两种解读立场中认定朱熹所说只为第一种，并认为张载之义应该就是第二种。笔者则认为，就朱熹言，第二种性即是造成第一种性的现象出现的原因，而气禀会影响道德实践能力这也是牟先生的立场②。至于说气质之性是第一种义还是第二种义，朱熹应该是没有在做区别的，而是话语意思到哪里就是哪一个意思而已，因此其实也没有必要说朱熹就是定执在第一种意思之

---

① 牟宗三《心体与性体》第一册，页503。
② 参见牟先生言："气质之性一方可化，一方亦是一种限制。……从限制言，气质之性是道德实践中一种限制原则。"牟宗三《心体与性体》第一册，页510。

中。朱熹言于理气存有论，即是有纯善之天理以为天地之性，亦有物理、化学形式因的个体性原理以为气质之性，即是此气质之性使人物之所以为人为物的气禀，这是第二种气质之性，此气禀本无善恶，但为维生之需或有过度，过度即恶，过度即天地之性之堕在气禀中而成为的气质之性，这是第一种气质之性，因此第一种气质之性是第二种气质之性造成的。因此气质之性有就纯善之天理受限于气禀而有之行善能力高下各别的第一种义之气质之性，也有非关善恶的物质性原理的物理、化学形式因之第二种生之谓性的气质之性义。就在以张载的气质之性为第二种型态的立场中，牟先生却因为更关心实践的活动，故而批评这种气质之性是不能谈道德实践的，参见其言：

> "气质之性"是形体以后事。"气质之性"与"天地之性"之分亦始于横渠。……言道德实践，不能抹杀此分别。气质之性是在道德实践中，由于性体之不能畅通起用，而被肯定。……宇宙论地言之之乾坤知能，即是实践地言之之性体知能也。性体知能之险阻即气质之偏与杂是也。[①]

文中以道德实践的性体知能之险阻说气禀，可见牟先生十分注意气质之性的名义建立以及哲理义涵，然而这就表示，气化实然一面的真实存在对道德实践是有影响的，既是有影响就不是道德实践的动力的根源，于是牟先生更强调正宗儒家的"天命之性"是不落在气质的这一边的，意即，牟先生的道体性体心体合义中的道德的形上学只谈至善纯理的天命之性一面，而遗落影响道德实践的气禀一面，其言：

> 气质之性，依横渠说此词之意，是就人的气质之偏或杂，即气质之特殊性，而说一种性。在中国思想传统中，自"生之谓性"一路下来而说的气性、才性之类，都是说的这种性，宋儒即综括之于气质之性。……在此，是建立不起真正的道德行为的，是开不出道德创造之源的。正宗儒家，如孟子所说之性，中庸"天命之谓性"，是想由"生之谓性"、"性

[①] 牟宗三《心体与性体》第一册，页 506–507。

者生也"，推进一步，就真正的道德行为之建立，而开出道德创造之源之性。此种性是道德创造之源，同时亦是宇宙创造之源，是绝对地普遍的，是超越的，亦是形而上的。故性真通天命、天道而为一。宋儒承之，以此为正性。……此种性即是万物之一源，绝对之普遍，则自与气性、才性、性脾、性好、性向、人性之特殊构造、人之特殊的自然征象之性不同。而此后者又不能随便忽视与抹杀，故不得不就之而说一种性，此即"气质之性"一名之所以立也。①

牟先生一方面要强调气质之偏杂而有气质之性，另方面更要强调真正进行道德实践时的性体是天命之性，而天命之性是超越而普遍的，是形而上的，牟先生认为此两种性必须分立。其实，从存有论说，说此两性之分立当然是可以说、更应该说的。但是，从工夫论说，做工夫是主体践形的事业，是主体在第二种气质之性的基础上，以天命之性去化除第二种气质之性对天命之性所造成的影响，此影响即是第一种气质之性，可变化的实在只能是这第一种的气质之性，意即在主体实践时，此两性势必要在主体自身之内合而为一，因为主体必是变化气质、善反之才能有天地之性存焉的工夫实践活动，而不是弃绝气禀，只谈纯善的天命之性，那是只能在成圣境界时说的，此义却一直未被牟先生强调。但是第二种的气质之性，却仍是永远存在，只其不再能对主体心产生过度为恶的影响了，这也就意味着工夫已完成且达圣境了。牟先生界定了张载的气质之性是第二种型态后，一方面主张道德实践不能在气质之性处谈，另方面则转出对于朱熹所言的气质之性在做工夫上的不足之批评，这是因为，牟先生对朱熹所讨论的气质之性，认定只是性之堕在气质中之义，亦即第一种型态的气质之性，而这就是天地之性之受限制后的状态，而牟先生便径行以此受限制的天地之性及义理之性而说其无超越的独立性地位，因而承担不住道德实践的功能。其言：

然依后来朱子之解析，则似只承认有气质之偏杂，而却不甚能自觉

---

① 牟宗三《心体与性体》第一册，页508-509。

地就气质之偏杂说一种性,自然之性,却是十分自觉地将"气质之性"解说为气质里边的性。性只是一义理之性,气质之性即是此义理之性之在气质里边滤过,故杂染了特殊的颜色,而不是那原来之性之纯然、本然与全体。……但如朱子之解"气质之性"一词,既不合通常之语意,亦轻忽了"生之谓性"一路下来的气性、才性等之独立意义。……"气质之性"既是就气质之殊质而说一种自然之性。"义理之性"即是就道德理性而说一种道德创造之性。"天地之性"即是就天地之化而说一种宇宙生化或道德创造之性。义理之性并无所谓在义理里边滤过之性,天地之性更不能说在天地里边滤过之性。是以性体受气质或气质之性之局限是一义,而不必即以此义解说"气质之性"一词也。横渠设此词之意是就气质之殊而说一种性,此是通常之理解,本书从之。[①]

其实,性之堕在气质中或气质本身是一种性,这只是存有论上的概念约定问题,就如朱熹之言于理者有多重意旨一般,朱熹言性分而为二、为三、为四皆有可能,就道德实践言,重点在天地之性对于气禀影响之超克,意即主体之是否能有作为,至于气质之被说为何种意义之限制之性,这就只是概念约定的存有论问题。笔者认为,牟先生在这里对朱熹所言之定位,是有意让朱熹的理论无法区分天地之性与气质之性,以致在气质之性中无法有主体的实践动力,而取得对朱熹谈工夫不得力的批评依据。而牟先生则是以张载之气质之性是第二种的气质本身是一种性之性,这就绝对与天命之性的纯善义有所区别,两分之后,牟先生便舍弃气质之性义,而以天地之性的性体纯善义以建立"道德的形上学"。其言:

> 气质之性虽足以拘限或隐蔽天地之性,然"善反之,则天地之性存焉"。善反不善反,义如前定。在善反中,亦涵变化气质之工夫。儒家讲天地之性唯是就道德的创造言,故只能以此性为本、为体、为绝对的标准。气质之性虽有其独立性,有其独立之意义,成一套独立之机括,然

---

① 牟宗三《心体与性体》第一册,页509。

就道德实践言，并不以此为准也。"故气质之性，君子有弗性者焉"。"弗性"是不以之为本、为体、为准之意，并非不承认有此种性也。气质之性虽有独立之意义，然总可化而从本。气质之性一方可化，一方亦是一种限制。从可化言，"君子有弗性者焉"。从限制言，气质之性是道德实践中一种"限制原则"。①

牟先生对第二种型态的生之谓性义之气质之性的存在及作用之意见，造就了他将天地之性讲成一个独立的实体，而气质之性又成了一个独立的限制性存有，两种性明确划分之后便易于强调那纯善的一面的天地之性，这才是牟先生对气质之性的从生之谓性的气化实然一面说的用意所在。然而，做工夫的是人心主体，是血气心知的人心双含天地气质之性在变化气质以成工夫的，仅以天地之性为独立的性体，则人性存有被切割为二，一方面不知何人在做工夫，二方面不知如何做工夫矣。此一模式在牟先生谈张载的讨论中不断出现。

八、对"性未成则善恶混"的批评

张载有言"性未成则善恶混"，此说牟先生批评甚力。牟先生坚持性体的意旨，性体即道体、即心体、即纯善的流行，因此，"性未成"仍是以理言之本体论的圆具之善性，亦即存有论地本然自存，而绝不能说是善恶混。未成只是未"尽心易气"，主体若进行"尽心易气"的工夫，则即能成为具体而真实的性体之全善而"成性"矣。

笔者认为，牟先生的批评只是因为过于僵化在他自己定义的性体意旨上所致生的批评，其言：

"性未成，则善恶混"，即是不谛之辞。……而未成前，亦非可云"善恶混"也。此只能说是存有论地本然自存之善，而不能说是"善恶混"。此语太糊涂，未透彻也。若说在"气之偏"未化以前，性体之表现可善

---

① 牟宗三《心体与性体》第一册，页510。

可恶。或"善恶混",则可。(横渠恐即是此意,惟措辞未能善达)。若说"性未成,则善恶混",直指性体自身如此说,则大不可。盖如此,则性之善或至善之性乃是"本无今有"者。①

说善恶混则确实是未做工夫以达圣境之前的主体状态,因此可以解读为所说者正是主体的状态而非说性,以"性未成"说之之"性",可以仍是纯善的天命之性,天命之性尚未经主体实践以完全彰显之前,"主体的状态"是善恶混,而非指性是善恶混。牟先生同意"性体之表现可善可恶",其实,是主体表现状态可善可恶,至于性体当然只能是纯善无恶的。张载确实有词意跳跃的情况,但仍不至于错乱宗旨,只是因为牟先生太死守性体的至善义一义,故而忽略主体的存有状态更是言工夫时要立足的基础,所以才对善恶混提出批评,但是,若非主体有为恶的状态,或有为恶的可能,那又何需谈做工夫呢?只谈纯善的性体,那变成只是存有论的形上依据,或圣人境界的本身,反而谈不到在具体的经验中操作的工夫论了。如其言:

> 凡顺"于穆不已"之体言性者(诚体神体具在内)皆视性体为一超越的,无善恶相的绝对至善之奥体、密体、寂感真几、创造真几、即活动即存有之真体。横渠说:"性未成,则善恶混",此固是滞辞,但其实意却只应是意谓性体自身在未通过尽心易气以彰著之之时只是自存的纯然至善、无善恶相之真体自己,故及其通过亹亹(勉勉)继善之尽心易气之工夫时,即成为具体而真实的性体之全善,此即是"成性"。②

本文中所谓的"性体自身在未通过尽心易气以彰著之之时只是自存的纯然至善、无善恶相之真体自己",这是谈存有论的,是性体自身的性善论存有论而非谈主体的有善有恶之状态,但是张载所说的是就主体的状态而说的,因为这才是谈工夫的时节,牟先生对张载言于主体未做工夫以前的状态还是只关心

---

① 牟宗三《心体与性体》第一册,页515。
② 牟宗三《心体与性体》第一册,页521。

性体义之纯善无恶的一面，这就如同朱熹关心天理中不能有人欲之义以批评胡五峰的天理人欲同体异用之说是同样的思路[①]，就是只关心本体本身的纯善的一义，而不能谈在气化实然的现象世界里的主体状态，依据朱熹批评五峰是性无善恶说者而言，牟先生也差不多要这样批评张载了。总之，对张载此句只要进行语义厘清即可，而牟先生的批评，却是步步紧守在他的纯善唯理的"道德的形上学"系统中以立说。而笔者要批评的是，这样反而遗漏了对做工夫的主体的实然状态的承认，以致于不能真谈工夫，而只能谈唯理的形上道体，与做工夫已完成的圣人境界了。

九、以理言与以气言之命的辨正

张载言："语富贵，则曰在天，以言其理也。"牟先生认为，富贵之命运之事必须仍以气言，气命中有就有，没有就没有，因此，牟先生也就同时对于"大德必受命"之命题予以否定了。其言：

> 生死寿夭之命以气言，此不错。惟横渠解"富贵在天"，则曰以理言，此不必谛。其如此说之根据是"大德必受命"，又根据"易简理得而成位乎天地之中"而说。实则大德不必定受命，如孔子、释迦、耶稣皆不曾受命，或可受命而不受。顺古之圣王说，如尧、舜、禹、汤、文、武，自可说大德必受命，而理上实大德不必皆受命也。王充解"富贵在天"，是上关天星，此实仍是以气言。王充完全自气说性命，故有云："用气为性，性成命定"。性是气性、才性，命是气命。文王在母胎时即已受大命矣。此完全决定于生物学的先天之气，即自然生命之强度自有其光华与富贵。尧、舜、禹、汤、文、武固亦有德，此自理想言之，历来说其为大德，若从事实言之，虽有德，而不必为大德。至少其受命不必全决定于德，不必能全以理言。总之，大德不必能受命，受命者亦不皆有大德。此不纯是

[①] 参见：杜保瑞《对朱熹在〈知言疑义〉中批评胡宏的方法论反省》，《台大哲学论评》，2009年3月，第37期：页121-162。本文已修改后收录于拙著《南宋儒学》，台湾商务印书馆。

理之事，毕竟英雄之气分数多，此外还要加上所乘之势与所遇之机。而内在地其个人生命之强度与外在地所乘之势与所遇之机，皆是气之事也。故"语富贵，则曰在天，以言其理也"，此解不必谛。①

张载说大德受命、富贵在天的话时，其实也没有多做理论的发挥，可以视为仅是一个意见的表述而已。但是牟先生明白地指出"大德不必受命"的立场，这却是一个更为强势的立场。这就与《中庸》《易传》中的若干命题有立场上的违背，当然，《中庸》《易传》的立场也是意见的表述，也是没有理论化地衍义，甚至，衡诸事实，牟先生的话更接近真相，只是如此一来，儒家可以立足的地盘又少了一些了。

十、对性心合义之理论意义的讨论

张载言"合性与知觉有心之名"，然而牟先生对"合性与知觉有心之名"一句持批判的态度，主要在于张载说的是一般的认知心，而牟先生必就主体意志纯粹化以后的纯善状态以说心及说性，故而不认同张载之语，其结果是牟先生建立了一个心性为一的诠释系统，心性再也无法区分，甚至一般的认知心功能也不被照顾到了，这样的思路就是牟先生几乎已经排斥哲学理论应该照顾到的各方面的基本问题，而只管摄主体实践已臻圣境的一路。参见其言：

案此语亦不的当。"合性与知觉"好像是说性体中本无知觉，性是性，加上知觉才有"心之名"。此句由"合"字表示心，与上句由"合"字表示性，皆是不精熟之滞辞。殊不知在性与心处，均不应如此表示也。依上第二节贯通之疏解，性就是太虚寂感之神。名之曰性者，是对应个体或总对天地万物而为其体言，此是性体义；又自其能起道德之创造或宇宙之生化言，则是性能义；又自其所有之道德创造乃至"阴阳鬼神"之化皆是此性体所命之本分、当然而不容已、必然而不可移者言，则是性分义。

---

① 牟宗三《心体与性体》第一册，页524。

宇宙论地综言之，只是一个虚体、神体，自对应个体或天地万物而为之体言，则有此三义，此是"性之名"之所以立。而"合虚与气有性之名"，则不切矣。性之名即是就太虚寂感之神（此亦曰虚体，虚即是体，亦曰神体，神即是体）说，则心之名亦不能由外此而别有所合以立。①

张载所言，是在做存有论的概念定义之事，但是牟先生一方面不许性之名义中无有知觉能动力，因为牟先生要性为体且有实践力；二方面拟将性义与心义完全等同，因为牟先生要将心的实践功能赋予性概念。牟先生说性有性体、性能、性分三义，性体说其为万物之本体，性能说其有创造能力，性分说此创造为其本分。如此一来，则性体已是道体义矣。其实，本体、创造、本分三义皆是牟先生为儒家"道德的形上学"所设立的"形上实体"的功能意旨，此实体是形上学问题所需设立的存有范畴，牟先生为了让天道实体可以被证成，遂以主体心的实践以达圣境为此道体之证成之缘由，结果，却让主体心与道体为同一实体，而在这其中就是由性体扮演串联的角色。因此，性体的角色功能由道体取义，从而转入予心体，一切都是在牟先生将道德实践的动力与道德实践的完成两义合一于"道德的形上学"之理论建构中所发展出来的，性体既摄取心体之功能而与心体合一，因此，牟先生所认定之心概念就不是一般的心理认知甚至血气心知之心了，参见：

> 心不但是"形既生矣，神发知矣"之形生后之"知"，亦不但是客感之识知。依濂溪，"神发知矣"下，则云"五性感动、而善恶分、万事出矣"。如只以形生后所发之知为心，则此心不必能贞定而纯一，此可曰心理学的心、识心、经验心、习心、成心，而不必是贞定纯一、"动而无动、静而无静"、动静一如之神心、真心、本心、超越心也。……是以心之名绝不是就此经验层（感触层）上立。②

---

① 牟宗三《心体与性体》第一册，页529–530。
② 牟宗三《心体与性体》第一册，页531。

牟先生将心概念说成不是一般的心，亦即不是主体在没有实践、没有成圣的一般状态中的心，然而，谈形上学说有一个天道之天心是可以的，这是以心概念的活动义说明天道实体本身即具有的宇宙生发功能。但是说工夫论时，此一等同于天道实体、神体、虚体、性体的超越本心，就是天命之性的意思与功能而已，亦即本心即性、性即本心，是形体知觉之心以本心（即性）为意志方向，而执持而变化气质、尽心易气而成圣的。单以纯善的本心而说心，且排斥形体知觉之心，则工夫论就谈不到了，那就还是形上学语言之内的套套逻辑而已，因为此神心、真心、本心、超越心仍只是性而已。然而，这却是牟先生真正的思路所在，亦即仍是要强调一个性、心意旨完全无法区别的心性合一说。其言：

> 然则如果首先"本体宇宙论地"说，则心之本义、最深义、根源义、必须就神体之"虚明照鉴"说，而灵知明觉之知觉亦必须就此神体之明说。是以不是"合性与知觉有心之名"，乃是就性体寂感之神之灵知明觉或虚明照鉴说即是心，此心之名之所以立也。依此，性体之全幅具体内容（真实意义）即是心，性体之全体呈现谓心。心体之全幅客观内容（形式意义）即是性，心体之全体挺立谓性。首先性具有性体性能性分三义，自心言，心亦必模拟相应地具有此三义：心体义，心即是体；心能义，心能创生，心能形着；心宰义，心主于身，其所自律而命于吾人者皆是本分之素定，"大行不加，穷居不损，分定故也"。依此而言，心性完全合一，不，完全是一。若以性为准而言之，则除上三义外，上可加两义而为五义。一是性分所据以成之性理义，性体自具普遍法则即是理。此外，则是性觉义，性体之"神之明"即是觉。如是，性体性能性理性分性觉五义备性之全体明，心之全体亦明矣。此为心性是一之宇宙论的模型。但此宇宙论的模型必须经由道德实践以证实而贞定之。心性是一之宇宙论的模型以性为主，道德实践之证实而贞定此模型，则须以心为主。由宇宙论模型建立客观性原则，即建立天地万物之自性，虽有性觉义，亦是客观地说，亦是客观性原则。由道德实践之证实而贞定之，建立主观性原则——形着

原则，具体化原则。①

上文中，牟先生即以心性是一为其立场，这就纯粹是一个形上学问题意识下的思路，以性体为道体说宇宙论的模型是可以说的，但加入了心体就费唇舌了，所以牟先生必须说性体是自客观面言、而心体是自主观面言的话，更重要的是，心体的主观面是扮演实践之证实而贞定的角色功能。笔者认为，就实践言，是工夫论的课题，就证实而贞定言，是知识论的课题。牟先生在谈形上学问题时既把工夫论塞入形上学，也把知识论塞入形上学，两个主要由心概念来承担角色功能的哲学问题已经与形上学问题混杂在一起了，于是牟先生就把心概念建构成心体义，而此义之心体即是等同于性体，也等同于道体了。然而，单就工夫论言，工夫论讨论主体实践自不圆满以至圆满的实践方法，因此不宜只掌握超越本心一义而遗漏心理知觉一义，不在心理知觉处做工夫则所谈者只能是成圣之后的境界了，既然讲的是成圣后的境界，则道德实践的意涵其实又已滑走了。亦即一般的工夫论不能讲，只能讲唯理纯善的道体、心体、性体之形上学，与主体实践完成之后的圣人境界。

牟先生明立道体、性体、心体为一，做法是扩充性体义为兼具道体及心体的功能，而说有五义，即为：性体、性能、性理、性分、性觉，因之又说心体亦有相应的五义，为心体、心能、心理、心宰、心存有义，就其中的第三义之性理义而言，牟先生认为这即是朱熹所言之性理义，其言：

> 依先秦儒家以及濂溪、横渠之所体悟与规定，此"超越的所以然"是存在之理同时即是能创生能起用之生化之理——是心性合一者，是具备五义者，是即活动即存有者，是超越的动态的所以然者。而依朱子之体悟与规定，则只是理，而不是心性合一者；是只具备性体、性理、性分之三义，而不具备性能与性觉者，是只存有而不活动者；是超越的静态的所以然，而无所谓动静、而不动不静者，而非是"动而无动、静而无静"之动态的所以然。依此，其为存在之理只是静态的存在之理，而非同时即是

---

① 牟宗三《心体与性体》第一册，页531–532。

生化之理者。纵就气之生化之实亦可言其为其生化之理，亦只是静态地为其生化之理，而不是能创生能起用（神用、妙用）之动态的生化之理。

就五义中第三义之性理义而言理，此之为理是就普遍法则而为言。此可只是理。然此只是性体之一义或一面。纵就此一面言，此理可成为"只是理"，然却并不因此即谓性亦只是理。因任一义皆通其他诸义，性之为理是通性体、性能、性分、性觉而为理，此并不表示性只是理，而却表示是心性合一者，是即活动即存有而不只是存有者，是动态的所以然，而非静态的所以然者。

就两层次而言性是理，皆不表示性只是理（静态的但理）。在朱子，似不曾觉到此两层分言之理之不同，而只把"所以然"所表示之理等同于普遍法则之理，因而太极性体只成一个只是普遍法则之只是理，只是一静态的存有之为理，只是一存在之静态的存在性，不过有一相与多相而已。综起来说是一，随气化而有分别表现，自此而言是多。①

牟先生从形上学、工夫论、知识论合说性体义而说有五，并说五义贯通互具，而朱熹所说却只是其中三义，且不通另二义。笔者以为，朱熹确实有在其中第三义上的强调，但并不表示其他四义朱熹不处理或持对立意见，因为其他四义是本体宇宙论及工夫境界论的议题，至于第三义是抽象思辨的存有论议题，关键只在其他儒者从未在此第三义上强调过，朱熹强调之，故而凸显朱熹论性体义的特色，牟先生自己都说了五义互通，则又何能强制朱熹只为紧守第三义而不能通于其他诸义，更何况，牟先生说朱熹也有性体与性分两义，如此则只剩性觉、性能二义是朱熹所不兼摄的，然而，此二义真正是工夫论的课题，只是牟先生自己将它们强加入性体功能中说而已，并非朱熹对性概念的讨论有特别对立于他儒之处。然而，性体概念在牟先生绾合道体与心体功能的定位中，是把本体宇宙论、工夫境界论，以及存有论的问题都塞入性体概念中由其承担的做法，如此才有此五义全备之说。然而，在哲学史中，实际上也未有那位儒者之言性时皆全备了这五义，即便全备了这五义，也不会是皆以性概念

---

① 牟宗三《心体与性体》第一册，页 566-567。

来说这些功能的，而是会置放在道概念及心概念上运用的。然而，意见过于强势的牟先生，在这许多功能中独独分出抽象思辨、概念定义的存有论问题为朱熹哲学的重心，即其中性理一义者，而谓其不通它义，而对朱熹提出以下批评：

> 一、其言性或太极之为理，虽亦由"超越的所以然"而得保持其为"存在之理"，但却是静态的，不能起生化之妙用的，即只是静态地为存在之理，而非动态地为存在之理。……二、性或太极之为存在之理既如此，则心神俱旁落而属之气。依此，自宇宙论而言，则理与气为横列的相对之二，（虽亦云理先气后），自道德实践而言，则心与性为横列的相对之二。因此，遂由太极性体之生物不测或道德创造之"本体、宇宙论的"立体直贯之创生型或扩充型，转而为认识论的横列之静涵型或静摄型。①

笔者不同意牟先生这样定位朱熹思想，朱熹在存有论上的发言仅限于存有论的意旨，朱熹在其他哲学问题上的发言则亦有宇宙本体工夫境界论的准确意旨之表述。就本文而言，牟先生即便是在性体五义中发现了朱熹所强调的性理义，因此还给了朱熹所言性理义一个哲学基本问题意识上的恰当定位，但是牟先生仍要强烈主张朱熹所言缺乏其他诸义，并且造成心性理气分离的结果。其实，纵贯型的本体宇宙论是一套不清楚的哲学理论，就传统哲学的理解与诠释而言，宇宙、本体、工夫、境界全部搅混在一起，以为是濂溪、横渠、明道、五峰、象山、阳明、蕺山共有的系统，却其实处处都见牟先生批评他们的语迹。而牟先生对他人的批评，却多是在他自己藉由先秦及宋明儒学之诠释所建构的话语系统为基础，而为之发言的，也可以说牟先生是主要批评程朱，次要批评周、张、陆、王的，至于牟先生的这一套系统，当然是在他讨论各家的历程中建构起来的。就其对张载的讨论而言，最有特色的重点在于将张载之学分为说道体、性体与心体的三项来处理。其实，牟先生谈论《论》《孟》《庸》《易》时即是由"仁、心、性、天"的架构在谈的，仁是价值意识，心性天则

---

① 牟宗三《心体与性体》第一册，页 567–568。

是存有范畴，则是同于此处之道体、性体、心体之措义，牟先生说《论》《孟》《庸》《易》是心性天一贯之义，即是此处之道体、性体、心体一贯之义，而此一一贯，竟是一方面是抽象唯理的纯善的道体、性体、心体之流行，一方面是圣人境界的心性天是一的含混结论。结果是工夫谈不上了，现象世界谈不上了，所谈的两种型态的理论，高则高矣，美则美矣，但却不能涵盖各方面的哲学基本问题。

十一、结论

本文讨论牟先生对张载诠释意见的方法论反省，文中多见牟先生在自己的哲学系统形成之后，反过来反对张载的概念使用提出批评。文中也见出，牟先生每每直接以朱熹的意见作为与自己意见对立的参照讨论对象，但多有窄化解释朱熹言语的做法。总结牟先生对张载的讨论，其一为更见出牟先生形上学中心的思路之强制性地表现在说道体即是神体、虚体从而又统摄性体、心体之意见中。其二为牟先生之形上学思路中有角色功能的几乎都是唯理抽象的超越性存有，气化实然的一边是完全为其所旁置的，如此一来则造成他所建立的形上学体系变成不能谈经验现象世界的系统。其三为牟先生谈儒家的命运义定调太高，大德不必受命的立场其实不同于《庸》《易》之若干命题的意见。其四为牟先生以性体为中心沟通道体与心体概念而说为中西哲学最大之别异之处，此说实际上就是将实践的功能置入存有的讨论中，然后藉性体概念的多义将心概念的功能收摄进入，结果使得性心完全是一，但是这样建构的概念意义何在？其实只是造成概念之间无法分辨，所成就的只能是一套狭窄的问题意识基础上的理论系统，而对于一般的哲学基本问题的理论建构是没有贡献的，更对于一般的经典文本的理解诠释是难以顺成的。

当代中国哲学家牟宗三先生，藉由诠释宋明儒学之作，提出道德的形上学系统，以构筑他自己的当代新儒学理论，其中虽然高举象山、阳明之学，肯定濂溪、横渠、明道、五峰、蕺山之学，批判伊川、晦庵之学，但其实，他对程朱以外各家亦不少批评意见，正是表现在这些批评意见的思辨历程中，使他得以逐步完备自己的道德的形上学系统。但也因此在各种深浅不等的层面上，误解或错解了各家的理论原貌。本文之作，即将藉由牟宗三先生对张载理论的诠释及批评意见之反省，一方面找出牟先生思路的特点，另方面适为张载学说澄清意旨，以免于牟先生的批评。牟先生诠释张载，以道体、性体、心体三概念为架构，总说张载学思的各项要旨，并以道体义收摄性体及心体二义，而符应于他的道德的形上学思想。他的做法是，在超越界建立唯理纯善的道体义以总收太和、太虚、神体概念，在人存有界建立唯理纯善的性体义以定位天地之性概念，在主体能动性上建立纯善无恶的心体义以等同会通于性体，从而上升为道体。从哲学基本问题的研究进路之方法论反省上说，牟先生是将工夫论的心概念合义于形上学的性概念与道概念，而形成圆满的形上学体系，实际上所说的一方面是唯理纯善的道体流行，另方面是纯善无恶的圣人境界，形上学的形象是圆满了，但是变化气质、下学上达的工夫论义涵却滑落了，牟先生以此批评讨论张载许多命题，致使张载文义遭受误解。本文即对此进行方法论反省，并为张载学思适作澄清及义理还原。

第五章：对牟宗三程颢哲学诠释的方法论反省[①]

一、前言

牟宗三先生谈程颢哲学，以"一本论"标明章节主题，即是着重于形上道体的直贯意旨，将天道创生与主体实践二义合构，共构为"道德的形上学"体系。天道创生是形上学问题，主体实践是工夫论问题，但主体实践需以天道本体以为实践之价值贞定，而天道实体需以主体实践以为流行的圆满，故而共构为一形上学教义的系统，名之曰"道德的形上学"[②]。此其自创之当代新儒学系统者，亦为其藉诠释先秦暨宋明儒哲学而建立起来者。此一系统，初成于先秦《论语》《孟子》《中庸》《易传》哲学，再造于宋明理学。于北宋儒学中，从周敦颐到张载是一发端，程明道一本论再度达到一理论的高峰。是以牟先生对程颢学多有肯定。

然而，牟先生建立其当代新儒家哲学理论，诚为二十世纪中国哲学之最重要的创造系统，但是，就文本诠释而言，却多有扞格。未论及"道德的形上

[①] 杜保瑞《牟宗三对程颢哲学诠释的方法论反省》，提交"第三届宋代学术国际研讨会"，主办单位：嘉义大学中文系，2011年6月3—5日。

[②] "道德的形上学"是由实践的进路证成的形上学，故有圆教的意义在。其特征是动态的、非分别说的、纵贯纵讲的。有别于以思辨的进路且不能证成的西方形上学，后者为静态的、分别说的。其后，牟先生即以其定位于西方形上学的型态，来诠释程颐、朱熹之学。而"道德的形上学"即与"圆教的形上学""圆满的形上学"为同义之辞。

学"之义之哲学家的理论者其即不喜，即便论及此义的哲学家系统，若其中有些理论与此义不相关者其亦不喜，不喜即为文批评，或反对其说，或矫治其义。程颐、朱熹即被认为不及此义而全体反对，其他各家则一方面有些理论作为顺成牟先生所重之义的论据，却另方面对非及此义的理论施予矫治。周敦颐、张载如此，程颢亦然。程颢之学在牟先生的诠解系统下，已是谈圆教的"道德的形上学"之最佳典范矣，但仍不脱某些命题被牟先生批评的命运。

检视牟先生的工作型态，其实是以建立己说而为诠解的目的，形式上是对宋明各家的哲学介绍，实质上是以介绍代讨论而建立他自己的问题意识与哲学理论，并正因其问题意识的特殊，而有其哲学理论的创作。牟先生的问题意识即是一中国哲学的形上学问题，是中国哲学的形上学如何建立以及证成的问题。牟先生心目中有一套中国形上学如何建立以及证成的"道德的形上学"系统，并藉由宋明儒学理论创作的义涵检讨而说明之，即检讨中落实其所以为的"圆满的形上学"型态，以其所以为的"圆满的形上学"以为宋明儒学各家系统的评价与批判之准据。其所以为的"圆满的形上学"是一中西对比下的圆满义，以实践能证成普遍原理以为中哲之优于西哲的立场。而能证成之实践，即是已完成之工夫，即是已成境界的姿态。是以牟先生的形上学，便是以言说普遍原理的道德义之"道体""性体"、并合谈主体实践作用的"心体"、进及谈主体达最高境界的"圣人"，而共构其"道德的形上学"。也可以说，是把谈主体实践的"工夫论"与"境界论"议题，塞入形上学问题中，以强化此形上学型态之为一动态的及实践的及可证成的之意旨。此即牟先生的问题意识与理论创作。而牟先生的形上学又自名其为本体宇宙论，因此即为本体论及宇宙论的问题，所以，可以说牟先生的"道德的形上学"已是包含了"宇宙论、本体论、工夫论、境界论"的基本哲学问题，但却并合于一的系统。

然而，这就引发了两个必须处理的哲学问题，第一，中国的形上学或儒家的形上学需不需要这样谈？以及可不可以这样谈？这当然是需要追究的。第二，对宋明儒学家的哲学理论的意义贞定是一文本诠释的问题，牟先生以自创的理论以为诠释、评价及批判的基础，则对各家义理的诠释是否准确，这亦是要追究的问题。以上两个问题，即形成本文对牟先生谈论程颢儒学的讨论重点。

既然,"道德的形上学"在牟先生的讨论中已有确定意义,可以说它本身即是一套理论,这一套理论是牟宗三先生藉孔子言仁、孟子言心性,以至《中庸》《易传》言天道、诚体、易体而发展建构成形者。合于此者即孔孟儒家正宗,不合者即别子为宗。因此,我们可以说,"道德的形上学"是牟先生用以讨论宋明儒学的"分类"及"判教"的系统。"分类"者就"周、张、程颢、程颐、朱、陆、王阳明、刘蕺山"诸家为合于此"道德的形上学"与不合于此之分类。"判教"者则以合于此者为"正宗",不合于此者为"别子为宗"。因此,合于此者之诸系统即一家一家地供应新意以为系统的证成与茁壮,而不合于此者则成为证成此系统的反例,因此亦有茁壮系统的讨论功能。其中,程颐及朱熹之学为不合系统的"别子为宗"之学,而程朱之外的系统即为共构"道德的形上学"的系统。其结果,在牟先生的宋明儒学讨论中,程颐及朱熹之学,即自始至终不论在讨论哪家的哲学时,都不断地出现以为说明之反例,于论程颢哲学时亦然,程颐及朱熹之学总是适时地出现,作为与程颢哲学不类之系统,而朱熹言于程颢之意见,亦成为牟先生说明朱熹系统不合程颢、不合孔孟正宗的例子。

建立自家系统以别异、汇通各家,自是哲学讨论的正常现象,但是牟先生却是以对《论》《孟》《庸》《易》的诠释,而建立一套形上学理论,以为讨论各家的标准。于是各家皆以是否符合这一套形上学以为分类、判教之讨论的结论。然而,各家之理论有形上学也有工夫论,形上学也有各种不同的形上学问题,工夫论也有各种不同的工夫论问题,另外还有境界论哲学。而牟先生的形上学却是一套绾合宇宙、本体、工夫、境界论的纵贯的动态系统,以此排斥仅作概念分析的静态存有论系统,也排斥仅谈工夫次第论的渐教系统,甚至还不谈气化宇宙论的现象界事务,因此之故,牟先生的《心体与性体》之作,便不能有效准确地解读各家的各种理论,因此不是一套文本诠释的作品,而是一套批判创造的著作。意即,牟先生以"道德的形上学"的"圆教系统之形上学"意旨,作为谈儒学的终极之学,问题意识及理论观点都约束在这里了,既不能广泛讨论儒学创作的各种问题,又不能准确解读非关其系统的各种哲学理论,致使宋明儒学各家,无论是否符合其"道德的形上学"系统,竟无有一家能完全免除被其批判的命运,即便是程颢哲学亦是如此,虽已是牟先生谈圆教的典范系统，亦仍有被其批评的命题，只因若干命题亦不符合"道德的形上学"的终极意旨。程颢如此，周敦颐、张载亦然，那就更遑论程颐、朱熹之学了。

因此，笔者要这样定位牟先生在《心体与性体》书中的创作意义：藉诠释以建系统，藉系统以判各家，然因系统单一，且立场固定，故不能有文本诠释之功；于是对各家之批判，错解之处多矣。唯一完成的是，建立"道德的形上学"系统，以为当代新儒学的创造，但却牺牲了对许多重要儒家哲学理论的准确认识。征诸程颢章的讨论，确是如此。

牟宗三先生对程颢的讨论，分为八节，本文对牟先生诠释程颢的方法论反省，基本依此节次进行，讨论的重点即哲学基本问题的厘清，以及文本诠释的订正。前者处理其形上学中心的诠释眼光，藉由哲学基本问题的定位，锁定牟先生问题意识的核心与理论创作的主轴，以说明牟先生借程颢而创作的理论本旨。后者依此基础，反省牟先生对程颢各种理论命题诠释的准确度问题，指出牟先生对程颢之学亦有曲解及误解之处。

以下逐节展开讨论。

二、牟先生定位程颢哲学兼主客观面而成就本体宇宙论的一本论

牟先生说的"一本论"是依程颢语而建立的，且是在"本体宇宙论"义下说的"一本"，然而，依程颢，其所言之"一本"，若以之为形上学中之本体论与宇宙论合构之"存有论"义之"一本"，依笔者之见，未必准确。程颢言"一本"，真正重点是在谈主体实践的工夫境界论，依工夫境界论而说为"一本"，实是说主体实践以至纯熟之时，天道与人心之合一，主体的感知实受为天道与人心之"一本"。即主体之人心即是天道的彰显，故为"一本"于人我之此有，亦即是境界中的一本[①]。然于牟先生的创作中，因其真正关心的是一种特殊形态的中国哲学的形上学之建构，由《论》《孟》《庸》《易》一贯而下，由周、张、大程继承而上，既谈天道亦谈主体，故此本体宇宙论的辞义中实是有人道实践的参与其中，既有存在界的活动之义，亦有人心主体的实践之义

---

① 参见：杜保瑞《北宋儒学》，台湾商务印书馆，2010年9月初版。

在，故而牟先生诠解下的"一本"之意旨，就是"动态的道德的形上学"之意。本节将针对此义，藉牟文以明之。参见其言：

> 明道之一本论亦更能保持先秦儒家本体宇宙论的实体之创生义与直贯义，而亦并未以心神属于气，认太极或天命实体只是理，性只是理也。此则其可以通同处，而朱子汰滤后所成之定局则不能保持此义也。此是学派分立之本质关键。①

本文首句即是以"道德的形上学"说程颢的一本论义旨，文中的实体创生实为形上学的道体流行，却亦涵摄了主体实践的活动义，于是得由心而言其即理之活动，于是得以辩论于朱熹的性即理之不活动义。就本文言，说朱熹以心神属于气，这其实是因为朱熹在谈存有论的心概念定位，人心不是气禀而有那是什么？这是存有论命题，故说心即是气禀下之存有。至于性只是理，朱熹固说性是理，但是此理有心具之，故而由心而有活动，说性是理是旧天命之性即是天理赋命而说，故为纯善，意旨正确。

牟先生建立先秦儒家本义的工作固为比较中西而来，但落实于宋明儒学的诠释系统中时，则明确地就是以程颐、朱熹之学为对比参照的系统，以"程朱"与"周、张、陆、王"等为异质的系统，甚至以之为"学派分立之本质关键"。笔者以为，牟先生是言重了。细读牟先生之论述，其实在《心体与性体》之作中，实有多处牟先生将程朱之义理准确定位且赋予功能，亦即程朱之理论有其义理之可能性，只是牟先生并不视其为儒学正宗的理论重点，但作为牟先生视为正宗的儒学理论，固为儒学理论之要目，却并不必即以之为儒学理论之全部，更不必即排斥其他的儒学理论非为正宗，关键只在，牟先生只关心形上学的道体、实体一义，且将论心与论性之理论亦皆以形上学进路的心体与性体落实其义，因此有了批判程朱之立场。笔者的立场是，牟先生某些定位朱子之言确实无误，但并不需以为朱子之意见即已对立于其所重视之议题的理论立场，因为针对什么问题就有什么主张，故而做文本诠释时，要先究明理论命题

---

① 牟宗三《心体与性体》第二册，正中书局，1983年5月台修五版，页4，。

136

的问题意识，对于朱熹的"性即理"说，牟先生并未准确定位其问题意识，故而有对立于"心即理"的诠释结论，这是牟先生偏选、误读之结果，程朱不必受此批评。唯本文之作，主要为发掘牟先生论程颢哲学之特点而作，为程朱辩义之事，另有它文，是以以下之讨论，只在讨论有需要处适为程朱分辨意旨，其他的重点都将放在说明牟先生讨论程颢哲学的方法论反思中。

本文提出了"明道之一本论亦更能保持先秦儒家本体宇宙论的实体之创生义与直贯义"之说，其义下节更明？参见其言：

> 明道之义理纲维何在耶？吾于前濂溪章已明濂溪对于论语之仁，孟子之心，实并无所得。于横渠章已明横渠言……已很能注意孔子之仁与孟子所言之心矣。惟因其言散见，不甚集中，又为其言太虚神体所掩盖，人亦为其言太和、太虚、言神言气、所吸住，故易觉其客观面意味重，而主观面意味轻。实则亦并不轻也。只是有令人感觉到稍为虚歉之气氛耳。……然其义理之实已涵主客观面之合一矣。至明道，正式提出"学者须先识仁，仁者浑然与物同体"之义，则仁之提纲性已十分挺立矣。"只心便是天，尽之便知性，知性便知天，当处便认取，更不可外求"。则主观面之心性天为一之义亦十分挺立而毫无虚歉矣。故由濂溪、横渠，而至明道，是渐由中庸易传而回归落实于论孟，至明道而充其极。然明道究非如象山之纯为孟子学也。……明道毕竟犹处于濂溪横渠北宋开始时先着眼于中庸易传之学风，故明道究非纯以论孟为提纲者也。天道性命客观面之提纲犹十分饱满而无虚歉，此则为象山所不及，而妙在主客观两面之提纲同样饱满而无虚歉，而以圆顿之智慧成其"一本"之论，此明道之所以为大，而为圆顿之教之型范也。①

牟先生本文所言之对濂溪、横渠的意见，笔者已有专文讨论于它文中②，

---

① 牟宗三《心体与性体》第二册，页17-18。
② 参见：杜保瑞〈对牟宗三诠释周敦颐言诚体的形上学之方法论反省〉，《哲学与文化月刊》，2009年11月，426：77-102。杜保瑞〈牟宗三以道体收摄性体心体的张载诠释之方法论反省〉，《哲学与文化》2010年10月，437：103-124。

兹不重述。牟先生所定位之儒学由《论》《孟》《庸》《易》所形成之系统，即是一主客观面皆完备饱满的道体、性体、心体合构之系统，亦即是一形上学系统由主客两面皆备说的系统。所谓主客观面的系统，即是言于主体实践的工夫境界论系统，以及言于本体宇宙论的天道活动系统。其实，牟先生说为主观面的系统并不主观，其为言于主体依道体而实践故，故为主体义，而非主观义，且其行止依于道体，故宜为客观。本文中，牟先生即谓濂溪、横渠主要重在客观面，而主观面稍欠缺。于明道，则两面饱满，而成一圆顿智慧之"一本论"。牟先生以此高举程颢，以成就他自创的道德的形上学之圆顿直贯义。然就周、张言，笔者不同意牟先生的诠释，周、张之言于主体之命题丝毫不少于言于客观面之命题，牟先生得其印象，实是牟先生自己过度重视对周、张本体宇宙论文本的诠释，且稍有忽略工夫境界论旨，而致生的错觉。此义参见本书前两章，此处不再申论。就程颢言，笔者的立场是，以系统之创作而言，程颢于主体实践以至究竟之境界哲学创作最多，亦即此文中牟先生说其有圆顿智慧之旨者。然而，程颢却于客观面实无所建树，唯是重述之、理解之、点评之而已。亦即程颢皆是引据经文之后，即以己意体贴、评论一下而已。亦即笔者也不同意程颢是主客两面皆饱满，程颢确是言于主体十分饱满，但因牟先生的"道德的形上学"亦涵境界哲学之义，甚至是结穴于境界哲学，故而将程颢之在境界哲学之言于主体的饱满语，亦理解为在本体宇宙论的立体直贯创义下的客观面的饱满义。

说程颢于客观面只是重述，此事牟先生亦已直言：

> 明道语句简约，常是出语成经，洞悟深远。又常是顺经典原文加几个口语字，予以转换点拨，便顺适调畅，生意盎然，全语便成真实生命之呈现。[1]

明道对先秦儒家经典言于客观面的命题之理解自是准确无误，明道的把握形上命题以为主体实践的宗旨，而发为评论之语，亦更是精确、笃实而有实

---

[1] 牟宗三《心体与性体》第二册，页8。

义。以此而说明道主客观面皆饱满者，实是牟先生高意肯定。就牟先生所建立的"道德的形上学"意旨来看，明道依先秦儒家在《中庸》《易传》的形上学命题而做点评的体贴意见，亦确实能成立牟先生的评价。关键即在，牟先生所说之形上道体，既是天道实体亦是主体心性，且更准确地说，是主体心性体贴天道实体而完全发挥呈现的状态，才更是牟先生所说的"圆教的形上学"之真谛，亦即是"天道流行"与"主体成圣境"的两种义涵紧连在一起，才成立的"圆教的形上学"系统。如此一来，则最能体贴天道而发为主体实践意境的明道话语，便成为牟先生所定位的"道德的形上学"之最佳"圆教系统"之话语。实言之，明道仅是做境界展现的发言，客观面的形上学命题皆是重述引用，而未有创造之新意。不过，笔者并不反对牟先生对明道之高举与肯定，只是认为牟先生两合形上学的本体宇宙论与主体实践的工夫境界论之说法，又强势地定住此一系统非关气化边事的诠释立场，在面对各家的文本诠释时，即会造成有偏差的解释与不恰当的批评。

例如，牟先生明明知道有"静态的理"之意旨以及"气化实然"一边的系统亦为儒家哲学所应涵摄，但却对于谈到这些命题意旨的各家理论提出批评，死死地认定谈到这些命题的系统就是只坚持此一单薄的面向，而竟不能沟通于其他面向。参见其言：

> 所谓"一本"者，无论从主观面说，或从客观面说，总只是这"本体宇宙论的实体"之道德创造或宇宙生化之立体地直贯。此本体宇宙论的实体有种种名：天、帝、天命、天道、太极、太虚、诚体、神体、仁体、中体、性体、心体、寂感真几、于穆不已之体、等皆是……若就其为性说，它具五义：性体性能性分性理性觉。它是理是心亦是神，若就其为心说，它亦具五义：心体心能心理心宰心有。它是心是理是神亦是情（以理言的本情、心之具体义）。在此直贯创生之一本下，心性天是一，心理是一。心与神决不可一条鞭地视为气，天心本心不是气，诚体之神不是气。性不只是理，太极亦不只是理。理亦不只是对实然之"然"而推证出的一个超越的、静态的、只是存有而不活动的"所以然"，而乃是因心之自主自律而不容已地起道德创造或宇宙生化之大用而说为理。若说这也是"所以

然",则这是超越的、动态的、既存有亦活动的"所以然"。是这样的"所以然"之为理才真能保持住其道德意义而不失,而由之而立的道德才真是自律的道德。①

明道之"一本"成为了牟先生的"一贯"说,无论从客体或主体说,皆是本体宇宙论的实体,此实体贯所有形上道体之存有范畴,如:"天、帝、天命、天道、太极、太虚、诚体、神体、仁体、中体",亦统所有言于主体的存有范畴,如:"心、性、情"。说其"道德创造"即说其为主体的道德实践活动,说其"宇宙生化"即说其为天地万物之大化流行,可见牟先生是总收所有儒学言于天道与人道之范畴于一贯一本之系统内,而牟先生皆谓之为"实体",于是心性情亦皆实体化了。实体化之即形上道体化之,形上道体化之即得说为"立体地直贯",此义即又得以明道之"一本"论诠解之。于是牟先生最为重视的"主体实践"以及"天道化生"两义合构的"道德的形上学",便能在明道之"一本"概念中"立体地直贯"了。实际上,明道之"一本"亦确实是从主体之体贴亲证感知此天道天理之道德创造意识而得者,亦即明道是站在主体实践以致工夫已达纯粹化境时之圣人境界上的发言,即是境界展现之语言。因此明道言一本者实是言于主体境界位上,是主体境界与天道一本,不是天道与主体一本,天道确实不必言一本,天道就是天道,是主体必得与其一本以为道德实践的完成。而道德实践以至完成确实是儒学的终极目标,因此以主体与天道的一本为最圆满的理想,此义亦确实无误。

笔者有所辩难于牟先生之言者,不在明道言说境界的具一本一贯之意旨上,而是在儒学理论建构面向的种种哲学基本问题的尊重与否上。即在前文,牟先生即不许此一实体义有"只是静态的所以然义"以及"夹杂气化的存在义"。笔者以为,就儒学之创作以及文本之诠释而言,问题不是此一"实体"何义,这是牟先生个人最为关切的形上学问题。问题是儒学应有何种理论以为其系统之所需?这就表现在整个儒学史上各个哲学家所关切的各种问题上,但是牟先生为建立强悍的道德的形上学理论,便刻意贬抑不直接相干此义的儒学

---

① 牟宗三《心体与性体》第二册,页 18–20。

理论。此一"实体"之义是就着牟先生所关切的问题而成立之义,此是牟先生谈儒家形上学有别于更超越于西方形上学的当代中国哲学之创作,笔者尊重之,一如尊重所有当代哲学家如冯友兰、方东美等人之创造一样,但是就文本诠释以及儒学系统而言,气化宇宙论不能不谈,静态的不变的理之存有义亦不能不谈。谈这些哲学问题亦不等于只主张儒学就只在此义之内,谈这些理论的儒学系统亦是共同接受谈其他问题的儒学理论系统,故而不应有所贬抑。

牟先生关切的是"真能保持住其道德意义而不失"的理论,这其实就是从孔子言仁、孟子言心处即已确认的命题,故而《中庸》《易传》大谈本体宇宙论的宇宙生化系统之形上学命题时,即不致有空头的形上学的缺点,因其已预设孔孟的实践哲学意旨。此诚其然,笔者同意。但是,牟先生谈周敦颐,却担心他只肯定客观面的《庸》《易》之普遍命题,而忽略孔孟的主观面立场,论张载,虽觉其亦有主观面的孔孟实践意旨却仍稍有欠缺,唯于程颢,才肯定其为主客皆饱满之系统。至于程颐、朱熹,就只能讲一套气化宇宙论以及不活动的天理观,于是程颐、朱熹之系统即非为"真能保持住其道德意义而不失"的系统了。这些批评意见的发生,都是因为牟先生只管一事、只论一理所导致的。"真能保持住其道德意义而不失"就是指得工夫论的系统,指的是说系统中要有工夫论,而不是单单只有普遍原理而已,有工夫论才能实证形上学系统,才能保住道德义,此义不谬。因此,谈主体实践以彰显天道的道德意志确实是儒学应有的理论,但为成就这个目标的合理性,还有许多理论也是需要的。例如要谈现实世界以及人之所以为恶的理论说明,此即谈气化宇宙边事的理论。而追究天道的纯善义以为价值的绝对依据之说亦是需要的,因此即有天理纯善不变的静态不动义,不动是其善不动,而不是其天理、天道与人心不动。这些未被牟先生肯定的重要问题及其理论,笔者认为,应尊重各种理论的功能,正确理解、准确诠释,这才是当代中国哲学研究应持的正确态度。

三、《天道篇》建立圆顿化境的特殊解释

牟先生藉由《二程遗书》的文句挑选,重新建立程颢原典选录,等于新编了程颢集。这是一步哲学诠释的创作之举,有些文句已是《二程遗书》明言程

颢语者，有些则是牟先生于二先生语中挑拣出来的，笔者尊重牟先生的挑选，牟先生也自负其责了。重点是，牟先生自行分疏篇章主题，依几大主题讨论程颢思想，因此在各篇皆有其诠释上之特殊意见，本文即依其篇章追击讨论。

《天道篇》的建立，是牟先生以明道言于《庸》《易》之形上学命题的点评语的语句中汲取、编辑、讨论而出者，牟先生以此些语句证成有所谓"圆教的、圆满的、道德的形上学"，在《天道篇》的讨论中，牟先生提出"圆顿化境"的说法，这个说法其实已经呈现了牟先生是将主体实践的境界语，和天道流行的本体宇宙论命题结合为一的理论构思，这就是笔者本节将指出的重点，而这些讨论当然是依据牟先生整个宋明儒学及先秦儒学的基本立场，牟先生的基本思路在下面一段文字中再度显明：

> 凡诗书中说及帝、天，皆是超越地对，帝天皆有人格神之意。但经过孔子之仁与孟子之心性，则渐渐转成道德的、形而上的实体义，超越的帝天与内在的心性打成一片，无论帝天或心性皆变成能起宇宙生化或道德创造之寂感真几，就此而言"对越在天"便为内在地对，此即所谓"觌体承当"也。①

其实，"宇宙生化"与"道德创造"实是二事，在没有道德创造的环境中，天地之间依然是有宇宙生化的，但儒家以宇宙生化有价值目的，此即需由圣人而显，于是在圣人实践道德以创造化育之时，天道的价值意识即得彰显甚至证成。然而，单论宇宙生化是本体宇宙论的形上学边事，单论道德创造是主体实践的工夫境界论事，牟先生合二事为一事，其实说到底还是只有主体实践一事而已。只是在主体实践中，天道流行的宇宙生化事业被主体的价值意识实践了，故说为一事。这就是牟先生之所以可以说"道、天、帝、理、命"等实体能与"性体、心体"为一之立体而直贯之故，即心性皆实体化之而为形上道体矣。但是，这只是牟先生的特殊解释立场，以此构合《论》《孟》《庸》《易》并非不可，但所论就是主体实践以证成天道的价值意识这件事而已，并不能因

---

① 牟宗三《心体与性体》第二册，页 22–23。

此即否定此外之其他儒学理论建构的合理性，如分说天道及人道的存有论架构者。但系统既立，判教即不免为之，牟先生即是以此一思路下的理论系统以分判各家，因而有了笔者所提出的文本诠释不准确的批评。

以下，笔者要讨论牟先生于此节中展开的"圆顿化境"之说。首先，明道言：

"形而上为道，形而下为器。须着如此说。器亦道，道亦器。但得道在，不系今与后，己与人。"①

牟先生诠解之为：

盖如此分解说，固未尽其究竟，然分解表示以显体，亦是必要者。惟此分解依明道之体悟，形而上之道决不只是理，且亦是神，乃是即神即理、神理是一者。惟明道特喜圆顿表示。……若真透明了，则当下即是，当体即是永恒，当体即是一体。此亦即睟面盎背，全体是神，全体亦是形色也。此种圆顿表示乃是尽性践形之化境，并不妨碍道器之分也。②

程颢讲道器之分，但要求主体要实践以得道，得道即是儒学的目的。牟先生之诠解则首先明白承认程颢分别说道器，但接着就强调程颢亦言于道器不分，最后就将道器不分说上升至圆顿化境，这其中其实已蕴含了尽性践形的工夫论旨。牟先生对于程颢竟然能为形上形下是道是器的分解表示十分警觉，故说其并未究竟，并要求其不能只是理，这都是对朱熹所说犯忌讳的担忧语。关键即在，牟先生自己死死地认定，分解说是西方哲学的主流，而东方哲学重非分解说，其实就是重实践以完成人生理想之义，故而需要心合性、性合理、理合道、道合器地圆融，故而被牟先生说为是"圆教的形上学"，亦即东方讲实践时，将形上学的普遍原理落实且证成，而致现实世界臻至圆满，这就是"圆顿化境"。以此为标准，朱熹便是最能分解地讲的中国哲学家，惟此非中国哲

---

① 牟宗三《心体与性体》第二册，页 21–22。
② 牟宗三《心体与性体》第二册，页 25。

学之所重，所以一旦明道有分解语，就等于看到朱熹的问题，就要订正明道。参见其言：

> 概念思辨本非中国先哲之所长，即朱子虽甚注意分解表说，而于概念思辨之工巧则甚不足。此是西哲之所长，比照而观之，利弊甚显。当然，内圣之学固不必专限于此。孔子不作此，不碍其为大圣。耶稣不作此，亦不碍其于宗教真理之明透。①

本文说朱熹能分解表说，笔者完全同意，朱熹分说理气以谈整体存在界，分说心性情以谈道德实践主体，分说魂魄以谈人死之存在，都是分解地表述，其实正是存有论的问题，亦即概念思辨的形上学问题，冯友兰即依据朱熹之系统建立"理、气、道、大全"的新理学系统，以创造新统、辩论中西。可见，概念思辨之分解地说亦是哲学理论发展之一必要且重要之环节。至于文中说朱熹于分解之工巧亦不足，笔者以为，若以朱熹与西哲相比确实仍嫌不足，但较之于所有中哲系统，则已是超迈越极之等了。回到前文之讨论，《易传》明分形上形下之道器，本就是分解的存有论哲学，明道亦许之，但明道许之之后即赋予圆顿之表示，即是说明道对于从形上学存有论立说的《易传》命题有所肯定，但他自己更关切的是主体的实践，以致于以主体实践的意境体贴此分解述说的存有论命题之后，明道得出的仍是圆顿的评语，亦即以主体的实践体贴而点评之，而谓之："但得道在，不系今与后，己与人。"明道之意即是无论道器如何分解，重点是人心的实践而得道，一旦得道，即是一旦由主体将此天道实践而呈现彰明之时，则无分今后己彼皆是在得道的境界了，于是谓之道亦器。而此时现象世界亦是一切如理，而谓之器亦道。明道此说，由主体境界体贴而来，即由实践而呈现出之心境而说者，牟先生自己也说"此种圆顿表示乃是尽性践形之化境，并不妨碍道器之分也"。说"尽性践形"即是说主体的实践活动，亦即明道的圆顿是基于实践之体悟而为之言说，此义，是笔者愿意一再强调的重点。既然分解不碍圆顿，何其怪哉地，牟先生竟不断以朱熹之分解为不

---

① 牟宗三《心体与性体》第二册，页194。

见道之批判！

接着前文之讨论，牟先生指出明末气论派学者不分"道器"、"理气"，反而将气提高为最高存有，此举甚至连朱熹的分解意识都不如，牟先生主张"道器"、"理气"还是要分，只是不碍圆融，圆融才是形上学的圆满，至此笔者尚可接受，但牟先生竟强调："道器"、"理气"是分而圆顿化境地不分，而"心性"、"心理"却是概念上即不能分解，此诚奇怪之事也，参见其言：

> 须知理气之分，形上形下之分，并无过患。问题只在如此分解后，形而上之理道是否"只是理"，心神是否一条鞭地属于气。急求求一者不知就此关键着眼，而只冒冒然向下拖，且仍视心神为气。夫既视心神为气矣，如何能反对朱子耶？朱子于此甚清澈而一贯，反对者看似漂亮，实皆不成熟之软塌之见也。唯有本形上形下之分，理气之分，而知形而上之理道并不只是理，心神并不可一条鞭视为气，视为形而下，而后始真可言心理为一，心性为一，乃至圆顿化境也。圆顿化境是就理气或道器说，不就心性或心理说。理气圆融之一与心性为一、心理为一并不同。心性为一，心理为一，是在分解道德实体之概念上所必须建立者，是体之概念本身就是如此。而理气圆融之一，是尽性践形之化境，此并不碍理气之在分解表示上之有分，而且正因有分别，始可言圆顿化境之为一。此"一"是混融一体之一，"不可分"是化境上之不可分，并不是概念上之不可分。心性为一，心理为一，此"一"是断定上之一，是内容意义上之一，并不是混融一体之一；而不可分亦是在体之概念上不可分，并不是化境之不可分。象山阳明只说心即理，心即性，此即并不是化境上不可分，混融一体之"即"，乃是概念断定上之"即"。此概念断定上之"即"乃本"仁义内在"而来，并不是本尽性践形上之圆顿化境而来。①

以上这段话，有多处笔者十分不同意。理气可分且应分且是形上形下之分，这就是存有论上之为二，是存有范畴之为二而可分者，只不碍实践后化境

---

① 牟宗三《心体与性体》第二册，页26。

上之圆顿。此义笔者无反对之理。只要将问题说清楚即可，存有论上"道器"之间与"理气"之间是不同的范畴，但在实践上，在主体的境界上，能体贴天道而修齐治平，则是"道器"一，与"理气"合。所以笔者说牟先生之"圆顿化境"是就主体实践后之主体心境上言者，故存有范畴是二，但在主体体贴之中而得为一贯。是在实践中之言其圆顿一贯一本者也。但是，牟先生言于"心性"及"心理"之不可分就很奇怪了，说是概念断定上它们就是一，亦即心即性即理，三概念是一概念。此义牟先生言于"性之五义"与"心之五义"时即已如此主张，此事说于张载章。此处再提，是接受"道器"、"理气"为存有范畴上的不同范畴，却不接受"心性"与"心理"是存有范畴上的不同范畴。牟先生的理由是本于"仁义内在"。因"仁义内在"，故"心"以"仁义"为内容，仁义内在于心，故心即性即天理，故心性理皆一事，体之概念上不可分矣。牟先生亦以象山、阳明即如此主张者。实言之，这才是牟先生概念混乱的结果。依据牟先生接受明道之分解不碍圆融之立场而言，笔者要说，"心性"与"心理"亦是存有范畴上之可分、应分、且即为形上形下之分之义，而"心性之一"与"心理之一"亦仍是"圆顿化境"上之不分，是实践后之为一而不分，是全性在心、全理在心之工夫臻至化境后之不分。若心全以性以理定义之而为概念上之体上之不可分，则工夫之入路无由，工夫之变化气质不可讲，工夫之去人欲存天理不可讲。阳明即明讲去人欲存天理之工夫，人欲即心，若心已与理一，则不必谈工夫了。而讲心在气而为气之灵爽之义者，亦是牟先生自己许可之说法，后文讨论即将彰明。而因心在气禀中，故必须讲工夫，也还是牟先生自己理解下的意旨，后文亦将见出。故而讲"心即性"、"心即理"必须也是"化境上之合一"，而不能视为体上之概念分解上之不可讲之事。亦即，在存有范畴上的概念分解进路中，非讲"心性"二分、"心理"二分不可，否则即不能真讲工夫论矣。牟先生此处之处理，即是于工夫论不能谈，于宇宙论不能谈，只能谈圣人境界一事而已。

关于"心性理"之辩义后文将再处理，关于牟先生讲"圆顿化境"确实是就圣人境界而说之义，以下论之。牟先生讨论明道对于"天地设位易行乎其中"，讲"只是敬也。敬则无间断，体物而不可遗者，诚敬而已矣。不诚，则无物也。"，对于"维天之命，于穆不已，于乎不显，文王之德之纯"，讲"纯则无间断"两段，提出讨论，参见其言：

> 此是自体上言诚，故曰诚体，诚即是体。既可自体上言诚，亦可自体上言"敬"。敬非必纯是自后天工夫言也。天命于穆不已，本无所谓敬与不敬也。人有敬不敬，天无所谓敬不敬也。此自后天工夫而言之是如此。然"文王之德之纯"，"纯亦不已"，即工夫即本体，敬固可直收于本心上讲。以此渗透"于穆不已"，则天命之于穆不已亦即是一敬体，一诚体。此纯是自体上言敬言诚。亦反而体证此体是道德的同时即形上的，是形上的同时即道德的。圣人之心与天命实体，其内容的意义固无二无别也。故"天地设位"，于穆不已之易体行乎其中实即是一诚体（真实无妄）敬体（寂寂惺惺）行乎其中也。①

谈易之天地设位，是形上学地谈，讲易之行乎其中，是价值意识的本体论地谈，这是《易传》原意。明道体贴之，说易道即是敬之无间断，而诚敬合一，此诚敬，亦是圣人体贴天道而无间断之价值意识，故而牟先生谓之："圣人之心与天命实体，其内容的意义固无二无别也。"此诚其然。既是明道意旨，亦是《易传》及《诗经》的善解。但是牟先生却在此处严分"形上形下"、"先天后天"之说，即易体之流行与圣人之无间断是道德的、也是形上的、也是先天的，人有不敬是自后天工夫而说的。这样的解释，即是建立了后天工夫与先天实体二分之说。圣人之心自是与先天实体无二也，而朱熹的言敬则是后天上讲的工夫。此说笔者不赞成。牟先生说圣人体贴天命之于穆不已，敬直收本心上讲，自体上言敬言诚，则圣人的道德实践活动即是形上的、先天的，却与朱熹言敬之为后天的工夫者有别。笔者以为，说圣人的道德实践是形上的，应是说圣人的道德实践是完全体贴形上易体之诚之纯亦不已而说的，而不能说圣人的道德实践即是形上的、即是先天的、无有不敬者。圣人是后天而有的人存有者，后天而有的人存有者体贴先天的易道之诚体而为纯亦不已之实践而完成道德，故道德体贴先天、依据先天的话是可说的，但若是说道德实践即是先天

---

① 牟宗三《心体与性体》第二册，页26。

的，则等于是说天道的流行全体是善的，说天道是善可以是儒家共义，但不能说是儒家言于现实社会的共义，现实社会有善有不善，人的存在及其活动有善有不善，此自是后天之有敬有不敬之实事，自后天的存在位阶说主体的诚敬工夫，此时主体状态在后天，但主体所据以为实践的价值意识在先天，即此诚敬不已、于穆不已之天命之善，待主体实践纯粹成熟而成圣境时，此时圣人之心只现本心相、只现纯亦不已之先天诚敬相，这样的话是可说的。这时说"圣人之心与天命实体，其内容的意义固无二无别也"就合法了。圣人与天道在存有范畴上是二，甚至是圣人之本心与天道易体在存有范畴上依然是二，只有在圣人实践体证的状态下才可说圣人之本心之诚敬即是天道之易体之诚敬，所谓"即是"，是"圆顿化境"下的即是而不可分，也不是概念分解上的不可分。概念分解上仍是可分、应分、而为形上形下之分也。就此而言，即并无所谓"后天工夫"与"先天工夫"之别之可说者。工夫都是后天状态的人存有者体贴先天的道体的价值意识而为实践之努力而说者，人有不敬，故在后天需做工夫，以追求先天的诚敬道体，以为主体的圆顿化境，而称之为圣人。

牟先生论明道时讲出了"间接工夫、直接工夫、助缘工夫、本质工夫"等辞义，实为不必要之理论。后文将再深论。笔者必欲为牟先生的"圆顿化境"再作如上的疏解，实在是因为牟先生于创作系统的同时，于文本诠释的态度上，对非其系统的程朱理论、甚至是属于他所肯定的系统的某些理论做出了太多的错解，故而必须不断修正及澄清其说。牟先生可以接受明道之分解而说不碍圆融，却不能接受程朱之分解而必以其为只是分解而不能圆顿。此则笔者要为程朱辩义之道理所在。

关于圆顿表示，明道谈形上形下之分、及立天立地立人之分、与一阴一阳之谓道时表示：

> 阴阳亦形而下者也。而曰道曰者，惟此语截得上下最分明。原来只是此道，要在人默而识之也。①

---

① 牟宗三《心体与性体》第二册，页 42–43。

针对此说，牟先生亦表示：

案："立天之道曰阴与阳"（说卦传），又"一阴一阳之谓道"（系辞上传）。依此两语，好像阴阳即是道。但依明道之体悟，阴阳亦不即是道。他亦预定一分解的表示。依分解的表示，他亦认阴阳是形而下者，该当是气，而不是道。但依易传原语，好像阴阳即是道。此将如何解？在此，明道又特显圆顿智慧以通之：融分解表示于分解表示中。"原来只是此道，要在人默而识之也"。原来道虽不及阴阳，亦不离阴阳。即在一阴一阳之当下体悟"于穆不已"之道体。故"只此是道"是圆顿表示，一如上第3条"器亦道，道亦器"之为圆顿表示。"要在人默而识之"即显此为圆顿表示。不融分解筹度，默识心通，当下即是。唯圆顿者始须默识，惟默识始显圆顿。亦如维摩诘当下默然便是不二法门，是顿教也。①

牟先生确定为"圆顿"表示之明道语其实只有一句话："要在人默而识之也"而已，明道之语，就是讲一个主体的心态或心境或实践活动后的状态，依据形上原理的认识而有一个主体相应的对待态度之表示，牟先生自己都说"当下即是"，所以，笔者说，明道之语就是对存有原理的对待，这个对待，智慧圆融处置高远，所以是一个境界的展现，而不是谈什么形上学问题的新的理论，牟先生则将之上升为一种圆顿的形上学，谓之道德的形上学、圆教的形上学，牟先生欲建立二十世纪创造性的形上学亦无不可，但以之为标准型、唯一型、排他型，而批判程朱之学，则不恰当。牟先生言：

明道非不承认道器上下之分，因为他明说"阴阳亦形而下者"，又说："形而上为道，形而下为器，须着如此说"。但对于此语却不作分解表示，而作一圆顿观，此即为更活泼而不失上下之分，故成为"圆融地截得上下最分明"，而为诡谲也。虽承认道器上下之分，然对于形上之道却不如伊

---

① 牟宗三《心体与性体》第二册，页43。

川朱子之视为"只是理",此则前已解明。①

明道不再为分解表示,即是明道非形上学存有论问题的思考者,但却不反对此说,不若象山之为文反对动静之分、天理人欲之分、心性情之分等等②,亦不若阳明为文指责朱子析心理为二之说。总之,分解表述就是存有论进路的探究,以圆融态度视之即是主体发为实践的心行,工夫境界论与存有论是不同的问题,是牟先生将本体宇宙论与工夫境界论合构为一特殊型态的形上学,故而排斥存有论的解析之学,故而牟先生不得不创作一"诡谲"之说,其实就是太难说故说为诡谲,若不如此纠结,何须言为诡谲?牟先生说圆顿语为诡谲之后,接着又说程(颐)朱言形上者却只是理,其义即是说朱熹上下割截,不能圆顿,亦即不能诡谲的相即。实言之,分解说即是要分开说,分开说时,形上为理,形下为气,理气不可相混,但整体存在借是理气共构,而做工夫是要变化气质,朱熹之分解何时只是理了?最后一文:

明道云:"气外无神,神外无气",此亦圆顿语也。分解言之,阴阳是气,神易理是道;浊者固是气,即清者亦是气。圆融言之,全神是气,全气是神。……然圆融不碍分解,故明道云:"冬寒夏暑阴阳也。所以运动变化者、神也。"此即分解之表示,不泯道器上下之分也。孰谓体用不二,即误阴阳为理道,混情识为真心乎?分解亦不碍圆融,此则尽性践形之化境,"德之盛也"。③

显见,明道对于分解表示之存有论语言皆能接受,只其更注意讨论主体对现象世界的处置态度,分解当然不碍圆融,但工夫做不上去时,泯道器上下之分者即落入为恶状态而不能自立矣,即是"误阴阳为理道,混情识为真心"。故而先为分解地定位,进之以主体的实践,则能"气外无神,神外无气",即是如牟先生诠解之"全神是气,全气是神"的境界。故而圆融语都是主体实

---

① 牟宗三《心体与性体》第二册,页44。
② 参见:杜保瑞《南宋儒学》,台湾商务印书馆。
③ 牟宗三《心体与性体》第二册,页51。

践后的境界语，牟先生自己说："此则尽性践形之化境"，"尽性践形"即是实践，"化境"与"德之盛也"即是境界。既然分解不碍圆融，则单独谈时，分解本就非与谈圆顿化境的工夫境界论歧为二路，说为二路是陆王对程（颐）朱的过度批评，也是牟先生对程朱的过度批评。

四、《天理篇》建立性心不二的本体宇宙论之实体

明道言："吾学虽有所受，天理二字却是自家体贴出来。"牟先生愿为明道之自家体贴之天理观发言申论。然言理而为"即存有即活动"义是牟先生之创见，于是讨论理之活动义不能不接入心性概念，否则活动无从发生。因此牟先生于明道《天理篇》之讨论，重点便在心性合义于天理之活动义上，以此说其形上学型态，实际上就是在说主体实践的工夫论，只是牟先生将之说为动态的立体直贯的形上学。可以说，在明道《天理篇》的讨论中，更可以见出牟先生动态形上学的思考模式。而笔者的立场则是，尊重牟先生创造的"动态形上学之圆教义"以为一谈论儒家形上学的特殊意旨，但是要检讨基于其说而有的心性理概念之特殊使用义："心性无气唯理而为纯粹之善"，以及"理即活动而非静态"两义。笔者反对此一"无气唯理"的心性概念就是儒学心性概念的绝对最高义，甚至以此为依据来批评程朱以气禀言心之不当。笔者主张以气禀言心之说无有不当，那是存有论进路；而理之活动义非不可说，但强调理之"无动、静态"义亦有其功能，说不动并非指天道不动、更非指人心不动，而是说善之不变。因此说理之不动的存有论义语，不碍并心性理为一之道德实践之动义语。但说理为动时必须即在天道流行及人心实践上说，否则便会是概念使用上的一大混漫。以上意见从讨论牟先生文本说起，参见其言：

> 天理之为本体论的实有与天理之为宇宙论的生化真几这两者是同一的，是表示天理既是存有，亦是活动，是即存有即活动的。……天道性命相贯通，儒者的智慧是通过"性"之观念来契悟人与万物之真自己，并契悟天道之实义的。康德是由意志之自律、自由来契悟"物自身"，而儒家则是由作为创生真己的性体来契悟人与万物之真自己。此为同一路数，但

"性体"一词更为综摄,更为真切,因为"性"自更切合于"真自己"一观念,更能表示通体达用使道德创造为定然而必然,为真实的呈现,然而亦因此更为复杂,因为其中含有心。①

先不论明道言于天理时对形上学的型态有怎样的发言意思,总之是牟先生借明道语及其他儒学命题而建立的"理性命"观念系统,而为其特殊形上学型态之理论。依上文,"天理之为本体论的实有与天理之为宇宙论的生化真几这两者是同一的",牟先生说的天理几乎全幅都是天道的义涵了,天道是本体论的实有,且负担宇宙论的生发功能,天道自是进行创造活动的,而言其实有是要保住天地之实存,而当言其实有且以天理赋义之时,则是为说以保住天道的善的价值意识,而为儒学的目的论形上学型态,此天理概念所有之功能;言为宇宙论的生化真几即使天道有发为宇宙生发万物的功能,即言天道流行之义。此为实体纯善生化万物之天道观,以其纯善而言天理,天理以其纯善不变义而谓之不动、静态。今,牟先生以天道之功能说为天理,亦无不可,但言天理之理是即存有即活动之义者,实是就天道为实体亦为流行之义而说的,说既如此,形上学尚未圆满,圆满之义要在人之实践活动以臻纯善境中落实,故又言"天道性命相贯通",即"性命"乃为言人性主体之实践,人性主体体贴天道亦为主体之实践,实践之、彰显之、落实之,而成就主体之圣境,主体之圣境原应以天下太平为终极理想,但牟先生于外王问题并未深论,实是以内圣定位圣境,故而宋明儒是心性之学,外王问题遂不在最严格定义的脉络上言之。故说天道性命相贯通即贯通在主体实践成圣境的意旨上,而理概念又已承担所有天道之功能,故其实义即是理性命之相贯通。在牟先生的系统中,说理性命相贯通是必要的,因为他承继象山、阳明之"心即理"义而为一种特殊的动态形上学,所以"天道性命"相贯通即是"理性心"相贯通而为同义、一义的根本。此即其言"儒家则是由作为创生真己的性体来契悟人与万物之真自己"之意旨,即由主体实践将天理赋命之性由心实践而彰显落实以为圆满的完成,完成天道作用与人心实践同义共构的圆教世界,即此而有天与人之共同作用而称

---

① 牟宗三《心体与性体》第二册,页 56–57。

为一种"圆教的道德的形上学",实是将形上学落下至主体实践活动而说之形上学,如此才得有以天道的活动与人心的活动说此天理之为即存有即活动的可能。此义又见其言:

> 依儒家道德的形上学言之,宇宙生化底宇宙秩序,与道德创造底道德秩序,其内容的意义完全同一。存在即是道德创造上的应当存在。总起来说,是天地之化,落在个体上分别说,每一个体皆完具此理,即皆是一创造中心,故皆涵摄一切。是故据此创造真几之一理即已具备彰显于事上之百理、众理、甚至万理,同时亦即具备表现天理之每一事也。此种具备之实、一是从本源上根据"皆从那里来"而"皆完此理"而言之,此是本体论地言之。当然"皆从那里来"逻辑上不一定能涵着"皆完此理",例如基督教,虽可说皆由上帝之创造而来,但却并不说每一个体亦皆具上帝这样创造的真几。但在儒家,则必贯下来而说每一个体皆具此绝对的创造真几。此所以道体既超越而又内在之故,而其关键是在天道性命相贯,此为儒者共许,无一能有例外。①

牟先生此文,是要说作为天地万物的总原理的道体,首先是一承载道德目的的创生实体,故而宇宙秩序即道德秩序,即宇宙之存在即为着道德目的而有之存在,故而宇宙万化之活动,即有天道道德创生之意旨在,此说即已意谓着,无论社会之现实为善或不善,现象世界即已是一善的存在。至于现象世界中之人存有者,即为此一天道至善之实体之行动者,藉由人之实事实理之实践,共赞天道之道德创生事业。牟先生并定位此说为所有儒者之儒学之共义,无有例外。笔者以为,此说无误。但是,人存有者虽具此天道实体而为其心其性,故得说为"皆完此理",却仍有气禀之限制而不能人人畅遂,因此虽完具却不能时时呈现天理,必待工夫实践之后方能呈现,而此一未能呈现之状态,即须有一形上学之说明。因此形上学议题尚未究竟,亦即仍有形上学问题尚待解决,此即人之为何不能畅遂之道理应有说明,程朱言"心者气之灵爽"之进

---

① 牟宗三《心体与性体》第二册,页58–59。

路即为此而来,说此未能呈现之存有论结构原理,并不等于主张了一套不能呈现天理的形上学理论,牟先生于此有理解上的错误,且其更关心能畅遂此道德目的之义,而立心体、性体说,以心性天理是一,且皆为即此天道实体,而说其必能畅遂,并即此而上升为"道德的形上学"。亦即是,牟先生把在工夫境界论上才可说的心性天理是一的命题套在形上学上说了,建立了心性天为一的道体、性体、心体是一的实体义,却把确实是在谈存有论的心性情三分、理气二分的程朱之学,割裂其与工夫境界论的关联,而说其道体只是理而不是心,说其理只存有而不活动。此即牟先生之思考模式,故而有对心性概念特殊使用定义矣。

程颢为解决天道既善,为何会有人物不能呈现天理的问题,而提出"推"的理论,即藉由主张人能推而动物不能推来说明差异发生的原因。而牟先生亦注意到,说形上学时,一言天道即应人物共具,但现实上却是人有道德活动而动物却无,故而就人与动物之别的问题而言,应有形上学的分解之说以为处理,此亦是对明道言于人能推而物不能推之意旨之诠释,牟先生于此进入对"心"概念之特殊解释之路,其言:

> "心"可自两层面而言之,一是本体论地言之之实体性的心,一是实践地言之之自觉的心。自前者言之,人与物平等,而于此所言之心实即明道所言之"生意"、"春意",由此生意、春意指点生理、形而上的实体,而于此言心亦是形而上的实体性的心也。盖明道之言实体不只是理,乃是即活动即存有之实体,心即由此活动义而规定。活动义、就实体自身而言之,以寂感之神来规定,而在此处则由生意、春意来指点。通人物连带而言之,既可言理,亦可言心,此心自是形而上的实体性的心也。但心之所以为心必须由道德自觉而见。自此而言,则实"独人为至灵"也。明道言"非独人为至灵"是本体论地言之也。就实践地彰着之言,草木鸟兽实只是潜具此心耳。故只有形而上的实体义。①

---

① 牟宗三《心体与性体》第二册,页60。

讲天理而至论心，是因为形上学进路的讨论，将心性理皆视为与天道等同为一的实体。讲天理为道体故活动，讲活动故心之活动纯为天理，故心性理皆纯善而为道体且具活动义。此义已澄明于《天道篇》中。此处，牟先生关切另一问题，即言心当是就人而言之心，人心纯善之活动是在道德实践中，说为形而上之实体性的心是其形上学意旨之一面向，但另有一面向亦属形上学问题，即万物之不能实践此道德活动，而万物又亦是形上道体之流行才有的存在，故而其不能实践道德之事需有形上学进路的定位。此事朱熹亦有讨论，即谓之物之气禀使其受限而不能彰显性体之全。牟先生则谓之"只是潜具此心"、"并无实践的道德自觉义"。物既不能，故"独人为至灵"，就"独人为至灵"而言，周敦颐亦已论之，"惟人也得其秀而最灵"，得其秀是得其气禀之秀，故言人心不能无气，朱熹即谓之"心者气之精爽"。而牟先生此处亦接受明道所言之"人受天地之中以生"[①]，而说"其所以为至灵而能彰着此"心"义，实由于其"受天地之中气以生"之"气异"耳"。说"受天地之中气以生"，即是说心以气禀而有，既然如此，则牟先生所言之心之形上义、实体义、非气义、纯理义等究为何义？笔者以为，这其实就是牟先生限缩问题意识于主体实践成圣境一状态中，此时之心已变化气质而为纯善之流行，故说唯理无气，但即便是如此，言主体之心之存有论地位，仍不能不从气之精爽处谈，即便言天道之活动，亦不能无气化世界之宇宙生化之流行，故言无气只能说是已摆脱气禀之限制而能为纯善之行为之义，却不能说此状态能不在气禀存有及气化宇宙中谈。故而牟先生处处坚持之心性理天之同一之义，即是在取消心之有气禀之面向而为纯粹至善之实体以言形上学的圆满，其实是将主体成圣境的境界哲学与形上学存有论问题混同为一，而提起纯理无气义，此一做法，将造成宇宙论不能谈，人之为恶的存有论说明不能谈，人之去恶向善的工夫论不能谈，剩下来能谈的才真的是洁净空阔的理型世界的理论了。

论于心则纯理而无气，论于物则气昏而不具理，此二义牟先生不断申论之，虽藉明道文字之诠释而来，却已全为牟先生自己的创造系统了。参见其言：

---

① 牟宗三《心体与性体》第二册，页60。

依明道义，天理实体是即活动即存有者，本体论地圆顿言之，亦带点艺术性的圆照言之，人与物皆从此实体来，亦皆完具此实体以为性。但分解地言之，能推不能推却有大异。能推不能推固是气之限制上的问题，然人禀得气清而能推，而其所以能推之正面积极的根据则在心。本心即性，此亦是即活动即存有者，故能起道德之创造（道德行为纯亦不已），而可实践地、彰显地表现出"万物皆备于我"之义。此是那普遍地言之的天理实体之实义，亦是那天理实体为性之实义。故人既能超越地以那天理实体为体（皆从那里来），复能内在地即以此天理实体为性而起道德之创造。但在物处，虽本体论地圆顿言之，艺术性的圆照言之，亦皆完具此理，亦皆可以是"万物皆备于我"，然彼因气昏，推不得，实不能起道德之创造。故分解地、实践地言之，彼实不能彰显地"完具此理"，亦实不能彰显地"万物皆备于我"。自此而言，谓其只能超越地以天理实体为其外在之体，而不能内在地以此天理实体为其内在之性，亦无不可。①

本文论人与物之别，论于人，牟先生说人禀得气清因而能推，此义即等于承认人是禀气而有之生命存在，此是从存有论说不能不立的理论。但是牟先生说心体时却一定要坚持其纯理无气义，此实不必之事。心是人心，人是气禀的存在，因而说心是气之灵爽，此说十分合理，亦非如此说不可，亦无有人说此心就只是气而无性体之贯注的话，不见人言"心统性情"吗，"心统性情"就是心之以性体为真我之体，复有气禀存在之事实，且因气而有情之已发，故而得言情之善恶的状态，故心是气，但不只是气。无人说心只是气，故不能说"心是气之精爽"的说法不能起超越的创造活动，此就心说之辨义。

论于物，牟先生说万物因其气昏故不能推，则万物亦是气禀之存在，此义亦无疑。但是，牟先生却说万物以天理为外在之体，却不能以天理为内在之性，此说非常诡谲。关键在于，牟先生言性是就性体言，性体是与天道天理同一实体之唯理纯善且无气之性体，故而动物植物无此性体，但动物植物亦不能说其无有气禀所成之性，亦即气质之为一种性之"生之谓性"之义，只是道德

---

① 牟宗三《心体与性体》第二册，页63-64。

创造不在此气质之性中，而是在性体之性中，故性体之性只能是万物之外在之体，而非内在之体，此处之内在、外在之说十分古怪，其实朱熹在这个问题上的处理已十分清楚，即是那天道性体之禀赋于人与物时实皆相同，因此既是外在之体，亦是内在之体，如此性善说的天道论才有理论的完整性。而唯因气禀之限制，使得天道天理性善之实体无法完全作用，而只能在某类动物身上呈现某种天理，而不能为全面的呈显。因此朱熹的处理是诉诸气禀而解决问题。但牟先生所关切的只在纯善的天道实体义之性体，就是那个圆满的形上实体，既然万物不能实践之而呈现之，那么此实体便不能亦为万物之所具，但又不敢明白讲此，因此万物只能以其为外在之体而非内在之体，又因明道已有万物与人同具的立场，故而牟先生说明道所说"万物皆具"只能是"观照义之圆顿"说而非"分解"清楚下的说法。笔者以为，内在、外在之说非常不清楚，宜舍弃，讲明道之说只为"观照"义非"分解"义，此说正落实了"分解"的进路之不可弃，否则如何处理这个人与万物之道德实践能力有别的事实的问题，这就是需要从分解的存有论进路讨论的哲学问题。其实，人与物有别，人与人何尝无别，讨论人与人之道德实践能力的差别依然需要宇宙论进路的存有论讨论，朱熹即为之，而谓亦是气禀之影响，亦是命定，但有天命之性在，即"心统性情"之性，亦即牟先生所关切的道体、性体、心体合义之天命实体，因此人仍能透过工夫实践，而努力成圣。人物有别之存有论讨论牟先生关切不多，因为他更关切人实践而成圣之特殊型态的形上学意旨。但有时亦会讨论到人物有别的问题，讨论到时，仍不能不诉诸气禀而分解之以解决问题。

牟先生确实真正关切道体、性体、心体一义之性体义，因为他要谈一套"圆满的形上学"，但面对人物差异问题时，便显得系统不好用了，因此要造怪论以解决之，又见其言：

> 明道言能推不能推固直接是表示气异，然其所以能推之积极根据则在道德的实体性的本心，而本心即性，即此道德创造之真几也。物不能推，正表示物无此道德创造真几之性也。此正是自性体上立人物之别，而亦涵着"即活动即存有"的天理实体之超越地为体与内在地为性之分际上之不同，并不涵着"超越地为体即内在地为性"只能是本体论地圆顿言之、艺

术的观照言之是如此，而道德实践地彰显地言之，则物并不能如此，而唯在人始能如此也。要者是在明道所体悟之性体无论是本体宇宙论地言之，或是道德实践地言之，皆是即存有即活动者，是心与性为一者，而由孟子之"本心即性"以实之。故性即是道德创造之性，性义不减杀也。①

牟先生坚持性义不得减杀，因此坚持纯善之性说。但此纯善之性以说为人的实践时可，说天道的流行就出了问题，因为动植物不能实践道德而呈现天道之纯善是个事实，但说天道的流行时已是将善的道体流行赋命于一切万物及人，因此万物之善以其能为人文化成所需之正德利用厚生之具即得成立，故而不需说外在有此体却内在无此性的话。其不能主动实践以彰显天道之事由宇宙论进路的气禀存有论说之便可以解决问题。对于天地万物的存在必须是道体流行之下而有的存在，因而主张应完具天理的说法，牟先生说"只能是本体论地圆顿言之、艺术的观照言之是如此"。笔者以为，本体论的圆顿不必说到存有论的分解义理上来，说只是艺术的观照就等于取消了形上学义涵了。这岂不等于是为了顾及动态的实践进路之圆满的形上学，却丧失了静态的万物皆得其理的存有论义的形上学道理了。牟先生要性义在人心实践上不减杀，但这样一来，性义却在万物流行义上死亡了，则本体论的圆满不能照顾了。然而，面对此一问题，牟先生却有更为断然的立场，另处明道于"天命之谓性、率性之谓道"以及"各正性命"的讨论上，明道点评而言："此亦通人物而言"。②牟先生对此感觉甚为不安，讨论之时言语更为激烈，其言：

> 是以天命流行之体，在人处，既超越地为其体，复内在地为其性，而在物处，则只是超越地为其体，而不能内在地复为其性。其所以不能者，只因物不能吸纳之以为性之故也。不能吸纳之以为性，即涵明道所说"不能推"。惟明道谓其具有而不能推，吾此处所言，则是不具有，故不能推。若具有而不能推，则其不能推是一时的，无永不能推之理。就"性体之

---

① 牟宗三《心体与性体》第二册，页65—66。
② 牟宗三《心体与性体》第二册，页156。

实"之立言，当谓其不具有。此"不具有"并无逻辑的必然性，只是宇宙进程中之一时地，故只是经验地。一旦彼亦能推而见道德之创造，则即有此性矣，亦可谓能吸纳天命流行之体以为性矣。明道谓其"具有"是体用圆融地说，亦是带点观照的意味，亦是由万物皆有"春意"而见。……明道亦是把此两义混同看了。依此分辨，就性体之名与实之所以立说，吾将不谓物具有此性。在宇宙进程底现阶段中，吾仍说物只具括号之性，不具创造之性，只有气之性命，并无理之性命。①

牟先生为处理动物、植物不能为道德实践活动，于此文中，讲出了许多特殊的理论。前文已言："在物处，则只是超越地为其体，而不能内在地复为其性。"此说已甚突兀，然在本文中竟更言："此'不具有'并无逻辑的必然性，只是宇宙进程中之一时地，故只是经验地。一旦彼亦能推而见道德之创造，则即有此性矣，亦可谓能吸纳天命流行之体以为性矣。"说无逻辑必然性即谓其无天道之刻意作用所致，而为宇宙生化之气禀流行的经验结果。此说同于朱熹言于人与人之道德实践能力别异之命定结果，朱熹主张亦非有天道在上面盼咐，而是气化流行之经验偶然性。但朱熹更明言道德实践能力固受气禀决定，道德本性却无丝毫影响，且是人物共具、同具、等具此纯粹性善之本性的，此事却非关气化了。就能力弱者而言，只要能人一己百、人十己千即亦能成圣，故仍人人可为尧舜，但动物却不能了，此其气禀之限制有绝对性，朱熹之说在存有论上实较为完备，牟先生的讨论不及于此，却为维护他的动态道德实体形上学意旨，竟谓之："一旦彼亦能推而见道德之创造，则即有此性矣"。此说却甚为难解。难道牟先生是在讲灵猴、灵猿等有灵性的动物吗？那也就是说它们本来还是具备的，即是孟子顺性之说而能为之之本具性善之意。所以牟先生这句"一旦彼亦能推"的说法实甚多余且不宜。最后，牟先生干脆明讲其不具此性，但所谓不具却是"不具创造之性"，不具创造之性即不具牟先生言于本体宇宙论及道德实践论的道体、性体、心体、理体等义之创造之性，此又何义？牟先生曰："只有气之性命，并无理之性命。"则万物又具气之性命了，气之性

---

① 牟宗三《心体与性体》第二册，页158-159。

命差不多就是程朱承张载所言之"气质之性",此性得与"天地之性"共构为具体经验事务的存有论原理,但于张载、程、朱处,天命之性与气质之性都是众人所共同,因此人与人间之道德能力的差别决定于气质之性,至于所有的人皆可以为尧舜的根据则在共有的天地之性。此论于人,若论及物,则朱熹的立场仍是万物共具天命之性与气质之性者,天命之性即天理,天理人物皆有,只因气禀之限制,人能完全呈现,而动物则不能,亦即由气质之性谈动物之不能。今,牟先生亦立气之性命,目的在说万物之生存及活动之存有论依据,但动物之无道德实践能力之事实却使牟先生直接说动物无天理之禀受,即是无创造之性,无理之性命。言本体宇宙论的天道作用大化流行竟至动物不具天命天理,此实甚需追究之事。如此则天道是善的命题岂不成了虚说之事,即如其言明道之语是圆顿地说者,而圆顿地说竟成了只是观照地说,说观照地说即非实说而只是虚说了。这一切都是牟先生太为关切将主体实践的能动力之心与保证成圣之性与天理作用之道体说为一义的结果,此义只有圣人承担得了,为说明一般人时即不能成立,遑论动物。由此亦可见说气禀概念及说气质之性概念等存有论讨论在解决实践成圣问题上的必要性,牟先生常为顾及圣境一义,却排斥气禀、又同心性天于一的做法,于问题的解决上反而多生纠结。

牟先生于讨论明道谈天理问题时,提出了明道有第二义之天理之说,这也是他不肯接受存有论的理气说之后导致的无谓纠结,牟先生说明道有"落实实然上言现实存在之种种自然曲折之事之天理——虚说的天理"[1],依据是明道言于"天下善恶皆天理"、"事有善有恶皆天理也"等语。牟先生言:

> 但"天下善恶皆天理"以及其他语句中之天理或理字皆就物情物势之必然而自然者说,并无超越的意义,亦无道德价值的意义。此虽可观赏,但体却不从此立。"但当察之,不可自入于恶,流于一物"。此即是说一种逆反的工夫以体证,来提住自己,不可顺那物势滚下去。逆反所证之体才是超越的天理,第一义的天理,自体上所说的天理。此体证现,才使吾人

---

[1] 牟宗三《心体与性体》第二册,页79。

不"入于恶",不"流于一物"。①

明道以天理概念说事有善恶,此说牟先生又十分担心了,其实,明道并非混淆善与恶、及天理与人欲之说,明道之语是指有德者体贴天理之后,对于现象事务之有善有恶,有一种仁者的关爱,而皆欲以圣人之德性照顾之,故皆应视为圣人体贴天理下所应关切作为之事,因而仍说是天理下事。牟先生对明道语之理解无误,只其将明道此处所用之"天理"说为"虚说之天理"一辞颇为纠结。说为以天理之心境体贴现象之不齐即可,所以是实践中的对待心态,是境界哲学进路的天理概念使用,而不需说其为"虚说的天理",此说即有形上学的天理又下滑的纠结。牟先生接着说需有逆反之工夫才能上升至第一义的天理,此说笔者甚为同意,但正因如此,主体之心与天命之性与天理天道实体之为同义之事就是在做了工夫以后的境界,不是论于主体的存有论情况时即可说的心性天是一的,而论于主体在一般状态下的存有论状况就是为说明如何做工夫以成圣境的前提,此时存有论上"心者气之灵爽",但"心统性情",故工夫论上"变化气质",则可得"善反之天地之性存焉"的圣境结果。如此系统,岂不明白清楚,何须一味批评说"心者气之灵爽"的理论中的"心"就"只是气",因此不能超越地逆反而至圣境。牟先生自己一直顾及心性天一义的理论,反而不能谈好逆反的工夫了。

五、《一本篇》建立圆顿化境的一本论

明道确实明言一本,牟先生定位明道之一本论者是圆顿之教之一本论,此义笔者完全同意,只要强调一事,此一本论之意旨就是在主体实践成圣境时对天地万物的体证之语,因此必依主体之境而言一本,然而,牟先生却将此一本上升为即是天道流行之作用,且同义于此,于是形上学地言本体宇宙论的大化流行与工夫境界论地言主体实践以成圣境的理论都成了形上学,且是圆教的圆满的道德的形上学,此事笔者尊重牟先生的创作,只对于以此义以为哲学史诠

---

① 牟宗三《心体与性体》第二册,页82。

释时所致生之纠结需予澄清。此处，明道之一本论，正为牟先生视为圆顿化境之典范，亦正是笔者可以申说其就是主体成圣境之意旨者。参见牟先生言：

> 再进一步，圆顿言之，即"奉"自亦不必要，即大人便是天地之化，便是天时。尽其先天性之理、道不是抽象的、空悬的理道，乃是具体的、生化的理道，即与其现实生命通润而为一。凡其现实生命所应有之一切姿态皆是其一"体"之化育流行也。此时先天后天之分即泯。此是彻底的一本论，亦即圆顿之教之一本论。①

文中明白说到，"即大人便是天地之化"，亦即是此一本之论就是针对大人而言，即是言于大人之圣境而非天道之化育，只是牟先生永远关切生化之理道与现实生命之活动通润为一之意旨，此即天道人道合一之论，而说成一套形上学，又说于此形上学中"先天后天之分即泯"，亦即原是有先天后天之分的，亦即一本之状态是由后天之人实践先天之理而与天道通润为一，此时后天先天之分即泯，但此泯亦只泯在此一成圣境之大人身上，并非谓全天下人皆是如此，亦非谓圣人即是天道本身，若圣人成了天道本身，则天地间就又缺了此一圣人大人了，则道德实体的实践义又要减杀了。实践义不能减杀，此是儒学宗旨，但不必一定将实践义塞入形上道体中并合谈论，此是笔者要强调的宗旨。

谈一本时要有实践，此亦是牟先生自己的认知，又见其言：

> 所谓"道、一本也"，不是抽象地反显道之为本体，乃是言"为道"（"人之为道而远人"之为道），而至明澈之境，成为圆顿的显现，此方真正是道，即方是具体而真实之道，此是圆顿地为道上之一本，不是分解地就道体本身说一本。②

此处牟先生明讲"为道"，且是"人之为道"，为道之后才有所谓具体的、

---

① 牟宗三《心体与性体》第二册，页94。
② 牟宗三《心体与性体》第二册，页104。

圆顿地一本，亦即牟先生亦理解明道是言于人之实践成圣境下之体贴而说的一本，故而实践义不可少。只是，牟先生永远不能分开言主体圣境与天道流行二义，又如其言：

> 所以言一本者无非要烘托出"纯亦不已"这本体宇宙论的、创生直贯的实体而已，而当下由诚敬体证这"纯亦不已"之实体，只有一个诚，只是这实体直上直下之直贯，便是所以极成一本者。①

本文言诚敬，诚敬既是天道的德性，也是主体实践时的价值蕲向，牟先生以同此一价值蕲向却说成同此一活动，即是天道活动与人道活动竟成一事，依此一事而说明道之一本义，如此便导出天道概念亦需与气化流行的宇宙论切割的理论结果，几乎使得牟先生所说的天道成为"唯理无气"的理型存在。在对明道谈"文王之德纯亦不已"的诠解中，牟先生言：

> 就"天之所以为天"说，是本体宇宙论的实体。就"文王之所以为文王"说，是道德创生的实体。总之其义一也，是立体直贯的实体。此实体在以前名曰天命流行之体。"流行"一词需善会，就是天之不已其命言。……形而上地言之，即是不已地起作用起创生之用也。克就此不已地起作用言，即曰"流行"，实无所谓流，亦无所谓行也。此流行不是气边事，不是气化之过程，不是现实存在物之变化过程，乃是指体而言，是指诚体神体寂感真几之神用言，故曰"流行之体"，此是指目此体为"即活动即存有"之体，是"动而无动静而无静"之神体，非是一往是动之流行也，亦非是动了又静静了又动有动静过程之流行也。有此创生之真几（不已地起作用），始有气化之实事。在气化上始可说是动了又静，静了又动，有动静之过程。然则"流行"者亦是假托气化之动静过程而显耳，即显其不已地作用，亦显其无所不在耳。……此"纯亦不已"之心即仁心。以此为体，即曰仁体，故天命不已亦即仁体之不容已也。天命、天道、太极、

---

① 牟宗三《心体与性体》第二册，页106。

太虚、诚体、神体、中体、性体、心体、仁体，乃至敬体、义体、其义一也。总指这"于穆不已"之实体（易体）而言。自理言，此即是天理、实体。①

毫无疑问地，牟先生在谈形上学的问题，且建构出了一套关于形上实体的理论，它非气，它唯理，它其实也是自身不动的，至少是不具经验意义之动，但却是使经验现象的气化世界能流行变化的原理，固而是一推动者义之动，而非被推动的现实世界之动。以其能作用而说为即活动，以其为实体而说为即存有。但因其非气边事，故而其实并无经验意义之"存有与活动"，谓其"不存有亦不活动"可也。因其动是使物动而非自己动，其动是使万物作用流行之义而非自己流行生发之事。依此而言，牟先生所言之创生道体，差不多等于柏拉图之理型，因其非气，又差不多等于亚里士多德的第一不动的动者，因其使气化世界流行。这当然是一套形上学的理论，但是这一套实体之说的理论却绾合天道与人心之道体、性体、心体多义，以致言心亦不能是气，言性亦不与物共，言流行却非宇宙论义，则此一实体之说不能解释人与人之有别之存有论问题，不能解释气化宇宙的生发过程，不能解释万物不能行道德实践之问题，甚至不能解释人之由不完美而努力实践以成圣境之事，成就一义，遗失众义，笔者认为此说正是牟宗三先生的特殊形上学的建构，但在解决哲学问题以及文本诠释上反而多生纠结，此为笔者批评此说之关键。此说即关联至牟先生于《天道篇》讨论时所说的"道器为圆顿之一"与"心理为定义之一"的理论，参见：

自本心处而言心即理、心理为一与理气一、道器一，不是同义语。心即理、心理为一，是本心一概念之建立上之断定语句，而理气一、道器一，则是圆顿语句。此总义涵以下两义：1.心即理涵蕴心即性，心性是一，乃至心性天是一。2.心即理、心理为一，心即性、心性为一，此皆是说体自身，皆是概念断定语句，而此仍可进一步言其具体表现上之理气一、道器一，乃至形上形下一，此皆是圆顿之一。概念断定上之一不是于

---

① 牟宗三《心体与性体》第二册，页114-115。

至变中见不变，圆顿之一则是。①

说概念断定上之一，即是要讲出一套形上实体的理论，它含多义，说心即理、心即性，则是说心性天是一，即是天道理性心是一，但此中不含气，故而有一套唯理纯善但无气的形上道体，是为"道德的形上学"之实体，此实体是形上的实体，于圆顿表示时可与气、与器、与形下合一。牟先生自可自创定义地将心性天断定为一，但这一套自创的理论表面上涵摄多义，却于解决问题上多生纠结。

六、《生之谓性篇》辩人物之性的特殊解释

明道肯定告子"生之谓性"义，牟先生十分不安，因若接受告子之说，则性与气一齐滚出，然牟先生的"道德的形上学"的实体说中，是性中无气的，故而牟先生建立两种"生之谓性"之说，但此又牵强奇怪之论矣。其言：

> "生之谓性"一语，虽首始于告子，自此而言，明道是借用，但若依义理模式说，则是新创而不是借用。依此，吾人可以说有两个义理模式下的"生之谓性"：一、本体宇宙论的直贯顺成模式下之"生之谓性"；二、经验主义或自然主义的描述模式下之"生之谓性"。前者是明道所创，后者是告子所说。而告子说此语是以"性者生也"一老传统（古训）为背景。明道之新创所依据之义理模式较为后起。②

> 宋儒兴起，明道本中庸易传本体宇宙论的直贯顺成之义理模式而说另一种意义的"生之谓性"。此亦是就个体之成而说性，但却不是就个体之成所呈现的种种自然质性而说实然之性，类不同之性，乃是就个体之宇宙论的成而透视到其本源，而以于穆不已之真几为真性。……即就自然生命之种种质性而说一种性亦未始不可，惟此非正宗儒家所说之性耳。此亦张

---

① 牟宗三《心体与性体》第二册，页135。
② 牟宗三《心体与性体》第二册，页148。

横渠所谓"气质之性，君子有弗性者焉"。虽不以此为性，但此实然层之事实则不能不承认。①

以上说法，就是牟先生为保住他所创作的唯理无气之心性天一义下的繁琐建构，故而不许明道接受"生之谓性"之有气禀义之性，谓之非儒家正宗，而另为创作一不甚符合性字古训的"生之谓性"的理论。其实，孟、告之说所引发的问题，在程、朱的讨论中，已经能藉由气化存在的存有论建构予以疏通。有此气禀是一回事，此告子"生之谓性"所着重的一面，但仍有天命之性在，此孟子性善义所着重之另一面，在心之善反作用下，即能变化气质而呈现纯善的天地之性。此说既能解释现象："生之谓性"，又能讨论工夫："善反之"，更能追求境界："天地之性存焉"。然而牟先生一定要就形上道体的进路以谈工夫作用的圣人境界，故而极力保住此性之纯善一义，而说出由天道下贯的纯善之性为"生之谓性"之新义，为正宗儒家之"生之谓性"。然而，牟先在此虽保住了此纯善唯理无气之性义，但论于个体之生命时却不能不谈气禀，于是牟先生于诠释明道另一段谈及"生之谓性"的理论时，即不得不自己也建立气禀说的形上学理论了。

牟先生对明道所言：

"生之谓性"。性即气，气即性，生之谓也。人生气禀，理有善恶。然不是性中原有此两物相对而生也。有自幼而善，有自幼而恶，是气禀自然也。善固性也，然恶亦不可不谓之性也。盖"生之谓性"，"人生而静"以上不容说，才说性，便已不是性也。凡人说性，只是说"继之者善"也，孟子言人性善是也。

牟先生说："此段文是明道言性之重镇，亦是其所说之生之谓性之义之最明切者。"② 即因诠释此文，牟先生自己进入了气禀说中了。参见

---

① 牟宗三《心体与性体》第二册，页154–155。
② 牟宗三《心体与性体》第二册，页161。

其言：

> 明道此说既明显地是就个体之成而说性，而性之实又指"于穆不已之真几言"，则此条"生之谓性"即显明地表示出重点是在：一、性之名与实之所以立（性之名就个体之成而立，性之实就"于穆不已之真几"而立）；二、个体形成时气禀对于性体之限制。……是则性仍是超越之性，性命仍是理之性命，而非气之性命。否则何言气禀对于性体之限制耶？又何言"澄治之功"而求复性耶？……气禀与气性、才性、或气质之性实相通。吾于此不如刘蕺山然，作反对义理之性与气质之性之分之无谓的争辩，亦不以为明道反对此分。其不说一种气性才性或气质之性，而只说气禀对于性体之限制，亦不表示其反对此分。其不说，亦只是一时不说到而已，非表示其否认气性、才性、或气质之性也。不管是就个体之成只言气禀对于性体之限制，亦还是进一步就之言气性、才性、或气质之性，皆表示本体宇宙论的直贯顺成之义理模式下之"生之谓性"可以统摄告子经验描述义理模式下之"生之谓性"。如是，遂成功宋儒既透本源又明限制之完备的人性论，而"论性不论气不备，论气不论性不明，二之则不是"，遂成一有名之法语，此实是宋明儒论心性所共同遵守亦应遵守之规范，无人能反对之者。……当然伊川亦极端遵守此法言，即谓之是伊川说亦无不可。此可是二程所共同信守之思想。不以此法言决定二人之殊异也。①

牟先生原来为明道所创之"生之谓性"之特殊解读模式中，仍谈的是理之性命而非气之性命，并强势地认定其说可以统摄告子的气性进路之"生之谓性"说，但是，又因为他自己也不得接受"论性不论气不备，论气不论性不明"之立场，故而主张"生之谓性"中包含性之两义，一为纯善唯理无气之天道实体义之性，一为有气禀义的气质之性。无论如何，牟先生此说。只能说是自创之新义，而不是文本诠释上的善解，仅强势地要严分二程，却于哲学问题的解决上没有增益，甚至产生牵绊。

---

① 牟宗三《心体与性体》第二册，页162–163。

于问题解决上说，必是性气兼论才能谈气禀限制以及澄治工夫，但是牟先生于"生之谓性"必是性理之性之定义系统中，却说性是超越之性，如此反而正好谈不到工夫上了。然于明道本意中之"生之谓性"之说却能说明气禀限制以及澄治工夫。其实，有天地之性、有气质之性，气质之性正是对天地之性之限制而言，故而要变化气质，以求复性，如此即是透本源又明限制之说法了。反而是牟先生的必欲将"生之谓性"的性说成只是天理的性命义才显得难解。既然"生之谓性"之性为"理之性命"而非"气之性命"，则又为何要接受"论性不论气不备，论气不论性不明"的立场呢？这就是牟先生终于正式要面对说明人之为所以恶的形上学说明的问题了，前此皆不重视，甚至严厉批评。此时自己重视了，却不得已要语多纠缠了。明道有气禀义之性说，牟先生强解为理义，当牟先生自己需要气禀义时，就说明道是一时未说，但亦涵气禀义。依笔者之见，其实都只是牟先生自己必欲别异程朱之"心只是气"、程朱之"理只存有不活动"之诸义，不许程朱"心能即理"，不许程朱"理能活动"，就是因为牟先生有这些偏见，且前后不断地在他的讨论中出现，故而必欲另立一"唯理纯善无气"义的心体性体道体，故而将程颢言气禀之"生之谓性"义说成了程颢是在言道体下贯的性体义。然后，当牟先生不得不吸收告子之说及程朱之说以为己义时，却又不肯松动前此之积极的批评，故而语言纠结、义理缠绕。此处，牟先生必须接受性气兼论之说，实是为了对人受气禀限制而为恶之状态有一形上学的交代，一旦要讨论此事，则非进入分解的存有论进路不可，如此亦等于是明白地接受了程颐之性气兼论之说，并谓明道未说并不表示反对。其实，明道之"生之谓性"之命题即以一般告子于经验层上言气质之性之义解之即可，此性是气命之性，故而得说："性即气，气即性，生之谓也。人生气禀，理有善恶。"但是，明道必仍有《中庸》"天命之谓性"的立场，故而其接着就说："然不是性中原有此两物相对而生也"，因此，若就其实，明道真正未说到的是"天地之性"、"义理之性"，而不是未说到"气质之性"，但不妨碍明道意旨中绝对有"天地之性、义理之性"的立场。故而明道即得合理地有性气兼论的立场。亦即，有存有论分解意旨的明道语中不碍其有圆顿化境的内涵，亦即，存有论不碍本体宇宙论及工夫境界论，也就是说，分解进路不碍圆顿直贯进路，因此，程朱之说不碍陆王之说，这正是笔者一贯的立场。征诸牟先生此处甚为费力的解释，岂不正是自己结合了两路，既然如此，为何要极力地批判程朱之学只是分解、而为别子、非是正宗呢？程朱、陆王固然有哲学史上的争执，然当代学者应善为疏理其争执，使其于基本哲学问题的立场上无有冲突，只是若干为学风格、甚至是文人之间的意气之争而已。而不是再度创发新论，更大面积地撕裂朱王之别，如此，虽有创作之新义，但绝无文本诠释之贡献。

由上可见，对于气化边事的讨论，实在是儒学义理发展的不能越过的环节，牟先生前此言于道体的形上学圆满义中极尽地排斥此一进路，此处却不得不吸纳进来以为己说，只是吸纳之际还是在若干文本诠释中要捍卫他的性体只是纯理唯善无气的立场而已，但这就使得他的诠解之路十分纠缠。参见其言：

> 首先，"性即气，气即性，生之谓也"，此不是"体用圆融"义，乃只是性气滚在一起之意，说粗一点，是性气混杂、夹杂在一起，因而不相离也。……"于穆不已"之天命生德带着气化以俱赴，因而有个体之成，此亦是形而上地必然者。不成个体，则天命流行即无终成，无收煞，因而成一虚无之流，天命生德亦无以见。故天命生德必带着气化以俱赴，因而成个体，此乃是形而上地必然的。有气化而成之个体，即有由气之结聚而成之种种颜色，如所谓清浊厚薄、刚柔缓急之类，此即所谓"气禀"也。此亦是形而上地必然者。"气禀"者即气方面的禀受，或禀受于气，言此种种颜色皆禀受于气而然也。有此气方面之禀受，则性体即不能离此气禀而独存。……"性即气，气即性"不是概念断定的陈述语（指谓语），乃是性体与气体滚在一起而不离之关联语。……其次，"人生气禀，理有善恶"，此善恶是指气禀说，不指性体说。故云："不是性中原有此两物相对而生也"。若指性体自己说，则是纯粹至善，焉有气禀上之或善或恶之对待？[①]

有气禀是形而上的必然，天命生德需带出气化宇宙世界，这些都是存有论进路的分解说，此时所说之形上学非指牟先生一贯所说的立体直贯之道体义之

---

① 牟宗三《心体与性体》第二册，页164-165。

圆教的形上学了。然亦不妨碍其可有圆教的形上道体之学之意旨，只是问题意识不同而已。此处，牟先生即明讲了"则性体即不能离此气禀而独存"，此说当然是等于所谓"论性不论气不备，论气不论性不明"的立场，但是，牟先生还是要保存他的"纯善无气唯理"的性体义。只不过，牟先生不再建立如他讨论"生之谓性"之性义只是"理之性命"义的说法了，而是完全投降了。"性即气，气即性"之说就是经验义的"生之谓性"下的气性关系，明道自己都说了这是"生之谓也"，另文亦都说了"人生气禀，理有善恶"了，则牟先生再不能不接受有气禀义之性气夹杂的性概念使用义，只是仍要强调还有一性体义在。由此可见，"唯理纯善无气"义的性体义之性、心性天一贯一义于道德创生实体义的性，这样的理论能讨论的问题是不多的，不论它能谈的问题是多么地重要，坚持心性天一义的结果，就是要遗漏许多重要的哲学问题而不能好好地谈了，不见此处牟先生自己修改说法，接受粗一点的性气滚在一起之说，接受气禀之说为"形而上地必然"，不如此，如何面对明道的文本诠释？不如此，如何解决人之不善而需为工夫实践之事？

即因气禀说的提出，才能有工夫论之可说，而工夫实施至其纯熟，则又可进至圆融义矣。参见牟先生之言：

> 及其功夫纯熟，全是继之者善，性体流行一无所污，则全性是气，全气是性，全体是用，全用是体，此方是圆融之一体而化，而不是"生之谓性"时性体与气禀混杂在一起之"性即气，气即性"之一起滚也。①

讲工夫，且讲工夫至纯熟，亦即主体实践成圣境时，则可言天道理性心一义，甚至性气亦是一义，故全性是气、全气是性，但此事是就主体实践已成圣境时才得说的。至于对主体在一般状态的时候之形上学讨论，那就是要藉由气禀进路的存有论分解来说明的，所以存有论进路不碍工夫境界论进路，至于要说一套"唯理纯善无气"的实体、道体、天理、性体、心体、诚体、敬体、神体、虚体皆为一体之说者，亦无不可，但就难以有效讨论各种问题了。摆脱此

---

① 牟宗三《心体与性体》第二册，页168。

一特殊形上学的进路，才得有效地言工夫实践之事，此义仍见于牟先生自己的话语中，参见其言：

> 依明道该文全段之义观之，其引用"生之谓性"一语。其意是说：言性最好是断自有生以后，生而后可谓之性，盖"人生而静以上不容说"也。然生而后谓性，性即与气禀混杂，故云："才说性时，便已不是性也"。"不是性"是说：不是性之本然与纯然。由此而言"性即气、气即性"。此语之意是性气一滚说，不是泯性气之分，亦不是性气圆融之辞语。乃是着重性在气禀之限制中，亦着重在气禀限制中之表现之差数，因而有工夫之可言。明道借用"生之谓性"而表示另一义可，谓是告子之原意则不可。其所谓"性"仍是"天命之谓性"之性，非告子"生之谓性"之性也。①

既然于生后言性，则气禀之义自不能摆脱，则分解进路的形上学之理论是"形而上地必然"地需要的，更有甚者，正是摆脱了"纯善唯理无气"的圆教形上学的进路，"因而有工夫之可说"，否则真是难论工夫矣。此真牟先生自己之所说，亦笔者一贯强调之事，牟先生不论工夫则已，一旦真论工夫，必正视"心者气之灵爽"的存有论进路，才能有效说明工夫之形式。当然，牟先生固然不能不接受气禀说的存有论进路之形上学，却时不时地还是要坚持他的立体直贯之性体义，文末即是固执地坚持明道之"生之谓性"之性仍是"纯善无气唯理"之理之性命义，而仍不能是告子之义。但是，告子言于"生之谓性"的经验层事，以及程朱言于气禀进路的存有论诸义，牟先生却都要接收了，"一个也不能少"。虽然如此，牟先生于气仍犯忌讳，后文的讨论中还是要限制气的使用，如此也使得心概念又需转回本心义，而不能是心理学义的心。参见其言：

> 依阳明，"恻隐、羞恶、辞让、是非、即是气"。此需有简别。恻隐羞

---

① 牟宗三《心体与性体》第二册，页 207。

恶等明是心，而不是气，尤其不是明道所说之"人生气禀，理有善恶"之气禀。明道说"才说性，便已不是性"，是说性与气禀混杂。"性即气，气即性"，性气一滚说，此气亦是气禀之简称，仍是指气禀之清浊、厚薄、刚柔等等说，不是指恻隐、羞恶之心说也。阳明谓恻隐、羞恶等即是气，自非全无理，盖即所谓心气、知气是也。凡心皆以动用为性，一说到动用，便可以"气"说。亦如在宇宙论处，神亦可以气说。气之清通即是神，气之灵即是心。此是气之观念之无限制地直线应用（除理外）。朱子即如此使用，故在朱子，心与神俱属于气也。在气之此种一条鞭地无限制地直线使用中，最后必归于朱子之系统，至少亦以朱子为最一贯而完整。此是一大症结，亦是一极难应付之症结。故吾在讲濂溪与横渠时，首先建立一限制，不允许气之观念如此混漫。……属于气之神自是气之质性，非此诚体之神、寂感之神也。属于气之灵之心即是本心随感而应之示现：对所不忍、可悲悯之事，而自应之以恻隐相……事有相，属气；但心并不是事，故亦无相，亦不可以气说。心理学的心、识心、可以说是事，……但超越的本心则不是事。虽非死物而有动用义，但动而无动，实无动义，用而无用，亦无用义，当然静而无静，亦无静义。本心假事现假气行，假事与气而示现其相，而其本身实无相可说，亦不可以相论，因而自不可以事论以气说。所应对之事有相、是气。……恻隐羞恶辞让是非之心，从心说，不是事，不是气。①

牟先生讲了纯善非气的心，但就具体人生而言，没有气禀的就不是人，去恶向善的就是对着气禀在去向的，而为主导的虽是纯善的本心没错，但纯善的本心也还是人心，若不是人心则如何主导人呢？因此说人心必在气禀上说，这并不是什么无限制地直线应用，这只是牟宗三先生曲解朱熹而自行建立的无限制的气心说，朱熹并无此说。而此处，牟先生根本自己也需要这种气禀之心来进入系统，因为它是事，事必有相，相以气说。但牟先生仍认为工夫主导的不是此事、不是此相、不是此气，而是本心。此说亦可成立，但本心仍不得离于

---

① 牟宗三《心体与性体》第二册，页 210–211。

气禀之心。是气禀之心操存为本心，而对越在天，而沟通于诚体、神体、道体而发挥的纯善无恶的作用，这才是做工夫的实况，若非有气禀存在之人，则工夫如何作用得出？如何让道体、性体、心体一义等同？所以，牟先生强说一太虚、神体、道体、性体、本心等之动而无动、静而无静、无动静相的形上实体之目的何在？不过就是要创作一系以别异二程、较劲东西而已，但结果，却只成立了一柏拉图式的理型说而已。不落实在结合气禀的人心以说去恶向善的工夫，而单提一虚无缥缈的形上实体，只能是说牟先生的形上学兴味过浓，而非议程朱、别异朱陆的主观意志又太强了而已。

七、《识仁篇》谈仁者境界

笔者一直定位明道就是境界哲学，《识仁篇》即其境界哲学之最明显表述，牟先生谓其《识仁篇》宗旨与"一本论"全同，笔者完全同意。实际上明道就是在论说圣人境界而说《识仁篇》之诸意旨的，故而牟先生的诠解亦皆对准境界而为言说，参见其言：

> 是以人表法，以"仁者"之境界表"仁体"之实义。目的本在说仁，唯藉"仁者"之境界以示之耳。……此亦是由"大人"境界直透视其本心仁体也。①

牟先生此说甚是，若单单保存此一说主体成圣境的境界哲学，则笔者完全同意其说，唯牟先生没有独立地讨论境界哲学的思路，他有的就是形上学进路的思路，故而又将此一"以人说法"的境界语，转为特殊形上学的圆教语了，参见：

> 此识仁篇当与一本篇合看，义理完全相同。仁体、心体、性体、道

---

① 牟宗三《心体与性体》第二册，页220。

体、天命流行之体、诚体、神体、敬体、忠体，意义完全相同。①

说意义完全相同时只能就成圣境说，但牟先生仍是返回他的人道与天道一齐的本体宇宙论的直贯创生系统以解之。

八、《定性书》谈积极工夫与本质工夫

《定性书》为横渠、明道论学之文，横渠提问，明道措意，就横渠之提问而言，实是工夫论问题，牟先生亦说："然有一点甚明，即，此是工夫上的问题，在工夫上要求心性之定。"② 然依牟先生的讨论，横渠之提问所关切的是消极工夫，但明道之回答所重视的积极工夫，而牟先生则谓朱熹全是消极工夫，张载后来亦已完全能言及积极工夫了，换言之，只剩下朱熹一人仍在消极。牟先生所谓积极工夫即是本心呈现之事，并谓，此则无所谓渐修之事，而全为顿悟之积极工夫，因而无修之可言矣。针对此说，笔者认为，明道《定性书》就是一套在境界状态下的功力展现之说，说为境界工夫可也，即是工夫纯熟之后的化境，即是"去人欲存天理"以至化境之时的主体状态，工夫必做至此才是真定性，所以明道谈的是性定的状态，亦即是一套境界论哲学。但是，横渠问的是定性的方法，这是工夫论的论题，而明道却以境界论回答，可以说明道开境界展现之新意境，却仍未准确回答原来的问题。然而，面对此一问题，牟先生却将工夫拆成消极与积极，拆成渐修与顿悟，谓主消极工夫者永远凑搭不上积极工夫，主渐修者永远不至顿悟境界，而将横渠、明道一分为二，这其实是把消积、顿渐的不同概念，当成截然分解的存有者状态，此中竟不能有渐修、顿悟的结合，根本就是抄袭禅宗已犯的理论过失的结构。依牟先生此说，则不知常人平日如何突破困境而直悟本心了，此说中实无有工夫了，这就是牟先生太为关切圆满的形上学义，以致定将顿渐二分，本心与心理学的心二分，形式上使形上学与工夫论跳跃地结合，实际上是顾及形上学却遗漏工夫论。参见

---

① 牟宗三《心体与性体》第二册，页233。
② 牟宗三《心体与性体》第二册，页235。

其言：

> 此定性书是答横渠先生者。……然有一点甚明，即，此是工夫上的问题，在工夫中要求心性之定。……然则不是"定性"，乃是定"性之表现"时之心耳。①

牟先生说横渠之问实是如何定心的问题，而非定性的问题，笔者同意。既是心之不定而求欲定，即有心在不定时之状态之存有论问题须予说明，此一说明，即是一套形上学存有论的理论。此处明白，即是工夫论的形上学基础被说清楚了。如其言：

> 又因心之自觉活动是可以上下其讲的，心也可以是形而上的，也可以是形而下的，心之如其为心只是实然的、中性的，并不涵其必为形而上的，而如其为实然的、中性的，倒反只是心理学的心、经验的习心、感性的心，而易于为外物所牵引所制约，因此遂为外物所累而不得常贞定。②

这是牟先生自己的话，但是，牟先生很显然不把这一段话当作一套形上学的理论，这样说的心只是形而下的、心理的、习气的，但笔者要强调，谈人生哲学，就是从这里谈起，工夫从这种状态做起，否则光是建立一套圆满的道德的形上学，却与现实生活中的人的状态无关，笔者以为这反而决不是所谓正宗儒家要的东西。这种经验状态的习心，牟先生称之为非本心，而与本心对立，然后，消极地对治之即是消极工夫，积极地使本心呈现即是积极工夫，牟先生说工夫的话语从此处开始，但这也正是笔者极不同意的哲学立场，参见其言：

> 从本心说，本心呈现自是常贞定。本心即性，本心常贞定，性体之表现（流行）自亦常贞定，而无所谓浮动、乱动、为外物所累也。但人常

---

① 牟宗三《心体与性体》第二册，页235。
② 牟宗三《心体与性体》第二册，页235–236。

为感性所制约，并不容易常呈现其本心。是以在感性制约的处境中，心即感性的心，而常为外物所牵引而累于物，是即成动荡不定矣。此处自须有一工夫，消极地说，使吾人之心自感性中超拔解放，不梏于见闻，不为耳目之官所蔽，而回归于其自作主宰、自发命令、自定方向之本心，积极地说，使此本心当体呈现，无一毫之隐曲。张横渠所说是消极工夫上的问题，是就心之为感性所制约而说。明道之答复是积极工夫上的问题，是就本心性体之自身而说。①

牟先生此处强分消极工夫与积极工夫，实无必要，甚至反生纠结。消极言去欲，积极言天理自彰，此实同一个动作的两面说法而已，或是同一个工夫的两个阶段而已。去欲即是彰天理，解放超拔即是使本心当体呈现，在感性制约中本心性体自作主宰，这就是工夫。否则即无工夫可言，而只为境界之彰显。但即便是境界之彰显，亦需经历去欲解放的工夫过程。无本心性体，即无做工夫之可言，但无感性制约，则又何须言要做工夫。故而气禀与本心两在其身，一个动作从两个角度说，而不是有两个动作。同样地，亦不是有消极工夫和积极工夫两种工夫，试问，消极工夫是否不欲彻底？是否不依本心？是否不欲成圣？若果是，则已非做工夫之义，说消极还太多了，根本就是伪饰。既是做工夫，即是以成圣为目的，即是以本心为主宰，此其需言本心的一面；但既是说做工夫，即必是主体仍在有气禀限制而有耳目之欲的习心阶段，故而做工夫即是去耳目之欲、去习心、去见闻之桎梏，此其言气禀制约的一面。并无所谓消极工夫与积极工夫之两路，因此不能说张载问的是消极工夫，而明道答的是积极工夫。事实上是，张载问的是如何做工夫以使心定，张载问的是具体操作的方法，工夫入手的途径。但明道却以境界展现的层次来回答。因此牟先生所说的积极工夫其实是说得做工夫已完成之后的境界，说其为功力展现可也，但并不是在谈做工夫，而牟先生所说的消极工夫义，却正是在谈做工夫。谈儒学而可以不谈做工夫吗？当然不可已。然而，牟先生说张载的消极工夫义，其实还是为了批判朱熹的理论而做，其言：

---

① 牟宗三《心体与性体》第二册，页236。

是则横渠要解答此难题，最后仍是自"本心"之充尽之积极工夫而言也。当其以书致明道提此难题时，必在其着正蒙以前。此时或犹未能十分参透也。（当然即使已透至自积极工夫言，消极工夫之磨练亦仍不可废。朱子即完全从消极工夫上言者。其不足处是在无"形而上的本心"义，其视心只为气之实然，故无自本心性体上言之之积极工夫也，此其所以为另一系统）。即其着正蒙，则已透进一步矣。[1]

笔者不赞成横渠有不参透之时之说，横渠只是提了工夫论的问题让明道发挥，从境界上谈的话语横渠亦多矣，不可说在着《正蒙》之后才有。牟先生文中也说即便是在做积极工夫之时，消极工夫仍不可废，由此可知，消极工夫才是真正在谈工夫，并且一点也不消极，只是它是在面对欲恶的状态而已。除非已成圣境，否则皆需做工夫，因此所谓积极工夫亦是在防治欲恶，然消极工夫在去欲求理，而积极工夫在天理自彰，如此则消极积极何异？因此也就并无所谓朱子完全只在消极工夫上言之说法之可以成立的了，牟先生前文即已说消极工夫也是要回归本心的，则此处凭什么说朱子只是消极工夫，原因是说他并无"形而上的本心"。然而，理论系统中若无本心，则论工夫即不可能，又何必说还有消极工夫？又，朱熹是有说心是气之实然之语，但不表是朱熹只说心是气之实然，更不表示朱熹说心不是本心。既然明道都可以说有气禀之心义了，为何朱熹说有气禀之心义就是绝对只是气禀而否定本心义呢？牟先生凭什么这样解读呢？除了是牟先生自己的意气之争以外，笔者找不到理由来说牟先生为何可以这样解读朱熹之论。

问题至此已经很严重了，接下来牟先生讲工夫却拉扯顿渐之争，此事更为纠结。参见其言：

或曰：此只是就本心性体之朗现而说其当然，但何修而可至此耶？于此如何能有积极的工夫耶？答曰：此是真问题之所在，但就本心性体

---

[1] 牟宗三《心体与性体》第二册，页237–238。

之朗现而言大定，并无修之可言。一言修，便落习心，便是渐教。从习心上渐磨，纵肯定有形而上的本心，亦永远凑泊不上，总是习心上的事，故就本心性体而言大定，而此大定如真可能，必须顿悟。顿悟即无修之可言，顿悟即是积极的工夫。（当然从习心上渐磨亦有其助缘促成之作用，但本质地言之，只是顿悟。）但有一本质的关键，此即是"逆觉的体证"。此即明道所谓"识仁"之"识"字，孟子所谓求放心之求字所涵之义蕴也。当然逆觉体证并不就是朗现，逆觉，亦可以觉上去，亦可以落下来。但必须经过此体证。体证而欲得朗现大定，则必须顿悟。此处并无修之可言。（修能使习心凝聚，不容易落下来。但本质地言之，由修到逆觉是异质的跳跃，是突变，由逆觉到顿悟朗现亦是异质的跳跃，是突变。）①

本文中，牟先生将积极、消极工夫意旨，转译为顿悟、渐修工夫之别，积极工夫是顿悟，消极工夫是渐修。而牟先生所说的积极工夫实非工夫，而是工夫已完成时之境界状态。他说："就本心性体之朗现而言大定，并无修之可言。"亦即是将程颢对定性的讨论说成性体的大定，此时已超越了修的阶段，而是定静的阶段，亦即工夫已完成之境界阶段。既是在境界中，则无需修矣，即无须再为工夫矣。牟先生如此解读程颢定性书意旨自是不误，有问题的地方在于对消极工夫与渐修的贬抑态度，牟先生说："一言修，便落习心，便是渐教。"言修即是言工夫，言无修即是言境界。既是工夫，必是在习心阶段而说的，所以习心是存有论上的主体存在状态，没有任何理由可以否定它的存在，亦不必因工夫从此处论起即以之为不见道，非本质，牟先生说为渐教，以之为习心上渐磨，又以为对形而上的本心永远凑搭不上，此说不当。在习心上渐磨者即是以本体为主体实践的意志纯粹化的薪向，工夫成就时即凑搭上了，在历程的阶段中以本心实体为薪向，完成时即合一，完成时之合一状态以顿悟言之即可，而不必两分渐修顿悟为两种不同型态的工夫，却以渐修工夫永远凑搭不上形上本心，如此之言，则做工夫的上不去，有境界的又不知从何而来，两边落失，不是一套完备的理论。

---

① 牟宗三《心体与性体》第二册，页239。

牟先生言逆觉体证并不就是朗现,有觉上去也有落下来,这就是说,逆觉体证就是本体工夫,就是主体在修的阶段,此时进进退退乃是人之常情,逆觉会落下来就是主体在习心状态,也可以说就是放失本心,所以才要做工夫,也就是求放心,也就是逆觉体证。逆觉者以本心为主宰,觉上去且贞定住时,即是朗现,即是顿悟,即无修之可言,但此义仅能以圣人境界说之。而此境界之达至不能没有经过修的阶段,亦不能说修的工夫永远凑搭不上形上本心,故而牟先生以渐修为消极、以顿悟为积极之说,其实正是对工夫与境界两个阶段分解不明的错解。就工夫言,不应区分消极、积极或顿悟、渐修为两种类型的工夫,只能说工夫的两个面向及阶段。而以积极工夫说顿悟、说无修,却是混淆了工夫与境界的两种问题。牟先生所说的积极、顿悟、无修之语都是说境界,以之解程颢《定性书》之理论是正确的,以之为高级于消极工夫、渐修工夫是不必要的。牟先生最后又将积极工夫规整为三个原则,其实说得就是功力展现的境界工夫,参见其言:

一、觉到是本心之不容已,便毫无隐曲地让其不容已;二、本心之纯,是一纯全纯,并不是一点一点地让它纯;三、本心只是一本心,并不是慢慢集成一个本心。合此三层而观之,便是顿悟之意。此便是"就本心性体之朗现以言大定"之积极的工夫。亦即直下觉到本心之不容已便即承之而行耳,此即为顿悟以成行。盖只是承体起用之道德之纯而已耳。[①]

笔者谈程颢哲学的特色时即已谓其为境界展现之学,而牟先生谈积极工夫的模式确实是适合程颢哲学的形态的,只其增加了也是顿悟型的说法,然说顿悟者仍是工夫的一型,是工夫阶次中的最后阶段,说为境界亦可。在境界中,本心没有曲折且持续不已地作用,且本心是纯全的,且本心是全体一齐的。以上三个特色都是做工夫达到最高阶段的境界功力展现的状态,有时,牟先生自己也是以境界说程颢了,参见其言:

---

① 牟宗三《心体与性体》第二册,页240。

非"以恶外物之心,而求照无物之地"也。此即全福敞开,全体放平。内外两忘即是物我一体。以大定显大常,以大常应万变,则一定一切定,一常一切常。亦可谓各止其所也。此明道之境界也。①

这是说程颢在《定性书》中的思路,是物我一体、全体大定的境界,这其实就是进入境界的思维。只是,境界绝非不做工夫而可突然而致,程颢说天理是自家体贴出来的,这个体贴便是在做工夫。阳明说良知是他百死千难中体会出来的,百死千难是工夫,孔子的七十从心所欲是境界,但孔子的十五、三十、四十都是工夫。可以说做工夫达到牟先生所说的这个顿悟的境界、或这个积极的状态才是工夫的完成,但不可说这才是本质工夫,而其他为助缘、外缘工夫且非本质工夫,实际上,牟先生所说的积极者、及顿悟者正是无修者,故而并不是工夫,而是境界。否则,工夫真是无从说起了。

九、《圣贤气象篇》有目无文

程颢哲学即是境界哲学,即是在圣人意境上发为感受以评点先秦《庸》《易》文本之学,即是在圣人位上言境界感受之学,可说为境界工夫之学,《识仁篇》及《定性书》即其代表,而"合一说"之诸言"一本"之论更是典型。牟先生慧眼独具,于程颢文字中挑出圣贤气象诸文,正可强力发挥程颢哲学之特色,惜有程颢之文本却无牟先生之专论,不知何故,但笔者仍万分肯定有此一节,待有学力者为牟先生发表专论,此诚笔者期待。

十、结论

牟宗三先生在程颢哲学的诠释上,继承了他在诠释濂溪、横渠时的"道体、性体、心体"的唯理无气义,以及"心、性、天理"为同一形上实体的定义系统,因此仍然保持"宇宙论、本体论、工夫论、境界论"不分的诠释模

---

① 牟宗三《心体与性体》第二册,页242–243。

型，同样地还是以程颐、朱熹之论，以为别异程颢哲学的对立面反例。然在处理程颢时，亦有重点及新义。重点是牟先生更强调境界哲学意旨的圆论化境说，并接受了气禀说，甚至将程颐的性气论收为己用。至于新义者，即为建立生之谓性的道体进路的诠释，以及分别积极消极工夫与顿悟渐修工夫，将之说为程颢及朱熹的差异。笔者尊重牟先生的新儒学之创作，但反对他的若干文本诠释的意见，并对他在诠释程颢时的诸多新说，检讨其理论功能，主张牟先生若不是过于忌讳及排斥朱熹之说，便不致于在诠释程颢章时出现太多特殊解释之理论，既不能清晰解读文本，又制造哲学问题的理论纠结，实在是不必要之事。

笔者讨论牟先生之儒学理论，实为澄清儒学理论之本貌，依据牟先生的种种特殊解释，许多文本的真义被遮掩了，许多的哲学问题被忽略了，成就圆教形上学一套系统的结果，却更是扭曲了诸多简单明了的理论系统。本文就明道哲学的讨论，牟先生对明道的基本意旨之说法是正确的，唯境界论未被独立出来立言，仍十分坚持地捍卫他从讨论濂溪、横渠以来的道体、性体、心体一义之说，且建立"唯理纯善无气"的实体说的"道德的形上学"，将明道的话语收得太紧，强解之下，致生自己在作文本诠释上的种种麻烦与纠结。幸而程明道不是牟宗三，种种正常且与伊川、朱熹思路相通之命题亦皆出现，为正式面对这些正常且必要的哲学问题及其理论，牟先生其实已经吸纳了程朱之学的许多要点以进入自己的系统了，只是仍要在某些事情上作文章以排斥程朱，本章非讨论程朱，故而未能深入为其疏解，但仍努力澄清牟先生的意见，经过这样的工作，一方面更了解牟先生的思路，二方面从中亦提炼笔者的哲学研究的问题意识，收获颇多，意见虽然尖锐，唯皆禀于诚心思考之结果，就教学界，望祈批评。

第六章：对牟宗三谈程颐《理气篇》的方法论反思

一、前言

牟先生在《心体与性体》书中对宋明儒学的讨论，可以说就是以程颐、朱熹二人为论敌，所展开出的创造性诠释系统，将濂溪、横渠、明道、五峰、象山、阳明、蕺山等人视为同一系统，且上接孔孟，而程颐、朱熹却是另起一路，别子为宗。本文之作，即是要针对牟先生对程颐的讨论，提出笔者的反思意见，笔者对牟先生的诠释意见，多有不同意之处，并将随其讨论的章节一一指出。牟先生对程颐的讨论，和他对朱熹的讨论意见方向一致，都是视为横摄静涵系统，所论章节有八：理气、性情、气禀、才性、心、中和、居敬集义、格物穷理。牟先生思理绵密，意旨诡谲，编织一大网罗拘限程颐，笔者亦将约其旨意，指其缺失。限于篇幅，本文将讨论其中的《引言》及《理气篇》，其他各项便不处理，关键是都与朱熹的讨汇同一义。笔者对牟先生儒学诠释的讨论，已针对《心体与性体》专书做出全书逐章的讨论，亦将集结成书，以《牟宗三儒学平议》为题，整理出版，相信不久即将面市，愿为当代儒学研究在牟先生思维框架下所受的束缚，予以解脱。

二、对"引言"做纲领定位的讨论

牟先生首先比较了明道、伊川兄弟俩的学思路数之别，其言：

> 明道妙悟道体，善作圆顿表示。而伊川则质实，多偏于分解表示。实质者，直线分解思考之谓也。分解思考亦无碍，惟于分解中，道体只成理，则丧失"于穆不已"之体之义；性体只成理，则丧失"即存有即活动"之义，此则便有碍。因质实而易倾向于切实之重视。切实者，下学上达，"循循有序"，免得"舍近趋远，处下窥高，轻自大而卒无得之谓也"（伊川：明道先生行状语）。但如此泛说之切实，亦很可能只是一般教育所应有之态度，此只能对治一般儱侗、颟顸、蹈空、游荡、虚浮无根之病，而不能于本质问题有所决定。如欲以此特有所治，则须简别。[1]

此总纲之说有两条进路，其一为表述形式进路，说得是形上学问题，其二是实践活动进路，说得是工夫论问题。此二路，牟先生都以批评否定的立场对待，牟先生之立场，笔者都不赞同。

首先，形上学进路，说明道圆顿、伊川分解，此说可也，但这只是就文风或思路的特色而言，就义理而言，明道说境界工夫，故而表述形式圆顿，伊川说存有论的概念范畴解析，故而表述分解。就伊川言，一旦问题转向本体宇宙论或本体工夫论，则分解之诸概念就要活动、交流、相即起来，牟先生说道体只是理、性体只是理，以及其理只存有不活动，此说，皆刻意割裂伊川言语的问题意识，让它只限制在存有论概念范畴解析的问题上，却要以本体宇宙论、本体工夫论的问题意识去对应其说，而斥其不动，也可以说是形上学问题意识的混淆，牟先生自己结合形上学与工夫论而说出一种动态的形上学，却把程颐单在谈存有论范畴解析的形上学说为静态之论。

其次，牟先生说伊川讲工夫重下学上达，不及本质问题，只是一般教育态

---

[1] 牟宗三《心体与性体》第二册，台北：正中书局，1983年5月台修五版，页251。

度，对治小病之功而已。这也是牟先生刻意标高之言。所有下学工夫的价值意识与上达工夫皆是一致，所有圣人莫不从小处做起，最高境界达不到时要求高级心法是不错的，但面对所有资质的一般人的下学上达工夫是不能废的，牟先生刻意贬抑下学工夫，斥为无关本质的理论，反而有虚悬之病。

牟先生接着以工夫入路批评程颐之学，其言：

> 儱侗观之，明道专言"仁体"、妙悟"于穆不已"之体，又盛言"一本"，亦似乎是"煞高"，亦似乎易令人想到此是单属于"上一截"，而缺少"下面着实工夫"。伊川与朱子都比较转而重视下学上达，重视"下面着实工夫"，而表示"下学"与"下面着实工夫"之途径则落在《大学》之致知格物处。濂溪、横渠、明道，皆很少讲《大学》，濂溪、横渠且直无一语道及。然则此三人者俱是太高，俱是单属于"上一截"乎？此三人自非儱侗、颟顸、蹈空、游荡、虚浮无根之辈，亦自非不切实者。此三人未积极地讲出一个确定的工夫入路是实，然并非无工夫语也。即使要讲出一个确定的工夫入路，亦不必以《大学》之致知格物为决定性的即本质的工夫入路如伊川朱子之所确定者。然则所谓"高"，所谓"切实"，亦不可不再仔细一想也。①

牟先生以程颐之学是要讲说工夫入路，但未必需要从《大学》讲起。笔者以为，从工夫次第上讲，程颐的下学上达确实是讲工夫入路，第一步第二步一步步上达，但是，工夫入路中的任何一路，都是本体工夫，本体工夫的操作型定义就是意志的纯粹化，也可以说是主体性的价值自觉②。工夫次第就成长的实践项目说，那就有身修、家齐、国治、天下平的进度，或就培养的时间先后说，那就有未发涵养、已发察识的架构。但所有的项目及阶段都是本体工夫，都是主体性的价值自觉以及纯粹化主体意志的活动为其意旨的真谛。牟先生说濂溪、横渠、明道少言工夫入路，笔者认为，这只能是说他们少言及工夫次第

---

① 牟宗三《心体与性体》第二册，页251–252。
② 劳思光先生用语，参见：《新编中国哲学史》，台北：三民书局。

中的项目阶段，而不是他们没讲本体工夫，牟先生说伊川讲工夫入路，笔者认为，这只能是说伊川讲了次第问题中的项目阶段，但不能说伊川没讲到本体工夫，因为每一个阶段项目的操作都是心法的意志纯粹化的工夫。

牟先生接着便为本质工夫和补充助缘工夫做出区别，目的就是要说伊川的工夫只是助缘、补充而非本质，其言：

> 原此学本是内圣之学，而内圣之学之本质唯是在自觉地相应道德本性而作道德实践，故其中心问题之所以落在心性，即是因要肯认并明澈一超越的实体（心体、性体）以为道德实践（道德行为之纯亦不已）所以可能之超越根据。故此学之本质的关键不能不落在对于此实体之体悟与明澈。而内圣之学之道德实践是以成圣为终极，而圣之内容与境界则是"大而化之之谓圣"，是"与天地合其德，与日月合其明，与四时合其序，与鬼神合其吉凶，先天而天弗违，后天而奉天时"，是于吾人有限之个体生命中直下能取得一永恒而无限之意义，故其所体悟之超越实体、道体、仁体、心体、性体、于穆不已之体，不能不"体物而不可遗"，"妙万物而为言"，盖圣心无外故也。[①]

牟先生说得很好，做工夫就是主体的心性对超越的道体的体悟与明澈，且要以成圣境为终极目标。自此以往，牟先生便关心圣境的描述，关心在圣境时的道体与主体心性的合一的问题，并以是否对准这个问题的讨论为是否孔孟嫡传的路线。笔者以为，说境界自是天人合一，自是道体性体心体为一，但说道体性体心体的存有范畴解析，以及说项目阶段的工夫次第理论，一样是孔孟哲学的所需，且这不同的几路都是互相关联、互依共构而成为儒学整体的有机部门。牟先生轻视伊川谈范畴解析的存有论问题，和工夫次第的阶段项目问题，认为其于道体不明，并于工夫非本质。此说决是过高虚浮之论。牟先生说明道工夫即是下学之路，其言：

---

① 牟宗三《心体与性体》第二册，页252。

然则明道专言仁体,妙悟于穆不已之体,盛言一本,并无所谓"高"。亦无所谓单属"上一截"。此不是高不高的问题,乃是内圣道德实践之本质问题。人之不及此义,而至于儱侗、恍惚、蹈空、游荡、虚浮无根,只是其道德意识不真切,对于道德实践之本性认识不明透,而非此学之本质不应如此也。明道云:"若修其言辞,正为立己之诚意,却是体当自家敬以直内义以方外之实事"。又云:"终日乾乾,大小大事却只是忠信所以进德为实下手处,修辞立其诚为实修业处。(明道章一本篇第二十二条)此便是相应道德本性而来的切实不蹈空。要说"下面着实工夫",此就是"下面着实工夫";要说"近",此亦就是"近",并不远也。要说"下学上达",此就是"下学上达";要说"循循有序",此就是"循循有序"。若必以为书册句读、致知格物、格物穷理,方算下学上达,方算"下面着实工夫",寝假复以为只如此方能接近"上一截",方是道德实践成圣之决定性的关键,方可不流入禅学去,则是迷失问题之本质而歧出。①

牟先生说明道之一本重在即心性之纯化,并即是下面着实工夫、即是下学上达、即是近,而非必是书册句读、格物致知穷理,且不是后者才能上达,才可不入禅学,若以为是如此反而才是迷失本质。笔者以为,肯认道体的工夫确实是本质的工夫没错,但肯认道体不就是在格致诚正修齐治平的事业中去肯认吗?莫非躺在床上肯认、坐在椅上肯认、写篇文章肯认就是肯认?天下国家身心意知物就是这一切肯认的实践场合,肯认已是肯认了,但实践就在项目阶段中展开,就项目阶段的次序而言是工夫次第的问题,就肯认的价值为何而言是本体的问题,向着本体纯粹化主体意志是本体工夫,纯粹意志是操作型定义,阶段项目是次第历程,说次第历程是一门学问,说意志价值是另一门学问,两不相碍。至于流入禅学,皆非义理问题,而是人病。禅学也无病,只是儒者不明其旨,遂以虚悬为禅学,而说为禅病,禅实不病,虚悬为病,意志纯粹无病,没有实际事业的实践而空说心性便是虚悬之病,次第问题对治虚悬,并不是否定意志纯粹。次第中的任何阶次项目都在意志纯粹中完成,是牟先生硬要

---

① 牟宗三《心体与性体》第二册,页253。

割裂次第问题而贬抑之，以及刻意标高本体工夫和成圣之境，故而特殊地为程颐及朱熹之学建立了一套别于圣境的理论型态。

伊川讲次第，是就"格致诚正修齐治平"之次第讲的次第，这本来就是《大学》中所论。次第讲循循有序，讲下学上达。作为本体工夫，概念太多、项目太多、层次太多，故而要讲一个次第，也要讲一个入手或完成，从而有下学与上达。次第就事上说，而有家国天下心意知物，至于本末终始、下学上达的强调，就是说这个次第的必有其秩序，此说不妨碍本体工夫，根本上诸次第中所有项目都是本体工夫。至于讲到工夫入手，主敬、立志等都是入手。可以说，都是本体工夫，但有不同问题层次而分说，牟先生强调的是工夫入手甚至是境界展现，这都不妨碍仍有一个不同实践项目间的先后次序问题。然而，牟先生仍是严厉批评程颐及继承程颐的朱熹之学，其言：

> 伊川虽未觉其以《大学》表下学之切实与其老兄所说有若何不相应，亦未曾以其老兄所说为禅而生忌讳，然由于其不自觉间之转向，遂致于道体之体悟渐有偏差与迷失，已不能透至其老兄所说之境。依其质实的直线分解的思考方式，遂将太极真体、太虚神体、乃至于穆不已之体，只分解地体会为只是理，将性体亦清楚割截地直说为只是理（性即理也）。性与广泛的存有之理合流，而复与格物穷理之理接头而以格物穷理之方式把握之，则原初讲性体以为道德实践所以可能之超越根据之义亦渐泯失而不见；而于心体则弄成疲软、浮动、恍惚，而处于泛而不切不定之境，有时看来很好，有时看来又不然，未若性理观念之清楚。而亦正因性理观念清楚确定，遂将心逼显得恍惑不定，而实则在此情形下，心亦应有其一定之涵义，而逼显得呼之欲出矣。朱子即顺此将此情形下有其一定涵义之心清楚地说为属于气之灵之实然的心，而特重其认知之明义，而孟子所说之实体性的本心遂全不能讲，而心遂与性（理）亦终于为二矣。[1]

牟先生只管成圣境状态下的概念描述以为道德的形上学及动态的形上学型

---

[1] 牟宗三《心体与性体》第二册，页254。

态，对于讲各种存有范畴概念的关系定义的学问皆是为静态分解，皆视为不能体会道体的迷失之路。此诚哲学基本问题的混淆错置之误判。又，程颐毕竟有时谈到心性工夫，且其话语十分精到，遇此，牟先生则刻意规避，以范畴的解析之学束缚程颐的理论架构，认为其把握不住本体工夫之论旨，且最终为朱熹的更加系统化的解析之学所定型。终于与孟子的实体性本心之学分道扬镳。也就是说，牟先生跳跃在不同的哲学基本问题之间，导致对程颐之说有所误解。

笔者的立场是，谈存有论是一路数，谈本体工夫及本体宇宙论是一路数，成圣境完成于本体工夫，但本体工夫及本体宇宙论的所有概念范畴是有其清晰的解析意旨，程颐开其端，朱熹究其论，皆有功于孔孟道德哲学，且程朱之论，亦及于本体工夫和本体宇宙论，惟当牟先生见及此说时，都以程朱把握不住丢弃之，实际上程朱皆不可能恍惚于心体，亦不会不见于道体，这都是系统已经默认的理论，且有时亦申说之，只是牟先生刻意束绑其说，不准其跨界而刻意误解之而已。

牟先生最后以《大学》为本之横摄静涵认知型态定住程颐：

> 体上既为"性即理"一语所截煞，此下皆成必然者。自此遂以《大学》为定本，转成横摄系统，而不复是先秦儒家原有之纵贯系统矣。生动活泼、健康轩昂、"直方大"之理想主义的情调随之亦丧失，而于不自觉间遂转成"静摄存有"之实在论的情调之他律道德矣。伊川、朱子不自知也，而人亦莫之能辨也。①

笔者以为，牟先生讲一套"纵贯纵讲"系统实在很好，所谓"纵贯纵讲"，就是本体宇宙论地谈大化流行，从而就主体谈其本体工夫论，而谓之道德的形上学。这是牟先生为儒学开创新意的新儒学创作体系，但是，并不存在牟先生以为的"纵贯却横摄静涵"系统，意思是对本体宇宙论的问题，却不做实践活动，且只管知识认识，此说就是针对程朱讲的心性情理气诸概念的范畴学系统而言，范畴学是形上学，致知穷理是工夫论，这是一种混淆，把形上学和工

---

① 牟宗三《心体与性体》第二册，页258。

夫论混淆。笔者以为，若要讲程朱是"横摄静涵"，则程朱也是预设"纵贯纵讲"，就算程朱有"横摄静涵"，则程朱之系统中亦仍有"纵贯纵讲"系统，而陆王系统中亦必须默认"横摄静涵"系统，这就是儒学发展中所需的面向，不宜如牟先生刻意限束程朱、割裂纵横之作。要有本体宇宙论的形上学，也要有本体工夫论的实践哲学，形上学中也要有概念范畴的存有论形上学，工夫论中也要有先知后行的下学上达之学。牟先生把讲知识认知阶段的工夫论和讲存有论的命题错误地连结，而建立"横摄静涵"系统，所以笔者说，根本没有这样的一套系统，这是牟先生自己的构作想象，其实解曲解错解而已。

以上这一套"横摄静涵"系统，就表现在牟先生为程颐新编八目的议题讨论中。

三、《理气篇》谈只存有不活动的理体

牟先生于程颐"理气篇"谈"一阴一阳之谓道"的伊川解读，伊川主所以阴阳是道，阴阳是气。伊川言：

1. 一阴一阳之谓道。道非阴阳也，所以一阴一阳道也。如一阖一辟之谓变。(《二程全书·遗书第三·二先生语三·谢显道记伊川先生语》)

2. 离了阴阳更无道。所以阴阳者是道也，阴阳，气也。气是形而下者，道是形而上者。形而上者则是密也。(《二程全书、遗书第十五·伊川先生语一》)

3. 一阴一阳之谓道。此理固深，说则无可说。所以阴阳者道。既曰气，则便是二。言开阖，已是感。既二，则便有感。所以开阖者道，开阖便是阴阳。老氏言虚而生气，非也。阴阳开阖本无先后。不可道今日有阴，明白有阳。如人有形影，盖形影一时，不可言今日有形，明日有影。有便一齐有。(同上)[①]

[①] 牟宗三《心体与性体》第二册，页259。

牟先生言：

> 案：以上三条严格为朱子所遵守。如只说"所以阴阳者是道"，尚不足以决定此形而上之道只是理，即只存有而不活动者。因为"于穆不已"之体，自其为实现之理或存在之理言，亦可以说是一超越的（动态的）所以然。但此为气化之所以然的于穆不已之体却是即存有即活动者，是心，是神，亦是理，是心神理为一者，是诚体神体，亦是寂感真几、创生的实体。是以唯因（一）将此"所以然"之表示方式视为存有论的推证，或视为对于阴阳气化之"然"所作的存有论的解析，（二）通过格物穷理之方式以把握之，（三）再加上于此所推证者不能明澈地说其神义以及寂感义，（四）在心性方面不能明澈地言心性是一，而却言性只是理，仁是性、爱是情，心如谷种、生之理是性，发出来是情；这样，此"所以然"所表示之形而上之道才成"只是理"，只存有而不活动者。①

牟先生把伊川的讨论并和朱熹的发挥设言为"只存有不活动的理体"理论，说道即是说理，原伊川之文尚未必是不活动之理，但经朱熹之发挥且依伊川之思路，牟先生定然决意就是不活动之理义。依笔者之转译，活动之理义何义？那就是言说于本体宇宙论的大化流行之道体之动，以及言于本体工夫论之主体心性的纯粹化仁意志的实践活动，此时说为动者乃天道流行与主体实践。牟先生说为不动者何义？即其第一条所说，伊川将一阴一阳之所以然的原理，向上做了存有论的推证，做了存有论的解析，就是钉死的概念，而不是天道的流行及主体的实践义了。笔者认为，做存有论的解析是问题的另一个方向，本体宇宙论及本体工夫论的所有概念范畴皆有范畴解析的论证推演的需要，以定义范畴，及推演关系。笔者正是这样界定程朱之论于"所以阴阳是道"的思路确实是做着存有论的范畴解析工作，但是这个工作正是为厘清概念，提供关系原理，使本体宇宙论和本体工夫论的意旨更为清晰，使本体宇宙论和本体工夫论的话语更加精确，故而概念皆须一一落实于确定意旨上，此是此、彼是彼，

---

① 牟宗三《心体与性体》第二册，页259–260。

不容混淆,此旨亦是有功于实践的进行。然而,牟先生却斥其不动。牟先生初以伊川说"所以阴阳是道"尚未必能确定只是说理而不活动,但当加上了上述第二、三、四条之后,就决定了伊川之理是"只存有而不活动"。

观其第二条,亦是牟先生诠释上的错置,说"格物致知"是说《大学》工夫次第的先知后行,说"格物致知"连着"穷理"时还是"格物致知"的意思,但是"格物致知"既是"先知后行"的次第之先,不行则知亦未有完成,故说格物致知即是说到格致诚正修齐治平。穷理亦然,亦是"穷理尽性以至于命"之完成才是穷理之完成。所以格致、穷理都是实践活动,都是本体工夫。原格致穷理是研议家国天下的闻见之知与德性之知的研议,至于穷理而说为研议理气关系的存有论原理,此亦无妨,那就是道德哲学的范畴解析工程,牟先生却把前说"只存有不活动"的范畴解析说成格致、穷理的唯一目的,格致穷理就是进行"所以阴阳"、"理气不离不杂"、"心统性情"等等存有论建构之活动,于是格致、穷理的"先知后行"的实践义便滑失,程颐的工夫论又变回存有论,笔者要说,这就是牟先生的错置,牟先生的超越连结,是对程朱之学的误解、错解。

第三条说其不能明澈神义、寂感义,笔者以为,神义、寂感义既是本体宇宙论亦是本体工夫论,说存有论就要确立概念,说本体宇宙工夫论就要运用概念于意旨论述上,定义概念与运用概念是不同的理路,就像讲游戏规则与进行游戏是不同的任务一样,但不能说讲游戏规则是不游戏的、不活动的,这样的批评毫无意义。

第四条说伊川言"仁性爱情"、"心是生理"等义正是不活动义,这还是误解、错解,这还是问题意识的错置,论于"心性情"是论于道德实践主体(亦即人)的存有论架构,论于"天道理气"是论于整体存在界(亦即大化流行)的存有论架构,当然还是要确定意旨,此是此、彼是彼,不容混淆。牟先生还是再度把说游戏规则的话语,当作不是在进行游戏的话语,而批评其不活动,这种批评,毫无意义。

牟先生接着说伊川和明道正是两套不同系统的儒学理论,其言:

> 在神与寂感方面,伊川态度似不甚明确,但亦可以看出大体是并不以

神体与寂感真几言形而上之道体。伊川并无一字言及神体,而于寂感方面则并不透彻。即如上录第3条,"言开阖,已是感。既二,则便有感。"此已落于气上言"感",并不自神体言寂感。伊川于此"于穆不已"之体实并不透彻。至朱子即自觉地视神属气,或消融于理而成为虚位。至于寂感则只能就心言,而不能就性言,而心性并不是一。在心性方面,伊川有时好像可以表示心性是一(是一与合一不同),但其显明而凸出的主张,如性即理,仁性爱情等义,乃原则上心性并不是一者,故朱子得以顺而确定之而成为心性情三分、心统性情之说。是则伊川之思路大体是向朱子所厘清而确定者走,其抽象的、分解的、质直的思理心态固易于视形而上之道为"只是理"也。至于一二两点则更显明。但依明道所代表的纵贯系统说,即使"于穆不已"之体亦可以说为"所以然",但却并不以此"所以然"为对于"然"之"存有论的解析",亦不视作由然推论所以然之"存有论的推证",而是由"于穆不已"之体之创生妙运之直贯下来而说,而且同时亦并不通过格物穷理之方式以把握之,而是通过"逆觉体证"之方式以把握之。此是两系统之大较也。①

牟先生以能主"心性是一"说为明道系统,以说"心性是二"说为伊川系统。其实,说"心性是一"是本体工夫论,说"心性是二"是存有论。两人问题意识不同,但不是两套系统。重点是,牟先生文中说伊川之语有时似乎亦有"心性是一"之意旨,但因其他"仁性爱情"之说,使伊川之心性终于是不能为一之系统,之所以会有这样的陈述,关键就是一旦当程颐、朱熹在讲本体工夫论问题的时候,自然心即理,心即性,心性一,这就是说,牟先生总是以存有论问题的意旨锁定程朱的理论类型,将其捆绑在这种问题及理论主张中不能逾越,进而否定程朱亦能有本体宇宙论和本体工夫论的发言,以为是一时恍神之作而已,这样诠释先哲的方式,笔者决不认同。

牟先生又引程颐讲天地寂感之文字四条,并提出批评,牟先生引程颐之文如下:

---

① 牟宗三《心体与性体》第二册,页260。

13. 天地之间只有一个感与应而已，更有甚事？（《二程全书·遗书第十五·伊川先生语》）

14. 冲穆无朕，万象森然已具。未应不是先，已应不是后。如百尺之木，自根本至枝叶皆是一贯。不可道上面一段事无形无兆，却待人旋安排、引入来、教入涂辙。既是涂辙，却只是一个涂辙！（同上）

15. 寂然不动，感而遂通，此已言人分上事。若论道，则万理皆具，更不说感与未感。（同上）

16. 寂然不动，万物森然已具。感而遂通，感则只是自内感，不是外面将一件物来感于此也。（同上）[1]

牟先生讨论其中13、16两条，其言：

案：以上四条皆言寂感，初看亦甚好，但仔细看，则有些摇荡处。首先，第13条"天地之间只有一个感与应而已"，实则感若是"自内感"（16条），则感即是应。今将感与应分说，则感好像是自外感，而应则是自内应。依上第三条"言开阖，已是感。既二，则便有感"之语，则此条感与应分说，感、应便都是落在气上说，天地之间便都是一气之感与应而已。此非《易传》言寂感义之本意。《易传》言寂感是从诚体神体自身说，不从气上说。气之"感与应"与诚体神体之寂感并非同一层次。濂溪、明道言寂感俱从神体上说，而明道复以此代表易体。诚体、神体、易体、寂感真几、即"于穆不已"之体也。横渠言"客感"是从气上说，然其言"至静无感，性之渊源"，即是从体上言寂。既从体上言寂，自亦有体上之神感而非"物交之客感"。"客感"之异必预定神感之一，而神感之一即是感而无感也。"客感客形与无感无形，唯尽性者一之。"言客感而不言神感者，神感即已隐含于寂体无感之中也。言"客感"者，盖为与"客形"对，偏重之言也。所以偏重"客感"者，盖为言体用一也。否则，性体岂只一寂体无感而已耶？是以"客感"之事用，即寂体神感之显现也，故

---

[1] 牟宗三《心体与性体》第二册，页265。

曰"惟尽性者一之"不能尽性者,客感不能统于寂体神感之中而一之,则"客感"与寂体神感脱节,亦只是交引日下之乱感而已。由此可证知横渠言寂感 亦是自体上言,惟复别立"客感"一义耳。今伊川自气上言感与应,而不自体上言寂感,是已落下乘矣。①

伊川言天地之感应,自是在道德意识下言天地万物的存在是为正德利用厚生的目的而有,而人感应之亦应参赞化育之,实一真切体会朴实平正之论,但是牟先生却硬是要把程颐之说贬为下乘,理由是程颐只论及气而不论及诚体、仁体。文中涉及张载之言于客感与神感,言于客感即言于气,言于神感即言于诚体、仁体,惟伊川只于气上言,故落下乘。牟先生说《易传》之寂感是从诚体、神体自身说,伊川却只是从气上说。笔者以为,言天地就是气存在之天地,固有天地之性在,但无气便无天地,就算牟先生要说《易传》之言寂感有诚体、神体义,亦不能说《易传》只言于诚、神、仁,而不及气,若不及气,岂不成了柏拉图的理型论,显然,中国哲学不会只论理型而不论天地,此其一。其二,说伊川之论只是气,此说只是刻意沦陷他说意旨,说天地万物之感应必是气之交流变通而谓之感应,然天地万物之交流变通是为了提供人类存在的资粮而交流变通,人在其中,体天地生物变化之心而为人心,此即仁者天地生物之心之体会感知,而效行其道,于是天地万物之感应与人的道德实践之感应互而为一,此即伊川言说的意旨,所以,言感应必就气化世界与人的实践之互感为言,牟先生限缩伊川意旨而为只言及天地万物的气化感应,此说刻意歪曲之言。其实,张载亦说客感,但张载主张人不能只依耳目口鼻之生理需求以为生活的感应,而应以天地之性以为行为的主导,故而虽然生存于天地之间,更应体会天地生生之理,而参赞其间,所以要收摄于寂感神体中,亦即以性正命,变化气质,善反天地之性。此说甚善。其实,伊川之言便是就人在天地气化之中而谈道德实践之感应之言,牟先生却要割裂道德意识而贬抑为只是生理感应、草木感应之气化世界的感应意旨,甚为误解更错解。

说气是说宇宙论,说神感神应是本体宇宙论,说宇宙论之言者并未否定本

---

① 牟宗三《心体与性体》第二册,页 265–266。

体宇宙论之命题，牟先生刻意分立两型而贬抑其一，此其过失之缘。

针对十四条，牟先生言：

> 第14条最为圆融，看之似无病。"冲漠无朕，万象森然已具"。此亦可以说是意谓"上天之载，无声无臭"，是寂然不动之体，是寂感之真几。"未应"即是寂，"已应"即是感。未应已应并无先后可言，乃是自然一体"一贯"的事，不是人于"无形无兆"上安排上一些事。此已说得甚好。然上条言"感与应"是落在气上说，此条言未应已应岂不可亦落在气上说耶？其所言之"冲漠无朕"、"无形无兆"之"未应"岂不可只是浑然之气耶？未感未应时是浑然寂然，已感已应时是粲然着然，而粲然着然者实即早已森然隐具于寂然浑然之中，故实无先后之可言也。未应已应、若隐若显，只是分别相示之权言，而实则只是一气之化而已。若如此，则此条之寂（未应）感（已应）圆融亦仍是落在气上说，而非由寂感以言诚体、神体、于穆不已之体也。其所举之例，如"百尺之木，自根本至枝叶皆是一贯"，根本与枝叶并非体用之异质，故"一贯"亦非体用之圆融的一贯，只是一个具体的物之有机的一贯。当然此只是一个例，亦可喻解体用圆融之一贯。但伊川此条言未应已应之一贯，却不甚能见得是体用圆融之一贯，而很可只是气机浑然粲然之一贯。吾未尝不欲向体上讲，但就体上说寂感，则既不是落在气上说感与应，亦不是就未应已应说一贯，乃是就寂感诚体神体与其所创生妙运之气化（事事物物）说体用圆融之一贯。而伊川既落在气上说感与应，而复于此条接着说"未应不是先，已应不是后"则未应已应之一贯很易使人想到只是气机浑然粲然之一贯，而"冲漠无朕"、"无形无兆"亦不必是说寂感诚体也。或问曰：如果此一贯只是气机之一贯，则仍是形而下者。然则形而上之理（道体）复何在？将如何讲？曰：未应之寂、已应之感，或未感之静（阴）、已感之动（阳），是气，而所以寂、所以感，或所以动静、所以阴阳者，则是理，形而上者。而形而上者之理（道）则无所谓"感与未感"也。此证之第15条可知。[1]

---

[1] 牟宗三《心体与性体》第二册，页266–267。

牟先生的思路就是，以本体工夫论和本体宇宙论为言说儒家道德的形上学的根本义，此旨自是正确无误。亦即，言道德的形上学的时候，天道理气心性情才便在主体的实践中一以贯之，价值意识贯通天道理气性命情才，但是，这是在主体有实践的时候才可言之，否则仅是讲天道流行则意旨仅完成一半而已，天道流行自亦是贯通之，只是人道自己累于嗜欲之心而已，一旦人心挺立，逆觉体证，提起主体性的价值自觉，则人道与天道之价值意识合一。然而，牟先生建立此旨固佳，他却要为程颐、朱熹建立另一套道德哲学，即是本体宇宙论上只谈气化流变，本体工夫论上只谈客观认知。于是，一段简单的程颐谈"冲穆无朕、万象森然"的讨论，竟要将其意旨限缩在就是只谈气化流变的理论，亦即只有宇宙论而没有本体宇宙论，只是谈客观气化世界，而不是谈道德目的创生下的大道流行，故而只言于形而下者，至于形而上者之理，则不参与感应，只存有不活动，割裂理气矣。其实，牟先生之论于此，心中甚是不安，不见其屡言："看之似无病"、"很可只是气机浑然"、"很易使人想到只是气机浑然"，这些都是牟先生固然发现程颐言意正当，却要无病找病，以程颐言于存有论之不动之理，割裂程颐言于本体宇宙论之气，于是理气分离，言感应只是气化宇宙论中事，而非先秦孔孟庸易以降的本体宇宙论，只有本体宇宙论才能理气合、心性合、而一以贯之，于是把程颐之说判为形上形下分离之论。

牟先生这样的思路，真可谓诡谲难通，然而为了贬抑伊川，下一段的讨论就十分乖理了，关键就是，竟然不许濂溪、横渠、明道之论旨亦即于气，其言：

第15条是说"寂然不动，感而遂通，此已言人分上事。若论道，则万理皆具，更不说感与未感。此一分判即明示伊川不以寂感说道体，其于"于穆不已"之体未能明澈甚显。其心目中所意谓之道（道体）乃只是理。理则无所谓"感与未感"，故云"更不说感与未感"也。尤可注意者，伊川对于道则说"万理皆具"，而于"冲漠无朕"或"寂然不动"，则说"万象森然已具"。于前者，则偏就理说；于后者，则偏就事说。当然，在就寂感以言道体（于穆不已之体）者，固亦可说在此寂感诚体神体或于穆不已之体中"万象森然已具"。此如濂溪言："诚，五常之本，百行之源也。静无而动有，至正而明达也。"又如明道言："万物皆备于我，不独人尔，物皆然，都自这里出去。"（《天理篇》）又言："言体天地之化，已剩一体字。只此便是天地之化，不可对此个、别有天地"。（《一本篇》）又如象山言："万物森然于方寸之中，满心而发，充塞宇宙，无非斯理。"若如此，则伊川言"万象森然已具"亦不必是就气机之浑然寂然说，而其所说之"冲漠无朕"、"无形无兆"、"寂然不动"，亦不必是说气机之浑然寂然。曰：固是如此，但因其有此第15条之分判，即可显出其言"万象森然已具"是就有"感与未感"可说之气机之浑然寂然说，而其所说之"冲漠无朕"等语亦实是说的气机之浑然寂然。而据濂溪、明道、象山所说之森然已具一切事，或统摄一切事，却是就诚体、神体、心体，或于穆不已之体说，而此体亦不可以气言。此体亦即是理，故既具万理，同时亦即统摄一切事，或创生妙运一切事，因而亦即森然已具一切事。然而伊川却分判说，寂感是"人分上事"，于道"更不说感与未感"。此即表示"感与未感"、统天地万物而言之，是就气说，而于"人分上"则是属于心，并不属于性，而于形而上之理、道、性，更不可说"感与未感"也。是以说不可因濂溪、明道、象山，就体上言统摄一切事，即谓伊川之言"万象森然已具"亦是就体上说，亦不可因伊川之言"万象森然已具"是就气上说，即谓濂溪、明道、象山之就体上言统摄一切事，其所谓体亦是气或理气不分也。盖濂溪、明道、象山等所体会之体是心、是神、亦是理，是即存有即活动之动态的，而却不即是气，故既可即是理，因而具万理，亦可说寂感，而却不是气机上之寂感也。而伊川所体会之道体却只是理，是只存有而不活动的，不可以说寂感，故寂感只好属于气或属于心（人分上）也。①

牟先生挑剔伊川文句，将其所言分为两路，一路说理、一路说气。首先，将伊川第十五条之"论道之万理皆具"说为只是言于只存有不活动的理体，只因伊川说"更不说感与未感"，而牟先生认为，只是理则便无所谓感与未感，因牟先生认定的伊川之理就只是存有论上的不动理体，且不能即转化为本体宇

---

① 牟宗三《心体与性体》第二册，页267-268。

宙论的即理即气之理，这就是限缩其意的刻意曲解。其实，伊川之意可以是说道体流行，自是圆满而发，相对于人之体贴，会有感与不感、感得诚与感不诚而言，则天道必是直接流行，应感则感、当感则感、感而必通，故不必说感与未感，则伊川说得"万理皆具，更不说感与未感"便是本体宇宙论的大化流行语，牟先生见到伊川说理，便直接黏在只存有不活动之存有论的形上理体说，故而不许其动。

其次，将伊川第十四条和第十六条说为只是气，而说其"偏就事说"。但是，相比于濂溪、明道、象山之类似之言，又难以区分，似乎伊川之说也可以是如其他几位的以体摄事之言，但是，牟先生把话说死，因而其理甚乖。牟先生将其他三子的类似言语，明定为只是道体理体诚体仁体神体心体性体之活动，而不及气，而伊川之说，便只是于气上言。三子之道体，以理摄事，伊川之言，虽是言事而只及于气。然而，既是事，便是人份上之事，既是人，便是心上之工夫，牟先生便把他一贯说伊川朱熹割裂心性、心性不一的论旨拿来挡话，心既不及性，心即不能感通形而上之性体理体道体神体诚体仁体，就算是人在做工夫，也做不上道德崇高境界，只是气化形下世界的闻见之知而已。说到这里已经是很奇怪的话了，不料牟先生竟讲出更奇怪的话，那就是以三子之论于道体固即理摄事，但其道体却不是气，亦不是理气不分，而是心神理一的动态寂感，而不是气机浑然的寂感。笔者所谓之乖理是说，人无有不是存有论上的气化实然的存有者，人之行事无有不是在现实世界的正德利用厚生之事，而天道流行无有不是在国土大地草木鸟兽诸现实世界上的流行，今说濂溪、明道、象山之言于道体者只是心性理神诚仁之一贯而不及气，只能说主体的实践全依诚仁之价值意识而行，而不受气质之性耳目口鼻之欲之影响，却不能说大化流行和主体实践不在气化世界上进行，难道牟先生是说得柏拉图理型世界之自我套套逻辑吗？这不正是方东美先生误解柏拉图而批评柏拉图的理型世界的活动不及现实世界的众生的意思吗[①]？牟先生为下贬程颐之说只落在气化世界

[①] 参见：杜保瑞《方东美对中国大乘佛学亦宗教亦哲学的基本立场》，《师大学报（语言与文学类）》，2011年9月，第56卷，第2期，国立台湾师范大学出版，页1–31。杜保瑞《论方东美对西方哲学二元分立的评定》，提交"2010中国哲学会会员大会暨方东美与怀德海论文发表会"，主办单位：中国哲学会，2010年12月19日。

不能真为道德实践，却乖理地建立三子之说非关形下世界，于是程朱之论只及形下气化世界，其他儒者之论只在形上空理世界，这不是怪异至极之论吗？

其实，牟先生论于程朱以外诸儒之道体是即存有即活动意旨，此旨，程朱亦然。牟先生特为别异程朱、陆王，便为陆王及濂溪横渠明道建立即存有即活动却不及气的形上道体之论，而偏说程朱之道体理体只存有不活动，论寂感只在气化世界，论工夫只在客观认知，高陆王一系的结果，只能使他们脱离气化世界，此诚不通之论，不必建立的理论，此说反而使周、张、明道、陆、王之说，脱离现实世界，成一理型之套套逻辑世界，若牟先生亦愿以其及于气，就必须同意程朱亦及于理，牟先生说程朱理气分、心性情分，故气不及理，理只是形上理体，只存有不活动，这也是奇怪至极之论了。

牟先生又针对第十六条谈实体问题，其言：

大抵伊川当时常听老兄说此义，故亦如此说。但明道说此义是就诚体神体说，并不落在气上说。吾人一看《易传》此语，明是说的是神，而于此亦很易想到"感非自外"义。"感非自外"意即寂体之神感神应，一通全通，非是气上相对之二之有限的感应也。用今语言之，即非刺激反应之感与应。如是刺激反应之感，则不必能"遂通天下之故"也。《易传》言"不疾而速，不行而至"，皆是言神感神应。寂体之神感神应不在条件制约之中，故"感非自外"，一通全通，而亦是即寂即感，寂感一如。此完全是称体而言，非就气而言也。伊川于此不澈，既落在气上言感，而又言"只是自内感"，此亦彷佛之辞耳。故朱子得以内外兼看，并以"语极须默，默极须语"说内感，此在气上亦只能如此说，然非明道说"感非自外"之义也。

伊川于寂感真几、"于穆不已"之体并不透彻。此四条浑沦一看，亦觉得不错，亦似是说的这同一回事。然仔细检查，由于其第15条之分判，以及感从气之二上说，则知其所说并不是同一回事。伊川不自知也。彼对于诚体、神体、于穆不已之体，似并无清澈之意识。只因濂溪、横渠、明道俱盛言诚体神体并于体上言寂感，故彼处于那早期之气氛中亦随之不明澈地如此一言耳。此"实体义"实并未进入其生命中也。故彼之

〈语录〉除此四条外，实少谈及此"实体"义。伊川所能亲切把握者，是工夫意义的"敬"（不是明道所说的敬体），是格物穷理的致知，以及天理之静态的存有义。其质直、死板之心态固亦只能适宜于此也。彼对于诚体、神体、寂感真几、于穆不已之体不能透彻，故于中和问题亦纠结缴绕，无结果而终。其言辞与见处显不及吕大临之明澈。彼于实体与中体无明澈之体会，然其思理之端绪与纲维固应有其所必至之归结。朱子承之，经其辛苦参究，即能自觉地予以厘清与确定表示，将其所应有之归结一一予以明朗化而善成之。朱子诚可谓伊川之功臣，亦是伊川之知己，真能善绍伊川者也。[1]

伊川讲感是自内感，就是主体性的价值自觉，由内而发，"寂然不动，感而遂通，万物森然已具。感而遂通，感则只是内感，不是外面将一件物来感于此也。"此说之意是就天道作用而言，人性主体对之感通，是以主体内在自性的价值意识来感通其德而效法其行，而不是看到外面有什么事物就以感官知觉来做感官感应而已，而是做了价值的自觉之感通，这就是本体工夫之旨。然牟先生已经固执地以伊川说道体寂感是在气化现象世界的流变感知，即是感官知觉的刺激反应之感，没有道德意识贯澈其中，此说，只是牟先生故意歪曲而已。又言《易传》之寂感都是神感神应，故是一通全通，寂感一如，且非就气而言也。事实上，《易传》之说寂感，要不说有拟人化位格义的天道实体在感在通，要不就只能讲人性主体体贴天道作用而后效行其寂其感，意即说寂感指天道作用有其目的有其价值有其意义有其规范，故有其感应，有其作用，而此作用，都是天地万物大化流行的作用，都是藉气以显的作用，其价值明确、目的单一，故而四时行、百物生，牟先生硬说此《易传》道体流行只是神感神应，等于是不及现象，则所论空泛无归。又，此一价值目的为人性主体所体知而做工夫以实现之，因其能体能证，故曰感应，既是人之实践，就是在现象世界的活动，就是家国天下的实事实理之行为，牟先生硬要说伊川之旨只是在讲花草树木鸟兽虫鱼黑白大小轻重寒暑的气化世界的感知，此事从何说起？

---

[1] 牟宗三《心体与性体》第二册，页 269-270。

牟先生说伊川对此实体把握不切,而此实体者,依牟先生之义就是道体、理体、心体、性体、诚体、仁体、神体等等之体之合一之体,其实,不做范畴解析则已,一旦进行范畴解析,这些范畴皆各有其意旨,不能等一,而且只有一种情况可以等一,那就是人性主体做工夫达圣境时,此时主体的价值意识贯彻不离,存有范畴皆贞守价值意识,在主体圣境中,诸范畴合义于价值意识,此时等一。然而,这不是实体的问题,这是境界论的问题,说为实体的问题是把境界论说成了存有论、形上学,反而是牟先生自己陷入了存有论的浑沦,故而牟先生所说的实体义是不谛之论。

至于说伊川能把握的只是敬的工夫,且是格物穷理的认知以及静态的理体,这些都是牟先生自己创造出来的假议题,前文已论及,不再多谈。

四、小结

牟先生论程颐,刻意为他建立横摄静涵系统的理论模型,笔者以为,并不存在这样的模型,而是程颐较诸他家,多论于存有论议题,至于本体宇宙论,本来就是存有论默认的系统,是牟先生刻意框限其说而已。至于工夫论部分,亦非只是认知型,而是强调下学上达的多,但这不能表示,程颐论于工夫无有本体工夫意旨,即牟先生所谓逆觉体证意涵,且下学或上达或次第中的任一项工夫之进行亦皆是本体工夫。笔者以为,强调程颐有存有论特色及工夫次第论要点是对的,但说存有论是儒学的一型,而有别于或不通义于本体宇宙论者,以及说下学上达是助缘工夫而非本质工夫,与达圣境无关,笔者决不认同。牟先生讨论程颐尚有许多主题,其他议题,就不再多论,暂结于此,以下进入牟先生对朱熹的讨论。

▶ 第七章：对牟宗三胡宏诠释的境界形上学之方法论反思

一、前言

牟先生的《心体与性体》之作，乃在藉由程朱、陆王的对比，建立他自己的一套形上学理论，谓之道德的形上学。这一套理论，意境高远，意旨幽深。在他讨论到胡宏哲学的时候，缺差不多把胡宏哲学说成了一套境界形上学，并且他自己又对这套理论提出了三个问题，又自己回答，此处之理论问题，关系重大，本文将予以讨论。而笔者对这整套理论，也有许多质疑。本文之作，即是针对此一境界形上学的理论反思，笔者所谓的境界形上学，类似于牟先生自己所提出的境界型态的形上学意旨，但牟先生以为儒道佛皆有境界型态的形上学，唯儒家另有实有型态的形上学。然而依笔者之见，即便是牟先生的实有型态的儒家形上学，亦仍是境界形上学，亦即说的根本就是圣人境界，而不是真正的客观实有的形上学。牟先生于讨论胡宏哲学时自己所问的三大问题的回答，都只能使他的儒家道德形上学成为就是境界哲学，只是被他说为形上学了而已。

本文之讨论，聚焦上述问题，至于牟先生对胡宏哲学的诠释，重点都反映在这套形上学的设问及回答中，但是，牟先生的行文，却仍是大量地就着朱熹诠释做对比的批判而进展，这部分的讨论，笔者将不在本文中进行。一方面，笔者对牟先生的朱熹诠释，持绝对反对的意见，所论已多，不再重复，二方面，朱熹在《知言疑义》中对胡宏的批评，笔者亦不赞同，这一部分已讨论于拙作《南宋儒学》专书中[1]，牟先生自是有理由批评朱熹的误解的，只是，牟先生的意见，在贬抑朱熹方面，又言之太过，在推崇胡宏方面，则是进入了本文要讨论的境界形上学的范畴，总之，为简明行文，对牟先生在胡宏章对朱熹的批评意见便不在本章处理。

二、牟先生对胡宏哲学定位的基本问题

牟先生对胡宏学说，给予了一套明确的儒学型态的定位，"以心着性"，是消化北宋诸儒从《中庸》《易传》的道体性体以会通孔孟之仁与本心之路，其言：

> 五峰之思路，除逆觉体证之工夫入路外，其重点大体是在心性对扬、以心着性，盛言尽心以成性，而最后终归于心性是一。此路既不同于伊川、朱子之静涵静摄系统，亦不全同于陆、王之纯从孟子学入者。此盖承北宋濂溪、横渠、明道之会通《中庸》《易传》而言道体，即本天命于穆不已之体而言性体，而复本明道之"识仁"，以会通孔子之仁与孟子所言之本心，而以心着性也。此以"由《中庸》《易传》言道体、性体"为首出者，所必应有之恰当之义也。纯从孟子入者，则不必有此回应，只直下是一心之申展，陆、王是也。然孔子之践仁知天，孟子之尽心知性知天，固必然涵蕴《中庸》《易传》以天命于穆不已之体言道体、性体之充分展露，则承北宋之以"由《中庸》《易传》言道体、性体"为首出者，固必应再复返于孔、孟而有此回应也。即在此回应上，遂有"以心着性"义之开出。[2]

牟先生要为胡宏之学设立一个特定的儒学型态，即儒学自孔孟发展到

---

[1] 杜保瑞《南宋儒学》，台湾商务印书馆。
[2] 牟宗三《心体与性体》第二册，页431。台北：正中书局，1983年5月，台修五版。

《易》《庸》之后，由北宋周、张之路到胡宏、刘蕺山之路，即是再下由《易》《庸》转出而上达孔孟之路。牟先生以"以心着性"一词说之，此说之真义在于：使客观的本体宇宙论，与主观的本体工夫论结合，成立一套动态的道德形上学。就此而言，笔者以为，这一套理论，在孟子学及《中庸》《易传》学中已经成立，之后宋明诸儒之学，即就此学各自发挥各个哲学基本问题的种种面向，且都呼应并符合孔、孟、易、庸之学，而皆有功于儒学的发展。然而牟先生以三系说之，则是为批评程朱之一系而设，故必强调周、张、胡、刘之系与陆、王之系可以合流，而程、朱另为别子，与孔、孟、易、庸不一路，此说，笔者以为，析理太过，且自身亦有许多问题，就其倡言周、张、明道、五峰、蕺山为一型，与陆、王不同而言，固有可说之处，但也蕴含若干问题。简述笔者对牟先生说程、朱一系的检讨，关键就是并不存在牟先生所说的"横摄静涵"的类型，即便程、朱有所谓"横摄静涵"的理论项目，程、朱一样有牟先生自己定义下的"纵贯纵讲"的理论意旨，且周、张、陆、王亦有"横摄静涵"认知系统的理论项目，绝不能如牟先生如此刻意别异的诸家类型严分的诠释。程、朱之学就不再申述。周、张、陆、王之学，依牟先生分为两型，其中五峰、蕺山即是周、张型之极致经典，此说，亦有对周、张学说的诠释上的问题，包括明道，即是牟先生逐渐地建立一套境界形上学的理论模型，以此为经典，周、张亦有缺失，明道亦有不及，唯五峰、蕺山无弊，但牟先生竟说实际上五峰、蕺山尚不知其说之如此精到，唯赖牟先生自己点明之。

五峰、蕺山学之高明于何处？关键就是：主体的实践使客观本体宇宙论确实具有价值理想的现实意义，故而证成且圆满了此一道德的形上学。牟先生屡言此学完成于圣人境界，因此笔者要说，其实牟先生最终所谈的就是境界哲学，此旨，将在本文后面三节中落实。此处，笔者要强调的是，即便在牟先生建立五峰学说之此一类型的过程中，亦有对周、张、明道、五峰、蕺山学甚至包括孔孟之学的诠释上的偏差的问题，所以，牟先生自创境界哲学型态的形上学之说固有其创作之功效，但就文本诠释而言却有其析理太过以致诠释偏差的种种缺点，要言之，牟先生自创一套境界形上学，过程中对各家诠释颇有偏失，以下的讨论将一一指出。

首先一个问题是，以五峰、蕺山学为此型之极致时，牟先生却认为周、张、明道尚未圆成。此说，依牟先生自己标准而言，笔者以为有刻意论述之失。依其说，以主观面呈现客观面的道德形上学之圆成，此意旨在周、张、明道学说中已然呈现，并无少欠。端视文本诠释上的用力程度而已。

第二个问题，牟先生讲工夫为逆觉体证，而五峰、蕺山倡言之旨为"以心著性"，"以心著性"实为牟先生自己的铸辞，胡、刘未及言之，此不严重，重要的是，牟先生认为此"形著义"在孟子之说和陆、王之学中竟未能含具，唯由五峰、蕺山说出，此旨实甚费解？形著之旨既是工夫实践也是知识证成，就工夫实践，孟子、象山、阳明皆是申论此旨，但若是要说孟、陆、王没有形著义，那只能说是没有证成义，但若说是证成义，恐五峰、蕺山亦无证成义，只其本天道以说工夫，而象山、阳明依本心以说工夫，然本心即天道，即性，即理，因此以此区分孟、陆、王和五峰、蕺山学的有无形著义，也是牟先生自己析理太过，刻意分型。

第三个问题，形著义中以主观面充实客观面而实践并证成之，则客观面的气化世界便兼及之，兼及之方是理论的圆满，唯牟先生自讨论周、张学说之始，就不断地伸说此道体理体性体心体仁体者，是唯理无气的存有，若是，则有义理的严重问题，熊十力论于本体，就是涵摄现象的整体，其中有性智作用，翕辟成变，不舍现象，牟先生竟舍现象而说形上学，其用意在别异程朱，因为程朱理气论言及气禀，牟先生黜其说，以为不能有纯善无恶的本心发动而真充实逆觉体证矣，此说，笔者以为是哲学基本问题的错置，说现象世界的结构，如佛家的生灭门，但主体有真如，故最终成佛。程朱说理气论，也是要说现象世界以及为恶的原因，但有天命天理天道本性本心在，故而最终可以做工夫而成圣，除非陆王是幽灵存有，否则亦是气禀所成，其本心用事固已善反，但所成境界就是及于气禀及于现象及于世界的，说本心纯善无恶状者可，说本心天理唯心无气，且成以主观面充实且圆成客观面时，此不及气之说，就显乖理，若不是对程朱理气论无谓的犯忌讳，何至于说此？说了对道德形上学没有帮助，反而限缩了意旨，难道主体实践已成圣境不是落实在具体现象世界吗？难道道德实践的主体人存有者不是活生生的气禀结构下的人类生命吗？此一问题，在牟先生文中屡屡纠缠，说过去说过来，始终不能澄清，最后在谈圣人境界时则下了定论，但也因此留下了笔者所提的严重问题。

以上三个问题将在本节中讨论，另外有三个问题是牟先生自己提出来的，则在后三节中讨论。

就究竟"以心着性"及不及于气言，牟先生以下有一段文字，言之纠缠不明：

五峰言：气之流行，性为之主。性之流行，心为之主。

牟先生言：

> 案：性为客观性原则、自性原则。莫尊于性。性也者，所以为气变之"客观之主"也。但如果只有自性原则，而无形着原则，亦不能彰显而真实化而具体化。心是形着原则。心也者，所以为体现性体之"主观之主"也。"气之流行"是实说，言实有"流行"也，故云气变或气化。至于"性之流行"，犹云"天理流行"，"于穆不已"之天命流行，此则流行而不流行。虽动而亦静，虽静而亦动，与"气之流行"不同也。故此"流行"是虚说。但性体亦非如伊川、朱子所理解之"只是理"，亦含有至诚不息之神用，故亦云"流行"也。但其"流行"之所以为"流行"之真实义、具体义、形着义，则在心体处见。于性说流行，是客观地虚说，亦是形式地说，其落实处是心之自觉之"形着之用"。无心之形着之用，则性体流行亦只潜隐自存而已耳。心为性之主，与性为气之主，此两"主"字意义不同。性为气之主是客观地、形式地为其纲纪之主，亦是存有论地为其存在之主；心为性之主是主观地、实际地为其"形着之主"，心与性非异体也。至乎心体全幅朗现，性体全部明着，性无外，心无外，心性融一，心即是性，则总谓"心为气之主"亦可，此就形着之圆顿义而言也。此则亦纲纪亦形着，纲纪形着为一也。心亦主观亦客观，性亦客观亦主观，主客观为一即心性为一也。此所以"莫大于心"也。（实则言"莫贵于心"、"莫尊于性"为较好。盖性亦大亦久也。）[1]

本文之中，两种问题置于其中，一是说明形着之意，一是处理气化问题。

---

[1] 牟宗三《心体与性体》第二册，页438。

形着是以心着性，所以其实说的就是工夫论，在本体工夫论中使本体宇宙论被充实而后有了道德意涵。如果没有心之着性作用，性之流行是虚说，亦即，天地万物固有其存在及运行，且有其运行之理在，即"气之流行，性为之主"，但是，尚未落实，不能彰显具体化、真实化意旨。笔者以为，讲本体宇宙论，讲到这里，意旨已明，并无虚欠，更非只是形式虚说，牟先生刻意说此，就是要把工夫论实入形上学中，使成动态的道德形上学，但也就在动态的道德形上学中，心性变成一事，非异体，此心性是一之同体者，便有把原先肯定的气化世界遗落的缺失，原先讲气之流行，确实是阴阳五行山川大地的存在及作用，但牟先生等于是说，若无心之形著作用，则存在的世界任其变化流行，却不真实不具体，亦即不形着，不形着即是没有价值意义。原先性固其理之存有论，尚不具体不真实，只是一个空壳的宇宙。此说，虽非否定《中庸》《易传》的价值，但却是高度抬高主体实践的意义，亦即，必有主体实践，山川大地的存在才有其意义。如此一来，程朱之说理，便只是横摄的空壳，只言及宇宙存在，却不能实有具体理想化之。此说之中，已无形地边缘化气化世界的存在，亦刻意地贬抑说客观世界的存在之理，此理，已有性在，已是天理的道德意志在其中，却因尚未形着，故是虚说。笔者以为，牟先生说"性为气主"之为纲纪之主时，就已经实理化之矣，已使天地有其价值意义，至于做不做工夫，亦不增些亦不减些，这只是人分自己的活动与否而已，牟先生必充实以心之形着以为动态的道德形上学，这是要建立他的特殊形态之境界形上学的用心结果，此一用心，话语过多，意旨纠结，多生难题，于文本诠释上极有失误。

牟先生为五峰建立"以心着性"之意旨，以下这段文字言之甚明：

五峰言：

天命之谓性。性，天下之大本也。尧、舜、禹、汤、文王、仲尼六君子先后相诏，必曰心，而不曰性，何也？曰：心也者，知天地宰万物以成性者也。六君子尽心者也，故能立天下之大本。人至于今赖焉。不然，异端并作，物从其类而瓜分，孰能一之？

牟先生言：

案：此则明点心为关键。"性为天下之大本"，虽至秘至奥（"性也者，天地鬼神之奥也"，见下第六节），而非心不彰。性至尊，心至贵者，此也。心是形着原则。其"知天地"之知是"乾知大始"、"乾以易知"之知，是"主"义。"知天地"即是"官天地"，是由"仁心体物而不遗"而来。"宰万物"亦如之。此皆是本体性的心之本体宇宙论的直贯义与通澈义。非是认识论的"知"也。知之照澈与通澈是立体直贯地照澈之与通澈之，是竖知，非横知。横知是认知心之认知的知，竖知是实体性的心之直贯；知之即是通澈之，通澈之即是实现之或存在之。故心对性言，是形着原则，对天地万物言，即是生化原则或创生原则也。

"知天地宰万物以成性"，"成性"是形着之成，非"本无今有"之成。即因心之形着而使性成其为真实而具体之性也。性至此，始真成其为性。"六君子尽心者也，故能立天下之大本"。此"立"亦是形着之立，非"本无今有"之立。此言惟因"尽心"，始能使作为"天下之大本"之性得其具体化与真实化，彰显而挺立，以真成其为"天下之大本"也。岂有离仁心而别有空言之"大本"也哉？此形着之义本无可疑。此是由《中庸》《易传》之以"于穆不已"之天命之体言性，而复回归于孔、孟，而欲会通之仁与孟子之心性者所必应有之义。此义几乎是必然的，而且亦是恰当的。①

本文还是说主体之本心呈现性体之价值而使天地万物之生发有其真实理想义在之宗旨。文中对知的讨论，强调非认识横知之知，亦即不是程朱哲学一般地只是去说存有论的范畴原理以为思辨哲学认识的对象，而是纵贯创生的作用。亦即是配合本体宇宙论地对天地万物有生发作用的创生之知，知之即创生之之意旨。创生是本体宇宙论本有的功能，是性体本来的作用，必欲强调以心着性者，乃为强调本心至善之价值义是在本体宇宙论的创生作用中之真实作用、实际参与使成理想之旨。其实，心着不着性，是存有者主体自己的实践修养工夫，对于本体宇宙论的天道作用，是不增不减的，此义横渠、明道皆已盛发之。牟先生必欲强调五峰之此旨，实为贬抑五峰敌论朱熹的系统，贬为横

---

① 牟宗三《心体与性体》第二册，页446—447。

摄静涵认知系统，亦即只说及原理却不谈其创生，工夫只及客观认知不及主体亲证，又因把五峰系统捧得太高，故必须有以别异于陆王系统，说其只是主观面的挺立，未伸言倡言客观面的落实。所以才说要以心着性，而不只是一心之发，才真是使性成其具体真实之性，性者天理，即天道，即在本心之成性着性之作为中，建立了客观天道之所以为天道理体的真实意旨。

就此旨而言，笔者认为，《中庸》《易传》已完备此旨，当牟先生说《庸》《易》是顺孔孟之仁与本心而上遂之本体宇宙论系统时，《中庸》性道教之系统，《易传》"继善成性"之系统，就是主客观合一之系统矣，不必待五峰、蕺山盛言之方为一必然有之系统，且周、张、明道之系统亦无有缺差，说有缺差者是论及气禀世界以及境界展现议题时的牟先生自己的特殊偏见解读才有偏差的。

总之，以心着性之说，高则高矣，美则美矣，本身无误，有偏差者，对周、张、明道略有不及之诠释本身有误，对程、朱之贬抑更有误旨。

然而，此一极高之型态，在后来的讨论中，便发现其实只能是就境界哲学而说方才可以。

牟先生必强调"以心着性"又见下文：

> 胡氏此处，言尽心不悖孟子之意。性固是"天下之大本"，然"六君子先后相诏，必曰心，而不曰性，何也？"岂非因尽心以成性乎？此明示心为形着原则，性为自性原则。如无心之形着，性只是客观地潜存，即不能成为具体的、真实的性。"成性"是形着地成，这通过心之形着始能完成或成就性之为"天下之大本"也。故云："六君子尽心者也，故能立天下之大本。"此"立"亦是形着地立，非"本无今有"之立也。①

这是同一段五峰文本的解读，意旨前文已现，现再强调，此说，以未经心之着性前之性者，只客观潜存，不能为具体真实的性，那就是说，天地固有其然，却未尽善尽美，必有君子圣人之实践，才有其尽善尽美之境。此说，可也，但已非形上学问题，而是社会政治哲学问题，收到四方架构说时，则是境

---

① 牟宗三《心体与性体》第二册，页453。

界哲学问题，意即，是在圣境中此性才真正完成其真实具体的天道理体纯善无恶之性。所以笔者要说，牟先一味飙高之论，最后必须只能是说圣人境界，却把圣人境界说成了动态的道德形上学，然后贬抑只说及工夫的陆王系统缺此客观面，而只说及存有论原理的程朱系统缺此实践面。

牟先生必欲成就其"以心着性"说是圆满完美的系统，笔者以为，此说是牟先生自己过高的推崇，为成就此高明之旨，不免牺牲各家理论的地位，但是，即便是五峰之说，亦有许多和各家理论意旨相同的论点，牟先生不能一一抹除，故而费力批注，其中，关于气禀之事，胡宏有一段讨论，牟先的讨论就见出前此被他贬抑的系统确实有其不可非议的理论功能在，参见：

五峰言：

凡天命所有，而众人有之者，圣人皆有之。人以情为有累也，圣人不去情。人以才为有害也，圣人不病才。人以欲为不善也，圣人不绝欲。人以术为伤德也，圣人不弃术。人以忧为非达也，圣人不忘忧。人以怨为非宏也，圣人不释怨。然则何必别于众人乎？圣人发而中节，而众人不中节也。中节者为是，不中节者为非。挟是而行，则为正。挟非而行，则为邪。正者为善，邪者为恶。而世儒乃以善恶言性，迷乎辽哉！

牟先生言：

案：情、才、欲、术、忧、怨等等皆可有好坏两义，只在溺与不溺耳。本心屹立，则皆可称体而发，转化而为好的意义。"圣人发而中节"，则皆善也。"众人不中节"，则皆恶也。此亦"同体而异用，同行而异情"之义也。中节者即天理，不中节者即人欲。天理者为是、为正、为善。人欲者为非、为邪、为恶。是非、正邪、善恶乃是情、才、欲、术、忧、怨等之表现而为事相上的事。在明道"生之谓性"义中，善恶是性体混杂在气禀中表现的事。性杂在气禀中的表现是性之表现。性之表现亦正涵气禀之表现。性之表现亦正涵气禀之表现。性之表现上有善恶正因气禀之表现有善恶。五峰此处是就情、才、欲、术、忧、怨等之表现说。而情才等等属于气，故亦属于气禀之表现也。气禀之表现同时亦涵有性体之表现。无论就性之表现说，或就属于气者之表现说，是非、正邪、善恶皆是就表现上说，而一有表现皆是事相，故亦是皆就表现上之事相说。性体自身非事，故亦无相。性体无相是至善义，非中性无记义，因此值得叹美。但"人生气禀，理有善恶"。气禀自身本有种种颜色，如滑浊、厚薄、刚柔、缓急之类是。是以气禀自身不能说无相。①

又，此段就情、才、欲等而言其为"天命所有"，此"天命"是带着氧化说，不纯是以理言也。"天命之谓性"，则纯是以理言。"维天之命，于穆不已"亦是纯言体。"天命不已"虽非即气化，然由其"不已"亦涵着气化不息。故通气化而言"天命"亦可许也。凡孔、孟所言之天命或命或天而有超越限定意味者，或有慨叹意味者，皆是带着气化说，不纯是以理言或以体言的天或天命，当然亦必是通着体的天或天命，决不是隔绝了体而单落在气上说。惟偏重其超越限定义，始有令人慨叹的意味，因而亦有其严肃义。若纯以理言或以体言的天或天命，则无可容其慨叹也（当然亦有其庄严、崇高、严肃等义）。在此不说限定，而说是吾人之本分（"分定故也"之"分"），性分之所命，天命之体之所命。五峰此处带着气化说"天命"，不是说其超越限定义，而是据之以说情、才、欲等之实有，即此亦是天命带着气化之所必有也。"众人有之"，圣人亦有之。圣人于此单纯的有上不能异于众也，故亦不能废（至于气禀上所有之颜色自不同）。圣人之所以异于众者唯在其能"发而中节"耳。"节"之源仍在以理言或以体言的天命性体也。（中节不中节之因，气禀颜色之异亦大有关系，此已随处言之，兹不必详。）②

五峰谈圣人发而中节，故超越情才欲术忧怨，后者气禀之所成，且圣功之所依，故而圣人者，变化气质以成性者。就此而言，谈工夫，无有不是变化气质而成就的，谈现象，无有不是阴阳五行之气所成就的，因此谈本体宇宙论也

---

① 牟宗三《心体与性体》第二册，页470–471。
② 牟宗三《心体与性体》第二册，页473–474。

好，必就现象之气禀以论说，谈本体工夫论也好，亦须就主体的气禀结构以论说，因此，从存有范畴进路讨论理气结构问题，正是儒家道德哲学必要有的理论环节，牟先生好言高论，好说圣境纯善无恶，故而多有排斥气禀之论。

然而，就此文而言，牟先生不好再非议了。这种对气禀之事的非议之论，已经发生在牟先生谈周濂溪、谈张载的理论中多处矣。牟先生高胡宏贬朱熹，要是再予非议，便没有知音了，这次只好适为顺解。文中说天命不能不在气禀事项上表现，天命带着气化，情才欲为天命所有，因此圣人之作为亦不能不在情才欲术忧怨上处理，便是对此旨之尊重。但是，文中仍说性体自身非事，且无相又至善，这些说法都是多余，都是还要别异心性是一而非气禀之旨的残余，若性是纯善无相非事，那岂非正是朱熹言于理者洁净空阔纯善无恶之意旨了，牟先生之性能不是天理吗？能不是天道吗？能不是洁净空阔不动纯善之性体吗？所以说，从存有论说这些概念的定义及关系之旨，就是必须要有的儒学理论部分。至于当说及工夫论时，便是"以心着性"之旨，便是牟先生的逆觉体证之说，则是心性是一的所论之处，此时说为主体状态纯善无恶无气禀之私是当然的，然而，这就是就圣境而说的，不是就形上学而说的，所以，必说有纯善无恶非气的动态的道德形上学之旨，只能是就圣境说，亦不能因此贬抑诸儒之它说。

牟先生以心性是一说纯善之理体道体，再将情与气屏除在外之做法，仍不断出现，以下另有两段文字说及，笔者不厌其烦再予呈现，胡宏言：

五峰言：

天地，圣人之父母。圣人，天地之子也。有父母，则有子矣。有子，则有父母矣。此万物之所以着见，道之所以名也。非圣人能名道也；有是道，则有是名也。圣人指明其体曰性，指明其用曰心。性不能不动，动则心矣。圣人传心，教天下以仁也。

牟先生言：

五峰言："指明其体曰性"，意与尧夫语同，言道以性为体。性命、天道为一，道不能不落实而为个体之性。道体于穆不已，生物不测，本即是一"即活动即存有"之奥体，而此实义完全在性体中见。故"指明其体曰性"，即就性体之创生义、定向义、奥密义、即活动即存有义，来证实道体之所以为奥体、属于穆不已之体也。言道即以性体处所见之创生义、定向义、奥密义、即活动即存有义，为其体性或本质也。"指明其用曰心"，言即就道之"生物不测"之用、妙运无方之神，而说为心也。落于心自身而言之，则心自身之自觉义、妙用义，乃至自主、自律、自有天则义，即反而形着道之生物不测之用与妙运无方之神也。形着道体之用，即形着也。客观地言之，道体、性体之用即是心。"性不能不动，动则心矣"，此亦是客观地顺性体而言也。"性不能不动"即示性体为"即活动即存有"之体，而不是"只存有而不活动"之"只是理"也。就其"活动"义言即是心矣。主观地就心自身之自觉义、妙用义，乃至自主、自律、自有天则义言之，则心亦反而形着道体性体之用，即形着其活动义也。"尽心以成性"即此形着之用也。客观地顺体言之，是融心于性。主观地形着言之，是融性于心。融心于性，性即是心矣。融性于心，心即是性矣。五峰惟是心性对言。对言者为明形着之用，而最后是一也。此是以《中庸》《易传》之道体性体为首出而欲会通《论》《孟》之仁与心者所必应有之义。融心于性，性即是心，则性不虚悬，有心以实之，性为具体而真实之性，是则客观而主观矣。融性于心，心即是性，则心不偏枯，有性以立之（挺立之立），心为实体性的立体之心，是则主观而客观矣。分别言之，心是形着之主，性是纲纪之主。主立而情从之，即不必鼎立而再言情矣。盖依五峰，心、性唯自体言，情则以气言。尽心成性乃所以主情而宰气，而心不可以气言。此则唯是体之主情宰气以成用，情之"有"不自体上葛藤也。①

牟先生说道体时已是自身能动之存有实体了，功能完整，道体以性体说之，范畴等同。然而，为提高圣境以别异他说，竟又主张若非"心体形着性

---

① 牟宗三《心体与性体》第二册，页486–487。

体"则性体不真实具体,此说确实多余。除非,此心非圣人之心,而是天道之心,是仁者天地生物之心,则天已有心矣,不待圣人而后有"以心着性",是天道自身之作用而以心说,心又反着其性其天道,这样,天道论已说完了一切,工夫论是另一个问题,则圣境亦不必强说了。然而,牟先生必以心性二分对举然后合一,"五峰惟是心性对言",又说心是主观,则此心非圣人之心又不可矣,故而进入工夫论与境界论旨。此时,主立情从,情又不在体上葛藤了,亦即,以心着性、性立心宰,此时,又不可言情了。此处之又不可言情,就是又要把情与气禀排除了,前说道体自身活动,活动者不能不是整体天地万物之大化流行之动,主体实践的以成圣境的修养活动,以心着性的活动,也不能不是即在气禀存有者的人身上的实践活动,若一定要说个惟理无气只心性理道者,则与朱熹论于存有范畴时之洁净空阔不动之理体有何差别?若此纯善之理又要活动,则不能不及气及现象及才情欲忧怨而动。总之,说存有范畴是一套文字理路,说主体实践是一套文字理路,说存在界的大化流行是一套文字理路,牟先生就是把存有论把本体宇宙论把本体工夫论把境界论都合在一起说,要肯定谁时就拿哪部分出来说,要否定谁时又拿另一部分出来说,总之就是他自创的圣人境界以为动态的道德形上学最为优异,此种方式,不断牺牲各家学说的本意精要,辗转跳跃,意旨诡谲。

牟先生说性体之动有三义,其中五峰之性,非程朱之性,此处,又是就各种哲学问题混同而言者,把本体宇宙论和存有者的存有范畴混在一起处理,其言:

(二)胡五峰之说法,在此,性为"天下之大本",为"天地鬼神之奥",为绝对至善之实体,此则本"于穆不已"之天命之体而言。"性不能不动,动则心矣"。此动是就性体之为"即活动即存有"之"活动"义说,不是激发起之动,更不是气之动静之动。故不就此"活动"义说情说欲,而说心。就此活动义说心,此心是形而上的本心、天心,由孔子之仁与孟子所说之道德的本心以实之,或由《中庸》《易传》所说之诚体神体以实之。心性是一,对言者为明心之"形着之用",亦为明性为"具体而真实"之性。心性俱是形而上者,"即活动即存有"之创造实体。此体主情宰气而成用，即其创生之大用，使生化不息为可能者，亦即其道德创造之大用，使道德行为纯亦不已为可能者。情以气言，生化亦就气言，皆是形而下者。形而下者有体以贯之，则皆成实体之用矣。五峰言："情效天下之动"，此动是气化之动，情变之动，不是"性体之动而为心"之动也。〈易传〉言"天下之动贞夫一者也"。"贞夫一"，则动不妄动，亦非虚浮之动，乃有体以宰之与实之之动，如是，"天下之动"乃成天道性体之大用流行矣。在此系义理中，并无"性之动为情"与心性情三分之说法。即使"太极动而生阳"，如果太极是"即活动即存有"之诚体神体，则由其活动义之自身亦只能说神，而不能说气；如果由其活动义而说到气，所谓"动而生阳"或"静而生阴"，于此想予以本体宇宙论的解析，而可使吾人说太极真体动而为气，或性体动而为情，则亦当有一种特别之解说，须善会其过渡，而不可直认太极真体或性体之"活动"义即是成为气或成为情之动也。关此详见〈濂溪章〉。孟子说恻隐之心、羞恶之心等，明是说心，而不是说情，尤其不是心与情之二分。此只是说具体而真实的道德真心，即使恻隐等有情的意义，亦是"即心"之本情，是以心言以理言的情，而不是以气言的情。在孟子，此具体而真实的道德真心即是性，只是一个道德创造之真体，并无心性情之三分、性只是理、性动而为情、心统性情之说也。①

此说之中，心性是一，也是诚体神体道体，是形而上者，是实体，固然宰情主气而动，能贞夫一，而成大用流行，但自身不是气。说不是气并无不可，但仅就形上世界而说时，岂不类似柏拉图之理型矣，此说与熊十力论于本体意旨不符。且，仅是形上实体，便不是圣境，圣境必就人存有者而说，是人存有者，岂有无气禀之人？所以牟先生说的心性是一且是神体诚体之形上道体，而不是气，美则美矣，但功能上要做什么？实是意旨不明。

本文又以此说别异程朱论于心性情关系理气关系之论，说太极之动不能成气，难道太极成了柏拉图的理型？说孟子之心不能是情，难道此心不去人欲存

---

① 牟宗三《心体与性体》第二册，页488–489。

天理？说此心只是以理言不是以气言，只是一个道德创造的真体，而有以别异心性情三分的程朱之说，难道尽心尽性之功不在情上处置而能有其功？笔者主张，说天道必及于气化世界，说人道必及于气禀善恶，说静态的存有范畴，才可以心性情才理气一一分说而互不相混，说动态作用，则所有概念交涉相关，尤其是"以心著性"之时，若非主体实践做工夫以去人欲存天理，则何以言此"以心著性"之意旨？牟先生确实是混合问题，从而任意抑扬诸论。

牟先生主张孔孟之仁心与《易》《庸》之实体必须呼应合拍以成同体，不使合拍者是小慧，此说，当指劳思光先生"心性论中心"以贬抑形上学、宇宙论系统的理论[①]。

三、牟先生对主客合一的讨论

接着，牟先生便综论北宋诸家，这其中，实在有太多对各家的曲解贬抑之词，而绝非必要者。其言：

> 北宋三家即承《中庸》《易传》之圆满发展，而以《中庸》《易传》为首出，从此顶峰上言。彼等如此进入亦当是在原则上不能认为《中庸》《易传》所展示之道体性体乃至诚体神体与孔子之仁以及孟子之内在的心性为有隔异而不可通者。其初濂溪虽少讲《论》《孟》，只是意识兴趣之未及。横渠已能及之，而言之不显豁，人不易见。实则其言"兼体无累"，言"继善成性"、言"心能尽性"、言"仁敦化"、言"仁体事无不在"，皆本《论》《孟》而言，是已充其极而通而一之矣。至明道盛言"一本"，则尤能充分意识到孔子之仁、孟子之心性与《中庸》《易传》之天道性体直下为一矣。先秦儒家是由《论》《孟》发展到《中庸》《易传》，北宋三家则是由《中庸》《易传》渐回到《论》《孟》。如果吾人知由《论》《孟》到《中庸》《易传》是一步圆满的发展，则由濂溪、横渠而发展至明道之直下认为一并非无据矣，亦并非不可矣。此"认为一"甚至乃是宋、明儒之共

[①] 牟宗三《心体与性体》第二册，页508。

同意识。陆、王系纯从心说,无论矣。即伊川、朱子亦不能认为原则上不应合一也。惟对于心性之自觉的理解有不同,遂不期而成为三系矣。①

牟先生第一段话就颇为多余,北宋诸儒若非儒家意识又何来振兴儒学的创作,固然其说多由《中庸》《易传》入,但绝不少论及《论》《孟》,周敦颐承《论语》之说多矣,张载亦然,牟先生对周、张的两段评语皆不真谛,先秦儒固是由孔、孟上至《庸》《易》,但宋明儒自始即是孔、孟、《庸》《易》一齐承受,而各自再度创发各个哲学基本问题的不同面向而已,此旨笔者已多言于《北宋儒学》专书中,以及对牟先生谈北宋儒学的多篇论文中,不再多言。至于说陆王纯从心说,而程朱不解心性意旨,则绝非笔者所能同意。周敦颐是从本体论宇宙论说圣人境界,张载是宇宙论、本体论、工夫论、境界论皆丰富意旨,程明道是从圣人境界的展现说其意旨,程伊川是对孟子性善论做存有论的发挥,并及《大学》下学上达之工夫次第论的发挥,朱熹承继伊川,亦兼及本体宇宙论和本体工夫论,陆王是本体工夫论为主。牟先生的工作模式是单以形上学为论题,却把不同问题皆以形上学说之,结果成就了特殊型态的形上学,就是圣人境界也成了圆满的形上学,工夫论也成了动态的形上学,讲心性情理气关系的形上学反而成了静态横摄的形上学,讲工夫论的只成了心学。这样混合为一的说法,实不能彰显诸儒意旨,反而限缩诸义,且曲解文本。以下,即是本文中牟先生所提的第一个重要问题,而令他十分费词地讨论者,即是如何真能"以心着性"?其言:

> 胡五峰是南渡后第一个承北宋三家尤其是明道而重新消化反省者。明道之以《中庸》《易传》为首出,会通《论》《孟》而为一,直下言"一本",此乃是北宋开始复兴儒学所成之圆教之模型。惟明道在分解的认识上说《中庸》《易传》之天道性体乃至诚体神体与孔子之仁以及孟子之心性是一,此只是平说,即只是以"即是"之方式说,人尚不易知其所以是一之实,即在分解的解析上似稍有不足处;其在融会的认识上说"一

---

① 牟宗三《心体与性体》第二册,页 508-509。

本"，只是直下圆顿地言之，人亦嫌笼统，朱子所谓"浑沦"是也，人亦不易知其所以为"一本"之实。前者似易补充，而于后者欲明其所以为"一本"，则须有一特别之劲道，须先明《中庸》《易传》言道体性体与言孔子言仁、孟子言心性之分际，并于其中见出实有一可以使双方契接而为一之关节。此即五峰学之着眼处。尽心成性，心以着性，即是双方契接而为一，成其为"一本"之关节。盖《中庸》《易传》之言道体性体是"本体宇宙论地"言之，客观地言之，而孔子言仁，孟子言心性，则是道德践履地言之，主观地言之。两者对比，即使皆视为体，亦很易见出此"体"之意义之不同。设客观方面综曰性体，主观方面综曰心体，此两真体如何能相契入而为一耶？说到最后，天下不会有两真体，其应为一也必矣。此则分解的认识上本已视为一，但既有主客观言之之异，即应说明其如何能相契入而真为一。此非只是"即是即是"之平说方式所能尽，亦非只是直下圆顿地说之所能尽。若纯依孟子，只言一心之朗现与申展，则无此问题，此如陆、王是。但以《中庸》《易传》为首出而欲会通《论》《孟》而一之者，则有此问题。以《中庸》《易传》为首出，客观地言之之道体性体是万物之客观性原则、自性原则，五峰所谓"性立天下之有"、"性也者，天地所以立也"、"性也者，天地鬼神之奥也"是也。即使就此奥体自身之"活动"义而言心，此仍是"本体宇宙论地"言之之心，客观地言之之心，尚不即是道德自觉地、主观地言之之心之真成其为心。如是，此两者如何能相契入而为一，真成问题矣。此相契入而为一之关节即是以心着性，正式认识主观地、道德自觉地言之之心为一"形着原则"。本心仁体其自身本是实体性的，本即是体，但对客观地、本体宇宙论地言之之"性体"而言，则显其"形着之用"。[①]

这一长段文字中，首先，开头即是对明道之说的误解，牟先生以形上学是动态圆满成圣境的意旨说之，认为明道是分解地说天道诚神仁心性等是一，牟先生这样的诠释让人不易了解，其实，明道就是说境界哲学，说在圣境的体证

---

① 牟宗三《心体与性体》第二册，页509–510。

中主体所感知的诸存有范畴其价值意识皆是为一的，且牟先生于诸概念中不加分类，诚仁是价值意识，道理心性是存有范畴，神是作用姿态，主体纯守仁诚善之价值意识时，主体之心性与天道之理体道体的价值意识同一，而有其神妙的姿态，故明道合天人、赞化育、言一本。牟先生没有单纯的境界哲学问题意识，以为是形上学命题，却盛言合一，只是分解的进路，意旨正确，却方法不谛，必见"以心着性"才是正确完整圆满的形上学命题。故而须有将客观面的本体宇宙论与主观面的道德实践学合一之说，才见圆满。其实，明道就是孔孟仁义价值由心而发作为工夫达至圣境，而有天人合一之境界体证，故发为一本之论者。明道已合一，牟先生见其说诸概念合一，却以为明道还在分析地谈诸概念，这就是牟先生处在自己的一种混合式形上学进路的思路所导致的偏见。

接着，客观面的性体与主观面的心体是否真能合一？牟先生竟然问了这样的问题。其前不是说孔孟之仁心必能上达于天道吗？而《庸》《易》之道体必是由孔孟之仁与心上遂的吗？牟先生自己说，天下不会有两个真体，明道分解地已知其是一，但如何契入而真为一仍须说明？以为明道只是即是即是之平说，这尚不真能合一，而孟子只谈主体心的开展，故无此问题，惟自《中庸》《易传》谈下来时便有此一问题。牟先失这些担忧及疑虑，本身就很奇怪，关键就是他自己的问题意识的设定过于纠缠，都是形上学问题，而有动态的纵贯的圆满的，也有认知的静态的分解的形上学，必为别异五峰、朱熹，而不是为他们的冲突寻绎化解，故而五峰必是从《中庸》《易传》入，如何优异诸说呢？那就是"以心着性"说。

此处，真有问题矣。牟先生说，《中庸》《易传》是本体宇宙论地说，即便言心，仍是客观的心，尚不是主观的道德真心，这就是笔者所说的一大混乱。如果本体宇宙论的道体以心说时，此心说的即是仁者天地生物之心的心，则此心是以性说心，并非人心。天道仁体，此旨已满，无有欠缺。人道之心呈不呈现已无关天道，不增不减，此心不现亦有他心呈现，否则天道岂不陷塌？牟先生必欲以道德实践之人心而"以心着性"以实之，才能真成其心，就是把工夫论塞入形上学去说，是把人心和天心合为同一实体，人心之本心作用，本身即是实体，即是道体，即是将性体形着之实体。亦即，只有"以心着性"的主体实践才有本体宇宙论的大化流行，否则本体宇宙论的大化流行不成其真实也不成其具体矣。此说固有其高明神美之妙意，但就是把工夫论和主体实践和形上学和本体宇宙论混合在一起讲了，这也就是为什么他会说孟子之学没有形着义了，参见其言：

> 孟子尽心知性，此非心性对言，故不表示形着义。盖本心即性。尽之即知吾人之性。所以有尽心知性之异者，盖为其初是以人性为论题也，故此心性之对言只是名言之施设，非有实义也。盖孟子并未自本体宇宙论的立场言道体性体也。故其"知"字并不表示着成义。"知"字轻，"着成"字重。"知"字并不表示一义理，一主张，而"着成"字则表示一义理，一主张。即"知天"之知亦是如此，并不表示以心性形着天也。孟子是纯由主体直线地申展出去，故象山得以直下视心为绝对普遍性之心，涵盖宇宙之心也。阳明言良知本体亦是如此。此是纯依孟子而来的圆顿之教。①

五峰心性对言，才有形着义。形着义者，将客观的本体宇宙论具体真实化之之作用矣，意思就是，这个天地万物才是真有道德意旨的天地万物。简单来讲就是待于人方才呈显，不待人即不呈显。笔者认为，天道不能待不待人，圣境才是待人不待人，圣境待人体天道而呈显，使天人合一。至于天道，本就呈显，人之实践与否是不增不减的。当然，牟先生必欲如此建构其学，笔者尊重，但不能因此曲解诸儒的文本意旨。

本文说孟子不具形着义，其初只人性论问题，不能形着此天，只是主体的伸展。此说，实大怪异之说。天道待人做工夫而显，今孟子工夫论大家，却不及天，故言尽心知性知天、存心养性事天、诚者天之道，诸盛大之文具在于此，竟谓其知没有着成义，也就是说，牟先生自己圈陷在概念语词的使用及否，未能言及"以心着性"、未能言及"尽心成性"，就不是着成义。但却又说，象山阳明可及于宇宙之心，是依孟子而来的圆顿之教。牟先生太为高五峰之说，竟也可以牺牲孟子之说，以孟子无形着义，不能合客观面和主观面，但

---

① 牟宗三《心体与性体》第二册，页510–511。

前此又说孟子之说,亦未限制其旨于只是在人之范围[1],则孟子之说,如何不能有形着义呢?为了合理化牟先生的限制孟子,只能是说五峰依《中庸》《易传》而说的本体工夫合会本体宇宙论,在孟子之时,本体宇宙论尚未建构完整,故而孟子未能意识及,即便如此,依牟先生的建构,孟子的理论也必须已经涵摄及矣,这不也正是牟先生自己说的,孔子言仁,孟子言心,已然触及天道面而由《庸》《易》实之之旨吗?

牟先生接着介绍蕺山之学,说蕺山言及之而未意知之,此说亦真怪异之论也,关键就在五峰之学为朱熹扭曲之后无人识之,陆王之说只是主体面的伸展,必待蕺山方才重新言之。其言:

> 吾甚至怀疑:即刘蕺山本人亦只是如此言之而已,亦未必能自觉到其所言之形着义之在系统上之独特——使其系统既不同于伊川、朱子,亦不同于象山、阳明也。此盖为伊川、朱子系与象山、阳明系之辞语所吸引,而言诚意慎独不同于其前辈,不复能反省自觉到其所言之"形着"义乃是其系统完整之关键,是以决定其系统之独特之本质的标识也。诚意慎独义之独特只是其系统中之一义耳。若不能透出,自"形着"义上觉识到其系统之全貌与独特,则其分别心宗与性宗,言"于穆不已"之性体,徒为锦上添花之赘辞。岂只是诚意慎独之独特即足以别异于阳明,而复由之即足以见阳明之不足乎?自己不能充分觉识自己所言之形着义之殊胜,亦难怪人之轻忽而不易为人所注意也。然而吾人今日予以反省比观,则觉此形着义有决定系统之独特的作用;其分别心宗与性宗,其言"于穆不已"之性体,非只是锦上添华之赘辞,亦非只是人云亦云之通常语;其言诚意慎独非吸收于此不足以完成其殊特,亦不足以见其系统之完整与充其极,人固有自己言之而不必尽能觉识其恰当的涵义与作用也。然而事实则总是如此,不可泯也。

蕺山之学大体是由严分意与念,摄良知于意根(知藏于意),而言心体,由于穆不已而言性体;以心着性,性不能离心而见;融心于性,心

---

[1] 牟宗三《心体与性体》第二册,页506。

有定体有定向而不漫荡，不但良知可不流于"虚玄而荡"，即"意根最微"亦得以成其为"渊然有定向"之独体；摄性于心，性体成其为具体而真实的性体，不只是本体宇宙论地言之之形式意义的性体，而性体可存，即在眼前：如是，则心宗性宗合而为一，而性体不失其超越性与奥密性，而心体向里紧收，向上浸透，见其甚深复甚深之根源，亦总不失其形着之用。故工夫唯在诚意慎独以断妄根，以澈此性体之源也。①

牟先生盛说蕺山之学即是性体与心体的相融，故能有以别异于陆王，笔者质疑，阳明之良知非性呼？非天道呼？而蕺山的慎独诚意非工夫论呼？笔者之意即是，牟先生太过高爱自己所提的"以心着性"说之词藻了，必见此二辞合表者才是"以心着性"意旨。然而，阳明已说及良知是造化的精灵，前文牟先生亦已言及陆王已依孟子一心伸展而上至宇宙之心，则何来陆王无此所谓"以心着性"意旨而只蕺山重新发掘呢②？更怪异的是，牟先生甚至怀疑蕺山自己不解其说之深意，只能说，牟先生太高爱自己了，这样的理论论述，是否太像编剧本而不是理论讨论呢？

笔者之意就是，没有那么多的特殊形态的理论，没有那么多的各家理论差异对立的事情，有的只是文本依据不同，用词喜好不同，大家偶有一些冲突都易于化解，只有牟先生喜欢自建理论体系，刻意别异诸家，评点江山之余，众人皆醉我独醒，牺牲各路英雄的战功，只成就我自己一家之言而已。

牟先生说的陆王精采处程朱亦言及之，牟先生说的五峰之精彩处实在来讲五峰并没有那么精彩，是牟先生过于厚爱了，说孔、孟、庸、易拾级而上一脉相承，笔者绝对接受认同，但周、张、二程、胡、朱、陆、王、刘诸家的同异之间，都不能如牟先生刚烈拆解般地来认知，否则儒学体系不成其论矣。

接下来，要进入到牟先生谈胡五峰最后关键的两大问题中，也正是因着这样的自问自答，牟先生等于把形上学说成了境界论了，这也正是本文宗旨所说，牟先生是藉五峰诠释，而把境界论说成形上学的讨论要紧地了。

---

① 牟宗三《心体与性体》第二册，页 512–513。
② 牟宗三《心体与性体》第二册，页 520–521。

四、心如何形着？

牟先生最后自己又提出两个问题，其实这两个问题也可以说在前文的种种讨论中已经申明，但因其意旨确实诡谲，所以自己也觉得说之不易，故而再度自问自答。牟先生的讨论还是从对程朱的意旨之非议说起，这一部分笔者不再引文讨论，直就牟先生申论五峰意旨处说起，其言：

> 性之原义，就孟子说，本是道德创造（道德行为之纯亦不已）之动源，故即以本心说之。就《中庸》《易传》之综天地万物而言之说，性本即是"于穆不已"之道体，惟分散地对万物言始为性体，故五峰云："性立天下之有"，是"天地鬼神之奥"，是"天地之所以立"，而蕺山从性宗方面亦言："至哉独乎！隐乎微乎！穆穆乎不已者乎？"故性是本体宇宙论之"客观性原则"（principle of objectivity）亦为万物之"自性原则"（principle of making thing as thing-initself）。此性体是本体宇宙论的生化之源，是"生物不测"的"创生实体"（creative reality），是"即活动即存有"者，而在人处则真能彰显其为"创造实体"之实义，而其彰显而为创造之实体则在实体性的道德本心处见。在此本心处见，即是此本心足以形着之也。形着之即是具体而真实化之为一创造实体也。盖此本心亦是实体性的"即活动即存有"者。故对"于穆不已"之性体言，此心即为"主观性原则"（principle of subjectivity），亦曰"形着原则"（principle of concretion, realization, or manifestation）。此形着是通过心之觉用而形着，不是在行为中或在"践形"中形着。是故性之主观地说即是心，心之客观地说即是性；性之在其自己是性，性之对其自己是心；心性为一，而"无心外之性"也。在五峰，即明言尽心以成性；而在蕺山则即以心宗之"意知独体"或"意根诚体"浸澈此"于穆不已"之性体也。①

---

① 牟宗三《心体与性体》第二册，页525–526。

前段即讲天道与人道的再申论。性体即是道体本身，是天道创生万物之奥体。此说甚能成立，这就是儒家的天道观，唯《中庸》亦将天道赋命于人，而成人性，人皆修此性而为人道之极，此性，即心体，牟先生"以心着性"的用法就是以性说天道，以心说人性。惟"以心着性"之说重在强调即在人之觉用实践中，更加地主观化了天道的价值意义，形着之即使其作用之价值意旨实现之显化之充实之。如此一来，心即性，人心即天道，亦提高了人心的形上学地位，亦充实了天道的价值性意旨，此说亦甚合理。有问题的是，刻意别异程朱论于道体性体心体的存有范畴解析之理论功能，割裂程朱言下学上达工夫的体证意义，此其一。其二，以此形着原则又复批评孟子陆王不具形着义，且此道德创生作用中无气化的渗入空间。这是本文前段中笔者的讨论重点。

接下来，牟先生便自己提出两个问题并深入讨论及解答之，这两个问题都是牟先生形着说理的根本问题。其言：

> 如果采取五峰、蕺山之路，言心以着性，则心之一面，无论依孟子、象山之本心说，或依阳明之良知说，或依蕺山之说，其形着也，能澈尽性之全蕴一如其普遍而普遍地形着之耶？又即使能普遍地形着之矣，能竖起来复客观地、本体宇宙论地为一生化原理，一如性体之客观地为万物之"自性原则"或"客观性原则"耶？①

简言之，这第一个问题就是工夫如何实现成功的问题，第二个问题就是主体的实践又如何说成是形上学普遍原理的问题。笔者以为，这两个问题并不需要质疑，问题只在，牟先生混合工夫论与形上学，又混合境界论与形上学，所以才会有这样的自己以为的问题。说道体即是整体存在界的存有原理，所以说性体即已足矣，主体禀赋性体，以心之觉知作用发为工夫，上合天道，成圣境时即是个人的完成，成天下太平时即是天道于天下的作用的圆满，天下未能太平，天道亦不少缺，只是人道的实践不能圆满，个人成圣没有缺漏，天下太平尚不圆满而已，至于天下的太平，就是历代的儒者永无间断的神圣使命。个人

---

① 牟宗三《心体与性体》第二册，页526。

成圣是工夫论与形上学的关系问题，天下太平是圣人境界与形上学的关系的问题，圣人境界有个人的圆满与天下的圆满两层，不能因天下尚未圆满就否定个人成圣，孔子即是圣人，但中国始终未能完全实现天下为公的政治理想，时而兴盛时而衰颓，但这是人道努力的问题，不碍道体完足也不碍个人成圣。

针对第一个问题，牟先生言：

> 就前一问题说，自道德自觉以彰心之自律以成道德行为言，似是一时不能澈尽性体之全蕴。盖道德、自觉是有限制的，而某一特殊的道德行为亦是有限制的，此蕺山所谓"囿于形"者也。自此而言，道德的本心一时不能澈尽性体之全蕴。故必须纯亦不已，在一过程中澈尽之。胡五峰所谓："一有见焉，操而存之，存而养之，养而充之，以至于大，大而不已，与天同矣"是也。然过程是一无限的过程，故如从过程上说形着，亦等于说永不能澈尽也。亦即永不能一如性体之普遍而顿时普遍地澈尽而形着之也。在过程上说，人可说此总是属于道德自觉之道德界，而永不能进入普万物而为言的形上学之领域。即因此故，遂有西方通常所说之道德一方与形上学不一，一方亦与宗教不一。然依中国儒家之传统，自自觉过程上言固是如此，但自终极言，则即可达至普万物而为言的形上境界亦即宗教境界，而且认为此两境界是同一的。[①]

而圣人之化境即证实此义。是则自过程上说，虽不能全蕴，一如其普遍而普通地形着之，然自心体自己之为绝对地普遍的说，则原则上是能澈尽性体之全体，一如其普遍而普遍地形着之，然自心体自己之为绝对地普遍地说，则原则上是能澈尽性体之全蕴，能如其普遍而普遍地形着之者；而实现此原则上之可能则在肯定一顿悟，在此有圆顿义之立。（圆义、顿义，非可随便滥讲）。"反身而诚，乐莫大焉"，即藏一顿悟义。"满心而发，充塞宇宙无非斯理"，亦涵一顿悟义。"只心便是天"、"只此便是天地之化"，亦是顿悟义也。而圣人之化境即证实此义，所谓"尧舜性之也"。此顿悟化境亦涵一从自觉到超自觉。及至超自觉，则即成同时是道德界，

[①] 牟宗三《心体与性体》第二册，页 526–527。

同时亦即是超道德界而为宇宙性的与宗教性的。①

牟先生虽然设问了两个问题，但针对两个问题的回答意旨却几乎是相同的，也可以说，牟先生问了一个自己未必真能有效解决的问题，关键就是他混淆了形上学和工夫论以及境界论的问题。针对这个第一个问题而言，牟先生自己认为主体的实践是不一定能够完全无碍无误无杂质地达到永恒不变完美圆满的境界的，其实，这是把工夫论和形上学也就是天道论混合在一起看的误解，工夫的实践，固有其艰难，但不能说没有成功的时候，也许还会有新的人生挑战，也还需要继续坚守，但不能说圣人从未达致圣境。此其一。但是，圣人达致圣境，和天下是否太平，以及天道是否圆满，这是必须分开谈的。牟先生自己提问的道德境界和形上领域的合一问题，这是牟先生的大哉问问题，但根本上，则是哲学基本问题的问题意识和语意约定的问题，所以牟先生自己要追求的是道德与宗教之合一，以及道德宗教与形上学之合一，牟先生依据孟子、象山、阳明的话语而说此意旨，又说圣人之化境能证实此义。前此是问道德实践能否澈尽，就此而言，笔者以为这就是工夫论能否成功的问题，答案当然是因人而成，有人能成有人不能成，能成不能成端视个人的努力，理论上及现实上都有能成已成。后来的讨论便进入圣境与形上学合一的问题，笔者以为，牟先生自己的问题意识不明，孟子、明道、象山、阳明的话语都是在说主体的实践实现了天道的意旨而成圣境，这就是圣境，也就是天道的意旨，这样的说法是没有问题的，也就是透过主体的实践而实现了天道的价值意识，完成了天道的理想。而且当圣人成圣境时，即是此旨之完成，所以圣境有宇宙性的意义在，此说一直是儒者的所想，理论上亦无问题。问题只在，圣境是圣人实现了天道意旨，还是圣境是圣人进行了天道活动？亦即是有宇宙的意义还是有宇宙论的意义？是人的活动充实了宇宙，还是人的活动就是宇宙的活动？后者真是形上学问题，甚至是唯心论的主张，前者只是工夫论的问题，是心性论的主张。

---

① 牟宗三《心体与性体》第二册，页 527–528。

五、心之形着如何能为一客观普遍的生化原理？

这个纠结，在牟先生针对第二个问题的回答时被解明了，牟先生究竟是在问工夫境界论的问题呢？还是在问形上学的宇宙本体的问题？答案是，牟先生是混淆哲学基本问题而在问一个工夫境界宇宙本体的问题。其言：

> 就第二问题说，人可说以上所说之心体之普遍性很可只是一种境界，只是一心之无限地申展，吾心之无限地涵摄，似乎尚不能竖立起来复客观地、本体宇宙地为一生化之理，一如性体之客观地为万物之自性原则。即，此尚只是道德的无限境界，尚不能即说为存在界之客观而说为存在界之客观而普遍的自性原则。从主观顿悟或圣境上说是如此，但主观顿悟或圣证是境界，而顿悟或圣境中之心体自己则不是一境，而是一实体性的实有，无限的实有。此即顿悟或圣证上一心之普遍的涵摄境界，同时即涵其能竖立起来而复客观地、本体宇宙论地为一生化原理、自性原则也，盖一心之涵摄非是只为静态地观照之涵摄，而却是创生感润之涵摄，故此心体自己即是一客观的、本体宇宙论的生化原理，同时亦即为万物之自性原则也。此种肯认并无过患，盖为道德的形上学之所必涵。顿悟或圣证中一心无外之涵摄即涵道德秩序与宇宙秩序之同一。此盖亦为儒者之所共许。①

天本是客观的、本体宇宙论的生化之理，为存在界之创生实体，不能作一境界看，则与之为一的心性，甚至无所谓与之为一，只是此心，只是此良知之灵明，此心与良知灵明亦不能不为存在界之实体亦明矣。此虽为象山、阳明之所推进，然亦未始非孔子之仁与孟子之心性之所涵或所开启。明道言"一本"，必先解仁为感通无碍、遍润无方之实体，必言"只心便是天，尽之便知性，知性便知天，当处便认取，更不可外求。"此虽亦是明道之推进，然亦未始非孔子之仁与孟子之心性之所涵或所开启。在自觉境界中，心是道德界底实体；在超自觉境界中，其主观的无限的申展所涵摄之普遍无外的境界（化境），即涵其同时亦是客观的、本体宇宙

---

① 牟宗三《心体与性体》第二册，页528。

论的自性原则。在孟子、象山、阳明概是如此,则在五峰与蕺山之本《中庸》《易传》或本本是客观地言之之天(于穆不已之天)先客观地言一性体者,主观方面之心之形着既可以澈尽其全蕴而普遍地形着之矣,则亦当复能竖立起来同时即客观地、本体宇宙论地复为万物之自性原则,存在界之实体。如此,方真至"无心外之性",而心性为一矣,而"尽心以成性",方真能成其为"成性"也。①

牟先生的意思就是要说这个主体实践所成的道德境界,不只是体贴天道而作为的人间秩序,而且本身就是宇宙的秩序,整体存在界的秩序。主体所成的是境界,但天道所为的却是经验现实,不只是境界。现在,牟先生要把主体所成的境界同时也说成是天道所为的经验现实。笔者以为,就儒家而言,主体实践无论如何成圣境,都只是人间事物的价值化之,不能说是天地万物山川草木大化流行的经验实现,圣人尽心尽性实际成就的是人伦社会秩序,不能成就春夏秋冬日生月落的经验现实,因此,不论牟先生再怎么上升合体于天道原理,圣人之实践始终就是人间的秩序,可以说此秩序即是天道意志的贯彻落实,但这只是落实于人间,至于"四时行焉、百物生焉"这还是天道的事业,甚至也可以说圣人的实践参赞了四时行百物生,但不能说圣人执行了四时行百物生,如果自然世界经验现实还是天道的范畴,那么说圣人道德境界即是宇宙秩序的话,就有其限定,既有其限定,圣人完成的就是人道,但是说圣人之人道彰显了天道,这话完全就是儒家的理想,没有问题,但是哲学问题的范畴仍然必须划分清楚,人道就不是自然世界物质运行的秩序。就哲学比较而言,西方上帝当然也照管物质世界的秩序,佛教唯识学也照管物质世界的秩序,但要说儒家的圣人也照管到物质世界的秩序,这话是说得太过了,若牟先生无此意思,则一味强调道德秩序即宇宙秩序之意旨何在?笔者不能否认王阳明的话语内含有此意思在,但除了阳明过于大胆倡言,且敢于将佛教唯识观点收进儒家形上学观点系统内之外,儒学史上的诸家理论,即便五峰、蕺山,要说他们的说法也将天道运行说为圣人事业,此说定是太过。因此笔者主张,牟先生此处的论

---

① 牟宗三《心体与性体》第二册,页529。

说，宜有限缩。

牟先生之此说，都是在圣境中谈者，亦即境界哲学中谈，以为在圣境时即可证及其说，然而，成圣境可证者，天道道德意识，但不能将圣人实践等于宇宙化生，可以说宇宙化生亦是道德意识之所成，所以圣人道德实践更是天道实体的落实，但仍不能混同圣人的工夫境界论等于天道的本体宇宙论。如果要从工夫境界论说本体宇宙论，那么笔者不得已只好定位牟先生的本体宇宙论就是工夫境界论，也就是牟先生的形上学就是境界哲学，说为境界型态的形上学也可以了，既是境界型态的形上学，则没有系统性的绝对优位性，亦即儒者实践证成此界，不能否定道家佛教亦实践亦证成其界，亦即道家佛教的圣者亦得实践其价值理想，亦得于成圣境时证成其理想，亦即证成其本体宇宙论之为真。于是各家自证其真，而无有排它性。

依牟先生的道德秩序即宇宙秩序之说者，且由成圣境即可证成之旨者，则儒家的形上学有其被证成的理论绝对性，笔者以为，儒家圣境之完成，可证及儒家天道观的本体宇宙论有其实义，但圣境仍不及天道，人仍不能代天功，所以天道的道德意识之宗旨虽可证成其有，但天道的自然经验流行，仍是天道自身之所为，圣人无法完成之，圣人开显了天道的道德意识面向，故而说道德秩序即宇宙秩序，但宇宙秩序的动力，仍是天道实体之所自为，至于道家佛教的实践且实证而证成并且开显者，则又是天道的另一些面向，没有哪一家的说法能垄断，能排它，这就是形上学依工夫境界论而开显的实践哲学的特质。

六、结论

牟先生固然自铸宏辞而谓"以心着性"，即尽心以成性，但笔者认为，此说于先秦《中庸》《易传》已显其旨，并没有五峰、蕺山之说之超越迈出孟子、象山、阳明之说之更高明处，牟先生之意是要说"以心着性"实化了天道实体，工夫境界论即是本体宇宙论，故而特别标举此一类型，笔者以为，工夫境界论预设于本体宇宙论，本体宇宙论既明，工夫境界论即有可说者，只是说详说略说疏说密的差别而已，或是依据哪一套文本以详说的差别而已。至于《中庸》《易传》的本体宇宙论又是预设了孔孟的工夫境界论而建立起来的，此说笔者也绝对认同，这就是笔者所说的，儒家的本体宇宙论是儒家的工夫境界论所证成的，是儒家的工夫境界论所开显的本体宇宙论，因此本体宇宙工夫境界势必是一套内部自圆其说而能系统一致的体系，这样来讲，中国哲学儒释道三家的形上学都是境界型态的形上学，没有主体的实践开显不出也证明不了这一套形上学的本体宇宙论，但就算它被实践实现而证成，也只能说是被开显，而不能说有理论的绝对性和排它性，因为不同的工夫境界论也会开显出不同的本体宇宙论。

牟先生必用其力于五峰、蕺山系的"以心着性"以工夫具体现实化客观世界之说，就是要证说此型的绝对性，但是笔者认为，此型之证成就是依圣境而说，既是依圣境而说，则一方面不能说为就是天道的实况，二方面不能说有绝对性排它性。此一儒家的圣境，就是儒家的理想，儒家的世界观，儒家的本体宇宙论与工夫境界论的系统一致的学说，此型，先秦已经完成，宋明诸儒就是在不同的详略疏密的程度上和不同的文本诠释的依据上特别是不同的哲学问题的进路上做的再诠释创作发展而已，各家都言之成理，无有高下，只有取径之差异。

本文对牟先生诠释胡五峰哲学的讨论，重在其境界形上学问题的阐释与批评上，其他牟先生彰显五峰学说的纯儒意旨者，以及依此而与朱熹对五峰批评意见的反驳者，未有讨论，这一部分笔者也认为是朱熹言之有过，就不另行申述了。

第八章：对牟宗三批评朱熹与程颐依《大学》建立体系的方法论反省

一、前言

牟宗三先生《心体与性体》一书中之第三册是以朱熹哲学为讨论对象，讨论的主题是以朱熹之"中和说"、"仁说"、"大学、孟子诠释"与"心性情"、"理气说"为架构而展开的，其中的第一章谈《朱子三十七岁以前之大体倾向》，则是接续程颐依《大学》建立儒学体系的脉络提出的定位，亦即牟先生完全把程颐和朱熹合为一系，实际上唐君毅先生即反对这种做法，笔者也不认同，并非朱熹不承续程颐，而是朱熹对程颐的继承无须必为与陆王对比进而对立。以下，从本章开始，笔者将依据牟先生谈朱熹的各个章节，做逐章的讨论。本章则将以牟先生对朱熹与程颐依《大学》诠释建立的体系的意见为讨论的主题，展开对谈，材料依据即是《心体与性体》第三册的第一章为主。

《大学》是朱熹一生用力最勤的先秦儒学著作[1]，而且他的许多思想也从对《大学》诠释中精炼出来而予以延伸旁置到对其他经典的理解与诠释之中的。牟先生对朱熹的整体诠释意见，也是以朱熹是从《大学》系统而非《论》《孟》

---

[1] "某于大学用工甚多。温公作通鉴，言臣毕生精力尽在此书。某于大学亦然。论孟中庸却不费力。"《朱子语类》卷十四《大学一·纲领》

《易》《庸》的进路来讨论的，似乎不仅是朱熹从《大学》而出，因而有以别异于孟子、象山、阳明学，而是《大学》本身就与《论》《孟》《易》《庸》不是一系，至于朱熹是否忠实于《大学》原意而为之诠释，此事牟先生言之不明，倒是明确地说了阳明、蕺山等的《大学》诠释是没有依照着《大学》而说的。牟先生对朱熹哲学的总结意见为：

> 朱子学之主观地说为静涵静摄之系统、客观地说为本体论的存有之系统，而其所表现之道德为他律道德（所谓本质伦理），即可证成而无疑。这个只是以大学为规模（为定本）所参透成的，而与论孟中庸易传所表示之纵贯系统，自律道德，有不同也。①

这个意见当然也是他讨论朱熹《大学》诠释时的意见，他对朱熹《大学》的讨论虽然亦依据《大学》文脉而析分为三节，分别是："论知行"、"论明明德"、"论致知格物"。但其实，牟先生对朱熹的讨论，无论在哪一个议题中，都是以他的朱熹理解的总纲领为问题分析的重点，本文之作，即是将针对这个总纲领进行讨论与反省。

二、批评北宋前三子之学缺乏工夫入路

牟先生对于朱熹《大学》诠释的讨论是从朱熹对伊川的继承而定调的。牟先生对伊川的意见是以伊川之思路不合于北宋周敦颐、张载、程颢的，周、张、明道的思路是本体宇宙论的系统，而伊川与朱熹却不是这个系统。本体宇宙论是牟先生定位孔、孟、易、庸、周、张、程颢的理论型态之专门用语，然而，笔者认为，这个术语是有歧义的。说整体存在界的天道流行可以是本体宇宙论，这是形上学的议题，可以说是天道论的议题，是属于客体的一边。而说人存有者的追求理想人格的道德活动应该是本体工夫论，这是人道论的一边，是主体的一边。说主体的一边还有另一个哲学基本问题，那就是说主体实践的

---

① 牟宗三《心体与性体》第三册，正中书局，1981年10月台5版，页362。

圆满完成，此义应该是境界论哲学。也就是说，这三种问题都在牟先生"本体宇宙论"术语一词下被涵盖地使用到了。说工夫论是本体工夫论，其实就已经寓含了工夫论与本体宇宙论是内在地关涉的，而境界论则是依着这个世界的理想人格状态而说的境界，是主体在这个整体世界的天人合一境界下而有的理想人格，因此当然也与本体宇宙论内在相关。也就是说，我们可以在孔、孟、易、庸中发现本体宇宙论、本体工夫论、境界论三种哲学问题。经过整理，本体宇宙论有宇宙论及本体论两型，本体工夫论就是本体论进路的工夫论，于是以上三型可以转变为宇宙论、本体论、工夫论、境界论四个哲学基本问题。这就是谈实践哲学的儒学以及道佛两教共有的哲学基本问题。这里既有形上学的本体论、宇宙论两型，也有实践哲学的工夫论、境界论两型，这就是牟先生为周、张、明道的哲学型态的定位。参见其言：

> 北宋濂溪、横渠、明道大体皆平说，尤其重在对本体之体悟，重在对于"本体宇宙论的"实体之体悟，如濂溪重在对于太极之体悟，对于诚体神体之体悟，横渠重在对于本体宇宙论的体用不二之体悟，明道重在一本之体悟。[①]

牟先生说的"重在对于'本体宇宙论的'实体之体悟"一句话中包含着宇宙论、本体论、工夫论，体悟就是工夫论的话语，也就是将工夫论与形上学合说。至于说对"体用不二""一本"之体悟，则是说到了境界论了，因此又是一个境界论与形上学的合说的表意型态。但是，牟先生又说濂溪、横渠、明道三家所说的工夫论没有一个好的入手处，而这就是伊川的问题意识的根源，亦即是说北宋前三子固然在讲形上学时讲到了工夫论，但是工夫论中有一个入手的问题并未被深入探究，由此却开出了伊川哲学所面对的问题。其言：

> 此三家既重在平说，重在对于本体之体悟，故随时是工夫，而亦无定格。如濂溪既以诚为体，而亦说"诚者圣人之本"，又说"圣诚而已矣"，

---

① 牟宗三《心体与性体》第三册，页42–43。

"诚则无事矣",此即是工夫语也。……然此皆随时指点,随义平说,并未确定出一确定之工夫入路。①

说儒家的工夫就是在说本体工夫,依据笔者的研究,说本体工夫可能的表述型态有四,其一为以价值意识的概念说为本体工夫者,濂溪以上三说皆是此型。二为以存有范畴的概念说本体工夫者,如尽心、尽性、守气、行道等,三为直接说纯粹化主体意志的活动形式,如立志、主敬、专一、收敛、静存、动察等,四为特定活动,如齐家、治国、平天下、静坐、读书、科举等具体活动。一般说工夫论就是指本体工夫,亦即从事于主体意志纯粹化的心理修养工夫,其实工夫论还有身体工夫的另一型,亦即是宇宙论进路的身体修炼哲学。身体的修炼工夫在知识的交代上都较为具体,而心理的修养工夫则没有什么固定明确的方法,本体工夫就是心理修养的工夫,因此谈本体工夫时,有时会加上为学方法的问题意识以为讨论,为学方法就是较为具体的本体工夫,那些谈纯粹化心理意志的本体工夫表达形式就是为学方法的项目,也就是谈工夫论时的入手之路,这都是为了要让本体工夫有更清楚的入路依据之需而设的。牟先生所说的周、张、明道的本体宇宙论所蕴含的工夫论都没有给出确定的工夫入路,指的是他们都是在理论上说出本体工夫的基本型,也就是第一项及第二项,这两项工夫论的名义都是在儒家价值意识基础上把本体工夫的意旨给说出来,但却是理论上地说,而没有明确指出具体做法的。周敦颐如此,张横渠亦然,牟先生说:

横渠言"圣人尽道其间,兼体而不累者,存神其至矣"。其言"兼体不累","参和不偏",亦工夫语也。又依据天地之性与气质之性之分而言"善反之,则天地之性存焉"。又言"养其气,反之本而不偏,则尽性而天矣"。又言"迭迭而继善者,斯为善矣"。又言"知礼成性而道义出"。又言"心能尽性人能弘道也"。又言"大其心,能体天下之物"。又言:"成心忘,然后可与进于道"。凡此种种亦皆工夫语也。然亦是随意平说,随

---

① 牟宗三《心体与性体》第三册,页43。

时随机捎带说,亦未确定出一确定之工夫入路。①

以上张横渠的工夫论命题,则都是第一项及第二项的型态,讲尽道、存神、兼体、存性、养气、尽性、继善、知礼、成性、尽性、弘道、大心、体物,不是第一项就是第二项,都是在理论上说的本体工夫意旨,确实并没有多谈到纯粹化心理意志的为学方法。濂溪、横渠如此,明道更是,牟先生言:

> 明道言"学者需先识仁","识得此理,以诚敬存之而已"。此亦是即本体言工夫,然亦并未开出如何识仁,亦未就如何识仁开出一确定之工夫入路。又定性书言"动亦定,静亦定",全篇皆论定心之工夫,然亦似只是论当然之理境,而未确立出如何达此理境之工夫入路。……此种自本体上言工夫,可只是一圆顿之理境,并不表示一确定之工夫入路。而如无一批判的入路以通之,则人可视为只是一当然之理境,朱子所谓浑沦、太高者是也。此种只随时随义平说,只就当然理境说,而无一确定之工夫入路为定本,好处是活转无滞,而可无异同之争辩。然不足处,则是疏阔,未能示人以实下手处之切实有效之工夫入路也。②

牟先生此处对明道的意见,其实已明显地呈现出明道是笔者所谓的境界哲学的型态,是直接讲到成就了圣者境界之后的主体心境状态,也可以说是境界展现或境界工夫,这个境界工夫就是功力的展现,因而在入手工夫方面更无所着力。当然这指的是明道儒学的主轴思路是如此,并不能说明道没有说出任何的入手工夫的观念,事实上牟先生所谈的也是就着明道的主轴型态而说的。就工夫论的讨论而言,境界工夫与本体工夫都是从理论面上谈的工夫论,本体工夫说原理,故而说得抽象而不具体,境界工夫说结果,故而说得而太高而难了解。因此牟先生也就认定其没有下手处、没有工夫入路了。这个说法是牟先生真正站在程朱思路中为其提点的要旨,藉由周、张本体工夫的型态寻出程、朱

---

① 牟宗三《心体与性体》第三册,页43。
② 牟宗三《心体与性体》第三册,页43-44。

讲入手工夫的型态，笔者极为同意。但是周、张也不会只是讲本体工夫，周、张一样有具体操作智慧的为学方法，如濂溪讲亲师友、重贤人者，周、张也一样有工夫入手之说，如濂溪讲的主一、无欲、主静等观念者①，只是牟先生更关心本体宇宙论下涵的本体工夫论之诸命题，因而以为其中没有好好地谈论工夫入手的问题。

三、程颐的问题意识即从工夫入路下手

如果牟先生仅只是从工夫入手来说程朱、陆王之别，那么牟先生真的是为程朱、陆王之别找到了鉴别同异的极有价值的观点了，认为程颐重视下学上达之学，这就真正是在说工夫入手的为学方法问题②。但是牟先生却把工夫论的问题上升为本体论、形上学的问题，于是就纠缠在形上学及工夫论的解说中，而说出了程朱见道不明的批判语，以及非孔孟之嫡传的贬抑辞。笔者以为，朱陆确实有哲学基本问题意识的不同，但这不是见道不明的问题，因此也毋须说为是非孔孟学之嫡传。此外，朱陆在工夫入手上的不同，也并不就一定等于工夫理论的对立，而两人的终生之争，甚至可以说是意气之争，但是学界一般的讨论却是从道体认识的差异以说工夫论型态的不同，导致朱陆二人几乎是从形上学到工夫论都有理论上的对立了。牟先生就是这样的思路，参见他对这个问题的处理方式：

>只伊川依其严整而严肃的道德意识下之分解精神与实质心态，层层下就而求实，始渐接触到确定的工夫入路之问题。……伊川对于道体之体悟已渐不澈不透，……由居敬集义而至致知格物，此后两者即已开工夫入路之门。……其论心已不透彻，此因其对于道体、实体之体悟已不透彻，故其论心亦不能上达而就道体实体之原义而融于一，亦不能相应孟子所言之

---

① 参见拙著：《周敦颐说圣人境界的儒学建构》，《北宋儒学》，台湾商务印书馆，2005年4月初版。
② 参见拙著：《程颐形上学功夫论与易学诠释进路的儒学建构》，《北宋儒学》，台湾商务印书馆，2005年4月初版。

本心而言本心即性，本心即理。性情之分，理气之分，与形上形下之分，即已涵心性情三分，心只是实然的心气之心，而心不即是性。……但伊川之言敬，则只是"主一之谓敬"，只是"涵养需用敬"，只是"未有致知而不在敬者"，此则便只有工夫义，而不能直通"于穆不已"、"纯亦不已"之性体心体也。伊川无实体性的本心义。其言敬只是实然的心气之经验的凝聚，其言涵养只是涵养此静心而已。由敬进而言集义。集义亦是孟子之所言。然孟子言集义是对"义袭而取"说，是以仁义内在为背景，义是由实体性的本心发。但伊川言集义，则是根据其静心之涵养而说，是求心情之发之如理。故由集义需进而言致知格物也。致知是致吾心气之灵之知，格物是致于物而穷其超越的所以然之理以成其德性之知。伊川言德性之知是根据敬心而穷理，非根据实体性的本心而发诚体之明也。其所知者是物之超越之理，而心不即是理也。是则虽德性之知，亦永为认知的能所关系者，而非性体自主自觉自定方向之知也。[①]

说本体工夫的理论并非即不可以做工夫，端视学者的心思智慧之体悟能力而已，说境界工夫亦然，利根器者自知如何运作己心。但是大多数人就必须有更为切实具体的操作指导，才能进入儒学工夫的程途中，这就是为学方法的范畴，也就是具体操作智慧的范畴，掌握儒学工夫是心理修养进路的本体工夫意旨，则为学之方就是放在纯粹化主体意志方面，如立志、先立乎吾心之大者、主敬、静存、动察、收敛、专一等等。

牟先生说程颐之居敬集义、致知格物就是工夫入路之门，此说极是，但这其中又是两个不同的思路。以"居敬集义"言，居敬是为学之方，集义是本体工夫，居敬是入手方法，主敬就是主体心的专一谨畏，以居敬而集义是合本体工夫与入手方法的一路。因此说居敬之时，不可能不含着主体心的上达本体，因为它们本来就是为着本体工夫所说的为学之方、入手之路。以"格物致知言"，则是工夫次第问题中的入手工夫，程颐、朱熹所有对格物致知的强调都是顺着《大学》脉络讲的，是《大学》脉络中的工夫次第问题而以格物致知为

---

① 牟宗三《心体与性体》第三册，页42–46。

入手一项,所以就格物致知而说,一定要关联着诚正修齐治平的完成才是《大学》的本意,也才是程朱说格致的意旨。若是脱离了《大学》文本诠释的脉络,来说程朱的格物致知工夫只是知解之路,则对程朱是不正确的认识。而牟先生却更将格物致知的工夫次第之学,关联到《易传》"穷理"的概念,而说为对"理气说的存有论哲学"的认知活动,因此本是讲次第的格致工夫之学,却接上存有论的概念思辨之学,因此这一路的入手工夫之学便脱离了本体工夫之学的轨道了。但这只能说是牟先生自己的错误组合,并不能说这就是程朱自己建立起来的理论体系,是牟先生自建的特殊的"道德的形上学"系统而反照出的一套对立系统。以上的分析还是十分复杂,尚须待后文细细厘清。

四、牟先生将工夫入路问题上升到形上学问题层次上来谈

牟先生论程颐,从工夫入路问题上升到本体论、形上学问题,因而一并连程颐所谈论的工夫入手观念也予以批判了。牟先生说程颐对"心性情理气"概念之分疏地说是不能上达道体、实体而与之合一的,这其实是对哲学基本问题的错置的说法。说上达与否是工夫论的问题,而程颐讨论的"心性情理气"之说,依牟先生的说法,就是本体论的存有系统,也就是单单就着概念而思辨地讨论的抽象存有论的系统,而非对着价值而实践地提起主体进行工夫的本体工夫论系统。牟先生说顺着孟子的本心说是可以使本心即性、本心即理的,但是这就是本体工夫论的思路。而程颐谈"心性情理气"是在谈存有论的问题,这确乎不是孔孟谈过的问题,可是,形上学、本体论也是孔子没有深入触及过的问题,宇宙论也是孟子没有深入触及过的问题,但对牟先生而言,这些都不妨碍谈本体论、宇宙论的形上学系统是孔孟的传承,关键是因为它们可以直接推演出本体工夫论的命题,而存有论的命题则只是间接地关联到本体工夫论的命题而已。牟先生真正疏解朱陆的关键思路就是放在工夫论问题上的。而他所说的工夫论是含着本体宇宙论的工夫论,亦即天道性心一贯而下的本体工夫,因而牟先生即谓程颐的"居敬集义、格物致知"则"只是有工夫义",说"只是有工夫义"即是说只是有工夫入路之学却无上达本体的可能,就是说程颐之居敬活动所据之心与价值本体所据之性与理是隔绝的,因为牟先生拿程颐存有论

哲学中所说的在"心性情理气"架构下之"心只是气之灵之心","性即理",故而心性情三分,而不是"心即理",因而说程颐之居敬工夫不能接触价值本体,故而只有工夫的形式义,而无心理合一的本体工夫义。其实,这是把程颐在谈存有论的"心性情理气"说拿来附在程颐说主敬格致的工夫论上的结果,这明显的是在不同问题间的错误组合。存有论的心性情理气中之心,定然是气之灵之心,周、张、陆、王不谈存有论则已,即便是孔孟,一旦谈及存有论问题,主体之心在宇宙论脉络中如何能够不是气之灵,如何能不是一气存在之实然之心,此一气之灵之心,当其处于做工夫状态之时,即将变化气质、去人欲存天理而进入纯善的性理意志中,此时即可谈心与性合、心与理合的意旨,此即接上牟先生关心的本体工夫论的问题了。所以是程颐所谈之"心性情理气"的存有论问题,被牟先生错误地连接到工夫论的问题来讨论,故而说其不见道,而不是程颐的居敬集义、格物致知的工夫论之学,真有不见道的错误。所谓"见道"在牟先生之用意中是指主体之纯化意志以道体、实体、性体之价值意识为定向宗旨,所谓"不见道"即是用心于拆解天道理气性命心情才欲的概念关系,亦即,谈工夫论的就是见道,谈存有论的就是不见道。而这正是象山批评朱熹的路子,象山不管朱熹亦有谈本体工夫的见道语,一意指责朱子及其门下只管道问学却未能尊德性而提出批评,牟先生即直接继承此义而亦以见道不见道别异朱陆。

牟先生之所以会将程颐谈工夫论与谈存有论结合,则又是因着程颐在《大学》文本诠释的格物致知说之所致,格物致知即是要穷理,穷其种种事务之物理、化学、社会、道德种种层面之事理,这一点程朱自是未有明确分类,而通同统括在一理概念上。但牟先生却执意以为程颐的居敬、集义、格物、致知就是以气之灵之心而发,并以心性情三分、理气二分之架构以穷其理,此中既因三分、二分的架构而致缺乏心性合、心理合的实体一贯义,故而只成就认知义而非成就本体工夫义,因此达不到主体心之与理为一之"心即理"的境界。也就是说,牟先生把格物致知之学与"心性情理气"之存有论之学结合,并且脱离了《大学》以格物致知为工夫次第问题的入手工夫的脉络,以主敬是在心性分说的格局中说的,以格物致知就是要穷究此认知义的存有原理,如此便以程朱之所有工夫言说皆是立基于分说的存有范畴,故而不可能达至主体与本体合一的心即理或心即性的境界。

牟先生的说法是在许多的曲折勉强的诠释中建立起来的，实则，哲学系统的分析与建构可以不如此曲折勉强。存有论问题固是程朱所论之重要哲学议题，但他们也谈牟先生所重的本体宇宙论问题，程颐工夫论之特点所在的主敬、静存、动察的意志纯粹化的为学工夫意见，其实就是本体工夫论项下的命题；而说先格致再诚正修齐治平固然是程颐所强调，但是朱熹也有明说八目工夫都是求放心的本体工夫一义。可惜的是，牟先生一见及其有类似之发言时，就说只是程颐一时的发言，自己并不能坚守把持的。事实上是，牟先生并未准确分疏哲学基本问题，也没有尊重哲学系统本身的问题意识，而是将系统中不同的部分做了错误的连结，而致使导不出牟先生欲想的结果。

牟先生既以此义定位程颐，他亦以此意定位朱熹，参见其言：

> 朱子是承伊川之居敬、涵养、致知、格物之义理间架以及对于中和问题之探讨而确定其工夫之入路者。是则圣功之入路乃落在中庸首章与大学上而建立，论孟乃是其补充与辅助，或只是参照与涉及，固不以之为主干也。[1]

牟先生由于已经形成了他自己言说于《论》《孟》《庸》《易》的解释系统，是以汲汲以为程朱并非孔孟之路，而是其他的入路，事实上，程朱也是由《学》《庸》说工夫入路，但是却多为由《大学》之工夫次第之入路说《中庸》的工夫，牟先生当然认为《中庸》是与《论》《孟》《易传》一系的本体宇宙论下贯的本体工夫论的系统，因此伊川、朱熹若是由《中庸》入路以提出工夫入手问题则亦不至违背孔孟之路，但是，牟先生认为，因为程朱对于道体体悟不足，所以程朱虽由《中庸》入路，却把握不到宗旨。牟先生言：

> 此则由于伊川与朱子对于此本体宇宙论之实体体悟有所不足故也。朱子在此所厘清而确定者只是证成伊川理气之二分与心性情之三分，并由之

---

[1] 牟宗三《心体与性体》第三册，页46。

以建立涵养察识之分属而证成伊川"涵养需用敬进学在致知"之义耳。此只是伊川之义理间架藉《中庸》而表现，既不能合于《中庸》之原义，亦不能复返于论孟之为本，而与其师延平亦有距离也。延平观未发前气象为如何犹是超越体证之逆觉之路，此一义理间架犹合于《中庸》之原义，而朱子顺伊川义理间架而成者却只是顺取之路。故朱子由《中庸》开工夫入路既不能回归于论孟之本，而又终于为歧出也。此歧出之完成乃在终于以《大学》为定本也。①

牟先生说程朱于本体体会不足，这其实就是牟先生将程朱存有论之说从本体工夫论进路解读的结果，是牟先生自己将两种完全不同的哲学问题结合在一起而构造出的程朱系统，所以才取得见道不明的批判的论旨，这是对程朱存有论的错误解读与批判。至于工夫论方面，程颐说《中庸》有静时涵养、动时省察之说，此说是在工夫次第问题思路下的发挥，《中庸》可不可以或需不需要如此发挥是一回事，但是此一工夫次第问题意识的诠释发挥却与"心性情理气"的存有论系统没有推理上的关系。因此不能说程颐谈的工夫次第论，因其不是基于本体宇宙论下贯的心性天合一之立场，故而就不是儒家说工夫的正途。工夫次第谈的是本体工夫之项目下的次第，说次第义者并不碍其所说之工夫仍是本体工夫。至于针对本体宇宙论与本体工夫论甚至是境界论的种种哲学问题中所使用到的各个存有范畴之概念所进行的讨论，就是讨论这些概念在平置思辨时的抽象定义，因此说"心性情理气"时必分析而说之，这是存有论课题。但是当我们要讨论主体的实践活动之本体工夫时，则必为谈主体与本体合的意旨，则心即性、即理、即气、即道等诸说便可建立了。此时诸概念将能在一个特定的主体活动中被融合为一，这指的是做工夫达到最高圣人境界时的主体状态，做工夫要以本体工夫的命题说之，达到境界的圣人则需以境界圆融的命题说之，因此牟先生所说的一本的、圆融的本体宇宙论其实都是谈到了境界论的，但是牟先生却还是以形上学问题意识的"本体宇宙论"概念说之，其实这是比较不易说明问题的，而笔者则是以本体宇宙工夫境界的实践哲学的四方

---

① 牟宗三《心体与性体》第三册，页47。

架构说之，从而清楚地见到牟先生的混淆之作。

牟先生谈本体工夫的方式是以"逆觉体证"说之，程朱顺《大学》谈次第，由格物致知入，则被牟先生说为是"顺取之路"。其实，这是难以与"逆觉"之本体工夫说为有差异甚至对立的工夫论立场的，因此说歧出也是不宜的。首先，本体工夫也未必即需"逆觉"，"扩而充之"与"我欲仁"就是"顺取"。因此说有顺取与逆觉之别而致有歧出之说不易建立。至于牟先生说为逆觉是逆其凡情而言，则凡情之存有论地位岂不极为明确，这就是"心者气之灵爽"之必即气而言心之道理所在，因此程朱之"心统性情说"当然有其命题存在的哲学意义，它只是另一种哲学问题而已，则牟先生又如何能说谈存有论之学者必是于本体宇宙论上认识不明者！能谈存有论之学者，亦是同时能谈本体宇宙论者。其次，牟先生已然强调，程颐之学是从要找出工夫入路的问题意识出发，而提出主敬、致知的工夫入路义的为学方法之学，然而，虽然主敬、致知本来就是工夫入路义的为学之方，牟先生却不肯定这个入路方法的效果，关键即在程朱没有相应的本体宇宙论，没有照着《中庸》之言于道体的本体宇宙论脉络中谈，而是歧出在存有论系统中。但是，存有论并不对立于本体宇宙论，至于为学之方，它却是针对本体宇宙论而发出的本体工夫论之学，只是它们是属于本体工夫论中的具体实践方法，是由纯粹化主体意志的进路而使主体进入价值自觉的状态，这就是所谓的入手、入路、方法的意旨。它的实践意旨是依据本体宇宙论的，特别是其中的价值意识的本体论，这本就非关概念思辨的存有论问题，是牟先生自己把握不住为学之方、工夫入路的意思，而转入对程朱之存有论讨论为见道不明之批评的。

五、牟先生以《大学》为程朱之学所据的定本

牟先生说朱熹顺程颐之路而定于《大学》，所以是孔孟的歧出，则显示在先秦著作中，牟先生对《大学》的定位是有特殊意见的，即以之为非孔孟的系统型态。其言：

朱子由《大学》所开之圣功之入路乃更远于孔孟之精神。《大学》之

后出比《中庸》尤为无可疑。而且由《论》《孟》至《中庸》《易传》可视为一调适上遂之发展，而《大学》则是更端别起，似是从外插进来者。虽整齐有条理，实就虚拟的教育制度而客观地以言之，实亦即形式地以言之。此固是儒家教义之所涵，不能谓其非儒家之义理，然就孔孟个人之真实生命所呈现之义理、智慧言，此固远一层，而不足以由之以理解孔孟之真实生命、智慧也。……孔孟个人之所说是由其独特的真实生命而发出，是存在地发出者，而《大学》则是客观地说，形式地说，非存在地说。孔孟之真实生命之所发固可涵摄此一系，但由此一系之三纲领八条目却不必能接触到孔孟之真精神，故不必能密契孔子之仁德与孟子之本心也。此即所谓远一层而不免有隔者。朱子集毕生之力于《大学》，只注意于由小学至《大学》之发展过程而言圣功之途径与一人之完成，其不能真契悟于孔孟之精神固其宜也。[①]

牟先生在本文中并朱熹与《大学》皆予批评，然而，朱熹并不是只有由《大学》所言之路为其谈工夫之路，这是牟先生的偏选。朱熹固然因着《大学》工夫次第的问题意识而多有以之诠解《中庸》《孟子》的情况，但是朱熹一般谈论为学之方的观念尚是极多的。牟先生以《大学》比《中庸》更为后出，且不能接上《论》《孟》《庸》《易》的调适上遂的发展精神，而是更端别起。其实，这也完全是牟先生自立标准之下的判读结果。牟先生以孔孟是由内而外地自生命上言说，《大学》却是"客观地说，形式地说，非存在地说"，这应当是说《论》《孟》说本体工夫，故而多是自主体之实感者而言之，然而，《论》《孟》间的型态亦有不同，《论语》一书根本是更为直接具体的操作知识，而《孟子》才上升到由存有范畴及价值意识谈本体工夫的型态。至于《大学》经传中的传部的诸条，则跟《论语》同样都是讲具体的操作知识的。因此说《大学》之客观、形式、非存在诸说，恐只能是就其经部的本末次第之观念系统而说者。但这又只能说是在牟先生已经以为朱熹讲的格物致知只是认知的活动，而非主体心的与性合的价值实现活动，所以才有以这些客观、形式、非存在义

[①] 牟宗三《心体与性体》第三册，页47–48。

之说来定位《大学》的地位宗旨之事，否则实在也难以理解牟先生此三义究竟是在说什么。

至于说《大学》可为孔孟之所涵，却不是孔孟之真精神，这又是牟先生限制孔孟精神所涵之范域只在本体工夫一型的结果，亦即牟先生为只谈内圣而遗漏外王，然而，治国平天下的目标如何能不是孔孟精神的所涵？牟先生对《大学》地位的批评意见过于独断。下文即是牟先生对朱熹由《大学》讲工夫意旨的定位：

> 朱子虽注遍群书，而其实只以伊川之纲维落实于《大学》，由此以展开其静涵静摄之系统，即对于那属于"本体论的存有"之存在之理之静的涵摄之系统。吾此处用"静涵"一词，乃心气之静的涵蓄渊渟之意；用"静摄"一词，乃认知的综涵摄取之意。静涵相应朱子本人所说之涵养，静摄相应朱子本人所说之察识以及致知格物，格物穷理。此为其最得力处，由之以展开其"心静理明"之境界，以与先秦儒家所抒发而为北宋濂溪、横渠、明道所弘扬之本体宇宙论的实体之创生的直贯之纵贯系统为对立。此对立为纵横之对立。朱子系统为横的静摄系统。①

牟先生以静涵静摄说朱熹的纲领，说静涵是就涵养用敬说，而牟先生却是从"心性情理气"分离的存有论说此涵养用敬的本体依据，事实上，此诚非涵养用敬的本体论依据，这只是一套对所有存有范畴概念皆能适用的存有论哲学系统，涵养用敬的本体论依据依然是牟先生所说的本体宇宙论系统，而这正是"心性情理气"说的存有论所蕴涵及默认的系统，可以说"心性情理气"说的存有论就是在本体宇宙论的基地上向外一层抽象地谈论存有范畴概念的系统。存有论是后话，本体宇宙论是前项。先有本体宇宙论的建构，后有对此一建构中所使用概念的存有论讨论。但是逻辑上说，存有论是前提，需要在此项概念约定的前提中，才能有本体论、宇宙论、工夫论、境界论的命题建立。而牟先生以朱熹所谈的工夫论中的纯化意志一型的本体工夫（涵养用敬）来说是依据

---

① 牟宗三《心体与性体》第三册，页48。

于存有论的系统，因而缺乏在境界论上的圆融效果，这实在是很曲折离奇的讲法，这绝非朱熹的思路。

牟先生说静摄是认知的摄取，是朱熹讲的格物致知之学，而格物致知即是穷理，而穷理又被牟先生连上"心性情理气说"的存有论的系统，以为就是要来穷这个存有论之理，所以静摄一路从《大学》讲工夫次第的开端的格物致知说中独立出来，并从此被割裂于《大学》义理系统，故而说其只是认知的活动，并且是要认知这个存有论系统的活动，于是这个在朱熹处讲工夫次第的格致之学遂变成讲抽象观解的哲学思辨之学，变成讨论存有论的理解活动之学，如此解读当然就远离了本体工夫的意旨了。

可以说，牟先生始终不能正视为学方法及工夫次第问题，但是却很清楚很准确地抓住了存有论之学与本体宇宙论之学的差异，不幸的是牟先生却把程朱言说工夫次第及为学之方的工夫论意旨，混入存有论之学中做一不相干的结合，从而为朱熹建立了一套静摄系统，并且还认为静摄系统也是一系统，而且是与纵贯系统可有互发的功能，牟先生评论到：

假定对于纵贯系统已透彻，则此横的静摄系统可为极有价值之补充。假定在此发展中被完成之纵横两度相融而为一完整之系统，则纵贯为本，横摄为末，纵贯为经，横摄为纬，纵贯为第一义，横摄为第二义。就个人之生长言，假定先把握横摄系统，则此只为初阶，而非究竟，必上升而融入纵贯系统中始可得其归宿而至于圆满。假定先把握纵贯系统，则必该摄横摄系统始可得其充实。假定两相对立，欲以横摄系统代替纵贯系统，以为只此横摄系统是正道，纵贯者为异端，非正道，则非是。假定两相对立，以为只此是纵贯系统即已足，斥横摄为支离，为不见道（自究竟言是如此），而不能欣赏其补充之作用与充实上之价值，则亦非是。前者是朱子之过，后者是象山之过。总之，两者只能相即相融，而不能相斥相离。此非只心理上之宽容问题，乃是客观上之实理问题。相斥相离始于朱子之不能了解纵贯系统之所说，即，对于"于穆不已"、"纯亦不已"这一本体宇宙论的实体之创生直贯义契悟有不足，对于孟子之"本心即性"义契悟有不足。此可以历征朱子之讲解而明也。总症结最后只落在此一点上，其他皆无关紧要者。①

以上牟先生对朱子的评价可谓地位极不高，说朱熹之横摄认知系统自究竟言是不见道的，因其对纵贯系统的认识不足，并斥责纵贯系统，说这就是最后的总症结。

首先，牟先生界定本体宇宙工夫境界论的整套系统是纵贯系统，笔者不反对，毕竟此事人人可以自行为之，亦即建立一套自圆其说的概念关系架构。但是，牟先生说的横摄认知系统笔者就不赞成了，因为其实并不存在这样的一个系统，这是牟先生将程朱讲工夫次第以及讲存有论的知识系统错置地合为一系统，并以之为程朱的根本特色，但是，程朱事实上也讲牟先生所谓的纵贯系统的理论，所以其实根本没有程朱之为横摄认知而有别于纵贯纵讲的系统。

其次，牟先生说纵讲者为第一义横讲者为第二义，以纵讲为经而辅以横讲则美。先讲横摄者则应进至纵贯始得圆满，先讲纵贯则应兼辅横摄亦为圆满。这些话说起来漂亮其实毫无实义，既然纵贯纵讲已经圆满，而横摄认知根本不见道，则辅以横摄认知的作用在哪里？笔者衡诸牟先生上百万字的意旨，看不出这些话有系统决定的意义，可以说只是漂亮话而已。而且这又是把工夫论和形上学混淆的说法，说工夫论时可以有次第问题，因而有第一义第二义以及谁先谁后的说法，但是，说形上学时就只有型态的差异，而致为不同的系统，此中并没有形上学系统的谁先谁后的问题，纵贯、横摄究竟是说工夫还是说形上学？这点牟先生是没有打算说分明的，因为他早已将工夫论涉入形上学系统中，而说为一种动态的形上学、实践的形上学，而有以优异于西方观解的、静态的形上学系统者。既然这些问题都没有说清楚，则去说谁先谁后谁主谁辅其实都是没有什么功能的立论了。

第三，牟先生对朱陆之互责，指其皆有所失，然象山之失小，朱熹之过大。说朱熹是"欲以横摄系统代替纵贯系统，以为只此横摄系统是正道，纵贯者为异端，非正道，则非是"。首先，就形上学言，朱熹说存有论但并没有否定本体宇宙论；就工夫论言，朱熹说工夫次第但没有否定本体工夫，并且自

---

① 牟宗三《心体与性体》第三册，页48–49。

己也有众多本体工夫的发言。因此实无朱熹欲以横摄代替纵贯之事，至于朱熹斥责象山及其门弟子之事，恐多为人格批评，以其人所说之本体工夫在现实上就没做好故而斥责之，并不能说朱熹所斥责者直接即是本体工夫的命题。牟先生说象山是"以为只此是纵贯系统即已足，斥横摄为支离，为不见道（自究竟言是如此），而不能欣赏其补充之作用与充实上之价值，则亦非是"。牟先生根本没有说出横摄系统有什么优点，故而实在谈不上有什么补充之作用与充实之价值，却说横摄系统究竟而言是不见道，而所谓见道就是要见出纵贯系统的本体宇宙论，则牟先生实在谈不上对象山有什么批评。总之，静涵静摄的横摄认知系统并不是程朱学的唯一重点，以此定位程朱哲学型态是有所偏失的。而以见道与否别异朱陆更是对朱熹的不公允的指责，谈"见道与否"有三路，从个人修养上谈则是人格评价的问题，而从形上学本体论处谈则是是否肯定儒家仁义价值的问题，至于在存有论上谈道体特征时，则确实无须使用见道与否这样充满实存活动意味的词语，但也不能因此就批评谈存有论的程朱理论为人格上或本体论上的不见道，否则就是又把学统说成道统，而欲建立当代的新道统之学了。

六、结论

哲学理论总是随着哲学问题的开展而不断转近，出现什么型态的哲学理论就准确地认识它就好了，牟宗三先生就是有一套固执的自认为是纵贯纵讲的圆教型态的儒家形上学，所以把不在这个系统的程朱哲学视为别子且不见道，这当然是对程朱不准确的理解与诠释。这是因为牟先生对于工夫论的本体工夫、境界工夫、工夫次第、为学之方等义不能厘清所致。不过，牟先生对程朱心性情理气说的存有论系统倒是言之准确，可惜虽然对于这一套学说的内涵认识正确，但是对这一套学说的功能定位却是极不公允，关键即在牟先生只认定本体宇宙论，而这其实是一套宇宙论、本体论、工夫论、境界论的实践哲学体系，虽然程朱系统中实已预含此系统，但因朱陆之争的表面冲突却落在本体工夫论和存有论上头，因此牟先生还是要严分朱陆，且为程朱建立静涵静摄的系统相，并予攻击之，但这却是建立在对程朱不准确的理解基础上。因此，并不是程朱、陆王的什么理论有什么对不对的问题，而是程朱、陆王所谈论的哲学问题是不是牟先生谈儒学要旨时所要挖掘的议题，问题对了就肯定，问题不同就否定，这种因着讨论的问题而做的优劣简择，是对哲学创作的极大限制，更不能作为哲学理解的依据。

本文讨论牟宗三先生对朱熹与程颐依《大学》建立体系的批评意见，牟先生认为，有感于濂溪、横渠、明道未及深入工夫入路的问题，以致提出了特有的工夫论命题，然而却因为不能正视本体宇宙论的纵贯纵讲的理论模型，以致成了静涵静摄的系统，这就是程颐从《大学》格物致知之学所建构的"涵养用敬、进学致知"之学的型态，此型完全为朱熹继承，并与象山形成对峙。牟先生此说中其实充满了个人的立场，以及哲学基本问题混淆的做法。本文之作，即是就牟先生所论，藉由哲学基本问题意识的厘清，而企图扭转已为牟先生所扭曲的认识系统与研究途径。关键在于提出，程朱并没有建构出如牟先生所说的"静涵静摄"系统，那都是牟先生依据象山的指控以及自己的疏解而架构起来的特殊型态理论，是把工夫次第论的格致工夫与穷理观念结合到存有论的理气心性情之讨论中，因而认定程朱之工夫是客观外在的形式知解而不能立体见道。笔者之意是，程朱也谈了陆王所重的本体宇宙工夫境界的种种问题，只是多为牟先生刻意忽略，并特出程朱与象山不类之论点。而建立的牟先生特殊意涵下的程朱系统型态。当代研究应多融通程朱、陆王之理论，对其有所不同的理论部分，则应以良好的解释架构诠释清楚，从而得以彼此照看而互相欣赏。

第九章：对牟宗三诠释朱熹中和说的方法论反省

一、前言

本章讨论牟宗三先生对朱熹中和说的批评意见及方法论反省，首先说明牟宗三先生的哲学问题意识，在于对比中西哲学而主张儒学系统是唯一能完成形上学的系统，以此之故，牟先生特别关心儒家道德形上学的证成义，于是所说之本体宇宙论的纵贯创生系统，成了绾合宇宙论、本体论、工夫论、境界论的天道流行义与圣人践形义的综合型态形上学，并以此为孔孟之根本型。以此解读朱熹哲学时，便将朱熹纯粹谈论存有论的概念定义及概念解析的儒学系统说为别子，主要关键在于指出此一系统并不说明主体活动；同时，牟先生又将朱熹诠解《大学》说工夫次第的格物穷理工夫说为只管认知不管意志纯粹化的道德活动。本文即将指出朱熹说存有论与工夫次第论并不违背孔孟实践义，只是说了不一样的形上学系统及讨论了工夫次第问题，而工夫次第问题亦不是对立于本体工夫的问题，以此还原朱熹学思的型态定位。本章藉由牟宗三先生批评朱熹中和说的意见而进行方法论的反省，指出朱熹中和新说就是一工夫次第论的主题，并不需要把存有论的心性二分的意见置入此处而为批评，亦无须把涵养说视为非本体工夫。

当代大儒牟宗三先生，可谓当代中国哲学界中在理论建构上属绵密广袤、深刻悠远之第一人，他上下儒释道，综说中西印，而最终归本于儒学，牟先生可以说是当代新儒学最重要的理论家、哲学家,说牟先生所建立的儒学优位的哲学体系是当代新儒学中的最大系统应属实至名归。

牟先生的儒学建构就是当代新儒家的第一典范,而这个典范的建立则是在牟先生消化西方哲学、融通中国儒释道三教、又钦点儒学本义、原型、圆教的一连串论述历程后的结晶,在这个结晶品中,却对朱子学多有批评,认为朱子学不是孔、孟、易、庸、周、张、陆、王一大系统内的型态,此一评价可谓事关重大。传统上朱熹的夫子地位直逼孔子,宋明儒学中以朱、王为最大二家,数百年科举考试中以《朱熹集注》为教材,牟先生却以"别子为宗"定位朱熹非孔孟嫡传,牟先生如何说此?此说能否成立?朱熹究竟成就了什么型态的儒学创作?是否确非孔孟嫡传?本章之作,企图正面讨论这个问题,将朱熹学术型态从牟先生的定位系统中抽离而出,以哲学基本问题的诠释架构,重新定位朱子学在儒学史及中国哲学史上的理论地位。

本章之进行,将首先说明牟先生对儒学根本型态的定位论点,再从此反溯牟先生思考儒学问题是如何从西方哲学问题解决的思路上进行,以贞定牟先生理论关怀的根本问题意识,依此,即可重返牟先生对朱熹诠释的意见,而予以重新解读。

牟宗三先生对朱子学的讨论在他的主要作品中都有不断的意见的表陈,但是最重要的著作当属《心体与性体》第三册之作,全书就讨论朱熹一人的哲学,由于该书之讨论亦十分繁琐,本章即仅就其中"中和说"部分进行重新解读及义理定位。实际上该书中牟先生对朱熹"中和说"的讨论最为大宗,概分三章进行,几占全书之一半,且其中的讨论实已蕴含牟先生对朱子学意见的全体,因为其后诸章节所讨论的朱熹仁说、孟子诠释、心统性情、理气说诸义,可以说都已经在"中和说"中讨论过了。

二、对牟宗三谈中国哲学及儒家哲学义理型态的意见定位

牟宗三先生以《论》《孟》《庸》《易》为儒学的原型,以象山、阳明学为孟子的发挥,以横渠、明道、五峰、蕺山为《庸》《易》的传承,而程颐、朱熹却是歧出于《论》《孟》《庸》《易》的新系统,参见牟宗三先生言:

250

> 宋明儒学中有新的意义而可称为"新儒学"者实只在伊川朱子之系统。大体以论孟中庸易传为主者是宋明儒之大宗，而亦较合先秦儒家之本质。伊川朱子之以大学为主则是宋明儒之旁枝，对先秦儒家之本质言则为歧出。①

另见：

> 惟积极地把握此义者是横渠明道五峰与蕺山，此是承中庸易传之圆满发展而言此义者之正宗。伊川朱子亦承认此义，惟对于实体性体理解有偏差，即理解为只是理，只存有而不活动，此即丧失于穆不已之实体之本义，亦丧失能起道德创造之性体之本义。象山阳明则纯是孟子学，纯是一心之申展。此心即性，此心即天。如果要说天命实体，此心即是天命实体。②

牟先生上述之定位，绝不是一些简单的浮面意见的定位，而是一大套理论城堡所堆积起来的庞大系统下的论断，讨论牟先生的意见，不是简单几个态度立场能够疏理的。本文之进行，将首先说明牟先生对儒学根本型态的定位论点，再从此反溯牟先生思考儒学意旨的问题意识来源，说明它是如何从西方哲学问题解决的思路上进行，以贞定牟先生理论关怀的根本问题意识，依此，即可准确进入牟先生对朱熹诠释的意见，而予以重新解读。

讨论牟宗三谈中国哲学及儒家哲学义理型态的意见定位，要从牟先生消化康德哲学谈起，康德在《纯粹理性批判》书中建立物自身不可知之说，建立普遍原理的二律背反说，而在《实践理性批判》书中建立依实践之进路而设定之三大设准，唯物自身仍不可知，然上帝依其智的直觉即能知之，上帝之知之即实现之。以上诸义是牟先生纲领康德哲学的最重要的部分，依据上说，牟先生认为，中国哲学儒释道三教的圣人、真人、菩萨及佛者，却都能有此一智的直觉，并且，三教圣人皆是一般人存有者得以努力达致的。甚且，西方的上帝概

---

① 牟宗三《心体与性体》第一册，台北：正中书局，1981年10月，台4版，页18。
② 牟宗三《心体与性体》第一册，页31–32。

念仍是一情识的构想，而中国三教之学却都有其实践之进路以为价值之保证，是实践而证成其形上学的普遍原理。这其中，牟先生又指出，整个西方哲学是一为实有而奋战的哲学，牟先生认为，哲学即是一应为实有而奋战之学，而中国儒释道三教之中却只有儒学的道德意识是真主张实有之学，其为透过道德意识创造现实世界而有着在圣人主体的实践之保证而保住实有，因此，形上学只有透过道德进路才能保住实有而为完成。

依据这样的思路，古今中外的哲学体系中的形上学的证立问题，便就只有中国儒家哲学的道德的形上学才有其终极的完构。此一由圣人实践道德理性的哲学，既是形上学的保证，又是形上学的完成。完成一本体宇宙论的创生系统，完成一由圣人之逆觉体证以实现天道理性秩序的哲学系统。也正是在这个诠释立场下，朱熹学思被视为歧出。

以上是牟先生的话术，依笔者之见，牟先生的思路可以重新解析如下：

首先，牟先生关心形上学普遍命题的成立保证问题，依康德哲学之拆解，整个西方传统的思辨形上学，因理性能力的反思，已被斥为不能成立，而在康德哲学系统中，则另以实践的所需，且以设准的地位，而说形上学普遍原理的提出的可能，并诉诸上帝的直觉，而予以真理性的保证，因此是上帝的存在保证形上的命题。而牟先生则以中国哲学的三教共有的实践之证量，来说中国儒释道三教之学的形上命题的证立保证，因此是人的实践而保证了形上命题。于是乎在牟先生所诠解的中国哲学系统下，实践的部分便以义理的实质内涵而进入形上学构作的系统中，因而系统中论及实践与否正是牟先生别异中西哲学的判准。

其次，作为当代新儒家哲学家的牟宗三先生，在三教辩证问题上高举儒学，是透过主张为实有而奋战的哲学立场，将儒学在三教辩证中高于道佛。哲学就是要论说实有，而只有儒家价值意识的道德创生意志是唯一可以保住实有的哲学理论，因此宣称只有儒学是一实有型态的形上学，而道佛则只是境界型态的形上学，以此标高儒学，以此诠释儒学。而儒学因其不但有实有的主张，更有实践的证成，因此儒学于形上学便有圆满的完成。

总之，别异中西以实践说，辩证三教以实有说，此正是牟先生高举儒学的两大判准。

接着，在牟先生深入儒学系统以为各家诠解之进行时，特别对于证成形上学的实践动力因素十分重视，于是全力形成一套动态的儒学存有论，不论自天道说、自人道说，皆欲说及实践完成以致圆满的境界为止。这就导致牟先生在孔、孟、易、庸的诠释中，以圣人的实践以见天道的律动而说为一动态实践型态的实有说的形上学，并在宋明儒学的诠释中，将濂溪、横渠、明道、五峰、象山、阳明、蕺山等之系统说为一实践的动态的实有的本体宇宙论的形上学型态。其中仍有分别，有主要说天道的系统者如《中庸》《易传》、濂溪、横渠，有主要说人道的如孔、孟、象山、阳明，有天道人道并说的如五峰、蕺山。这就使得朱熹学思在此一系统中被置之在外，而是以静态的本体论的存有论的只存有不活动的话语说之。

再度重新检视牟先生的论、孟、易、庸、周、张、明道、五峰、象山、阳明、蕺山一脉相承的儒学系统的义理特点，笔者以为，牟先生是把说价值义的本体论、与说本体工夫的工夫论，以及说圆满地实现了工夫的圣人境界观等等并合为一同套系统的整体型态中。价值义的本体论自是从整体存在界整体地说的道德意志的本体论，牟先生以本体宇宙论说此一形上学，笔者以为这确实是谈价值意识的本体论哲学问题，说为本体宇宙论亦是恰当，因为本体意识就是从整体存在界中定位而出的，论及整体存在界即是宇宙论的功能。另为说主体实践理论的本体工夫论，即是以本体的价值意识以为主体的心理活动蕲向的本体工夫，此即工夫论哲学中的一种型态，此为工夫论的哲学基本问题。第三为对圣人境界的陈述，是描写主体做工夫已达至圆满理想状态的圣人境界，圣人境界当然是以本体论的价值意识以为实践蕲向而达至主体状态的圆满而说的境界，既是与本体论直接相关，亦是与谈实践的工夫论直接相关。

这三项从本体论到工夫论、境界论的基本哲学问题，确实是同一套价值意识的内部推演，从而形成整体共构的系统，既有客观形上学的知见，又有主体实践的主张，更有圆满人格状态的呈现，可以说儒学理论的目标即已在此显现了。然而，儒学理论所追求的现实实现的目标是一回事，儒学理论所需满足的作为理论建构本身的理论问题是另一回事，并且，说明了理论目标的宗旨是一回事，实际实践更是另一回事。因此，本体、工夫、境界论的说出是一回事，儒学还有其他哲学问题有待处理是另一回事，儒学并不因为本体、工夫、境界论的说出就再也没有必须处理的理论问题了。同时，说出本体、工夫、境界论是一回事，实际实践是另一回事，说出并不等于实践，说到了实践以为理论证立的保证是一回事，实际实践以为事实的创造及理论的证实是另一回事。因此，说到了实践以为证立的理论保证并不因此就是价值追求活动的圆满完成，更不因此就与儒学必须解决的其他问题有着问题层次的高下地位之差异。

三、对牟宗三谈朱子学的义理型态之意见定位

牟宗三先生即是依据着上述的思路以展开对于朱熹学思的全面定位，其一是形上学的定位，其二是工夫论的定位。

就形上学而言，牟先生以朱熹形上学中的理概念是一只存有不活动的存有，理气说的形上学是一本体论的存有系统，本身并不能发为创造的动力以致有实践的圆满完成。笔者以为，说朱熹言于理气说者是一存有论问题的定位是确实的，但是说它不能负担实践的动力以致不为圆满的批评是不必要的，因为它本就不是在谈论实践的动力的问题，它就是在谈存有论的问题，朱熹就是平铺着在研议作为天道理体的理存有，研议着它是一个什么意义的概念的存有论问题。更且，朱熹也不只是在谈存有论的问题，朱熹一样谈到了本体工夫境界论一贯的话语，只是牟先生都以朱熹的存有论系统为朱熹之真正意见，以致认为朱熹那些本体宇宙论的动态实践的话语只是偶尔提到，意义贞定不住，一转就滑失了。这是因为，牟先生并不尊重讨论实践活动以证成形上原理之外的哲学问题，并不将那些问题视为儒学理论发展过程上的有意义的事件而予以尊重，而是过度关切了以实践的活动而为形而上普遍原理的证成的理论问题，即直以此一议题的相关理论构作以为孔、孟的正统，而在面对朱熹明确地建构有别于论说实践的道德的形上学系统时，即以朱熹之说为外于孔、孟之言者。

笔者并不认为讨论实践活动而构筑的道德形上学，需要像牟先生所认定的具有儒学诠释的根本性地位。这都是牟先生过度思辨的结果。第一，论说实有并不需要是所有哲学系统的基本立场，哲学领域是没有哪一个立场可以是所有哲学理论的共同立场的。牟先生高举之实有的立场即是三教辩证下的儒学立场，此说已是儒学一家的独断结构，而牟先生以能证说实有的实践哲学并入本

体宇宙论的系统为儒学正统，因而以此排斥朱熹之学，以为朱熹没有正宗的实践哲学以致于不能证实儒家形上学的实有立场。

第二，言说工夫、境界问题并不需要定位为是所有哲学系统中的最重要及最圆满的问题，我们固然可以说中国儒释道三学都有言说工夫、境界问题的系统，并且缺乏此一问题即是理论的不圆满，但是因着哲学活动作为一种纯粹创造性的思考活动，新的问题产生之时即是必须面对之重要问题，因此言说三教辩证义下的儒学本位的宇宙论、言说概念关系及概念定义的存有论哲学、言说儒学义理定位的方法论哲学等等，这些都是儒学理论中的重要问题，也有它们各自的重要的理论地位。而依据着上述两套特定的立场，牟先生即以能证说实有的工夫、境界哲学并入本体宇宙论的形上学系统为儒学正统，而以此排斥朱熹之说概念解析的存有论系统。

牟先生缘于中西哲学比较及三教辩证的高举儒学之思虑，因而找出响应中西及三教的儒学建构系统，而说为道德的形上学的纵贯纵说的创造系统，结果就只关切儒学系统中的这种哲学问题，即本体、宇宙、工夫、境界问题，而对于他种哲学问题提出批评，例如说概念定义的存有论问题，这是不必要的做法。并非朱熹不是存有论系统，而是朱熹的存有论系统不需要被批评，因为这个系统本来就不是在谈实践的问题，而是对实践活动中一切相关的概念作思辨的抽象定义工程。更且朱熹一样也有实践哲学的本体宇宙工夫境界系统，只是牟先生每当读到此种话语时皆将之转入存有论系统，而斥朱熹之本体工夫境界系统不能挺住其义。

此外，"存有论"这个词汇在牟先生的使用中有二义。一方面是讨论概念定义、概念关系的抽象思辨的哲学领域，这就是他说朱熹讨论的"心、性、情、理、气"等概念的意见是本体论的存有系统的意思，这是牟先生使用"存有论"哲学的一义。另一方面又是包括本体宇宙论、工夫境界论的整套哲学系统，即其说为两层"存有论"的"无执的存有论"而为道德的形上学者。这两种用法在牟先生的论著中都时常出现，必须先作以上的厘清。也在牟先生的关切实践以为证成的思路背景下，牟先生的形上学概念便将具实践活动义及圆满实现义的工夫论及境界论亦纳入了形上学的本体论及宇宙论的领域中，这样的做法将使形上学这一词汇变成一套复杂繁琐曲折纠结的理论问题，而不利于检别同在本体宇宙工夫境界论系统下的孔、孟、易、庸、周、张、明道、五峰、象山、阳明、蕺山各家的内部差异，更不能看清不在这个牟先生视为主轴脉络嫡传系统之内的伊川、朱熹学的理论创作意义。

就工夫论而言，牟先生以朱熹论于道体之理概念为一只存有不活动的系统，以致朱熹论说工夫时即滑失为一认知的横摄系统，此即是朱熹见道不明，以致工夫走失。笔者认为，论说存有是一存有论问题，论说本体的价值意识是一本体论问题，论说工夫是一工夫论问题，价值意识的本体论直接与本体工夫的工夫论相关，但是论说概念的存有论又是另一套独立且有意义的哲学问题。它是对于作为本体的理性存有作一思辨的反省以定位它的存有论地位的抽象讨论，讨论作为价值蕲向的本体、天道、诚体、理体、性体、心体等等概念的存有论地位问题，这是一独立的哲学问题，是儒学在理论发展上顺着人类理性的自然运思即会意识到的正常问题。它确实不是在讨论见道的问题，因此不是与本体工夫直接关联的问题，牟先生的定位是无误的，问题只在牟先生将之并入本体工夫系统，而以之为不能实做工夫甚至是不见道的批评是不必要的。价值意识既已确立，则说明价值意识的存有范畴本身的抽象关系亦应疏理，因此当代学者研究之时即宜独立地讨论这个问题，并准确地检视朱熹在这个问题的发言意旨，而毋须跟随不能为思辨之学的象山，一起攻击朱熹见道不明。

就见道问题而言，朱熹确实多有论说价值意识的本体论的发言，程颐就明确大谈性善论的意旨，朱熹接续地谈人存有者的性善论，并从天道的理存有说到其为必然且完整地赋命于人存有者的性善论，并即此性而说为理，故谓之"性即理"，而转入存有论讨论。而当朱熹要谈工夫论的时候，类似"心即理"的话语一样会出现，只是牟先生每见及朱熹有类似象山的说工夫的话语时，就斥责这仍是以存有论为系统，因而是不真切认识的发言。

分离了"存有论"与"本体宇宙工夫境界论"之后，朱熹见道亦明，论说本体工夫亦明。但是，在工夫论问题中，并不是只有"本体工夫"一种问题，以《大学》传统来说，就有"工夫次第"的问题，朱熹因着文本诠释而倡说《大学》的工夫次第问题，牟先生却以教育程序与逆觉体证为不同工夫，认为《大学》只是涉及教育程序而不是谈逆觉体证的本体工夫，因此批评朱熹依《大学》而说者为教育程序问题，只是认知的横摄系统，割裂了知行，而非纵贯的逆觉体证之本体工夫，是为他律而非自律系统，为本质伦理而非方向伦理。笔者认为，这还是牟先生心目中只有一种儒学问题，所导致的认识的偏差。

牟先生是以辩证于西方形上学的普遍原理的依实践而证立的问题为儒学根本问题，如此即只会关心主体在自证自觉时的实践及至圆满状态一事而已，此即本体工夫论的论旨，亦即说为逆觉体证的工夫模式。而朱熹因着《大学》诠释而说工夫次第论的论旨，完全是依《大学》而说《大学》的文本诠释脉络，至于本体工夫论的意旨，朱熹一样把握清楚，因此在诠释《大学》格致诚正修齐治平的工夫次第问题时，皆能缩合八目工夫为即知即行、为首尾相贯、才是真知真行真完成之宗旨。亦即，说主体之实践义是一回事，说工夫次第义是另一回事，朱熹并没有因诠解《大学》而说工夫次第就因此不说本体工夫，或是以工夫次第取代本体工夫，甚或否定本体工夫。事实上工夫次第是工夫次第、本体工夫是本体工夫，两者无从互相取代，但更不会互有扞格。更重要的是，朱熹说工夫次第中的每一项目都是即知即行地说的，也就是都是本体工夫的项目，只是其中有次第。并且工夫次第自格致以至治平是全体完成才是真完成，因此绝对没有割裂格物穷理与切实笃行之义，因此牟先生以教育程序说朱熹的工夫次第是无涉逆觉体证的话是不对的。

同时，牟先生屡说朱熹以格物致知的认知方式谈工夫，是有别于逆觉体证谈工夫的本体工夫之事。笔者以为，格物致知而诚正至修齐治平是《大学》讲的工夫次第的问题，此中需要格物穷理的是针对经营家国天下之事业之需要实事求理而作为的，此处有客观之知，但是，所求得之客观之知之理仍是以仁义礼知之儒家道德意识以为行为贞定的价值原理，因此，任一事业的穷理的活动皆是一逆觉体证的本体工夫，格物致知穷理的目的就是为着修齐治平，就是为着实现圣人的理想事业，待治平境界达至之时，就是牟先生所关切的圆教的圆满实现，因此，不能以朱熹言于工夫次第之穷理工夫为仅只是认知活动而非主体的心志提炼的逆觉体证活动，而说其为非本体工夫。

这种被牟先生列为认知活动的工夫，又被冠上为他律道德而非自律道德之批评，这也是笔者不认同的部分。牟先生说为自律道德者，指道德实践活动之为由主体的自证自立的型态，而朱熹的说法却是他律的型态，因为朱熹并没有在谈主体的逆觉体证，而只在谈认知的课题。

笔者以为，一切道德活动皆应是自律的活动，道德与自律应为套套逻辑，只有在被威吓下的不敢为恶的情况才说为他律，但此时之主体意旨并非道德性的，因此亦说不得是他律道德。而系统中设定了它在存有者以为道德律令的颁布者的理论被说为他律也是有争议的，因为主体欲为其价值意识之时，仍是主体自愿之行为。因此就形上学而言，虽可有若干系统说价值原理自外而来，但是就工夫论而言，仍然必须说愿意实践的意志是由内而出的，因此即便是某些宗教哲学中的形上学的价值他律说亦必须说为工夫论的自律系统，否则一切有宗教信仰知识的人便皆能直接行善了，实则不然，他们还是必须经由主体的自愿实践，才能有作为真道德行为的自律工夫。

然而，朱熹的情况并不是主张价值意识是形上学地自外而来，而是朱熹并没有在谈存有论问题的时候范畴错置地转入本体工夫地谈。朱熹是在谈道德活动的时候，去研议那作为律则的价值意识的价值内涵甚或存有论地位，这并非与道德活动无关之理论事业，更不等于即是在进行一外在于主体的他律道德活动，而只是说价值意识的客观存有论地位，当然这只是关于哲学概念的讨论，本就不是正在做工夫。即便如此，在朱熹的这个存有论地位的讨论中，他还是主张主体的心即含着性善之性，此善性为主体内在的本质性本性，因此主体仍是就着内在的善性而发为善行，朱熹的说法即是价值意识仍是来自于内，至于做工夫的事业，这永远是主体活动的事情，可以不与价值意识的本体论在主体之内或之外的问题混为一谈。

笔者认为，道德活动的进行一定就是自律的，他律的都称不上是道德，说对于家国天下的事业的认知可以不是正在进行道德活动，但是朱熹说的格物致知穷理都是要求实践之于身家国天下的，修齐治平的完成才是格致工夫的完成，因此并没有一停止在认知的非道德活动的工夫主张，在知之且行之之时即皆是主体的自我要求的逆觉体证之实事实行之行为，因此不会出现牟宗三先生所说的他律道德的情况。

以上从牟先生对中国哲学及儒学在中西别异及三教辨正下的基本立场说朱熹学的定位，说明牟先生如何以本体工夫系统以批评朱熹存有论系统及工夫次第系统的脉络，指出牟先生可以无须如此定位以还原朱熹学的面貌。

以上总说牟先生对朱熹诠释的意见定位，以下先介绍牟先生诠释朱熹的工作架构，然后再就牟先生对朱熹"中和说"的实际讨论进行疏解。

四、牟先生对朱子诠释的工作架构

牟先生对朱熹的讨论最主要的材料当然是《心体与性体》的第三册[①]，全书皆是针对朱熹的讨论，其中对于朱熹"中和说"费了最大的篇幅，接着讨论朱熹的"仁说"，讨论"心性情之形上学的解析"，讨论"理气论的形上学"等。牟先生的处理基本上是基于他自己已有的儒学诠释系统的定见，一方面说明朱熹的问题意识及其立场、主张，另方面极力断称朱熹之说不合孔孟原意，而所谓不合即是未能彰显本体论的创生意旨。亦即牟先生是把工夫境界论及本体宇宙论合为一动态的存有论的形上学架构，以为儒学的圆满型态，因此从头至尾都是形上学地说儒学，既使得工夫论及境界论无法独立出来被辨识，又使得工夫论中的不同工夫论问题无法分开来讨论，如工夫次第问题。并且，又使得形上学中的存有论问题丧失独立地位，因此朱熹学思中的存有论及工夫次第论系统，也就变成在本体宇宙工夫境界论合构为一的理论系统之外的别子系统。而一旦当牟先生阅读到朱熹也有像是逆觉体证及本体论的创生系统的类似话语的时候，即立即以朱熹的存有论系统的话语给遮盖过去，以为这只是朱熹一时的歧出，而非对之有真知真识。因此，在整部著作中对朱熹的讨论，牟先生即是以朱熹非本体论的创生系统作为论说朱熹的重心而不断申述，可以说牟先生就是挑选朱熹之谈存有论及工夫次第论的语句段落以为申论朱熹的主要材料，而将朱熹谈存有论的话语也视为朱熹在谈工夫论的主张，因而批评其为非逆觉体证的工夫，于是朱熹便被牟先生排斥在他所论说孔孟的道德的形上学系统之外，这正是牟先生的道德的形上学之为一大套自我圆满的系统的坚实主张的结果，是牟先生未能分解地谈本体论、宇宙论、工夫论、境界论以及存有论问题的结果。

牟先生《心体与性体》大作中分九章处理朱熹思想，实际上是八章，因为

---

① 牟宗三《心体与性体》，台北：正中书局，1981年10月，台4版。

第九章只是在引文而没有再多作疏解了。其中第一章谈朱熹早年的倾向。此处牟先生多以朱熹后期理论的内涵定位早期思想的方向，认为早期思想中已有这些倾向，以致于并不能真得其师李延平的本旨。这也是牟先生在本书中的重要工作方式，亦即透过年谱的协助而序列朱熹的著作，从中见出他的思想的发展与转变。牟先生也认为朱熹思想有一特殊型态[①]，但又与牟先生为儒学所定出的自孔、孟、易、庸而降的主流传统混搅一起，因此极难疏解[②]，但牟先生亦认为自己终于能确实厘清朱熹义理型态，那就是"朱子学之主观地说为静涵静摄之系统，客观地说为本体论的存有之系统"[③]。牟先生得出此一朱熹学思型态定位是千回百折之后的定论，在《心体与性体·第三册》第一章《朱子三十七岁前之大体倾向》中，亦处处提出牟先生全书共同之定论：

> 其以大学为规模，对于孟子之误解，以及心性情之宇宙论的解析，理气不离不杂之形上学的完成，与夫晚年所确定表示之宗旨、境界，与方法学上之进路，皆其自然而必然之归结。读者若顺此次序步步仔细理解下去，亦必自可见其为静摄系统而无疑矣。[④]

对于首章论于朱熹早年学思倾向之讨论已在前章进行过，此处不再深入，因为较有意义的命题亦在随后章节中不断被提出。本章亦仅讨论"中和说"部分，其他章节另待后文。其实，不论牟先生对朱熹的中和说、仁说、心性情说、理气说，牟先生的诠释架构都是相同的，因此讨论其中一说，即已得见出牟先生思路的整个型态了。本文即集中以牟先生对朱熹"中和说"的讨论来反省牟先生对朱熹学说的整体意见。

---

① 参见牟先生言："殊不知其基本观念之几微处如此说或如彼说，此在义理型态之系统上有决定性之作用。"《心体与性体》第三册，页65。

② 参见牟先生言："朱子尝自谓实肯下功夫去理会道理，吾窃自谓亦实肯下功夫去理会朱子。问题不在其静摄系统本身有何难了解，而在其基本观念处常与纵贯系统相出入、相滑转，彷佛相类似，而人不易察之耳。"页64。"吾为此困惑甚久，累年而不能决。"《心体与性体》第三册，页65。

③ 牟宗三《心体与性体》第三册，页68。

④ 牟宗三《心体与性体》第三册，页67。

五、牟先生对朱熹中和说的批评及反省

对于中和说的讨论,牟先生认准了朱熹有一关于《中庸》"中和说"的前后不同说法,因此亦以此一前后不同的说法定位朱熹学思的特殊型态,认为在朱熹早年的说法中仍有些类似于孔、孟、易、庸谈纵贯创生系统的话语,但是认识不清,摄授不住,以致成熟之后即滑向横摄系统。

牟先生概念系统繁多,不能一一申论,直接简化说明之,"纵贯系统"意谓该哲学系统申论天道创化及圣人实践的理论,"横摄系统"平列天道概念及主体结构,谈存有而不谈创生及实践的活动。牟先生主张的是纵贯系统,这就显示牟先生是并合天道流行及圣人实践为一套形上学系统的哲学概念使用观,因此一般本体论、宇宙论的问题与工夫论、境界论的问题皆被构作于形上学系统中。而朱熹"中和说"的旧说及新说的差异,就在于旧说中尚保持谈论纵贯创生的理论,新说中却把握不住,以致将工夫移转为平列的认知系统。横摄系统即不涉及纵贯创生的逆觉体证的主体实践活动,而为一认知心的对于平列的天道概念及主体架构的知识性活动。

朱熹中和旧说如下:

中和说一(自注云:此书非是,但存之以见议论本末耳。正篇同此。)《与张敬夫》曰:人自有生即有知识,事至物来,应接不暇,念念迁革,以至于死,其间初无顷刻停息,举世皆然也。然圣人之言则有所谓未发之中、寂然不动者。夫岂以日用流行者为已发,而指夫暂而休息、不与事接之际为未发时邪?尝试以此求之,则泯然无觉之中,邪暗郁塞,似非虚明应物之体,而几微之际,一有觉焉,则又便为已发,而非寂然之谓,盖愈求而愈不可见。于是退而验之日用之间,则凡感之而通,触之而觉,盖有浑然全体,应物而不穷者,是乃天命流行、生生不息之机,虽一日之间万起万灭,而其寂然之本体则未尝不寂然也。所谓未发,如是而已矣!夫岂别有一物,限于一时,拘于一处,而可以谓之中哉。[1]

---

[1] 牟先生讨论的中和旧说即是此篇,此篇亦是《宋元学案》引朱熹中和说四篇之第一篇。

牟先生分三项要点讨论此文，首先讲朱熹文中的"天命流行之体即是一创造之真几，或创生之实体。……中庸言诚体、言为物不二生物不测之天道，易传言穷神知化，皆是对于此天命流行之体之阐扬。而北宋濂溪、横渠、明道亦皆是重在对于此天命流行之体之体悟"①，其次讲"朱熹此书说中体几完全以心体说之。天命流行之体即中体，亦即心体。如此说中，心体完全能客观地，实体地挺立起，不是偏落一旁而与天命流行之体为平行对立也"②，第三讲朱熹"此书言致察是察此良心之发见，操存是存此本心良心而不令放失。如此言工夫，是孟子求放心之路，……皆是表示致察与操存唯施于此本心，工夫唯是在使此本心呈现上用。因而有先察识后涵养之说。先察识者即学者需先识仁，先识仁之体之谓也"③，由于后来朱熹自注此说"非是"，故而牟先生结论之谓：

> 如上三点所说，好像此书亦未见得非是。然而朱子竟自注其为非是何耶？此示朱子虽在此书虽在辞语上如此说，然对于此等辞语之实义，彼并无真切之体悟，亦并不真能信得及，……此非其生命之本质，彼于此用力不上。故着实磨练几年后，至四十岁而觉其非是。非是者是对四十岁时中和新说而说，亦是自朱子本人主观地而言之，非是客观义理上，此书之辞语所示之方向真有谬误处也。④

由于朱熹自己着文否定此书之说，牟先生十分严谨地看待这个事件，即从此入路寻绎朱熹学思型态，就朱熹"中和旧说"之文而言，实是对《中庸》中和概念的讨论，而牟先生亦依据朱熹之文定位了《中庸》文义宗旨如下：

> 若对于此天命流行之体有相应之契悟，则本体宇宙论地言之，此体即中体，中体呈现，引生气化，并主宰气化，气化无不中节合度，顺适条畅，此即所谓达道之和。若自人之道德实践而言之，此中体即是吾人之性

---

① 牟宗三《心体与性体》第三册，页73。
② 牟宗三《心体与性体》第三册，页74。
③ 牟宗三《心体与性体》第三册，页75。
④ 牟宗三《心体与性体》第三册，页75。

体，亦即本心。本心呈现，创生德行，则凡喜怒哀乐之发，四肢百体之动，无不有本心之律度以调节之，亦无不在本心之润泽中而得其畅遂，此即所谓晬面盎背，以道徇身，此亦即所谓达道之和也。①

由牟先生的话语来看，即是笔者所申说的，牟先生合本体宇宙工夫境界论的四种哲学问题一齐而谈，说天命流行之体亦称为中体，一是从天道说，一是从人道说，说天道流行而主宰气化，说圣人实践已至达道之和。此即笔者所强调的牟先生论说儒学究竟义自始至终是一义贯串，并且是并合本体宇宙工夫境界论四种哲学基本问题一齐并说的方式，说天道是本体宇宙论地说，说人道是说圣人的工夫实践并及达道之和的境界，说主体之实践即是说工夫论哲学，说主体之和即是说境界哲学，此种说法是转《中庸》说喜怒哀乐之人心活动以为主体体贴本体的圣人创造以及预设天道理体的大化流行并一之说，此说自是对《中庸》诠解的一路。但是要诠解《中庸》也可以不只这一路，朱熹提"中和新说"的用意主要是在进行《中庸》文本诠释，事实上朱熹几乎都是自觉地在作文本诠释时同时发挥他的创作天分而有以建立新体系，所以会就《中庸》文本诠释之考虑而提出新说，朱熹"自注非是"之意应视为朱熹就其中已发未发部分有更深入的看法，认为此处应为工夫次第问题，至于朱熹旧说之原意，就是一基本的本体工夫之路数。牟先生自己也说由李延平所提的未发工夫以及《中庸》的宗旨之学的说法不是合义于章句训诂之作的，亦即牟先生也认为李延平本来的说法亦不能即是《中庸》之本旨，其言：

体验未发前大本气象为何如是道德实践工夫上之本质的一关，此自是自觉地做道德实践之事，自与章句训诂无关。朱子非不知此义，其系统中亦可承认此义。②

就牟先生所关切的纵贯创生圆满义的儒学建构而言，牟先生认为"中和旧

---

① 牟宗三《心体与性体》第三册，页83。
② 牟宗三《心体与性体》第三册，页106-107。

说"中朱熹本来已晓其义，但是在"中和新说"中却滑失了此义。笔者以为，就《中庸》文义的经典传注而言，则更是朱熹后来说"中和新说"的用心所在，且用心在于工夫次第的问题上，旧说固是符合牟先生为儒学体系所创造的诠释之作，固然是圆满了儒学体系建构之需，但忠实地诠解传注文本亦不妨碍后来的创造诠释，此则是朱熹的新说之用意。牟先生此处转入关切朱熹于旧说中原本已呈现的意旨，却在后来的讨论中转出，而朱熹自己竟攻击此种创造之诠解系统即为入禅之思路，牟先生引朱熹原文：

原来此事与禅学十分相似，所争豪末耳。然此毫末却甚占地步。今之学者既不知禅，而禅者又不知学，互相排击，都不札着痛处，亦可笑耳。①

牟先生评论道：

明道于"于穆不已"、"纯亦不已"之实体处辨儒佛，而朱子此时却说"原来此事与禅学十分相似，所争毫末耳。"即此可见其对于"天命流行之体"之不透。就此道德的、形而上的实体看，此乃是儒佛之本质的差异处，何言只争毫末耶？其"相似"乃是义理型态之相似，成佛成圣工夫型态之相似，工夫进程上境界型态之相似，而刚骨基体则根本不同也。……两皆不透也。……朱子于此不彻，后来对于凡自纵贯系统立言者，彼皆斥之为禅，亦可谓不幸之甚矣。②

牟先生对于儒禅之辨之意见，笔者完全同意，但是笔者以为，牟先生对于朱熹辨儒禅之事有所误解。首先，朱熹所谓"所争毫末"并非谓儒禅之间差异甚微，不见其言"此毫末却甚占地步"，朱熹之意可以解成是说此一大目关节之事却难以辨认，需辨析入理才能拨云见雾，故"所争毫末"，即"毫末必争"，毫末中关系至大，必所争已。其次，朱熹转入新说中之新的义理之关切，

---

① 牟宗三《心体与性体》第三册，页107。
② 牟宗三《心体与性体》第三册，页107–109。

笔者以为是一工夫次第的问题，笔者另亦以为，一切工夫皆是本体工夫，但是本体工夫之中有次第问题，朱熹关切的就是这种次第问题，因此分已发未发谈察识涵养之次第，次第不分、知之不明而为冥行者皆是说禅，因此后来学者说的本体工夫之话语者，朱熹则多见说此话语者之见识未明，并多有为任意之行者，故而说其为禅，实是一人病之指责，而不能说为法病，由于朱熹自己指责他人之说为法病，于是牟宗三先生指责朱熹之话语有理论上的错误，实皆是一多重之误解。笔者不认为朱熹不辨禅佛，不认为朱熹不解牟先生言于逆觉体证的本体工夫之纵贯创生系统之学，只是朱熹欲以工夫次第的义理架构框正不实的本体工夫的实践者的人病，因其用语直指义理，称人为禅，所以牟先生以之为不解逆觉体证之路，而歧入横摄认知系统。

至于朱熹旧说中和的义理系统，牟先生已定位之为纵贯系统[①]，而后来的新说却被朱熹自己转向，但牟先生详细检视朱熹旧说期间的相关作品，确实多有纵贯系统的发言，牟先生引若干朱熹文字[②]，指其"意指最为显豁明当，几亟近于陆王之学矣"。[③] 又谓：

> 朱子此时明知此义，何以以后又终落于支离耶？……必其新说成立后，其义理系统影响了其工夫途径，使其工夫途径转成曲折，因而入处遂不亲切，本领上亦不是当。[④]

牟先生并形上学与工夫论于一说的系统于此一评断中亦再见出，并认为朱熹后来的歧出必是从形上学的纵贯系统中转出，转到了静涵横摄系统，而致工夫有了曲折相。因此这里就有几个问题产生了，《中庸》说中和一段可以作形上学的本体宇宙论的讨论及创作，但也可以作为主体的工夫活动的讨论及创

---

① 参见牟先生言："中和旧说，依其辞语之系统与间架，其所应含之义里方向自是纵贯系统。"《心体与性体》第三册，页118。
② 参见牟先生言："因其良心发现之微，猛省提撕，使心不昧，则是做工夫底本领。本领既立，自然下学而上达矣。若不察于良心发现处，即渺渺茫茫，恐无下手处也。"《心体与性体》第三册，页121。
③ 牟宗三《心体与性体》第三册，页121。
④ 牟宗三《心体与性体》第三册，页122。

作。而主体的工夫活动的讨论及创作，可以讨论本体工夫问题，也可以讨论工夫次第问题。可以说文本诠释本就难以与义理创作割裂开来，因而很难坚持只有一种文本诠释之本义。因此朱熹固然是在作文本诠释，但却也涉及义理创作。因此以《中庸》说中和之文本而为牟先生的即天道及人道说其纵贯创生及圣人践行是一种文本诠释，亦是一种哲学义理创作，而朱熹自己所提的"中和新说"即可以是另一套文本诠释以及义理创作。甚至可以说，既然都是义理创作，因此毋须争论是否更为符合文本诠释，更可以说，个人创作个人的系统，亦并无高下对错之可言。因此，牟先生以《中庸》说天命流行之体的本体宇宙论并和圣人主体的工夫境界论以说《中庸》是一回事，朱熹"中和新说"的工夫次第论之问题意识与关切方向也可以是另一回事。笔者以为，朱熹在新说中转入以文本诠释的严密系统建构工夫次第的观点，是一新的哲学议题，并非脱离旧说所预设的道体流行及主体实践之义，只是朱熹自己关切了新问题，而这个问题，正是文本诠释关怀下的对于"中和说"的工夫次第进路的重新议定。

朱熹"中和新说"依据牟宗三先生之引文，其重要文句如下：

> 中庸未发已发之义，前此认得此心流行之体，又因程子'凡言心者皆指已发'之云，遂目心为已发，而以性为未发之中，自以为安矣。比观程子文集、遗书，见其所论多不符合。因再思之，乃知前日之说，虽于心性之实未始有差，而未发已发命名未当，且于日用之际欠缺本领一段工夫，盖所失者不但文义之间而已。①

据此诸说，皆以思虑未萌事务未至之时，为喜怒哀乐之未发。当此之时，即是心体流行，寂然不动之处，而天命之性体段具焉。以其无过不及，不偏不倚，故谓之中。然已是就心体流行处见，故直谓之性不可。……未发之中本体自然，不须穷索。但当此之时，敬以持之，使此气象常存而不失，则自此而发者，其必中节矣。此日用之际本领工夫。……以事言之，则有动有静，以心言之，则周流贯澈，其工夫初无间断也。但以静为本尔。向来讲论思索，直以心为已发，而所论致知格物亦以察识端

---

① 牟宗三《心体与性体》第三册，页130。

倪为初下手处，以故缺却平日涵养一段工夫。其日用意趣常偏于动，无复深潜纯一之味，而其发之言语事为之间，亦常躁迫浮露，无古圣贤气象，由所见之偏而然尔。①

依笔者之见，朱熹的改变是就因于文本诠释的深入，以及新的问题意识的提出而为之回答之作，新的问题是为一工夫次第的问题，这当然是有取于《大学》论于本末先后的思路而得到的启发，文中的未发、已发皆设定为主体心的状态，此心周流贯彻、无动静之或息，而事有动静，事亦即主体之事，未发指无事时之喜怒哀乐之情之未发，即是日用平常之际的处境，此时以主敬存养之是为未发涵养，已发指有事之际之有所涉及是非对错的价值临在情境之时，此时以主敬察识之事为已发察识。则既有未发涵养于心以为中，即较易有已发察识以为和之理想。此说确实是一工夫次第之思路，虽有明显的未发已发相，但次第间亦非不可融通，就朱熹后来若干更为圆融的话语而言，朱熹固有次第之思路，但却未有固执的已发未发的工夫方法之坚持，参见朱熹之言：

"大抵未发已发，只是一项工夫，未发固要存养，已发亦要审察。遇事时时复提起，不可自息，生放过底心。无时不存养，无事不省察。"

"未发已发，只是一件工夫，无时不涵养，无时不省察耳。""已发未发，不必大泥。只是既涵养，又省察，无时不涵养省察。"

"存养省察，是通贯乎已发未发工夫。未发时固要存养，已发时亦要存养。未发时固要省察，已发时亦要省察。只是要无时不做工夫。若谓已发后不当省察，不成便都不照管他。"②

依朱熹上述诸说的重构，未发已发之涵养察识者皆是同一种工夫了，就是本体工夫一事而已，只是其中仍可有次第之别，但那都是针对不同人不同状态而作的区分，并没有严格的界线，根本上都是本体工夫的表现。因此，牟先生

---

① 牟宗三《心体与性体》第三册，页132-133。
② 《朱子语类》卷六十二《中庸一》第一章。

实在毋须以朱子后来于新说中对于察识说之反对，就直以为朱熹已不再论及本体工夫，而评其本心滑失。依牟先生之解读：

> 唯于本心、中体、性体，乃至天命流行之体无相应之了解，因而影响己敌双方对于心性之实有不同之了解，朱子始觉先察识后涵养为非是，而必争先涵养后察识以为本领工夫。是则争论之关键不在涵养察识本身，而在涵养察识所施之心性之实有不同之理解也。①

牟先生以为朱熹的转变是因为对于心性之本体有不同于以往的了解，笔者不同意，笔者认为：察识涵养之先后问题即是一次第问题，两者都是本体工夫，因此朱熹并未有于道体意旨之滑落的问题。牟先生在此处所提出的对于心性有不同的理解的说法，就是指责朱熹的形上学思路有所歧出之义，而牟先生即从朱熹论于主体的心性情结构、论于整体存在界的理气结构、论于概念的"仁性爱情说"及"性即理说"等等命题来说朱熹走上了本体论的存有系统，以此系统说朱熹于体上见道不明，以致不识察识为识仁之说，以致其言于涵养者亦只为一空头的涵养，牟先生以六点意见分析朱熹"中和新说"如下：

> 一：仍就喜怒哀乐之情说未发已发，……此未发时所显之中直接是指心说即平静之心境，……但同时复显一异质的超越之体，此即是性。②

牟先生说朱熹以情说未发、已发，此事确然，朱熹确实是在讨论主体心的工夫活动的两种前后状态之别。因此牟先生说朱熹此处之中变成了只是一平静的心境，此亦属实。只是朱熹加上了要在此时即行涵养之功，则发后继之以察识之工夫方能实得其致和之达道。因此，朱熹就是就着心的未发、已发前后的情的状态说中、和两概念，并发展出未发涵养、已发察识的工夫次第观念。然而，牟先生认为，朱熹言于心概念者在此说中便脱离了性体之义，性成为了一

---

① 牟宗三《心体与性体》第三册，页135。
② 牟宗三《心体与性体》第三册，页137–138。

异质的超越之体。此义下文不断申说发展，并成为牟先生强加于朱熹思路之上的哲学。续见：

> 二：……心性平行而非是一，……则在此新说中，真正的超越之体当该是性，而不是心。……心既是平看的实然的心，不是孟子所说的本心（在本心，心即是理，心体即性体，心性是一），则其寂然只是由思虑未萌事物未至之未发时而见，其自身不能分析地、必然地必为'发而中节'之和，而且节之标准亦不在其自身，是则心故不能为真正的超越之体也。[1]

牟先生此项分析意见即是笔者所谓的总合本体宇宙工夫境界问题为一系统的分析架构，牟先生认为那有善意志的动力因素在朱熹"中和新说"中不见于心了，关键即在心自身不能作为行为的标准，因而非能为完成实践的超越之体，因为心性平行，超越之体在性不在心。笔者不同意此说，试分析如下：笔者以为，朱熹说心统性情，性是必具于心，但心有呈显不呈显的状态之别，状态以情说之，状态之别在"中和说"中以已发、未发说之，未发、已发皆须做工夫以保住而呈显此性善之理，这是朱熹的概念使用格局。此心之不做工夫时即处于现象实然的状态，这是一般人的一般状态，众人皆有此一状态，而朱熹则特别要强调于此状态时即需进行平日的未发涵养工夫。至于众人之必能成为君子圣人，则是成圣之性已然以性善之理而内具于心，虽然此性已具于心，却受气禀限制而有不能呈显之时，且大多数人大多数时候皆是此种状态，故而平日涵养、动时省察，一旦呈显此性，在工夫次第中的一切本体工夫实做下即能达此致和之圣境，此亦由同一个主体之心之决行而致之境界。此一必达致和之圣境需有存有论的依据，心统性情之架构即是为说明心性在存有论地位上是性具于心，因此不必如牟先生所说的朱熹的心性是平行的。依朱熹说，性具于心，心即有性，存有论地说心统性情，工夫境界论地说心有呈显此性之状态时也有不呈显之时，因此需要平日涵养及动时察识。如果就牟先生的说法，则只有处在圣人状态中之心才是时时呈显此性此理者，所以笔者说牟先生只论于主

---

[1] 牟宗三《心体与性体》第三册，页138–139。

体实践至圣境时的一种哲学问题，此种状态中之主体的心已全幅呈显性善之理并即与天道流行同义，故说为"心即理"，此亦是一义理格局。但即便如此，亦不能否定对主体在尚未做工夫的凡人状态中的存有论分析，朱熹即是在作这个分析，负责任地说明人在尚未至圣境之前的有善有恶的状态之实然，就此实然而说"心统性情"的理气说架构。至于《中庸》"中和说"则非是存有论问题，而是工夫论问题，而朱熹以工夫次第脉络讨论之，而论其在未发临事之平日之时应做涵养工夫，就其在临事之必作抉择之际需发为动察之工夫。至于牟先生圆融地、非分别说地、无执的存有论说地道德的形上学系统，则只能是那实践已达圆满的圣人境界义，故心性情不分，而朱熹却言心统性情，牟先生即以此义割裂朱熹之心性概念，指其为平行不相统之二事，更指责朱熹之言于心者不具能断善恶的价值觉察之能力，此实对朱熹学说的误判。

再见牟先生之第三点：

　　三：因为静时所见之寂然（心）与浑然（性）无可穷索，无可寻觅，即无法可辨察，故只能施涵养或存养之功，而不能施察识之功。①

牟先生说朱熹只能涵养不能察识，而此一涵养并无逆觉体证之功，亦即意谓朱熹之说不能作逆觉体证的察识工夫，笔者不同意此说。朱熹言于涵养者亦是心之涵养，言于察识者亦是心之察识，心统性情，性是心之性而不是别的，就是这个主体的心之性，因此此心之实做涵养抑或实做察识即是欲求呈显此心之即理如理，即皆是进行"心即理"的活动，即各是一本体工夫，即皆能有逆觉体证义。因此，笔者不同意牟先生把朱熹言于察识、涵养两工夫概念分而解之，而说朱熹的涵养不能作道德抉择，而只有五峰的察识能作道德抉择。牟先生此一察识概念的使用系统实是源于湖湘学派五峰学思之说察识之义而用者，五峰说察识即是牟先生言之识仁之察识，确实是一逆觉体证的本体工夫之察识说。

至于朱熹后来提出先涵养、后察识之说，并非指责察识工夫不是本体工

---

① 牟宗三《心体与性体》第三册，页139。

夫，而是就工夫次第问题的关切上提出平日无事之时即应先作涵养之功。朱熹只是担心人病，而以为临事察识之前需加一平日涵养工夫，并不是说察识工夫不是本体工夫，而是提出平日涵养工夫以补不足，扣合《中庸》中和说之未发、已发说而建构工夫次第理论，而为未发涵养、已发察识之说。此说并非否定察识之说为本体工夫，而是就一般人的修养次第问题指出平日之涵养与临事之察识有一前后关系。而其实，涵养即涵养那察识底，察识即察识那涵养底，两者都是本体工夫。因此对于牟先生就境界状态说朱熹言于未做工夫之前之心无一性体之义，因此做不得察识的本体工夫，只能做涵养活动，而此涵养活动亦不具道德决断力，故而非一逆觉体证之工夫，此说笔者不能认同。续见第四点：

> 四、静养动察既有分属，朱子此时即认未发时之"庄敬涵养"为"日用之际本领工夫"，而以旧说之以察于良心之发现为本领工夫为不当。……今知心有已发时，亦有未发时，则未发时之领庄敬涵养自凸显矣。此义是"本领工夫"之移位，亦涵旧说对于良心发见之发与喜怒哀乐未发已发之发之混扰，亦涵旧说对于'察于良心之发见'义为不真切。①
>
> 而其由已发未发所见之心寂然与感发（通不通其自身不能决定），因其与性平行而为二，非本心，固亦不含有此道德意义之良心之义，固不易凸显道德意义之良心也。此为空头的涵养察识分属下道德意义的良心本心之沉没。新说只能向心性情三分，理气二分之格局走，故亦可说此为心性情三分，理气二分格局下道德意义的良心本心之沉没。此则已完全脱离纵贯系统矣。②

牟先生认为朱熹讲先涵养后察识是对察识作为本领工夫之移位，并认为朱熹已经不再认为察于良心之发现为本领工夫，笔者不同意这样的解读。这就是笔者所一再强调的，本领工夫即是本体工夫即是逆觉体证，而涵养及察识皆是

---

① 牟宗三《心体与性体》第三册，页141。
② 牟宗三《心体与性体》第三册，页143–144。

本领工夫，只是其中有次第，而朱熹之批评于察识工夫者，非以"察于良知之发现"为错误，而是就工夫次第问题要先有平日之涵养，其实说为平日之察识亦得，亦即平日即需"察于良知之发现"，则有事时才能更准确地"察于良知之发现"。只因伊川言于涵养致知之说，言于未发只能涵养之说，遂以涵养一辞用于平日未发之本领工夫，再使用察识一辞用于已发之际之本领工夫，前后皆是本领工夫，唯本领工夫有次第，故而是工夫次第的问题意识成为朱熹重解"中和说"的宗旨，而不是否定"察于良知之发现"为本领工夫，也不是否定"察识"作为本领工夫。而此说也与存有论的心性情格局不是同一个问题，工夫论与存有论问题意识有别，朱熹并没有在谈工夫次第问题时，并合存有论问题一起谈，反而是牟宗三先生以本体宇宙论的说工夫境界脉络的动态存有论之说无法分辨此中问题意识的差异，以致产生种种指责朱熹义理系统的话。

至于牟先生说朱熹此处所言之心非本心，非道德意义之良心，此说亦是将做了工夫之后的主体心与未做工夫之前的主体心混为一说。心就存有论地说，首先一个实存的实然的心，这样的概念界定是必须的，这就是朱熹论于理气说、心性情说之理论所要对付的问题。至于谈论工夫论问题时，实然的理气结构下的一般人的心因其必具性善天理之性，故必能实做工夫而有成德之境界。实做工夫之时，主体的状态即转凡入圣，主体即在一良知发动的状态中，主体即是处于逆觉体证的状态，此时即是本心提起的状态，此时之心即可说为即是本心，只其尚有并未临事之平日涵养以及临事时之动时察识的两节次第之分。这就是牟先生将朱熹说工夫次第问题与说存有论问题混为一谈而有的指心非本心之误解。心就是同一个主体的心，未行践履之时的主体状态甚且有为恶的可能，然即便于此时亦不表示其即已无作为性体义之良知良能，说性善论的本体论就是要说人人具有为善的必然性天理存在，此亦即程颐、朱熹强调性善论意旨之重点。所以，论于本体论时，性善论宗旨的程朱之学之说于主体者自是性善的主张，故而其心即当然有良知，否则岂不变成荀子之学或非儒学矣。再者，论于存有论时，则需说明主体之如何有为恶之可能以及如何又必然可以为善，这就是理气说、性善说、心统性情说之存有论的理论功能所在。又，论于工夫论时，一切工夫皆是本体工夫，只其有工夫次第的问题需强调，因此说涵养察识之先后之分只是就其次第说，从《大学》说格致诚正修齐治平即是一工夫次第的问题。就工夫次第问题而言，朱熹说光察识不够不是反对察识工夫，而是要强化察识工夫之应有平日察识一节而以涵养概念说之。

牟先生的纵贯系统的讨论议题是特定的，它是论于天道流行并合圣人践履至圣境一事，这是本体宇宙论并合工夫境界论而完成于圣人境界哲学中的一义，此一型态自是儒学究竟义无误，但儒学并非只有此一问题意识。儒学亦得论于天道理体及人性主体之性体之种种概念架构的存有论问题，儒学亦需论于主体做工夫由不完美以致完美的下学上达之工夫理论，此是一本体工夫及工夫次第问题并合的工夫论问题，这些也正是朱熹义理中所关切的大问题。牟先生可以说圣人境界的理论模型是他所关心的哲学问题，是属于纵贯系统之型态的理论，但是其他问题并非就是不相干、不重要甚或义理错置。牟先生以朱熹论于心性情说及理气说的存有论问题不能至圣境以致非纵贯系统之说是完全没有必要的，因为存有论问题和本体工夫论问题是同一家学派理论的不同部分而已，因此朱熹在谈存有论问题的同时，本体工夫论的理论也在别处建立了，而且，存有论问题跟工夫次第的涵养察识一先一后的问题也不是同一个问题，所以并不是朱熹谈先做涵养而否定察识的本体工夫，然后又结合心性分说的存有论，以至成就了一套静涵横摄系统，这是牟先生只有一套理论、一种问题的思路导致的结果，所以看不清楚朱熹有各层分立、议题鲜明的各种问题。

其实也不能说牟先生没有看清朱熹有不同的问题，牟先生其实说得很清楚了，朱熹之心性情理气说诸意旨即是存有论的客观平置系统，只是牟先生只关心天道流行及圣人实践以致能为形上学的圆满这种问题，遂说朱熹的存有论不能达致此境，此说亦无误，但是朱熹的存有论本就不是在谈这个天道流行及人道实践的问题，因此不能达此圣境并非其理论缺点。朱熹却亦另有谈论这个天道流行及人道实践的问题，只是牟先生皆将之引入存有论的系统而说朱熹之说不能贞定己意。

又见第五点之讨论：

五、……心有情变未发时之寂然不动，亦有其随情变之激发时之发用，此种分说固较旧说为妥当，然而其承接伊川此改后之说而如此分说，其所见之心乃与性相平行而为二者，此则既与旧说根本不同，亦非'心体即性体'之本心。如此,此心乃成只是平看的实然的心,因此,心之道德意义的实体性自不能有。其承接伊川此改后之说法而分说,虽有寂然不动,感而遂通之语,然《易传》说此语是就'至神'说。在至神之感应上,寂然不动是必然地即能涵着感而遂通,故应用于本体宇宙论的实体上或应用于本心上亦皆是如此,故即寂即感,寂感一如,寂然不动其自身即能决定其为感而遂通,此是本体论地分析的、必然的。……据心性平行为二而观之,此平看的实然的心之寂然不动自身之不能决定其本身感而遂通固甚显然。……至朱子此新说,心性平行,心乃顺伊川为平看的实然的心,则其自身不能决定其必为感而遂通,发而中节,则固甚显然也。①

纯粹就主体的状态之情的角度分析问题时,朱熹的做法确实是一较为清楚的做法,这是牟先生自己也首肯的意见。问题是,牟先生一方面将朱熹论于存有论的平列的分析架构拿来谈朱熹的工夫理论,紧接着就认定朱熹此说中的心概念并非是本心,并非是心体即性体之本心,而只为一平看的实然之心。说心性情格局下的心在理气说架构中之论说于一般人的普遍工夫之主体时,这个心确实是一平看的实然的心,但就是这个心之统性情之格局使得它本具性善之理而使其必能呈现此理而为圣贤,只要其实做工夫。因此,朱熹费尽力气建立的性善说意旨,并置之于心之性情结构及理气结构,如何还能说其非能有道德意义?牟先生必欲为此种解读,就是牟先生心目中的儒学只剩下了主体成圣的境界哲学一型,此型并涵具本体宇宙论的天道创生义,即如其言于《易传》之为:"故应用于本体宇宙论的实体上或应用于本心上亦皆是如此",说实体即是说天道,说本心即是说人道,所以是天道创生并合圣人践形之一型,因此直指朱熹论于尚未发动工夫之前的主体状态的心性情格局为不具道德意义。

牟先生说纵贯之一型是本体论地、必然地、分析地涵着自寂然不动至感而遂通,亦即在此一纵贯型态的形上学中道体、主体、心体、性体皆是一体,故而由中而和、由寂然而感通,皆是分析地必涵的。而朱熹之说中则没有这个必然性在,笔者以为,此说有根本性的错误。此说之成立只能说于实践主体的在

---

① 牟宗三《心体与性体》第三册,页144–145。

于圣人境界的状态,才有由中至和由寂然至感通的必然,寂然至感通是一个活动,此所以牟先生所言诠的理是一即存有即活动的理,此一即存有即活动的说法说于道体是无妨的,若要说于主体则必只能是就圣人境界说,就一般人说,则只能是在实践有成之后才能说此蕴涵,尚未实践之前是说不上来的。然而,对一般人在尚未实践之前却必须在理论上主张其必有可成之存有论依据,此即朱熹的理气说、心性情说之理论功能。至于一般人的主体之能不能行道德的问题则永远应说为一在自由中的未定状态,而不能说为一本体论的必然地分析地可行,只有在说已达至圣人境界的主体状态时才可以如此说,说一般人则就是要视其是否实做工夫了,这就是做工夫的重要性所在,这也正是象山要求实做工夫的意义所在,这依然是朱熹说明工夫次第所要面对的真实做工夫的问题。是牟先生只谈圣境一型,而致义理紧缩,甚至强行建立必然性分析命题,此说本身意旨狭隘,以致分析不了朱熹之学说,并不是朱熹之学说有走位之失。

续看第六点:

> 六、……胡五峰说"以心成性",心是形着原则,结果心性是一。……但朱子所谓"因心而发"、"以心为主而论之",却似不能表示这种形着义、心性是一义。……心具与性具在朱子新说后之系统中,并不相同。"性具"是分析地具,必然地具,性即理。而心具则不是分析地具,必然地具,心不即是理。心具是综和地关联地具,其本身亦可以具,亦可以不具。其具是因着收敛凝聚而合道而始具,此是合的具,不是本具的具。此即所以为静涵静摄系统之故。其"因心而发"所表示之形着义亦是如此。其底子是心性平行为二,心不即是理,故心体亦不即是性体。其"因心而发"、"以心为主而论之",结果即是"心统性情"之义。……此为中和新说所必涵,而亦所以为主观地说,是静涵静摄系统,客观地说,是本体论的存有之系统,而远离纵贯系统之故也。[①]

牟先生前文说于寂然至感通是分析地必然地涵具之说,必须是通过主体实

---

① 牟宗三《心体与性体》第三册,页146。

践以成圣境之下才可为此说的，故而笔者有上述附加的讨论。但牟先生此处说朱熹的性具理是分析地必然地具则确实是一概念分析下的分析地必然地具，笔者完全同意，所以朱熹说性即理就是在作一存有论的概念解析的工作，并非在谈一主体的实践活动的本体工夫论的工作。就存有论而言，心存有论地必具理，但呈现上不一定如理，就主体状态分析而言，一般的人存有者虽然存有论上必具、本具此性此理，但却不一定在当下能呈显之，所以牟先生说朱熹的心之具理是综合地具，是可以具也可以不具，因此不是本具，此说应修饰为可以显也可以不显。但这是就一般人的主体状态来说，而这也正是朱熹论学的目标，朱熹本来就是在谈所有的人的一般处境之存有论问题，因而牟先生以自己的术语系统说之为静涵静摄系统亦无有失误。但是这只能是就存有论问题意识说，并不能就此认定在工夫论问题中朱熹的心体不能决断道德、成就圣境、而彰显性善之理，存有论上的心性平行、心不即是理、心体不即是性体是一回事，实做工夫之后即将心性是一，心即理，心体即性体了。同时，"中和新说"只是改变了主体的本体工夫的分析架构而成为平日工夫及临事工夫之次第问题，并非取消了本体工夫，虽然同时朱熹也发展了存有论之学说，但存有论就是存有论，不必把存有论拿来谈工夫论，而牟先生所谈的也不只是工夫论，而是一套复杂缠绕的本体宇宙工夫境界论，是牟先生把不相干的问题纠缠混杂于朱熹义理系统上，以致将朱熹在存有论上说的心概念说成工夫论上的不能提起道德意识的心作用，因而有诠解上的重大错误。牟先生此说与其在谈《佛性与般若》时对天台性具说及华严性起说的分析结构真是如出一辙，天台性具是分析地必然具，华严性起是随缘的不必然地具。牟先生宗天台贬华严，此处则是宗象山贬朱熹。

牟先生其实时常发现朱子也有他所设定的纵贯系统的话语，但总以朱子的存有论横摄系统转回定位这些纵贯系统的话语，这对朱熹实在是很不公平的事情，其言：

朱子学中常有此等妙语，皆易起混扰而令人困惑。若顺此等妙语说下去，而不知其义理之背景，则很可以说成孟子学，说成象山、阳明学，然而朱子实非孟子学，亦实非象山、阳明学，是以看此等语句不可不审慎也。大抵朱子有其自己着力自得之间架，其他妙语皆是浮光掠影得来，常只是粘附着作点缀而已。彼自亦有其颖悟，亦常在对遮上随着兴会说。然非义理骨干之实也。①

朱熹本就是孔孟之学的传承，是牟先生自己硬派给朱熹一套诡异的哲学而歧出于孔孟的，笔者之意即是，朱熹自有谈存有论以及谈纵贯系统的话语，谈纵贯系统时即以纵贯系统解之而还其公平，谈存有论系统时即以存有论系统解之，而毋须以其非纵贯故不见道来批评。这才是忠实于文本诠释的哲学研究做法，至于牟先生的做法，可以说是在成见之下的刻意曲解了。

牟先生另也说朱熹在工夫问题上是混乱教育程序与本质程序，此说在牟先生谈朱熹"仁说"时及《大学》时皆一再提起，其言：

> 论、孟、学、庸之所说皆有其习学程序中自觉地作道德实践之转进。后人取法孔、孟，就其所说而了解内圣之学之途径自不能止于教育程序为已足。朱子欲使人只应限于教育程序之"顺取"，而不准人言"逆觉"，显混教育程序与本质程序而为一，而不知其有差别，故终于与孔、孟精神不能相应也。②

对于说朱熹不准人言逆觉之本质程序者，实是朱熹对言说识仁工夫者的人病的批评，牟先生不必强解为朱熹是对于此一法门的根本性否定，因为朱熹也有属于本质程序的本体工夫的发言，因此也不必说为与孔孟精神不相应，况且孔孟精神岂有不注重教育程序之事者，更重要的是，义理通透之后，教育程序即本质程序，更无须在此严分彼此，而是应互为顺解，如此才能使儒学工夫上下照管、多元并进。

牟先生以朱熹分未发、已发工夫的作用，并合着朱熹谈存有论的心性情及理气说而认为朱熹中和工夫不能有本体论的逆觉体证，其言：

---

① 牟宗三《心体与性体》第三册，页190。
② 牟宗三《心体与性体》第三册，页191。

朱子于新说成立后,"以胡氏先察识后涵养为不然",好像复归于延平,其实彼所成之义理间架既非胡五峰之内在的体证,亦非延平之超越的体证,不因其"先涵养后察识",即归于延平也。盖彼之涵养于未发是空头的涵养,而延平之涵养于未发是在默坐之超越的体证中。又朱子之分解中和,视心性平行而为二,视心为平说的,实然的心,这一分解理论并不包含在其涵养察视分属之全部工夫中而为一种本体论的逆觉体证,严格言之,尤其不含在其所意谓之涵养中而为一种本体论的逆觉体证。其作这一步参究工作好像只是一套解说,而其如此解说亦不能使之收进来成为一种体证(超越的体证)之工夫,故其说到工夫时,其所意谓之涵养只是一种庄敬涵养所成之好习惯,只是一种不自觉的养习,只是模拟于小学之教育程序,而于本体则不能有所决定,此其所以为空头也。涵养既空头,则察识亦成空头的。其着力而得力处只在"心静理明"。涵养得心静故理明。所谓理明,或在情变之发处知其为是耶?抑为非耶?或在格物穷理处能逐步渗透或静摄那存有之理。此即成全部向外转,而并不能于此察识中以检验吾之情变之发是顺于本心性体耶?抑违于本心性体耶?是本心性体之具体地显现耶?抑是顺驱壳起念耶?即此种察识只能决定(静摄的决定)客观的存有之理,而不能决定吾人内部之本心性体。其涵养所决定的,是心气之清明,并无一种超越之体证。其察识所决定的,是看情变之发是否是清明心气之表现,亦非是看本心性体之是否显现。①

牟先生这样的评语笔者以为过重了,说朱熹将心性平行是牟先生自己的诠释结果,说此一结果不能为本体论的逆觉体证是牟先生把朱熹谈存有论的话语拿来做本体工夫的要求以致不能做工夫。而朱熹正式谈涵养察识工夫的时候,牟先生便以朱熹于心上的主体实证性不够,以致涵养察识皆为空头的,因为牟先生都把朱熹说涵养察识的工夫次第问题,说成了只是在进行穷理致知的活动,而非主体逆觉体证的活动。笔者主张即便是朱熹的格物穷理也是本体工夫,涵养察识也都是本体工夫,是牟先生把朱熹言存有论的活动拿来谈本体工

---

① 牟宗三《心体与性体》第三册,页210。

夫的活动，以致把朱熹说工夫次第的话结合于存有论的话，而否定朱熹的工夫次第说。

牟先生在说朱熹中和问题的讨论尚有众多篇幅，并且不断地将朱熹其他相关存有论主张并合进来一起讨论，包括仁说、心性情说、理气说等，为使讨论聚焦起见，关于牟先生说朱熹"中和说"部分便先讨论至此，下章转入牟先生论朱熹"仁说"的讨论。

六、小结

经由以上讨论可知，牟先生对朱熹说"中和说"的新旧二说的讨论意见，主要结构即是以纵贯创生系统说朱熹之旧说，而以横摄认知系统说朱熹之新说，此说实是将朱熹存有论的讨论并入朱熹于新说中开出的工夫次第问题来解读，以存有论思路中的心性分说来说朱熹新说中的工夫非能为纵贯创生之心即理、心性是一等义，因此朱熹之涵养工夫不成为一本体工夫，又以纵贯创生之圣人境界义之诸概念合一互具之格局说朱熹新说中之心不必然具理而为横摄平列的认知系统。笔者认为："中和新说"是一工夫次第论的问题意识，并不是在说存有论问题，所以不能将朱熹说存有论的架构拿来说朱熹在说一只有认知而不活动的工夫理论，并且，工夫次第论有所论于次第问题而非有反对于工夫是主体心行的本体工夫义，所以也不能指责朱熹新说缺乏逆觉体证义，甚至是他律工夫义。牟先生对朱熹"中和说"的这些指责都是因为牟先生自己将儒学义理发展仅只设定在实践以证成普遍原理的一义一型上所致，以致非关此一议题的哲学意见都被牟先生曲折支离而多有误解。

对于牟先生讨论朱熹哲学的方法论反思，实是关乎当代中国哲学诠释系统的一大关键问题，牟先生实有创造于儒家哲学的新义理，但是也有过度强势的意见。将朱熹学说的问题意识厘定清楚，还原朱熹学说的理论地位，准确理解及诠释传统中国哲学各家系统，正是促进中国哲学当代化及世界化的重要工作。

第十章：对牟宗三诠释朱熹仁说的方法论反省

一、前言

本章讨论牟宗三先生对朱熹"仁说"的批评意见及方法论反省，首先说明牟宗三先生的哲学问题意识，在于对比中西哲学而主张儒学系统是唯一能完成形上学的系统，以此之故，牟先生特别关心儒家道德形上学的证成义，于是所说之本体宇宙论的纵贯创生系统，成了绾合宇宙论、本体论、工夫论、境界论的天道流行义与圣人践形义的综合型态形上学，并以此为孔孟之根本型、唯一型。以此解读朱熹哲学时，便将朱熹纯粹谈论存有论的概念定义及概念解析的儒学系统说为别子，主要关键在此系统中并不说明主体活动，而又将朱熹诠解《大学》说工夫次第的格物穷理工夫说为只管认知不管意志纯粹化的活动。本章之作即是将牟先生的意见重做反省，指出朱熹说存有论与工夫次第论并不违背孔孟实践义，只是说了不一样的形上学系统及讨论了工夫次第问题，而工夫次第问题亦不是对立于本体工夫的问题，以此还原朱熹学思的型态定位。

本章即集中以牟先生对朱熹"仁说"的讨论来反省牟先生对朱熹学说的整体意见。

朱熹仁说继承程颐而来，说仁是性、说爱是情，牟先生说这是本体论的存有系统，此语确然，说为存有论系统即是将仁概念仅仅视为一存有的对象而进行概念解析的思辨研议。说动态的存有论就是另一种哲学问题的系统了，那是牟先生绾合本体论宇宙论工夫论境界论的一大综合系统的道德的形上学。所以说牟先生的存有论概念使用有二义，此处说为本体论的存有系统者，指的是如同西方哲学的柏拉图、亚里士多德、多玛斯等的思辨哲学传统地谈概念的系统，朱熹此时确实是在作这类的研究工作。而牟先生讲的纵贯创生系统的动态存有论、无执的存有论、非分别说的系统，却是包含了过多的哲学问题而总称为道德的形上学一辞。也可以说讨论中国哲学的形上学有两种议题，其一为宇宙本体工夫境界融贯为一的实践义的形上学，其二为仅仅进行概念解析的存有论义的形上学。也可以说，这正是中西形上学的特色分野，中国哲学长于实践义的动态存有论，西方哲学长于概念解析的存有论，但是中国哲学也有讨论概念解析的存有论的系统，朱熹之所论即是此义。此二系无需强分优劣，亦无须强分彼此，使其无关，甚至对立。概念解析的存有论思路自是对动态存有论中诸概念的使用意义的界定而形成思考模式以为实践的所依，此所依自然是知识上的所依而非实践意志的提起，实践意志的提起是主体的道德性活动，概念义涵的解析是主体的哲学思辨活动。

笔者之意即是：牟先生毋须以儒家道德的形上学的证成是证成在有主体的实践以及道体的创生的理论型态来否定朱熹之仁说诸义无有此一意境。朱熹此说确实不是在谈实践活动，确实只是在谈实践活动中的价值意识的存有论定位，甚至可以说是在进行概念使用的重新议定，议定之从而清晰地使用之而讨论之，至于要进行工夫实践的活动要求时，朱熹亦得说"我欲仁斯仁至矣"的逆觉体证的话。牟先生关心道德实践及其证成的问题，说存有论的问题非关道德实践活动是可以的，但说存有论非孔孟嫡传，而见道不明，以致工夫滑落至一平铺的认知系统，而为他律道德，只是别子为宗的种种话语就是说得过多了。

以下就牟先生的讨论逐文反省。

二、仁性爱情说

朱熹依存有论思路说"仁爱"概念是一性一情的概念，牟先生以为这样谈仁概念是静态的分解系统，牟先生定位谈仁体需为明道所体贴的意旨，而为即本体即工夫的义理架构，其言：

> 他依据伊川仁性爱情之说，把"仁体"支解为心性情三分、理气二分，而以"心之德爱之理"之方式去说，这便把仁定死了。故对于道体、仁体终于未有"亲切处"，未有"实见处"，而明道之纲领却正是相应"仁体"而说者。明道并非真是浑沦，其表面之浑沦亦如孔子之浑沦，皆是指点语，其骨子甚清晰。彼亦非形下形上不分者。如诚不分，何言"仁体"？其对于仁体之体悟亦如其对于"于穆不已"之天命流行之体、易体、诚体、忠体、敬体、乃至神体、心体之体悟，彼不是心性情三分、理气二分，仁只是性、只是理、而心傍落、心神与情俱属于气之格局。彼所体悟之仁是理、是心、亦是情，而心是本心，不是心统性情之心，情是本情，不是喜怒哀乐之以气言之情，是以能维持住其为仁体之义，而仍不失形上形下之分。至于形上形下之圆融乃是进一步说。此仁体之特性曰觉曰健，以感通为性，以润物为用，其本身是全德，是一切德之源，故即本体开工夫，即工夫是本体，此是一道德的真实创造性，此是一道德创造的实体，与"于穆不已"、"纯亦不已"之天命流行之体意义全同，此其所以为生道。"天地之道可一言而尽，其为物不贰，则其生物不测"。仁体就是这样的一个生道。言其本身实是一能创生万事万物之实体也。生者、化者之实事是气，而所以使之然者则是此仁体，此天命流行之体。此实体是即活动即存有之实体，是本体宇宙论的创生实体，而非是只存有而不活动的只是本体论的存有。其本身是活动，此活动不是气之动，是"动而无动，静而无静"之纯动、神动，所以它即是本心、即是心体、神体。它本身是活动，同时亦是最高的存有。一切其他存在是因这实体而有其存在，它是一切存在之"存在性"（存有、实有）。一切存在之存在性是统摄于这"即活动即存有"之实体，而亦通过这实体而得理解。人心之觉润、觉润之所在即是存在之所在：觉润之即是存在之。此是本体创生直贯之实体。仁体遍润一切而为之体，故就其为我之真体言，即可说"万物皆备于我"。仁体感通遍润本无阻隔，故明道得由"浑然与物同体"识仁，而曰："仁者浑然与物同体"（同体是一体义，非言同一本体），又言："仁者以天地万

物为一体,莫非己也"。①

牟先生认为朱熹依据伊川之思路所说的"仁性爱情"说把仁体说死了,而明道说的识仁之仁体是一能创生万事万物之实体。依据牟先生这样的说法,牟先生所指谓的仁体,一方面是天道,另方面则是体贴了天道的圣人境界。但是此说中实有若干义理须待疏解厘清。将儒家的天道说为创生作用自是儒学义理格式中事,论者可以先予尊重而不批评,毕竟这就是儒学的天道观,主张有此一天道创造天地万物,并且是一道德意识义下的创造,因而使天地万物有其存在及可被理解之本性,这是说得天道。但是在说天道创生的道德意识中说及此一道德意识即为仁者的本心仁体之说者,则只能是就圣人境界而说,而非能就任何人的一般存在状态而说的。说圣人时才可说为其心是本心,其仁体以感通为性、以润物为用,本身是全德,故即本体即工夫、即工夫即本体,并与天命流行之体意义全同。天道创生天地万物并以道德意识赋予其存在的可被理解的意义,但是天地万物并不即显现为全在有道德理性的存有状态中,亦即,现象中会有为恶的人存有者,这是需要经由圣人的具体实践而点化之,才能使整体存在界全幅地呈显道德理性,因此牟先生所说之此一仁体之活动即是并合天道之流行与圣人之实践而为一之说法者。

这就是牟先生全套思路的系统性架构及问题意识的定位。可以说体贴天道的道德意识的圣人之心,在其提起本心实践的体证状态中,即将天命流行之体、易体、诚体、神体皆体之于己心中,而使己心即此天命之体、易体、诚体、神体,而说为即存有即活动。此说甚善甚美,亦是牟先生建构甚力的说天道及圣人境界的一致性系统,问题是,牟先生即以此一系统框架朱熹所有的系统,以致以朱熹之说皆不能呈现此系统之要义而批评朱熹。其所谓之:"心性情三分、理气二分、仁只是性、只是理、而心傍落、心神与情俱属于气之格局。"就是把朱熹在谈存有范畴的概念关系的思路,视为割裂存有,仁是抽象的理体,心是现象的气,一切割裂,成就不了圆教的系统。

以下依牟先生话语逐一讨论之。

---

① 牟宗三《心体与性体》第三册,页232–233。

牟先生批评朱熹承程颐之说法而使此理只是存有论之理而非道德之理，其言：

> 伊川一见"恻隐"便认为是爱，此已顺流逐末，泯失恻隐之心之本义，而复以端为"爱之发"之情，视仁为其所以发之理，即性。视性为只是理，是一个普遍的理，而爱与恻隐乃至孝弟都视同一律，一律视为心气依这普遍之理而发的特殊表现，而表现出来的却不是理，如是，仁与恻隐遂成为性与情之异质的两物，此非孟子之本意也。朱子牢守此说，以为界脉分明，遂有"仁是心之德爱之理"一陈述之出现。此一陈述当然有其道理。此完全是从伊川"阴阳气也，所以阴阳理也"一格式套下来。气是形而下者，理是形而上者。如是，遂将心一概视为形而下者，一往是气之事。恻隐、羞恶、辞让、是非之心亦皆形而下者，皆是气之事。此一义理间架完全非孟子言本心之本义。如此言理或性是由"然"以推证其"所以然"之方式而言，此是一种本体论（存有论）的推证之方式。如此所言之理是属于"存有论的存有"之理，而不必是道德之理。但仁义礼智决然是道德之理。心之自发此理（此为心之自律）足以决定并创生一道德行为之存在，但却不是由存在之然以推证出者。①

牟先生认定朱熹说心、说仁、说理都不具创生道德行为之功，此说实是混淆哲学基本问题的诠释进路。就哲学问题之讨论言，并不是一个概念有一个固定的意义，而是一个问题有一套固定的思路以及所使用的概念，因此有这个概念在这个问题的思路下的使用意义，而所有的概念都有着因所思考的问题的不同而有不同的界定，而且并非概念的不同界定即是有着对立冲突的，它只是同一个名词在不同问题中的意义内涵有所不同，而不是同一个名词被不同的主张割离，以致有义理对错的问题。

孟子的本心在朱熹就是性善之性之义，孟子的本心发动即是朱熹的心之依性做工夫之义，因此孟子之概念使用意义在朱熹系统中亦皆被继承。但是朱熹

---

① 牟宗三《心体与性体》第三册，页241。

在理气论架构中的心概念之使用义，则确实就是牟先生所说的存有论讨论中的使用义，心指人之主宰，就人存有者而言，是由理气说的存有论结构来说心，任何人都有此一存有论义的理气结构及心性情结构的心，即便是牟先生所说的圣人亦有此一理气说的存有论结构义的心。每一个人都有理气说的存有论结构，这就是朱熹在讨论的问题，这就是存有论问题，是心概念在存有论问题的讨论中而有的性情结构及理气结构之实事。

在存有论讨论时说心为理气，然而，在工夫论讨论时，则要说心必须处于本心状态而直接做工夫，这时就回到牟先生的纵贯系统了。而所谓"操则存、舍则亡"之说，并非说舍则亡之时就无有此一人心之存在了，只其不在提起本心或依性而行的状态中，此时说其为在一实然的气存在状态中则可也，而这时就又回到了由存有论的理气说说人心的脉络。

牟先生说程朱之此理是存有论的存有之理而非道德之理，此说实不必要。朱熹从存有论进路所讨论之理即是儒家道德意识之天理之理，虽然亦含具存在之物之物理、化学的自然之理之义，但是根本上还是说的以道德意志以创生天地为其本义，不见其说"仁者天地生物之心"的话吗！只是就人存有者说，经验存在上的实然的人即是理气共构的架构，人本具性善之理，但只在工夫发动的时候它才呈显，谈本具此性而说心统性情是存有论地说，谈呈显是工夫论脉络地说，谈实有此道德价值之理之验证是就圣人境界的全幅呈显此理而证实之的牟先生的纵贯系统之说，因此牟先生不必以实证问题说朱熹就存在而推所以然之理的存有论讨论非为道德性的。谈实有此理之实证问题是牟先生有以比较于中西形上学的证立问题的关切，以儒家圣人体证而实践而为形上学的圆满义，但朱熹的存有论诸义并不是在谈这个问题，不是谈这个问题就不必批评他的说法不具此义，因此说朱熹的理气说中的理不能活动因而不具道德义是不必要的评价。

牟先生以本体论的纵贯系统批评朱熹所说的理是只能静摆、不能活动，而失自律工夫义，其言：

> 朱子不加分别，一概由存在之然以推证其所以然以为理，而此理又不内在于心而为心之所自发，如是其所言之理或性乃只成一属于存有论的存

有之理，静摆在那里，其于吾人之道德行为乃无力者，只有当吾人敬以凝聚吾人之心气时，始能静涵地面对其尊严。若如孟子所言之性之本义，性乃是具体、活泼、而有力者，此其所以为实体（性体心体）创生之立体的直贯也。而朱子却只转成主观地说为静涵静摄之形态，客观地说为本体论的存有之形态，而最大之弊病即在不能说明自发自律之道德，而只流于他律的道德。①

并不是朱熹把理说成只能静摆在那里，而是朱熹是在说理的存有论定位之永恒地就是仁义礼知而不能改变，并且本身不是一经验存在，故而有其作为不变的理存在的意义。孟子讲工夫实践义，此一永存不改的仁义礼知之性发为主体心的情，而活泼生动地实践着，此义与朱熹之义毋须视为相悖，事实上朱熹当然是就孟子的性善说的人性论而建立心统性情说的存有论诸说，只是朱熹进入存有论问题领域中地谈，而孟子在本体论、人性论、工夫论上谈。因此说到工夫义的自律他律问题时，也并不是朱熹主张了他律道德，而是朱熹转入了存有论，故而不指出实践目的，但是朱熹并没有就工夫论问题而主张只要穷此思辨义的心性情理气诸概念的解析定义，即是工夫的完成。朱熹确实有说心是气之灵的话，此说被牟先生严重地视为他律工夫。笔者认为，并不是朱熹主张心不能是道德的超越的本心，而藉由认知活动以为外部工夫而为他律之工夫论主张。而是朱熹在讨论存有论的人存在之心，此实是一经验存在的人之有理气结构及有性情结构的问题，故而就气之灵说人心。总之，当朱熹在说心统性情的存有论问题时并不是在谈工夫论问题，因此也就不能说朱熹成就了任何一种自律或他律的道德理论。

牟先生又说朱熹的心不是道德本心，不是本质地具此理，其言：

> 心并不是道德的超越的本心，而只是知觉运用之实然的心，气之灵之心，即心理学的心；仁义礼智本是性体中所含具之理，是实然之情之所以然之理；心之具此理而成为其德是"当具"而不是"本具"，是外在地

---

① 牟宗三《心体与性体》第三册，页242。

关联地具，而不是本质地必然地具，是认知地静摄地具，而不是本心直贯之自发自律地具，此显非孟子言本心之骨架。①

牟先生说孟子的本心是本具，是本质地、必然地具此仁义礼知之理，此说过于跳跃，笔者不同意，此说表面上是存有论问题，其实是工夫境界论问题，其实就是主体提起本心做了工夫后才得有的说法，主体若不提起本心，则也无有这些必具、本具的状态可以发生的，所以牟先生的说仁说心概念实在是就着工夫境界论脉络说的。在此脉络中，性善之理先天本具，后天因实践而持守不退而已具，因其不退说为必具。而牟先生说朱熹的心不是道德的超越的本心，因此心与性理的关系是外在的关联的当具关系，而不是本具关系。此处说当具亦合理，然为何当具？乃因其本具也。而本具者何？先天性善之理本具也，而非纯善之德行已成也。总之，笔者认为，牟先生所说的明道等嫡传系统的本具，其实就是此处说朱熹的当具之义而已，朱熹就是从存有论脉络来说，于是说性就是先天之性善之性，说心就是说得人的理气结构的主宰体，它在一般状态中有善有恶，做了工夫以后才会转恶为善，牟先生却因此就存有论的脉络说它不是在本心的状态，因此朱熹之心跟性善之理的关系是外在关联地具，所以朱熹所言的做工夫以成圣之事业是他律道德。以上牟先生的思路，笔者不同意。笔者以为，朱熹从存有论进路所说之心，一旦做了提起此心之本具之性时，即得在一本心状态了，即是来到牟先生所说的自做主宰的自律地具了，即是当具者已具矣！但是这就是从存有论脉络转到工夫境界论脉络了。至于牟先生另说朱熹此心是认知地静摄地具此理者，实是就朱熹强调于格物穷理工夫而说的，这本来就是谈工夫次第的问题，完全不是存有论的问题，因此是二事，不是一事，不必关联至此。朱熹说格物穷理是就格致诚正修齐治平八目的工夫次第而说的格物穷理之为次第之先之义，不是说得本体工夫的只要认知不要行动的工夫理论，至于朱熹因此被指责为只谈外部工夫，这是牟先生把朱熹谈工夫次第的说法割裂其义之后再对朱熹所做的批评，是牟先生在朱熹各种不同的观念系统中作不当链接而致生的定位，此义当然不是朱熹之型态。

---

① 牟宗三《心体与性体》第三册，页243。

三、以觉训仁

牟先生对朱熹反对"以觉训仁"之说批评甚重,其言:

> 至于其驳"以觉训仁"之说,则谓"彼谓心有知觉者,可以见仁之包乎智矣,而非仁之所以得名之实也"。夫以觉训仁者,此所谓觉显然是本明道麻木不觉,"委痹为不仁"而来。觉是"恻然有所觉"之觉,是不安不忍之觉,是道德真情之觉,是寂感一如之觉,是人心之恻然之事,而非智之事,是相当于 Feeling 而非 Perception 之意。(当然人心恻然不昧,是非在前自能明之。)今朱子以智之事解之,而谓"心有知觉,可以见仁之包乎智,而非仁之所以得名之实",此则差谬太甚。以朱子之明,何至如此之乖违!不麻木而恻然有所觉正是仁体所以得名之实。今乃一见"觉"字,便向"知觉运用"之知觉处想,不知觉有道德真情寂感一如之觉与认知的知觉运用之觉不同,遂只准于智字言觉,不准于仁心言觉矣。此驳最为悖理,其非甚显,不必多言。①

笔者以为,朱熹批评"以觉训仁"之说确实是朱熹过度用力于从概念定义以及从存有论思路说仁概念是为一理概念、性概念之角色,而忽略了在实践中仁体确实是由主体的逆觉而体证的意旨所致,但是,朱熹从存有论进路说仁概念是性、是理亦是无误。至于在工夫论问题中,朱熹就一般人的状态说知觉,实是朱熹不信任一般人的价值主宰能力,则以此一般人的知觉来说仁时极易流于任意恣性之弊,此亦属实。朱熹一方面从工夫论脉络上不信任一般人说的以觉说仁,另方面又从存有论进路说仁概念是性、是理概念,并此二路而导致牟先生的强力批判。虽然如此,仍不表示朱熹不能即见仁之为性、已具于心,当心提起,即此本心全幅是仁体流行之工夫境界义的仁。从知觉说觉只能说是朱熹的概念运用的型态如此,并不表示朱熹否定可有人心体贴仁性而发为工夫作为之觉润义之工夫观念。此说确实是朱熹说得过度,但牟先生整个否定朱熹不

---

① 牟宗三《心体与性体》第三册,页251。

能体贴仁体流行的主体自觉的工夫义也是不必要的。

牟先生又总评明道说仁及孔孟言仁之义与程朱思路不类，其言：

> 故依孔子之指点及明道之体会，仁与诸德关系亦非仁性爱情，心之德某之理之关系：仁并不专限。仁固可说是性，但却是纯一的性体，仁体即纯一的性体，性体亦即心体（超越的本心天心之心体）。若如朱子之所理解，性体只是一综名（或通名），并不是纯一的性体，结果终于分散而为许多理，而仁只是这许多理中之一理。又性只是理，而不是心，故仁亦只是理，而不是心。心统性情，心外在地关联地具这些理，而复外在地存在地依这些理中之某某理而发为某某情。每一理各自成体用，各自分性情，各有其专限之定体。此非孔子所指点，明道所体会之仁之意。依孔子之指点，明道之体会，仁是纯一的真生命，创造之真几，于穆不已之真体。纯一的仁体即纯一的性体，而纯一的性体即心体，亦即诚体，此真体一拨动，一呈露，则诸德即当机呈现。故仁是全德，是一切德之源，因而可以统摄诸德，而不为任何一德所限，故仁不能专主于爱而单为爱之理。如果当机呈现之诸德亦可以说是些当然的道德之理，则此纯一的仁体性体即心即理，心即是理，此诸德亦即是仁心一体之当机而为必然如此之呈现，如当恻隐即恻隐等等。在此，并不就此诸德之每一德再各自成体用，各自分性情。此诸德之当机呈现（必然如此之具体呈现），如果因其中有情的意义而可以说情，则亦是即心即理即性之情，此可曰本情，而不是与性分开的那个情，尤其不是其自身无色而属于气的那个情。本情以理言，不以气言，即以仁体、心体、性体言而为即心即理即性之情。此非朱子之境界也。朱子必又以为是浑沦儱侗矣。然而如果真言道德行为之创生，当然的道德理性真可付诸实践而有力呈现，则必须如此讲始透彻。论、孟、中庸、易传皆如此发挥，濂溪、横渠、明道皆相应此义而体会道体。惟朱子于此不能相应，遂转成另一系统，而以"心之德爱之理"之方式说仁。伊川对于道体仁体已无相应明澈之契会，而只以分解思考的方式清楚割截地理解成只是理，则其成为朱子之以"心之德爱之理"说仁，乃甚顺适而自然者。是以朱子与伊川之间，可说并无距离，即有之，亦甚小。朱子实

可了解伊川也。①

牟先生说朱熹所说的仁只是诸理之一，其实，依朱熹之说，仁与其他义礼知之性的关系既可分说亦可统说，分说时仁义礼知各为一性之德，合说时四德统于仁德，此时其义即同于牟先生所说的"故仁是全德，是一切德之源，因而可以统摄诸德，而不为任何一德所限，故仁不能专主于爱而单为爱之理。"。至于性情分说亦是就存有论脉络说的性情，并不是就工夫提起时的主体状态说的性情分说，工夫提起时当然不必再予分说，但就存有论言，则分说绝对是必须的。

牟先生批评朱熹分说心性情理而致性为外在于心，其实，依朱熹之说，说"性是理不是气"、说"仁是性不是情"是就概念分解的存有论问题而说，若就主体做工夫说时，则此心提起本具之仁义礼知之性，而即直证天理，且呈显此理，此时朱熹亦得说"心即理"的话了，而事实上朱熹曾经对弟子讲的"心即理"的话表示认可②。心就是同一个主体的心，性就是这个主体的性，如何可说朱熹言性是外在于心呢？心统性情就是一个主体的存有论结构中性情皆具于此人心之内，怎么能说是外在地关联地具？牟先生说的外在关连地具是说只在认知心下而不涉及逆觉体证而说为外，亦即不能在主体的工夫境界状态中而说为外，但这是工夫论议题，讨论工夫论议题时是有没有做工夫以致有没有呈显的问题，也不是是否为本具必具的问题，此时呈显不呈显有其状态上的差异，

---

① 牟宗三《心体与性体》第三册，页269-271。
② 参见：先生问："公读大学了，如何是'致知、格物'？"说不当意。先生曰："看文字，须看他紧要处……。"次日禀云："……夜来蒙举药方为喻，退而深思，因悟致知、格物之旨。或问首叙程夫子之说，中间条陈始末，反复甚备，末后又举延平之教。千言万语，只是欲学者此心常在道理上穷究。若此心不在道理上穷究，则心自心，理自理，邈然更不相干。所谓道理者，即程夫子与先生已说了。试问如何是穷究？先生或问中间一段'求之文字，索之讲论，考之事为，察之念虑'等事，皆是也。既是如此穷究，则仁之爱，义之宜，礼之理，智之通，皆在此矣。推而及于身之所用，则听聪，视明，貌恭，言从。又至于身之所接，则父子之亲，君臣之义，夫妇之别，长幼之序，朋友之信，以至天之所以高，地之所以厚，鬼神之所以幽显，又至草木鸟兽，一事一物，莫不皆有一定之理。今日明日积累既多，则胸中自然贯通。如此，则心即理，理即心，动容周旋，无不中理矣。先生所谓'众理之精粗无不到'者，诣其极而无余之谓也；'吾心之光明照察无不周'者，全体大用无不明，随所诣而无不尽之谓。书之所谓睿，董子之所谓明，伊川之所谓说虎者之真知，皆是。此谓格物，此谓知之至也。"先生曰："是如此。"（《朱子语类》卷十八《大学五或问下》）

欲其呈显即是要做工夫，在做工夫时，则主体拳守此性此理而成一能觉润遍生的圣人境界，如此即可转入牟先生说明道识仁的诸义，亦即可说理在心内本具必具呈显地具。但若是在就概念说其存有论问题时，仁自是可说为就只是性而且是爱之理。

牟先生其实是清楚地分疏了朱熹"仁性爱情"说是存有论意旨，而明道识仁说是本体工夫论旨，此义笔者完全接受，可惜牟先生却批评朱熹言仁不及明道，关键即在牟先生只管实践呈显的仁概念使用义，而不能重视概念本身的存有论意旨关系，因此此处的问题只在哲学问题意识的转移，而不在任一概念之只能就特定问题而说其意旨，但是牟先生自己却总是以本体工夫论的纵贯系统去斥黜存有论系统，这才是笔者批评牟先生言说儒学的重点。牟先生只以一义说儒学诸概念的使用意义，牟先生亦并非不理解各个概念在不同系统中的殊义，实际上牟先生从存有论说朱熹所论之义已是对朱熹学说最准确的定位，既已清楚定位，即以此定位理解此诸义即可，实不必又从主体实证天道的本体工夫论脉络再说朱熹诸义不是此脉络，而说朱熹不能体贴此义。

牟先生说孔孟之心是能当机呈现，而批评朱子之说非此境界。笔者以为，牟先生说的此当机呈现的即心、即理、即情、即仁、即天之诸义，是只能就境界哲学的圣人状态而说的，在圣人状态中，圣人之心即已提起性善之理，因而其情皆发而中节。牟先生说此非朱子之境界，实际上是此非牟先生所引朱熹谈存有论诸文所谈之议题，而非朱子本身的修养无此境界。至于事实上明道、伊川、朱熹、象山、阳明谁能有此境界？这是另外的问题，根本不能从他们的理论内说出。能谈的就是他们的理论，至于理论，事实上是这几位儒学家所谈的问题各不相同，明道是谈境界，故而语多圆融而合一，朱熹说存有，故而语多分解而独立，但是朱熹也有说境界、说工夫、说本体工夫等议题之语，且有圆融话语出现之时，但是牟先生又不许其说有此义之贞定。此实不甚公平之事。说朱熹能承伊川思路是实然，说朱熹反对《论》《孟》《易》《庸》、周、张、明道说本体论的创生系统是不公平之事。朱熹有权力讨论新的问题，《庸》《易》即有新意于《论》《孟》，孟子亦有新意于孔子，因此是牟先生不许朱熹有谈新问题的权力。从本体论说工夫以致境界是一大系统，此诚其然，这是牟先生关切的部分，但是说存有论亦非不能是儒学的义理，这是朱熹"仁说"诸文的问题意识重点。问题意识分解清楚了,即不必提此朱熹不能接续孔孟境界之批评。

牟先生一方面认为朱熹谈"心之德爱之理"的说法于工夫有碍,一方面也明说了朱熹是对一般人的不信任而提出反对"以知觉说仁"的话,其言:

> 夫由"恻然有所觉"了解仁,即是识仁之名义,岂必"心之德爱之理"方是识仁之名义耶?于恻然之觉而施存养之功,正是有根本可据之地,且比由"心之德爱之理"之说下工夫更为真切,何言"反之于身,愈无根本可据之地"耶?此皆隔阂太甚,故不能声入心通也。末言"'所谓天地之用即我之用',殆亦其传闻想象如此耳,实未尝到此地位也"。胡伯逢亦许诚未到此地位,然试问有几人真能到此地位?此并不碍其"传闻想象"所表示之义理方向之为是。何必由人之造诣以衡量其言乎?此亦不免有过分轻视对方之嫌也。……原夫朱子之所以深厌"以觉训仁"之说,除其误认觉情为智德外,还有一种禅之忌讳之心理。[1]

牟先生说由"识仁"做工夫比由"心之德爱之理"下工夫更为真切,实际上"心之德爱之理"的命题并非工夫论命题,而明道之"识仁"则确实是工夫论命题,并且依明道的型态实是工夫已达纯熟之圣境上的功力展现之境界工夫,朱熹自不会对明道话语有异议,但是对他人说此类高明圆融的话语就会有异议,牟先生说朱熹以人废言,事实上就是如此,朱熹就是对一般人的不信任,而否定他们的"以觉训仁"之说,朱熹当然也可以不以人废言,但是朱熹不能不担心境界不及之人使用此言而致圣学的灼伤,朱熹关切的是众人之圣学之事,因此制止此类发言,并转而关切工夫次第问题,此举并非否定本体工夫的直贯创生义,亦非否定工夫即是本体工夫、即是逆觉体证之路,只是忌讳人病而严谨次第,此实为大器量、大格局之儒者胸怀。牟先生说朱熹忌讳入禅而总反对"以觉训仁"诸说,这就是朱熹怕一般人拿此些高明话头而恣意任情、公私不分而入禅病的心态,此诚确然。后人能如此而正面理解朱熹用心所在,

---

[1] 牟宗三《心体与性体》第三册,页282–283。

并正面厘清朱熹所非者在人病而非法病，即得同情地了解朱熹每以工夫次第进路框正直截简易的本体工夫之用心。朱熹或有话语过激之失，但绝非不明义理、旁落滑失、见道不明。

牟先生说"仁体"之客观面已由主体实践之主观面来证实，而所成之一体实为道德理想主义之真正实现，其言：

> 明道识仁篇……此客观地说者须由主观地说者来证实：一、证实（印证）天命实体即仁体，使天命实体有具体而真实的意义，不只是一个客观地说的形式词语，仁体与天命实体两者完全同一，其内容的意义完全相同。二、证实（印证）万物一体并非虚说，非只由本体宇宙论的同一本体而说的"一体"之义，此"一体"只是虚的，而且由仁者（大人）的真实生命体现这仁体而真至"一体"之实（感通无碍，觉润无方，莫非己也），此是彻底的道德理想主义之实现。由此两步印证，即可由"一体"直指"仁体之真"，即可认"一体"即是"仁之所以为体之真"。盖仁心觉情、自其为"无所不体"之仁体言，它是绝对普遍的；而仁心觉情之呈现即是感通无碍，觉润无方的，此即涵"一体"之义，此"涵"是分析地必然地"涵"。仁体之感润无碍无方与"一体"之间并无距离，"一体"并非是仁之量，乃即是"仁之所以为体之真"，是仁之质，是仁体之本性本来如此。仁体并非只是一抽象之理，乃是仁心觉情之感润无方。仁体不呈现，其为体是潜存的体，而"一体"之实亦不能有。仁体本身之有（存有之有）是自有，本有，固不待体现不体现，亦不待"一体"不"一体"。自此而言，"一体"与"仁体自身"有距离。但就具体而真实的、呈现的仁体言，仁心觉情是真实的、存在的仁之觉情，不是潜存不显，摆在那里，觉是真实的、存在的恻然之觉，不是潜存不显，只为觉之理（觉心可能）摆在那里不动。就此而言，则依其感润无方之本性，即分析地必然地涵着"一体"之义，此时一体即与仁体自身无距离。此具体而真实的仁体自身因一体"而后在"，同时亦即因一体"而后有"。有即在，在即有，有与在是一，并无分别。故感润无方是"仁之所以为体之真"，而必然地所涵之"一体"亦是"仁之所以为体之真"。古人说仁体（仁心觉情）都是

就具体而真实的仁体之义说，并不就其潜存之义说。[1]

牟先生此文中即明确地以形上学天道论的命题须由主观的实践来证实其真，以说古儒之仁体义涵，此即笔者提出的牟先生关心的是证实的问题，是形上学说实有之路在儒学之以道德意识由圣人实践之而证实之而保住实有。实体是就天道的理性意志说，仁体是就圣人的价值意识说，说两者内容意义完全相同，实是以圣人的价值意识以为所设想的整体存在界的天道原理，因着圣人之真有仁体发为实践，而证成天道实体亦真有其实存者。因此牟先生说形上实体必拉着圣人实践而说，而圣人实践实是一工夫境界论的问题，因此笔者说牟先生的形上学系统中涵摄了工夫境界论而为一整套系统，否则所说之形上实体变成只是一概念的设想，今因圣人之践行，而使天道实体有一作用之真实而宣说，因此以圣人实践仁体之作为即成了同时是本体宇宙论的形上学意义，同时是社会实践的圆满完成的工夫境界义。因此我们可以说牟先生是把社会实践的活动结果置入形上学理论建构之中，结果牟先生谈的是圣人的活动，而不只是儒家的形上学，是形上学理论并合圣人实践活动而成为道德的形上学理论。

牟先生强言古人说仁体一定是就着具体而真实的仁体之义说，并非就朱熹所讨论的存有论地说潜存之义说。其实，古人说仁当然是会要求主体实践的，但是随着哲学问题意识的发展而有新问题的提出也绝对是必须的。说本体论义的仁体是为一价值意识而为天道原理是说仁的一义，说工夫实践义的仁体的在主体上的提起的境界状态也是说仁的一义，说存有论的仁体的作为性即理的意义也是说仁的一义。牟先生强调其必有真实实现的一义，此是就圣人境界说，说圣人境界之仁体而说为必然呈现当然是正确的。但是就众人之仁体而言，因其尚未实践，但却亦潜存地有，故而只在存有论的潜存上说，亦是应有之说，这就有了当具之义。就众人而言之尚在潜存故应做工夫以实践之之说者，此说更能于工夫义上得其凸显。而为说工夫之实做之必然性要求及必成性之保证之义，而说其"性即理"之性善说的存有论，此一说法事实上更具有现实的功能，是为一要求于每一个人皆需做工夫的理论上的需要。依牟先生所关切的圆

---

[1] 牟宗三《心体与性体》第三册，页286–287。

满的系统而言，从头至尾就说哪必然实现、已然呈现的一体之仁体者，反而是只能说到圣人境界，只能说到天道理体自身，而不能即于一般人。牟先生所论之形上学的被证实为真之圆满义固然无误，但是儒学不可能只谈此主体臻至圣境之义而已。这样的说法是牟先生企图证说儒学作为一说实有之学在一中西哲学比较中之优异之学之心态下的强调，此一强调亦是牟先生有所创造于中国儒学的重要义理，但是不必要因此牺牲朱熹学之若干部分亦为一有意义的理论建构，而强说朱熹学思之为非是。

牟先生甚且直指朱熹是不喜谈主体活动的，其言：

> 原朱子所以故意这样文致料度亦只在不喜就主体（观时自己处之本心呈露）言仁体耳。一、不喜就主体言；二、不喜言仁体。①

笔者要强调的是，朱熹没有不喜就主体言，朱熹亦有众多就主体言之本体工夫的话语，只是朱熹为制止一般学者就知觉任意上说仁，而转到先从存有论思路定义仁概念，再转出从工夫次第脉络说本体工夫的讨论而已。所以牟先生说朱熹不喜言主体亦是批评过度了。

四、逆觉体证

牟先生对于朱熹批评他人言仁之说法为近禅之事极为在意，牟先生皆以之为朱熹不解逆觉体证之工夫，其言：

> 盖朱子视"于实际践履中就主体而体证仁本体心"为禅。实则此只是反身逆觉体证之方式内容相同，并非内容意义"切要处"相同。若因方式相同，即认为是禅，则"反身而诚，乐莫大焉"之全部孟子学皆成禅！宁有斯理耶？朱子于此何不自反乎？儒者言心言性，称为内在而固有，于此建立真正道德主体性，若不采取反身逆觉体证方式以肯认之，进而体现

---

① 牟宗三《心体与性体》第三册，页316。

之，试问教人采取何方式以体证汝所宣称为"内在而固有"之道德主体（心性）以明其为本有耶？朱子于此总不回头，全走平置顺取之路。难怪其言性最后只成一个消融于太极之普遍之理而平置在那里。①

牟先生以儒者说于识仁、觉仁之语为与禅家形式相同但价值意识不同之说，笔者完全同意，但是朱熹对于此类话语之批评近禅，皆是就说此话语者之实证不足，以致话头落空而批评的，亦即皆是批评人病，因此都不是对于做工夫应是反身体证的反对，朱熹对做工夫是主体实践之事都是肯认、主张且强调的，而朱熹所提之观点则都是切实笃行的实功，参见牟先生引朱熹语：

大抵向来之说皆是苦心极力要识仁字，故其说愈巧，而气象愈薄。近日究观圣门垂教之意，却是要人躬行实践，直内胜私，使轻浮刻薄、贵我贱物之态，潜消于冥冥之中，而吾之本心浑厚慈良、公平正大之体常存而不失，便是仁处。其用功着力，随人浅深各有次第。要之，须是力行久熟，实到此地，方能知此意味。盖非可以想象意度而知也。②

由此文其实正能见出朱熹的问题意识及关怀重点，实在充满了主体性自觉的本体工夫，只是对仁概念做了存有论义涵的范畴约定，即"仁性爱情"者是，牟先生实不必指责朱熹"只在反对于实际践履中就主体而识仁体耳"③。

牟先生说逆觉体证为自律工夫，说逆觉体证才为真道德，因此主张必须确有一道德本心，但为证说此逆觉之本心如何而有，则是诉诸主体的自我不安之体会，所以笔者说牟先生一直是在证实道德本心的实践活动义上说道德本心作为形上实体的思路，其言：

凡由心之自知而言逆觉体证者，皆是就自觉地作道德实践之工夫言，亦皆是就对遮不自觉地顺物欲气质之私滚下去，而并不知何者为真道德，

---

① 牟宗三《心体与性体》第三册，页322。
② 牟宗三《心体与性体》第三册，页320–321。
③ 牟宗三《心体与性体》第三册，页321。

而说。如果道德行为真是自发自律自定方向，而并不为任何条件所制约，则自觉地作工夫乃是必须者。惟有通过自觉地作工夫，方有真正道德行为之可言。如果真要相应道德本性而自觉地作道德实践，则必须承认有一个"自发自律自定方向而非在官觉感性中受制约"的超越的道德本心而后可。……人在此可问：真有那样一个自发自律自定义方向不受任何条件制约的本心吗？茫茫生命海，波涛汹涌，何处寻觅此纯净的本心？汝能指证之乎？汝所说之真正的道德行为真可能吗？①

是以当一个人迫切地期望有真道德行为出现，真能感到滚下去之不安，则此不安之感即是道德本心之呈露。在此有一觉醒，当下抓出此不安之感，不要顺着物欲再滚下去。此时是要停一停。停一停即是逆回来，此时正是要安静，而不要急迫。停一停逆回来，此不安之感即自持其自己而凸现，不顺着物欲流混杂在里面滚下去而成为流逝而不见。自持其自己而凸现，吾人即顺其凸现而体证肯认之，认为此即吾人之纯净之本心使真正道德行为为可能者。此种体证即"逆觉的体证"，亦曰"内在的逆觉体证"，即不必离开那滚流，而即在滚流中当不安之感呈现时，当下即握住之体证之，此即曰"内在的逆觉体证"。但是既曰"逆觉"，不安之感停住其自己而凸现，此即是一种隔离，即不顺滚流滚下去，而舍离那滚流，自持其自己，便是隔离。此曰本心之提出。此隔离之作用即是发见本心自体之作用。有隔离，虽内在而亦超越。②

牟先生要谈真道德行为，这当然是儒学要义、本义、核心义、终极义，在道德实践之时也绝对应该是主体自律自做主宰的意境，主体于此时当然必须认定实有此一主体自觉之本心，然而此一自我认定是一工夫活动的意旨，以谈活动状态中的主体的仁体的活动义而为形上实体的实证是当代新儒家的思路，问题只是牟先生一往直前地就只认定这个脉络的儒学义理，而对于存有论的讨论皆以不能证成此实体而批评朱熹学说，此笔者所欲为朱熹辨正之处。

---

① 牟宗三《心体与性体》第三册，页337。
② 牟宗三《心体与性体》第三册，页338。

牟先生说逆觉体证的话语在本段文字中是说得极详的，此说反而见出牟先生是以主体在不仁、不安的状态中的感悟此不仁、不安而当下逆反、当下提起、自证仁体而为工夫本义，实际上孟子尚言"扩而充之"的工夫，即是由性善本体论的依据而直上提起，而为扩充，而非逆反。笔者亦非欲以孟子说"扩充"反对牟先生说"逆觉"，其实扩充也好、逆觉也好都是本体工夫。然而牟先生此种对于主体的有恶之不安的察觉以为本领工夫之说法，正预设了主体有不仁的状态，而更见出程颐、朱熹言于理气善恶诸存有论说法的理论必要性。由此正可见出：牟先生以对准工夫实践以证成仁体一路，来驳斥朱熹说存有以分析本体一路，实无其必要。

本文中见出，牟先生对于工夫实做中，主体由不安之自觉而自律提起而呈显仁体而为一体的路径，言之甚深甚详，亦即由此见出，牟先生一直是在谈活动，是并合活动而与形上道体同义齐谈，是把实践证成与道体义理视为一事，反而排斥了只说道体的存有论思路之种种义理。

而牟先生又不断地说朱熹的从存有论进路说仁体、道体之义是一顺取之路，而只成了他律的工夫，其言：

朱子力斥此"观心"之义，只在误解假能所为真能所，而又不识逆觉体证是自觉地作工夫之本质的关键，故不敢由逆觉体证言仁体，而力反之，因而亦终于不识仁体为何物。此路一堵绝，便总不回头，而只走其"顺取"之路。只顺心用而观物，即曰"顺取"。故其正面意思只是"以心观物，则物之理得"，"本心以穷理，而顺理以应物"，此即为"顺取"之路也。如是，心只停在其认知的作用，而永远与物为对，以成其为主。此非本心仁体之为于穆不已的创生大主之义也。故其"顺理以应物"之道德只成为他律之道德，而非自律之道德。此其所以不识体也。……孔子固未言逆觉，然其所言之仁如自仁道而落实于仁心觉情上说，则一切指点皆是在"即工夫便是本体"中体现此体，同时即是体证此体，因而逆觉体证为其所必涵。孔子本人只是"即本体便是工夫"、"即工夫便是本体"之如如呈现。然而后人未至此境，如想自觉地作工夫，则先说说此逆觉的体证以识仁体（须先识仁，先识仁之体），又有何妨？此不得动辄以孔子未言为言，而吾人亦总不能把孔子之仁只视为平置的普遍之理也。①

牟先生说朱熹走的顺取之路，是就做工夫由不安而逆觉之对立面而言的，实际上牟先生所有言说朱熹顺取之路的话语，或者一方面不是朱熹在说工夫的话语，而是在说存有论的话语，或者另方面朱熹的话语意思不是牟先生所解读的只认知不实践之义。对牟先生以为是朱熹顺取工夫的话，牟先生自己明确地说这些是存有论而不是本体宇宙论的纵贯纵说系统，笔者完全同意这一点，问题是，牟先生的纵贯创生系统是并和工夫境界论而谈的，而朱熹所谈的存有论并不是在谈工夫论的，牟先生所谓之顺取地谈存有论，是就着认知意义的脉络谈的道体、仁体、心体、性体诸义，这些思路本就不是作为工夫论在谈的，是牟先生把这种非谈工夫而为概念认知的存有论系统视为一种工夫论，并称之为顺取的进路，以有别于他的逆觉之路。其实，言于工夫只要谈本体工夫即可，说为本领工夫亦得，说为逆觉、说为扩充、说为求放心都是本体工夫的话语，本体工夫毋须定为只是逆觉一路，程颢不就甚至说得"不需防检、不需穷索"的话以谈境界工夫的观念吗！而牟先生又以他所定义的顺取之工夫为他律道德，此实不能切合朱熹之意。牟先生以"认知心与物为对"说为外在、说为他律，实是将存有论的认知活动说成了工夫论，而这本就不是朱熹之意，朱熹并不在此处说工夫，那么又何来工夫的他律呢？说荀子的"礼义外于人性"而为他律、说董仲舒的"天意志作为君王行仁政的要求"而为他律皆犹有可说，但是说朱熹在谈存有论的话而变成了他律工夫实在是义理错置。问题是发生在朱熹说存有论的话确实只是认知活动，而朱熹说工夫问题时又因着《大学》文本诠释而说工夫次第问题，而说先格物穷理再诚正修齐治平的话，牟先生就将先格物穷理与只说概念定义的存有论思维为朱熹对立于逆觉体证的顺取之路，只管认知，故是外部他律工夫。笔者之意即是：这些都不是朱熹的意思，而说到工夫，朱熹的工夫论亦是逆觉体证的本体工夫，而且工夫次第并不是与本体工夫对立的另一种工夫。

文中说孔子境界高，故而即本体即是工夫，而一般人做工夫时需为逆觉，

---

① 牟宗三《心体与性体》第三册，页341。

明道之识仁即此逆觉，此些话语皆是可说，笔者并不反对。但实亦毋须将逆觉之说说成了与顺取之路正面冲突，而批评朱熹是他律工夫，因为并没有牟先生意下的顺取工夫之朱熹本义这一回事。

五、教育程序

牟先生在谈"仁说"时，也转入"中和说"中言涵养察识工夫是以教育程序取代道德实践的讨论，并批评《大学》知行之次序，其言：

> 朱子中和新说成立后，由中和问题言先涵养后察识，以小学大学为比配。今言知行问题，亦以小学为"涵养践履之有素"。中和问题本是内圣之学之核心问题，由此言工夫如涵养察识之类，本是自觉地做道德实践，承体起用上之工夫问题，而今全外转而全就教育程序上言。此为问题之歧出。如是中和问题上之涵养乃成空头无实者，只如小学之"涵养践履有素"之养成好习惯，而察识亦全外转而为格物穷理以致其知。①
>
> 故大学之书，虽以格物致知为用力之始，然非谓初不涵养践履而直从事于此也。又非谓物未格知未至，则意可以不诚，心可以不正，身可以不修，家可以不齐也。但以为必知之至，然后所以治己治人者始有以尽其道耳。若曰必俟之而后可行，则夫事亲从兄，承上接下，乃人生之所不能一日废者，岂可谓吾知未至，而暂辍以俟其至而后行哉？②

牟先生说中和问题为内圣之学的核心问题，是谈自觉地做道德实践之工夫问题，其实这是牟先生诠释的角度。中和问题在宋儒的发挥中，可以谈自觉地做道德实践问题，也可以谈道德实践的次第问题，也可以谈形上道体的存有论问题，作为哲学创作本就不只一义可以发挥，非必要何义才是最高义。本体工夫为牟先生所重，笔者亦无有疑义，而就工夫次第而谈平日涵养及临事察识之

---

① 牟宗三《心体与性体》第三册，页345。
② 牟宗三《心体与性体》第三册，页345–346。

朱熹之说亦无有可以反对者。朱熹就未发已发谈工夫次第，这是一种问题，牟先生就致中和谈本体工夫，这是另一种问题。就什么问题该怎么谈而言，朱熹与牟先生所谈皆如理，这是笔者的态度。

牟先生批评朱熹之说涵养为小学工夫，此中没有主体自觉，故而只成空头工夫，又批评朱熹之说察识只是做格物致知，故而是外部工夫。笔者以为，牟先生以教育程序非道德实践之用语实是过度用力之说，牟先生所言之道德实践就是主体当下的自觉体证一义，朱熹言于涵养时岂能无此一义？言于察识时岂能无此一义？教育程序中的所有程序岂非即是道德教育？儒学是没有道德教育以外的教育的，因此说朱熹是谈教育程序是可以的，说朱熹的教育程序不是道德实践是不可以的。

牟先生批评朱熹强调格致，以致知未至即意不能诚，此说绝对是不成立的，此事朱熹自己处理过多次，都极力明讲致知必同时含着实践，知多少就实践多少，绝不能以尚未尽知便借口不行，但确实是要有完全明白才可能有完全成熟的圣贤大业，朱熹说致知是就着实践之于家国天下的规模说的，意诚亦需就着实事之处理而为其诚，实事之处理需有知识之研议，为成就家国天下的事业岂有不知盲行之可能？圣人即是行之于家国天下的完成者，圣人境界当然是知之而行之而完成之，但是一般人呢？问题决不只是意诚不诚的问题，这还涉及了一般人对于事情的知不知的问题，因此要从格物致知的次第一路上来。牟先生所说的主体逆觉体证的道德活动确实是一切工夫活动的根本义，但是在《大学》八目中的每一个项目都是此一逆觉体证的本体工夫活动的具体操作项目，一切都是本体工夫，但本体工夫中是有次第问题的，这就是笔者解决这个争议的根本立场。

朱熹在谈《大学》文本诠释的工夫次第问题，牟先生在谈任何人特别是圣人的道德意志的提起的实践问题，而儒学都是就着社会角色扮演以至平天下的圣人理想而说的儒者事业，此一事业是现实实践中事，需有次第，需有知识，此事真真实实，故有《大学》八目之次第工夫之观念提出，并非为改道德意志为非当下逆觉体证的意义，是牟先生只关心这唯一意义，故而将朱熹说次第的工夫论的话语视为朱熹不解本体工夫的意思来解读。

牟先生十分执意地以朱熹说《大学》的格致工夫是一外部的工夫而非孔孟

本旨，其言：

> 然则朱子视小学为涵养，且谓已能"持守坚定涵养纯熟"，实为不足恃矣。朱子以小学为涵养时期，以大学格物致知之知至为察识时期，此是以教育程序比配圣贤工夫之进德，此是一般的外部的知行工夫之陈述，非孔、孟求仁、求放心之旨也。①

牟先生说朱熹视小学涵养已能持守坚定之说是不足恃的，笔者不以为然。原本小学涵养即是为着涵养道德意志而进行的，而古人于小学涵养已熟，而至十五、二十时即进行格致诚正修齐治平的大学教育，这确实是一个教育程序的课题，但是于小学时将道德意志涵养纯熟确实是教育目标所在，不知牟先生依何所据而能说小学涵养是不足恃的。牟先生说的不足据，应是就他自己所诠解的朱熹说涵养的理论是空头的说法，而说为不足恃的，但那本就是牟先生自己的过度诠释，朱熹的小学涵养即是涵养那察识底，即是涵养得道德本心，因此没有理由不信任朱熹说的小学涵养。就教育程序言，小学有小学的课题，大学有大学的课题，而且也并没有哪一个课题是外部工夫的意旨。

牟先生此说即是以朱熹之说《大学》的致知工夫为只限于知而不及于行，而说为外部，故而非孔孟求仁、求放心之说。笔者以为不然，事实上，朱熹说致知是以及于修齐治平而为致知之完成，因此并没有只知不行的问题。而孔孟求仁、求放心是谈得主体的价值意识，若要追究此仁心在现实的完成，则亦必即是《大学》之言于家国天下之完成而无疑义，所以《大学》的课题也需视为是孔孟之发展的课题，而并不背离孔孟说主体的道德活动要求的方向。

牟先生以朱熹之说只是教育程序而非道德活动，笔者也不以为然。达到圣贤的境界是需要教育程序的，圣贤也须是藉由教育程序拾级而上而致圣贤境界的，但是圣贤自身确实已毋须多做工夫了，因其已达即本体即工夫、即工夫即本体的境界。需要做工夫的都是一般人，则谈工夫修养理论时岂能不研思教育程序之事，而教育程序中之每一程序皆是为着成就圣贤人格的道德实践的项

---

① 牟宗三《心体与性体》第三册，页350。

目，亦即都是本体工夫。其实只要牟先生能将工夫次第视为即是本体工夫的一节，则这许多的批评纠缠皆可化消了。事实上，即便是圣人自己成圣的过程，也是从格致诚正修齐治平依序而来，也不可能有未能穷理即得治平的圣人。牟先生关切主体道德意识之提起一义，无人反对，但是朱熹关切一般人自小学涵养至大学察识而有格致穷理以至诚正修齐治平之现实事业的完成活动，又有何错误？何需紧抓逆觉体证一义而严词反对之。

朱熹所言之涵养、察识皆是本体工夫，只因必须强调平时及临事时之两面皆实做工夫，故为一程序问题或次第问题，牟先生不能以次第问题非本体工夫而否定此旨。

牟先生言求仁、求放心自能知是知非，并以此义批评朱熹走上《大学》格物穷理之说，其言：

> 求仁、求放心、（识仁体），非孔孟立教之本旨乎？仁与本心而可以外在地求之乎？然则逆觉体证以知之，此岂非圣门授受之主观地说的机窍乎？恻然之觉，悱恻之感，一旦呈现，自然知是知非，知善知恶，当恻隐则恻隐，当恭敬则恭敬，当羞恶则羞恶，当是非则是非，耳自聪，目自明，事亲自能孝，事兄自能弟。此是本心之沛然莫之能御，亦是仁体之于穆不已。……朱熹自喜平说，但其外转的平说，顺取之路，所成之义理规模却远于孔孟之精神，反不若其所斥为禅之接近也。①

牟先生所说的这种一旦呈现、自然知是知非的状态，或者是就圣人境界说的，或者是就一般人临事时提起道德意识说的。如果是就一般人对事物处置之常识性知识之研议，那就不是提起道德意识可以确断的了。朱熹要谈的是在《大学》中所讨论的家国天下的具体经营知识，以及临事的道德意志，这一部分的格物穷理的研议工夫是绝不可忽略的，朱熹依据《大学》的宗旨而为认真的强调，此义必须是儒学的重要工夫意旨。朱熹强调此客观知识并合主观价值判断的格致穷理工夫，并主张致知需及行之才为致知之完成，因此本来就

---

① 牟宗三《心体与性体》第三册，页351。

是一个"知行合一"的工夫理论，其强调于工夫次第的重点，并非为反对圣人之"即知即行"的可能，而是为反对一般人未至圣境、亦不研议、即发为行动而说的，因为此时造成盲行的情况是所在多有的，故而严格要求必须"格物穷理"为行动之先，此即次第工夫之旨，此说十分合理，绝不背离孔门，更不能说禅学反比朱熹更近孔门，此实是牟先生过当之言。

牟先生说朱熹这些立论的型态，不能相应孔门的最高型态，其言：

> 吾如此厘清，于朱子并无所损。吾只明确地恢复其为横摄形态，如其自性而见其价值。其系统非纵贯系统，并非即无价值。但以此为准而斥纵贯系统为禅，则非是。于此见朱子之所以伟大以及其所以不足处。朱子之学不是能相应孔孟之教的最高综和型态。最高综和型态是在以纵摄横，融横于纵。①

笔者以为朱熹并没有斥责纵贯系统为禅，朱熹根本不知道什么叫做纵贯系统，朱熹是斥责一般平庸的学者说些高明话语时的自我心境状态，这些人于道德意识亦提起不够，故斥其为禅。牟先生架构起纵贯系统为一理想的最高综合型态，此一型态却是说圣人境界的，孔孟自己自是圣人境界，但要一般人达到这个境界在工夫上是需要次第的，次第中是需要以穷理为先的，朱熹发展了孔孟之学的一个必要的路向，实在合理。然而，牟先生为响应西方哲学于形上学不能实证的缺点，而以儒学圣人实证之义而说为道德的形上学，此为一可以实证之形上学型态，而为形上学的圆满，此说强调儒学宗旨在说圣人境界的即本体即工夫，和即工夫即本体，却也因而误解、支离了言说存有论及次第工夫的朱熹学说。

因此，并非朱熹不是孔门的最高综和型态，而是朱熹多了一些理论型态，即是存有论的概念定义，而这些并非牟先生所关心的问题。至于《大学》八目的工夫次第，则不能说不是孔门型态，只是牟先生因朱熹而迁怒于《大学》，以致不肯承认《大学》为孔孟之教而已。牟先生关切到了孔门有言说于圣人境

---

① 牟宗三《心体与性体》第三册，页352。

界的型态，以之为根本型且最高型，但是孔门也毋须拒绝言说存有论的型态及言说工夫次第论的型态，至于圣人境界的型态，朱熹一样处理到了，只是牟先生都不肯承认而已，所以也不能说朱熹只是存有论及工夫次第论的型态。

以上意见在前面诸多讨论中皆已申明，但是这里有一个新的问题，即牟先生所说的纵的与横的型态其实是不能互相融摄的，牟先生所说的纵的型态，依笔者的术语使用，即是本体宇宙工夫境界并合为一的型态，横的型态即是存有论及工夫次第论中的格物穷理工夫型态，其中的存有论本就不是在实践的脉络中谈，因此没有所谓的以纵摄横的可能，这就是牟先生也把存有论当成了工夫论的一型，只是不能动起来，因而是横摄型。至于格物穷理的工夫次第问题，也不是一个独立的横摄系统的工夫论问题而有别于本体工夫的纵贯系统，格物穷理就是涵摄着"知行为一"的完整的《大学》教育的工夫理论，并不是只知而不去行，世间岂有如此愚笨的理论？不是牟先生刻意曲解，哪来这种认知静涵横摄型的工夫论？朱熹之格物穷理的工夫次第论，亦是一纵贯系统，朱熹根本也没有牟先生所谓的横摄系统。

也就是说，牟先生以为的纵贯系统就是说得圣人境界的系统，就是这种哲学问题的圆满型态，朱熹有些发言并不是在谈论这种问题，但这并不表示朱熹是在否定这种型态，而是朱熹在进行另一种独立的中国哲学的形上学问题。至于牟先生重视的这一型理论，朱熹一样发表了，只是牟先生刻意曲解因而否定了。

六、结论

本章以牟先生对朱熹对仁概念的意见为讨论对象，对于牟先生讨论朱熹哲学的方法论进行反思。此一工作实是关乎当代中国哲学诠释系统的一大关键问题，因为牟先生的思考模式及方法论架构已对当代中国哲学研究形成一大诠释系统，影响力最为巨大。然而，牟先生固有创造于儒家哲学的新义理，但是也有过度强势的个人意见，本章重点在指出，朱熹说仁、说心性情、说理气的存有论问题不必跟实践哲学问题作较竞而致对立，应独立地讨论及理解其理论功能。而朱熹说工夫论的问题更毋须置入存有论以为同一系统，而致存有论问题意识混乱，朱熹说的格物穷理就是工夫次第中的一项目，并不是唯一项目，更不是只知不行。将朱熹学说的问题意识厘定清楚，还原朱熹学说的理论地位，准确理解及诠释传统中国哲学各家系统，才是促进中国哲学当代化及世界化的正确做法。

  本章亦同时处理牟先生思维的根本特质，说其别异中西以实践为要目，辩证三教以实有为要目，而建构其即存有即活动的道德的形上学型态。笔者以哲学基本问题的解释架构，重构牟先生的理论架构，企图将牟先生所形成的坚实的儒学诠释系统适做厘清，期能更清楚见出传统中国哲学的命题意义与理论间架，以使程朱之学、甚而道佛之学能有以摆脱牟先生的强势诠释系统，以及被批判的命运。此一理论工程十分繁琐，笔者有意努力于此，并非执意否定牟先生之学，而是有意接续其说，汲取其养分，转出新意，而更公平地对待传统中国哲学的各家理论，期使中国哲学还能更有创意，这当然也才是牟宗三哲学的再创造之真正意义，亦即从牟宗三之说中走出新说。笔者认为，这样的努力才是牟宗三哲学的新生命所在。

第十一章：对牟宗三诠释朱熹以《大学》为规模的方法论反省

一、前言

牟宗三先生对朱熹的诠释立场基本上是批判的与贬抑的，牟先生大作《心体与性体》三巨册中有整本的第三册都是在谈对朱熹的诠释意见，甚至，在前两册讨论周敦颐、张载、二程哲学时也多是以与朱熹思想为出入比较的方式进行讨论的，因为牟先生的整个宋明理学的最终意见，可以说就是以贬抑朱熹、高举象山为终极定位的。由于牟先生在《心体与性体》中对宋明理学的讨论方式是藉由哲学家原典的疏理而铺陈漫衍出他自己的意见，因此整部《心体与性体》的写作即是一段创造的历程，所以处处皆见他的个人创见，以及创见的重迭关联以及不断重复表述的呈现方式。因此，要整理牟先生的意见颇不容易，特别是要简要地、纲领性地呈现他的思路并予以反省批判就更不易进行了，关键就是牟先生就是在形成哲学洞见的过程中写下他的大作的，并且是藉由宋明各家的作品诠释而同时建构他自己的理论体系的，因此书写的风格就不断地有新旨的表露，但也不断地有综合意见的统整，因此作为研究者再来整理牟先生的意见，甚至要提出反省批评时，就很难拿捏进行的方式了。

笔者近来对牟先生的著作有计划地进行系列的研究反省，由于上述的困难，不得已只好依据牟先生著作的章节次序，一一从他对周敦颐、张载、二程、朱熹的章节次序作为讨论的进度来进行，而朱熹部分则又依其章节从中和说、到仁说、到大学说、以迄孟子说为进度,实际上,牟先生对朱熹的讨论所分设的这些章节,也并不是就哲学体系的基本问题而架构的,这些章节主题,是牟先生认为朱熹学说的凸出项目,并且是顺着朱熹学思发展历程的阶段史而说的,牟先生认为这样即可见到明确的朱熹哲学型态,因此,章节主题既不都是概念范畴进路的分类,如仁说及心性情理气;也不都是经典诠释进路的分类,如大学、孟子;也不都是哲学基本问题进路的分类,如存有论、宇宙论。也就因此,在每一个章节的讨论中,既会针对概念范畴作哲学意旨的释义,也会断言经典所归属的系统异同,更会就哲学体系做哲学基本问题形态的分别,所以也可以说牟先生在所有的章节议题背后所讨论的思想内涵其实都是互相连结,共成一个体系的,因此牟先生在各个章节的基本意见其实都是大致相同的,只是切入的议题有别而已。特别是在牟先生从朱熹说中和而建立的朱熹学思形态之定位之后,几乎不论主题为何,牟先生对朱熹的诠释立场都是已经定型了的。

以下,笔者将针对牟先生《心体与性体·第三册》论朱熹的《大学》诠释部分做讨论,牟先生在此章中有几个特别的意见应为提出并讨论之,首先,以"顺取"说《大学》之工夫,以"明德"为德行而非德性,以穷理之所穷为存有论意旨,以格物致知为泛认知主义,以《大学》为与《论》《孟》《庸》《易》不同的经典,以他律道德说格物致知工夫,以诚意与格致不是同一种工夫等等。而牟先生讨论这几项议题的哲学立场,则是与全书其他章节的立场完全一致的。以下即展开本文之讨论。

二、对朱熹是在中和说与仁说之后定位对《大学》的意见

牟先生对朱熹在"中和新说"及"仁说"的意旨是极为重视的,他说朱熹:"中和新说与仁说是其义理系统所由建立之纲领也,此不可以不大书而特书也。"[①] 事实上,笔者认为,这只是牟先生个人定位朱熹的特殊架构与知识立场,朱熹体系庞大,哲学基本问题的各方面都有创造性的建树,先秦经典的各部重要著作都有诠释,要定位朱熹学思纲领实非易事,但也应有重点,笔者认

---

① 牟宗三《心体与性体》第三册,台北:正中书局,1981年10月,第5版,页230。

为还是应该置放在哲学基本问题的重心上。当然，诠释传统中国哲学的哲学基本问题，仍是当代学界的一大有争议且未定的议题，然而，不论从概念范畴入、不论从哲学主张入、不论从经典诠释立场入，都不能有明确定位体系意旨的良好成效，因此还是应该深研哲学基本问题，以作为诠释及定位传统哲学体系的方法[①]。就牟先生之定位而言，其言：

> 其为主观地说是静涵静摄之系统，客观地说是本体论的存有之系统，亦无疑也，总之此义理系统为横摄形态之系统，而非纵贯形态之系统，亦无疑也。……朱子之学不是能相应孔孟之教的最高综和形态。最高综合系统是在以纵摄横，融横于纵。……此而确定，则在以下各章中朱子直向横摄形态走，而确然完成之，亦可坦然明白矣。其以大学为规模乃必然者；其不解孟子乃必然者；其以心属气，性只为普遍之理，亦必然者；其理气不离不杂，理只为本体论的静态的存有之理，只为存在之"存在性"，亦必然者；其顺取渐磨，心静理明，一理平铺，万景皆实，而为他律道德，亦必然者。[②]

此处之纵贯横摄之说是牟先生自创之哲学词汇，背后是他自己所认定的宋明儒学的两大形态，对于这两大形态的形成及定位，笔者并不认同，依笔者的话语，所谓横摄系统是牟先生错把存有论讨论和工夫次第的先知后行说混淆在一起而称说的一套认知主义的思辨哲学；所谓的纵贯系统是牟先生硬把本体宇宙工夫境界论统合在一起说而以境界论为终极的圆满之学。牟先生以这样的思路来诠释及定位宋明儒学，结果朱熹的系统便遭受最不公平的对待，既支离又错解。而牟先生又以此一定位来说明朱陆之争的实况，其言：

[①] 笔者即以本体论、宇宙论、工夫论、境界论的四方架构作为谈论具实践哲学特色的中国哲学之基本哲学问题的解释架构系统，亦即谈中国哲学体系最适宜的哲学基本问题。此外，仍有从思辨哲学特质的进路而谈的存有论哲学，其亦为本体论哲学的另一支，此即朱熹之学说中最易为人误解之处。详细讨论请参见杜保瑞、陈荣华合著《哲学概论》，台北：五南图书，2008年1月初版。

[②] 牟宗三《心体与性体》第三册，页352-353。

中和问题之参究与仁之问题之论辨是朱子思想奋斗建立之过程。一般人忽之而不讲，遂致横摄系统与纵贯系统之差异恍惚摇荡而莫辨，俨若惟朱子为得其集大成之正，其余皆偏差而又可有可无者，而于其后来之责斥陆象山遂亦不能得其实义究何在，俨若只是道问学与尊德性之畸轻畸重耳。朱子后半段之论敌是陆象山，但在此期间朱陆之争辨已不是客观义理问题之论辨，而只成态度、方法、入路之相责斥。鹅湖之会时，象山三十七岁，朱子四十六岁。象山刚露头角，而朱子与湖湘学者之论辨此时已大体结束。朱子思想已成熟，而且又有十余年之参究与论辨为其底子，而象山则学无师承，乃读孟子而自得之。象山对于朱子与湖湘学者之论辨似无所知，或至少不曾留意。鹅湖之会，朱子文集与语类皆无记载，而只见之于象山语录与年谱。此见此在象山为得意之笔，而在朱子虽受刺激，却似不甚重视，而只斥其为禅而空疏。此后朱子一直斥象山为禅，而象山则斥朱子为支离，不见道。双方一直无客观义理问题之论辨，而只各据其成熟之见以相责斥耳。此种不契之酝酿后来爆发而为太极图说之辨。时象山年已五十，而朱子已五十九岁矣。但此问题之辨，严格讲已不是客观义理问题之论辨，只是不相契之借题发挥耳。若只就太极图说之真伪问题以及对于"无极而太极"一语之体会问题说，可说象山是失败者。关此，吾已论之于濂溪章。是以此问题之论辨并无积极之价值，于朱子思想之形成亦非本质之关键；而象山在此虽失败，亦不影响其学路之正大与健康，因象山对此形上学中之义理本无多大兴趣，此固其不足，然亦无碍于其根源方向之正确。以此观之，朱陆间之相责斥以及对于太极图说之论辨不是朱子思想所以形成之本质的关键。以此之故，吾于述朱子思想之生长、发展、与完成中，遂不涉及其与象山之争辨。与湖湘系学者之论辨却是积极者，此虽误解，然却是客观义理问题之论辨，亦是在通过此论辨中而形成其自己之系统者，吾故详为述之，以发其隐。一般讲朱子者对于其中和问题之参究与仁之问题之论辨完全模糊，甚至一无所知，只就其语类之前六卷随便征引，泛为猜测浮说，而又只注意朱陆之同异，而又不真知其所以同异之实义究何在，此在理解朱子上可谓轻重本末之倒置，而且舍其重而就其轻（只注意朱陆之同异），隐其本而揭其末（只就语类前六卷泛为浮说），宜其恍惚摇荡而不中肯也。①

牟先生认为朱熹思想纲领已定于"中和新说"及"仁说"之中了，而且这就是他的哲学的总体系统相，且此一系统形成之后，后来的朱陆之争都不是在朱熹哲学的真正纲领性问题上争锋，而只是一些态度、方法、入路之争，只是互相不契入的表面争执，真正的差异还是在朱熹横摄系统的义理形态中。此说笔者有相当同意处，也有相当不同意的意见。同意者在于朱陆之争所呈现的数据内涵，几乎全部都是态度、方法、入路之争，并未涉及真正的形上学、本体论、宇宙论的哲学基本问题的意见对立，这是笔者同意于牟先生的说法的。但是另一方面来讲，牟先生认为这样的态度、方法、入路之争是有他的内在的形上学、本体论、宇宙的哲学基本问题的立场差异的，而这正是牟先生所提出的纵贯与横摄系统之别异的地方，当然这一部分也正是牟先生哲学创作的最关键、最根本的地方，而这一部分正是笔者不同意的。笔者主张，并不存在一套朱熹的横摄系统之如牟先生所言者一般，而牟先生所说的纵贯系统则是所有儒者的共法，朱熹亦具备之。至于牟先生所说之横摄系统的朱熹哲学观点，朱熹确实有这些观点，但是它们或者可以汇入牟先生所说的纵贯系统中，或者可以与纵贯系统有一外在但有意义的关联，然而它们并不在牟先生定位的横摄系统中形成系统，那是牟先生自己过度诠释的错误链接所形成的系统。遗憾的是，牟先生的意见却难以被厘清与驳斥，关键即在，当代中国哲学界始终没有为中国哲学的研究建立系统性的诠释架构，从而任由各家或依所使用的概念范畴或依所提出的哲学主张以为类型定位的基础，但也就因此充满了个人独断的诠释色彩，如果好好建立哲学基本问题的解释架构，则朱熹思想体系的诠释就可以在哲学基本问题的架构中一一陈列，而不必如牟先生般地自铸纵横难解之词汇以为复杂曲折之论辩了。

---

① 牟宗三《心体与性体》第三册，页 353–354。

三、以顺取为《大学》工夫意旨之反省

牟先生就朱熹在《大学》经典诠释进路中所强调的格物致知及穷理之学是一顺取之路，而孟子以降陆、王之工夫乃一逆觉之路，两路决然有别，牟先生顺取之路之说之意旨其实并不明确，差不多重点是放在认知功能上说，亦即说工夫以认知为轴线，从而其实尚未真正在心理意志内进驻锤炼，因此尚称不上本质性的本体工夫，只有孟子的形态才是真正本质工夫的形态。其言：

> 朱子之先穷理致知是"顺取"，而先识仁之体是"逆觉"。此显是两路。[1]

说工夫有顺取与逆觉之别是牟先生自己的设定，牟先生讲逆觉是逆着自己的感性欲求而追求良知良能的回复与呈现，牟先生讲顺取是顺着认知活动而在知识上明白事务之原理。而牟先生又规定前者才是真正的孟子工夫，后者是朱熹谈儒家工夫的歧出之走向。笔者同意孟子之工夫就是如牟先生所认定的形式，亦即由良知良能性善本体而发露呈现的工夫，但是笔者认为在表述上不必执定在就是逆觉，孟子自己就说为扩充，因此说为顺取亦可。牟先生以知识性认知活动为顺取之工夫路径，其实朱熹并没有主张做工夫就是在做知识性的认知活动，做工夫之意旨在朱熹仍是孟子之存养扩充之义，只是此中有次第问题，亦即先知后行，亦即先格物致知再诚正修齐治平，而格物致知与穷理同义，故说穷理亦即说格物致知，而说格物致知就含着工夫次第之必及于诚正修齐治平才是言格物致知的真谛。因此此知是含着行的，此行是包含诚意正心的，因此就是孟子的存养扩充的工夫，此行更是必须达至修齐治平才算是真正的完成，因此当然亦是一知行合一之系统。而牟先生一见到朱熹强调此一知的工夫层面，就立即在此打住，以为此格物致知工夫就只是谈认知活动，更以此格物致知的活动即等同于穷理，而穷理又就只是穷其理气论的理，因此完全成了哲学思辨的认知活动，而即与存心养性、尽心知性的本体工夫无关了。事实

---

[1] 牟宗三《心体与性体》第三册，页356。

上，穷理确实即是格物致知，但是格致工夫含着诚正修齐治平，因此穷理工夫亦是含着诚正修齐治平。至于穷理中连带着辨析了理气二元、心性情三分之哲学知识，此事并不妨碍朱熹对工夫的主张仍是孟子一路，因为谈理气心性问题本身纯粹是哲学思辨活动，藉由哲学思辨厘清概念关系，在说明理论时便能更加清楚，而不应该像牟先生的做法一样地把哲学解析工夫视为工夫理论的建构，从而批评这项工夫中没有实践的意味在。

牟先生错解朱熹工夫论是一回事，但牟先生也有强解孟子工夫论的意旨之另一面，参见其言：

> 由孟子仁义内在之心即理而说"心具万理"；此"具"是本心自发自律地具，是本体创生直贯地具，不是认知地具，涵摄地具，是内在之本具、固具，不是外在关联地具。此种分别，朱子不察，遂只以"认知地具"说"心具万理"；而凡遇本心自发自律地具或本体创生直贯地具，如孟子之类，或仁体含万德之类，朱子皆不能有相应的理解，皆转成认知地具，或关联地具。……此即把孟子之本心转成心知之明，只注意其照物之认知的作用。此既非孟子意，亦非胡五峰之意。吾每看到此等处，便替朱子着急。朱子之心态合下是顺取之路，他这样最合劲道。说成习惯，便自然不知不觉总转到此。他从不在此有所警醒。此亦"智之于贤者也命也"，亦可慨矣。①

上文亦是将朱熹工夫论说成顺取，而有别于孟子之为逆觉之路，至于孟子之路，牟先生将之解读为本心自发自律地具理，以及本体创生直贯地具理，是把工夫论说到了工夫已完成之后的境界状态中，而又再进一步地把境界论说到了形上学上的做法。依笔者之见，存有论上可以说主体本具性善本体，工夫论上要说主体变化气质、努力恢复、或呈现此一性善本体，境界论上才能说主体全体是性善本体且与本体合一了。想必牟先生不会主张孟子是说任何人在未做工夫前的一般情况下就已经是本具、固具此理的吧。所以，说孟子的工夫是

---

① 牟宗三《心体与性体》第三册，页358。

逆觉的话，笔者是可以接受的，但是，将孟子的工夫说成了孟子主张此心本具、固具性善之理的话，这就成了形上学的命题了，这就不是在说工夫的话语了，这就是牟先生对于孟子说工夫话语的一个过度强调的做法。牟先生更在这个过度的做法中又比较于朱熹存有论谈理气心性情的概念区分之学，说朱熹的心是气，而其与性情及理的关系是外部认知地关联的关系，而不像孟子的内在本具的关系。牟先生这样的说法是混乱存有论概念解析之路与境界论圆融合一之路，是把朱熹说存有论当成朱熹说工夫论，把孟子说工夫论当成孟子说形上学，于是以有工夫论基础的孟子形上学来否定无工夫论基础的朱熹存有论，而说朱熹的工夫论是认知地、外部涵摄地具理，因而只是一套认知的顺取工夫，结果也就不是一套良好的工夫理论了。

下文即是牟先生将朱熹说存有论的意旨，当成说工夫论的命题来解读及批评的文字，其言：

> 总之，朱子依其泛认知主义将仁体、性体、乃至形而上的实体皆平置而为普遍之理（存在之然之所以然），通过其格物穷理（穷在物之理）而成为心知之明之认知作用之所对，永为客为所而不能反身而为主为能，而立体创造的实体性的心体亦不能言，此则决非先秦儒家论孟中庸易传一发展所表示之旧意。此是顺取之路中泛认知主义之所决定。当然，任何东西皆可作为理解之对象。吾人说契会体，默识体，或认识本体，以及所谓于体上有工夫，皆亦是以体作为理解之对象。但此所谓理解是要恢复其为超越之大主，为道德创造之实体，无论是主观地说，或是客观地说。尤其当吾人说仁体、心体、性体、诚体、神体、中体、乃至敬体、忠体、或形而上的实体时，主要目的是在说明真正的道德行为所以可能之超越的根据，故必肯定每一人的生命中皆内在而固有地本具此自发自律自定方向之道德实体以为道德创生之源，此即吾人之真主体，亦即宇宙之真主体。吾人之理解此实体实只是反身地经由逆觉而体证之，无论是超越的体证，或是内在的体证。此种体证实无"穷在物之理"之认知的意义，亦无法以"穷在物之理"之方式去体证。盖如以此方式去体证，永为客而不为主，永为所而不为能，即丧失其为内在而固有的道德创生之源之义。故舍逆觉之路，

别无他法。逆觉此体为道德创生之源，即可体证一切存在为一体之所贯，因而亦可静观一切存在处皆是此体之呈现处。①

以上是牟先生将朱熹谈存有论的仁义礼知与心性情概念之关系的话语当成格致穷理工夫的认识目标，因而说朱熹的形上实体变成普遍的原理，只为认知之对象，而本身不能立体实践；而朱熹的工夫是一泛认知主义的工夫论者，而不即能提起主体以为超越的实践之活动。经牟先生这样诠释的结果，在朱熹所讨论中的心性理气仁义概念皆呈解析隔异之局面，而牟先生自己主张的一套其实是境界论意旨的形上学命题，因而主张心性理气仁义应是一贯同条内在一体的系统，而这又即是工夫论的逆觉之路，文中牟先生明确地强调了这一内在体证之工夫形态。笔者以为，体证为一即是实践为一，实践为一即是已达境界，因此说体证即是做了工夫并已完成之意，但是真要说其完成，仍需实事求是地在事业中践履才是，因此有《大学》八目之工夫次第之学之出现，其目的即是要将这个主体的体证发为具体的现实，因此《大学》与孟子的本体工夫必是有内在关联、共成儒学的功能在的。然而，牟先生却只以孟子之逆觉体证之路说为是《论》《孟》《庸》《易》共同之路，此说即示现了牟先生说《大学》与《论》《孟》《庸》《易》路数不同的立场，而这个路数不同的判断，其实是牟先生将形上学与工夫论混合在一起讲时所说出的系统，参见其言：

依以上之分别，其穷在物之理，虽无积极知识之意义，然其认知之方式却影响其言性体、太极之形上学之形态。其结果是一种观解的，外在的形上学，而与先秦儒家之所开发者不合。说其系统主观地说是静涵静摄之系统，客观地说是本体论的存有之系统，即就此客观地说者见其形上学为一种观解的，外在的形上学，而其所表示之道德为他律道德（所谓本质伦理）。此则有类于广义的柏拉图型的系统，尤类于圣多玛也。此则自不合先秦儒家论孟中庸易传之型范，自此而言，谓其为歧出不算过分。②

---

① 牟宗三《心体与性体》第三册，页363。
② 牟宗三《心体与性体》第三册，页366。

本文即是牟先生自为之错解，将朱熹言于格物致知义的穷理概念，连上了朱熹讲存有论的学说，结果定位了朱熹的形上学是一观解的、外在的形上学，并说其与先秦儒家诸说不合，这是带着贬意的批评意见。其实，说形上学而为观解的并不即是错误的，说工夫时才需要说是活动的，只是牟先生必欲结合工夫论旨而说了一套动态的形上学，所以才以为有理由批评朱熹的存有论进路之形上学是观解的、不动的，且是不同于《论》《孟》《庸》《易》的。

以上就牟先生以顺取之工夫说朱熹对《大学》的定位意见进行反省与讨论，以此为基础，牟先生建立了更多的说法。

四、以明德为德行而非德性

《大学》首章说"大学之道在明明德"，朱熹对此颇耗心神以为解读，其中之明德一辞，颇可顺着孟子之言心性的思路以定位文义，然而，在牟先生的讨论下，似有意地将朱子解明明德之说法，转说为与孟子不类之形态，更有甚者，其实是将《大学》说为与《论》《孟》《庸》《易》不同的形态，而一旦当朱熹顺着孟子言心性思路说明德时，牟先生则将之转入认知主义的诠释脉络中，一方面以认知活动说第一个明字的工夫，二方面以存有论的思辨内涵说明德的心性意旨，参见其言：

> 大学所谓"明德"、其原意究何所指？是指"德行"说，还是指"德性"说？"德行"是果上之词，意即光明正大的行为。"德性"是因上之词，意即吾人本有之光明正大的心性。宋明儒皆是就心性说，无异辞也。但是郑注孔疏却似是就"德行"说。[1]

以上说《大学》之明德是德行而非德性，指具体道德事业，而非道德主体性。对牟先生而言，一切道德事业乃依据道德主体性的实践提起而后有，因此道德主体性自是超越于道德事业的更高存有，牟先生之意是要说《大学》并非

---

[1] 牟宗三《心体与性体》第三册，页368。

《论》《孟》言心性是一的思路，亦即在《大学》所言之明德并非指心性，而只是指具体事业，亦即《大学》一书尚未进至谈普遍原理的心性之学，因此并非《论》《孟》《庸》《易》一路。又见其言：

> 汝或可说郑孔等甚浅，并无心性之观念。然大学本身也许就是如此，亦并未意识到本有之心性。尧典康诰言"德"或"峻德"皆指德行说，那时似更不能意识到本有之心性。大学引之，似亦并未就德行再向里推进一步说本有之心性也。须知大学并不足继承论孟之生命智慧而说，而是从教育制度而说，乃是开端别起。虽为儒家教义之所涵摄，然不是孔孟之生命智慧之继承。中庸易传倒是直接继承孔孟之生命智慧而发扬。吾人读之，实感到一系生命之相振动与相契。而大学则是开端别起，好像是外插进来的。[①]

牟先生贬抑朱熹，说朱熹是别子，连带地就朱熹所重之经典《大学》一书亦予以贬抑了，而此处之做法则是把《大学》所言之明德说为非直指心性，牟先生还透过思想史的疏理，从尧典到郑注，指出有一尚未上升到《论》《孟》言心性主体的思路，为《大学》所继承、接续而不及《论》《孟》。笔者以为，是牟先生自己把明德割裂于心性之外，笔者主张，即便《大学》是说德行，那也是在预设了德性的心性论旨的前提下发为事业的宗旨而说的德行，并非不及德性而说的德行，当牟先生又认知到宋明诸儒不论何派仍多为以心性说明德[②]，因此勉强地说，有顺着《孟子》的走心性之路的讲法，也有顺着《大学》本意只是讲外在事业的讲法，而牟先生即说朱熹所走的路是《大学》原意之路，只是从教育程序的认知主义进路的解法，而如果是顺着孟子的心性之路则便是另一种讲法：

[①] 牟宗三《心体与性体》第三册，页369。
[②] 参见："宋儒自伊川着重大学之致知格物，遂想将大学纳于孔孟之生命智慧中而一之，因此遂将'明德'就德行向里推进一步视作本有之心性。宋明儒于此皆无异辞也。此固能见四书之有机的统一，然非必即大学说明德之原意也。"《心体与性体》第三册，页369。

明德既就本有之心性说，若依陆王之讲法，本心即性（此承孟子而来），则"明德"及"明明德"之意义皆极单纯、确定、而顺适。"明德"即是本心之明，既是灵昭不昧，又是光明正大，此即纯是就自觉地作道德实践言，盖只是明体以起用也。①

此旨自是一般本体工夫之论旨，重点在以明明德说本心、说性，说主体实践之工夫论旨，但依牟先生的说法，则又将之讲成同时是形上学意旨，亦即说其心、性是一，且是实体义之心性是一之形上学立场。这就是顺孟子之路的《大学》讲法，而与牟先生所认定的朱熹之说心性情三分之形上学立场并不相同，于是就进入了形上学讨论，而且更以之批评朱熹的工夫论，且认定朱熹之工夫论无论在何处言，皆是一泛认知主义的工夫论，因此，明德之在朱熹处虽有心性意旨，却因心性分离，且只是在进行认知活动，故而与孟子、陆王一路截然有别，这就是笔者说的，碰到朱熹也有这种心性进路时，牟先生就又跳到形上学问题中谈朱熹的意旨的做法，即见其言：

但在朱子，则因心性情之三分，而心又只限定为心之明之认知作用，"明德"一辞遂弄成极为复杂，而难确定。……心只限为心知之明之认知作用，则明明德"明"字之工夫又复歧出而为致知格物，此则尤不顺适。……明德又综主在心字上，……虽亦关联着性（理）但却综主在心。综主虽在心，但因朱子所意味的"心具"是认知地具，则就心说明德之力量又减弱。②

以上即是牟先生说朱熹对明德概念的解释之意见，牟先生说朱熹所提出的实在是一套曲折复杂的解释脉络，其实正是牟先生自己的曲折复杂而已。首先，明德之是心还是性的问题被牟先生刻意支离出来而成为一个问题，亦即牟先生论究朱熹之明德是心而非是性，牟先生自己明白地建立孔孟之心性是一的

---

① 牟宗三《心体与性体》第三册，页369。
② 牟宗三《心体与性体》第三册，页369–370。

立场，但在说朱熹之心性时是一套心性情三分的格局，因而定位此时朱熹讨论之明德是心而不主要在性。明德是心，明明德之第一个明又是心的工夫，而牟先生一早就认定朱熹的心的工夫是认知的心，所以牟先生认定朱熹的明明德就是认知心对于心性情三分之心的存在之所以然的认识活动而已，因此也已经不是德性义的明明德之为做社会事业的意旨了，当然就更不是牟先生言于孔孟心性论旨的本体工夫的意旨。

至于牟先生如何以朱熹之心性不是一来定位呢？参见其言：

> "有得于天而光明正大者谓之明德"，此是就性说得乎天。"明德者，人之所得乎天而虚灵不昧以具众理而应万事"，此是就心说得乎天。……心与性之得乎天是否为同一意义？依朱子之说统，似并不同。……性之得乎天是就天之所命之理说。然则心之得乎天是就什么说？依朱子，此似乎是当就天所命之气说。所谓"得其秀而最灵"（此虽濂溪语，朱子于此无异辞）即得五行之秀气而最灵也。是则灵是就气说，即是心也。……心之得乎天并无超越的意义。此与性之得乎天不同。性之得乎天是超越的，而心之得乎天则只是实然之秀气如此，只是秀气所具之自然的心知之明而已。……然而性之得乎天则是普遍而同一，不但人如此，即物亦然，此所以说"枯槁有性"也。是则心之得乎天与性之得乎天显然有不同，朱子未能自觉也。①

朱熹明讲"心统性情"，即是一个存有者主体之心有性与情之两个意义的面向，因此存有论上心具性，但显现时之情有时如理有时不如理，要如理即要做工夫，无论是求放心、养气、变化气质、涵养、察识、心即理等等都是朱熹会谈的本体工夫。然而，牟先生必欲以做了工夫以后的心即理的命题为孔孟之正解及唯一之解，因此而说心性是一，因此对于朱熹纯粹在存有论上做概念解析的心统性情之命题，便刻意地批评其为心性不一。显然，牟先生就是以朱熹所说之"心者气之灵爽"说朱熹的心是气，以朱熹的"性即理"说朱熹的性只

---

① 牟宗三《心体与性体》第三册，页371–372。

是理而非心，既然心在未做工夫以前只是气，且不即是理，因此心不是性。故有本文中所说朱熹之心之得乎天者只是气，性之得乎天者只是理，因此朱熹之心性不是一的说法。由此下来，明明德只是心之工夫作用，而此一作用又只是认知活动而已了，牟先生之说，真极尽曲折复杂之能事了。依笔者的立场，朱熹在讲存有论，所有存有论的命题都是要提供工夫境界论命题作为范畴而使用的，一旦谈了工夫境界意旨，范畴间的关系就连结了起来，如心即理命题者，但就范畴自身而言，自是心是心、性是性、理是理、气是气——解析分明。牟先生执着于此，便不允许朱熹依范畴说工夫时有本体工夫的逆觉体证之旨，甚至，连周濂溪的"人得其秀而最灵"的理论也一并批判了，难道存有论上牟先生不许人心最灵的命题立场吗？笔者以为，这简直就是牟先生刻意污蔑朱熹的说话了。又见其言：

> 明明德之功之实义亦实是顺心知之明之认知地管摄众理而归于格物穷理以致知也。①

又见：

> 明之之功是就心知之明之认知作用说。"知其不明而欲明之，便是明德"此语当改为："知其不明而欲明之"，便是心知之明之彰显（实然存在。）在心知之明之彰显中，可以逐渐依理发情，此即明德之类现，亦即为"明明德"之实功。②

以上，就是牟先生极尽其能地将朱熹言明明德之旨说为就是客观的外在知解的做法。事实上，朱熹以明德概念说工夫之话语不计其数，即便就牟先生专书中所引之朱熹言明明德之话语亦绝非只是这一个意旨而已，朱熹当然会有这个知解进路以说明明德之工夫，因为这是站在"先知后行"的工夫次第的思路

---

① 牟宗三《心体与性体》第三册，页 374-375。
② 牟宗三《心体与性体》第三册，页 376。

下所说的，但是站在本体工夫路数下说明明德的工夫，甚至是站在以德行为明德以实施社会建设为明明德释义的说法亦所在多有，然而，牟先生却只是一味地以认知行动的存有论思辨为朱熹言说明明德工夫的最终唯一意旨，牟先生这样的解读实在是太偏狭了，此诚牟先生的过度曲解，牟先生在不断引用朱熹文本之后，亦不断释出此意，又见：

简言之，只是一、明德必有发见处（明处），此是客观地就性理说明德之发见，性理之发而为情便是明德之发见；二、因其发见处（明处）而"推明"之，"渐明将去"，便是明明德，此是致知格物之实功，是主观地就心知之明之认知地摄具众理而说明明德。①

此即是以认知心之去知道存有论之众理来解读朱熹的明明德工夫，这又纯粹是归属于牟先生一贯地说朱熹存有论的思路脉络，他接着就强调了两点，首先是对心性义旨作区分，其次是对心的活动作区分，参见：

一、问者所谓"本心发见"，……依朱子之说统，此"本心"非孟子所意谓之本心。……盖"心统性情"，心之统摄"性"是主观地认知地统，心之统摄"情"是客观地行为地（激发地）统。但孟子所说之"本心"则并无此心、性、情之三分，本心是实体性的、立体创造的本心，是即理即情之本心：情是以理说，以心说，不是以气说；心是以"即活动即存有"之立体创造说，不以认知之明说；理即是此本心之自发自律自定方向之谓理，不是心知之明之所对。②

本文即是说：朱熹之言心性是心认知外在之性，心发为外显之情。而孟子之心性是本心发为本体工夫，以致心性情皆纯化于一。此意是牟先生通贯《心体与性体》专书处处对朱熹所下的定语，是误将朱熹说存有论的概念解析

---

① 牟宗三《心体与性体》第三册，页378。
② 牟宗三《心体与性体》第三册，页378。

之命题，与孟子言于本体工夫之命题混淆而批评朱熹的。笔者主张，存有论必别异概念，且非关活动；工夫论必上提主体境界，以致必连结概念，且必言及活动。然而，牟先生却将朱熹存有论命题说成了错误的工夫论，将孟子工夫论的命题说成了动态的形上学，这其中充满了哲学基本问题的混淆与错置，以致充满了对朱熹命题的曲解与误解。牟先生又说第二点：

> 二、"人心至灵"云云，此是心知之明之认知地可能地摄具众理。若是置定而为本体论式的具，而忘掉其认知的关联义，便归于孟子而成为陆王的讲法。但朱子不是此意，亦不能是此意。……朱子也许不自觉，但其实义决非如此，盖若如此，便是陆王之讲法，此则非朱子所许可，至少亦非其自觉地所意谓之词语之所应至。……朱子是顺"人心至灵"之"知"向外看，单注意其认知作用，而以理为其所对，是则其具众理是认知地可能地具，而不是其本身即是理，故亦不能即以此"人心至灵"为明德也。"人心至灵"之心知之明只能认知地带出明德来，认知地提掣明德而令其显现，而其本身非即明德。此则必须注意者。否则，必讲成陆王而不自知。①

牟先生之意即是朱熹是在认知活动中知晓了众理而为明明德工夫之意旨，并不是在本体工夫中主体自我提升而致与道体为一，以致道体内在地圆满具足于主体之心性之内，后者正是孟子学，亦是陆王继承、发挥的重点，其实就是本体工夫的命题，而此类命题在朱熹解明明德工夫时，甚至在朱熹说一切本体工夫时，其实都是时常出现的意旨，但是牟先生死守朱熹讲存有论的心统性情及理气二分之思路，以及死守朱熹讲工夫次第之先知后行之思路，硬是要说朱熹不能同时也是孟子、陆王之本体工夫之思路，牟先生这样固执顽强的立场，我们只能说是因为他自己的儒家系统已经形成，且是形成于与朱熹对立的思路中，以致无法平心和气地认同朱熹的思路。牟先生自己都引了不少朱熹话语中非常接近孟子思路的文句，但是牟先生都硬是扭转朱熹意旨而趋向都是不活动

---

① 牟宗三《心体与性体》第三册，页378-379。

的存有论思路以及割裂知行的工夫论思路来解读,牟先生自以为如此解读才会心安,其实正是重大扭曲而不自觉,如其言:

> 吾读朱子语类此一卷,心中最为着急。此卷是最近于陆、王者,所谓心学。然而终凑泊不上。看着上去了,然而又落下来了。最令人着急,又最令人摇荡不定。若不知其底子,顺其援引之辞语一直说下去,可以完全依孟子讲成陆、王之讲法。然而再回头子细看看,照顾到别的,如"心具"义,心性情三分义,致知格物义,则又不能这样一直说下去。故吾终于作以上之疏解,而归于朱子之本意,如是则心中坦然矣。其表面辞语而可以讲成陆、王之讲法者乃是假象。其实义终非孟子学也。①

上文中明见牟先生总是不忘朱熹言于心性情三分及格物致知工夫的意旨,而在朱熹进入孟子学思路言说时,牟先生即不愿承认朱熹有孟子学之本体工夫意旨,而必欲转入牟先生自己错置地解读的朱熹心性情理气之存有论及先知后行的工夫次第论的意旨才承认是朱熹的本意,可以说牟先生已经是在刻意的成见的基础上谈朱熹思路,而非客观的研究的立场上谈了。更进一步说,牟先生不仅将朱熹往孟子之外推出去,牟先生也将《大学》往孔孟之外推出去,其言:

> 朱子援引孟子以迁就大学,以大学为定本,而将孟子之本心拆为心性情三分,而心只讲成认知义,非是。此示朱子对于孟子无相应之理解。王阳明之讲法合于孟子学的精神,而于致知格物之讲法则更远于大学之本意。此是以大学迁就孟子也。朱子之失在孟子,阳明之失在大学。朱子从因地上就心、性说"明德"虽不必合于大学之原意,然其心性情之三分,心取认知义,而以致知格物为恢复明德(明明德)之工夫,则犹近于大学外在之精神,虽有所推进,亦是顺着推进,不似阳明之完全予以倒转而成为本体之直贯也。然则孟子与大学终不可以平等观认为可以出入互讲也。

---

① 牟宗三《心体与性体》第三册,页383。

据吾之疏解，大学之"明德"不当从因地上看。当恢复其原意，从果地上看。大学与论、孟、中庸、易传不是同一系者，亦不是同一层次而可以出入互讲者。大学是从另一端绪来，可以视为儒家教义之初阶。由大学而至论、孟、中庸、易传是一种不同层次之升进，亦是由外转内之转进。大学与学记以及荀子之劝学可以列为一组，虽不必为荀学，但亦决非与论、孟、中庸、易传为同层次而可以出入互讲者。当然根据论、孟、中庸、易传讲出另一个大学之道、大人之学来，亦至佳事，但非原来之大学。阳明之讲法自是孟子学之大人之学。朱子之讲法自是伊川学之大人之学。其结果仍是直贯系统与横摄系统之异。荀子亦是横摄系统，只差荀子未将其礼字转为性理耳。原来之大学既非直贯系统，以根本未接触到因地之本故，亦非显明地是横摄系统。讲成横摄系统者是朱子学，讲成直贯系统者是学阳明。如此判开省得许多无谓之纠缠。①

牟先生的思路十分曲折，首先说《大学》之明德不是言于心性者，因此就不类于孔孟者，然后说朱熹之讨论《大学》之明德却有是属于谈心性的路线，可是朱熹的谈法是心性情三分，而非心性合一地说，因此也仍然不是孔孟之路，而说工夫以格物致知说，其实是泛认知主义，并非孔孟之天人性命一贯之本体工夫者，阳明藉《大学》说良知工夫，虽非《大学》意旨，却正是孟子心法。因此最终规定《大学》与《孟子》决非可以互相取义、交通互讲者。牟先生认为《大学》是儒家教义之初阶，《大学》与《论》《孟》《庸》《易》是不同层次的转进，是由外转内之转进。以上牟先生定位意见的主要部分笔者多不同意。笔者认为，说《大学》与他书不同层次的话不是不可以的，至于更以此为一标准，而隔离朱熹对《大学》的诠释意见为与《论》《孟》《庸》《易》不同的系统，并推开程朱与陆王及周、张、明道之学统，这个做法就是诠释太过了。牟先生又明确地讲阳明所讲之《大学》却是依《论》《孟》《庸》《易》的传统而不合《大学》原义，原来，牟先生心中所认定的《大学》根本不是直贯系统，因其未接触到因地。所谓"未接触因地"是指《大学》未接触到"本心

---

① 牟宗三《心体与性体》第三册，页383—384。

即性"的天道根源，亦即前说之明德非指心性，而只为事业之意。最后牟先生说《大学》并非明显地是横摄系统，是朱熹把《大学》讲成横摄系统，所谓横摄系统是说以心性情三分之存有论关系定位心性，因而心性不是一而谓之横摄。牟先生认为这样开判省得许多纠缠，笔者却认为，这样开判正是制造更多的纠缠，而曲解《大学》、且误解朱熹的做法，其结果也未必就能让孟子、陆王之学说有准确的定位了。

五、以格物致知为泛认知主义

牟先生一直以来对朱熹《大学》格物致知的观念都有过度膨胀的诠释，亦即会无限扩充朱熹对《大学》格物致知的观念而至任何朱熹言说工夫的意旨里头，并且，定位朱熹的格物致知工夫为穷理工夫，而穷理工夫就是穷究存有论的心性情理气概念分析之学，故而缺乏行动的力量，因而格物致知在《大学》原意及朱熹诠释中的必至诚正修齐治平方为完成之行动意旨，一概被其抹杀，可以说是牟先生硬将格物致知的知的工夫与行的工夫割裂，又错置地将存有论命题连结到工夫论宗旨中，从而使得朱熹的先知后行的工夫次第观念完全被淹没不见了，替代的是没有行动意义的哲学思辨活动。如其言：

> 惟此种格物之实义（基础意义）是就事事物物之存在之然而究知其超越的所以然。[1]

此话之意就是格物致知只是在研究形上学原理，而不是一"知行合一"的本体工夫。又见：

> 把仁体、性体俱视为存在之然之所以然而由格物之就"存在之然"以推证而平置之，此已是泛认知主义。[2]

---

[1] 牟宗三《心体与性体》第三册，页385。
[2] 牟宗三《心体与性体》第三册，页385-386。

意即在这种认知活动中，仁体、性体只被以认知心平置对待，亦即被横摄性地定位，因此所剩者只是一哲学思辨活动的意义而已，其言：

> 是以在"推就如何谓之性"处，如说"性只是理"，或说"性只是存在之然之所以然之理"，此处并无格物之实，只是一反省上的重言，一重言式的名目式的定义，而不能有真实的定义。……此实层上之泛认知主义只表示仁体、性体（不能说心体）只能就存在之然而平置为心知之明之所对，而不能与实体性的本心融而为一，即实体性的本心即是理，以成其为"立体创造之直贯"之实体。此当是朱子实层上泛认知主义的格物之实义。①

本文说重言、说名目、说泛认知就是指朱熹在"性即理"的命题上的知识意义，充满了套套逻辑的名目认知定义，所以根本只是在作纯粹思辨性的哲学认知活动，而不是在作主体纯化意志的本体工夫的活动，既然只是认知活动，所以仁体与性体只是心知之明之所对，而不是主体之心因其意志纯化的本体工夫的贯彻，而能与性体、仁体及实体为一。其实，这都是牟先生始终不变的解释方式所造成的错置及误解。朱熹说"性即理"就是在说存有论的概念解析，这并不是直接在说工夫论的命题，更不是在对做工夫作状态描述，因此不会在此处提出主体心与普遍原理的仁体、性体融合为一的命题，但这并不表示朱熹会反对工夫论主张心、性、仁合一的立场，这只是牟先生在哲学基本问题上的错置，导致在说朱熹格物致知工夫意旨时，走向了存有论问题，而批评此知的工夫没有行的意旨，只是哲学思辨的活动而已。又见其言：

> 依孟子，恻隐羞恶等之心即是吾人之道德本心，亦即是吾人之内在道德性之性；恻隐、羞恶、辞让、是非之心即是仁义礼智，此中并无然（情）与所以然（性）之别。所谓求放心，所谓操存，所谓存心养性，尽心知性，并不是即物而穷其理的格物问题。……今朱子将此视为格物工夫

---

① 牟宗三《心体与性体》第三册，页 386-387。

之所对，纳于"人心之灵莫不有知，天下之物莫不有理"之格范下，一律平直而为存在之然（物）以究其所以然，此显然非是，显然非孟子之本意。盖如此，即将孟子所说之本心拆散而不见，推出去平置而为然与所以然，只剩下心知之明与在物之理间之摄取关系，而真正的道德主体即泯失。象山与朱子争，斥其为支离，为不见道，实只在此点上；而朱子之疑胡五峰，斥责胡广仲等，亦实只由于朱子在此点上不回头；濂溪、横渠、明道之体悟道体、诚体、神体、性体、心体、仁体，亦只是为的要见此道德创造之源以为真主体；而后来之阳明以孟子义讲大学亦只在此点上与朱子争；而朱子之必以其泛认知主义之格物论平置之以成为横摄系统亦只在此一关之不透。[1]

牟先生的思路很清楚，就是将孟子言说工夫时的心性概念之间的关系拿来与朱熹言存有论时的心性概念之间的关系做比较，又把朱熹谈格物致知的工夫一定要趋向穷其存有论之理的方向解读，因此说朱熹的格物致知工夫与孟子言存心养性工夫是决然有别之两路，说朱熹之路是没有道德主体的实践力量。笔者认为，牟先生说朱熹的形态并不是朱熹的形态，是牟先生自己对朱熹学说的错误链接而制造之形态，牟先生以此定位朱陆之争，以此定位整个宋明诸儒的路线之争，此皆只是牟先生构作了一个泛认知主义横摄静涵的所谓的朱熹形态之后而说的，但是，那并不是朱熹的哲学定位。

六、格致工夫是他律道德

牟先生一直以来亦以他律道德说朱熹之学说，实际上自律、他律究竟如何定义？这本身是一个问题，本文暂不深入这个议题。仅就牟先生在谈朱熹之以《大学》为纲本这一章中的定义，牟先生的他律是以认知主义的格致工夫即是他律道德，如其言：

---

[1] 牟宗三《心体与性体》第三册，页391–392。

即就道德之事以穷之，其所穷至之理道平置而为外在的理道，纳于心知之明与此外在理道之摄取关系中，其道德力量亦减杀。是以其泛认知主义之格物论终于使道德成为他律道德也。……朱子之"即物穷理"徒成为泛认知主义之他律道德而已。他律道德非能真澈于道德之本性者，他律道德中之外在的理道，其为道德实体之道德性非必真能证实而保住者。①

牟先生十分曲折地将朱熹言于存有论的理论系统视为工夫论，然后对于这样的工夫论又要指责它道德力量不足，因为此心只进行认知工作，而认知之后此理道为心所摄得，因此与心只有一外在的关连性关系。非如孔孟之心性是一，甚至心性与天道实体是一的模式，孔孟之心既与性与天道是一，则自是内在自律自为之道德实践工夫，而朱熹之心与性情成三分，心又只进行认知活动，其结果，就只成就了一个哲学思辨的活动，所进行的只是去识得心统性情与理气二分之理论，而非进行了一个纯粹化主体意志的本体工夫的活动。如此一来，其实牟先生说朱熹的格物致知穷理是他律道德也不对，既然只是在做哲学思辨的认知活动，那就也称不上是工夫论了，那么又如何能说是他律道德呢？而牟先生又确实是把他所诠解下的朱熹之格物致知的活动视为工夫论，因此批评其为他律道德，其言：

就知识上之是非而明辨之以决定吾人之行为是他律道德。②

此处说为他律是说以所明之是非之理，以为行为之决定原理，此原理原外于心，故谓之他律。此说，笔者以为意旨不佳，关键在于，真正的实践都是主体心之纯化意志之行为，此意志非任意所定，必即于天理而定之，此天理应为如何之生活道义？则需有一知识进路之辨识，此一辨识，乃为主体意志之纯化定位宗旨而已。所以，就算有知识之辨义以为道义之理之决定，亦非取一外在之理而为他律之工夫，实际上仍是主体心之自作决断、欲仁而仁的行为。

---

① 牟宗三《心体与性体》第三册，页394–395。
② 牟宗三《心体与性体》第三册，页397。

依牟先生的定义,自律道德则是如王阳明所言者,其言:

> 是以王阳明得就此"是非之心"向里看,以与羞恶、恭敬、恻隐之心合而为一,名之曰良知,而致此良知亦非在即物而穷其理之格物上推致心知之明之认知作用也。此显是道德创造之源之本心之开发以引生道德行为之不已,所谓"沛然莫之能御"者是也。此是自律道德之于穆不已,而非心知之明之认知作用之推致所成之他律道德也。此虽不必合于大学之原义,然却合于孟子之精神,而朱子之以心知之明之认知作用之推致讲孟子之本心显然非是也。[①]

牟先生说阳明之良知发用是道德本心之自己开发,而有之道德行为之实践不已,这就是自律。以此说自律,笔者完全同意。可见牟先生所讲的自律道德其实就是本体工夫,是主体之意志纯化、自作主宰的实践活动,此说确实是一切本体工夫的本来意旨。但是,意志纯化之后的实际行动,仍需要辨识作为,此时之认知活动便有其必要之作用,可惜牟先生硬是将朱熹的格物致知工夫推为非本体工夫,而以朱熹的格致工夫为认知活动,乃在讨论外在原理以为主体的行动标准,此标准既在心思之后之外,因此是他律。但是,这种解释下的他律道德,实在已经谈不上是工夫活动了,以此说他律其实也没有什么意思了。

七、对格物致知与诚意关系的解读

牟先生谈工夫,强调主体心贯彻天道性命的本体工夫,此自是纯粹化主体意志的本体工夫之标准形式,然而儒者的事业是在家国天下,而欲平治天下则需实事求是,因此需要格物致知以为先导,确定政策及价值之后,实之以诚意正心之本体工夫,从而修齐治平一路实践下去,是以《大学》在孟子求放心、尽心知性知天之基础上扩充开去,而讲一套工夫次第之学,先知后行,知以行为终止,知不离行,知即是行。惟牟先生只肯定本体工夫一项意旨,又割裂

[①] 牟宗三《心体与性体》第三册,页397。

《大学》及朱熹讲格物致知之学于行动之外，遂于格物致知与诚意正心工夫之间多做曲解，但是牟先生自己又宗旨不定，一方面说诚意只是对于知的工夫的真切之诚，因此诚意仍是认知工夫；另一解则说诚意是道德行动之原，因此诚意与格致工夫不是一回事。总之，《大学》格致、诚正之间被牟先生拆解支离，宗旨分歧混乱，关键只在，牟先生就是要说朱熹所诠解的《大学》格致、诚正之路不是孟子之路而已。

首先，朱熹对格物、诚意两项工夫有一善譬喻，牟先生对朱熹说格物是梦觉关、诚意是善恶关之语[①]，评价为：

> 所谓凡圣关或梦觉关乃至善恶关或人鬼关，亦是泛认知主义的格物论下之说法。此固可以优入圣域，但却是走的"后天而奉天时"之路，尚不是"先天而天弗违、后天而奉天时"通而一之的圆教，而格物与诚意之间亦又不能弥缝之罅隙，而诚意终成软点，只能作教训性的说，或作用性的说，而不能自实体上做实体性的说或挺立的说。[②]

朱熹说诚意是善恶关，是说是人非人的关键区别，说格物是梦觉关是说是凡是圣的关键区别，格物致知明，即由凡入圣。但诚意工夫不明，则根本非人而鬼了。亦即诚意工夫更隐微，而格致工夫乃决定是否能入大学之道！朱熹此说只是一譬喻，诚意也好、格物也好都是本体工夫，只是有隐显之别而已。但牟先生对于此说之立场，却是认为都仍是外部知解的事业，依一后天知觉之道义宗旨以匡正主体的行为，故而是一他律之工夫。而且，牟先生认为，依朱熹如此之譬喻，则格致与诚意即有一鸿沟在，因为破得善恶关者不一定能破得梦觉关，而诚意亦非孔孟直贯的本体工夫形态。但是，究竟牟先生之意是因朱熹解释之后之诚意有如此的定位？还是《大学》文本中的诚意本来就是这样的宗旨？对此，牟先生的意见其实是犹疑不定的。总之，牟先生对于《大学》所言之诚意极度不愿其宗旨是一纯化意志的本体工夫，是一主体心主宰的本体工

---

① 参见牟宗三《心体与性体》第三册，页398，牟先生对朱熹之引文。
② 牟宗三《心体与性体》第三册，页399。

夫，因此又定位之言：

> 大学云："知至而后意诚"。……此是以"知之真切"带出"诚意"。此固可说。然此种诚意黏附于"知"而见，很可能只表示知之诚，即实心实意去知，不是浮泛地知，真感到求知之迫切，真感到理之可悦而真切地去知之，……但以此"真知"说诚意，反过来亦可以说诚意只是知之诚。是则真知与诚意只是一事之二名，意之诚为知所限，而与知为同一。①

本文就是牟先生将《大学》诚意工夫解说成外部知解工夫的例子，牟先生此处所说之诚意，以"知之真切"解之，则如此一来《大学》之诚意只是诚意去知，因而就不是诚意正心、纯化主体意志之工夫意旨了，则诚意之作为道德行动力之根源的力量即已减杀，这是牟先生自己对《大学》言诚意意旨的一解。其实，即便是在此义中，道德行动力亦未有减杀，因为连着格致之诚意就算只是知之真切，然此一真切之知，却将发为修齐治平之行动，因此无有道德行动力减杀的问题。这只是牟先生一直刻意地抹杀《大学》八目是"知行合一"宗旨的诠释做法所致。虽然如此，牟先生对诚意又另有一解，则是以诚意为道德行动力之根源义，但却又认为此意之诚意是与《大学》之格致工夫有隔的意旨，其言：

> 然正心诚意所表示之心意，是道德之心意，是道德行动之机能，而知是认知之机能。求知活动固亦可说是一种行动，因而作为行动之源的心意亦可应用于心知之明之认知而成为真切地去认知，但却并不能限于此而与之为同一。意是行动之源，而实心实意去知、所诚的只是知，此与诚意以开行动之源、这其间毕竟有距离。"如好好色，如恶恶臭"之意之诚是真能实现这行为之好与恶，好善恶恶亦然。此即预伏一本心之沛然而真能实现此善之好与恶之恶，而真能为善去恶者。是即不得不承认"意之诚"与

---

① 牟宗三《心体与性体》第三册，页402。

"知之真"为两会事。①

牟先生于《心体与性体》一书之开头即说《大学》是一宗旨不定的作品，亦即《大学》可以开放地由程朱、陆王以不同的解释方向，这就是牟先生自己制定了一套朱熹学的形态，从而将《大学》拉下来以符应于这个牟先生的朱熹学形态，但是阳明之解《大学》以孟子本体工夫之路数为法规，牟先生又要认为这也是《大学》可能的一条解释路向，因此此处即发挥《大学》言于诚意工夫之本体工夫意旨。笔者并不是要主张此意旨并非《大学》之旨，而是在同意此意旨即是《大学》之意旨下，亦要同意此诚意与格物致知工夫可以有机地结合，关键即在，从格致到诚正是一工夫次第的命题，知之真切之后继之以意之诚笃，从而正心以至修齐治平地行将开去，亦即一开始之格物致知就是要诚意正心地修齐治平的。而不是如牟先生所解释的格致只是穷其存有论的理，因此当诚意是发为道德行动意志的时候就与纯粹认知活动有脱勾了，这实在只是牟先生的泛认知主义解朱熹言格致工夫之后所犯下的诠释错误。牟先生既已以格致为认知主义，则朱熹之《大学》诠释就只能还是停留在割裂知行的架构中了。其言：

> 即使意之诚不与知之真为同一，朱子亦可让意之诚有独立之意义，然而知之机能与行之机能、在泛认知主义的格物论中，只是外在地相关联，他律地相关联，而行动之源并未开发出，却是以知之源来决定行动者，故行动既是他律，亦是勉强，而道德行动力即灭弱，此非孟子说"沛然莫之能御"之义也。②

本文是说，就算朱熹解释诚意时能同意其有独立的主宰心以为本体工夫之旨意，但是因为朱熹已经以认知活动定位格物致知之学，因此知与行已经割离，因此不论诚意怎么讲，孟子义的本体工夫就出不来了，诚意只能诚此真知

---

① 牟宗三《心体与性体》第三册，页402。
② 牟宗三《心体与性体》第三册，页402。

之意，而不能诚此本心之仁义礼知之宗旨。也可以说，牟先生在贬抑《大学》的宗旨时，见到诚意难以不是本体工夫之诚意意旨，于是同意诚意是有独立的本体工夫之意旨，但是，在朱熹诠释系统下的诚意说，仍然受到外部认知主义的制约，因此只是知识上的诚此心知之意而非诚此本心之仁义礼知之旨。换言之，都是朱熹的错，《大学》本身可能还有一些是逆觉体证的本心一贯之旨，而由刘蕺山、王阳明诠释发挥之，但在朱熹的诠释中，就无论如何必是割裂知行、平列一认知的活动而已。笔者以为，朱熹之以认知解格致知说无误，认知为之，诚正修齐治平为行，朱熹自是"知行合一"之旨者，至于王阳明以致良知取代格物致知，刘蕺山以诚意为《大学》八目的宗旨，此二说都是专注于发挥本体工夫一路，但也不能说此二路有意忽略外王事业，亦即是朱熹所发挥的由内而外、下学上达的内圣外王工夫次第之论旨者。但是，就牟先生对《大学》之诠释而言，指出另有蕺山、阳明之它途，只是一本体工夫之逆觉体证之意旨，这却是藉《大学》另行发挥一套本体工夫的创造性诠释，并非《大学》本旨，但笔者也愿意承认这仍是儒学的一条重要的理论线索。最后，牟先生总结而言：

> 阳明与蕺山之说虽不必合于大学之原意，然皆是自体上开发行动之源则一也。此皆是合于孟子学之精神（虽各用词语有不同），亦合于先秦儒家言天命于穆不已之体之义，而为立体直贯之系统也。朱子之讲法固较顺于大学之辞语（欲诚其意者先致其知，知至而后意诚），然却亦不必即是大学之原意。其说成泛认知主义之格物论，以"格物穷理"之知决定"诚意"，此中至少实有问题，即致知与诚意并无必然之关系，行动之源并未开发出，而大学亦并不必显明地即是此系统也。最可注意者大学经文虽云："欲诚其意者先致其知，致知在格物。格物而后知至，知至而后意诚"，然诚意传却并不说"所谓诚意在致其知者"，而只说"所谓诚其意者，毋自欺也"，而归纳于"慎独"。是即打断致知与诚意之因果关系，而于诚意则单提直指，而以"慎独"之工夫实之。慎独之工夫对于诚意之力量并不亚于致知，而且更切近于诚意，故刘蕺山得以就"慎独"而发挥，以"慎独"为提纲也。如是，亦可以说"欲诚其意者先慎其独。慎独而后

意诚"。此即完全就心体上言工夫。中庸之言慎独、致中和，即发挥此一路，并不言致知以率性慎独、乃至致中和也。大学之知字、格字、物字、皆可有不同之解析，其本身本不明确，而复有错简，又有参差不齐处（如诚意传与经文），可以作各方向之发挥，而难以一义律之也。兹舍大学本身不论，只就朱子之说统言，则有以知之源决定行之源之难题。如以为此只是就大学说大学，只是大学之意如此耳，则或者其可。如以此为定本，以之概孟子，则非是。盖孟子言本心并非他律道德也。①

牟先生本来是在讲《大学》，但都要以孔孟为儒学正宗，所以要讲《大学》不合于此一孟子言工夫之本旨。牟先生先肯定阳明、蕺山之说合于孟子之义，但他也不能就执定地说此二路就是《大学》本意，但是牟先生虽说朱熹之路更近于《大学》本意，可是却又说"却亦不必即是大学之原义"，牟先生简直是拿《大学》开玩笑，《大学》竟成了不知是何义的作品了，简直可以说他的目的只是要批评朱熹而已，因为他竟然牺牲了《大学》之本意，说《大学》自己就是一套宗旨不定之学。牟先生接着又以《大学》自己所说的诚意与慎独之命题来说《大学》可以是《中庸》所发挥的本体下贯之工夫路数。笔者认为，《大学》本来就可以与《中庸》融通，也可以与《论语》《周易》融通，也可以与《孟子》融通，问题都只出在牟先生刻意曲解朱熹，并为之定出的横摄认知系统上，就是这个系统使得朱熹的工夫与孟子隔别，使得朱熹所诠释的《大学》与《论》《孟》《庸》《易》隔别，然而，事实上并不存在这样的一套朱熹学说的系统，这是牟先生错误地将存有论与工夫次第论结合所自制的朱熹系统，而牟先生自己始终没有正视工夫次第问题，更没有区分工夫论与形上学之本体宇宙论或存有论的哲学基本问题意识之区别，且一味地割裂知行关系以诠释《大学》八目以及朱熹所诠释的格物致知穷理工夫的意旨，以此比附进去朱陆之争的意旨中，也以此建立宋明儒学的三系分说之系统。而这一切的理论建构则都是来自牟先生对朱熹中和新说及仁说的诠释定位中。

---

① 牟宗三《心体与性体》第三册，页 403–404。

八、结语

谈论牟宗三先生的哲学是不能以一篇文章尽诠的，应该是以一大部著作来讨论才或许有可能说清楚的，而且，笔者并不是以肯定的立场来说清楚牟先生的哲学，反而是要以否定的立场来说清楚他的哲学，因此就更不易进行了。本章之作，是笔者一系列讨论牟宗三哲学的一个环节，许多意见亦扣合在笔者的其他文章之中，认真思辨，诚实写作，以此就教于学界先进。

第十二章：对牟宗三诠释朱熹孟子学的方法论反思

一、前言

本文之作，讨论牟宗三先生在《心体与性体》第三册书中的第六章《以中和新说与"仁说"为背景所理解之孟子》。第六章牟先生所处理的是朱熹对于《孟子》文本诠释的讨论意见，笔者认为，牟先生所理解的朱熹，就是建立在他对朱熹"中和新说、旧说"的诠释意见，以及朱熹"仁说"的诠释意见两个重点上，之后谈对朱熹《大学》及《孟子》的著作文本诠释，其实就是以对朱熹的"中和说"和"仁说"的基础而讨论的，至于再接下来对朱熹的"心性情"和"理气"的形上学讨论，依然是依据"中和说"和"仁说"的基础而以概念范畴为对象所进行的讨论的。"中和说"中牟先生把朱熹的工夫论视为横摄认知系统，"仁说"中牟先生把朱熹的"理气论"视为横摄静涵系统，横摄静涵与横摄认知意味朱熹哲学谈不上本体宇宙论和本体工夫论，只是静态的存有论概念解析，只是做了一些知识性的功能而已。以此为基础，于是朱熹之理只存有不活动，朱熹之工夫是外在他律，接下来以著作体系讨论朱熹而举《大学》《孟子》两书，再接着以概念范畴解析朱熹而举"心性情"和"理气"。其实，以著作研究和以概念范畴研究的理论立场都是一样的，并未能有新说于其中，只是讨论的题材集中于以著作文本或是概念范畴而已，由此可知，牟宗三先生进入朱熹学思体系的脉络，就是"中和说"和"仁说"两路。"中和说"

是工夫次第问题，被牟先生窜入先知后行、知而不行的错解中，"仁说"是存有论问题，被牟先生结合入"理气论"的只存有不活动型之形上学理解里。本文之讨论，将针对牟先生对朱熹孟子诠释的讨论意见，举出其中牟先生刻意歪解的部分，做出澄清和对比，主要包括：对孟子"情、才"概念的解读，和对孟子"性、命"概念的解读两段。

二、牟先生对朱熹《孟子》诠释的讨论脉络

牟先生讨论朱熹的《孟子》诠释观点，集中在三个《孟子》文句段落中，其一为：

《孟子·告子篇》："孟子曰："乃若其情，则可以为善矣，乃所谓善也。若夫为不善，非才之罪也。恻隐之心，人皆有之；羞恶之心，人皆有之；恭敬之心，人皆有之；是非之心，人皆有之。恻隐之心，仁也；羞恶之心，义也；恭敬之心，礼也；是非之心，智也。仁义礼智，非由外铄我也，我固有之也，弗思耳矣。故曰：'求则得之，舍则失之。'或相倍蓰而无算者，不能尽其才者也。"

其二为：

《孟子·尽心下》："口之于味也，目之于色也，耳之于声也，鼻之于臭也，四肢之于安佚也，性也。有命焉，君子不谓性也。仁之于父子也，义之于君臣也，礼之于宾主也，智之于贤者也，圣人之于天道也，命也。有性焉，君子不谓命也。"

其三为：

《孟子·尽心上》："尽其心者，知其性也。知其性，则知天矣。存心，养其性，所以事天也。夭寿不贰，修身以俟之，所以立命也。"

第一句为情才关系，涉及朱熹对于"心性情才理气"等概念范畴的解释与讨论，是朱熹的存有论哲学部分，第二句为性命关系，也是涉及朱熹谈理气心性情的存有论问题部分，以上两段文句，牟先生都是以动态的"道德的形上学"进路来批评朱熹的思路，笔者以为，牟先生的批评失之牵强，笔者将提出讨论意见。至于第三句部分，笔者认为，确实是朱熹有诠释上的过度，过度运

用先知后行的工夫次第思路来诠释孟子的本体工夫之文句，故而牟先生的批评有理，本文便不多做讨论。

三、牟先生对朱熹解释孟子"情、才"概念的讨论

以下先讨论"情、才"概念的朱熹诠释及牟先生的批评意见。朱熹针对《孟子》第一句谈"乃若其情"，提出讨论意见，以下，先看朱熹的意见：

"问：乃若其情。曰：性不可说，情却可说。所以告子问性，孟子却答他情。盖谓情可为善，则性无有不善。所谓四端者，皆情也。仁是性，恻隐是情。恻隐是仁发出来底端芽，如一个谷种相似。谷之性是性，发为萌芽是情。所谓性只是那仁义礼智四者而已。四件无不善，发出来则有不善，何故？残忍便是那恻隐反底，冒昧便是那羞恶反底。"

"问：孟子言情、才皆善，如何？曰：情本自善，其发也未有染污，何尝不善。才只是资质，亦无不善。譬物之白者，未染时只是白也。"

"孟子论才亦善者，是说本来善底才。"

"孟子言才，不以为不善。盖其意谓善，性也，只发出来者是才。若夫就气质上言才，如何无善恶！"

"问：孟子论才专言善，何也？曰：才本是善，但为气所染，故有善、不善，亦是人不能尽其才。人皆有许多才，圣人却做许多事，我不能做得些子出。故孟子谓：或相倍蓰而无算者，不能尽其才者也。"①

朱熹的意见，就是对孟子文句中涉及概念范畴的部分，进行概念的界定，从而有理论的创造，思路的要旨在于建立主体实践结构的存有范畴，以心性情才为主体结构的概念范畴，以理气为基本范畴，心性情才特论于人，理气就遍一切存有物而为言。孟子主要谈主体实践的本体工夫，对于主体的心性情才等

---

① 《朱子语类》卷五十九《孟子九》。另亦参见：《心体与性体》第三册，页410。台北：正中书局，1981年10月，台五版。

概念做了流畅的使用，可以说想到就用，依据一般文字使用意义而用，尚未进行更抽象的普遍原理的讨论，以及更严谨的概念使用定义。朱熹不然，为因应时代哲学课题，为与道佛辩，为澄清儒家实践哲学的概念使用，故而针对实践主体进行范畴意旨的约定，此即"心性情才"等概念的定义及关系的讨论，这类问题，笔者以存有论述之，这是就概念作定义的思辨哲学进路的讨论，有别于本体论的讨论，笔者使用本体论概念时，主要用于传统中国哲学说天道实体之为本体的意旨，首先是价值意识，其次是有天道实体的意涵，但后者之意旨就在存有论哲学中讨论会更贴切问题。两义若都要用同一词汇处理亦无不可，但做出上述区分更有益于讨论的清晰。即抽象思辨的存有论谈概念定义及关系，具体实践的本体论谈价值意识及实践活动[①]。就此而言，朱熹就是进入概念定义的讨论，以"心性情才"作为道德实践主体的存有论范畴，从而进行道德实践主体的结构性讨论，现在的问题是，牟先生心目中的儒学是去讲道德实践的，以及讲天道之大化流行的，而孟子正是儒家哲学讲道德实践的原型以及典型，牟先生不是不知道朱熹的思路以及朱熹理论的合理性，而是不看重这个思路，同时要贬抑这个思路。

牟先生的讨论重点有二，一是虚化了孟子的情、才两概念，二是反对朱熹说才发于性的诠释[②]。首先，朱熹认真地将"情、才"概念放在"理气论"的架构下做定义，而以"心统性情"为主要架构，心是主体的主宰，有理有气，"理"的部分即"性"，谈人的性善依据，"气"的部分由"情"概念谈其状态，有善有恶。"才"是性情结构中的个人特殊性，人人才殊，各有气禀，但也必有天命之性在，故人皆性善，此孟子及牟先生所重，但人亦各有不同之气禀，而有不同的呈现善性的能力，此即"才"在说的，这便是朱熹所发挥的。所以，朱熹是在谈存有论，谈主体实践结构，但是，牟先生只重工夫实践义，故而不只刻意忽略气禀义，甚至贬抑气禀进路的"才"概念界定，以及将"情"

[①] 有关存有论本体论的概念使用与问题意识，参见杜保瑞、陈荣华合著《哲学概论》，台北：五南书局，2008年1月初版。以及:《中国哲学方法论》，台湾商务印书馆，2013年8月初版。

[②] 牟先生在引用朱熹在《朱子语类》相关的文句之后，说有四点要旨，但又规约为三点讨论，不过，实际上只有上述两项重点。参见《心体与性体》第三册，页416。

概念的使用从气禀呈现状态中拖走，于是，"才"和"情"两个概念被虚化了，牟先生根本不认为这是两个重要的存有范畴概念了。参见牟先生言：

> 孟子并非就可说之情推证不可说之性者。"乃若其情"之情非性情对言之情。情，实也，犹言实情（real case）。"其"字指性计，或指人之本性言。"其情"即性体之实，或人之本性之实。落在文句的关联上说，当指"人之本性之实"说。"乃若其情，则可以为善"云云，意即：乃若就"人之本性之实"言，则他可以为善（行善作善），此即吾所谓性善也。……朱子注云："才犹材质，人之能也。"说材质尚不离，说"人之能"则歧出，泛而不谛。盖人之能与直指性而说性之能并不同一。人之能可以很广泛，可指一般意义之才能，而不必即是性之能。故孟子所说之才若有动态的"能"义，此能即是其所说之"良能"。良能单是指性之能言。故在孟子，心性情才是一事。心性是实字，情与才是虚位字。性是形式地说的实位字，心是具体地说的实位字。性之实即心。性是指道德的创生的实体言，心是指道德的具体的本心言。心性是一。情是实情之情，是虚位字，其所指之实即是心性。实情即是心性之实情。……故情字无独立的意义，亦非一独立的概念。孟子无此独立意义的"情"字。若恻隐之心等就是这独立意义的情字，则此情实只是心（良心、本心），亦即是性，是以"本心即理"言的情，是以"性即心"言的情，是具体言之的心性，是即活动即存有的，是存在与存有为一，即有即在的，非如朱子性情异层对言之情，非是以气言之情，非是"只为存在之然而不是实有之理"之情。而"乃若其情"之情则总不是此独立意义的情。至若才亦是虚位字，即指性言。"非才之罪也"，"不能尽其才也"，"非天之降才尔殊也"，此三个才字皆直指性以为质地言，复直指本心即性之生发言，即指良能言。……故才字即指此质地言，其实义即是心性，故无独立的意义，亦非一独立的概念，非一般意义之才能也。朱子视情字与才字俱为有独立意义的独立概念，非是。①

---

① 牟宗三《心体与性体》第三册，页 416–418。

牟先生透过语句解读，制止了朱熹从存有论进路进行主体结构的范畴解析，亦即藉由"心统性情"的架构去谈"理气论"和"气禀说"，以及对"才"概念的气禀解读。就"情"而言，它不是一个存有范畴，至少在"乃若其情"一句话中，它就是性之实情之义而已。至于"才"，还是"性"。非"才"之罪也就是说得非"性"之罪也。牟先生的文本解读不为无理，但是，中国字的使用中，在"情"与"才"两概念上，本来就可以有"情状"以及"才能"的意思，就孟子的使用义上，本来就是藉由"情状"与"才能"意旨的"情、才"概念来说的，牟先生限缩其义为仍是性之实与性本身，在解读上并无不可，但是，就孟子哲学的需要而言，去发挥道德实践主体的存有论结构的哲学讨论更是合理的也是需要的，亦即，若夫为不善，不能只是骂人家自暴自弃就完了，而是要去存有结构上找出形上学的理由，说明人之所以为恶的存有论结构，这里说清楚了，对于人之所以为善的可能性及如何实践，才能说得更清楚。这就是存有论思路的理论功能以及朱熹哲学的贡献之处，也就是使用"情、才"概念之后可以继续发挥的理论内涵。就是说清楚"情"是"心"的活动状态，"性"是"心"的天命之理，故人性是善，但因有气禀，有耳目口鼻之需，故而有过度为恶的可能，这是自张载及程颐不断在说明讨论的问题，是"心统性情"、"气质之性"、"理气不离不杂"等观念在面对的问题。至于人应该去实践，并且在纯粹实践的状态中，"心性理情才"皆是一于天道诚善仁义之体的说法，也是对的，这正是孟子的强项，也是孟子的创发，更是牟先生为孟子彰明的意旨，这就是本体工夫以及境界功力的状态，但是，牟先生都把它当作一种特殊的形上学在建构了，故而只重"心"在实践时的"情、才"皆天性天理之发挥的状态之一义而已，不见牟先生在讨论张载时的"性、心"合一之五义说？于是收"情"为"性"之实情，收"才"为"性"之本身，以这样的形态解读孟子文本固无不可，但是以朱熹的方式去发挥孟学的涵幅更是必须，笔者认为，牟先生就是本体工夫进路的思路，而朱熹是存有论进路的思路，就孟子文本解读言或许皆可，但就孟子哲学发展而言，朱熹的理论是必要的，而非不能把握孟学本旨的。

牟先生讨论朱熹孟子诠释的第二个重要议题，就是"才之发于性"的问题。这个问题就朱熹而言，反而是一发字的简单用法，亦即说气禀之后的人之材质状态，是同时来自理气两边的，就其来自理而言谓其出于性，发于性，就其来自气而言，亦得说出于气，发于气。依此，当论于实践活动时，就其遵守天命之理而言此"才"之发于性、出于性，就其依着气禀的需求且过度之时，亦是说其发于气、出于气，总之，朱熹说此"才"之出于发于性、或出于发于气，就是在"理气说"的存有论架构下，同时可说存有者的特殊性出于、发于理气，以及存有者的实践活动之如理或不如理是出于发于性或是气的。这就是存有论的概念解析之功，存有范畴界定清楚，则谈形上学（即存有论）清楚，谈工夫论也清楚。然而，牟先生却不许朱熹说此"才"是出于"性"的说法，牟先生替朱熹写论文，认为在朱熹哲学的概念使用系统下，朱熹的"才"概念是不可能由"性"而发的，亦即，朱熹的"性"是在实践活动的工夫论上不作用的，性既不活动，才就不出于性，那么，朱熹哲学中的道德活动有可能谈吗？牟先生就说，不是自发自律的而是他律的，不是意志决断的，而是知识界说的。参见其言：

此进一步的规定便是朱子所理解的孟子所言之才是"出于性"，是"专指其发于性者言之"，"出于性"而"发于性"者谓之"本然之才"。但如何"出于性"而"发于性"呢？于此，立见朱子之说统与孟子原意有距离。"出于性"、"发于性"，此语大路本不错，是合乎孟子的意思。但因其分性情，则此语须有别解，即与孟子本意不合，而有距离。是则辞语表面是，而其实义则不合。"出于性"并不是性体即心、本心即理之自出，"发于性"亦不是性体即心、本心即理之自发。在朱子，性只是理，是不能自出自发者。然则"出于性"者是依性理而出来之意，"发于性"者是依性理而发出之意。性本身是无所谓出不出，发不发者。性只是理，只是实有，其无所谓出不出，发不发，亦犹其无所谓在不在。出不出、发不发、在不在，是属于情与才者。依是，"性之发用"，"只发出来者是才"，诸辞语皆是儱侗不谛之辞语。严格言之，性不能"发用"，亦不能"发出来"。故依朱子之意，实当如此说：依性而发出来的是情（本然之情），会或能依性而这样去发的是才（本然之才）。发不发之情是属于心气之造作营为（事造），会发不会发是属于心气乃至体气造作营为之善巧不善巧。依理而发者是善情（本然之情），依理而会发能发者是善才（本然之才）。而依理不依理全在工夫决定，情与才自身不能自定，而理自身亦不能决定之必依理，盖理自身不能发用故也。……简言之，有端必有理，无理必无端，但却不能说：有理必有端。盖理只实有而不活动，并不负责必有端也。无"端之发"，理亦自存。理虽自存，而不必有端。理所能负责者，只是端之发依之而为善。而依不依，情自身不能决定，理自身亦不能决定，只靠工夫决定。……故存有论地说明地言之，可以说：有理便有气，无理亦无气；有性便有情，无性亦无情：有之即然，无之不然。但因这理只存有而不活动，故创生地或道德地言之，有这理，便不一定能有这气，有这性亦不一定能有这善端之发。①

在这一大段的谈话中，其实牟先生替朱熹所说的"性情才"的关系还是很切中的，问题只是，不许其有活动义，其中缺了工夫义，它只是存有论，没有工夫论意味在其中，关键就是，朱熹三分心性情，性只是理，心只能认知，"情、才"是气禀下的存有。牟先生解读下的孟子、周敦颐、张载、程颢诸人，他们的心即理，心不只是认知心，更是道德实践的心，且是即性的心，故而即是能做道德实践的心，实践之时，性在心，心即性，心即理，所以心性是一义的，心性合情才也是一义的，所以"才"可以发于"性"，因为"性"是会发动道德实践意志的。依笔者的解读，牟先生就是藉由概念意旨的约定谈孟子的哲学和朱熹的诠释的问题的，说"心性情才"是一的时候是在谈本体工夫论，这是说的孟子的哲学，说"心性情三分"、"理气二分"的时候是在谈存有论，这是说得朱熹的哲学的。依照牟先生这样的对朱熹的定位，牟先生于文中说，依不依理全在工夫决定，然而"情"与"才"不能自定，"理"也不能决定必依于"理"，关键就是理自身不能发用。这样的说法就是，若不另有一番工夫，依朱熹的"理气心性情才"的概念界定之系统，那就只成了一套说概念的空头理论，但依孟子的系统，心性情才是一，心即理，成就了本体工夫以及境界展现，甚至是本体宇宙论的天道流行的理论模式。牟先生论述的模型是：孟子

---

① 牟宗三《心体与性体》第三册，页 420–422。

心性情才是一，朱熹心性情三分理气二分。牟先生从概念约定上谈问题，笔者却认为，这根本是不同的哲学问题，是存有论概念解析还是本体工夫论或本体宇宙论的不同问题。而就两种不同问题而言，根本不必要有理论的冲突对立，甚至说差异也是多余的。关键在于，朱熹谈存有论，孟子、陆、王都不细谈存有论，但仍是预设存有论。不过，朱熹也谈本体工夫论，也谈本体宇宙论，只是这些已经在周敦颐、张载处谈过了，朱熹继承北宋儒学，再多加发挥程伊川擅长的存有论哲学，而共构儒学体系。因此牟先生认定的"心性情才是一"的理论意旨也在朱熹哲学中存在，而"心性情理气"概念分析式的讨论，也在陆王哲学系统中，是牟先生刻意别异两种学问，并且把孟子归属于陆王一系，实则，孟子的本体工夫传统以及性善论的形上学传统，是朱陆的共同源流，朱陆固有文人之争，孟学不应两分进路。这也正是唐君毅先生诠释程朱、陆王时的模式①。

然而，牟先生却是藉由"心性情理气"概念的约定关系两分孟子和朱熹的思路，认为朱熹之理论与孟子不类，认为朱熹的"情才"概念若不透过一种工夫则心不即理，其实，这真正是哲学基本问题的错置。朱熹本来就是如牟先生所说的存有论的进路去说"情才"概念的理气定位，存有论本来就是在说存有范畴的意义约定及范畴概念之间的关系。至于工夫论，朱熹从未少讲，亦从不异于陆王，笔者有专文讨论朱熹的工夫论，其一为牟先生所刻意别异的工夫次第论，即先知后行，未发涵养已发察识，知性而能尽心诸说者，牟先生却都以之为只是认识的工夫，不及性体的逆觉体证。此一套论辩被牟先生结合朱熹的存有论而构作为牟先生口中的横摄静涵认知型，以有别于纵贯动态体证型。其实，横摄纵摄只是问题的不同，横摄为存有论，纵摄为本体工夫论或本体宇宙论，两者互相需要，互不对立，实际上共同发生在程朱、陆王的系统中，只是程朱特色在存有论，陆王特色在本体工夫论，但陆王预设存有论，程朱也谈本体工夫论，即是笔者所说的朱熹的第二型②。因此，是牟先生忽视朱熹的本体工夫论，只拿朱熹的存有论来谈，故而说这种存有论若无工夫论则"才情"无

---

① 参见拙著：《论唐君毅对朱陆工夫论异同之疏解及其误识》，《周易研究》，2014年第3期，总第125期，2014年5月，页83–96。

② 参见拙著：《南宋儒学》，台湾商务印书馆。

法使心即理，其实，说心性情、说理气只是要说存有范畴的结构关系，关系说清楚了，就可以谈工夫论了，牟先生直接拿孟子、陆王谈工夫论的语句，说这些语句中的"心性情才理"是一，是动态的，而朱熹的"心性情理气才"是分说的，是静态的，这真是特别的解读，刻意的歪曲，对朱熹的学说最不公允。

牟先生经由前说之讨论疏理，他一如讨论周、张、明道、五峰等人的做法，建立了朱熹和孟子不同的两型理论，其言：

> 由以上两步规定以明孟子所说之才无不善（非才之罪，非天之降才尔殊）实则不合孟子原意。此自是心性情三分、理气二分、致知格物、知以决定行之主智主义（泛认知主义）下之他律道德之说法，非言孟子性体即心、本心即理、才即指性言、能即是性之能（良能）之自律道德之本义。在孟子之本义下，倒真可以说性之发用、心之发用，但无所谓发出来是情，会或能这样发是才，亦无所谓发与不发之所以然之理是性。性体即心、本心即理之心或性，它自身即是要不容已地呈现起用的。才是虚位字，即指性言，并无独立的意义。象山理解不误。详见《明道章·生之谓性篇》附识三。此不容已地要呈现起用的心或性是体，此体之引发道德行为之相续不已是用。有此体（心即性之体）必然地有此用，非如朱子之有此理不必有此端之发，亦非就理与端之发分性情、分体用。乃是就心性与道德行为分体用（但不是分性情）。工夫惟在"求放心"，不在致知格物。此两系统显然有异也。①

说朱熹是认知主义和他律道德者，笔者不赞成，但已讨论于他处多矣，此暂不多论。牟先生说孟子之性与心才有可发之可说，而朱熹则不必然会有此发之可说。这就是，把朱熹谈存有论的语句当工夫论而来批评其不活动，把孟子谈工夫论的语句说它必能即心即理，至于朱熹的工夫就只是认知活动而已，这都是牟先生自己的错解所致。实际上，朱熹谈概念范畴时重点不在其活动，朱熹谈活动的专文牟先生弃之不顾，偶尔同时谈存有论及工夫论，牟先生又会说

---

① 牟宗三《心体与性体》第三册，页422。

这些句子固然很好，但不是朱熹的本意，这在第七章谈"心性情的形上学解析"时就有文字案例，届时再申说。

四、对孟子论"性、命"概念的解读

针对孟子讲"性也有命焉"及"命也有性焉"的句子，牟先生把朱熹讲气质之性的理论建立了一套特殊的说法，认定朱熹是理气合说，性中就是天地之性与气质之性合一，如此，朱熹论性便无道德义，这样的说法，是牟先生自己刻意曲解朱熹说性的理论的诠释结果。首先，朱熹针对孟子文句作了以下讨论：

> 敬之问："'有命焉，君子不谓性也。''有命焉'，乃是圣人要人全其正性。"曰："不然。此分明说'君子不谓性'，这'性'字便不全是就理上说。夫口之欲食，目之欲色，耳之欲声，鼻之欲臭，四肢之欲安逸，如何自会恁地？这固是天理之自然。然理附于气，这许多却从血气躯壳上发出来。故君子不当以此为主，而以天命之理为主，都不把那个当事，但看这理合如何。'有命焉，有性焉'，此'命'字与'性'字，是就理上说。'性也，君子不谓性也；命也，君子不谓命也'，此'性'字与'命'字，是就气上说。"①

朱熹的讨论当然很多，这只是牟先生援引的其中一条，但牟先生却依此大做文章，首先，主张讲性的层面应有三个，一是自然本能之性，二是个别特殊性，三是道德心性。其言：

> 气之凝聚结构而成形躯，直接发于此形躯者，为一般之动物性。生物本能、生理欲望、心理情绪等皆属之，此可曰形躯层，亦曰基层。此一般之动物性，如果可以说普遍性，当是生理形躯的普遍性，尚不是精神生

---

① 《朱子语类》卷六十一《孟子十一》，台北：文津出版社，1986年12月，页430。

命中或理上的真正普遍性，此可日后天的、经验的普遍性。就人类言，有此形躯，即有其自然生命中之种种殊特性，此即气质之殊是也。故气质之殊是属于生命层的，此是个个不同的，此是属于差别性、特殊性的。所谓气性、才性皆属此层。再进即为道德的心性，此方是真正的普遍性。自两汉以来言气性、才性，言有善有恶，言善恶混，言性分三品，宋儒自濂溪言"性者刚柔善恶中而已"，自张横渠正式提出"气质之性"一词，下届二程，普通似皆以为气质之性即是就气质之殊（气性才性之殊）而说一种性。气质之性与义理之性（天地之性）相对而言，"之"字皆是虚系字。气质之性即是就气质之殊而说一种性，义理之性即是就义理之一（或本源之一）而说一种性。如此而言，性便有两种性，再加上动物性之性，便有三种性。人之生命本有此不同之层面，故论性亦可就各层面说，难作划一说也。①

牟先生要怎样说性的层次本来无妨，重点是在面对什么问题。牟先生这样三分其性的做法，其实是要独立出来道德心性，亦即义理之性，此性，即心即理即天道即诚体即神体即仁，这样的说法，也没什么困难，主体在境界展现中就是如此，问题是，人如何在面对邪恶艰难中建立此价值自觉并坚持不为恶？这就需要把人之所以为恶的原因找出来，说恶是自暴自弃，就是说本性是善的，这等于说出了天地之性、义理之性，但这并没有说明为何会为恶，这是孟子理论的边界。要说为恶，就是个别殊性及自然本性之无法自制故而过度为恶，这就是朱熹继承张载、程颐的说法，但这并不妨碍义理之性仍然实存心中，而这就需要做工夫了，把价值意识挺立起来即是道德自觉，有此道德自觉，而后为社会服务，而找到正确的服务方法就是格物致知，然后诚正修齐治平。这就是朱熹的理论。问题不在如何说性，不在说性是一是二是三。而在清楚正在谈什么问题，若是谈工夫，就是主体心把义理之性挺立起来，就是将自然本能性及个别特殊性的自我适当地约束，不使过度，因此工夫论中必须有对本能之性和个别殊性的正确认识，及正确处置，若不能正视此二种性，就等于

---

① 牟宗三《心体与性体》第三册，页431。

没有谈到工夫了,最多就是理想完美的境界之自我套套逻辑而已了。笔者以为,牟先生在谈的道德的形上学,就是把工夫论中应该注意的自然本性与个别殊性直接忽略,直接以义理之性说心说理说天道说诚体仁体神体等等,高则高矣、美则美矣,但是,失去谈做工夫的艰苦面。也因为牟先生谈道德的形上学是收本体工夫论和本体宇宙论一起来谈的,故而性中只有义理之性之纯善无恶义,于是对朱熹解性气关系之说,便有了特殊的错解,牟先生认为,朱熹说性,就是一性而非三性,性中包含自然本性、个别殊性,以及义理之性,如此一来,气性混杂,如何能有纯善无恶的道德心性呢?此说,真混淆乱搅之言。参见其言:

> 惟至朱子,依其经常之表示,视性只为一性(只为一只是理之一性),视气质之性为只是一性的那本然的义理之性之在气质里面滤过,气质之性者只是气质里面的义理之性也。不在气质里面滤过的,便是那本然的义理之性之自己。如是,性只是一,并不就气质之殊说一种性,只说气质,不说气质之殊是一种性,而"之"字亦不一律。如是,气质之性与义理之性两词只成一性之两面观,自其自身而观之曰本然之性(义理之性),自其杂在气质里面而观之,便为非本然的性,此便曰"气质之性"(意即气质里面的性)。此种解法,虽可自成一义,然既不合通常说此词之意,亦有一种滑转,即由以气质之偏殊为主者滑转而为以性理为主。①

朱熹有理气论,且理气关系不离不杂,故说理时即气在焉,故而牟先生认为张载的天地之性、气质之性之二分,在朱熹就是气质之性是天地之性在气质里面滤过,不滤过的是天地之性,滤过的是气质之性。然后,牟先生便认为朱熹就是要就着这气质之性去推证那所以然的本性之理,于是本性之理就有义理之理也有气禀之理还有本能之理,如此之本性之理之道德性即被减杀,如其言:

> 如此说性理、说天理,只成就一个"口之欲食",此岂有道德的意义

---

① 牟宗三《心体与性体》第三册,页431-32。

耶？此岂是原初言性善以为道德实践所以可能之先天根据之本义耶？此所谓于义理有碍也。然而朱子之就泛存在的实然而推证其所以然以为性理，亦必有此归结。就道德的实然（如恻隐之心等）固可推证道德性的性理，就"口之欲食"等之实然，则所推证者亦只是一中性无色的性理而已，此只是一无色的存在之"存在之理"而已。有"道德性的"存在之理，亦有无所谓道德不道德之"非道德性的"存在之理。而朱子皆混同视之而为一性，此即为原初言"性"义之减杀，不管是孟子就内在道德性言性，或是《中庸》《易传》就于穆不已之天命言性。然而此却是朱子之泛认知主义之即物而穷其理，就存在之然以推证其所以然以为性理，所必有之归结。此非孟子就内在道德性言性之义也，亦非《中庸》《易传》就于穆不已之天命言性之义也，亦非濂溪、横渠、明道言太极、诚体、神体、性体之义也。①

牟先生自己要建立纯善无恶的天理天性之性，此性是即心即理即天道诚体神体仁体的，于是涵本体宇宙论和本体工夫论的功能于一概念中，于是就认为朱熹的气质之性中之即物穷理之下，所推证得到的只是气禀与天理混杂的概念，绝非纯善无恶的天道义理，此说真混乱问题。首先，朱熹论气质之性是就气质在义理中滤过而为一种性还是气质本身就是一种性，这样的区分是只有牟宗三先生一人之所为，这两种区分还是要看是用在谈什么问题而定，若就牟先生之说，三种性一刀划分，论说时只要义理之性，这样说气质本身是一种性的生之谓性解，用意何在？就是严将气与理隔开，而不混杂在一起，于是留下一种纯粹至善的义理之性，而与生之谓性的殊别之性分开，也和自然本能之性分开，至于朱熹，就被牟先生诠释为义理之性夹洽气质之性，结果二而一之，理气不分，这样就无法得到纯善无恶的义理之性了。问题是，朱熹论气质之性是理气不分吗？是气质在义理里面滤过而为一种性吗？这其实都是牟先生的铸辞，都是牟先生为区隔朱熹言于气质之性是和张载之使用意义不同的特铸之辞。依笔者之见，朱熹谈气质之性，本来就是由张载之说而来者，张载何义朱熹就是何义，朱熹有理气说，一切存有物都是有理有气，就其理而言，主要说

---

① 牟宗三《心体与性体》第三册，页433-434。

的就是天地之性，纯善无恶的，然而，就气质之性而言，就是存有物的物理、化学形式因等个物原理，如"大黄热"、"附子寒"、"阶砖有阶砖之理"等等，要说它是气质之作为一种性也好，依然另有天地之性；要说它是气质在义理中滤过而为一种性也好，依然还有没被滤过的义理之性。而义理之性就是主体实践必可成圣的保证，只要做工夫，提起义理之性，减少气质之性的影响，就是成圣之途。因此，气质在义理中滤过，还是气质本身是一种性，这根本不是问题，这只是语意约定的问题，重点还是存有论的范畴解析和本体工夫论的实践操作。而不是某些个别概念应如何解读的问题。因此不是"气质之性"的在朱熹和张载之间如何解读的问题，而是牟先生自己建立了孟子学的特殊形态的问题，在孟子学的道德形上学意旨中，不论做工夫的艰难面，只论做工夫已成就的境界面，故而只说纯善无恶的义理之性，明分自然本性和殊别个性之后，就把这两种性给丢下不管了，可以说是用后即丢，再也没有在牟先生的体系里面有重要的理论地位。至于朱熹，就根本没有纯善无恶的义理之性，说性就是义理之性和气质之性二而一地混同在一起，于是道德义减杀，没有了濂溪、横渠的神体诚体道体诸义了。笔者要说的是，这都是牟先生自己的混乱与造作，混乱问题，而造作观点。

五、小结

本文对牟先生对朱熹诠释孟子的讨论，要点有三，一是牟先生虚化了朱熹对"情、才"概念的发挥，二是牟先生限缩了朱熹的"才发于性"意旨，三是牟先生曲解了朱熹的"气质之性"概念意旨。以上，都是牟先生依据自己建立的孟子诠释而谈的批评观点。笔者以为，朱熹也是在发挥孟子之学，但确实走出了新的理论面向及深度，有其卓越的贡献，牟先生因中西哲学之争，企图强调实践工夫而贬抑思辨原理，恰在此处，朱熹的存有论进路，成了牟先生贬抑西学的代表人，其实，存有原理也是中国哲学必须要有的理论，且朱熹谈存有论，并不废除工夫论，只是牟先生做了太多错误连结以及根本曲解，故而不能正视，在本章谈朱熹孟子诠释时，致生了以上无谓的攻击。朱熹谈"情、才"，是存有论进路，牟先生谈"情、才"，是本体工夫论进路。朱熹谈"才发于性"

也是存有论进路，牟先生以为朱熹之才无法由性发出，这就是以朱熹的存有论命题去回答牟先生的工夫论命题，而批评朱熹的工夫论建立不起来。朱熹的"气质之性"还是存有论进路，牟先生论性时自己三分其性，有动物本能之性，有个物殊别之性，即气质之性，又有纯善的义理之性。但是，为建立他的特殊儒家道德的形上学，牟先生舍弃自然本能和个物殊性之性，只保留义理之性一义在他的本体工夫论以及本体宇宙论系统中，却认为朱熹的气质之性与义理之性二而一，故而又背离了孟子。以上牟先生的意见，笔者都不赞同，重新结构牟先生的问题意识，指出多有混淆及曲解，以还朱熹一个公道。

牟先生对朱熹谈孟子还有针对尽心知性知天的一段讨论，此段文义在朱熹的诠释中确有牵强之处，牟先生批评有理，笔者便不再讨论。以上对牟先生谈朱熹孟子诠释部分到此暂告一段落。

第十三章：对牟宗三谈朱熹心性情理气论的方法论反思

一、前言

笔者对牟先生的儒释道三教之诠释，进行系统性研究，主要是针对《才性与玄理》《佛性与般若》《心体与性体》做逐章的方法论反思。本文之作，是针对牟先生在《心体与性体》第三册书中最后两章的讨论，分别是第七章《心性情之形上学的（宇宙论的）解析》，第八章《枯槁有性：理气不离不杂形上学之完成》。

在笔者的研究中，牟先生确实建立了一套特殊的儒家诠释体系，但是这个体系，几乎便是建立在对朱熹哲学的误会、曲解中发展出来的，牟先生要高中哲于西哲，理论的密钥便是西方形上学是静态的、思辨的，东方形上学是动态的、实践的。此说笔者并不反对，好好疏解，东西哲学的差异与特质都能揭示清楚。然而，当牟先生进入宋明儒学各家哲学体系诠释的时候，几乎就把朱熹哲学当成了西方哲学的东方代表，说他的形上学是静态的，他的理是只存有不活动。以此为对比，孔、孟、易、庸、周、张、明道、五峰、象山、阳明、蕺山便是动态的形上学，实践的存有论。笔者以为，说东方哲学是实践的型态是正确的，但说东方哲学的形上学是动态的存有论是有语病的，甚至是有哲学基本问题的错置的，这就是针对笔者所说的牟先生自己创造的特特殊形态的形上学而言，这个型态，简易说之，就是把圣人境界当作形上道体来说，把工夫论话语当作动态形上学命题，把思辨存有论当成静态形上学。割裂静态形上学与工夫论、境界论的关系，牟先生不能独立地分看工夫论与境界论，也不能清晰地分看宇宙论、本体论、存有论、形上学，也不能有效结合这些哲学基本问题下的理论主张于学派理论中，以致有哲学基本问题的错置，以及对各家哲学理论诠释的偏差之失，高举了儒学，却牺牲了朱熹，强调一种特殊的理论，却忽略了儒学所需的各种重要成分。

讲工夫论，有心理修养进路的本体工夫，和身体修炼进路的宇宙论修炼工夫，儒家多是本体工夫，道佛两教兼有身体修炼工夫。本体工夫中还有工夫入手、工夫次第、境界工夫。讲境界论有从本体论、宇宙论讲下来的主体成圣境界，重点在定位圣人的型态，这在三教辩证中有根本性的重要性；其次为从工夫论讲上来的境界论，此与工夫论接轨，最高境界则是展现而已，不须再做工夫了，只是功力展现，但不能因此否定工夫论的价值功能。讲形上学有本体论、宇宙论、存有论三个相关的词汇与问题意识，宇宙论问题意识清楚，即是时空、材质、生死问题，本体论与存有论常常混用不分，这也无妨，约定好就行了，存有论常与本体论混在一起使用，若能有效区分又不失其内在关联，才能把东方形上学问题讲好。形上学问题中除了宇宙论问题之外，东方哲学重视价值意识的讨论，西方哲学重视存有实体的讨论，笔者刻意以本体论说东方形上学的核心问题，以存有论说西方形上学的主要问题，但东方哲学中也有西方式的存有论问题，朱熹部分理论便是。牟先生有本体宇宙论的用法，便是谈的天道流行，但是却常将主体实践也混入其中。牟先生有动态存有论及静态存有论的用法，就是把本体宇宙论的天道流行与主体实践的本体工夫论视为动态的存有论，牟先生把思辨存有范畴的理论视为静态的存有论，并且没有能力把它们结构在一起，积极分立的结果，就取得了批评朱熹的思路。

牟先生对朱熹的偏见，就是只见朱熹谈思辨的、静态的存有论，便将朱熹所有的理论束缚锁定在此了，对朱熹的本体宇宙论和本体工夫论的种种语言视而不见，或刻意曲解，或来个不承认主义，以此对比出孔、孟、庸、易、周、张、陆、王的另一型。说朱熹有思辨的静态的存有论，笔者完全同意，认为是牟先生的正确解读，但是，牟先生以朱熹就只是此型而缺乏它型甚至否定它型就不对了，存有论思路类同西方形上学存有论的问题，冯友兰的新理学即是继承此路，中国哲学少谈此义，但非阙如。老子开端，名家畅言，庄子鄙视，迭至宋代，程颐继起，朱熹集成，象山贬之，阳明误解，牟先生更在象山、阳明的贬视、误解上更走极端，建立特殊型态的形上学，思路的发端在熊十力，从此陷朱熹于别子为宗的偏执之中。本文讨论《心体与性体·第三册》的第七、八两章，便是牟先生针对朱熹分析心性情理气等存有范畴的存有论思路的讨论。笔者的讨论方向，是要说明牟先生思路的理论意义，并从方法论反思的立场，为朱熹澄清及辩驳，以限缩牟先生理论的有效范围。

二、道体神体的本体宇宙论解析

牟先生第七章的标题是"心性情之形上学的（宇宙论的）解析"，概分三节，《第一节：关于明道所说之易体与神用之解析》《第二节：关于濂溪"动而无动，静而无静，神也"之解析》《第三节：心性情之形上学的（宇宙论的）解析》，可以说，说明道与濂溪的两节是个开头，说心性情才是主题。然而，对牟先生而言，笔者认为，当牟先生建立了自己的特殊形上学理论以后，便只能以这个型态去谈朱熹的命题，朱熹论于心性情有其重要的理论宗旨，但牟先生不能为其张本，仍是以自己的形上学理论去对撞，而前两节的讨论，就是这个型态的充分流露。等到真要谈朱熹的心性情理论时，已经不必深入其中，而是以前两节的道体、神体理论去定位及批评了。

牟先生讲明道、濂溪的道体、神体，就是讲在圣人境界中，主体以道体、神体的作用流行于天下，并把这个作为、说为形上道体，于是一套既有圣人实践工夫、又有圣人成圣境界、又有天道流行变化的诸种不同脉络的理论便被牟先生合在一处，并以为朱熹非此系统，锁定朱熹只在存有特征上谈理气论的说法，贬为只存有不活动且道德创生意不足的虚欠之说法。其实，论于道体创生的本体宇宙论，朱熹系统都已默认，论于圣人实践工夫，朱熹也多有谈论，论于圣人境界，朱熹亦有所体会，但牟先生不但不搜集这些言论，一旦碰到，便扭曲其意，或不承认其说是其本旨，而必以朱熹谈于存有论解析的心性情理气关系等命题，以为对付，而贬抑朱说。

以下这段文字就是牟先生以圣境为道体而批评朱熹说法的思路，其言：

Ⅱ《朱子语类》同卷讨论《通书·诚几德》章有以下各条：1."发征不可见，充周不可穷之谓神"，言其发也微妙而不可见，其充也周遍而不可穷。"发"字、"充"字就人看，如性焉、安焉、执焉、复焉，皆是人如此。"征不可见，周不可穷"，却是理如此。神只是圣之事，非圣外又有一个神，别是个地位也。

案：朱子谓"发字充字就人看"，其意只在说明"神只是圣之事"云云。实则"发微"、"充周"即是说的神自己："发微"是神之发微，"充周"是神之充周。此只是说"神"一字义。亦如孟子说"大而化之之谓圣，圣而不可知之谓神"，即是说圣、神字之三义。《易传》谓："寂然不动，感而遂通天下之故，非天下之至神，其孰能与于此？"此亦说的神字之义，神体之妙。"不疾而速，不行而至"亦然。就人说，亦是说圣人之心诚德妙如此。故其主词是心诚德妙，而不是人。发微充周之主词亦即是神，而不是人，若系属于圣人，亦是圣人之诚心仁德之发与充。若直说人或圣人之发与充，则不通矣。①

朱熹意旨清楚，解说周濂溪话语时，以此为圣人实践中事，故有发微、有充周，然其理则不可见、不可穷，不可见、不可穷是此理之存有论抽象性征，它须待人去发微、充周，于是，活动者是人，不是理。然依牟先生，这不是他主张的理，他几乎讲出了一个自体运动的理存有，而不是不可见、不可穷得的理存有。笔者以为，这是一个混淆问题的说法。讲存有范畴固可有理气天人心性情种种，若讲存在及活动，就只有人以及天地万物，而不是直接讲理，说理在活动其实就是说人或天地万物在活动而已。天地万物之活动可总摄为天道的活动，即天道流行，故亦得说有天道实体以为存在及活动的主体，于是能存在及活动的就是天道以及人，不会有另一个虚脱的理体、神体、道体自身在活动，一旦讲活动，必及存在，必是含气而言之活动，且是人的活动还是道体的活动这要分开讲，牟先生就是把人的活动和天道的活动合在一起讲，结果取消了人和天地阴阳之气的活动角色，遂讲成了抽象理体、神体的自我套套逻辑，

---

① 牟宗三《心体与性体》第三册，页 452–453。

既无气亦无人，说为动态的形上学存有论，却已丧失的面对现实世界的理论效力了。

先生说发微充周说的是神自己，而不是人，就人说，只能是圣人之心诚德妙，故主辞是心诚德妙，而不是人，而是神，若归于圣人，则是圣人之诚心仁德的发与充，而不能直接说为人或圣人之发与充。牟先生此说，排除了人，此亦怪异之说，查周敦颐原文："诚，无为，几，善恶。德：爱曰仁，宜曰义，理曰礼，通曰智，守曰信。性焉安焉之谓圣。复焉执焉之谓贤。发微不可见，充周不可穷之谓神。"〈诚几德第三〉，显然是在说圣人体贴天道之诚，而于善恶之几执守之，一旦发微充周，便不可穷，以其不可穷，而谓之神，此神即是对圣人作为的神妙之形容，圣人之作为可以如此神妙，当然是体贴天道之诚之后才可有的意境，至于天道作用，本身亦神妙不已，以其神妙不已，说天道为神亦无不可，说有神体亦无不可，但说神体之时，说的还是天道实体。今牟先生说只是神的作用，若是圣人，只是圣人的诚心仁德之发充，也就是说只是神体、诚体、仁体的活动，舍弃了人与天地阴阳之气，若说天道以诚体说之、以仁体说之、以神体说之亦无不可，甚至说天道有其发微充周的作用亦无不可，但周敦颐这一段话明明是讲圣人以天道之诚而作用，故有其神妙的效果在，活动的是人，作用的是人，只其达圣境而神妙，故而牟先生的文本诠释走偏了，把人家讲圣人的活动说成了只是天道的活动。为什么会这样呢？这就是因为牟先生只管形上学，且只管动态的道德实践的形上学，只管有一个道体的种种多功能特质，而不管单单就人而言的圣人境界，也不管单单就一般人而言的下学上达工夫，即便愿意说圣人，也要说得是圣人的心诚德仁，亦即还是那个诚体仁体的活动，而且还要强调是神体自己的活动，说到底，都是天道的活动。其实，天道的活动在于天地万物的发生发展及变化，天道的价值亦是落实在人存有者身上，由人体现实践而参赞其行，活动的是天地万物以及人，总是要说一个超越的神体道体仁体诚体以高视己说，贬视他人之说，这种处理方式，于文本诠释上就是不对，虽有创造己说之成就，但此一成就的理论效用何在？笔者以为，只是一套自己满足的套套逻辑而已。

下面这一段文字也是同样的思路。朱熹言：

2."发征不可见，充周不可穷之谓神"，神即圣人之德妙而不可测者，非圣人之上复有所谓神也。发，动也。微，幽也。言其"不疾而速"，一念方萌，而至理已具，所以微而不可见也。充，广也。周，遍也。言其"不行而至"，盖随其所寓，而理无不到，所以周而不可穷也。（下略）①

朱熹明指周濂溪谈的是圣人，神是圣人的不测之意境，非圣人之上又有一神。至于圣人即是人，人即是心统性情、性即理的存有者，人心即具此天理，但有呈现不呈现的不同，不做工夫必不呈现，做了工夫达到圣境，意即于发微充周此天道性体理体之后，此理无不到，至理已具。朱熹于诠释周濂溪此段本体工夫的命题时，毫无短视亏欠。牟先生于讨论此段文字时，则又是极力发挥天道理体的作用，并且积极贬抑朱熹之理，说其不能活动。其实，本来就不是理在活动，论于人则是人在依理活动，论于天道，则是天地万物在依天道而活动，或说是天道以天地万物的活动来呈现它自身，因此，说天道的活动必及万物，说人的活动就是有血气心知的人的活动，天人之动有依理循理、呈显此仁义之理的时候，也有天之失常的时候，人亦然，有道心呈显的时候，也有人之悖理之时，于是体现了有一恒存不变的天理，以为天之常道以及人之理想，论其永恒不变，则是天道天理，论其即存有即活动，即是万物与人，而不是这个天道理体，天道理体只能以万物流变、天地化生以及人物行止以为其动，然而，牟先生却硬是要讲一个自动的道体神体，并且一味地要抵制朱熹的理也可以在圣人实践中被动了起来的意旨。其言：

朱子在此说"不疾而速，一念方萌，而至理已具，所以微而不可见"、"不行而至，盖随其所寓，而理无不到，所以周而不可穷"。此所谓"至理已具"，"理无不到"，究是何意，亦颇难说。若依朱子之思路，"一念方萌"是心气之动之实然。圣人之心全体是天理。一念萌动虽极微细，然已为其心之明所涵摄之理所贯注，故其一切后果之一切所以然之理实早已全体具于此一念萌动之中。理无形迹，又已全体隐含于此一念萌动之中，故

---

① 牟宗三《心体与性体》第三册，页453-454。

"微不可见"。是则"微不可见"单就理说，并不就心气之念说。盖心气之念虽极微细，然总是有形迹者。若单就"理"说，则理固无所谓疾而速，但亦无所谓"不疾而速"。理无所谓疾不疾、速不速，亦无所谓"不疾而速"之吊诡也。同理，"随其所寓，而理无不到"，此言圣人言行所在，理亦随之。言行是气之事。"周不可穷"单就理说，亦并不就言行说。理之遍在即是"周不可穷"。然理之遍在固无所谓行而至，亦无所谓"不行而至"。理无所谓行不行，至不至，亦无所谓"不行而至"之诡语也。理是静态的实有，根本不能用"不疾而速，不行而至"去形容。然此两语却是形容神之最精语，亦是最恰当语，盖神是即活动即存有，动静一如，故须用"不疾而速，不行而至"之诡辞去形容。然于只存有而不活动之理，则不能如此去形容。朱子援引此诡语，而又单就理说，此只是习而不察，而不知此诡语与其单就理说并不相应也。①

这一段话根本就是牟先生自己的莫名其妙的诡辞，牟先生一向说朱熹的理只存有而不活动，现在朱熹明明说此理遍在已显，牟先生就说这只能是说得神体，不能是朱熹自己原本的意思的理体，亦即只能是用牟先生的即存有即活动的理体解释才可以，若以朱熹自己的理来解释是不会有这样的陈述的。说是朱熹的习而不察，不知道此说与朱熹自己并不相应。笔者要说，这就是牟宗三的"不承认主义"，自己夸夸其谈之后，发现朱熹竟然讲话能到这个地步，只好把这些话说成不是朱熹能讲的，朱熹只能讲被牟先生约束过的只存有不活动的理体的话，试问，牟先生这样处理朱熹，究竟是学术讨论还是人身攻击呢？当朱熹意旨被他限缩之后，再来，就是要硬碰硬地强势推销他的神体自身活动说，其言：

> 又应须知，就圣人言，诚心之神固是其精诚所至之境界（精诚不二、纯一不二之所至），然此境界所示之诚心亦即是体，故曰诚体、心体（即工夫即本体）。仁心之觉润无方，仁德之妙应无方（如绥之斯来，导之斯

---

① 牟宗三《心体与性体》第三册，页454。

和等），固亦是其"纯亦不已"之所至、"肫肫其仁"之所至，然此所至之仁心之觉润与仁德之妙应亦即是体，故曰仁体。诚心仁体之"发微不可见，充周不可穷"之神用固亦是其精诚所至之境界，然此境界所示之神用亦即是体，此"圆而神"之妙用自身即是体，故曰神体。诚体、心体、仁体、神体是一，而此等等体自身即是理。诚心之发微充周（寂然不动，感而遂通天下之故）即是神，仁心之觉润无方亦是神。此神用即是体，理亦是此神用之本具（本体论地本具，非认知地具）。故神用即是理。神如如呈现即是理如如呈现。此是即存有即活动之实体、妙体。此神用是扣紧体说，其自身即是体，不是普通体用之分别说，亦不须假借别的来见，亦不是落于阴阳动静上说。若能正视这"妙万物而为言"的神体自己，则阴阳动静之所以为阴阳动静而不穷者，亦正是因神体之妙而然，故亦正可由之而见或指点这神体。若不能正视这神体，只假托阴阳动静来说，则说来说去，很可只是气与所以然之理，而神成虚脱，一如"天地之心"之成虚脱。若能正视这诚心仁体之神用，则圣人之一切言行，皆是神体之流行，皆是诚心仁体之睟面盎背。故由圣人之言行以及其睟面盎背之气象即可征神。若不能正视这诚心仁体之神用，则体只是理，而圣人之言行以及睟面盎背亦只是圣人之气之依理而行，是则神体义亦虚脱。朱子于此不甚能提得住也。故于明道所说之神即自觉地解析为气、为形而下者。若能正视而提得住，何至有此？此处顺濂溪语说，故极力向体上说，下文亦视神为形而上者。然体悟不透，故说来说去，结果只成理，而神义则虚脱。①

本来说得是圣人的境界，牟先生必欲高此境界为一纯粹神体之流行，说其为圣人全依纯粹神体理体仁体诚体以为行为进止也无妨，但此行动必及于天地万物阴阳之气，这样话说得才完整。然而，牟先生却要强调其不可落于阴阳动静上说，若假托阴阳动静会变成只是在说气之所以然之理，此时神成虚说。若说圣人之境界则是圣人之气之依理而行，则神体义又虚说了。

其实，就算又神体，也必须即是天道实体，但天道实体不可能外于阴阳动

---

① 牟宗三《心体与性体》第三册，页455。

静的存在而独立为体,存有论上说有此独立的天道实体是可以的,但宇宙论上就必须强调其存在就只在天地万物之中,说其作用神妙而以神描述之,这是濂溪、横渠的做法,上升此神妙为神体,而等同于道体亦无不可,但硬是把圣人作用的神妙性说为神体的作用,就有过激脱节之失了,应是圣人依道体作用,故有神妙之实效。说此圣人境界中的圣人活动纯粹,只依诚体仁体道体理体以及神体是可以的,但是此一活动如何不是圣人之气之一理而行呢?它就只能是这个意思,朱熹就是这样说得清清楚楚,牟先生就是要下堕朱熹的理,使其不能引动主体的活动,所以高举一个神体来做挡箭牌,主张是神体自身之活动,而非人和阴阳之气的活动,且朱熹的理本身不能活动,朱熹只能讲到阴阳之气与人的形气活动,不能讲到活动的理以及神体的本身。其实牟先生之所说若要合理,则必须即是同于朱熹所说,唯其无论如何不允许朱熹有说对了的时候,于是一方面硬派朱熹之理不能活动,故而语意有乖,另方面将朱熹之理黏于阴阳之气,则不是纯粹天道诚体仁体,故当天道神体活动时,朱熹的理还是停在形气之下,活动不了。就是牟先生这样硬派的建构,变成不是圣人依理而行,而是理它自己在运行,变成不是天道藉阴阳而流行变化,而是天道它自己在活动变化,这样的理论就奇乎怪哉了。岂不等于是一个虚脱的灵魂、理型,自己在没有时空的虚无中漂流了吗?看来,若不是为了否定朱熹,牟先生不必建立这么奇怪的理论,就是为了超越朱熹、贬抑朱熹,导致牟先生说了一套自我高视、却两边不落实的抽象理论。

牟先生自己把朱熹谈存有论静态分析的命题视为洪水猛兽,一味地以自己的动态存有论与之对立,这是绝无必要的错误做法。牟先生讲朱熹是静态的存有论,此说笔者完全认同,但那是就朱熹讲这些问题的时候而说的,静态地思辨地就着理气心性情作概念解析,说理气不离不杂,说心统性情,说心者气之灵爽,都是针对这些概念的词语意旨作语意约定,约定后论其关系,关系后以之谈人存有主体的本体工夫论,谈天道实体的本体宇宙论,前面是抽象的思辨的存有论地谈,后面是具体的实践的本体工夫或本体宇宙论地谈,命题意旨不同,理论功能相依,朱熹谈存有论时是存有论意旨,谈本体工夫论时是本体工夫论意旨,谈本体宇宙论时是本体宇宙论意旨,牟先生却在朱熹谈存有论时就把他关进监牢里,当朱熹谈本体宇宙论及本体工夫论时,就说这不是他该做的好事，说他已经失去了谈这两种理论的基本人权，而牟先生自己谈本体工夫论及本体宇宙论的时候，便一味高举此说，尽量撇开神体道体的作用与阴阳之气的关系，这更是无谓之谈，若非刻意与朱熹别异，何需如此忌讳，且论及天地万物阴阳之气是不能回避的，根本就是主张现象世界实有的儒家哲学的命门要紧之处，牟先生如此排斥，又一味高举单纯纯粹的道体理体的语言，只是想要提出一套人所未言、己则独发的新理论，实在来讲，既无文本诠释的准确度，又没有解释问题的有效性，只是自满自足自建立领地而已，真像是郭象的独化于玄冥之境，玄冥之境何有也？曰，无何有也。则仍乃儒家之学呼？

朱熹讨论《通书》动静第十六章云：

> 2. 问："动而无动，静而无静。"曰：此说"动而生阳，动极而静，静而生阴，静极复动"。此自有个神在其间，不属阴，不属阳，故曰："阴阳不测之谓神。且如画动夜静，在画间、神不与之俱动；在夜间、神不与之俱静。神又自是神。神却变得昼夜，昼夜却变不得神。"神妙万物"。如说"水阴根阳，火阳根阴"，已是有形象底，是说粗底了。
>
> 2.1 问："动而无动，静而无静，神也。"此理如何？曰：譬之昼夜，昼固是属动，然动却来管那神不得。夜固是属静，静亦来管那神不得。盖神之为物自是超然于形器之表、贯动静而言。其体常如是而已矣。[1]

《通书》全篇都是说圣人，说的如何依本体论及宇宙论以定位圣人的境界，《通书》文如下：

> "动而无静，静而无动，物也。动而无动，静而无静，神也。动而无动，静而无静，非不动不静也。物则不通，神妙万物。水阴根阳，火阳根阴。五行阴阳，阴阳太极。四时运行，万物终始。混兮辟兮！其无穷兮！"〈动静第十六〉

---

[1] 牟宗三《心体与性体》第三册，页461–462。

本章说人与动物、植物对比，圣人依天理而行时，动而无动，静而无静，有其神妙。天理之神妙作用，落实在阴阳五行之动静中，混辟无穷，故说动而无动、静而无静，意旨一切依天理仁义礼知而行，应变万事，只依一永恒不变的价值，故曰动而不动，日常生活，虽非利害得失之际，但威仪俱在，不曾少欠，故曰静而无静。朱熹之说，亦有神体，但即是理体，即是道体，说主体依天理天道而行时，动而无动、静而无静。《通书》以神说，朱熹亦以神说，其实就是圣人依道而行之神妙，此神妙即天理之作用，非有一个神高高在那儿，至于说动说静，那就是圣人肆应天地万物时的动静，圣人依天道而行，天道肆应万物时也是动静纷然，重点是要讲那个天道作用在万物中，也是圣人依天道作用在人间万事中，而不是要讲一个超越的天道神体自在地作用在那儿。然而，牟先生因为朱熹对神的作用的解释符合他的心意，亦即独立地提起来讲了，故而十分肯定，但却说这并不是朱熹自己的思路，"不承认主义"又来了。其言：

案：此两条甚好，很能显出神体之超越性。若如此，则神不能视为气与形而下者亦明矣。但朱子不甚能守得住此义。此恐是顺濂溪语自如此说，及到其自觉地解析之，则又不能证成此义。在其自觉的解析中，或是视神为气，亦形而下者，或是视为形而上者，但却只是理，而神则只成为形容或赞叹理之虚位字。此两解析虽不合濂溪原意，然在朱子思想中却甚一贯。此两条既甚能显神体之超越性，则神体之不能为气与形而下者甚明。但这只是顺濂溪辞语而显神之超越性，至于对于神如何解析则是另一回事。汝若问神落实了究竟是什么，则在此一问中，朱子又很可能答曰：神只是"形而上之理也，理则神而莫测"。若如此，则神又虚脱。在此一问中，汝必须能正视神体自己，透彻其既是形而上者，又是神即理、神理是一，能使神为实位，不失其实体义。（神当然是理，但不只是理。神理是一与只是理不同）此层，朱子未能透彻。[①]

---

① 牟宗三《心体与性体》第三册，页462。

牟先生关心的不是圣人以人的身份所为的行动，而是那个抽象的道体自身的动而无动、静而无静之作用，以为朱熹把握得甚好，其实朱熹是说无论万物如何，万物总是被天道、被圣人主宰役使，动即动、静即静，唯圣人体天道之恒常不变却能肆应天下之万事万物，故活动中有不变之常，不动中有威仪之伸。牟先生却说朱熹言神会成气，为形而下，言形而上时又只是不动之理，则神又虚脱，显见，牟先生只想谈一个旷古未有人谈到的形上道体，且只有他能谈，朱熹不察而因袭濂溪思路而谈到算他运气好，但依朱熹自己的思路，就是分解地谈理谈气，而神或为形下之气或为形上之理。笔者以为，本来就存在存有论地谈理气道物心性情概念的哲学问题，这就是老子与名家在思考的问题，这些问题不妨碍主体在实践中伸展至极，这些概念解析的工作更能说明主体在实践时的结构及进程，否定这些讨论只是学者自己心气上的不耐烦，如象山批之为支离。但牟先生亦未全予否定，甚至十分清楚这是分解的存有论问题，即对存有范畴进行概念定义，唯牟先生结合实践活动的命题，将概念定义与主体和道体的活动一并说了，于是说出了一个超越分解意识下的道物理气心性情概念，其实是以圣人境界为聚焦的概念收摄型态，几乎把圣人说成了道体神体，成为了牟先生自创的实位实说的实体义者。

本文中，对朱熹的肯定昙花一现，之后又是"不承认主义"了。这就是对存有论概念解析之学，与对本体宇宙论和本体工夫论的理论功能的混乱。牟先生知道朱熹在谈存有论概念解析，却拒绝此义与本体宇宙论及本体工夫论会通合流，只允许自己谈本体宇宙论及本体工夫论，硬是要对立出一个存有论静态解析来高显本体宇宙本体工夫的动态实践哲学。

接下来论于心气问题更是如此，其言：

若于此真透彻，则于心必不只取其知觉义、认知义，亦必不视心只为气之灵，而于孟子之"本心"亦可有进一步之体悟，而与陆象山亦不必为敌矣。是此层所关甚大，朱子只是一间未达，故转成另一系统。（言本心不必否定气之灵之心与知觉义认知义之心，而本心却不可以气论，亦不可以认知意义论。此两者是异层的问题，不是矛盾对立的问题。朱子却必坚持心只是气之灵之心与认知意义之心而误解孟子，而斥象山为禅。此其所以一间未达也。)此处所录之两条,若孤离看之,一条鞭顺着讲下去,而不顾其他,必可讲成纵贯系统,而与象山学会而为一,不见其有异。但若如此讲,则又与朱子其他思想不一致。此朱子思想之所以难整理也。吾未尝不欲如此讲而会通之,但照顾其他,则又不能这样顺适地讲下去。朱子亦未尝不可进一步以升转其自己,但事实上彼却终于滞于其所见而不能进。吾人亦只能顺其所实是而顺通之,至于会通此两系统而一之,则是跳出来讲其当然,而不是了解朱子之事。①

朱熹并没有误解孟子,更没有因误解孟子而说象山为禅,朱熹说象山为禅是就其行径说的,不是就心气关系的理论主张而说的,就心气关系而言,朱熹发挥了孟子性善论,而不是限缩了孟子本心义,牟先生不善读朱熹,故而处处误解之。关键在本心,这又是一个被牟先生上升为道体的概念,本心为性,为道体,此自当是,人心依本心而行动而充至其极,这就是一般儒家本体工夫的理论模式,朱熹谈心者气之灵爽,却是在为这个本体工夫的存有架构作范畴约定,而不是要提出不一样的本体工夫理论。孟子讲性善,却未对恶作存有论解析,只留下了自暴自弃的指责,面对道佛挑战,儒者需予响应,张载的"气质之性","善反之","不以嗜欲累其心",都是在面对这个问题,关键就是,人是血气心知的存在,孟子《尽心章》也说:"口之于味也,目之于色也,耳之于声也,鼻之于臭也,四肢之于安佚也,性也,有命焉,君子不谓性也。"以张载的话说,就是口目耳鼻四肢的功能是气质之性,然因有天命之性在,故而人应善反之,有天命之性存焉。耳目口鼻就是血气心知,故曰心者气之灵爽,人是血气动物,无人能说个不字,人要做工夫就是变化血气心知的动物本能而成为与天道参赞的君子圣人,心是人的主宰,主感官知觉,主是非善恶之辨,存有论上心统性情,心有天命之性,就是本心,依之而动,就是做工夫,做工夫达圣境时主体理气性情都纯粹于仁义诚善价值而为一,后者就是牟先生要谈的范围,但是,他却在谈这一步的时候,否定之而弃绝了前面的血气心知的正常人,朱熹谈人心而以气之灵说之,且有认知感官,此说正是濂溪《太极

---

① 牟宗三《心体与性体》第三册,页 462–463。

图说》之旨，此说有何错误？牟先生谈做工夫达圣境自是一依本心，但本心是性，人心是气之灵，心统性情，这有何冲突之处？朱熹并未以人心是气之灵就不能做工夫、提本心成圣境，说气之灵正是周濂溪"二气交感，化生万物。万物生生，而变化无穷焉。惟人也得其秀而最灵。"的解释而已，这正是存有论的解析之学，牟先生爱谈本体宇宙、本体工夫之学自然可以，何必否定他人谈存有论概念解析之学？胜心过度，高己贬人，曲解朱熹，固执疾甚。

后半讨论说朱熹之学可与象山会通为一，但又与其他的朱熹思想不一致，这就是牟先生自己调适不顺的结果。说为两层，并不对立，但必主朱熹以此异层对立象山，其实是把朱熹说象山为人风格的批评语，以异层对立的哲学诠解了，这正是牟先生的不善会通，说异层是对的，以哲学基本问题的不同问题意识以分别之即可，然而，就算牟先生调适和会了，前此许许多多斥责朱熹、贬视朱熹的批评可得全部删除，否则只是想取巧讨好而已。不过，牟先生并没有要会通朱、陆，这些异层而不对立的话也只是说说而已。

三、心性情的宇宙论解析

牟先生第七章标题为《心性情之形上学的（宇宙论的）解析》，这个标题其实很合理，意味要从存在的角度定位心性情概念的意旨及关系，而心性情是人存有者的存有结构，故而也是宇宙论问题。其实，存有论对概念的讨论就是要为宇宙论、本体论、工夫论、境界论服务的，单单针对概念进行讨论时可以谓之存有论，但所讨论的概念都是要用来谈实质问题的，谈本体宇宙论、谈本体工夫论的，朱熹有存有论概念解析的特殊思维，整个宋明儒学都不能不意识到这个问题，但真能入乎其内、出乎其外的只有程颐、朱熹二人，其余则点到为止，甚至有象山批评为支离、阳明误解为析心与理为二，这样的弱视，牟先生也继承了。牟先生在本章的讨论中，引用许多朱熹的话语，给予评语，最后总结四点收摄之。以下讨论，检其过激处对谈。朱熹讲心之理是太极，动静是阴阳，牟先生谈到：

案："心之理"可两面说：一、横说，意即心认知地所摄具之理；二、纵说，意即"心气之然"之所以然之理。关此纵说，心气是实然，实然必有其所以然之理，此理亦是太极。此是心之存有论的解析。通常朱子说"心之理"，如"心之德爱之理"中之"心之德"，或心具众理，是"心认知地摄具之"之义。不常说此"存有论的解析"之义。但然必有其所以然，如爱之然必有所以然之理（仁），此原则亦可反而用于心之自己，此亦是"心之理"，此与说"爱之理"同，但不与说"心之德"同，亦不与说"心具众理"同，此即形成心之"存有论的解析"。心有动静、必有其所以动之理、所以静之理，而此理即是太极。方便言之，则说太极有动之理，有静之理。如此说明心之动静阴阳是存有论的说明。如从未发已发说心之动静阴阳，此动静阴阳是工夫地说。工夫地说之以显性之浑然与粲然，此亦是横说。①

此处，牟先生以横说、纵说分析之，这是牟先生用横说、纵说一段十分清楚的话，横说为工夫论，纵说为本体宇宙论或存有论，也可以说横说为工夫论，纵说为形上学，只是，牟先生以横说的工夫论以说朱熹之学时，是认知的工夫、未发已发的工夫，这两套工夫牟先生在《心体与性体》书中都大加鞑伐过了，说只是学习程序上的事，不至逆觉体证的本体工夫。至于纵说，牟先生要的是上下天地万物与人的动态实践理论，是天道流行化生万物的动态存有论，是主体实践以成圣境的动态修养论，而今，朱熹之纵说系统，却只是只存有而不活动的对理气概念之静态解析的存有论之学，言下充满了惋惜之情。

上述的横说、纵说之语意约定，笔者完全尊重牟先生的用法，认为亦颇有协助讨论的效果，对朱熹之说的问题分类亦无误解，只是对意旨认定的偏差。关键在于，朱熹的存有论可汇通于本体宇宙论及本体工夫论，且不是他人的而是朱熹他自己的。至于朱熹的工夫论，是工夫次第论，且可以汇通于本体工夫论。牟先生喜比高论低，总是要批评朱熹理论不及陆王，这其中误解很大。一方面对朱熹的理论可以会通的不让会通，另方面已会通的就说不是朱熹的本意，这就是牟先生的大问题所在。

---

① 牟宗三《心体与性体》第三册，页467。

针对朱熹讲心者气之灵爽，牟先生评论到：

> 案："气之精爽"、"气之灵"，是心之"宇宙论的解析"。说其所以精爽之理、所以灵之理，以及所以知觉之理，则是心之"存有论的解析"。对于性自身之说明则只是存有论地说明其为"存有"。此种说明也许只是一种申明，并不能算作解析。对于性自身之申明也是一种存有论的申明。根据此性以说明存在，此是对于存在之存有论的说明（解析）。心是气之灵，是气之精爽，此是对于心作实然的解析，此实然的解析即曰宇宙论的解析。存有论的解析是当然、定然的解析。存有论的申明则只是一种如如的指证或肯认。①

牟先生这段话很清楚，笔者都同意，如此定位朱熹甚是正确，但朱熹也不只有此说，朱熹说心以及本体工夫更有许多与陆王同样深刻精致的话语，不只相当，甚有过之②，于是从宇宙论说心，和从本体宇宙论说天道流行，以及从本体工夫论说主体实践，根本就可以融通合会，这些不同的脉络并不是朱熹批评象山为禅的思路之别，这倒是牟先生自己刻意割裂的分别，朱熹批评象山之禅都是就象山及其弟子的行径而说的，然而，牟先生却张罗了这么一大套理论来说朱熹之学是只存有不活动的静态存有论的理论，以和其他儒者的即存有即活动的动态存有论做分别，这是一个错误的方向。

针对朱熹讲心统性情，牟先生有所批评。朱熹言：

> 7.性情心，惟孟子、横渠说得好。仁是性，恻隐是情，须从心上发出来。心统性情者也。性只是含如此底，只是理，非有个物事。若是有底物事，则既有善，亦必有恶。惟其无此物，只是理，故无不善。

牟先生言：

---

① 牟宗三《心体与性体》第三册，页468–469。
② 参见拙著：《南宋儒学》，台湾商务印书馆。

案：性情"须从心上发出来"，此发字有歧义。情是从心上发动出来，而性则只能因心知之摄具而彰显出来，所谓"粲然"是也。"心统性情"，心是认知地统摄性而具有之，行动地统摄情而敷施发用之。①

笔者以为，这个评论，就有失偏差了，明明朱熹都讲了从心上发了，牟先生就硬是要说这是情发，至于性，依牟先生，朱熹的性只能是作为被认识的对象，心认知地认识此性而彰显而已，亦即牟先生简直不允许朱熹可以性自命中流出，也等于说不承认朱熹可以谈本体工夫，朱熹只可以谈认识本体的认识活动，却不能由本体发动以为实践。这不是任意妄言吗？朱熹讲心统性情，强调性之纯善，就是要保住孟子性善论立场，使人始终有一内在能动的本体以为主宰的动能，一旦谈工夫，就是本体内在而发，就在此处牟先生自己所引之朱熹话语之意，存有论上心统性情，本体工夫论上性自心中发出而为情，即是仁之性发为恻隐之情，此是性情一，若悖性即妄情，性情分矣。朱熹自是藉存有论说本体工夫论，唯牟先生却是限制朱熹于存有论中，而不许朱熹跨界至本体工夫论上。

下一段也是如此，朱熹谈心性情之辨，牟先生也批评。朱熹言：

10. 问：心性情之辨。曰：程子云："心譬如谷种，其中具生之理是性，阳气发生处是情。"推而论之，物物皆然。②

牟先生言：

案：朱子自是伊川学，而非孟子学。此条引伊川语而谓"推而论之，物物皆然"，则伊川此语甚简要，自可视为理解心性情三者之一般原则。"心譬如谷种"，亦只是譬喻而已。在谷种处，综谷种之全而言之曰心。此言心是只取其笼综义。严格言之，谷种实无所谓心也。心是虚说。谷种置于土中，自会生长。此"生长"是情，其所以能生长之理是性。心是虚说，是譬解，情在此亦是虚说譬解。说实了，只是气之生长发动。气之生

---

① 牟宗三《心体与性体》第三册，页474。
② 牟宗三《心体与性体》第三册，页475。

长发动（所谓气化）之自然处是无心，理之定然处是有心，是则心只是虚说，实处只是理气。在人处，人实有心。综"人之一身，知觉运用"、"动静语默"，而言之曰心，此言心是实说。心之实然呈现发动（无论动静语默）是情，其所以如此呈现发动之理是性，此性情对言是纵说，即存有论地说。"中和新说"中由静时见"一性浑然，道义全具"，由动时见"七情迭用，各有攸主"，此种性情对言是横说，即工夫地说，于此言心统性情，亦是横说、工夫地说。横说说的"心统性情"是：心认知地统摄性，性在心之静时见，而行动地统摄情，情即是心自身之发动。纵说的"心统性情"，朱子是就孟子说，即恻隐是情，仁是性。在此，心与情为一边，性为一边，实只是性情对言，"心统性情"并无实义，只是就心之发动为情须关联着性以说明此情之所以然之理，其实义是在横说处。朱子时常是以这横说、纵说的两种心统性情义来解孟子：当说恻隐是情、仁是性待，是纵说，当解尽心知性时，则是横说。在人处有这纵说横说两义；但在万物处，则只有纵说，而无横说。而且心与情都只是虚说之喻解，故只成理气之关系。①

其实朱熹这一段话就是很一般的存有论解析语，讲存有论时并不是在讲本体宇宙论，也不是在讲本体工夫论，但是牟先生却从这两路去解读，于是自信地定位朱熹此心是虚说，意即说不到真正做君子实践以达圣人境界的份上。再加上朱熹有先知后行的工夫次第之论，遂把朱熹的认知工夫搭上朱熹的理气存有论，以为朱熹的认知工夫只能达到解析存有概念，不能进行主体逆觉体证的本体工夫，也就是说，先把朱熹的存有当成工夫论，再套入朱熹工夫次第论，而谓其割裂知行，这就是笔者所说的，牟先生继承了象山、阳明批评朱熹的所有错误思路。依朱熹，心统性情是牟先生所说的纵说没错，但不是本体宇宙论，然而牟先生又以工夫论讨论性情对扬关系，说这里都只是认知地统摄性，而不是性体发动的本体工夫。牟先生常常讲解析朱子"甚为不易"，其实都是他自己扭曲误解所致。还原朱熹讲存有论，了解朱熹另有工夫论，不要把存有

---

① 牟宗三《心体与性体》第三册，页475–476。

论当成非逆觉体证的本体工夫论，就不会有这些不易了。

牟先生在本节中最后提出四点综论，其实许多意见在《心体与性体》书中都一再重复，笔者检其特殊意见再为讨论如下。

牟先生于第（一）《性体之道德性之减杀》一段中，说朱熹的理论造成实践中心之转移，笔者以为，这实在是无谓之批评，其言：

> 无论道德的与非道德的，彼一律就存在之然以推证其所以然以为性，则即使是属于道德的性，此性之道德性与道德力量亦减杀，此即所谓他律道德是。在此，性体未能实践地、自我作主地、道德自觉地挺立起（提挈起）以为道德实践之先天根据，道德创造之超越实体。朱子所说之性虽亦是先天的、超越的，但却是观解的、存有论的，实践之动力则在心气之阴阳动静上之涵养与察识，此即形成实践动力中心之转移，即由性体转移至对于心气之涵养以及由心气而发之察识（格物穷理以致知），而性理自身则是无能为力的，只是摆在那里以为心气所依照之标准，此即为性体道德性道德力之减杀，而亦是所以为他律道德之故。此三孟子、《中庸》《易传》言性体之义也。①

因为牟先生所看到的朱熹就只能是朱熹在讲存有论解析的那些命题，而那些命题本来就不是工夫论，却被牟先生硬是当作工夫论来解读，牟先生是这样看的：那些命题是在作心者气之灵爽、心统性情、理气二分的解说，那些命题配合朱熹讲《大学》作先知后行的工夫次第说，以及讲《中庸》作未发涵养已发察识说的工夫次第说，故而工夫次第是割裂知行、是仅重其知、是未能逆觉体证、是只在心气之间涵养察识、不能出自性体。于是种种无谓的批评攻击纷至沓来，关键就是牟先生主张性体必须自我活动，使性体即是神体道体理体诚体仁体。牟先生高举了一个超越的形上道体，刻意有别于朱熹作存有论静态分析时对道物理气结构的论点，牟先生的超越性之道体性体，其实是就着在圣人境界中，圣人的天地道物理气心性情等范畴依据纯善无恶的诚仁价值而实践

---

① 牟宗三《心体与性体》第三册，页477–478。

而统摄为一时而说的，但这是统摄于圣境中的合一，而不是诸存有范畴的定义上同一，总之，存有论有存有论的讲法，本体宇宙、本体工夫论亦各有讲法，境界论有境界论的讲法，牟先生的性体意旨，其实是把本体工夫论、境界论、本体宇宙论以及存有论合并为一，谓之为动态的存有论，以别异于朱熹的静态的存有论、割裂知行的工夫论、不能活动的本体论、只流于阴阳气化的宇宙论。牟先生这种做法，既悖离文本诠释的准确性，又犯了哲学基本问题错置的缺失，显示刻意为敌、一味曲解的作风。

牟先生于第（二）《性体之为道德创造的实体之创生义之丧失》文中，盛言在活动中的心与理，其言：

> 但吾人进一步说此实体之内容实义时，吾人即本《孟子》《中庸》《易传》说此实体是心、是神、同时亦即是理；自其自定方向言，即是理；自其妙用言，即是神；而此自定方向与妙用皆是心之定、心之妙，即皆是心之活动，即此而言之即曰心。故心、神、理是一，此理字是此实体之内容实义之一，而不是那个形式字的"理"字。……故朱子之说所以然之理是由对于存在之然作存有论的解析推证而得，不是就道德实践之所以可能逆觉而得，故自始即定死者。在此直接推证中，无法加上心义与神义。是以实体必成"只存有而不活动"者，是即丧失其创生义。故其所说之"所以然"是静态的、存有论的所以然，而不是动态的、本体宇宙论地同时亦是道德地创生的所以然。①

这一段文字就是笔者说的，牟先生把工夫论当成形上学在讲了，讲孟子的工夫论，此时尽心知性知天、穷理尽性至命，心神理一致。牟先生明讲这是心之活动，所以笔者说，说到动态就是工夫论与宇宙发生论才须讲动态，不是什么时候都是动态的。动态讲创生与工夫固无误，但静态讲概念定义亦无误。所以当牟先生讲到朱熹时，就说朱熹谈理是思辨的解析而得，并非逆觉体证、亲证而得，故无创生性。问题是，天道创生、人实践，都是创生，人尽皆知，朱

---

① 牟宗三《心体与性体》第三册，页478–479。

熹只是就这个创生的活动中所使用到的存有范畴进行概念定义的解析及概念关系的分析，并不是在谈他如何创生以及如何实践，则牟先生何以必要以孟子谈实践工夫的动态语，来对立朱熹谈概念解析的静态语，并说其静态而不能创生，这不正是哲学基本问题的错置吗？牟先生谈得高兴，对朱熹的学问全无敬意，随意曲解。

牟先生于第（三）《顺取之路异于逆觉》中言朱熹必厌此逆觉，必欲以解析与穷理倒转而平置之、顺取之、横摄之，其言：

> 至于慎独更不必言。此皆逆觉自证之实也。此与禅决无关系。而朱子必厌此逆觉，必欲以存有论的解析与格物穷理之方式去倒转而平置之顺取而横摄之，何也？在顺取之路中，所谓"我固有之"，所谓不待外求，皆只成口头滑过，依附着随便说说而已，实则皆待外求，而固有之者亦被推置于外。此不得以所穷之理即为吾人之性为解，亦不得以"心之德"、"心具众理"为解，盖心与理为二即是外也，以认知的横摄而一之，而贯通之，亦仍是外也。此盖顺取之路所决定而必然如此者。①

这些都是象山的支离与阳明的外心求理的等同语，朱熹厌象山之语乃是以其狂疏而谓之为禅，不见朱熹于鹅湖之会后言："德义风流夙所钦，别离三载更关心。偶扶藜杖出寒谷，又枉篮舆度远岑。旧学商量加邃密，新知培养转深沉。却愁说到无言处，不信人间有古今。"朱熹并不是厌此逆觉，朱熹说到本体工夫处，正不少此逆觉，甚至说《大学》八目条条都是求放心之学。至于强调认知，那就是《大学》先知后行的规模，不见象山亦多言于《大学》先知后行的意旨吗？至于顺取与横摄，这只是牟先生个人自创的解析模型，能有效解读文本则佳，不能有效解读，而致生问题与曲解则劣。所谓外求，是阳明的错解，朱熹继承张载德性之知之说，而说格物致知需于自己心中求，亦即格物致知仍是依价值意识的主导下的主、客观知识的求索活动，仍是求放心的工夫论矣。

---

① 牟宗三《心体与性体》第三册，页480。

牟先生于第（四）谈体用义处，以本体宇宙论的直贯说体用圆融，此说甚美，但却批评朱熹道：

但在朱子之存有论的解析中，由存在之然推证其所以然之理以为性，则性体与存在之关系只能是理与气不离不杂之关系。理既不能创生地实现此存在，则理与气之间亦不能有那些体用不二、即用见体等圆融义。①

在理气不离不杂下，通过涵养察识以及格物穷理以致知之工夫，朱子自亦可达到一种境界，即：心气之动全依理而动，乃至只见有理，不见有气。但这俱不同于直贯系统中全体是用、全用是体、体用不二、即用见体等义。②

这第一段的文字朱熹是看不懂的，因为朱熹就是就着这个德性的天道之创生与德性的主体之实践，而定义这些必是纯善的天地之性，与有理有气的万物存在，以使天地创生与主体实践有其清晰的概念可用，牟先生割裂存有论与本体宇宙论、本体工夫论，就像象山说朱熹支离一样，以为只有自己才能体会道德实践，以为人家讲的不是德性之学，故谓之不能体用不二、即用见体。

第二段文字依据第一段的误解而来，对朱熹的工夫论施以语言暴力，请问牟先生，既然心气之动全依理而动，只有其理不见有气，则此语不是张载的"善反之，天地之性存焉"而为何？不是孟子的"持其志，毋暴其气"而为何？不是孟子的"求放心"而为何？不是周濂溪的"主静立人极"而为何？不是阳明的"致吾心之良知于事事物物"而为何？牟先生说朱熹这些工夫的语意，不属于他所定位的直贯系统，若是其然，肯定牟先生自己的系统有重大缺点了。

但是，牟先生既不能超出自己的话术之外，又不能理解朱熹的语言，于是在一些朱熹语言已十分明显等同陆王语言的时候，只好闭上眼睛，来个"不承认主义"，如其言：

---

① 牟宗三《心体与性体》第三册，页481。
② 牟宗三《心体与性体》第三册，页482。

朱子答象山《辨太极图说》第一书云："故语道之至极,则谓之太极。语太极之流行,则谓之道。虽有二名,初无两体。周子所以谓之无极,正以其无方所、无形状,以为在无物之前,而未尝不立于有物之后,以为在阴阳之外,而未尝不行乎阴阳之中,以为通贯全体,无乎不在,则又初无声臭影响之可言也。"此已说得煞好。若不知其底子,此表面观之,似已甚为圆通畅达之至矣。实则若仔细按下去,贯通朱子思想之全部而观之,此只是存有论的解析下理同、枯槁有性、理气不离不杂等义之另一说法。其对于太极、道体、诚体、神体之体会也不合濂溪之原意,故此圆通条畅之说法亦非直贯系统下体用不二、即用见体等圆融义也。①

余已无言,牟先生固当代之大儒必得尊敬,那朱熹呢?八百年来中华之大儒,吾不忍心其说遭曲解至此。

四、枯槁有性

牟先生于《心体与性体》第八章之标题为"枯槁有性:理气不离不杂形上学之完成",讨论分为两部分,前段为"枯槁有性"之讨论,后段为"理气"之讨论,然而,"理气不离不杂"之讨论竟不写了,牟先生说,依本书讨论至此,若前面诸意皆通,则此时只要再引出朱熹的命题就能完全明了了,不必再讲了,此事,笔者可以理解。牟先生《心体与性体》之书,从谈周敦颐开始,就一直是以朱熹的别子为宗、只存有不活动、横摄顺取之说对比诸家,藉诸家之说建立牟先生自创的道体直贯圆融的形上学理论,而以朱熹为对立比较的敌论,用以成立其说的前提。牟先生对朱熹的使用已尽其极,至直接讨论朱熹时,所论已尽,无须再言。此其只列文本不再叨絮之缘由。笔者甚可理解,也省下再为论辩之气力。唯枯槁有性一节,又是牟先生的错解之一例。

回到孟子性善论,人性是善的,关键在诚者天之道、诚之者人之道,但这人性是善的论旨,必须即是天道意旨,则天地万物必共同禀受,于是又需有

---

① 牟宗三《心体与性体》第三册,页484。

性善论的天道论。论于人性是善却有为恶的事实，已颇费理论述解了，孟子未能说到彻底处，固有荀子性恶论、扬雄善恶混、韩愈性三品说等等，但所论不合孟子性善论路线。张载、程颢、程颐面对此一问题，有种种理论建树，才真能挺立性善论立场，以与道佛辨，如天地之性气质之性、心统性情、天下善恶皆天理、谓之恶非根本恶、君子不可自流于恶、上智下愚固有可移之理、性非相近而是相同等等，皆为保住性善本体，而说明为恶现象的存有论原因，以提供实践工夫的理论脉络。朱熹集其大成，论之更详，及于天地万物，万物皆善，皆禀受天地之性，当然亦禀受各自不同之气，故有各自不同之气质之性，亦即万物殊别之理，然而，天地之性则万物同焉，唯其气禀之限制，人可完全呈现，动物则不能，而人与人之间又有呈现能力的高下之别，因此，既保住天地万物皆是天道至善的产物，又说明了人之独一无二的得其秀而最灵的存有地位。

本章枯槁有性成为牟先生讨论的问题，关键就是，牟先生千篇一律所关心的超越内在直贯体证的道体性体，必须是能动的，且只有人能为之者，逆觉体证而呈现之。然而朱熹竟谓枯槁有性，等于万物皆有天地之性了，牟先生反对之，说万物和此天地之性之间，只有被创生而存在其体，却不能内在为其性。其实，牟先生之说法与朱熹的讲法没有不同，只是细节多些，词语现代化些，两家意旨无别，若真有别，则是儒家形上学的最新问题，大哉问矣。对朱熹而言，就是枯槁之物既有本然之性也有气质之性，即是天地之性于万物赋命之初，万物之禀受皆是相同之意，然仍有气禀之差异，故其天地之性有绝无可显之限制在，但作为被动的接受，被人类正德利用厚生之余，也竟显其大能大用矣。对此，牟先生分三点说之，其中第一条和第二条意旨相近，第一条就工夫论说，第二条就本体宇宙论说，其言：

（一）、依孟子，直下以人之内在道德性为人之真性，此内在道德性之性不但枯槁之物不能有，即禽兽亦不能有。依《中庸》《易传》"于穆不已"之天命流行之体，或"为物不贰，生物不测"之天地之道，总之，作为"道德创生的实体"之诚体、神体、乾元、道体，虽是创生地普妙万物而为其体，然并不涵着亦内在地具于每一个体之中而为其性，亦不涵着每一个体真能具有之以为其自己之性。其创生地、超越地为其体之义与内在地为其性之义是两回事，这两者并不能同一化。①

（二）、明道根据《中庸》《易传》之"道体（诚体、神体）创生地超越地普妙万物而为其体"之义，复进一步，依据圆教义，而谓万物"皆完此理"，复谓每一个体皆是"万物皆备于我"、"都自这里出去"，此即表示此道德创生的实体既创生地超越地为万物之体，复内在地而为其性。然此中亦有别，即因能推不能推，只人能创造地呈现地以此体为性，而其他有生无生之物，因"气昏，不能推"之故，便只能是潜能地、圆教义下之静观地以此实体为性，此实体之内在地为其性亦只是圆教义下之静观地、潜能地如此说，非呈现地为其性也，而人以外之其他物亦非真能创造地呈现地以此实体为其自己之性也。此即示：理想地说，其他物可以此实体为性，而实然地说，实仍不能以此实体为性也。此义之所以可允许，依圆教义，固定然如此，此如天台家之言无情有性。但分解地言之，理上亦有可说者。盖此道德创生的实体之不能内在地复为人以外其他有生无生之物之性，此所谓"不能"亦并非逻辑地不可能，乃只是在宇宙进程之现阶段中实然地不能而已，就气说，亦只是气之实然结聚使之不能而已。有谁能保证其气之结聚必不变耶？一旦其气之结聚变，而诀窍开，则复能之矣。然普遍地说皆能之，此亦无保证。故终于是理想地、潜能地而已。然依圆教义，则定然如此，即使是潜能地，亦是定然地潜能地。而处于圆教自证之一中，亦无潜能与呈现之分，此分别是跳出来说也。然无论如何，明道所说之道体、性体是那"于穆不已"之道德创生的实体则无疑。②

以上两条洋洋洒洒说了许多，其实吊诡缠绕，不甘不愿，想说枯槁根本不能有天地之性，又不敢断言，所以创发新辞，什么超越为其体与内在为其性是不同的，什么静观地、潜能地为其实体之性，而非呈现地为其性，什么不能不是逻辑上不能、而是现实上不能。其实，牟先生说得缠绕，只是想藉此批评

---

① 牟宗三《心体与性体》第三册，页493。
② 牟宗三《心体与性体》第三册，页494–495。

朱熹而已。然而，以朱熹于动物之于仁义礼知只能呈现其中的若干部分，而不能像人类般地呈现其中的全部之论而言，动物既已如此，枯槁之物就更是如此了，此已不待言，可以说，朱熹已经处理了这个问题，而且处理得清清楚楚，依据理气论而无模棱两可之意，朱熹的处理就是牟先生的处理，只是语言表达方式上牟先生自己有其新颖之处，但亦有陷入模糊不清之窘境。然而，这其中仍透露些许不同，就是能动不能动的道体仍是有别的。这就进入第三条之说，其言：

（三）、朱子顺《中庸》《易传》言道体义，自亦承认道体普万物而为其体之义，但却把《中庸》《易传》所说之作为道德创生的实体之道体、诚体、神体理解为只是理，是则普万物而为其体即是普万物而为其理。反之，依存有论的解析，由存在之然推证其所以然之理以为其性，此为其性的所以然之理即是那为其体的理，超越地（但非创生地）为其体与内在地为其性两者完全同一化。"为其性"是在"存有论的解析"下为其性，不是就其是否能为道德的创造而言为其性；"性"是存有论的解析下之性，不是就其能自觉地，道德实践而说的那道德创造之性；个体之普遍地具有此性是"存有论的解析"中之有，不是就其能自觉地作道德实践、逆觉自证，而自肯认有此性，如孟子之所说，亦不是依圆教义而谓每一个体普遍地有（此若跳出来说，实只是理想地潜能地有），如明道之所说。如是，每一个体之普遍地具有此性乃是依存有论的解析而成为形上地（非逻辑地）分解地定然地有，而此语亦成为形上地分解地断定语，而非圆教下之定然地有（处于圆教之一中）或理想地潜能地有（跳出来反省地说），亦非圆融语。①

对于存有论的性之有无的问题，前已说明，即是朱熹以为枯槁之物也是有的，而牟先生用他的十分复杂的表述方式说是何种意义下的有，这都无妨，现在，不论枯槁之物，就是人，也因为朱熹的天地之性之赋命其中是存有论的，

---

① 牟宗三《心体与性体》第三册，页495。

故而不能呈现而为主体的真实境界，这才是严重的指控。并不因为牟先生承认朱熹讲人性亦是赋命于天地之性，则人就是能为善去恶必成圣境的存有，因为朱熹的理是只存有不活动的，是存有论解析下的理，因而不能做道德实践矣。话说至此，枯槁有性无性根本不是重点了，就算朱熹说枯槁无性，只有人有性，但在牟先生的认定下，此人之天地之性仍是动弹不得的，这真是奇乎怪哉，朱熹明明就是要强调万物皆禀受此天地之性，而人得其秀最灵，于是可以实践呈现而人人成圣，何来此理不能自觉体证自认肯定之说呢？朱熹谈人之实践话语众多，牟先生一句不认，唯对朱熹谈存有原理，认死了这就是朱熹的真谛。即便如此，存有论地谈道体理体，本来也并不妨碍本体宇宙论或工夫论地谈主体实践，唯牟先生有其理解上自己的滞碍之限制而已。

牟先生于本节最后又提出六点综述，意见多重复，唯最后一条提到实证的问题，牟先生如此挚爱他的新说，关键还有中西比较的意味在。牟先生讲三教以实有对虚无，高儒家辩道佛，牟先生讲中西以实践与否高中贬西，关键在于实践可以证成，于是，笔者前说牟先生将本体宇宙工夫境界论合为一体的一套理论，现在又要增加一项问题意识了，那就是知识论。证成与否是知识论的问题，不是形上学的问题，比较形上学体系之能否证成是知识论问题，牟先生可以强调东方哲学可以实现故而可以证成，此说旷古今合中西一大卓见也，当然如何可谓之已实现且已证成还是一大问题，此非所谈。但是，存有论地说道物理气心性情，与本体宇宙论工夫论地说这些范畴，并无任何对立的立场在，存有论就是为本体宇宙工夫境界论服务的概念约定工程，儒家承认有天有帝有天命有天道，朱熹亦承认，儒家以实践证成之，朱熹说其存有论结构，并非无涉于实践、否定此实践，反而是助成此实践之体系清晰、话语明确，以谈实践而批评存有论解析之不能实践呈现之说，真不必要。也不成立。其言：

> 朱子顺圣教传统肯定此遍为万物之体的太极，故顺下逆上皆是此一理。当《诗》《书》中肯定天、帝、天命、天道时，本有点宗教性的独断（虽不是哲学的）。今朱子只顺圣教传统之传承如此肯定，此肯定亦不免是传承上之独断；而由存有论的解析以呼应契接之，此契接亦嫌虚弱而不强实，迂曲而不充直。于此，吾人可以看出朱子之说统不是孔子践仁知天，

孟子尽心知性知天之道德的逆觉之路。逆觉之路可以免除那凭空的独断、亦不须由"存有论的解析"之顺取之路来契接来推证，而是直接由尽心知性来证实（当下体证），由肫肫其仁、渊渊其渊、浩浩其天来直下自证。此则太极真体、天命流行之体、道德创生的实体之强实而充沛，而真能站住其道德意义者，而此体亦不只是理，只存有而不活动者。以此比观，则朱子系统中太极性理之道德意义被减杀而弄成虚弱，甚为显然。①

牟先生这样的排斥朱熹，跟阳明批评朱熹外理于心是一样的，朱熹讲了无以计数的本体工夫的话，陆象山、王阳明、牟宗三看也不看，就抓着几句话便一路追打到底，以为辩胜，实则是偏见至极。牟先生说逆觉体证可以证实道体，这是知识论问题，朱熹反思道体特征，并不是在做这个体证，也不是在提供证实，体证自是工夫语，朱熹自有工夫语，至于证实，这是牟先生的知识论问题意识下的判断，朱熹的本体工夫亦能承担这个判断，亦能证实。关键只在，牟先生把朱熹关监牢在只是存有论解析的理论型态中而已。

五、结论

本章原本要谈《理气不离不杂形上学之完成》，而有第一二两节的，但在第一节谈枯槁有性之后，第二节正式进入理气问题时，牟先生竟然只引其文而不谈其理了，因为所有的理论在此之前都已使用出去了，故而无须再谈，这样也好。总结牟先生对朱熹的诠释，几乎是刻意以为敌论，歪曲错解之以为拳击沙包，沙包只存有而不活动，牟先生则活灵活现不断出招攻击，后来牟先生也不动了，这一段影片被侧录下来，供人观赏。笔者疼惜沙包，为朱熹一辩。牟先生自创一套圆教的动态形上学，以朱熹为对比的别论，却产生哲学基本问题的错置，以及无谓的批评，使宋明儒学的理论图像受到曲解，牟先生之作，理应被修正。

本章针对《心体与性体·第三册》的第七、八两章的讨论，是以牟先生

---

① 牟宗三《心体与性体》第三册，页509。

于两章讨论中集结编定的总结性意见为对象，逐一讨论，并补充以其他有重要意义的段落。本章讨论的主题包括："道体神体的本体宇宙论解析"、"心性情的存有论解析"、"枯槁有性"。首先，牟先生藉明道、濂溪讲神体，认为朱熹之解释，虽符合其义，但却与朱熹一向的不活动的理、神说不合，笔者认为，这反而是牟先生割裂存有论和本体宇宙论及本体工夫论的错误诠释。其次，牟先生讲朱熹的心性情说，以为朱熹讲心者气之灵爽，就是连着阴阳气化的人存有处讲，不能超越至圣境，笔者以为，这还是把存有论当成不活动的工夫论讲的错置，于是对朱熹有道德性减杀、无创生义和不能由体及用的批评，笔者力为朱熹澄清。最后，讲枯槁有性，朱熹主张，牟先生反对，其实意见都与朱熹相同，实为多余的反对。至于理气论处，牟先生只引文不讨论，因为整部《心体与性体》已经都是在批评理气论了。本文之作，指出牟先生自己有哲学基本问题的错置，于文本解读不足，自创一套混合太多问题的极高明的形上学理论，并不实用，对朱熹的贬抑与错解，更是严重，于朱熹话语合理之处，就说是因袭前人，与朱熹自己系统不合，根本只是不承认主义。朱熹大儒也，笔者愿为朱熹力辩，反对牟先生解朱熹的各种错误。

以上《心体与性体》三大册讨论结束，以下进入《从陆象山到刘蕺山》。

第十四章：对牟宗三诠释陆象山的方法论反省

一、前言

牟宗三先生是当世中国哲学界最重要的哲学家，尤其他以当代新儒家的身份，建构儒学、批驳道佛、评比中西、过程中创造了无数的新理论，重塑了整个儒释道三家的哲学史形象，型构了当代新儒学，但也因此在许多地方不免有创造性的误解。笔者近年来对牟先生的著作采取地毯式的研究，针对牟先生谈儒家的《心体与性体》，道家的《才性与玄理》，佛教的《佛性与般若》诸书都做逐章讨论，企图全面地了解牟先生的思路形成过程及内涵真相，经由此一历程，收获甚大，因而能够清楚地了解他的偏见及特点。本章之作，针对《从陆象山到刘蕺山》书中的《陆象山部》做讨论，牟先生谈陆象山分两章，一章谈象山之"心即理"的哲学，一章谈"朱陆之争"，本文集中讨论第一章部分。第二章部分另待它文，不过，其实思想要旨差异不大，只是讨论议题稍有不同而已。

牟宗三谈陆象山的时候，不只《心体与性体》都已完成，甚至《佛性与般若》也都完成，虽然有许多地方是早期著作，但确实是很晚期的时候才集结整理完成。因此，重要的观念与《心体与性体》都是一致的，也因此，牟先生又多谈了一些新观点，本文的讨论，都预设了笔者对《心体与性体》的理解，只对新说部分进行反思。依牟先生自己的陈述，本章讨论象山学部分都是新写的，只下一章讨论朱陆部分是同时完成于写《心体与性体》之时。

本章将讨论以下重点问题：对以分解说及非分解说谈象山学的反思、对谈陆象山第一义说的方法论反省、对陆象山是自律而非他律系统的观点、对陆象山并没有作用义之"无心是道"的禅家风格的讨论、对陆象山是朴实之路而非知识之路的观点讨论等等。

二、象山学的特色与牟宗三的诠释策略

陆象山哲学，笔者以为，是要求做工夫之学，亦即并不是在提出本体宇宙论或工夫境界论之学的型态，这并不是说陆象山没有本体宇宙论或工夫境界论的发言，而是，这些发言一方面不成系统，二方面不具新意。所以牟先生才说讲象山学很可能几句话即讲完，关键即是，他的义理十分简单，都是前人说过，他不过重拾几句，做个强调而已，所以牟先生又说他是启发语、指点语，这就是笔者说的，象山只是就原有命题，要求学者实践之、笃行之，如此而已，十分严峻，强而有力，感人至深，但于理论上没有真正的创新之辩论。唯一的一辩，就是在《朱陆辩太极图说书》中不许朱熹有创新理论的辩论，要求坚守他自己所理解的古儒意旨而已。

依据笔者的研究，象山哲学在形上学方面确实无所创新，即其论于理气问题部分，但实有继承而已，事实上他的系统中即是完全默认这些理论内容，只是象山的重点在于强调要如理、合理，要心即理，亦即是要去做工夫以呈现这些道德价值原理。因此他的工夫论也没有特别的新意，就是要求实践的强调，象山说"实学"，说"无杜撰"，说"先立乎大者"，说"辨志"，以上种种立论，与其说他提出了新的工夫论的理论模型，不如说他从头到尾都是在做要求做工夫的陈述而已，这正是牟先生说他无概念的分解之故，亦即不在形上学也不在工夫论上建立新模型，而是直接要求做工夫的实践派。

但是，这个实践派的作风，却深获牟先生之喜爱。牟先生以实践非实践定位中西，以此模式，平移于陆王、程朱之对比，象山学正以实践的模型而为牟先生创说为实践哲学的高峰型态，此亦本文要深入讨论的最重要问题。

陆象山哲学确实有其特色，但这个特色的重点不在他所提出的新的哲学理论，而在于他对待儒学的实践态度，以及因风云际会之故，儒学史上最伟大的

学者朱熹，与其同时代，而有交流，且有冲突对立的意见，因此，在儒学史研究的过程中，一旦研究者彰显朱熹哲学的同时，不能不检讨象山对朱熹的批判意见。然而，随着历史的演进，朱熹学不一定永远占胜场，象山学有时更受重视，在朱陆之争的历史中，始终有不断争辩的新课题出现。

牟先生作为当代新儒家第一号大哲学家，也可以说是以批评朱熹肯定陆象山为其儒学理论建构的核心轴线。这个工作的成立基础，就在建立象山学的型态定位上，为此，牟先生藉用了许多它教它学的名词及理论来说此事，当然也有些是他自己创新的，包括"分解说及非分解说"的架构、康德的"自律他律说"，佛教的"第一义说"，禅宗的"言说法及如实法说"，禅宗"无心是道"说的"实有层及作用层"说等等。这些创新或借用的观念或理论，有时候非常有益于解说问题，但更有时候其实是基于对文本的误解而认定的意思，以致同时也误用了它教的概念。因此必须好好反思，并进行方法论的讨论。

三、说陆象山是"非分解说"哲学的反思

以下，首先讨论牟先生以"分解说及非分解说"的架构说陆象山哲学的特色，参见其言：

> 象山之学并不好讲，因为他无概念的分解，太简单故；又因为他的语言大抵是启发语，指点语，训诫语，遮拨语、非分解地立义语故。在此种情形之下，若讲象山学，很可能几句话即完，觉其空洞无物，然亦总觉此似若不能尽其实者。吾今即相应其风格逐步真切地疏解出其学之实义，以期读者逐渐悟入其学之实，自真实生命上与其语言相呼应，直达至其所呈现之理境而首肯之，以为真实不谬也，而后止。吾之此种疏解中所成之疏解语言亦大体是第二层序上的，即相应其学之为"非分解的性格"而为第二层序上的，而非"分解地立义"之为第一层序上者。[①]

就本文言，牟先生针对象山哲学提出了纲领性的定位意见，就是缺乏概

---

① 牟宗三《从陆象山到刘蕺山》，台湾学生书局，1979年8月初版，页3。

念的分解，因此，牟先生也以"非分解的性格"定位象山，而说为是第二序的陈述，而非第一序的陈述。因为若就第一序的陈述，象山学实在没说什么，也就是说，象山学根本没有说出什么有意思的新的哲学理论，他只是在要求实践这些传统儒学的价值观念，因此以哲学理论创造的意义来讲时，象山就没什么东西可以讲了。讲哲学理论就是要讲新创造的系统，这就是第一序的陈述的意思，第一序的陈述就是分解以立义，就是层次分明条条清楚地陈述它的知识建构，但是象山没有这些东西，所以无法帮他条条分明，只好转入第二序，至于第二序如何说呢？牟先生这可是无所不用其极地帮着说了，本文之作，即是针对牟先生从第二序又创造出的许多说法来定位象山学的观点的讨论。

四、以第一义说谈象山学特质

接着以上的开场，牟先生接着就胪列了六项象山最重视的观念，包括："辨志、先立其大、明本心、心即理、简易、存养。"而说："凡此六端并本孟子而说，并无新说。即此本孟子而说者亦是指点启发以说之，并非就各概念重新分解以建立之。"①此诚其然。但是，牟先生异军突起，却是要为象山的这种指点启发语建立新说而论证之、肯认之、并高明之、且优异之，首先，牟先生是建立了实践活动与知识分解的差异以辨异之，而且是以佛教中人讲说第一义观念的模式来讨论的，参见其言：

> 似此所言，则象山乃是就第一义非分解地启发点示，令归于实处。实处洞朗，则"本心即理"坦然明白。顺此而行，则"当恻隐处自恻隐，当羞恶，当辞逊，是非在前自能辨之；当宽裕温柔自宽裕温柔，当发强刚毅自发强刚毅，所谓溥博渊泉而时出之"。（语录）此即所谓简易也。孟子十字打开，千言万语，不过说此义。若能如此理会实处，其语言不待分解亦自明。要想明白其语言，而分解地说出之，亦须先能如此理会，其分解始不谬。分解无论如何重要，总属第二义。纵使分解得"如此分明，说得

---

① 牟宗三《从陆象山到刘蕺山》，页5。

好划地"，最后亦总归于实处，归于坦然明白之简易，归于实理实事之践履，一切分解皆只是助解之筌蹄。言必有宗，义必有当。若能如其分，不泛滥，不增减，则分解之言所出之义无有不恰当者。问题不在分解，而在分解之不当。分解之不当乃由于失其宗主。是故象山先令人辨志，先明本心即理，盖其经典的宗主在孟子，而实理实事之宗主则在道德的实践也。象山非必抹杀分解，亦非不能分解，然其所吃紧示人者则在先明轻重本末，故彼常言："端绪得失，则当早辨。"（全集卷一，与邵淑谊书）又言："天下正理不容有二。若明此理，天地不能异此，鬼神不能异此，千古圣贤不能异此。若不明此理，私有端绪，即是异端，何止佛老哉？"（全集卷一，与胡季随书）朱子重分解，此非其病，病有端绪不明也。象山所有话头大部皆对朱子而发。即就孟子而言，朱子之分解失其端绪矣。此由于未能先理会实处也。朱子不自省觉，反以不相干之指责责斥象山，此则一间未达也。是则朱陆之同异宁有如世俗之所想者乎？①

本文重点有三。其一，说象山学即是实践活动之学，其二，讲理论的系统都是分解的，无论如何分解都还需要实践活动以圆实满足之。其三，分解的系统有端绪不明之失，故宜象山指责之。以下笔者逐一讨论之。

首先，牟先生说象山学的特点重在实践。牟先生说象山学是就第一义启发之令归实处，此说等于在说象山学就是儒学在实践上的落实，进入实践，义理自明，所谓简易也。于是，牟先生即隐含象山学以方法之简易应优于程朱学。其实，象山就是在讲要做工夫之学，而儒学就是实践哲学，儒学的理论就是要拿来实践的学问，但讲理论是为了这个实践之有道理及如何做而讲的，讲理论不等于正在做实践活动，但没有任何一套儒学理论不是为了成为君子圣贤的目的而建构的。因此，就理论讲理论的圆满，这是不能与实践混淆的。实践有实践的进路而圆满，理论也有理论的进路而圆满，牟先生要求理论的圆满而以实践实之，其实是搞错了问题。理论的圆满标准在理论，实践的圆满之标准在现实世界的呈现状态。象山在要求别人要实践时等于自己正在做实践，但是，正

---

① 牟宗三《从陆象山到刘蕺山》，页8-9。

在做实践不等于实践已经臻至圆满，象山并非已经达至圣境，只不过，象山将前此先儒所讲的所有理论都落实在实践了。理论自是要落实的，但这是个人的实践的部分，就讲理论而言，最后也应该多此一句，即是要求实做工夫而自赞此为第一义哲学。但是，任何理论的圆满并不是自加一句要实践就圆满了，加实践也好、不加实践也好，它都是关于实践的理论，这只是个人的实践活动中有没有去落实的问题，这不是哲学家的理论圆满不圆满的问题。现在，牟先生以象山在实践处有所落实，而有高明于其他只讲知识的系统，关键在端绪之明，此说，笔者不同意。

第二点，牟先生讨论象山对待分解的态度。认为问题不在分解，而是分解得不当。但是，笔者认为，牟先生的意见根本就是有分解就有问题，而不是分解得不当才有问题。依牟先生的意见，既然分解得再好，总属第二义，第一义就是去实践。则，这时所关心的当是实践的圆满，终至成圣，而不是理论的圆满。但是，"实践以达圆满"这件事情不是言说法的范畴，哲学讨论，本来就是在言说法内进行，并且所有的实践哲学的言说法都是为了实践而说的，说了就是要去做，至于有人不做或是做得不对，这是人病的问题，而不是言说法有法病。甚且，实践是一件不容易的事情，那么，实践的圆满如何检证呢？这个议题在当代中国哲学界及传统中国哲学都没有好好讨论过，它在理论上的言说根本尚未开启。并且，并不是说了第一义就已经是实践而臻至圆满了，而是直至成圣了才是实践臻至圆满。说了第一义只是说了要去实践，并不等于实践已经圆满。因此，牟先生有问题意识的错置。如果分解之不当在于失其宗主，而宗主就是要求实践，则是把实践的问题和理论的问题混在一起说了。光讲理论而不实践确实是失其宗主，但是讲错了理论又去实践这可是危害更大，至于讲了理论也有去实践这当然是最理想的。但是，现在的重点是，去不去实践是人的问题，不是理论的问题，理论的问题有理论本身的标准来检查，而不是拿有无实践来检查，更不是拿有无强调要求实践来检查。牟先生以第一义之不分解高于其他种种分解的理论，而分解并非不可，重点只在是否失去宗主，至于是否守住宗主，则是以有没有要求实践来断定，事实上任何讲工夫论的理论的目的不是为了实践是为了什么？任何讲形上学的理论不是为了确认工夫论述那是为了什么？因此，在讲了形上学又讲了工夫论之后，再加上一句第一义的直接实践要求，这样就是比其他分解说者都更圆满了吗？这是笔者不同意的部分。

第三，牟先生讨论象山批评朱子的关键。这个关键就在于宗主及端绪上，依牟先生一贯的做法，他所关心的哲学问题，既有是否直接要求实践的宗主端绪问题，也有如何实践的方法步骤问题，甚至也包括了形上道体的存有范畴知如何界定的理论型态问题，基本上，牟先生是含括所有这些问题于一炉的，也就是他是本体宇宙工夫境界论混同不分的。其结果，就可以把要求实践的象山学说成为动态的存有论者，因而也有了高于朱熹的形上学立场，可以说，所有牟宗三先生的儒学讨论的核心问题，都是面对此一朱陆分辨的问题而发展的。

五、从自律与他律问题定位象山学

对于端绪之辨，牟先生认为康德所说的实践规律之依据不同，导致有意志之自律及他律的不同，这就是端绪之辨的要点。于是，以象山为自律型，以朱熹为他律型，然而，笔者认为，这是一套没有被界定清楚，以及不适用于分析中国哲学的理论。参见其言：

> 案此段话甚分明而简截，吾读之甚喜。然则象山之言简易宁有如世俗之所讥笑者？此段话倒真能道出象山之所以言简易与夫朱子之所以"道问学"之故。当然，朱子系统中之实践规律并不是基于利益；但是他的格物穷理之路却使他的实践规律大类乎西方理性主义者之实践规律之基于存有论的圆满上。依康德，基于存有论的圆满与基于上帝底意志俱是意志底他律之原则。快乐主义基于利益，基于幸福，亦是意志底他律之原则。基于利益之他律其所需要有的世界底知识是经验的；基于存有论的圆满其所需要有的世界底知识是理性的；基于上帝底意志最初是诉诸恐怖与权威，最终亦必落于需要有世界底知识，这知识或是经验的或是理性的。这些原则俱是他律，盖因为其所含的实践规律皆取决于作为目的的一个对象，对于这对象必须先有知识。①

---

① 牟宗三《从陆象山到刘蕺山》，页9。

牟先生前此引用了一段康德的文句,不过,笔者的讨论是要以牟先生的认知为对象,故而牟先生之康德学部分是否正确便不讨论。仅就牟先生之所言,他认为朱熹格物穷理的思路正是意志他律的模型,因为它类似基于存有论的圆满或上帝底意志,依朱熹的模型,应是依据存有论的圆满这一型的,最终也是需要有关于世界的知识,这些知识说出了关于目的对象的实况。

笔者以为,此处所谓的意志底他律原则,应得不与意志底自律原则有所冲突与对立,理由是,主体的自律决断所行之理念,从其他人的角度而言,若愿说其为合理时,则必以其自律的理念是符合于世界底知识的为合理之据。亦即任一自律的理念并非任意妄为之意志,它必有其理,其理必以世界底知识为依据。除非主自律者否定有世界底共同知识,否则自律他律不应两相为异。就前述牟先生所说的他律的三型而言,基于利益的快乐主义一型,与基于存有论的圆满一型,此二型都是为道德行为找到必须如此不可的普遍原理,快乐主义或许究理不深,但基于存有论的圆满就必定是论到了终极原理了。再就上帝底意志而言,惜乎上帝是一位格神,如若上帝只是创造原理,而无位格神祇的恐吓意味,则笔者要说,创造原理、存有论圆满、快乐主义皆是为道德行为找到合理的原理依据,都无所谓他律意味在,论于他律者,有位格义之神祇或他人之要挟、强迫、引诱、控制下的行为者,才可说为他律,若非如此,主体自由意志下决定的道德行为,不论主体自己所认为的道德的道理为何?只要不是受他人或神祇的恐吓胁迫者,必是自律的。不过,因为牟先生坚持自律优于他律,且以朱熹为他律的型态说之,所以制造了许多无谓的曲解朱熹的说法。参见其言:

> 朱子既取格物穷理之路,故道问学,重知识。虽其通过"道问学"所需要知的是太极之理(豁然贯通之理),存有论的最高实有之理,不是零碎的的经验知识所识取的事象以及事象之曲折之相,然亦必须通过这些事象以及曲折之相始能进而认取那太极之理,此即所谓"即物而穷其理",即就着"实然"而穷究其"超越的所以然"。是则决定我们的行为者是那外在之理;心与理为认知的对立者,此即所谓心理为二。理是存有论的实有,是形而上者,是最圆满而洁净空旷的;而心是经验的认知的心,

是气之灵，是形而下者。因此，决定我们的意志（心意）以成为吾人之实践规律者乃是那存有论的实有之理（圆满之理），而不是心意之自律。因此，对气之灵之心意而言（朱子论心只如此，并无孟子之本心义），实践规律正是基于"存有论的圆满"之他律者。故彼如此重视知识。①

牟先生以朱熹为他律，是从朱熹格物穷理说开始，以至于太极之理为止，因此得以描述出一个朱熹哲学的他律模式。但是，笔者以为，这个模式是对朱熹哲学的曲解。朱熹论于格物穷理是为了明明德于天下，此一理念在实践上从格物致知开始，经历过诚正修齐治平而为完成，是一工夫次第的问题意识，与自律他律之分别无关。要说自律他律，只要是本体工夫的理论则都是自律的。而所谓穷理以至穷究太极之理者，固然属于格物致知的阶段之所为，但重点已不是工夫次第的先知后行的工夫论问题，而是单单讨论存有论的问题，亦即已非工夫论议题而是存有论问题。至于自律他律问题，在牟先生处没有划分是工夫论还是形上学问题来讨论，而是都放在形上学问题处讨论。于是，牟先生便认为朱熹的太极之理是外在之理，且为实践的理据，故而决定意志者为存有论的实体义之原理，故为他律。至于作为实践主体的心，是形而下的气之灵，而理又是外在的，所以便是心理为二的体系。

笔者以为，这许多的讨论既涉及对朱熹文本的误解，也包含牟先生个人的哲学立场。首先，牟先生硬把朱熹的形上学存有论的讨论当作实践的问题在谈，而主张朱熹的这种实践哲学是他律的，是心理为二的。其实，朱熹的实践哲学不能有别于其他宋明儒者的实践哲学，因为儒家的工夫论都是以仁义为价值的本体工夫，只是朱熹多重视工夫次第问题而已，但是，次第中的任何一项都是本体工夫的。因此，若象山工夫论是自律，则朱熹的工夫论也是自律，事实上所有的儒家哲学体系的工夫论都是自律的，若自律所说的是主体自作决断自我承担自觉而行的意旨的话。至于主体的如此决断、承担与自觉，为何有理？则此时才是进入存有论、形上学的讨论，就此而言，象山的形上学、存有论意见也不能有别于朱熹之说，事实上，象山也都有同样的说法。所以，说决

---

① 牟宗三《从陆象山到刘蕺山》，页9-10。

定意志之价值方向者是存有论原理之他律与说坚定意志以实践之自律不应是有冲突的立场。谈道德实践必是心意之自律，但心意之自律所追求的理念必须是合于存有论的原理，否则每个实践者依欲念而任意妄为时，亦是依意志之自律了。因此，说自律指的是主体的自觉，但此自觉之所觉所悟必是有理的，要说明它的合理性，就涉及关于世界的知识，说此理即天理，此即进入存有论原理的讨论范畴，此时并不需要因为它是涉及世界底知识就称为他律，因而便有对立于自律的立场。实践就是主体自我决断的行动，决断什么呢？决断心中所依之天理，于是系统中可以对天理有所说明，但是实践时并不是天理强迫主体去实践，而是主体意志自由且自律地愿意依着天理去实践，故而笔者说儒家的工夫都是自律的。很遗憾的是，牟先生却严分他律与自律为极不同的形态，说朱熹为他律，说象山为自律，关键只在朱熹多说了天理的系统，难道象山、阳明不承认有这样的天理的系统吗？牟先生却认为，只有谈道德实践才是自律，谈道德原理就是他律了，实践者对题，原理者不对题，笔者完全不同意此说。又见其言：

> 决定我们所应作者是什么并不是如此之容易。若不通过格物穷理道问学之工夫，焉能知所应作者是什么？故彼自然不喜欢言简易。朱子言"艰苦"，一在就知识言，一在就气质之病痛言。此正是以知识之路讲道德所应有者。此即象山所谓"失其端绪"。就知识言，格物穷理固非简易；就变化气质言，知识之路更是困难，而且尚不是难易问难，乃根本不对题。依意志自律之原则而行，则知所应作者是什么固甚易，即变化气质之不容易亦是对题的不容易，而非不对题的不容易。象山并非不知变化气质之难，然其难是对题之难，非不对题之难。对题之难好办，不对题之难不好办，始是真难矣。①

牟先生本段文字中的重点就是，谈知行问题，依意志之他律者是知识进路，不对题，难成功，而依意志之自律者是实践的进路，对题，易简。笔者以

---

① 牟宗三《从陆象山到刘蕺山》，页 10。

为，这样的意见挂一漏万，对于依知识进路之定位，既不准确，更不公平。就实践活动而言，只有意志自觉自律自悟的行动才是真道德行动，笔者完全同意。这就是劳思光先生讲的主体性的价值自觉。但是，对于一般气质不美者，他的价值自觉多是依利益欲望而行，则利益欲望如何是错？为何应依正义无私而行？这就是要讲道理的时候了，讲道理，以与人辩，不只与自私自利之徒辩，也要和不同教派的价值立场辩，因此，为了正义与无私的服务价值之实践，有一知识之进路以澄清宗旨的做法，这是实践哲学之所必须。孟子的义利之辩所辩何事？无须辩吗？从哲学基本问题来看，这也正是形上学的问题，说为存有论问题，或本体宇宙论问题皆可。在道理上说明人生的意义、目的与价值方向，在知识上说明个别人物的气禀限制，从而知道应做何事？以及如何改过？这就是知识的贡献。然后，提起主体性的价值自觉，自律地要求自己去实践，从而进入实践的范畴，此时当是自律唯一原则而已，即便有再多的知识，若主体不能自行觉悟、自我约束，则行动绝未开始，故论行动，必是自觉自律，但论知识，当然是要有对世界的知识，就是对整体存在界天地人之道的全面认识之事，此事哪有不对题之处？知明即行，先知后行，若不割裂宗旨，哪有不对题之处？说不对题是牟先生自己的混淆问题与一厢情愿地与朱熹为敌的心态所致。这等于是牟先生自己刻意地割截知识与实践的关联，然而藉由对实践的凸显而高象山矮朱熹，又刻意地为朱熹打造一套只重知识分解，只谈存有原理的静涵横摄系统，故说为他律，无论康德所说何义，牟先生说朱熹是他律者才是对朱熹不对题的理解。又见其言：

> 象山之言简易正是"依意志自律原则而行"之所应有而必有者，此则得其端绪矣。康德言意志自律，象山本孟子言"本心即理"。"本心即理"非谓本心即于理而合理，乃"本心即是理"之谓。此盖同于意志之自律，而且足以具体而真实化意志之自律。盖意志即本心之本质的作用也。康德界定意志自律云：'意志底自律即是意志底那种特性，即因之"意志对其自己就是一法则"的那种特性。'（见道德底形上学之基本原理）决定意志的那法则不是由外面来的，乃即是意志本身之所自立，自立之以决定其自己，此即是说意志对于其自己即是一法则，此即是意志之自发的立法性以

及以此所立之法决定其自己之自律性。意志能为其自己立法,亦甘愿遵守其自己所立之法而受其决定。①

牟先生在这段文字中既说明了象山学的特质符合于康德的意志自律的模型,又以象山对孟子的继承来说明象山是自律型的殊胜所在,正是在说意志自律之自己决定及当下落实的两种特性,亦即意志自律决定了要追求或遵守的法则,以及让主体即直接落实于实践中,主体愿意实践其意志所律定的价值方向,此说笔者完全认同。谈主体实践就是这样的模式才是真实践、真道德,但是,这是主体在愿意实践道德的前提下才会发生的状况,若不是在这种状况中时,则意志提不起来,又焉有所谓自律、自觉、自我实践执行的景况呢? 也就是说,这是做了工夫提了起来以后的状况,若主体不在此境,则需要许多助缘、许多次第、许多说理才会逐渐到达的。因此,主体有在此境时也有不在此境时的各种不同的处境状态,因此,牟先生说孟子"本心即理"的一段笔者就有不同的意见了。

牟先生在理解及使用康德的意志之自律他律问题的思考中,是把自律他律当作两种主体实践的模型,似乎有哲学家主张了不同的两种模式,所以牟先生是在做判教与评比。笔者以为,朱陆的哲学理论是在两种不同的问题上的发言,因此必须做分类的工作,以澄清各种理论的功能。就工夫论而言,没有什么重知重行的他律自律之别,就存有论和工夫论的不同而言,也不能直接将其视为有他律和自律之别,要说自律他律,只能就主体有无自觉而言,有自觉,且此一自觉必依天理,且知如何发为具体行动的实践,这就是自律的。所谓他律,主体没有价值的自觉,但被位格性存有恐吓、威胁而行者。或为自己的私欲私利而行者,则非为道德行为。因此,依任何利他的普遍而理而自做决断的道德行动,都是自律的。

牟先生以意志自律的模型说象山之言于"本心即理"是"本心即是理"而不是"本心即于理而合于理",笔者以为,这样的说法只能是讲境界,而不能是讲工夫。说本心即理是本心即是理时,主体已在本心提起的状态中了,但是

---

① 牟宗三《从陆象山到刘蕺山》,页 10–11。

一般谈做工夫时，会首先面对主体尚在浑噩不明且自私自利的状态中时，此时本心当然本来存在，但是并未呈显，并未成为主体的主宰意志，此时主体之心有种种气禀的限制而致昏暗不明，所以此心与天理不能合而为一，必须做种种工夫，才能使其及于理而合于理。因此，牟先生当然可以说本心即理是本心就是理，但是，他究竟是说得哪一种意义下的本心即理呢？是在说存有论上本心就是性善之性体，故而即是天理，故而本心就是理？还是说工夫境界论上，主体之心提起在本心的状态中，使主体之心如理而合于理，而谓之本心即是理呢？其实，从工夫论的思路而言，要说心即是理才是更准确的说法，就是心可能不如理，但经过做工夫而使心如理，这才是谈工夫论的要旨。若说本心即是理而等于是存有论地谈性即理，则这正是程朱提出的命题意旨，然而存有论思路显然不是牟先生要讲的重点。确实，牟先生即是在实践的状态中谈本心即理的意旨，这是他掌握孟子学精神而说出的。所以，笔者要说，依孟学精神来谈，是"本心即于理而合理"，而不是"本心就是理"。这种存有论和工夫境界论不分的叙述模式，就导致他在分析康德的意志自律概念中，却强调自律可由道德概念分析而出的观点，以此接续地说孟子之本心观念的意旨，参见其言：

> 而孟子之本心即理却正能表示康德所说之自律以及自由，而是足以具体而真实化此自律与自由，即并无分析与批判之别。（依康德，自律是分析的，即由道德一概念即可分析出，而自由不是分析的，乃须接受批判之考察，因此说它是一个设准。）"本心即理"这本心之自律与自由乃是一具体而真实的呈现。就自由说，这不是一设准，而是一呈现。如果道德真可能，不是脑筋空想之虚幻物，而复由道德这一概念本身即可分析出自律（若不自律，道德即不可能），如此，自律固是分析矣，而若自由不能呈现，只是一设准，只是意志一设定的纯净状态，则道德之可能亦落空，现实上实成为不可能，自律虽为分析的，亦无用，只是一理之当然。康德讲自律实只是一理之当然；而若自由为设准，则道德必落空。①

---

① 牟宗三《从陆象山到刘蕺山》，页 11-12。

牟先生曾在它处说有"形上学底道德学"及"道德底形上学"的差别，前者是依形上学的进路说道德，后者是说形上学，但主张只有依道德实践的进路才能完成形上学，显然，牟先生所使用的观念是康德所说的形上学底道德学，亦即由形上学的进路说道德，实际上就是谈道德的活动时从形而上的概念解析的进路在谈的。此时，道德可以分析地含自律，亦即只有是自律的行为才是有道德意义的行为，若不是主体能自律地行动则不能成为是道德的行动。此义，笔者亦是同意的，其实，程朱在谈的性即理说、性善说、气禀说、心统性情说等等，就等于是从形上学的思路在谈道德活动中的所涉及的概念的，这也本来就是哲学理论中应该关切的问题以及讨论问题时应有的做法，但是，牟先生却对这项做法有批评意见。

其实，牟先生首先是肯定道德概念是分析地含着自律的意旨的，只是，这个进路还不圆满，必须再加上能如实呈现才是真正圆满的，若不能呈现，则自律之意志只是一洁净的空理而无实践的意义。此处，牟先生又以康德讲的三大设准以讨论之，即其中之意志之自由主张，此在康德只设准，尚未呈现，在此意义下，象山依孟子的本心即理说却是既能分析地含着自律，又能实践地予以呈显，看来，似乎牟先生虽然使用康德的自律理论，却是又要说孟子的本心即理说还要高出一层。

其实，依中国哲学的基本哲学问题而言，牟先生讲的呈现与否是工夫论的问题，牟先生讲的分析的涵具者是形上学存有论问题。然而，从形上学存有论谈自律他律的问题时，应注意发为行动的绝对律令是来自利他的普遍原理？还是损人利己的位格神意志？后者是他律，前者是自律，绝非依据普遍原理者就是他律。至于谈工夫论，就是谈有无主体意志的自我觉醒一义，若未觉醒，而是被恐吓威胁之行动，便非自律，遑论利他或是损人利己。因此道德行动必是自律的。且自律中的自我觉醒亦必定是符合于利他的绝对律令，故而并非系中谈到普遍原理者就是他律。牟先生正是自己把存有论和工夫论混合不分，所以在谈自律他律时，不仅不能澄清问题，又制造理解程朱陆王哲学的混乱。

牟先生混合存有论和工夫论的言说模式又见下文：

孟子之"本心即理"正足以具体而真实化此自律与自由，因而亦足以使道德成为真可能。自律自由之本心是呈现，不是设准，则道德实践始有力而不落空。象山云："当恻隐自恻隐，当羞恶自羞恶，……所谓溥博渊泉而时出之"，这岂不是道德行为之真实的呈现？自由之本心岂是设准耶？这所"溥博渊泉而时出之"的"所当为"岂不坦然明白而甚简易乎？这便是如如呈现的实事实理。实事者道德行为也。如"当恻隐自恻隐"，这恻隐行为，恻隐之本心自能发之，此即是所发之实事。实理者"本心即理"之理也。在本心自我立法之本心之具体而真实的呈现中，其所自立之法即理亦在具体而真实的呈现中，此实理若作一命题看，其对于本心之关系是一分析命题，非是一综和命题。它对于意念而言，对于受感性的影响的意志（现实的作意）而言，对于形而下的"气之灵"之心而言，自是综和命题。康德说道德法则是一综和命题，这正是就吾人的现实作意之意志而言。但他又设定自由意志这意志之纯净状态，但只是一设准，而不能呈现，因为吾人无"智的直觉"故。因此，他说人的意志总不是神圣的意志，当恻隐不必自会恻隐。①

康德哲学中有讲包括意志自由的三大设准，前文已说其只为一理之当然，意即若不能呈现，则无论如何说其为分析命题亦只是一命题而不是一真实，关键即在，若就人言，人不是完美的，人的状态中道德与自律的意志不是一回事，若有机会合一，是综和命题意义的，亦即是本来没有后来有的，若是上帝，那就是本来就是有的，就是道德与自律的意志是分析地就包含进来了的。其实，若依照牟先生所描述的康德在谈人与上帝之差别的架构来说，上述的说法，笔者还是很可以接受的。圣人一如上帝，已经做工夫达到完美的境界，所以圣人的道德中可以分析出意志自律，亦即他自己可以行动如理了。但是，在一般人的身上而言，就算道德与意志自律是分析的，但个人的意念就确实是存在参差不齐的状态，是外在加上去的，所以必须说是综和的关系，而此时，正是需要工夫论的。

说到这里，道理是清楚的。但是，牟先生却又另出奇招，指出康德所讲

---

① 牟宗三《从陆象山到刘蕺山》，页12。

的意志自由的设准的理论仍只是一唯理的存在，而不是现实的存在，唯有象山依孟子而讲的本心即理才能有现实的呈现，于是，似乎是象山的理论还高于康德的意志自律的理论，关键在本心是即知即行的。此义，笔者以为，牟先生是把康德从形上学的进路谈道德活动的议题转化为道德活动的议题本身，于是主张，谈道德活动的本身可以落实道德并将之呈现，而从形上学进路谈道德活动的概念定义及存有论原理之路则是无法将道德呈现的。笔者以为，这是不必要的做法。这就是把说工夫论的说成了比说形上学的高明，于是象山学就比程朱学高明了，进而也比康德高明了，这个立场的出现，理由上，都是因为对工夫论的唯一强调，参见下文：

> 但象山说本心即理，本心呈现，理亦呈现，当恻隐自会恻隐，此本心即是神圣的心。"君子存之，庶民去之。""操则存，舍则亡。""学问之道无他，求其放心而已矣。"而此放失之本心亦实能通过当下逆觉而被体证，亦即呈现而存之。它不是永不能呈现的一个设准，一个设定的状态。因此，"本心即理"必涵着理是一分析命题，而亦涵着人可有"智的直觉"；而此"本心即理"之本心亦即是神圣的心（当恻隐自会恻隐，所当作的必自会作）。"若明此理（本心即理之理），天地不能异此，鬼神不能异此，千古圣贤不能异此。"此如何不是神圣的心——神圣的意志？此如何不是天地底"心即理"，鬼神底"心即理"，千古圣贤底"心即理"？一心无外，一理无外。坦然明白，并无迂曲。所谓溥博渊泉而时出之，这乃只是此实理之如如呈现，一体平铺。此可由归于实处，不落于闲议论，经由"存在的实践"而可达至者；虽不无险阻，而非永不能企及者，如康德之所说。易传之言简易，知险知阻，只是此"本心无外，实理无外"之宇宙论地说，良知良能之宇宙论地说。故简易之明文虽见于易传，而精神必本于孟子。象山实真能知见之而得之于心者。①

以上这段文字，说孟子之本心优于康德谈意志自由自律之只为一设准，因

---

① 牟宗三《从陆象山到刘蕺山》，页 12–13。

为本心会呈现，可被体证。依牟先生，似乎认定康德所说之意志自由只是一永不能被实现的理性上的概念而已，才谓之为设准。笔者以为，依康德，意志自由、灵魂不灭、上帝存在之三大设准，在道德实践活动中，不只是理性上需此普遍命题而有此设准，更是现实上要去真实经验的事件，只是康德是在形上学的道德学进路中谈此，只是在普遍命题中谈此，因此只先谈到设准而未续谈实践，也许这不是西方哲学家的专长，或所要重视的思辨议题，但确实是东方哲学家更为擅长以及重视的问题，于是孟子谈本心，谈操存、谈求（放心）、谈扩（而充之）、谈持（其志）都是在谈实践的活动。也就是在谈工夫论问题。但是，牟先生在谈"本心即理"的命题的时候，又有从形上学说工夫论命题的错置，这就使得工夫论被改头换面成为特殊的动态的形上学，而自是比原先康德谈形上学时只是一设准、只是一唯理的存在而不入现实者为高明了。当牟先生说"本心即理"必含着理、必含着智的直觉、必含着神圣的心时，似乎又回到只是概念的定义及推演中，它所拥有的意旨是在命题的设定上本身就包含实践完成而至圣境的内涵，而且是就着人说而不是神说，依康德系统言，这只能是就着神说的结果，在牟先生处是可以就着人说的，亦即孟子哲学在象山的系统里是以圣人来完成原来在康德系统中只有上帝才能完成的实践任务，当圣人境界达致之时，形上学地说，其本心必含理、必含智的直觉、必含神圣的心，其本心必由存在的实践而包含上述诸说，甚至即成为宇宙底秩序之本身而具宇宙论的意义。

笔者以为，牟先生真是不断地在形上学思路及工夫论思路中进行跳跃，说本心即理，可以单纯只是存有论形上学地说，此说十分合理，因为它就是性即理的意旨，因为本心就是性，人性的本质也就是天命之性，它自身就是天理的赋命，故必为善，但人心不同，人心必是气禀所含，因而是具形而下之存在者，它有耳目口鼻之欲，而且可能因过度使用导致发而不中节。谈工夫论就是在这里谈的。至于谈境界论，则是就着圣人的状态而说的，但圣人无天生即是，必是在生命过程中有众多的实践经历且达一定年龄成熟之后才成功的，然而，一旦是就圣人状态言时，牟先生前此所说的本心必含理、具智的直觉、为神圣之心、且必经存在的实践而呈现诸说便通通成立了。然而，牟先生首先却是在形上学的进路中谈此本心概念的分析地含具诸义，其次竟是忽略了即便是圣人之本心呈现也是必经一艰难困苦的实践历程而拾级上达的工夫论旨。亦即是,牟先生忽略了工夫论而直接说境界论,但却又把境界论说成了形上学。

六、对朱熹说象山是禅的反驳

牟先生发现,朱熹对象山之批评中常以其为禅,对此,牟先生甚为反对,并用力反击,笔者以为,朱熹说象山是禅,是以他话头高,以及他的弟子多不下扎实工夫就高谈妄言而说的,在儒者心目中,禅就是如此,什么都没说,却自视过高,这就是后来朱熹对象山及其弟子的一般印象。当然,象山不是禅,而朱陆自己对什么是禅也没弄清楚,互相非议之际,都不得理,所以,笔者当然同意朱熹对象山是禅的攻击是不对的,不过,牟先生的讨论却另有宗旨,重点在,他是以分解与非分解,以及以朴实之途及知识之途讲道德之不同路数,以辨朱陆之得失。此应讨论。参见其言:

> 惟是象山本孟子而言"心即理"并不取"分解以立义"之方式,而是取"非分解以指点"之方式,即因此故,遂令朱子误想其为禅。其实这与禅何干?象山一方挥斥"闲议论",一方非分解地指归于朴实之途,这只是辨端绪之得失,扭转朱子之"失"而令人归于"得"……以知识之途径讲道德便是端绪之失,便是不见道。但朱子却于此误想其为禅。若此而是禅,则世间不应有辩破。朱子就象山之此种风格说他"说话常是两头明,中间暗"。这"中间暗"便是"不说破",这"不说破"便是禅。(详见下章第八节)这是笼统地(模糊地)以禅之风格来归属象山之风格。实则所谓"两头明"只是一方挥斥闲议论之失,一方令归朴实之得,这得失两头甚为分明;所谓"中间暗","不说破",则只是因为于朴实之得以"非分解方式"来指点,指归于孟子,令人就实处来理会,便足够,故不须再从事于分解,盖孟子已说破,已分解地言之矣,何须再分解?又何闇之有?只这样笼统地说他是禅,当然不对。①

---

① 牟宗三《从陆象山到刘蕺山》,页 13–14。

简言之，非分解就是在讲直接实践，讲要求做工夫，并不在分辨知识，分辨知识的目的在于做三教辩证以及儒家的价值意识和工夫方式等等，这也是重要的任务，但若只讲知识而不实践却也是不对的。不过，哲学史上并不曾出现主张只讲知识而不必实践的理论，只是有学者之间对于对方的工夫方式有互相非议的争执而已。朱陆之争根源在此，牟先生解读朱陆之争的路数却不在此。牟先生以易简、支离说象山朱熹的差别，易简者直接实践，支离者说知识说了一大堆，却不见实践。不过，这是从象山的眼光看朱陆之别的，朱熹从来都有讲要直接实践的话语的，证据太多，此暂不述。只是朱熹又有讲知识的理论建构及哲学创作，却被说成是支离，然而，哲学不讲理论要讲什么？象山才是不讲哲学而是实践孟子的哲学，牟先生把象山的实践说成了"非分解的哲学"以及"朴实之途的哲学"，把朱熹讲知识的理论说成了"分解的知识"以及"以知识的进路讲道德"，从此形成讲道德的两型。笔者以为，牟先生所说的象山的一型，朱熹完全具备，只是朱熹多了讲知识的一层，而就是这一层，也不见象山在理论上公然反对，甚至是多有使用。两位先生之所以公然对立，并不是谁家的理论好些、差些、对些、错些，而完全是互相对对方的为人风格之不欣赏所致，化约为文人相轻可也。牟先生说非分解的朴实之途以讲道德，笔者同意这是正确的进路，但不同意另一种进路有偏失不及、端绪不明的缺点，它只是另一种课题。且象山也不曾反对这些知识，而朱熹也都在更多的著述及讲学中有朴实非分解的材料，只是牟先生从来不去面对而已。

牟先生对朱熹批评象山为禅学尚有另一讨论重点，即是以作用义及存有义的"无"来说此事。认为禅是说无的，但有作用义及存有义的两型，作用义是共法，儒家可共享；存有义是重点，禅家之无是存有义的，而儒家却是实有的立场，故而不会有存有义的无的立场，但可以有作用义的无的立场，参见其言：

> 象山尚未至有如禅所表现之风格。然则什么是禅之风格？禅之风格在什么关节下始呈现？当吾人一旦归于朴实之途，进一步想把这"本心即理"之本心如如地呈现之，而不起一毫作意与执着之时，这便有禅之风格

之出现。实事实理之如如地呈现，即自然地流行（所谓天理流行），即涵蕴着这种风格之必然地可出现。此即禅家所谓"无心为道"是也。此"无心为道"之无心是作用义的无心，不是存有义的无心。此作用义之无心既可通于道家之玄智，亦可通于佛家之般若与禅。在此种"无心为道"之境界下，有种种诡辞出现；随此种种诡辞之出现复有禅家种种奇诡的姿态之出现。但是此种作用义之"无心"，统观象山全集很少见，而且我根本未曾一见，而且象山根本未意识及此，且把此作用义之无心混同于存有义之无心，而视之为邪说，并谓"人非木石，安得无心？"（详见全集卷十一，与李宰书，见下第三节录。）此作用义之无心，明道喜说之，如云："天地之常以其心普万物而无心，圣人之常以其情顺万事而无情。"（定性书）后来王阳明亦说之，如云："无心俱是实，有心俱是幻；有心俱是实，无心俱是幻。"（传习录卷三）至王龙溪言"四无"，更言之而肆。至罗近溪破光景，更喜说此境，不待言。要说禅，或类乎禅，只有在此作用义之无心上始可说之。但象山尚未进至此义。故朱子说他是禅根本是误想，而且是模糊彷佛的联想。①

牟先生首先要定义禅之风格，而以"无心为道"说此，并以此为在朴实之途中将本心之理如实呈现时必有的风格，故通儒释道三家都有，明代阳明学及其后学更能为此，故若以此说象山是禅，则不能成立。因为，这只是作用层的无心，另有实有层的无心，则非儒家立场。其实，牟宗三先生说的作用义的无心，就是工夫境界论的命题，说得存有层的无心，则是本体宇宙论的命题，形上学的命题。笔者以为，说工夫论命题中三教皆有作用义的无心，此说并无不可，但太为疏略。说形上学中佛家是无、儒家是实，此说亦须同意，但也仍是过于疏略。至于讨论象山学是不是禅学而以有无"无心说"来决定，笔者也可以接受。但重点是，牟先生说象山甚至根本没有这种"无心说"的作用层的模式，更遑论存有层的"无心说"了。此说，笔者也要表示基本上同意。当然，对《象山全集》全面细掘之或有一些说无的话语，但绝非要点之语，象山就是

---

① 牟宗三《从陆象山到刘蕺山》，页 14–15。

儒学中谈要求做工夫的哲学，此点与禅家在佛学中的特色是相同的，也只是这样而已，象山被朱熹说为禅，都是刚烈的教学风格与朱熹不类使然[①]，基本上，朱熹对象山的批评是不需要反驳的，因为真的不是什么理论上的进路，仅仅是一些言说风格上的比附而类似而已。

当然，同样的标准，象山亦攻击朱熹为禅，这也是不需要辩驳的，因为都说不上道理的。

七、牟先生讨论象山学有无超过孟子之处

象山学自是继孟子而来，象山自己言此，牟宗三先生也是这样定位象山，但象山学有无高于孟子学思之处呢？其实，就象山是非分解地言之而言，则象山只是宣示性地应用孟子学，而遑论理论的创新。但牟先生仍是披荆斩棘地为象山之学新于孟子学处有所言说，参见其言：

> 象山之学"因读孟子而自得之"，又以非分解方式而弘扬之，然则从客观义理上说，彼完全同于孟子乎？抑随时代不同而亦有超过孟子者乎？……象山亦有超过孟子者。然此超过亦是孔孟之教之所涵，未能背离之也。此超过者何？曰：即是"心即理"之达其绝对普遍性而"充塞宇宙"也。语录云："万物森然于方寸之间，满心而发，充塞宇宙无非此理。"与陶赞仲书云："天下正理不容有二。若明此理，天地不能异此，鬼神不能异此，千古圣贤不能异此。"彼又尝云："宇宙内事乃己分内事，己分内事乃宇宙内事。"又云："宇宙便是吾心，吾心即是宇宙。……"又云："道塞宇宙，非有所隐遁。在天曰阴阳，在地曰刚柔，在人曰仁义。仁义者人之本心也。"又云："是理充塞宇宙。天地顺此而动，故日月不过，而四时不忒；圣人顺此而动，故刑罚清而民服。"又云："此理塞宇宙，谁能逃之？顺之则吉，逆之则凶。"又云："宇宙不曾限隔人，人自限

---

① 罗钦顺就说象山是禅，其实也是错误的解读。参见拙著：杜保瑞，2006年8月，《罗钦顺存有论进路的理气心性辨析》，《哲学与文化月刊》，第387期，页101-121。

隔宇宙。"（凡此诸语皆见于年谱十三岁下，当然不皆是十三岁时所说，乃类聚及之。）凡此所说皆表示心即是理，心外无物，道外无事，此心此理充塞宇宙，无能逃之。彼在幼年时（十三岁时）即有此洞悟，后来终身不弃。孟子未有明文及此。然孟子亦云"万物皆备于我矣，反身而诚，乐莫大焉。"此已涵及此义。孔子践仁知天，孟子尽心知性知天，仁与天，心性与天，似有距离，然已涵蕴着仁与天之合一，心性与天之合一。此盖是孔孟之教之本质，宋明儒者之共同意识。虽有入路不同之曲折，然濂溪、横渠、明道、五峰、阳明、蕺山，皆不能背此义。惟伊川朱子析心性为二，心理为二，似不能充分及此义，然彼亦必主理道充塞宇宙，无能逃之。此一本质即涵道德秩序即宇宙秩序。"至理不容有二"焉能不充塞宇宙乎？焉能不"心外无物"，"道外无事"乎？此一纵贯之"心即理"之心理之涵盖性与绝对普遍性乃是孔孟之教所意许，惟象山能直接相应地发明之，故云："孟子之后，至是而始一明也。"虽超过之，而实未超过也。①

依本文，牟先生所发掘的象山超过孟子之处，首先即是："'心即理'之达其绝对普遍性而'充塞宇宙'也。"，其次就是说出一"道德秩序即宇宙秩序"的话。依牟先生所引用的象山话语来看，其实就是主张有天道理序，以及应遵循之态度，从而创造出一涵道德秩序的天地宇宙。牟先生认为这是观念上有所超过孟子的地方，不过，后文也说其实这些是已经包括在孟子思想内容的。笔者以为，这不重要，象山学本来就是包含在孟子学的，说有创说又说所创说亦已包含在前说都无妨。重要的是，牟先生对象山学意旨的引申。这个引申就是道德秩序即宇宙秩序的哲学立场。并以为，这是共于孔、孟、庸、易迄宋明各家的立场，而朱熹之心性为二、心理为二是背离孟子的立场。

此说，笔者不同意。关键即是，以上所引象山之发言，是在谈肯定有道德价值，并主张应实践道德价值，从而追求道德秩序于天地宇宙中的事情。至于朱熹讲心性情三分、理气二分的话，是在谈存有范畴的概念约定，这些命题，完全没有否定象山前说的任何立场，只是讨论的问题不同。至于象山所说，其

---

① 牟宗三《从陆象山到刘蕺山》，页 18-20。

实是包含了太多不同的哲学问题的命题立场，依牟先生的设想，就是设想了一套整体存在界经圣人实践点化而致天下太平的状态，这自然是儒家的理想，但不妨碍儒家哲学中单独讨论整体存在界的宇宙论问题而有气化宇宙论理论之提出，如张载之气化宇宙论；也不妨碍单独讨论种种存有范畴的概念之间的彼此关系而有存有论的理论提出，如朱熹的心性情理气的存有论理论；也不妨碍只谈主体的实践活动而有工夫论的提出，如阳明的致良知说；也可以有单独说主体的理想完美状态的境界哲学之提出，如程颢于识仁说中所言。至于象山之所言，其实就是主体实践已成圣境的状态，因此以主体言，其心性情理气诸存有范畴皆在此圣境中有价值意识的统合不分，并非心及性及情及理及气诸概念皆意旨相同，而无概念本身的差异；所以朱熹的概念分解并无悖离牟先生所以为的孔孟一贯型态，一贯型态也是朱熹的理想，只是朱熹另外在谈心性情理气概念的关系问题，它必然是分解的，但绝非与追求价值、落实理想的行动有不同的理论立场。

牟先生之所以用力于将朱陆之间析分为两种理论立场，是因为他认定有一孔孟一贯的原型，这个原型既与道佛不同，同时在儒学内部也有传承的嫡庶之别，甚至，有中西之别异，所以才特别建构了一个殊胜的型态，而由陆王继承。但是因为这个型态的过于勉强，导致在儒学内部就有一些系统被容不下了，如朱熹的系统。因此笔者一向主张，牟先生建立的系统不是一个好用的中国哲学解读系统，应有更中立却更精到的系统以取代之。

牟先生认为他为象山建立的理论模型，是能肆应西方哲学而有所创新的，参见其续言：

> 近人习于西方概念式的局限之思考，必谓道德自道德，宇宙自宇宙，"心即理"只限于道德之应然，不涉及存在域，此种局限非儒教之本质。心外有物，物交待给何处？古人无道德界，存在界，本体论（存有论），宇宙论等名言，然而岂不可相应孔孟之教之本质而有以疏通之，而立一儒教式的（亦即中国式的）道德界、存在界、本体论、宇宙论通而为一之圆教乎？此则系于"心即理"之绝对普遍性之洞悟，何必依西方式的概念之局限单把此"心即理"局限于道德而不准涉及存在乎？此种圆教乃儒者所

本有。所谓"立"者，乃只随时代需要，疏通而明之耳，非"本无今有"之新立也。此若依"康德只准道德的神学，不准神学的道德学"而言，吾人亦可模拟地说：此种圆教只允许一道德的形上学，而不允许一形上学的道德学；它复亦不是气化宇宙论中心，而乃是绝对普遍的"本心即理""本心即性"之心体中心，性体中心，故心外无物，道外无事也。凡此俱已见于心体与性体，今复就象山而正言之。①

牟先生这段谈话很需要疏理，首先，他讲近人将"心即理"只限于道德之应然而不能及于存在的领域，这是针对劳思光先生的批评。而他自己要建立的则是将道德界、存在界、本体论、宇宙论通而为一的圆教。此义须说明。劳思光先生的思路是，道德只能就主体的自觉讲，亦即劳先生在讲道德活动的实践与完成只能在于主体性的价值自觉中知及之仁守之而为完成。一切形上学的、宇宙论的理论建构都与此一道德行动不直接相关，也推论不出应然性的价值方向，因此只管道德秩序，不涉及存在领域，所以，劳先生的不涉及存在领域的意思是说主体的实践意志动力及价值方向只能来自主体自身而不能外于心性，所以他自己就提出了心性论中心的道德哲学架构，以反对形上学中心及宇宙论中心之说。至于牟先生所说的儒家式的通而一之之说，确实是要建立一套道德秩序即宇宙秩序的形上学理论，但是此说意旨不明，这是要说世界在圣人的实践之后天下太平，于是道德秩序即宇宙秩序；还是说天地万物本来就有一道德理性在指导其运行，因此始终永恒地是一道德秩序即宇宙秩序的存在，至于有无圣人的实践与落实其实都是人间之自取，天道无涉，唯人自招，即便没有天下太平，也不能说无此天道。就前者言，这虽是可预期的结果，但很难讲谁真的是圣人了以及何时真的是太平了？尤其是，这是混同工夫境界论与本体宇宙论问题于一炉的说法；就后者言，其结果对于道德秩序的要求就没有那么强烈了。以此看来，牟先生讲的应该是第一型，即有圣人治理天下以致天下太平的一型。就此而言，它应该是预设了第二型，而又加上了圣人的实践及完成的现实实际。所以，当牟先生说"此种圆教只允许一道德的形上学，而不允许

---

① 牟宗三《从陆象山到刘蕺山》，页 20–21。

一形上学的道德学"时，他提出的确乎是一种动态的形上学意旨，亦即把人的实践加在存在界的问题中去讨论，而说出道德界与存在界合一的话。所以他的圆教是从道德活动的进路去讲整体存在界的意旨而为道德的形上学，而不是以分解概念的形上学思维的方式在讲道德问题，后者是形上学的道德学，亦即谈道德却都放在概念分解的知识探究问题上。

就象山诠释言，以牟先生所说的圆教系统去对应象山文本可以说是过度诠释了，这其实可以说是牟先生自己的系统而以整个儒学史上的各家除程朱外的系统去比附的架构，当然如果说是以象山学所预设或可推演的系统为牟先生创说的圆教系统这是笔者可以接受的，但是，这个预设及推演也可以包括程朱之学，牟先生刻意排除程朱于圆教系统之外的做法是不必要的，这个排除是放大了存有论哲学与工夫境界论哲学的差异且赋予对立的意义的结果，这个排除也等于是限缩了圆教哲学能面对的哲学问题就只在本体宇宙工夫境界论之内。总之，牟先生欲创立新说而有圆教哲学之建构，绾合众多儒学系统为动态的存有论的道德的形上学之圆教系统，笔者尊重牟先生的创作，完全可以接受他这样讲儒学。但是，就文本诠释而言，说象山完全等同这个系统是过度诠释之后而拉高了象山学的内涵的结果，说程朱学不在这个系统之内是忽视了程朱学的丰富面向以及窄化了圆教哲学可以关切的哲学问题的结果。

八、牟先生衡定朱陆端绪之是非

牟先生说象山之路是朴实，程朱之路是依知识讲道德，故而端绪有误。此说笔者十分反对。参见其言：

> 案：以上三段明象山讲学之大概。其端绪唯在本孟子发明本心，去一切虚说浮论以及时文之见，此即象山所谓"朴实"。盖实事实理，顺本心自律而发者，本坦然明白。虚说浮论，扭曲杜撰，徒增蔽障，且足误引，失其端绪。去此蔽障，则显朴实，乃胜义朴实也。盖其讲学宗旨定在道德实践，不在追求知识。知识本身自有其独立意义，但不必与道德实践有直接而本质的相干。故"读书考古不过欲明此理，尽此心耳"。此则直接

就道德实践而读书考古，藉以明本心之实事实理，由此而使其实践更为有力。但是读书亦有所读之书中之理，考古亦有所考之古中之理，若就此而客观理解之，则为求知识，是知识义之明理，此为朱子所重视而甚有兴趣者，而象山讲学之重点则不在此，彼对之亦无多大兴趣。此种知识固有其独立的意义与价值，然与道德践履不相干，至少亦不是本质的相干者。象山之挥斥议论不是挥斥此种知识本身，乃是挥斥依知识之路讲道德。依知识之路讲道德，即成为"闲议论"，不是知识本身为"闲议论"。朱子即是依知识之路讲道德者，故其讲法即成为"闲议论"而无价值。朱子对于知识本身之追求甚有兴趣。若止于此，则亦无碍。但他却要依此路讲道德实践。通过"涵养须用敬，进学在致知"，将知识引归到生活上来，便是依知识之路讲道德。顺此路讲下去，即使讲到性命天道，太极之理，所成者亦只是静涵系统下之他律道德。此就道德实践言为不中肯。不中肯由于不见道。不见道者即是不明本心自发自律之实事实理也。象山所挥斥者此也。知识本身有何过患？但其有或无对于道德实践不是本质的相干者。故云："我虽不识一字，亦还我堂堂正正做一个人。"这只是立言之相干不相干问题。①

讲道德，不是只有一种思路而已，牟先生看到的思路，就是劳思光先生所讲的主体性的价值自觉一路，就是关心当客观知识已无问题，问题只在是否提起主体的道德意志决心行动时，该做的事是如何？此时就是顺本心自律而发，此时就是朴实之路。此说笔者完全同意。但是，说朱熹不是这一型的笔者完全不同意。这种本体工夫、要求做工夫的话语在朱熹的著作中也是比比皆是，只是朱熹另有牟先生所谓的以知识的进路在讲道德的理论讨论而已。讲道德，有去实践的一面，也有真的就是在知识上讲的一面。在知识上讲道德并不等于主张不要去直接实践，更不是就是娴议论，说娴议论就是说他是不要去实践的人身攻击，但这并不是朱熹的实况。朱熹一生的道德实践就表现在他对建构儒学知识理论的心力付出上，不同的儒者可以有不同的实践的进路类型，但都是实践，也都有实践。朱熹所异于陆象山的是他又正是关于道德行动的知识的哲学

---

① 牟宗三《从陆象山到刘蕺山》，页 36–37。

406

家，此处又有两类问题。其一为谈道德实践主体以及整体存在界的存有范畴的问题一型，以及谈格致诚正修齐治平的工夫次第的问题一型。这两种知识都与道德实践直接相干，但若要说都不等于是正在做工夫，这是笔者可以接受的，但讲这些知识就是为了要好好实践、正确实践而讲的，说为娴议论是在骂人，说不相干是太傲慢，朱熹不是停留在讲这些知识而自己不实践或主张别人不必实践的人，绝对不是，象山对朱熹的批评可以是古人之文人相轻的事件，也可以说朱熹自己对象山的批评也有这种味道在，但绝不能将朱熹的理论上升到依知识的进路讲道德而不实践的宗旨上来，因此牟先生对朱熹的批评才是理解上不对题的批评，说不识一字亦得堂堂正正做人，此话不假，但不识一字能治国平天下乎？《大学》所讲就是治国平天下需自格物致知始，是次第问题而不是项目取舍的问题，绝没有只知不行的意旨，说其有此意旨者不是误解就是污蔑了。牟先生以为朱熹就是光讲知识故难以落实于直接实践中，这才是不对题的批评。然而牟先生对这种不对题的批评却甚为坚持，又见其言：

> 其"讲学之差"即在其端绪定在伊川，而非孔、孟之统也。顺此路前进，其所成者只为静涵系统（横摄系统）下之他律道德（本质伦理），而非纵贯系统下之自律道德（方向伦理）。此为不可挽之定然事实，而朱子亦安于此而不疑，无待人为之曲解或弥缝也。其所以安于此而不疑正因其不能谛解孟子，视象山之期望为浮泛，视其挥斥"闲议论"为粗暴之气之挥洒，空疏无实之大言。彼于象山，只说："大抵其学于心地工夫不为无所见，但便欲恃此陵跨古今，更不下穷理细密工夫，卒并与其所得者而失之。人欲横流，不自知觉，而高谈大论，以为天理尽在是也。则其所谓心地工夫者又安在哉？"（答赵子钦书，详见下第七节。）只浮泛说"于心地工夫不为无所见，而不真切此"心地工夫"为何心地工夫。若只浮泛如此言，则你有点心地工夫，我岂独无心地工夫？如是，便轻轻把象山抹过去，而自信自安于其"穷理细密工夫"矣。不知象山之"心地工夫"正在辨端绪得失下本孟子而来者，非泛泛之"心地工夫"也。①

---

① 牟宗三《从陆象山到刘蕺山》，页49-50。

以上，牟先生把个人的自明本心、自我反省的本体工夫具体化为象山的道德朴实之学，把朱熹的道德知识理论说为静涵系统、他律道德，并且把朱陆的冲突落实为是"朴实之途"或"知识之途"的路线之争。笔者不能同意牟先生这样的说法。虽然朱陆双方在一段时日之后两人等于交恶而互相攻击，但朱熹攻击象山的正是象山的本心修养工夫，反而象山攻击朱熹的都是工夫不对路，而牟先生就是依象山的思路在认识朱熹的，也是依象山的思路在认识朱熹对象山的批评的，以为朱熹对象山的批评就是一点点的意气之事，而象山批评朱熹才是见道与否的问题。其实不然，朱熹对象山的批评就是见到了象山的意气，但象山对朱熹的批评都不是为人好坏的问题，反而是究竟是不是对路的、是不是见道的问题。象山欲拉高批评的层次，其实是转移问题。朱熹并没有不做心地工夫，更没有主张不做心地工夫而只做知识讲学，所谓"静涵横摄"系统是把朱熹讲八目的先知后行之工夫次第之学说成了只要知识不要实践，所谓"他律道德"是把朱熹在界定道德实践主体的存有论范畴学的心性情理气概念定义问题说成了行动依据于外在原理的他律哲学。笔者认定，朱陆两人之争就是为了谁的修养更好的意气之争，但却被陆象山以理论的装饰上升为哲学立场之争，而牟宗三先生则是建构新哲学以衡定此两人的理论之孰优孰劣。说到底，并没有这样的两套哲学，这是牟先生自己替象山发挥而建构出来的两套哲学。朱熹决不会承认，笔者也不认同。

遗憾的是，牟先生却把哲学讨论的话头说死了，他认为朱熹的路线绝对是错的，参见其言：

此是内圣之学之端绪问题，第一义问题，正是绍孔、孟之统，指出实事实理之学，并未陵跨古今，高谈大论，以人欲为天理也。"穷理细密工夫"则是知识问题，是第二义以下者，此不相干，象山并不否认。其所挥斥者是依此路讲道德（讲内圣之学），此正是端绪之迷失（支离歧出），非挥斥知识本身也。其言论之重点只在此端绪之扭转，而朱子终不自省也。以不自省，遂自信自安于其"穷理细密工夫"，而且"重其狷忿，长其负恃"（如象山之所责斥，如上引朱子答赵子钦书中所言即是狷忿、负恃之言），而不知自己正陷于"以知识讲道德（他律道德）"之错误的端绪，已非孔、孟之统矣。此不可不辨，亦不必为之曲讳。是以若于朱、陆同异而欲得一决定答复，则说：同者同讲道德（内圣之学），异者端绪之异，而朱子所取之端绪决定是错。若于两家各取其长，则朱子须放弃其所取之端绪，依从象山之劝告，"不作孟子以下学术"，定端绪于孟子）（此须改变其对于孟子之误解），非只泛言之尊德性，亦非只泛言之方法上之简易也。至于象山，既不抹杀知识，则须随时正视知识，随机作"穷理细密工夫"，以增益其知识，此即取朱子之长，但此不待言，何以故？此非根本问题所在故，虽圣人亦不能尽知故。如是，则朱陆可以大通，其同异可以解决。此盖本末问题，非两本平行而可以取长补短也。若是两本平行，则必争吵不已，永世不得解决。吾如此亦如康德之解决纯粹理性之背反。①

牟先生在这段文字中固然说出了象山、朱熹皆应各取所长，但其实仍是高象山矮朱熹，尤其是以朱熹之进路为端绪之误之说，更是对朱熹的错解。象山讲做孟子的学术，此说笔者认同。但孟子谈工夫修养论，关键在主体性的价值自觉，而不在训练人才的过程。就此而言，朱熹对于提起主体自觉自悟的话从没少说，亦即孟子注意到的朱熹也都注意到，且都提到，且亦十分深入丝毫不让象山、阳明，唯朱熹对象山的批评也正是依据这种主体自觉的工夫来批评，而认为在象山处多有粗暴之气，朱熹不是说这种工夫不对，而是象山（尤其是象山的弟子）在做这种工夫的时候的具体表现是沦落入粗暴之气中，这其实就是平日涵养工夫有缺失的结果。至于朱熹强调的知识进路，则是要为治国平天下的事业做准备工作，治国平天下绝非正心诚意即可，而是要有外王事业的能力，这种能力也不是仅仅是知识就足够了，还要有意志力，就是正心诚意这一关，但也还不够，还要有应变的能力，《论语》中多有这些句子②，因此，既不是正心诚意就够了，也不是具备知识就够了，既然，正心诚意这种象山阳明最强调的重点朱熹也是一样强调了，那么如何说朱熹端绪是错？端绪岂能只有一端？古代圣王明君只有正心诚意一端就足够了吗？象山也是主张只要这一端就

---

① 牟宗三《从陆象山到刘蕺山》，页50-51。
② 如"可与共学,未可与适道；可与适道,未可与立；可与立,未可与权"。(《论语·子罕》)

够了吗？显然不是，阳明也不是，只是这一端在纯粹化主体意志时确实是决定性的关键事件，但是在治国平天下时关键的事件还有很多，《大学》要谈的是治国平天下，孟子、象山在谈的是任何对的事情的当下坚持，坚持对的并且去做，这就是牟先生看到的讲道德时的本质问题，因而说端绪在此，就此而言，朱熹有百分之百的同样立场。问题是象山及其弟子在什么是对的事情的决断上常常粗糙疏阔得很，朱熹决不是在批评象山弟子对于对的事情的坚持立场，朱熹自己都主张应该纯粹化主体意志，也就是要坚持做对的事情，只是，每个人在每个个案的认识状态程度深浅不一、精细粗糙各不相同，对错的认识以及如何恰当地处理是要讲究的，需要平日的涵养的重点就在这里。因此，牟先生评议朱陆的立场并不正确。牟先生以为他的评断是像康德解决认识论的理性主义、经验主义之争的结论，笔者以为，牟先生并没有站在正确的文本解读基础上，因此这样的评断，不能让人接受。

九、结论

以上为对牟宗三先生诠释陆象山哲学的方法论讨论。牟先生尚有讨论朱陆之争的第二章之专章亦涉及象山学，主题就是朱陆之争，其实，第二章反而是他在完成《心体与性体》的前后同时的作品，可以说是一篇完整地谈朱熹的专章，事实上牟先生在《心体与性体》各章中的讨论都可以说是以朱熹为批判的对象，而藉各家儒学家的理论以为对谈之媒介，因此该第二章正好是藉象山学以与朱熹对谈的专章。就本章而言，笔者的写作目的在于更正牟先生的象山学诠释意旨，尤其是涉及朱陆比较的部分，并不在反对牟先生可以创立新说以建构新儒学，而是反对在文本理解上对于朱陆比较中的过激与偏颇之词，且企图还原朱陆文本本来的意旨。

第十五章：对牟宗三谈朱陆之争的方法论反思

一、前言

牟宗三先生一生谈宋明儒学的所有主题可以说都是在面对朱陆之争的问题，而且全部都是站在象山的立场反对朱熹的。他的《心体与性体》，以周、张、五峰、陆、王、蕺山为典范，以程颐、朱熹为对立面，不论讨论到哪一家，几乎都是以朱熹理论为批判对比的对象，以朱、陆的类型差异为分析的起点。对朱、陆差异对比的解说，可以说就是牟先生宋明儒学义理建构的真正核心问题。此外，牟先生也是一生对比中西哲学，讨论中西哲学之异同甚至优劣问题，也是他的核心问题。结果，笔者要说：几乎中西哲学之对比的特征就落实在牟先生处理朱陆哲学之对比的特征上了，象山学是牟先生诠释下的中国哲学的典范，而朱熹学就是西方哲学的型态，朱、陆之争几乎等于中西对比。

牟宗三先生著《心体与性体》，完成对周敦颐、张载、程颢、程颐、胡五峰、朱熹的讨论，经过《佛性与般若》之作后，又再度整理重写而成《从陆象山到刘蕺山》新书，其中的第二章《象山与朱子之争辩》，就集中地处理了朱陆之间各种比较问题，本章之作，就是对其中的讨论进行反思。

牟先生的哲学理论，可以说都是在思辨的历程中进行创作的，他的哲学意见从来不是一两句话的事情，他都是经过了自己不断地铺陈演绎才确断了思想的宗旨，因此讨论牟先生的理论也不能是挑拣一两条命题为依据就可以进行的事情，而应是深入他长篇累牍的整段文字，进行细节的分析反思。本章及本书之作，即是以此种方式进行。

二、面对朱陆的基本态度

牟先生面对朱陆之争的基本立场是帮象山讲话的，当然，任何人讲任何话都是自认有理的，自认客观的，所以当牟先生要支持象山学时，也就展开了绵密的理论创作以为客观的支持，而这个工作也同时成就了牟宗三先生的哲学。参见其言：

> 象山自三十四岁开始受徒，至三十七岁鹅湖之会，其讲学之宗旨与规模即已确定，而亦自始即与朱子不相契者。朱子长象山九岁。鹅湖之会时，象山三十七，朱子四十六。朱子于三十七开始至四十岁，这三四年之间，正苦参中和问题；而"心性情三分理气二分"之格局亦确定于此时。（三十七是一有趣之年龄，阳明在龙场驿悟良知亦是三十七。）各有确定之规模与端绪，系统不同，故不相契。惟由此不相契所表现于言语上之互相讥刺似又不能自觉到此中客观义理症结之所在，因此，遂只落于表面风格上之互相诟诋。如朱子斥象山为禅，此固不相干，即说其空疏，粗暴，狂傲，取径太易，不切实下学，亦仍不对题。反过来，象山斥朱子"不见道"，究竟如何是不见道？朱子大讲太极形而上之理，你说他不见道，朱子自不服，而一般人亦未必能理解，不必能同情你。又如说他支离，支离之意如明确地定其对何而言，则有时亦正需要支离，详细分疏亦不可少，而朱子亦正安于细碎工夫而并不以为憾。是以如此相攻击，总不切要。最后太极图说之辩只是象山借题发挥，其主旨实不在"无极而太极"一系义理之本身。若就此论题而言，吾人可说象山是失败者，然不碍其学路之正大。是则不契之根本症结仍未辩出也。夫攻对方之失，若不能切中客观义理之肯要，而只是就气味姿态作表面无准之联想，则不但大抵不相干，不足以服对方之心，且足以淹没并迷失真实问题之所在。如是，则激成一套烟幕，遮蔽于真实问题之外，而世之耳食之辈，吠影吠声，亦总是随此烟

幕而幻想妄说，遂永不能拨云雾而洞悟此中真实问题之相矣。学术问题之不明与迷失造成许多无谓之争论与虚妄不实之讥议，此则为害甚大，不可不予以彻底点破也。以下试就文献逐步明此中问题之真相。[1]

牟先生首先指出，象山与朱熹见面于象山三十七岁、朱熹四十六岁时，两人都已有各自确定的端绪与规模，唯系统不同，故不相契，因此彼此的批评只是表面风格的互相诟诋。此处，说彼此是"只落于表面风格上之互相诟诋"，笔者完全同意。可惜，牟先生接下来的说明，却没有守住这个基调。对于朱熹对象山的批评，他都说是表面风格的批评，而且就停止于此处不再深入；但是对象山对朱熹的批评，却只说，这样的批评，朱熹不能同意，也不能明白，意思就是说，象山批评有理，可是朱熹不能理解，因此需要牟先生出面，将它彻底说清楚。其实，这样的态度就变成，象山对朱熹的批评用词还只是表面上的，但牟先生建立理论以说明象山对朱熹的批评的理论意义，就有了深厚的理论支持。因此可以说，象山只在风格表面上批评朱熹的话语，因所说没有理论支持，故而只是表面冲突，却是牟先生的哲学诠释理论建构，才使得象山对朱熹的批评获得了理论的支持，因而是真有所对立的。

笔者就曾指出，朱陆之争在朱陆的话语攻防上是一回事，后人对此一攻防建立新的理论以持续辩争是另一回事，笔者认为，朱陆之争只是文人之间的意气之争，没有理论的实义，但后人再度建构新的理论体系以说明朱陆的争辩时，这时就真的变成对立的理论的争执了[2]。但是，这是后人自己的理论世界内的两种理论模型的对立争执，就文本诠释言，这尚不能等于就是朱陆之间的争执。也就是说，牟先生自己是哲学家而创造理论，此固应受尊重，但就读者而言，为了文本解读而认识朱陆时，笔者不认为牟先生的讨论是忠实于朱熹哲学意旨的。本章之作，亦是在指出牟先生这些理论在文本诠释上的不当。

---

[1] 牟宗三《从陆象山到刘蕺山》，台北：台湾学生书局，1979年8月初版，页81。
[2] 参见拙著：《南宋儒学》第十二章《鹅湖之会与朱陆之争》，台湾商务印书馆，2010年9月初版。

三、对象山学是第一义的定位

牟先生于《心体与性体》书中,即说宋明儒学是内圣之学,至于外王,不是没讲,而是太简单而不深入。就内圣之学而言,做工夫是最核心的问题,至于说明做工夫的合理性的天道论诸哲学,都是由内圣之学发展而出的,这就是由孔子言仁、孟子言心性、而上升至《中庸》《易传》的天道论诸说,这就是内圣之学的圆满的完成。就此而言,牟先生的内圣之学亦包含形上学意旨,且其内圣之学还需上升至形上学而后方为圆满,但其形上学却须是由心性仁义之实践而上遂的类型才是优良的类型,这就造就了牟先生一些"动态的形上学"说法的成立缘由。同时,这也成为牟先生定义象山学类型的思路依据。

牟先生对朱陆之争的讨论,首先从"鹅湖之会"的彼此三首诗文谈起,以下是鹅湖之会的三首诗文。首先象山兄长复斋作诗:"孩提知爱长知钦,古圣相传只此心。大抵有基方筑室,未闻无址忽成岑。留情传注翻榛塞,着意精微转陆沈。珍重友朋勤切琢,须知至乐在于今。"象山附和又转深,亦作一诗:"孩提知爱长知钦,古圣相传只此心。大抵有基方筑室,未闻无址忽成岑。留情传注翻榛塞,着意精微转陆沈。珍重友朋勤切琢,须知至乐在于今。"此二诗造成鹅湖之会中朱熹的不快,三年后朱熹回复一诗:"德义风流夙所钦,别离三载更关心。偶扶藜杖出寒谷,又枉篮舆度远岑。旧学商量加邃密,新知培养转深沈。却愁说到无言处,不信人间有古今。"[①] 对此,牟先生言:

> 讲内圣之约,自觉地作道德实践之工夫,首应辨此本心,此是直托的本质相干之第一义。若不先正视此义,而只"留情传注"、"着意精微",纵使讲得十分好,亦是歧出,或只是第二义以下者。[②]

牟先生说得对,"讲内圣之学,自觉地做道德实践之工夫,首应辨此本心",本心提起,直接实践,此是第一义,第一义者,将道理实践之、落实之、

---

① 笔者对此三诗文的相关讨论,参见前注。
② 牟宗三《从陆象山到刘蕺山》,页84。

彰显之者。第一义就是直接实践，而不是任何义理的解说探究了。因此，这里的"讲内圣之学"之"讲"，显然是谈的实践，而不只是内圣之学的理论讲究之事。若说到内圣之学的理论讲究，范围尽可无限延伸，但也可以有核心义。不过，牟先生却是以直接实践为唯一主题，而将涉及内圣之学的理论盯紧在这里，这也并无不对，问题是在，以此做朱陆之别是不对的，因为这是象山眼中的朱熹，而且是在文人相争、言语刺辣时的说法，自然有误。朱熹岂止是"留情传注"、"着意精微"而已。朱熹讲本体工夫、讲立志实学之话语，一点不少于象山，只是朱陆有争执，而牟先生全从象山眼光评价朱熹而已。又见其言：

> 最后两句："欲知自下升高处，真伪先须辨只今。"此是象山直就内圣之学（相应道德本性以为道德的实践）而言讲学入路之真伪也。或真或伪只在是否能当下肯认此道德的创造之源之本心也。"先须辨只今"即辨此当下呈现之本心也。即在此，有象山所谓"辨志"，有其所谓"义利之辨"，有其所谓"先立其大"，有其所谓"尊德性"。此就直接相应道德本性而为道德实践之第一义言，最为本质的肯要，此并无夸大乖僻不近人情处。由此而开象山所谓"今天下学者唯两途：一途朴实，一途议论"之说。能直接相应此本心而"溥博渊泉而时出之"不"粘牙嚼舌"，不"起炉作灶"，"不话闲话"，不"杜撰"，便是"朴实"。不能如此，歧出而"杜撰"、"立说"，便是"议论"。凡议论皆"虚说虚见"，皆非实理正见，皆是"无风起浪，平地起土堆"，故皆不平，皆非"坦然明白"，皆是"异端"，皆是"陷溺"。不必时文利欲为陷溺，为伪，即此议论之途，意见之虚，亦皆陷溺而为伪也。象山对于时风之陷溺确有其真切之感受，今语所谓存在之感受。其言本心，言辨志，直翻上来而言朴实，斥议论，皆是由于对此时风陷溺之遮拨而直超拔至此第一义，亦实是本质的相干之一义，故并非穷高极远之虚诞，而乃实是平，实是实，此方真是平实，故斥彼歧出者为支离，为议论，为异端，为虚见，为陷溺。此非故作反常之论，乃实对内圣践履（相应道德本性而为道德践履）之第一义而恰恰是如此。人狃于常情，不知道德践履之本性为何物，乃以外在知解为平实，美其名曰"下学而上达"，殊不知对道德践履之本性言，此正为歧出而不平实，而亦

未必真能上达也。孔子固云："下学而上达，知我者其天乎"？然孔子之"下学"岂只是空头之下学乎？不然，彼何必念念于仁乎？若非洞悟生命之源（仁），沛然莫之能御，未必能"不怨天，不尤人"，亦未必能"下学而上达"，亦未必能至［知我者其天乎］之与天地生命为一也。①

本文是牟先生就象山诗文中对朱熹的评价意见的讨论说明，重点在说象山"辨只今"的进路之正确性。牟先生理解象山所关心的问题，就是在谈一个人的道德实践行动的问题，则此时之重点就是就该做的事直接立志做去，此即牟先生所说的当下呈现本心，以及第一义。此说无误，完全正确。当一个人知道应该做什么事情的时候，此时该做的就是去做这件事，因为他已经知道这件事该做了。若一个人立志为天下人服务，要大做一个好儒者，但是，从何下手？如何进行？他尚不能确知时，则此时应该做的就是《大学》的格物致知的工夫，也就是先知后行的工夫。知得清楚了，就可以做去，至于要做的时候，是否意志坚定？是否立定志向？这才回到牟先生所说的辨只今、第一义的问题。当一个人对于为什么要为天下服务有质疑的时候，或是当一位儒学学者面对别人的质疑的时候，他要做的事情就是在理论上提出形上学的原理以回答为何儒家的理想是对的、是真的的问题，这就是牟先生所说的本质伦理在谈的问题，就是牟先生所说的柏拉图的存有论的圆满在回答的问题，这就是牟先生所批评的程朱的理学在面对的问题。因此，存有论有其理论功能，有其面对实践的理论角色；工夫次第论有其功能，有其在实践过程中的明确角色。牟先生只顾一义，在朱陆发为意气之争时，用力拉开两人的差距，强硬地以陆象山就是在谈最后一步的立志实践，而朱熹却在谈与实践不直接相关的形上理论。其实，象山也肯定工夫次第的先知后行之学，象山也接受朱熹所谈的形上学理论的理气说；而朱熹更是在许多地方谈直接实践的意见，谈立大头脑之学。朱陆有冲突，是意气之争，不是理论之别。理论之别是牟先生建立的新儒学而予以出入的，但是却于文本诠释有所妨碍。

本文尚有两个值得一提的重点，其一为牟先生接受象山说朴实与议论之途

---

① 牟宗三《从陆象山到刘蕺山》，页 87-88。

的分别，其二为牟先生刻意批评朱熹的下学上达理论。就朴实与议论而言，此说颇类似《楞伽经》的"说通与宗通"或"言说法与如实法"的区别。笔者以为，士人就其所知立志去行的时候，此时不去实践而寻找理由以刻意回避，则这是闲议论；不再多说己能，不再称颂己是，而是静默地直接实践该事，这是朴实之途。此朴实之途所对比的议论之途，并不是朱熹讲理论的情况。朱熹讲理论是要面对三教辩证，解决它教在理论上的质疑，是从形上学的进路说明儒家的本体论与宇宙论的知识立场，这种议论，并不是在面对生命当下有该做当为之事时却另找理由以回避之而不实践之的情况，相反地，这是苦心孤诣、发为思虑，面对儒家真理、建立理论、捍卫价值的实践力为之事。牟先生接受象山朴实、议论之区分，接受象山批评朱熹为支离的立场，就是把朱熹置于闲议论一边，此事，笔者欲为朱熹澄清，并反驳牟先生之言。

另就下学上达言，朱熹确实依《大学》先知后行的观念强调下学上达的工夫方法。牟宗三先生竟将朱熹之主张说他是"美其名曰'下学上达'"，其实，下学上达语出孔子，牟先生不能否定孔子的下学上达，就说朱熹的下学上达是空头的，若不能辨志，若不能当下呈现本心，若不能念念于仁，则亦未能上达矣。其实，朱熹讲下学上达就是在工夫次第的脉络上说，既是先知后行义的下学上达，也是未发涵养、已发察识义的下学上达。总之是平日就要做工夫的下学上达，就是培养知识、养成良好生活习惯、奠立基础能力的时候的下学上达，平日的这些行为就是在小事上就已立志为追求崇高理想而做的日用常行的准备工夫，小事专注就是主敬，主敬就是战战兢兢、如临深渊、如履薄冰的工夫实践。若不是有理想要追求，何须小事谨慎？何能虚心下学？既能如此谨小慎微，何愁不能上达？牟先生如此粗暴地理解朱熹，不正像是阳明说象山粗些的同样意思吗？牟先生畅说己意时竟与象山一样地粗。

牟先生之所以可以对朱熹有如此粗暴的解读，是基于他所建立的先秦儒学的根本型态，并认为朱熹对此一型态根本不相契。笔者认为，朱熹只是对象山的为人风格及品味气息十分不喜，因而反对并批评象山，牟先生替象山主张，拉高对立的层次，以先秦儒学与象山、阳明一脉相承，而朱熹只是别子于外，理论与先秦不类，以此排斥朱熹。牟先生这样的做法，笔者决不同意。参见其言：

孟子之本心，扩充，充尽，沛然莫之能御，以及"源泉混混，不舍昼夜，盈科而后进，有本者若是"，等词语，皆为象山所最喜引用。朱子说象山"合下有些禅底意思"，实则他确然合下是一个孟子底生命。此等词语皆表示承体起用之道德的创造性，皆表示承体起用的道德目的性之实现。中庸之由至诚以尽性乃至参天地赞化育，以及诚则形、着、明、动、变化，"诚者物之终始，不诚无物"，"天地之道可一言而尽，其为物不贰，则其生物不测"，以及"溥博源泉而时出之"等辞语亦皆是表示道德性之创造，此皆为本体论的直贯之辞语，道德的内在目的性（终成性）之实现之辞语，宇宙论式的辞语。易传之乾知坤能之神化尤其皆是此类之辞语。凡此类辞语皆是表示承体起用之立体的直贯。而凡此种立体的直贯之义理辞语皆为朱子所不甚能相应。朱子之心态，其特别显著而特用力处，乃是认识论的并列，故其所理解而有得的义理辞语大抵皆是认识论的，静态的横列，而不是本体论的，动态的，立体的直贯。此种心态大体是不宜于讲孟子中庸易传的，即讲亦是落于第二义之认识论的横列而去凑泊，而不是直接相应地讲。故凡孟子中庸易传中承体起用之本体论的直贯之辞语，彼皆不能以"相应道德本性而为道德实践"之健行不息的亲体承当照体独立的精神去理会，而或是摆在那里以待凑泊，其着力处全不在此，或是将其转为认识论的辞语而横列地理解之。例如其讲孟子"尽其心者知其性也"，即以格物穷理解知性，由此格物穷理之知以明心之尽，而非孟子之扩充的尽。即此一端即表示其对于孟子全部不相应。[①]

这段文字，是牟先生统观朱陆的立场，虽然没有十分详细的文本佐助，但仍可看出是以朱熹批评象山为禅，以及朱熹诠释孟子"尽心知性知天"的一段文本，为针对性的发言，主张象山承孟子及《庸》《易》系统，有其本体论的直贯之辞语，而朱熹并不相应此。牟先生之所以可以说朱熹不相应此，是以朱熹批评继承这些孟子、《庸》《易》意旨的象山学为禅学，也就是说，一旦朱熹批评了象山，则连带地朱熹也歧出于孟子、《庸》《易》之外了。当然，朱熹有

---

① 牟宗三《从陆象山到刘蕺山》，页89–90。

批注孟子尽心知性知天一段，而由先知后行的进路诠释之，确实并不准确，但朱熹更有批注《孟子》《庸》《易》的更多其他十分相应的诠释文字，便不为牟先生所重视了。牟先生说朱熹将本体论的直贯语转为认识论的横列语，其实，这也是牟先生对朱熹所讨论的问题意识的错置所致。被牟先生说为本体论的直贯语的命题，或为宇宙发生论，此即本体宇宙论的形上学命题；或为主体实践的工夫论，而为本体工夫论。而被牟先生说为认识论的横列语的朱熹命题，则或为朱熹在讲概念定义的存有论问题，主要是针对重要的存有范畴概念作意旨定义，此即被牟先生批评的心性情三分及理气二分之理论。这种命题理论本来就是在做范畴解析，既是解析，就是分析横列的，这种命题，本来就不是在谈本体宇宙论也不是在谈本体工夫论，要谈本体宇宙论以及本体工夫论时，朱熹也十分具备讨论这些问题的理论命题。另一种则是朱熹在谈工夫论时的先知后行说，这是站在工夫次第的思路上说的理论，而且是先知后行的程序，故而被牟先生说为认识论的。由此看来，根本是问题不同，导致朱熹被牟先生粗暴地批评，因为牟先生在面对朱熹批评象山为禅的时候，就以本体直贯的象山、孟子、《易》《庸》命题为一组，另以朱熹讨论存有论的概念解析的命题理论以及讨论《大学》先知后行的工夫次第理论为另一对比参照组，从而建立新说，分裂两家。如此的分裂之后的两型，自然彼此不相应，但这不是朱熹对孟子、《庸》《易》甚至象山的不相应，这是牟宗三先生对朱熹的不相应。

针对牟先生所认定的这种不相应，牟先生又言：

> 唯至朱子承继伊川"性即理也"之分解精神，以落下来之格物穷理居敬集义之第二义为定本，以理气二分，心性情三分为定局后，此直贯义遂全丧失，且于此极不相应，亦极厌恶，遂成为与象山之对立而极不相契。此种冲突之客观义理上的总症结即在此直贯与横列两向之冲突。其余皆不相干之外围恍惚语。朱子不知此直贯与横列不是同层次上之对立，而实是第一义与第二义两层次上之问题。即象山亦不甚能自觉地说出，故终于两不相契而不能得其融贯，遂成为两系统之对立。以吾之观，实是一个系统之两层，而落于第二义者不能自足独立也。而孔孟仁教之精神究是以立体直贯为本质也。朱子之形态是认识论的形态，是静态的本体论的存有之

形态，而不能复合于本体论的动态的立体直贯之形态。此是类乎荀子之形态，智性义理之形态，而与孔孟之教不相应也。徒以其近于常识而又行事于博文，人遂以正统视之矣。实则衡之第一义，彼与孔孟甚相远也（虽不必相违），其距离远甚于周张大程及陆王也。[①]

由上文来看，牟宗三先生所描述的朱熹学思风貌，确实是把工夫次第论的先知后行连结上格物致知穷理，而接续了理气论及心性情论的部分，前者是工夫次第论，后者是形上学存有论。因为中间有格物致知，而格致又同于穷理，穷理又进入理气心性情，所以工夫次第论的认识论进路跟存有范畴的存有论结合，难怪牟宗三先生要说朱熹的形上学是"静态横摄"的认识论进路的。但是，这个朱熹学思型态，是牟宗三先生吸收象山及王阳明对朱熹的批评意见而汇集起来的朱熹学形象，并不是一般直接研究朱熹思想的学者们所看到的朱熹形象。

就此而言，牟先生一方面以直贯与横列分朱陆，另方面以第一义与第二义说朱陆。话说得较重的是，直贯与横列并不只是不同的类型，而是有不同的层次，也就是有第一义与第二义以下的层次的不同，且直贯型为第一义，为本质，横列型为第二义以下，第二义为认识论的、静态的，本身不能自足独立，甚至，与孔孟距离甚远，而周、张、陆、王才是直承孔孟。牟先生这些批评意见，笔者都不同意，此处暂不展开，因为笔者已经在其他相关的地方都讨论过了。

笔者以牟先生不相应朱熹而对朱熹提出种种的批评，但牟先生也偶有相应朱熹之时，可惜，虽然相应，却不愿承认其价值，仍是要高举象山批驳朱熹。参见其言：

> 朱子之着力处，只有当吾人不能相应道德本性而为道德实践时，始有真实意义，而吾人亦确常不能相应道德本性而为道德实践，即或能之，亦常不能不思而得，不勉而中，而常须要勉强，择善而固执之。盖人常不免

---

① 牟宗三《从陆象山到刘蕺山》，页90-91。

于私欲之陷溺，利害之顾虑，而不能纯依乎天理以行。即勉强不违道德，不犯法律，可称为无大过之善人，而其行为亦不必真能相应道德本性而纯为无条件之依理而行者。试问有谁真能无一毫之夹杂者乎？如是，吾人不得不落于第二义上而从事于磨练、勉强、熏习、夹持、择善而固执之预备工夫、助缘工夫，以及种种后天之积习工夫，以求吾人生命（心）之渐顺适而如理。自此而言，虽不能至乎第一义，相应道德本性，开而出之，然亦不能简单地予以横截，单纯地视为闲议论、虚说虚见。就第一义言，自是歧出，亦不免于支离，然不能说无真实意义。既落于第二义而为助缘工夫，自然是歧出，亦当然有支离。此中亦不免绕许多冤枉路，亦自有虚妄处，亦自有粘牙嚼舌处，亦自不能免乎闲议论之废话，然而亦同样不能单纯地即视为异端，视为陷溺，视为只是虚见，只是议论。象山不能正视此点，一概予以横截，难免有轻易天下事之讥，此象山之过也。朱子于此有切感，自不能服也。然象山亦非不重视第二义之助缘工夫者。象山亦讲涵养操存，亦重讲明，亦重博学、审问、慎思、明辨，亦重格物致知，亦重智之事，亦非不读书，不理会文字（当然不必限于此），然必以本心之直贯，沛然莫之能御，为头脑，并非空头而成为纯然之智之事。故养是养此，存是存此，讲明是讲明此，博学、审问、慎思、明辨，亦无非明辨乎此，格物致知亦无非是格此、知此，读书、理会文字亦无非为的是了解此，而仍归于本心直贯沛然莫之能御之践履。而朱子于此直贯却甚不能正视，且甚厌恶，视为禁忌，动辄以无谓之遐想而予以责斥，此朱子之过也。自此而言，象山谓其不见道，见道不明，亦非无故。[①]

本文一开始，就企图寻找朱熹思路的合理性之处，亦确实找到了，朱熹在谈的下学上达、未发涵养、先知后行、主敬等理论，就是朱熹是在面对人们尚不完美之时的基础培训工夫，也就是说，朱熹是在谈日常培养的基础修养工夫，工夫论就是要像朱熹这样谈，境界论则是不必再做勉强的工夫，从心所欲不逾矩了。至于象山，讲先立吾心之大者、讲提起本心、讲实学，这也是工夫

---

① 牟宗三《从陆象山到刘蕺山》，页91-92。

论，这是工夫入手的心法，也就是本体工夫的基本模式，亦即一切儒家修养工夫在心理活动上的实际做法，这些讲法朱熹也有，而朱熹的讲法象山也有，牟先生文末就指出朱熹的重先知后行等说法也是象山的主张，此事，在笔者的《南宋儒学》专书中已例举多文证实之。但是，朱熹也讲了同于象山说法，牟先生就从来不引用，直接视若无睹①。这都无妨。重点是，牟先生以第一义及第二义说朱陆的不同，此说笔者不同意。禅宗的第一义说，指的是诸多的修行理论，不若直接实践切实笃行，而切实笃行即是第一义的如实法，也就是说，第二义和第一义的差别，就是讲理论和直接实践的差别。但朱陆之别却不是此型。朱熹强调要在平日培养自己，陆象山专注本心提起的当下操作方式，此二说皆是讲工夫，而且其彼此之间都互相有强调对方最重视的一块，可以说两说完全可以合一，本来就是同一套理论的不同进路。简言之做工夫就是要在平日就做的，而做工夫的意义就是提起本心切实落实。此中没有第一义或第二义的区分的空间在，牟先生借象山口说朱熹为支离，此支离指的是朱熹讲的心性情理气的存有论问题，这种存有论问题的讨论与工夫论上讲先知后行、下学上达、未发涵养，以及主敬等说并不是一回事，朱熹决不是在谈培养工夫时进入哲学思辨的存有论情境，只是这些理论象山毫无兴趣，认为对圣学之实践而言只是支离，所以，牟先生说为第一义与第二义的差别，牟先生之说也是不对题。牟先生既然看到了朱熹所提的工夫理论也有其必要性且也在象山的注重中，就不应还是进行第一义及第二义的区分。笔者以为，第一义与第一义以下的区分之真正重点不在是否讲理论，而是在是否做实践，理论不论讲多讲少，只要有去做实践，就是第一义，要被批判的是不实践，而不是跟实践有关的理论。至于说朱熹对象山提起本心的直贯工夫之不喜，此非朱熹不见道或不识本体工夫之模式，而是朱熹对象山个人气息之不喜，此种文人相轻的言谈，只能说朱陆二人皆未臻圣境，却不是朱熹在理论上有落入下阶的缺失。

---

① 参见拙著：《南宋儒学》第八章《朱熹其他诠释传统的本体工夫论》，台湾商务印书馆。

四、尊德性与道问学之争

朱熹借由《中庸》"尊德性、道问学"两事发表关于他自己和象山两人的工夫造境的看法，基本态度是，两人都有肯定，只不完美，故勉励自己一番。唯象山听闻之后，并不领情，还教训了朱熹一番[①]。牟先生依据象山的思路，发为理论，批评朱熹的缺失。牟先生言：

> 案："去两短、合两长"，自是可以。然就朱子言，必须知"尊德性"不是泛说的尊德性，而是必须能直下肯认本心之道德践履上之直贯义，如是方能"沛然莫之能御"，"溥博渊泉，而时出之"。尊德性是尊的这个德性，先立其大是立的这个大，不是泛说的大。此义既立，在在皆是真实的道德践履，而人生不能不作事，则研究学问，应事接物，凡百技艺，皆所当为，而道问学自含其中。此即是"去两短、合两长"。然而朱子却终生不能正视此本心之道德践履上之直贯义，故其道问学常于道德践履并无多大帮助，此其"于紧要事上多不得力"之故。盖此种外在知解、文字理会之明理本与道德践履并无本质的相干者，只靠敬贯动静、涵养于未发、察识于已发，此于促成真实的道德践履本不十分充沛者，即本不十分够力量者。故朱子与林择之书云："陆子静兄弟，其门人有相访者，气象皆好。此间学者，即与渠相反。初谓只如此讲道渐涵，自能入德，不谓末流之弊，只成说话。至人伦日用最切近处，都不得毫末气力。不可不深惩而痛警之也。"（象山年谱四十二岁下引）朱子已见出此种道问学之弊。然只谓"不可不深惩而痛警之"，则亦只是只知痛，而不知其所以去痛者，此仍是不着边际也。"深惩而痛警之"，有以反到本心之道德践履上之直贯义，方是着边际之彻悟。此则自能有超拔而气象可光畅矣。然朱子之劲道却始终未在此处着力。其着力处仍在"涵养须用敬，进学则在致知"也。[②]

[①] 参见拙著：《南宋儒学》第十二章《鹅湖之会与朱陆之争》十一节《中庸尊德性道问学之经典诠释义下的朱陆为学方法平议》，台湾商务印书馆。2010年9月初版，页694。
[②] 牟宗三《从陆象山到刘蕺山》，页93–94。

牟先生在这一个问题的讨论上用力极深，对朱熹的误解更深，本文的讨论将以这前后两段文字为材料进行之。首先，牟先生对尊德性和道问学两事的讨论，混淆了"哲学意见"和"个人评价"的两种类型。朱熹对尊德性和道问学的关系的讨论，是主张两者同样重要且互相关联的。至于对尊德性意旨的理解，则丝毫不少差于象山以及牟先生的理解[①]。但是，朱熹对于自己在尊德性上的实际修养程度进行反省及自我批判，不见《论语》中孔夫子也说："若圣与仁，则吾岂敢？"不料象山狂妄，对朱熹的自谦自省之词斥之谓："不知尊德性，如何道问学？"而牟先生亦完全只接受象山对朱熹的修养境界的评价，并直接把对朱熹人格境界的评价当作对朱熹理论主张的认识，认为朱熹确实不知尊德性为何物，此一理解模式，笔者完全不认同，应予修正。牟先生另外一个支持他认为朱熹不能正视尊德性工夫意旨的理由，就是朱熹讲的先知后行的工夫次第论，并合未发涵养已发察识说，认为这些与尊德性这种直贯的道德践履没有本质的相关。此说笔者也不同意。关键在于，谈先后及未发已发都是工夫次第的问题，谈本体工夫的直贯行动都是纯粹化主体意志的行为，这个意旨在未发涵养、已发察识、先知后行的所有动作中都是适用的，而若不是为了尊德性的目的又何来道问学的活动呢？牟先生必欲切割朱熹工夫论与尊德性的关系，而限制他只是在讲道问学工夫，并认为这就是朱熹所理解的工夫论类型，于是再把道问学型态发挥得与尊德性进路更加地没有关系，这就是他继续发言的重点。参见：

然如象山所谓"既不知尊德性，焉有所谓道问学"，则却须有简别。如道问学是直接与道德践履相关之道问学，如象山所意谓者，则不知尊德性，自无此种道问学。然道问学亦有与道德践履不直接相干者，或根本是不相干者，如所谓中立者，例如读数学或研究物理，此则不知尊德性，亦可有道问学。外在知解、客观研究、文字理会，大抵皆属此类。此为纯智之兴趣，亦有其相当之独立性。（朱子此种兴趣甚强。）不知尊德性，既可

[①] 参见拙著：《南宋儒学》第十二章《鹅湖之会与朱陆之争》十一节《中庸尊德性道问学之经典诠释义下的朱陆为学方法平议》。

有此种道问学，则此种道问学亦可与道德践履不相干，无助于真实道德践履之实现。是以在此，尊德性与道问学并非同一事，而其关系亦是综和关系，并非分析关系。在此，吾人只能说：不知尊德性，则道问学亦无真切帮助于道德之践履，但不能说：不知尊德性，即无道问学。吾人亦可说：不知尊德性，则一切道问学皆无真实而积极之价值，但不能说：无尊德性即无道问学。反之，既知尊德性，则道问学，于个人身上，随缘随分皆可为，不惟无碍于道德之践履，且可以助成与充实吾人道德之践履。"宇宙内事，乃己分内事"，则一切道问学皆有真实而积极之价值。是以象山云："岂可言由其著书而反有所蔽？当言其心有蔽，故其言亦蔽，则可也。"（见全集卷十二，与赵咏道书）著书有何妨碍？如能为、愿为，尽可尽力而为之。单看学至于道与否耳，是否知尊德性为之主耳。是以凡言象山反对读书著书、脱略文字、轻视道问学者，皆诬妄耳。①

牟先生这段文字的主意就是在说朱熹的道问学型态可以是与尊德性无关的型态，牟先生甚至提出一些事实上与尊德性无关的纯知识活动来定位朱熹讲的道问学的活动意旨。此说笔者不赞成。朱熹的道问学，就是为了尊德性而进行的道问学，朱熹谈尊德性与道问学就是在《中庸》诠释系统下作的文本诠释，朱熹的理解与诠释就是两者是二而一的。此外，朱熹在《大学》文本诠释下，又须主张先知后行，但是此格物致知在《大学》文本中本来就是为了"古之欲明明德于天下"的理想而启动的工夫次第之开端，根本不是光知不行、割裂知行的宗旨，更不是中立的数学、物理之学，陆象山与朱熹两人文人相轻，各自发抒意气，互相谩骂，象山批评朱熹不见道，这只是骂人而不是学术讨论的话，牟先生却藉由朱熹的工夫次第论及存有论的理论，落实象山的意气之见为理论之说，此事笔者必须严正反对。

朱熹一生的学术工作，就是为了捍卫及延续儒学的慧命与民族的气运而做，此中没有德性，何来的意志、勇气与坚持？简单的道理不能面对，辩胜的意气充斥言语，前有象山，后有宗三，吾不能不为朱熹一辩矣。

---

① 牟宗三《从陆象山到刘蕺山》，页94–95。

五、对朱熹中和旧说的批评

牟先生在《心体与性体》谈朱熹章中，就已有充分的篇幅讨论朱熹的中和说问题，关键就是，朱熹对五峰的察识说有批评意见，以为欠缺平日涵养一段工夫。此事，笔者亦讨论于《南宋儒学》书中，笔者之见是，朱熹所说的未发涵养、已发察识的思路五峰一样具有，只是以不同的语句形式说出而已，所以这样的主张朱熹与五峰共有，因此并不是这样的主张有什么不对，这套涵养察识的工夫次第论是完全正确的理论，只是朱熹批评五峰"缺乏平日涵养工夫的观点"不对而已，因为五峰也有这种平日涵养的主张。至于未发、已发说出自《中庸》文本诠释，配合未发为中、已发为和之说，遂有牟先生所认为的朱熹中和说的理论系统。但是，牟先生又发现，朱熹早年并未强调未发涵养、已发察识，反而极有直贯纵摄类型的特质，故而牟先生称朱熹有中和旧说，以及中和新说，而谓其旧说虽为本体直贯之路，但仍对本体直贯之路认识不深，因此新说时便走上支离歧出之路。以下，笔者将以牟先生的文本做讨论，提出一些反对的看法。笔者的立场是，朱熹对本体直贯的旧说没有所识不深的问题，只是新说阶段转出为工夫次第的深刻认识，是以更为强调，朱熹自己对旧说的批评只是讲到在实际实践上，过去尚未真正落实，而是要重视新说的平日涵养义才能真正落实。

牟先生对朱熹中和旧说的批评概分三点，意见如下：

一，肯认天命流行之体以为大本，于其良心萌蘖致察而操存之，以复其初，此中一方面体认本体，一方面指陈逆觉工夫，此两义皆非朱子所能真切正视而真有得于生命中者。依朱子后来之分解精神，此天命流行之体正被分解而为理气，心与神俱属于气。自朱子后来观之，此时所肯认之天命流行之体正是儱侗之光景。儱侗浑沦正是朱子所不喜，亦示此"流行之体"实不能真切于其生命中也。既不能真切，故只是一光景。……故到中和新说，即所谓定说，此明全放弃矣。并未以此天命流行之体为自家之安宅也。故知旧说中肯认天命流行之体以为大本，则是儱侗光景之见，并未真切地进入其生命中。①

朱熹早期谈未发、已发问题时，脑中所想就是本体工夫的如何入手的问题，朱熹所说不误，就理论言，已表达了正确的看法。但是，就个人生命实践言，尚未能臻化境，故而发现问题之所在，唯是气禀欲望尚不真能化除，因此又藉未发已发的知识架构谈工夫次第的问题，如此而已。理论认识正确并不等于实践已臻完美，就着真实实践之经验发现气禀危害之严重，以及须有对治之方法之讲究，于是创发新说以解决问题。这是一方面在理论的认识上及另一方面在个人实践的反省上都有收益的型态。至于实践是否到位？这与理论是否正确是两回事的，牟先生一直地以象山批评朱熹之支离、不见道，以及朱熹自我反省实践不得力的话，来说朱熹的体证实践不真切，从而主张朱熹理论不佳，此种做法十分不恰当。至于批评朱熹有分解的精神，这又是另外一种不相干的连结，这是把朱熹谈概念范畴的存有论哲学当作朱熹谈工夫论的主张，明显不对题，直接是误解。若要谈存有论，象山存有论的意见亦同于朱熹，只是象山没兴趣谈，但也还是谈了，朱熹不是有兴趣，而是有理论的需要，故而是职责所在，而牟先生则是建构当代新儒学的理论，主张朱熹所讨论的理论是次级品，是西方静态的形上学，对孔孟而言是支离、歧出，笔者自是不同意牟先生的立场。

牟先生又有第二点意见：

> 二，于良心萌蘖致察而操存之，朱子对此逆觉工夫亦不真切，亦非其生命之本质。后来对胡五峰"知言"所表示之八端疑义，其中之一端即是"不事涵养，先务知识"。此所谓"先务知识"即先要察知此良心萌蘖以肯认心之本体，即胡氏所谓"欲为仁，必先识仁之体"也。察识而后言操存，察存工夫一是皆在于此本心。此义本为明道所说。所谓"学者须先识仁"，"识得此理，以诚敬存之而已"是也。前引朱子三十九岁答何叔京书所谓"若不察于良心发见处，即渺渺茫茫，恐无下手处也"，亦是此义。

---

① 牟宗三《从陆象山到刘蕺山》，页107-108。

此时朱子犹因袭明道而亦学着如此说。于三十七岁时答罗参议书犹称"大抵衡山之学，只就日用处操存辨察，本末一致，尤易见功"。然此究非其本质，彼亦不能妥贴信得及，故后来即力反胡氏之"先务知识"，而对于明道则心存客气，存而不论。其所以力反胡氏"先识仁之体"，即由于其中和新说成立后已成定局，故其于四十岁时答张钦夫书表示中和新说后，即继之批评张南轩"所谓学者须先察识端倪之发，然后可加存养之功"之义。彼谓"熹于此不能无疑。盖发处固当察识，但人自有未发时。此处便合存养。岂可必待发而后察，察而后存耶？且从初不曾存养，便欲随事察识，窃恐浩浩茫茫无下手处，而毫厘之差，千里之谬，将有不可胜言者。且如洒扫应对进退，此存养之事也。不知学者将先于此，而后察之耶？抑将先察识而后存养耶？以此见之，则用力之先后判然可观矣"（四十岁时答张钦夫书，即中和定说之书）。到此时，论调完全改观。三十九岁时答何叔京犹谓"若不察于良心发见处，即渺渺茫茫，恐无下手处也"。一年之隔突然大变，而谓："且从初不曾存养，便欲随事察识，窃恐浩浩茫茫，无下手处。"此诚为有趣之事。此示以前只是浮说，非其本质。故其称赞明道"真不浪语"亦只是一时之光景，谓其"真不浪语"者实一时之兴会耳。而其称胡氏"本末一致，尤易见功"，亦只是一时之浮称，而终于大起疑义也。"知言疑义"之作必在中和新说之后也。[1]

牟先生批评朱熹中和旧说的第二点，集中在涵养察识的争议上，黄宗羲说朱熹批评五峰的八项要点中有"不事涵养，先务知识"两条即所指，此处先务知识应是先务察识，黄宗羲及牟宗三的解释都是察识的意思无误。黄宗羲当时即已说了这"不过辞气之间"而已的话，笔者同意。亦即，这只是朱熹自己的过度敏感而已，对于五峰的辞气有误解。笔者在《南宋儒学》书中的讨论，亦已指出，朱熹所要强调的平日涵养工夫，甚至胡五峰也完全讲过同样意旨的话，只是用词不同而已[2]。因此，朱熹对五峰的批评也是多余的，恐也是文人

---

[1] 牟宗三《从陆象山到刘蕺山》，页109-111。
[2] 参见拙著：《南宋儒学》第四章《朱熹在〈知言疑义〉中批评胡宏的方法论反省》，页181。

之气惹的祸，自视过高，不能细读，快意批评，引来千年之后牟宗三先生的全面反击。但是，牟先生的反击，是以朱熹对逆觉工夫体会不真切，亦即对本体直贯的工夫把握不清楚，而为之攻击，此种反击，笔者有意见。牟先生的证据是，朱熹于旧说中都还可以讲"若不察于良心发见处，即渺渺茫茫，恐无下手处也"的话，但于新说之后，就改为"且从初不曾存养，便欲随事察识，窃恐浩浩茫茫，无下手处"。牟先生认为，朱熹转变太大，显见早期的旧说，根本与他自己的体会不一致，所识不深，随便说说而已，朱熹真正的意见，就是新说的模式，而此模式，则是不肯定直贯的本心。笔者以为，朱熹在旧说和新说间的转变，其实不是对《中庸》文本诠释意见的转变，而是对工夫论问题的看法的翻新。也不是针对中和说有什么旧说新说，而是对工夫操作有了新的理论的建构，当然这也是他自己实践之后的体会，也是他对别人的实践的观察心得。原先，对于主体实践体知要下决心才能落实，故而有牟先生所说之旧说书信中语，之后，或许是看到别人的行为乖戾，或许是发觉自己也有松懈的时候，所以意识到平日要有一些积极培养的功课要做，这就提出牟先生所谓的新说诸意见，要点在给自己一个平日的操练的机会，而不是临事时依赖意气。这样的理论，对绝大多数的普通人而言，绝对是必要的，其实，对极少数气质优美的人，一样是需要的，甚至，就是他们的生活写照。而事实上，当他们在平日的积极涵养的每个当下时，做的就是牟先生所谓的旧说的事情，因此，先察识还是先涵养，这是同时需要的动作，因此也难分先后，朱熹后来自己就网开一面，做了更自由的诠释，并未严格限定，什么叫做平日时，什么叫做有事时[1]，重点只在，朱熹十分厌恶平日不做工夫，却于临事之际意气妄为之举动，依朱熹，临事时只是考验境界而已，不是做培养训练之时，但一个后学者应该要有平日培养的阶段，这也是他唯一可以做工夫的时节，因此未发涵养、已发察识的架构还是朱熹最终肯定的系统，而这正是真正面对一般凡人的工夫论的最佳理论。

牟先生的第三点意见：

---

[1] 参见拙著：《南宋儒学》第七章《朱熹经典诠释进路的工夫论建构》，页379。

三，旧说中所谓于良心萌蘖之发见，致察而操存之，此所谓"致察"显然是指良心本心说，而后来则将察识专限于中庸之"已发"，而此"已发"显与孟子良心萌蘖之发见不同。彼于孟子良心发见之义本不能真切，故不自觉易将孟子良心发见混同中庸之"已发"。不知中庸之"已发"不必是本心之发见也。既想成中庸之"已发"，故后来言察识遂专限于已发，而孟子之学亦终生不入于其生命中矣。……然朱子本不真切旧说中所浮陈之义；对于伊川"有形"二字亦不解；对于胡氏之心性论，旧说时，全不解，新说时，全不契。是以以其心目中之"已发"想胡氏之"已发"，非也。彼亦本不自觉旧说中之已发未发以及良心萌蘖之发见皆不同于其心目中所意识及之"已发"。彼只以中庸之"已发"而混视之，故以旧说为非是。彼不知此根本是两系之义理。旧说因袭其前辈，犹近孟子，而彼不能真切，遂全舍弃而自成其中和之新说。彼终于仍归信于伊川，凭借伊川语以成其中和之定说。既以已发为情（事物交至，思虑萌焉），而察识又专属于已发，则于未发即言涵养，此则为涵养察识之分属，而心、性、情三分，理气二分之格局亦于焉以成矣，此则方真是其生命之本质，而真能妥贴自得于心者。至于察存同施于本心以表示逆觉工夫之孟子学，则全舍弃而终生不能入矣。①

本文中，牟先生对朱熹批评胡五峰的意见，予以反驳。重点在主张，朱熹不能理解孟子的逆觉工夫，《中庸》之已发不必是本心之发现，心性情理气之分与已发未发工夫思路一致。依笔者之见，朱熹对胡五峰的批评确属朱熹之无谓误解，但朱熹之未发已发工夫理论，绝不如牟先生所说之与孟子的本心发现义有别，朱熹讲大学八目时即说，八目之工夫都在求放心一事上，则八目之任一目岂非即是牟先生所说之逆觉体证义。又，涵养即是良知之发现，否则何须涵养？又涵养个什么？以及，察识也正是良心之发现，否则如何察？如何识？牟先生说《中庸》之已发未必是良知之发现，笔者以为，这是看在谈什么问题来讲的，《中庸》未言已发，言已发是程朱之创作，但《中庸》言发而皆中

---

① 牟宗三《从陆象山到刘蕺山》，页 111–112。

节，中节之时能不是良心之发现吗？问题只在，朱熹借未发已发谈工夫次第，因为有平日之时的良心发现的工夫要做，也有临事之时的良知发现的事要做，平日涵养是逆觉体证，临事察识也是逆觉体证，朱熹不能、也没有自外于孟子的良知本心发现的思路，他只是增加了工夫次第的讨论而已。至于心性情理气之分，这就是为何既要平日做工夫，又要临事做工夫的考虑原因了。因为人有气禀，总在犯错，必须给出一个形上学的理由，以说明犯错的存有论结构，这就是心性情理气的存有论理论之出现缘由。结构如此，为改善之需，有八目次第，有未发已发次第，如此而已。因此，朱熹既未否定旧说时的本心工夫之理论规模，只是就事实上操作时的经验，提出要加强工夫次第的平日涵养一段，关键就在人心有为恶的可能，理由是人是气禀结构下的存有，故而另有心性情理气说的存有论哲学之提出。非是牟先生所批评之几点意见。

六、对朱熹中和新说的批评

牟先生说朱熹的中和新说，其实是连着朱熹的心性情理气的存有论系统而一起说的，也就是说，牟先生自己不分本体宇宙工夫境界论，把工夫境界论说成动态的本体宇宙论，也因此，他也不把朱熹论于抽象思辨的存有论和朱熹谈先知后行的工夫论做出区分，硬把这两种理论合在同一个系统中讨论及批评。

牟先生说朱熹的中和新说有四点，且都是从心性关系处谈起，更都是混合心性情的存有论与未发已发的工夫次第论一起讨论的。为集中论点、有效讨论起见，本文从他的第三点处讨论起，参见其言：

> 朱子牢守伊川"性即理也"之义，但却并不说"心即理也"。却亦说心具众理，如说"仁是心之德、爱之理"，即表示仁是心所具之德或理。但既说心具众理，而又不说心即理也，则知此"心具"必有一种特别意义，此须予以确定之。显然"性具"与"心具"并不同。"一性浑然，道义全具"，此性具是分析的具，是必然的内含内具，是整全（浑全）与部分的包含关系，或浑一隐含与分别彰显之隐显关系。太极具万理之一相与多相，亦复如此。但"心具"之具却并不是分析关系，而是综和关系。心

之具众理并不是必然地内含与内具。朱子对于心，总是这样平说，并不先肯认一超越的本心，而即就此本心说。仁固是心之德，但心之具此德并不是本心之必然地具与分析地具（此是用逻辑词语表示。若如实言之，当说并不是本心创发地具），而是综和地具与关联地具。"心是知觉"，"心是气之灵处"。其具德或具理是如理或合理之意。理（性）先是超越而外在于心，但通过一种工夫，它可以内在于心，此时即可以说心具。在此心具中，心与理（性）即关联地贯通而为一。语类中有一条云："问：心是知觉，性是理，心与理如何得贯通为一？曰：不须去着贯通，本来贯通。如何本来贯通？曰：理无心，则无着处。"此"本来贯通"是存在论地言之。此亦如"理无气，则无挂搭处"。然自人之道德生活言之，如不肯认一超越之本心，则并不能说"本来贯通"。须通过一种修养工夫，才能使之"贯通为一"。但无论是存有地言之，或修养地言之，其"贯通为一"之"一"只是关联地为一，贯通地为一，其背景是心与理为二，而不是分析地为一，创发地心即理之为一，此后者是表示超越的创造的道德本心即是理之所从出，此即吾人之性。故心、性、理一也，而以本心为创造的根源。此即孟子以及陆王一系之所说。而此义显然不为朱学所具备。此消极面既已显然，则朱学中"心具"之具即可渐渐得而确定矣。在孟子、陆、王一系中，心具是分析地具、创发地具，故心具即心发。但在朱学中，心具是综和地具，并不是分析地创发地具，故其心具并不是心发。此仍是认知并列之形态（故其言心以知觉为本质），而不是本体的立体直贯之形态。①

这段文字中，牟先生创造性地提出了心与理的关系是分析地具与综合地具的两种类型的理论，简言之，象山为分析地具的关系，朱熹为综合地具的关系，前者是本体的立体直贯，后者是原本二分，经过后天工夫才使为一。牟先生的这些理论，笔者都不同意。这是对朱熹哲学的错解，也是对象山哲学的新诠释。笔者对牟先生以象山学为基础而再造新说是可以接受的，但以朱熹学为

---

① 牟宗三《从陆象山到刘蕺山》，页119–120。

对象建立型态而误解之则是不能被接受的。

　　牟先生的思路是这样的，就象山学言，象山学上达孟子学，是同一个传统，是对心性理天等概念有一分析地即具、及创发地具的关系，所谓分析地具就是说心概念与性概念、理概念、甚至天概念、道概念既意旨全同又交涉互涵，等于就是同一个存有了。这是牟先生于论张载、程颢时即已发展出来的观点，心性理天之所以能够互涉而全同，是因为牟先生在处理存有论的概念解析时进入了本体工夫论的主体活动状态中叙述之。就存有论的概念解析而言，心性理天与道各自有其意旨之所对、特定之功能、不同之角色，以有助于理论架构的开展，从而有效分析状态，以解决知识确定的问题。但是，从主体实践的工夫境界论而言，则必是心合性、性合理、理合天、天合道，此即是主体达致天人合一之境，在主体之心合于天命之性，天命之性即是天理，故而主体之行动即是天道之展现，亦可说是天道、天理之在人之落实，故而心性理天道皆在主体成圣境中交涉互涵、意旨同一。这其中，既是主体合义于天，同时亦是天道展现落实于人。对牟先生而言，此是性具、是心具、是心即理、是心性理天分析地在概念上就是等同互具的。其实，主体成圣境而使得主体之心合义于性、于理、于天、于道是一回事，天道赋命流行而落实于天地万物是另一回事，至于天道理气心性情才诸存有范畴的概念意旨更是另外一回事，此三事各自有其概念使用与意旨定位的道理，牟先生将工夫论与天道论合一，而说有一象山、孟子的本体直贯型态，于是便找到与朱熹不同的类型定位，后者是心与理分而为二，最终之合一是综合地关联。

　　牟先生对朱熹的定位，是把朱熹的存有论思路中对所有概念范畴的定义工作，视为朱熹主张一心性情三分、理气二分、或心理为二的认知式之平列型，这其实是一个无谓的误解。所谓认知型，又是把朱熹在工夫次第论中对《大学》先知后行的诠释意见做了错误的上升及连结，以为朱熹的工夫就只是认知，而此一认知就只是把心性情理气都予以分解地拆开，一直等到另外做一番工夫之后，才会心与理合而有心之具理的出现，因此心具理时的心理关系是综合的、外在地关联的具。笔者以为，牟先生整个对朱熹的认识都是误解。首先，并没有一套认知型的心理为二的理论为朱熹所主张，而是有一套先知后行的工夫次第论，以及另一套存有论，定义存有范畴诸概念的意旨及关系。就此而言，陆象山与王阳明都和朱熹共受同一套系统，这指的是存有论上以理气论说整体存在界的所有存有，以心性情的结构说道德实践主体的人存有者的存有。只要是人，就是气禀所成者，其主宰之心就是气之精爽所成者，此事共象山、阳明没有任何不同，共所有儒家哲学系统不能有所不同，其心存有论地已具此理，但其心要在主体做了工夫以后才能工夫境界论地即具此理，此时应说为呈现此理。其中说必有一超越的本心者，其实，朱熹的心就具有超越的本心，这也是存有论地具的意思，这就是朱熹的心统性情说的意旨。但即便有此，主体还是要在做工夫后才能将之呈显，象山、阳明及孟子亦说得是主体做工夫实践之后的呈显状态，才有所谓的心与理合一的结果。其实，象山、阳明即便孟子系统亦是如此，不见孟子言求放心？既是放失了本心，即需求而得之，岂能不做工夫？虽然其存有论地、先天地、分析地具，但是就现实面言，必然是经过了工夫实做之后才会变成主体的存有实况，而为后天综合地具。所以，牟先生所说的朱熹之心理为二的结构关系，正与牟先生所说的象山、阳明的心理为一的结构关系，是同一套理论的不同问题的两个不同面向，并不是同一个问题的不同主张的两种理论类型，因此，朱陆之说并不需要有对比及高下之分。论于主体实践是象山型，朱熹亦有此型的主张；论于存有结构必是朱熹型，象山、阳明亦有此型之主张。朱陆之争在两人在世时是意气之争，并不是后来这些被后人及牟宗三先生创造出来的新的解释架构的理论之争，牟先生这套解释架构用于对朱熹的理解及诠释是全然不对的。

综观牟先生对朱熹的批评及对象山的定位，可以说非常缺乏哲学基本问题意识的明确区分，所仅有的就是牟先生自己刻意构作的系统，并套用进去。为此，牟先生还得刻意地曲解朱熹的工夫论旨，下文即是牟先生将朱熹的工夫理论说得支离破碎的一套诠释策略，令人不忍卒睹。参见其言：

> 在道德修业上，通过一种工夫使心与理关联地贯通而为一，此工夫是"敬"。敬在朱学中有真切而决定性的作用。故朱子在表示中和定说之一书中有云："然人有是心，而或不仁，则无以着此心之妙。人虽欲仁，而或不敬，则无以致求仁之功。""仁则心之道，而敬则心之贞也。"仁是心之道并不是本然地、内在地为心之道，而乃是后天地外在地为其道。人通

过敬的工夫，始能使心合仁道，此时仁即与心贯通而为一，而成为心所具之德、所依之道。此具即是综和地关联地具。心既具而依此仁道矣，则心之寂然不动感而遂通之妙亦于焉以着。否则，心不必能寂然不动感而遂通也。此处见工夫之重要。故在中和定说中开始平说的未发是寂然不动，已发是感而遂通，并不是就事论事本然如此。而是预设着一种工夫使然。若不预设此工夫，只就事论事平说，则喜怒哀乐未发并不就是心体流行寂然不动之体，亦并不必就是"中"，已发亦并不就是各攸主感而遂通之用，亦并不必就是"和"。"发而皆中节谓之和"，可见有中节，即有不中节。而使之中节者，有工夫在焉。"未发谓之中"，亦不是以"未发"即可分析地推出"中"，而是在未发预定一个"中"，此须就未发跳跃一步始得。至于由未发已发所透出之心、性以及对此心、性之体认与解析，虽不必就是中庸之本义，然至少朱子所成之一套是可得而如此解析而确定者。若由超越之本心而落于中和上说，则本心即是未发之中，即是寂然不动，即是感而遂通。后来阳明、龙溪从良知上即如此说。此是从本心之沛然莫之能御说中和。问题是在如何复此本心，而不是如何用一种工夫使吾人之心如理合道而至"着此心之妙"。此两系之不同是甚为显然者。①

这一段谈话牟先生说得十分支离而不成系统。问题有三，其一，仁作为心之道，其二，朱熹之中和未必即中和，其三，象山之超越的本心必能中和。首先，牟先生说朱熹的主敬工夫是能使主体之心合于仁道，但这是综合地、关联地具，而不是本然地、内在地为心之道。此说差矣！就存有论说，就性善本体论说，朱熹讲心统性情时，就是说那先天的本体之道，是人人所共具的，朱熹说性善之理人皆有之，说天地之性人皆有之，说去人欲存天理，此天理就是内具之天地之性，就是仁义礼知之理之人人本具者，此性善本体的存有论，正是朱熹最擅长的思路，唯此事是就可能性、就先天性说，而不是就经验性、就现实性说，就经验现实说，任何儒学系统，孟子、象山、阳明皆然，人皆有为恶之可能性及现实性，都不是现实上任何人或有任何理论可以主张主体之心的现

---

① 牟宗三《从陆象山到刘蕺山》，页120-121。

象状态即是天理、即是天道，都是做了工夫才能"使心合仁道"，并且，此一做工夫之后可以合道之事必须有存有论上的依据才有可能，此即孟子的性善说的理论功能之所在，此亦即朱熹为继承此说而提出的心性情三分、理气二分以及心具理说之目的所在，是故，牟先生硬要说朱熹之心具理是后天外在地具的立场是有片面性的，就存有论言，朱熹的性善说一如孟子的性善说就是先天地具的，就主体的实践活动言，主体纯具天理确实是需要后天做工夫实践了以后才有可能，但是，就此而言，这也是孟子、象山、阳明的共同立场，绝不能外此而另有立场。事实上，牟先生就是说了一套主体已经实践了之后而在纯粹至善的境界上的理论，说它既是天道的又是人道的，而有别于朱熹之说，但是，笔者以为，此说与朱熹之说正是同一套理论的不同面向，不能有别。

第二，就《中庸》之中和说的诠释而言，牟先生以为朱熹所说者不能保证未发已发皆必然是既中且和，而是要经过做工夫以后才可能，笔者以为，程朱于中和说迭经两型，其一为存有论与境界论一型，其二为工夫次第论一型。前者为说中为性体、说和为发用之和的境界；后者为未发涵养、已发察识。前说即同于本文第一点之说人心做工夫合于仁道的理论模型，后说即是牟先生此处所批评者。确实，后说是说工夫，是说主体实践的工夫次第，未做工夫或工夫不得力时当然主体达不到成圣的境界，因此主体不会在任何时刻皆中节，而是需另有工夫在。牟先生自己都说朱熹这一套也是说得通的一套。只是，他心中所想望的却是另一套，但是，笔者主张，牟先生所想望的另一套既不是象山、阳明型的，也不是孟子型的，而是他自己一厢情愿型的。

第三，牟先生想望的一型，是一套既是未发之中也是已发之和，既是寂然不动又是感而遂通，简言之就是一套本体直贯的系统，此一系统既是本体宇宙论地天道论地赋命地说，又是工夫境界论地主体实践地说，牟先生合此两事为一型，其实这是不可能成为同一型的理论。所以牟先生最后就说："问题是在如何复此本心，而不是如何用一种工夫使吾人之心如理、合道而至'着此心之妙'，此两系之不同是甚为显然者。"牟先生此言甚为怪异矣！如果此一系统尚有做工夫的问题，则此系统与朱熹之系统能有何异？笔者之意就是根本相同。而做工夫使心如理、合道而着此心之妙之说者，正是象山、阳明立志说、致吾心之良知于事事物物说之诸本体工夫论旨之所重者。既是需要做工夫以复此本

436

心，则主体便是未必已经在本心呈现的状态，则这种状态之出现不正是朱熹理气说以及主敬工夫说以使此心合于仁道本体之说在面对的问题吗？则象山、阳明岂不需要程朱的理论了？则两套理论能有如何之不同？笔者以为牟先生强分为二的做法才是错误的。

牟先生为什么会有这样的错误呢？这是因为他又在面对另外的一个问题，此即保住世界的问题，也就是儒家有别于道佛的根本立场的问题，但是，这又是另外的一种误解，先参见其言：

> 最后，惟此本体论的创生直贯之形态，形着实现之形态，始真能保住"维天之命于穆不已"此一最古老最根源的形上智慧，始真能保住天道太极之创生性而为一真实的生化原理、实现原理，保住仁之感通性而为一道德的真实生命，而为一形上的真实的生化原理与实现原理。然而在朱子之认知静摄之形态，本体论的存有之形态，静涵之平铺中，则此生化原理、实现原理，皆不能保，太极只是理而不能动，"静而无静动而无动"之神妙义，寂感真几之诚神义皆被抽去，变者动者化者生者只是气，神亦属于气，心亦是气之灵处，则太极之为生化原理，朱子所谓万化之源即不能保。和南轩诗所谓"万化自此流"，辨太极图认太极为"万化根本"，皆只是不自觉地因袭语，实与其静涵系统不一致也。若仍视为实现之理、生化之理，则须另讲，亦不是先秦相传之古义。此则吾已详言之于论北宋四家中。兹不再论。①

这一段文字中，牟先生创说保住义以辩朱陆，保住何义？为保住整体存在界之为实有的型态以有别于道佛者。笔者以为，讨论这个问题又有两种进路，其一为形上学型态的定位问题，其二为知识论的检证问题。就形上学的型态问题而言，朱熹理气论的形上学系统当然正是实有型态的形上学，其太极为实有，其气化宇宙论亦为实有，此义朱熹继承于张载而绝不滑失，事实上张载之后的所有儒学体系也都是以实有的气化宇宙论对比道佛。而就理气论进路的形

---

① 牟宗三《从陆象山到刘蕺山》，页123–124。

上学言，象山、阳明亦皆是此一型态，没有例外。因此，就形上学型态言，象山、阳明与朱熹都是实有型的理气论型态。不过，牟先生不重视此义。他所重视的，是从知识论进路的检证问题去讲形上学问题的实有性之保住与否。

就知识论进路言，实有型态之形上学如何保住？此是合法问题，但这是二十世纪的新问题，古老的中国哲学中并没有这样的问题意识。牟先生之所以要说象山型态并濂溪、横渠、明道、五峰、阳明、蕺山等为纵贯纵讲的本体论创生直贯之型态，就是要说在主体实践下，所说之形上学原理有一真实的动力以实现之、呈现之、完成之、彰显之，故曰之为保住。但是，笔者要强调，这是就主体实践说，若是就天道流行说，则主张一流行不已的天道实体，亦得有此保住之义。不过，牟先生并不认为朱熹有此天道实体的流行保住义，也不认为从主体实践说时朱熹的工夫理论真能呈现、实现、彰显此一实有之天道，理由就是朱熹是认知的、静涵的存有之型态。即便朱熹明白主张太极是万化根本，这也只是不自觉的因袭语，必与先秦古义背离。

至于牟先生对象山的说法，则是把实践的理论说成了实践的事实而致保住了实体而为形上学型态的圆满，这是为了超越康德哲学之形上学不能自证其真的立场而建构新说。但是，有实践的理论与有实践的活动是两回事，牟先生所说的所有儒学理论都是有实践的理论，此确为真，但是其实践的活动是否真的呈现了天下太平？是否真的保住万法呢？此事谁也无法证实。唯一能说的，是儒家这套天道实体的形上学系统有提供实践的理论以实现之、呈现之、彰显之，从而证实为真之而已。因此，保住之说在理论上不能究竟其功，唯待经验实践才能证实，关于保住，理论上只能说有一主张实有的形上学，以及有一实践以证成为真的工夫理论。至于朱陆之间，实有的形上学两家同有，实践的理论也是两家同有，只是牟先生刻意错解朱熹的工夫理论，并扭曲地连结朱熹的形上学理论，以致排除朱熹于实有论及实践论的保住万法之系统中。

就实践理论部分而言，虽然朱熹亦有实践的理论，但是在牟先生的刻意错解及扭曲连结下，朱熹的实践理论因不见道、因太极之理只存有不活动、因心理为二、因不神妙、因动者只是气、因心只是气之灵，故而不能有本体直贯创生的保住义。牟先生此说，直是把象山批评朱熹支离不见道与阳明批评朱熹析心与理为二的理论都派上场了。象山说朱熹支离与阳明说朱熹心理为二都是就朱熹在谈理气说的存有论讲的，且是把朱熹的形上学存有论问题当作工夫论问题在讲的，于是一套分解的存有范畴学变成只存有不活动的工夫理论，故而不能本体直贯创生矣，这当然是哲学基本问题的错置。那些本体直贯创生的话术朱熹亦皆有之，只是面对朱熹存有范畴的分解理论后，牟先生就都说朱熹的那些相同于本体创生的话术只是因袭不真切，只是随古人说说而已，笔者认为，这真是不公平的对待。至于说朱熹为认知型而只是静涵静摄者，则又是将朱熹言于先知后行的工夫次第论说成只知不行的静涵静摄系统，此说以阳明知行合一说为对比，但这又是另一种文本意旨的误解。阳明之说对付时人之弊是为人病，先知后行是《大学》工夫次第语，连象山亦着文主张之，故不能以系统中言及认知之语即认定为是知而不行者。

总之，以主体实践呈现天道实体，说为有知识论意义之保住，此说是儒学特色，为牟先生创发者，此说值得尊重，但亦应了解：有工夫理论以为天道实体的证成之路径，此与天道实体真已被证成为真还是两回事，真正的证成是在某一实践主体的真实经验中落实为真之后而为证实。即便证成，也不等于是唯一的真，因为它教的形上命题亦得由实践而证真，亦即儒释道三教皆有实践理论，并经实践而得证其理论为真，至于它教的形上学型态是否即是非实有型的，如牟宗三先生之所指定者，此又另一大哉问题，此暂不论矣！

笔者主张，牟先生一直是形上学工夫论混着讲的，但他自己却亦有形上学工夫论的分辨，但究其实，仍是混着讲的。接下来，牟先生展开一段对朱陆工夫论比较的讨论，重点在对朱熹察识涵养说的批评，说着说着差不多要说到顿渐之争的路线上了。

参见其言：

> 四、以上是心性的关系，最为复杂而难董理。此既确定，则其余之工夫问题即易明矣。前言由心之寂然见性之浑然，由心之感通见性之灿然，即在此寂然、浑然以及感通、灿然处有工夫之分属，而一是皆以敬贯之。盖前言就事论事，心不必本来就是"寂然不动感而遂通"者，此须预设一种工夫以着之。此工夫即是涵养察识也。于未发时言涵养，于已发时言察识，此工夫之分属也。未发为静时，已发为动时，而一是皆以敬贯之，此

即所谓"敬贯动静"。已发时有中节不中节之异，故须精察以为鉴戒，以期去其病而着其道。未发时，寂然（心）浑然（性），无声无臭，无可察，只可养。存养于平时之间，涵泳于不自觉之中，使吾人之心常清明而不昏堕，则发时纵偶有差池，亦可立即鉴及之矣。察识涵养交相发明，使吾人之心常收敛凝聚，清明贞定，自可步步逼近于如理合道之境。……涵养察识之工夫，在此系统中，正见其有真切而具决定性之作用。盖属静摄形态也。此中和新说成立后，伊川之"涵养须用敬，进学则在致知"两语真进入朱子之生命中而有无比之亲切。其生命之着力处正在此，此朱子之劲力也。……涵养察识既分属而各有所施，则凡本孟子而言良心萌蘖、端倪之发见，着重察识本心之逆觉工夫者，皆非朱子所能理解，亦为其所不喜，而旧说中就良心萌蘖"致察而操存之"之察存义亦全部放弃矣。盖此亦是决定静摄系统与直贯系统之不同之工夫上的本质关键。朱子之不喜固有其理论之一贯性。①

以上这段文字，有几个重点，第一是牟先生完全正确解读了涵养察识理论的工夫论意旨，第二是牟先生认为这正是朱熹吸收伊川之朱学真正性格，第三是牟先生认为这种型态与孟学不类，且朱熹完全背离了孟学传统。就第一点而言，笔者以为，牟先生说朱熹所论之心本来即不一定"寂然不动感而遂通"，必以敬贯动静而有涵养察识之工夫，此说笔者完全同意，且认为，阳明、象山、孟子之心亦是不一定能"寂然不动感而遂通"，若不操存、若不立吾心之大者、若不致良知，则亦是流于放心之状态中矣。当然，这是就一般人的心而言，也是就追求成圣成贤者在工夫尚未纯熟之前的状态来说的，孟子讲心有放失而不知求，象山屡屡斥责弟子不能真有实学，阳明亦谓有善有恶意之动，这就是同于牟先生所说的朱熹之心不一定能"寂然不动感而遂通"，其实，自圣贤以至庶人，人人皆是如此。只有成圣境之时的圣人心境才能完全"寂然不动感而遂通"。因此，朱熹之说无有错误。至于，朱熹之以敬贯动静，就是同于孟子的操存、象山的立志、阳明的致良知，都是本体工夫的意旨。

---

① 牟宗三《从陆象山到刘蕺山》，页124–126。

就第二点而言，朱熹确实是继承伊川"涵养需用敬，进学在致知"的路数。其实，没有儒者不是这条路数的。涵养需用敬就跟立志、致良知、扩而充之、慎独等所有儒学家的工夫理论都是同一型的。当然，它更重视平日的基本修养，意义在于临大事时能更精确地察识本心。因此它和其他儒学工夫多了一层次第的思维，如此而已。至于进学在致知，这是为了治国平天下的儒家理想而提出的，试问象山、阳明有反对吗？没有。那么他们在批评朱熹什么呢？象山批评朱熹搞抽象形上学存有论为支离，但这本来就不是工夫论。阳明批评他的同时代人没有知行合一，但这能等于是在批评朱熹吗？且朱熹讲的是先知后行，并没有主张知而不行。阳明又批评朱熹穷理的思路是理在心外，但这还是跟象山一样，是把朱熹的存有论当工夫论在批评。

第三，牟先生说朱熹不喜孟子思路，错的。朱熹是不喜象山风格，且斥之为禅。当然，象山不是禅，所以牟先生用力于说象山不是禅，且企图以此力斥朱熹，但这样的努力也是多余的，因为朱熹说象山是禅本来就是错的，除了罗钦顺会继续说象山是禅以外，儒学史上骂象山是禅的绝非主流。但是，朱熹对象山风格的批评有没有错呢？不管错不错，就朱熹所描写的象山及其弟子的缺点，就确实是需要"未发涵养、已发察识"、"涵养用敬、进学致知"的工夫来纠正。笔者前已说及，朱熹的主敬说就是包括孟子在内的所有儒者共同的本体工夫，因此说朱熹之路与孟子不相同、不相契是不对的。牟先生认为朱熹不契孟子学，其实只是朱熹不喜象山的为人风格而已，牟先生只是拉孟子以斥朱熹而欲救象山罢了。

虽然笔者如此论断，但牟先生于此事之用力，却是费尽力气的。这一大段力气的发作，确乎成就了牟先生动态的形上学诸义，以及逐渐转出一套顿悟说的儒家工夫理论。参见其言：

> 案："先察识端倪之发"，此"端倪"是指本心言，即"良心之萌蘖"是也。良心本体固不易全现，然亦随时有端倪呈露。于其呈露而察识之，是所以体证本心之道也。此即所谓逆觉之工夫。察识是就其当下呈露之端倪而体证其本体。此义是在表示：(一)、良心本体并非一空悬之抽象概念，而实是一真实之呈现，如此，则肯定人人皆有此本体方有道德实践上

之实义。（二）、就其当下呈露之端倪而体证之，此示本心不假外求，当下即是。（三）、此当下呈露之端倪何以知其即是本心之端倪？焉知不是私欲之端倪？曰：即由孟子所说"非要誉于乡党，非纳交于孺子之父母，非恶其声而然"，而知其为本心之端倪，而知此时即为本心之发见，即，由其"不为任何别的目的而单只是心之不容已，义理之当然"之纯净性而知其为本心之端倪，为本心之发见。若无法肯认此本心，则真正之道德行为即不可能。（四）、此一逆觉之工夫当下即判开感性界与超感性界而直指超越之本心，此则决不容含糊者。①

牟先生这一段讨论是从朱熹与张南轩辩胡五峰《知言》中的疑义诸说而来，特别是针对不曾存养如何察识之说而来。笔者已有言，朱熹对五峰之此一批评并不公允，但笔者的理由是，五峰根本就有平日涵养的话语，只是朱熹所读到的那一段文字，表面看起来似乎欠缺平日涵养的工夫。亦即，笔者还是支持朱熹对涵养察识工夫的建构。但是，牟先生的意旨却是否定朱熹的这一套工夫理论，并且提出五峰察识说是本孟子的良知发用的本体工夫宗旨而来的哲学，此套哲学，朱熹不懂。牟先生提出"察识端倪"有四大要旨，以坚持五峰之说法是正确的，笔者以为，五峰说法正确，牟先生诠释也正确，只是对朱熹的批评有误。

第一点，良心本体是真实的，且是能呈显的。就性善论的存有论说，就是主张人人实有此一本体。就心统性情说，就是主张心要去变化气质、善反之天地之性存焉！因此，朱熹的理论完全支持这一条命题，但是牟先生却看不出来。第二点，这就是心在活动之下的状态，由有气禀限制的普通状态上升至由本心主导的工夫状态，即是善反之、变化气质的工夫操作，这一点，也并不在朱熹的理论之外。第三点，何以知就是本心而非私心呢？所以朱熹强调要平日涵养以培养之就真是很重要的。而牟先生却只能说必须肯定有此本心，则道德行为才有可能，好像朱熹不肯定有此本心！朱熹讲性善论旨，性善之性就是本心，任何人都有耳目口鼻之欲的私利心，但任何人也皆有天理在本性中，此即

---

① 牟宗三《从陆象山到刘蕺山》，页126-127。

性即理说的要点，所以，存有论上朱熹当然肯定有此本心，至于工夫论上朱熹则是谨慎地要求平日涵养以利临事省察，此所以保证确实临事时是本心发用，而非私欲伪饰。第四点，提起本心就是在战战兢兢、如临深渊、如履薄冰的状态中了，牟先生说直指超越本心，笔者同意，但朱熹也有超越本心，那就是性善论旨中的天地之性一事。至于发用不发用，不是理论有没有问题，也不是有没有要求主体发用的问题，而是主体实际上发用了没有的问题，因此都不是理论的问题，而是实务的问题。也就是说，这都非关朱陆的理论问题。

以上是笔者对此说的响应，但是，牟先生在此一问题上，还有继续深入之发言，参见其言：

> 是故"察识端倪之发"单指超越之本心而言，其义理根据完全在孟子。此察识不是朱子所说之施于已发之察识，而"端倪之发"是本心发见之发，亦不是喜怒哀乐已发之发。两者混而同之，遂纠缠不清矣。张南轩不知其的义也，故无以致其辨。胡五峰所谓"先识仁之体"，明道所谓"学者须先识仁"，皆是指此超越的本心言，其所谓察存即察乎此，存乎此也。此亦孟子"存其心、养其性，所以事天也"之存养。朱子所说涵养于未发，察识于已发，此涵养察识所贯注之心并非此超越之本心，而乃是平说之就事论事之心，须待涵养察识工夫之贯注始能使其转至寂然不动感而遂通之境，以着其如理合道之妙。涵养施之于未发不是孟子所说的存心养性，乃只是于日常生活中使心收敛凝聚，养成好习惯，不至陷于昏惰狂肆之境，故于其发也，易于省察，庶可使吾人易于逼近如理合道之境。故以"洒扫应对进退"为"存养之事"。此种涵养于未发，并不能判开感性界与超感性界而直指一超越的道德之本心以为吾人道德行为之准则。此种涵养只在养成一种不自觉的从容庄敬的好习惯。于未发时，虽预定一"心体流行寂然不动之体"以及一"一性浑然道义全具"之性，然此种预定只是就未发而来的分解的预定，并不是如孟子之就良心呈现而来的逆觉的体证。逆觉的体证即明道、五峰、及至陆王等所说或所意许的"先识仁之体"中之察识：察识即察此本心，察之即存之，察存同施于本心。但是在朱子，则涵养中无此逆觉之察识，察识但施之于已发，故其涵养之工夫只是一种

不自觉的好习惯，并不能在此体证并肯认一超越之本心，是则涵养工夫与所分解预定的"此心寂然不动之体"之间即无紧接的严格关系。如果涵养中即是自觉地意识到是涵养此"寂然不动之体"，则涵养之前必先预定一逆觉的察，如是则亦不必反对"先察识端倪之发"之说矣。但在朱子，涵养正是只施于未发，既未发矣，正是无可察者，焉有所谓逆觉的察之？故"寂然不动之体"乃成挂空者。如是，或是"寂然不动之体"只成挂空，涵养只是茫昧不自觉之习惯，或是涵养即是自觉地意识到是涵养此"寂然不动之体"，涵养必预定一逆觉之察，此察与施于已发之察不同：此两者必居其一。[①]

牟先生这段文字说到底，就是要说朱熹的涵养是一种很奇怪、无目的、没价值的活动而已，重点是它没有预设一超越的本心，它没有事先预设一逆觉体证的工夫。此说，非常轻视朱熹。朱熹在涵养察识说的讨论中，已经达到涵养察识圆融一体的意境，只是那些文字牟先生从未讨论过。朱熹的涵养，就是为了格致诚正修齐治平的理想而进行的，岂只是一不自觉的好习惯之培养？因此，要涵养，就是为了要治国平天下的理想而在平日生活中谨小慎微地涵养自己，就是主敬以立人极的意旨，牟先生真是无所不用其极地说小了朱熹的涵养工夫，理由在朱熹根本没有超越的本心，但是，前已言说，朱熹所论之性善之性即是此超越的本心，而牟先生说朱熹说性只是未发的分解说，而非良心呈现以逆觉体证，这却是以工夫实践来批评工夫所预设的本体，以有实践之强调来说本体已被呈现，而批评只谈本体存在的存有论没有此一实践的实现，这真是一复杂诡谲的理论错置。文不对题。但是，牟先生仍自认有理由这样说，下文说之更绝：

　　复次，即使承认"涵养即是自觉地意识到是涵养此寂然不动之体"，并不只是茫昧不自觉之习惯，但此"寂然不动之体"亦并不即是孟子之沛然不御之本心，并无创生真正道德行为之足够力量，所谓"溥博渊泉而

[①] 牟宗三《从陆象山到刘蕺山》，页 127–128。

时出之"，而只是心之清明知觉，其落实着力而见效果处却在已发后之察识，察识扩大而为格物穷理。真正工夫着力处实在格物穷理。故在朱子系统中，涵养只是消极的工夫，积极工夫乃在察识，全部事业、劲力全在格物穷理处展开。"一性浑然道义全具"之性体，在涵养中，亦无积极之用，其功用效果亦在格物穷理处彰显展开，道义全具之为"道义"亦在格物穷理处彰显展开。而结果性理，客观地说，只成本体论的"存有"形态之性理，主观地说（关联着心说），只成认识论的散列形态之性理，而对于心之未发已发所施之涵养察识之全部工夫只是使心收敛凝聚以期逐步逼近如理合道之境，此即最后形成所谓静涵或静摄之形态。①

这段文字的重点，是牟先生觉得硬说朱熹的涵养没有预设超越本心，以及不是自性体发出之路不太合理之后的强词。这个强词，就是转入将朱熹的工夫论说成是知而不行的工夫，故而只是在做认识存有论的原理的活动，而不是在做价值自觉的实践。笔者已说，朱熹的格物致知是连着诚正修齐治平的工夫次第的开端，而牟先生却是由朱熹的格物致知联想到穷理，而由穷理又联想到朱熹的理气论。是的，格致可以即是穷理，而穷理也可以是穷究事事物物的道理，目的都是为了治国平天下的客观知识而做的。但是，此一活动的开端正是为了明明德于治国平天下的儒家式道德理想而做的，所以真正是有理想、有逆觉体证的涵养工夫。至于理气论哲学，那是一套纯粹的存有论形上学理论，穷理的目的本亦不在此，而是在治国平天下之理，但此理又须一形上学的依据，故而建构理气论，而理气论的功能尚不止此，它还是三教辩证的系统，决不是被牟先生拉下来在工夫论处刻意曲解下的产品。

简言之，主敬说与涵养说与一切儒家本体工夫论旨一致，工夫次第说中的每一项工夫也都是本体工夫，先知后行说根本就是知行合一说，牟先生种种对朱熹中和新说的批评，都应重新检讨，予以反对。

---

① 牟宗三《从陆象山到刘蕺山》，页 127–129。

七、小结

本文针对牟宗三先生所著《从陆象山到刘蕺山》第二章进行讨论，唯值得讨论的议题过多，行文至此仅及其半，后半段的讨论就见出牟先生已经要讲出一套顿悟说的理论了。此另起一章讨论。

牟先生的哲学创作，也可以说都是在与文本对谈中逐渐发展形成的，可以见到他从《心体与性体》到《从陆象山到刘蕺山》的写作中，都是一边思索一边建构的，在《从陆象山到刘蕺山》书中，毕竟出书的时程较后，许多基本立场已经形成，因此论述更为细密，意见更为顽固，并且一些极端的说法也愈加极端了。

笔者有意修正牟先生的诠释模式，是以逐书逐章逐节一一讨论，本文即此进程中的一部分。

第十六章：对牟宗三以"觉悟说"诠释朱陆之争的方法论反思

一、前言

牟宗三先生对朱陆之争的讨论，在《从陆象山到刘蕺山》书中的第二章有专章的讨论，笔者已撰文讨论其中的前半段[1]，主要涉及新旧中和说的解释及定位问题，在牟先生讨论朱熹中和新说之后，又有四节的主题义旨转深，进入以觉悟说说象山学以对比朱熹学的理论领域，意旨精微，朱熹难出其网。本章即讨论此后四节。

笔者不同意牟先生的创说，企图与牟先生的专文一一对谈，找出他的思路，重新评议被牟先生论断的朱陆之争的观点。

二、以下学上达说批评朱熹

牟先生在谈朱熹在"中和新说后之发展"一节中，引出若干朱熹重视"涵养需用敬，进学在致知"意旨的文句，说其为静摄型态，且主张象山之第一义

---

[1] 杜保瑞《对牟宗三谈朱陆之争的反思》，提交"传承与开拓：朱子学国际学术研讨会"，朱子学会、中华朱子学会、湖南大学岳麓书院主办，2012年10月23-26日。本文修订后收录于本书第十六章。

的直贯型态，可以涵摄朱熹第二义之静摄型态，并且以为"此朱子顺中和新说后之学问规模首先表示其对于禅之忌讳者"，亦即所有朱熹对象山的攻击就是以象山为禅，而象山非禅，故而牟先生替象山型态找理论的出路，此即"觉悟说"之提出。

笔者另文有言，象山确实非禅，朱熹批评象山为禅是对禅宗的不了解，也是对象山的错误攻击。但是，象山亦批评朱熹为禅，亦批评朱熹为老，这同样是不了解老佛，这也是对朱熹的错误攻击。因此，两家互以道佛指控对方，就是两家都动了意气，所有的互相批评老佛的言语都是意气之争，根本非关儒学义理，因此，既不必替象山辩驳其非禅，也不必替朱熹辩驳其非老佛。而且，不论替朱熹辩还是替象山辩其非禅，其实都非常容易。然而，牟先生即是在此一替象山辩其非禅的建构中又深化义理、创发新说，以强化他的本体直贯型之"道德的形上学"。

在《从陆象山到刘蕺山》第二章第五节之后，牟先生就是以"觉悟说"为中心，进逼朱陆之争的关键分歧点，从而替象山找到意旨定位的重心。当然，朱熹之学思也被贬抑得更加地抬不起头来。参见其言：

> 然朱子之论点，吾人可视作一客观问题而讨论之。在当时以弘扬圣教之立场，与异教划清界限是当该者，甚至加以辟斥亦有值得同情者，然要不能只以"下学上达"为尺度断定凡主"先有见处，乃能造夫平易"之说者皆为"禅家之说"。夫既有"上达"矣，则先了解"上达"之何所是以定学问之方向与宗旨，不得即认为是"禅家之说"。若如此，即认为是禅家之说，则先对于"天命之性"、"无极而太极"、"寂然不动之体"等有所见者亦是"禅家之说"乎？显然不可矣。夫"下学上达"，自初有知以至终老，凡所学所习皆是下学上达，对于任何学问亦皆是下学上达，然不能以此一般之程序抹除学问过程中到紧要关头本质关键之转进，以及"必先有见，然后有以造夫平易"之途径，尤其不能即认为是"禅家之说"。而凡到紧要关头以取此途径者亦并不必即反对下学而上达。所谓"必先有见"，大抵是就学问之本质言，亦顺是对有相当程度者始能言，非是儱侗地凡是一开始即漫言"必先有见"也。孔子固有"下学而上达"之语，固

亦施博文约礼之教，固亦不废经验之学习，然其念念不忘于仁，教门弟子为君子儒，勿为小人儒，则亦是"先有见处"也。仁之觉悟与理会非只下学上达所能把握也。若不知"仁"之为何物，则只下学未必即能上达，即有上达，未必即能达于仁以知天也。时时在学中，亦时时在"先有见处"以定方向中。平易、平实是其践履之纯熟，非专"下学上达"，"求言必自近"为平易、平实也。"必先有见"非"先自禁切、不学不思、以坐待其无故忽然而有见"、"溺心于无用之地"之谓也。"必先有见"固不必即能纯熟；其所见者或许只在抽象之阶段，尚未达具体之体现；未达具体之体现，即不得为真实，也许是光景；牢执之，也许是幻念；入而不出，也许是鬼窟；抽离远置，不能消化于生命中以清澈自己之生命，亦可能是意见，亦可能"适足为自私自利之质"；然此皆工夫过程中纯熟不纯熟之问题。若自此而言"就侥幸于恍惚之间，亦与天理人心叙秩命讨之实了无交涉，所自谓有得者，适足为自私自利之质而已"则可也。若原则上认定"先有见"即是如此，而根本反对此"先有见之转进，且断定其即为"禅家之说"，则大不可也。①

本文之说，重点即是牟先生对"下学上达"的定位。朱熹倡下学上达以斥责象山，牟先生以此说有所不足，更不得以此指责象山为禅。因为下学上达只是一般的教育程序，尚有一本质的关键处须有以转进之，那就是本心提起一义。此义，朱熹批评象山谓："今曰此事非言语臆度所及，必有先见，然后有以造夫平易，则是欲先上达而后下学。"牟先生则认为，"必有先见"正是象山宗旨，且绝非是禅。又以孔子虽说下学上达，但是念念不忘于仁，这就是"必有先见"。因此对于仁之觉悟，才是此一本质的关键，绝非一般下学即可上达，或上达即真能达于仁以知天也。总之，"必有先见"即是"立志"，即是"先立乎吾心之大者"，容或有不准确之处，但只是纯不纯熟的问题，却不可即断定此为禅家之说。

笔者要不断申说，朱熹说象山为禅确实不需辩驳，象山确实不是禅，但

---

① 牟宗三《从陆象山到刘蕺山》，台湾学生书局，1979年8月初版，页137–138。

朱熹要以下学上达绳约象山，就是对象山为人之粗暴之气之批判，这是一个人身攻击，而并不是说其为禅就等于是对"必有先见"的反对。朱熹说的下学上达，就是孔子的话头，人何须下学上达？若非有所体悟于为人之学、且欲求仁，何必费事下学以上达之。牟先生说："夫'下学上达'，自初有知以至终老，凡所学所习皆是下学上达，对于任何学问亦皆是下学上达。"此诚其然。孔子及朱熹所说的下学上达不是要为治国平天下的儒家理想而学习那是什么？此一般程序中的所有步骤都是牟先生所谓的本体直贯的自觉工夫，此一自觉工夫牟先生说之为逆觉体证，这一部分朱熹并没有质疑，朱熹所质疑的"必有先见"是指"欲先上达而后下学"，而"欲先上达而后下学"又是就家国天下的治国平天下之具体事务的"必有先见"，是就讲明处事之事务之理的"欲先上达而后下学"而提出的批评，就是对于象山及其后学在一般书本意旨的不加深研，以及人际关系的意气之争上而说的，也就是对处事时没有先深研客观的道理就已"必有先见"了的批评，先深研客观的道理是下学，搞清楚了才说才做、终至完成才是真的上达。朱熹从来不是讲不要立志，不是讲不要有理想，不是讲不要追求仁道，而是讲不要自以为是、任意妄行，也就是牟先生说的有纯熟不纯熟的问题，既有不纯熟，则需下学上达，尚不纯熟，就事事以为己见必是对的，这就是"必有先见"，就是"欲先上达而后下学"。然而，牟先生却把朱熹反对这种意义下的"必有先见"，说成了反对"要立志"、"要志于仁"、"要有理想"、"要先逆觉体证"等义，等于是说朱熹根本不在儒学追求平治天下的圣贤理想的范畴内了，此义决是误解。

牟先生接着又说了一段话以收尾[①]，但这段文字倒没有什么深义了，只是

---

① 参见："当时社会禅风流行，一般知识分子拾牙慧以质玩弄，或藉此以掩其昏堕，容或有之，此或亦不可免，然此道听涂说之辈，本无与于学问之林，又何足为凭？亦何足因彼辈而成忌讳？凡重'就事顺取'之路，皆借口平实以斥学问本质转进中逆觉之路为禅、为佛老。朱子藉口'下学上达'以斥象山为禅，叶水心即据尧、舜、禹、汤、文、武之原始综和构造之业绩以斥曾子、子思、孟子、中庸、易传为非道之本统，并对孔子而亦不满，至于周、张二程以及朱子本人更被视为学问之歧途，与佛老辨不清矣。言学至此，乃成学问之自杀。故凡无谓之忌讳，皆当审思明辨以解除之。开其心量，朗其慧照，顺理而辨，不以妖妄蚊虻自乱，不以无谓之忌讳自限，则学问之理境大，而真同异亦得而明矣。朱子于此甚有憾也。至于耳食之辈，顺朱子无谓之忌讳而下滚者，则只能误引朱子于考据之途，并朱子学之真精神亦全丧失无余矣。"《从陆象山到刘蕺山》，页138–139。

重申朱熹以平时为借口，斥责象山是禅，说这种无谓之忌讳为学问之自杀。笔者以为，朱熹说象山是禅绝非朱陆异同之重点，朱熹指责象山的粗暴之气才是重点，也因此，朱熹更认定非走下学上达之路不可。但是，牟先生却把下学上达之路说岔了，说下学上达没有定于仁心道体是无用的，但是，本来就是为讲圣学、为求平治天下才说的下学上达，如何又忽而忘却了仁为何物呢？这只能说是牟先生刻意贬低朱熹意旨而提起的说法。

三、以后天积习说批评朱熹

鹅湖之会后，象山为其兄求墓志铭于朱熹，来拜访朱熹，朱熹于白鹿洞书院邀请象山讲学，象山所说意旨甚佳，唯象山有对邪意见、闲议论之批评语，同年，朱熹又书吕伯恭[①]，针对此说，指象山仍有些禅意，牟先生以象山讲义利之辩，正是胜义朴实第一义之路，因而批评朱熹只知后天积习工夫，参见其言：

> 朱子对此胜义朴实无真切之警悟，对象山所说之意见、议论、定本之弊无真切之感受，故视之为"一概挥斥"而目之为禅，谓其"合下有些禅底意思"。其实这与禅有何相干？明是相应道德本性而为道德实践之孟子学之精神之呈露，乃为践仁尽性之正大规范，何关于禅耶？[②]

朱熹说象山有禅意确实不对，笔者亦不欲为朱熹辩护，朱熹但因象山有些说得太高之话语，以及做得太过之行径而说此，但象山究非是禅，朱熹之批评没有说对重点，宜其由牟先生反驳之。然而，牟先生反驳太过，以朱熹竟是只重"后天积习工夫"定位朱熹，此说笔者不同意。参见其言：

> 朱子所谓"既是思索，即不容无意见；既是讲学，即不容无议论；

---

① 牟宗三《从陆象山到刘蕺山》，页144-145。
② 牟宗三《从陆象山到刘蕺山》，页146。

统论为学规模，亦岂容无定本"，此乃是落于后天积习之第二义上说。惟当吾人感觉到本心并不容易呈现，即偶有呈露，亦并不容易即至坦然沛然莫之能御之境，始觉后天积习之培养工夫、磨练工夫、助缘工夫，所谓居敬集义、格物穷理等之第二义工夫之重要。此等第二义之工夫在此实有其真实之意义。虽不免于支离、歧出，亦不能免于绕许多冤枉路，亦自有虚妄处，亦自有粘牙嚼舌处，亦自不能免乎闲议论之废话，然而却不能单纯地即视为闲议论、邪意见、虚说虚见、异端与陷溺。朱子所谓"思索"，即是此层上之思索，自然有许多"意见"出现。所谓"讲学"，亦是此层上之讲学。自然有许多"闲议论"滋生。所谓"统论为学规模"，亦是此层上之"为学规模"，自然要想于异途纷歧之中间约出一个"定本"，如涵养察识、格物穷理等，以为吾人下学上达所可遵循之道路。如果能正视相应道德本性而为纯正的道德实践之艰难，此层之工夫便不可一概挥斥。朱子对此有切感，故于象山居于第一义上之挥斥感觉肉痛也。然而艰难虽是艰难，助缘毕竟是助缘，要不可不警悟本心呈现为纯正的道德实践之本质的关键之第一义。若于此不能精澈，即无真正之道德可言，亦可终生迷其鹄的。象山于此有谛见，故视朱子为支离歧出也。实则第二义上之支离歧出、议论、定本，亦有其真实的意义。象山于此不能融化会通，应机而俯允之，亦未至圆成之境。①

本文中，牟先生以朱熹所强调之需有意见及议论之说法，是落于后天积习之第二义，它只是助缘之工夫。牟先生不反对需有助缘，甚至以象山说此类工夫是邪意见、闲议论、虚说虚见、异端陷溺是不对的，因此象山"亦未至圆成之境"。其实，这一段文字是牟先生所有讨论中最接近朱熹本旨的一段文字，正是因为牟先生理解到朱熹之说确实有其不可磨灭之义理在，甚至对于朱熹所说之种种下学上达、涵养察识、格物穷理的工夫理论，说其："如果能正视相应道德本性而为纯正的道德实践之艰难，此层之工夫便不可一概挥斥。"也就是说，只要朱熹能在正视相应道德本性上强调此些工夫，则此些工夫即不可

---

① 牟宗三《从陆象山到刘蕺山》，页 146–147。

挥斥。不可挥斥即不可排除，即亦是必要的。只不过，象山之挥斥却是站在第一义上的挥斥，而视朱熹为支离歧出之第二义。牟先生同意第二义亦是有其必要，故批评象山亦未至圆成之境。既然如此，朱熹所说真不能轻易放过，甚至更才真是工夫论的真正要点。

依笔者之意，朱熹所说的才是工夫论，工夫论就是要讲下学上达，就是要讲涵养察识、格物穷理，至于象山所说，是工夫达成之后的境界论，是以达成之境界以为工夫完成之最高标准，达此最高标准而为真工夫，此时之工夫为功力之义[①]。此种达致最高标准之功力哲学，也就是境界论哲学，禅宗最为擅长，吊诡的是，朱熹说象山有禅意，牟先生反对之，牟先生对朱熹后天积习之路，开出理解的脉络之后，反过来，将象山之说向上一提，进入觉悟说、甚至顿悟说的层次，即便是第一义说，此皆佛家禅师语。牟先生其实不自觉地替朱熹说明了为何说象山有禅意，关键即是，象山说工夫说到了境界工夫论上去了，故而愈说愈有禅意。

笔者以为，谈工夫论必定是在后天积习处谈的，做工夫是人在做的，不是神在做的，不是天在做的，是有耳目口鼻气禀之私的人存有者在做的，故而是后天。既有气禀之旧积习，则应变化气质，创造良好的习惯，以追求与天理合一的心即理境界，故而当然是后天积习的工夫，此一工夫就需是下学上达、涵养察识、格物穷理，此实助缘，并且是本质的助缘，因为下学上达、格物穷理、涵养察识所有工夫都是本心在主宰的，没有本心又做这些干什么呢？不为内圣外王又做这些助缘工夫做什么呢？牟先生无谓地割裂这些工夫为没有内圣第一义的本质意旨而只是外在的助缘，这是极为奇怪的论述。理由就是"盖朱子于第一义之慧解甚差"[②]，其实不然，而是朱熹对象山过高之自视及粗暴之恶气不满，也就是说，朱熹对象山的实修境界不予肯定，而要求多做后天积习工夫，至于象山本人，则自视高高在上，反而挥斥朱熹之说为邪意见、闲议论。这些争辩，根本上就是两人对对方修养境界的意气之争，而非关工夫理论的真正意旨之辩论。是牟先生将之上升为关乎工夫理论的辩论，既见朱熹之说之不

---

① 参见：吴怡《逍遥的庄子》，台北：东大图书公司，1984年版。
② 牟宗三《从陆象山到刘蕺山》，页148。

可无，更见象山之说之必须有，从而以第一义、第二义分别定位两造，终至不可舍弃朱熹，而必将象山推上讲境界而非说工夫论的地位上了。

四、以本心呈现说诠释象山

在朱陆之争的讨论中，牟先生正一步步地肯定朱熹而将象山推向禅学，当然象山不是禅，但牟先生在既肯定朱熹又推崇象山的讨论过程中，确实将象山承孟子以有别于朱熹的工夫论思路推向境界论哲学上了。其言：

> 依孟子，人皆有恻隐、羞恶、辞让、是非之"本心"，人皆有"所欲有甚于生，所恶有甚于死"之本心。人陷溺于利欲之私，乃丧此本心。故"学问之道无他，求其放心而已矣"。放即放失之放。放失之，则求有以复之而已耳。求其放心即复其本有之本心。本有之"本心"呈现自能相应道德本性而为道德的实践，即不为任何别的，而唯是依本心所自具而自发之义理之当然而行，此即为人品之挺立。此本有之本心乃超越乎生死以上之绝对的大限，超越乎一切条件（如为宫室之美、妻妾之奉，所识穷乏者得我等等）之上而为绝对的无条件，唯是一义理之当然。承此而行，方是真正之道德生活。①

说到真正的道德行为，这其实要分等级的。愿意追求道德行为、了解何为道德行为、学习如何进行道德行为、实际进行道德行为、整个人生的所有行为都已符合道德标准且不会再度犯错或有疑惑、讨论关于道德行动的理论等等，这些都是道德行为相关的种种不同层次之事件。若依牟先生于此处所讲的"此即为人品之挺立"，恐怕应该是主体完全不会再犯错而达最高境界的阶段了，此几乎即是儒家圣人、道家神仙、佛家菩萨之境界，或至少，就某项理想及在某个时空状态中，主体唯义理而行。然而，不论是暂时的或永久的，达此境界之前，主体一定是要做工夫的。并且，就达到圣人、神仙、菩萨这种永恒境界

---

① 牟宗三《从陆象山到刘蕺山》，页163-164。

者而言，此一境界，极端不易达成，人间世中谈不上有几人真能达成，多是进进退退，或只能暂时性地得到这种境界，但是，作为儒者，又必须追求此一理想，否则即非儒者。因此，需要做工夫。依牟先生此文，他所谈到的真正的做工夫，就是把本心呈现，呈现之而做对的事情，此说笔者完全同意。但是，何为对的事情？以及使之呈现的操作方式为何？这并非易事，所以，做工夫的方法是要讲究的，程颐与朱熹说的"涵养需用敬，进学在致知"就是为了一方面坚定意志以用敬涵养，另方面知道所要追求的对象而需致知。依本文中牟先生所指出的孟子之所言，所谈者是"涵养需用敬"的部分，而在牟先生的诠释下，则是此一涵养工夫已臻至究竟的境界，而非尚在学习阶段的道德生活，这才是他所讲的真正的道德生活。

或许，牟先生已意识到他自己所说的是高不可攀、遥不可及的境界，因此他开始了解及重视朱熹所提下学上达工夫的意义，也了解了自己所说的本心呈现之事件并不是下学上达的工夫，甚至根本不是一种工夫论的理论，因而逐渐朝向顿悟说发展。参见其言：

> 但问题是在：当人汩没陷溺于利欲之私、感性之杂之中而丧失其本心时，又如何能求有以复其本心？答此问题诚难矣哉！其难不在难得一思考上之解答，而在虽得一思考上之解答而不必真能复其本心使之顿时即为具体之呈现。盖此种问题非如一数学问题或一科学知识问题之有答或无答之简单。此一问题，说到最后，实并无巧妙之办法可以使之"复"。普通所谓教育、陶养、熏习、磨练，总之所谓后天积习，皆并非本质的相干者。但唯在积习原则下，始可说办法，甚至可有种种较巧妙之办法。但这一切办法，甚至一切较巧妙之办法，到紧要关头，仍可全无用。此即示这一切办法皆非本质的相干者。说到本质的相干者乃根本不是属于办法者，此即示：说到复其本心之本质的关键并无巧妙之办法。严格说，在此并无"如何"之问题，因而亦并无对此"如何"之问之解答。其始，可方便虚拟一"如何"之问，似是具备一"如何"问题之样子，及其终也，说穿了，乃知并无巧妙办法以答此"如何"之问，随而亦知在此根本无"如何"之问题，而撤销其为问题之样子，记住此义，乃知觉悟、顿悟之说之

所由立。觉悟、顿悟者，即对遮巧妙办法之谓也。知一切巧妙办法，到紧要关头，皆无用，然后始正式逼出此觉悟、顿悟之说矣。①

本文主旨即在指出，要真做真正的道德生活，要达到本心完全的呈现，说到底，既不容易，更无方法可言。最终就是逼出觉悟、顿悟的说法。说到顿悟、觉悟，这就是说到了境界。境界与工夫之不同，就是工夫是有办法、有方法、有做法、有步骤、有过程的，而境界就是一至永现、一成永成，学者就是要从做工夫而达到有境界的。学者就是一开始尚在私利欲望中打滚，因而藉由工夫，而达至纯净的心灵境界。现在，牟先生不追究从如何做工夫以达至顿悟、觉悟的境界，而是要去说明这个达至顿悟境界的状态是没有方法可得的。因此，一切做工夫的理论不论是教育、陶养、熏习、磨练都只是后天积习而非本质相干。说顿悟的境界是没有任何办法可说的，此诚其然。其实，牟先生是严重地搞错了做工夫与得境界的理论模式。做工夫就是要有方法，目的就是得一圣人的纯粹清明的境界，就境界而言，就在状态中的主体，主体自己言语道断、心行路绝，从心所欲不逾矩。因此毋须有对此一状态的描述言说，但仍存在说明此一境界的合于天道的理论，这就是从宇宙论及本体论过来的针对境界论的理论建构，但就境界本身，真是无限美好、却也无从说起，因此是没有描述语，而不是没有方法，方法就是工夫论，做工夫就是为达境界，所有的工夫都是本质地相关的，所有的工夫都是本体工夫，只是有不同的项目，不同项目之间还可以有次第的讨论，做工夫必是后天积习的，积习以求恢复先天本具的性善本体，而不是有一种工夫叫先天工夫，以有别于后天积习工夫。说先天工夫只能说是在主体在后天状态时，以性善本体先天即具，因此由复性、善反即可得至者。所以先天指本性，后天指主体的状态，在后天做工夫，累积重返，一切助缘方法都是对准先天性善本体的价值意识而做的，都是本体工夫，都是逆觉体证，就在逐步清净纯粹的过程中，或在某一理想上达到顿悟的境界，或在整个人生的生命境界中达到绝对完美的圣人境界，如孔子在七十岁时的"不逾矩"状态。七十岁"从心所欲"之孔子岂是没有方法而能得者？孔子自己都

---

① 牟宗三《从陆象山到刘蕺山》，页164。

不会同意的，否则他在教学是教些什么？

因此，强调在顿悟的绝对境界中没有语言可以描述是对的，但要说成圣成仙成佛是没有办法、没有方法，以致可以弃绝一切的工夫理论，则是错误的认识。至于此一境界，或为永恒的，或为暂时的，暂时得致后又退堕了，没关系，再提起即是，总有一天，就会不再退堕。这是因为，人是先天地是性善的，这就是孟子性善论的理论功能。牟先生自己也说：

> 此"人皆有之"之本心不是一个假设、预定，乃是一个呈现。孟子说"有之"之"有"不是虚悬地有，乃是呈现地有。惟当人汩没于利欲之私、感性之杂，乃始渐放失其本心。"贤者能勿丧耳"，即能使其常常呈现也。不肖者虽渐放失其本心，然亦并非不随时有"萌蘖之生"，有端倪呈现。①

本心是先天有的，理论上如此建构，实际上要交由主体去操存，操存之后才能呈现，呈现之即是复返之，因为本来先天就是性善的。显然，一次呈现或偶尔呈现甚至常常呈现都是不够完美的，都还会有放失本心之时，只是因为本性是善，所以会有端倪、萌蘖之生，此时只能是继续不断地做后天积习的工夫，因为人会陷溺，所以后天工夫绝不可无。牟先生就是要把象山之工夫讲成先天的本心呈现而有顿悟之境界，以有别于非关本质的后天积习工夫的朱熹路线，但问题是，朱熹路线正是一切工夫论的路线，孟子、象山、阳明皆不能免此。也就是说，本来象山对朱熹的易简与支离之争可以说是工夫论与形上学之争，在牟先生的诠释下，逐渐转为本体工夫与工夫次第之争，甚至是境界工夫与工夫入手和工夫次第之争，也可以说是境界论与工夫论之争，总之，就是不同问题之间在说高下，然而，这是不必要的，厘清问题，各自表述，一切理论，都有功能。

---

① 牟宗三《从陆象山到刘蕺山》，页165。

五、以觉悟说诠释象山

在对象山与朱熹之争中，牟先生不能径直地否定朱熹的理论，遂以提高象山理论的意境为策略，提出觉悟说，以拉开两人的差距。觉悟说是工夫境界论的范畴，理气论是形上学的范畴，牟先生确实时常混合形上学与工夫境界论一起谈，不过，此处所谈者就确实都是工夫境界论问题，然而，却又犯了混合工夫论和境界论的错误。以境界论批评工夫论就是以觉悟的境界批评尚在做工夫阶段的作为，这正是阳明后学王龙溪对其同门所做的事。牟先生抓住觉悟之境界的高度，却企图舍弃主体在修证过程中的努力意义，参见其言：

> 所谓"觉悟"者，即在其随时透露之时警觉其即为吾人之本心而肯认之耳。肯认之即操存之，不令放失。此是求其放心之本质的关键。一切助缘工夫亦无非在成此觉悟。到有此觉悟时，方是求其放心，复其本心之切要处。一切积习工夫、助缘工夫并不能直线地引至此觉悟。由积习到觉悟是一步异质的跳跃，是突变。光是积习，并不能即引至此跳跃。跃至此觉悟，其本质之机还是在本心透露时之警觉。人在昏沉特重之时，也许永不能自己警觉，而让其滑过。此时本质之助缘即是师友之指点。指点而醒之，让其警觉。警觉还是在自己。其他一切支离歧出之积习工夫、文字义理工夫，即老子所谓"为学日益"工夫，虽亦是助缘，但不是本质的助缘。即此本质的助缘毕竟亦只是助缘，对求其放心言，亦仍不是本质的主因，不是本质的关键。本质的关键或主因唯在自己警觉——顺其呈露、当下警觉而肯认之。除此以外，再无其他巧妙办法。此即"如何复其本心"中如何一问题之答复。但此"警觉"实不是普通所谓办法，亦不是普通说明"如何"一问题之说明上的解答。普通对"如何"一问题之说明、解答，即是可划归于一更高之原则，通过另一物事以说明此物事。如应用此方式于"如何复其本心"上而想一另一物事如积习之类，以说明此"如何"，以为此是一种办法或巧妙之办法，则到最后将见此一切办法可皆无用，或至少不是本质的相干者，即依此义，此"如何"一问乃丧失其为一问题之样子，而可说在此乃根本无"如何"之问题者。此即示：此问题

乃根本不许吾人就"如何"之问、绕出去从外面想些物事以作解答。乃须当下收回来即就自己本心之呈露而当下警觉以肯认之。此警觉不是此本心以外之异质的物事,乃即是此本心之提起来而觉其自己。①

本文是在说明觉悟的状态,主体在此一状态中时其心灵已经是清净纯粹的,而不是还在对治浑浊堕落之境,并且,此一状态与前此积习求学的状态间有一异质的跳跃,它们是异质的助缘,就算是本质的助缘亦只是助缘,而不是本质的主因、本质的关键。其实,牟先生词穷了。做工夫就是本质的助缘,觉悟的境界就是在状态中而已。已经在状态中了当然不需要再问如何追求以达到此状态,所以没有如何的问题,它就是主体之心完全在本心呈现的状态,《坛经》有言:"心平何劳持戒?"这就是进入觉悟后的状态了,但是,未达此境之前能不持戒吗?不持戒最终能得心平吗?当然,当心已平,主体根本没有邪念杂念欲念了,又谈持戒做什么用呢?所以在觉悟境中确实没有如何的问题,谈如何就是在谈工夫,但除非已臻圣境者,任何人都需要谈工夫且做工夫,因此不论说是师友指点,或说是积习工夫、文字义理工夫、为学日益工夫等等,都不能说是支离歧出的。

其实,说觉悟又要区分是已臻圣境之永不退转,还是只在某个事件上得到清醒的境界而已。若是只在某个事件上达到,则另外的场合也会有汩没不彰之时,此时就须再度觉悟,也就是要再做工夫,因此觉悟还是一个渐进的历程,每一次的觉悟都是主体境界的一次跃升,这种情况牟先生也谈到了:

此种觉悟亦名曰逆觉。逆觉者即逆其汩没陷溺之流而警觉也。警觉是本心自己之震动。本心一有震动即示有一种内在不容已之力量突出来而违反那汩没陷溺之流而想将之挽回来,故警觉即曰逆觉。逆觉之中即有一种悟。悟即醒悟,由本心之震动而肯认本心之自己即曰"悟"。悟偏于积极面说。直认本心之谓悟。觉而有痛感,知汩没之为非,此虽较偏于消极面,而同时亦认知本心之为是,故亦通于积极面。通于积极面而肯认之即

---

① 牟宗三《从陆象山到刘蕺山》,页165–166。

为悟。由觉而悟，故曰"觉悟"。①

说逆觉是牟先生的老辞，在《心体与性体》书中就讲得很多了。说逆觉绝对是面对本心放失、主体汩没之时的做工夫的活动，这是涵养用敬的模式，这是以价值意识的本体以为心行的蕲向而为之本体工夫，所有的本体工夫都是这种模式，都是以合于仁义礼知的价值标准要求主体自己改正心态的操作方式。这是逆觉体证、是本体工夫、是觉悟。可以说，牟先生以觉悟一词来说尚在工夫阶次阶段的跳跃性成长，但是，这还不够，对于已臻圣境、永不退转的境界状态，他则是以顿悟说而言，下节论之。

六、以顿悟说诠释象山

做工夫与得境界是分开不了的事件，而工夫与境界并不是两种工夫的高下之别，而是主体实践的两种不同的状态，主体有做工夫的状态也有达境界的状态，但主体必是做了工夫之后才能达境界，故而两事不可分说。依牟先生，却是以顿悟说说一种象山型态的工夫，而与朱熹不同者。参见其言：

从悟一面进而说大悟或顿悟。大悟、顿悟者悟此本心无限量之谓也。当吾人顺本心透露而警觉时，虽已肯认此本心矣，然此时之本心仍在重重锢蔽中被肯认，即在限制中被肯认，此亦即本心之受限性。显然锢蔽所成之限制并非即本心自己之限制。汩没于利欲之私、感性之杂中，一切是有条件有限量，而本心之呈用无任何条件，唯是一义理之当然，一内在之不容已，自无任何限制性。本心自体当是无限制者。由无限制而说其为"无限量"，此即普通所谓无限性。惟此无限性尚是消极者，由对遮锢蔽，自锢蔽中解脱而显者。此可由分解而得之。对此种无限性（形式的无限性），不必曰顿悟。此可由分解之思以悟之。惟当本心自体之无限性由消极进而为积极，由抽象的、形式的，进而为具体的、胜义实际的，方可言顿悟，乃至大悟。此具体的、胜义实际的无限量是何意义？曰：道德的本心同

---

① 牟宗三《从陆象山到刘蕺山》，页168。

460

时即形而上的宇宙心是也。形式的无限性须能顿时普而为万物之体,因而体万物而不遗,方是落实而具体的无限性,即胜义实际的真实无限性不只是抽离的形式的无限性普遍性,而是"融于具体之殊事殊物中而为其体"之无限性、普遍性。说单纯,则"至当归一,精义无二",只是一心,只是一理,"此心此理实不容有二";说丰富,是无穷的丰富,说奥秘是无穷的奥秘,既不容有二,则悟必顿。既是无穷的丰富,无穷的奥秘,悟亦必顿。此中无任何阶梯渐次可以凑泊也。由觉而悟,必须悟到此境,方是悟到本心自体之真实的无限性。必须悟到此真实的无限性,本心义始到家。到家者,道德实践而成圣所必须如此之谓也。[1]

本文说顿悟之境,牟先生即是以顿悟说高象山于朱熹,然而,顿悟之境也是要从做工夫获得的,因此,笔者不认为牟先生成功了高象山于朱熹的理论努力。牟先生也知道,在主体尚不完美之时必须是要做工夫的,做工夫最终会得境界,只是若尚未臻至最高圣境,那就有再度汩没于私利之杂的可能,这就是牟先生所说的"本心仍在重重锢蔽中被肯认",也就是未臻圣境,因此牟先生还要谈臻圣境的状态。就本心在锢蔽中而言,可以谈形上学问题、也可以谈工夫论问题,谈形上学问题就是给它一个存有论的说明,说明为何会有此种状态,此即理气论与心性情论在面对的问题,说明主体堕落之存有论结构的同时,其实也是把主体必可成圣以及如何成圣的问题讲清楚了,此即天理是人人共具,故而做变化气质的工夫即可使天地之性存焉,这是依据形上学原理而来的讨论。至于工夫论,消除气禀的限制的做法就有读书讲学、日用常行、亲近师友、事上磨练的种种课题,但这些牟先生都说是消极的、形式的、后天的,而他要谈的是具体的、胜义的,其实,他要谈的是成圣的境界,成圣的境界必是要做工夫透过消极的、后天的、形式的作为才可以得到的,牟先生已经不再去说做这些助缘工夫是不重要的话,而是要追究真正顿悟的境界的实义与胜义,其言:"道德的本心同时即形而上的宇宙心是也。形式的无限性须能顿时普而为万物之体,因而体万物而不遗,方是落实而具体的无限性。"笔者以为,

---

[1] 牟宗三《从陆象山到刘蕺山》,页 168–169。

此说是有歧义的。说道德的本心是就主体说的,说形而上的宇宙心是就整体存在界说的,说两者价值义相同是可以的,说两者一根而发,前者来自后者也是可以的。这都是形上学的语言。但是,牟先生要谈的是工夫论的语言,并且是工夫已完成而达至境界的境界论的语言。主体在成圣境时,已无丝毫私欲杂念了,因此主体心的意志状态完全符合于天道的最高价值,主体的行为完全符合天道的意志。但是,主体仍不等于道体。主体不能为四时行、百物生的宇宙流行之事业,主体只能为修齐治平的社会人伦事业,因此轻易地说"道德的本心即同于形而上的宇宙心"是有问题的。

最后,牟先生说此顿悟境是没有阶次可以凑泊的,这才是到家,才是道德实践而成圣,此说笔者同意。但这也扎扎实实地说明了牟先生是在谈境界而不是在谈工夫,是谈已成圣境的境界,此时毋须再为工夫,不勉而中、不思而得、从容中道、臻至化境。所以,笔者不认为牟先生有效地提出了象山型态的工夫理论而有高明于朱熹之处,事实上是,牟先生发现了象山之所言就是境界论的模型,只有谈境界可以这样说话,若是要谈工夫,势必有阶次、有过程、有办法、有方法、有下学、有上达、有积习、有渐教者不可。

七、以内圣之学诠释象山

牟先生谈朱陆之争,至第二章第七节谈朱子对象山的攻击,牟先生则是以内圣之学说明朱陆差异,以象山为内圣第一义之学,以避开朱熹的攻击。从牟先生所引朱熹的文本,有对象山弟子说其"狂妄凶狠,手足尽露"者、有说象山"人欲横流,不自知觉,而高谈大论,以为天理尽在是也"者、有说时人"空腹高心,妄自尊大,俯视圣贤,蔑弃礼法"者、有说今人因孟子之言"于义理之精微,气质之偏蔽,皆所不察,而其发之暴悍狂率无所不至"者[1],其实,由牟先生所引之朱熹语看来,朱熹在说的是对象山及其徒弟和时人的人身攻击,指其有此些病症,因此需做基础工夫,做下学上达、讲明道理之工夫,而不是对象山的工夫理论有何对立的意见,其实象山也没有讲出什么具有新意

---

[1] 牟宗三《从陆象山到刘蕺山》,页175–179。

的工夫理论，就是顺着孟子的路数要求实做之而已，但就因此，牟先生说其为第一义，而以朱熹一般要求学者所做的下学上达工夫为第二义，从而建立内圣之学的象山型，依此，牟先生界定孟子之学之特色，且亦以之即是象山继承于孟子的重点，而反驳朱熹，参见其言：

> 案：孟子以仁义内在明本心，以本心明性善。本心不失，则不可胜用，义不可胜用，若决江河，沛然莫之能御。此是自律自主之本心之立体直贯型的义理。此为内圣之学之第一义。义不义之第一义惟在此自律自主之本心所自决之无条件之义理之当然，此即为义之内在。内在者、内在于本心之自发、自决也。孟子说："长者义乎？长之者义乎？"此一疑问，即由自外在之"长者"处（即他处）说义扭转而自内在之"长之者"处（即己处）说义。此种自发自决之决断、不为某某，而唯是义理之当然，即为本心之自律。一为什么某某而为，便不是真正的道德，便是失其本心。承本心之自律而为，便曰承体起用。此种承体起用显是道德的当然之创造性之表现，即道德的目的性之实现。孟子主仁义内在而明本心之沛然，即在点醒此义。必见到此种立体直贯型之创造（承体起用），即"方向伦理"，方是真见到仁义内在之实义与切义。象山是真能见到此义者，而朱子则落于"本质伦理"之他律。其所谓"心之慊处"与"不慊处"即浮泛不切之语，并不真能切于仁义之内在。盖心之慊与不慊可由自律而见，亦可由他律而见。由他律而见之义是"义者宜也"之义。此可完全受决于外在者。如合于风俗习惯、合于外在之礼法、合乎外在之本质秩序，合于知识上之是非，皆可以使吾人得到心之慊。一字一句若有不对，便觉心不安，一典出处不明或弄错，亦觉心不安。心之慊（快足）是合于义（义之所安），心之不慊即是不合于义（义之所不安）但此种义不义却正是外在者，正是他律者；而心之慊不慊亦正是因关联于他律而足不足，此是认知之明之足不足。此不是真正"第一义道德"之自律，亦不是本心自律上之安不安。而朱子却正是向"关联于他律以定足不足"而趋，而象山却是向"本心自律之安不安"而趋。此仍是一纵一横，第一义与第二义之

别也。[1]

本文中牟先生以象山所继承的孟子之学为自律自主立体直贯型，以朱熹所强调的工夫论为他律的本质伦理，而象山正是方向伦理。此说在《心体与性体》书中已提出，正落实朱陆之别而已。牟先生强调的是本心要自己自律地提起，这其实就是正在做工夫的实况，做工夫必是主体自觉地做的，所以牟先生不断强调自律自主。此说无误。但是，由本心由内而发者仍是合于本心的本性的，仍是合于天道的。就任何人而言，并非一切由内而发者必是合于天道本体的，那么，所发之心是否合于天道本体是要追究的，这就是牟先生所说的朱熹在强调的合于外在、合于风俗习惯、礼法、本质秩序、知识上之是非者，牟先生说这是外在的，以有别于本心之内在的，此说有歧义。既是本心之发必是来自内在的动力，此内在的动力所发之方向必是合于内在本心本来的本质，此一内在本来的本质正是天道的落实，落实于具体家国天下的事务上，使外在的家国天下的事业合于天道的礼法，此即风俗、习惯、礼法、秩序、知识、是非之诸事务，绝无所谓此些事务是一外在的、与本质无关的、与天道无关的。必合义于此些原理者，就是必合义于天道者，就是必合义于本心应有之本质的落实者，主体实践必由本心而发，发之而与天道、天理、礼法、风俗、秩序合义，此中只有合义或不合义的问题，没有第一义或第二义的问题。不是有实践就是第一义，而是实践合义才是第一义。朱熹要追究的是象山及其弟子及时人多有不合义的作为，而不是工夫理论只管外在原理不管主体实践。追求合义不是外在的，而是合于天道原理的。合于天道原理不是他律的，而是原理与天道一致。主体一旦实践活动起来，就是自律的，只是此自律自主的实践的方向必须正确无误，必是合于本质，并不是有两种伦理学理论为一论方向、二论本质者，而是伦理实践的道德行为之方向必须合于本质而已，两事一事，牟先生把朱熹对象山的人身攻击当作朱熹对象山的工夫理论的攻击，以至于认为有象山之直贯第一义自律型的工夫，以及横摄认知他律型的朱熹工夫。此真差谬矣！重点是，笔者反对有所谓横摄认知他律型，依据牟先生的定义，所有的工夫理

---

[1] 牟宗三《从陆象山到刘蕺山》，页 179–181。

论都是直贯自律第一义的，朱熹的工夫论也是这一型，被牟先生说为它律横摄认知者，其实是说理气的存有论和说先知后行的工夫次第的理论，次第中的每一项工夫操作起来都是本体直贯的自律模式，只因有不同项目故而才谈个次第问题而已。只因有对象山的不满，而攻击其为禅，并且因而更重视"讲学省察"与"学聚问辨"，牟先生则紧紧抓住内圣第一义之学，排斥朱熹之说于内圣第一义之学的范畴之外，参见其言：

> 若真见到"本心自律上之安不安"为内圣之学之第一义，则只有补充，而无对遮，亦无所谓禅之联想。象山之挥斥意见、议论、定本，其目的惟在遮拨他律之歧出，而使人收回来向里深入、透显本心之自律。而朱子却一概联想为禅，又误会为对于"讲学省察"与"学聚问辨"之忽视与抹杀。象山自谓其学"不过切已自反，改过迁善"，此正是省察之要者，如何能谓其轻忽省察，"弃置而不为"？惟此省察是扣紧念虑之微而省察：是利欲、意见之私乎？是本心之所发乎？是歧出之他律乎？是本心之自律乎？此正是道德省察之第一义，而不是省察于文字义理之精微也。象山语录："有士人上诗云：手提浮翳开东明。先生颇取其语，因云：吾与学者言，真所谓取日虞渊，洗光咸池。"此其讲学惟在自人之汨没陷溺中启迪开悟其本心之自律，如何能谓其轻忽讲学，"弃置而不为"？惟其讲学不以读书、理会文字为主耳。并非不读书、读时亦并非不理会文字也。就克启迪开悟本心之自律言，读书、理会文字正非本质的相干者，甚至是歧出之不相干。"学聚问辨"亦然。不以读典籍之学聚问辨为主，而以开启本心之学聚问辨为主也。孟子言"集义"岂只限于读典籍之学聚问辨耶？就开启本心之自律言，读典籍之学聚问辨，客观研究之义理精微，正非本质的相干者，甚至是歧出的不相干者。纵十分精微，亦只是他律。此岂道德行为之本性乎？[①]

文中首先说朱熹不应以象山之说为禅，笔者同意，但问题是象山有粗暴

---

① 牟宗三《从陆象山到刘蕺山》，页 181–182。

气，朱熹假禅以批评之，虽不对题，但朱熹实在认为象山之病的确存在，因此总要有所处理，朱熹亦确实可以走牟先生所说的补充之路以救象山之弊，但朱熹的补充之路就是下学上达、讲明知识，然后再去坚定意志。至于提起本心、呈现本心、走内圣第一义之路，这些没有人反对，朱熹所反对者并不在此处，而是对真"讲学省察"与"学聚问辨"的落实。依牟先生的意见，牟先生认为象山也是同意需要"讲学省察"与"学聚问辨"的，只是要坚持"讲学省察"与"学聚问辨"的本质要点还是在公私义利之辨上。笔者以为，以私为公、以利为义是人病之常态，内圣之学第一义就是要追究个公私义利之辨而已，因为对个人之实践实况，就真正做到而言，前节之讨论中牟先生已经说了没有方法了，也就是说真正做到是个境界达致的阶段。现在的问题是有人说的跟做的不一套，朱熹就是这样认定象山的，因此问题并不是象山主张"先立吾心之大者"等意见不是内圣之学的格式，而是象山及其弟子之作为在朱熹的眼中就是粗暴。当然，是否粗暴？还可以追究，不过，不透过一些平常的培养方法以逐步坚实信念那又要靠什么呢？任一士子一上来就说已立志矣，难道他的行为就必是可以为天下法的内圣第一义之行径吗？所以，问题不是要不要直接实践道德而为内圣之学第一义之行为，因此并不是朱熹否定或反对此一道德实践的理论模型，牟先生确实有理由说这才是道德行动的第一义。问题是，象山有粗暴气故为朱熹所指责，只是朱熹以之为禅是不对题，倒并不是讲直指本心、立体直贯、逆觉体证的模型为朱熹所反对。既然仍是粗暴，就要平日涵养，老实承认，如此而已。

牟先生文中说："就克启廸开悟本心之自律言，读书、理会文字正非本质的相干者，甚至是歧出之不相干。"笔者以为，牟先生这段文字说得太过了。孔子删诗书、定礼乐、作春秋，孔子作此不是要人读书的是要做什么？诗书礼乐春秋不是要读过又如何知其内容呢？小学涵养，大学读书，发为实践，涵养时笃实，读书时切实，实践时真实，学者如此，即是正常儒者。何须辨析这许多的第一义第二义以分高下？都是圣学，学了就做，然而后来人们读书却不落实，故须讲究落实实践，故有第一义第二义之分辨，有了一二分辨之后，还是会犯任意妄行之过，朱熹不过在此重新强调平日涵养，牟先生实在不必要牵连读书这件事，而说它不是圣学本质地相关的事业。

八、为象山气质粗暴做辩护

牟先生亦知朱熹愤愤于象山行径的粗暴之气，牟先生的做法就是，朱熹根本不见道，把见道的象山行为说为粗暴气，以此避开朱熹老学究的愤怒。参见其言：

> 至于"气质之偏蔽"，此乃朱子责象山之切要处，以为只讲一本心之沛然，而不察"气质之偏蔽"，正有不能沛然处。好底坏底"一齐滚将去"，"都把做心之妙理"，岂不害事！

朱子语录云：

> 陆子静之学，千般万般病只在不知有气禀之杂，把许多粗恶底气，都把做心之妙理，合当怎地自然做将去。向在铅山、得他书云：看见佛之所以与儒异者，止是他底全在利，吾儒止是全在义。某答他云：公亦只见得第二义。看他意只说儒者绝断得许多利欲，便是千了百当，一向任意做出，都不妨。不知初自受得这气禀不好，今纔任意发出许多不好底，也只都做好商量了，只道这是胸中流出自然天理，不知气有不好底夹杂在里，一齐滚将去，道害事不害事！看子静书，只见他许多粗暴底意思，可畏。其徒都是这样。纔说得几句，便无大无小，无父无兄。只我胸中流出底是天理，全不着此工夫。看来这错处，只在不知有气禀之性。[①]

感谢牟先生全引朱熹的文字于此，从牟先生所引的朱熹话语看来，实际上正是讲朱熹指责象山及其弟子受到气禀影响，以致妙理变成任意。所以朱熹是在做人身攻击，而不是在反对逆觉体证的理论。真正内圣之学确实是提起本心、心理合一、直贯逆觉型的，但是，说到底，这还是实践者已经能够自做主宰，不受气禀影响之下的状态，做工夫就是要使主体达到这种自做主宰的状

---

① 牟宗三《从陆象山到刘蕺山》，页182。

态，要对治的就是自己的气禀，气禀之私隐微难见，表面上像是道德行为，私底下可能是自私自利的动机目的，朱熹认为他就是见到象山有这种行径。所以，此事非关工夫理论，不是谁家的理论较好较坏、是逆觉还是认知、较本质还是较助缘的问题，而是谁的工夫实践做得好不好的问题，若做不好，理论上就是气禀之偏杂没有修好，那就要再做种种去人欲的渐修工夫。然而，牟先生却都是以朱熹提出了与逆觉体证、直贯纵摄不同的工夫理论说朱熹，更有甚者，顺象山之语，说朱熹实在不见道，此种评价，笔者不同意。又见其言：

> 案：开悟本心之自律正所以取以为准则藉以化除"气质之偏蔽"，以至本心之沛然与坦然，此所谓"自诚明谓之性"。若气质之偏蔽难化，不能至本心之沛然，则正须"切己有反，迁善改过"，以渐使之沛然，此所谓"自明诚谓之教"。焉有唯在发明本心自律之第一义者，尚天理人欲不分，"把许多粗恶底气都把做心之妙理"耶？孟子、象山所说之本心之沛然，岂是苏东坡之"任吾情即性，率吾性即道"之直情径行耶？严守"本心之自律"正是天理人欲分得太严，故一切意见、议论、定本皆须刊落，方能扭转、回机就己。故如此"直拔俊伟"，唯是一义理之当然挺立在前。此所谓壁立千仞，八风吹不动，故"实是卒动他不得"。此亦有见于真而然。若见处不谛不实，焉能"动他不得"耶？只因自己不能正视此义，系念于他律之义不义而不肯暂时放下，故见其挥斥意见、议论、定本，便视之为"粗恶底气"、"粗暴底意思可畏"、"暴悍狂率无所不至"；见其"实见得个道理恁地"，"见得恁地直拔俊伟"，便视之为"不怕天、不怕地、一向胡叫胡喊"，"无大无小"。此岂非离题太远乎？前称之为"操持谨质，表里不二"，"气象皆甚好"，何以忽尔竟至"胡叫胡喊"，"无大无小、无父无兄"耶？此种责难，显是心中有蔽流于激情而不自知。若自定已见得"本心之自律"，在此第一义处与象山同，则再进一步说到体现问题，正视气质之偏蔽，以此警戒象山，则象山必欣然受教，决无话说。今自己之细密精微，工夫磨练，全走向他律之道德而不自知，在第一义处并未把握得住，而复如此相责，则显然不对题，宜象山不受也。若忽视见道不见道之根本，或以为朱陆在见道上为同一，而觉得朱子切实，象山粗浅，此则非

是，此正有不知根本之异之过，或故意泯真实问题之嫌。①

牟先生说本心自律就是要化除气质之偏，不可能有唯在发明本心第一义者还有天理人欲不分的情况，且孟子、象山所说的本心沛然，绝不可能指的是任情率性之举。此说，笔者同意。但是，朱熹所说，也恰恰不是在反对此义，此义是就理论上说，朱熹则是就象山本身之修养境界说，牟先生却认为朱熹对象山的批评话语，正显示朱熹自己心中有蔽，流于激情而不自知。笔者以为，象山是否真粗暴？朱熹是否真有蔽？后人皆不能妄下定论。但是朱熹之所说确实是指象山为人之粗暴，象山之所说也确实是实指朱熹根本不见道，这都是两人对对方修养人格的人身攻击，也正是意气之争的显示。然而，牟先生都将之上升为理论之争的问题，认为象山讲的是本心直贯的第一义工夫，而朱熹讲的是第二义议论他律的工夫，因此，第二义的助缘工夫当然无法超越或救助第一义的实做工夫。但是，朱熹完全具备牟先生所说的第一义及第二义的工夫理论，象山亦完全具备牟先生所说的第一义及第二义的工夫理论。只朱熹于第二义上强调得多，故而更见特色，而象山则是于第一义上强调及显其特色，实际上，理论都是第二义的，第一义是直接强调要实践而已。牟先生自己也说，有自我要求实践是一回事，若就体现而言有所不足时，则须正视气质之病，若是朱熹以此警戒象山，象山必欣然接受，绝无话说。牟先生此说，就是说明气质之偏蔽正是实有其事，所以朱熹批评象山有气禀偏差是理论上可能的，至于牟先生说象山必会欣然受教，笔者不做论断，这还是历史事实问题，而不是理论问题。而牟先生所做的理论处理却是，象山讲第一义，朱熹自己第一义工夫缺缺，却以第二义纠正象山，宜象山不受也。牟先生的讨论还是以个人修养境界与理论主张混和地说，因此继承象山批评朱熹不见道的立场，此一立场，既是理论攻击，更是人身攻击。当然，牟先生自认为是从理论立场上说，朱熹看不到重要的第一义的理论，只看到第二义的后天积习、他律议论的理论。所以不知根本，也故意泯没真实问题。总之，牟先生把朱熹对象山的人格批评上升为理论立场的差异，而主张有第一义象山理论与第二义朱熹理论的不同，因此朱

---

① 牟宗三《从陆象山到刘蕺山》，页183–184。

熹的批评在理论上有误。于是，象山是否真有粗暴之气，牟先生不置可否，就算有，若朱熹以本心直贯进路辅之以导正气禀之工夫则象山必可接受，归根究底，就是朱熹不知所谓第一义直贯逆觉之路，谓之不见道矣！此说真不能同意，但是，牟先生还是坚定朱熹路线歧出的立场，参见其言：

> 前言若真见到本心自律上之安不安为内圣之学之第一义，则只有补充，而无对遮。何谓"只有补充，而无对遮"？盖缘本心自律只表示存心之纯正，亦只表示一道德目的性之方向。此心不失，一处不忍，此为仁之不可胜用。一处羞恶，到处羞恶，此为义之不可胜用，一处辞让恭敬，到处辞让恭敬，此为礼之不可胜用。一处是非炯然，到处是非炯然，此为智之不可胜用。此即"此心炯然，此理坦然"，"若决江河，沛然莫之能御"，亦是"溥博渊泉而时出之"，"盈科而后进，有本者若是"。此克就道德之本性言，亦无不足。但若处于一特殊之境遇，一存在之决断固有赖于本心之自律，但亦有待于对此境遇之照察。照察清澈不谬，亦有助于本心自律之明确以及其方向之实现。照察不谬是智之事，此即是以智辅仁。推之，朱子所谓"讲学省察"、"学聚问辨"上之"义理之精微"，客观研究乃至文字理会上之"义理之精微"，皆有其意义与作用，此皆是"认知之明"上之慊不慊。此种慊不慊皆足补助本心自律上之慊不慊。但不能停滞于此认知之明上之慊不慊而不进，以此他律之第二义上的"义"为自足而对遮本心自律之第一义上的"义"，并对之施以种种之攻击与无谓之联想。朱子正是滞于本质伦理之他律，而不能正视方向伦理之自律者。此问题至王阳明由本心而进至讲良知时，尤显。俟至该处，将再详辨而深明之。①

牟先生认定最重要的就是立志、辨志之本心自律，这就是坚定道德性的方向，之后，则只有补充。补充以智，以智辅仁。朱熹之学就是认知之路，以智辅仁可，但停滞于智，甚至批判仁，就变成滞于本质伦理，而不能正视方向伦理。依牟先生此说，好像立志之后就永远不会陷入私欲，因此立志之后永远

---

① 牟宗三《从陆象山到刘蕺山》，页 184–185。

只剩以智辅仁的工作了。这真是对人性太有信心的立场，恐怕孟子、象山、阳明皆不如此乐观，当然，在已经立志且十分坚定的状态，则只需补充以认知之明即能成事，但是，朱熹明明是讲象山即便在立志之时仍有私欲混杂的粗暴之气在，故而并非只须认知之明的补充，而是大须重做本心立志的工夫，只是他以"讲学省察"与"学聚问辩"的话术提出而已。更重要的是，朱熹纠正象山修养工夫的不足，并不表示反对本心直贯的工夫，更不是他只有认知的主张，"涵养需用敬，进学在致知"就并不只是有认知的一面了，即便此一认知，也仍然是本心涵养的具体落实项目，至于涵养部分，那就直接是说本体工夫的一面，可惜这个涵养的部分，牟先生在过去的诠释中都是将之黏合于致知工夫型态，因而将涵养与察识对立于本体工夫的意旨中，从而有了逆觉型与认知型的朱陆工夫型态别异之说。而依据本文，就是有第一义工夫理论与第二义工夫理论的型态别异。

以上从内圣之学说起，建立朱熹象山工夫论的两型，忽略朱熹、象山彼此皆是人身攻击，理论的差异不那么大，事实上是牟先生将其提升为理论的差异而已。

九、结论

牟先生创发新说，固然可敬，但是，在文本诠释上却是严重犯错了，本章之作，即是在其强势的朱陆诠释上，为朱熹意旨重开新路，摆脱牟先生高象山贬朱熹的诠释意见，至于全面重建朱熹哲学，笔者已有专书《南宋儒学》之作承担此责，而针对牟先生建构当代新儒学，则有笔者针对《心体与性体》近乎逐章反思的讨论之展开，本章之作，即是此一研究撰文工程之一。

本章讨论牟宗三先生于《从陆象山到刘蕺山》书中对朱陆之争的意见，本章之作采地毯式逐章逐节讨论的模式，聚焦于第二章的后半段。牟宗三先生对朱陆之争的讨论，基本上都是站在象山立场，对朱熹提出批评及反对的意见，且理论的模式几乎都就是象山本来的意见，只是将之转化为当代新儒学的新形态而已。在该书第二章后半段的讨论中，牟先生愈发能认识朱熹学说的要点，因此就愈发地将象山之说转入觉悟、顿悟等近禅之型态来诠释，虽然，这正是为反驳朱熹以象山是禅的攻击而作的，却不料陷入此种特殊的吊诡中。这其中，就包括对朱熹是"下学上达"及"后天积习"型态理论的认识、定位及批评，以及对象山是"本心呈现""觉悟""顿悟""内圣之学"的肯定性诠释。至于，朱熹对象山修养境界受到个人气禀影响的人身攻击意见，牟先生全不重视，而是转化之以为朱熹所谈是第二义的他律认知型理论，且相对地以象山是第一义本体直贯的工夫理论对照之，因此，朱熹所提之工夫理论不足以驳斥象山。本章之作，即是要指出，并不存在牟先生所说的朱熹认知型的理论模式，朱熹所说真是针对象山粗暴之气的攻击，至于牟先生为象山所主张及建立的工夫理论的类型，在朱熹的著作中并不匮乏，牟先生讨论的结果，只是严重地牺牲了朱熹文本的哲学意旨而已。

第十七章：对牟宗三诠释王阳明哲学的方法论反省

一、前言

本文讨论牟宗三先生《心体与性体》中的王阳明哲学，针对牟先生所提出的良知是本体一说，以及良知的坎陷以为知识之了别说，以及事物之知之为心外之物说等等，讨论牟先生所设定的程朱、陆王哲学之区别之必要性。笔者的立场是，牟先生严分程朱、陆王两学，却在对王阳明的哲学诠释一章中出现了接近朱熹学的意旨，而笔者即将在本文之讨论中指出，牟先生为阳明强调的理论特色部分，实在就是一套工夫论意旨，但在牟先生的诠释中却将之上升为一套强势的形上学系统，并以此一系统，严分朱王，而致生许多对朱熹诠释的语言暴力。在其讨论阳明学的致知问题中，牟先生为顾及客观认识的需要，竟自创地提出良知坎陷之说，以良知坎陷后之了别心来为外物之知，但也就因此，贴近了朱熹之理论，既然如此，实不必如此严分朱王。

牟先生谈阳明学，开头即主张阳明学是孟子学，其言："其学之义理系统客观地说乃属于孟子学者亦无疑"。① 说阳明学是孟子学，笔者没有疑义。但牟先生此说却是以程朱之学乃孔孟之歧出为背景而说的，对这一部分笔者才有不同意见。牟先生依着阳明学是孟子学的定位，又以孔孟之学而发展出《中

---

① 牟宗三《从陆象山到刘蕺山》，页216。

庸》《易传》之学，故主张儒学在《中庸》《易传》之处已完成了道德的形上学的圆教系统。因此，当牟先生以阳明学是孟子学的时候，牟先生讨论的阳明学差不多都是朝向一道德的形上学系统在说的，亦即是以形上学的进路在谈阳明学的。以形上学进路谈阳明学并无不可，但是阳明学的特色在于工夫论而非形上学，当然阳明亦有形上学立场及形上学型态之命题的提出，问题是，阳明众多的工夫论命题，在牟先生的解读中，却几乎都将之摄入道德的形上学问题里谈，这样的结果，就导致一方面牟先生不能有效区分工夫论与形上学，二方面又将不同的工夫论型态的程朱学诠释为不同的形上学型态。然而，程朱所言之工夫论议题，原本确有其理论的必要性，即其先知后行之重知的一部分，这一部分却在牟先生讨论阳明学时，不得不予以收摄。关键即在，程朱讲工夫次第的格物致知之学，原是一先知后行重知于行的系统，被牟先生以良知的坎陷说所提出的了别心以认识之并运用之，如此一来便成为牟先生在自己的系统中给了程朱学必要的理论地位，于是前此之用力区分别异的程朱学，根本就又回到了牟先生自己的系统里了。但是，虽然牟先生吸收了程朱学的重知部分，却始终不肯回头承认程朱学的功能，亦仍不放松程朱、陆王之别，以致更加无理地对程朱之学施予更粗暴的诠释。

以下的讨论，将顺着牟先生的著作次序逐一检视他的思路以进行理论反省。

二、牟宗三说阳明学是孟子学

牟先生要定位阳明学是孟子学，首先就从孟子学定位说起，其实这一部分已经完全呈现在《心体与性体》一书的综论部分中了。但在讨论阳明时再度提出而已，其言：

> 孟子言性善……其正面之进路唯在"仁义内在"。……乃是此心即是仁义之心，仁义即是此心之自发。如果把仁义视为理，例如说道德法则，则此理即是此心之所自发，此即象山阳明所说之"心即理"。"心即理"不是心合理，乃是心就是理；……此心就是孟子所谓"本心"。……此所谓

本心显然不是心理学的心，乃是超越的本然的道德心。①

牟先生谈孔孟之学时即已将孟子之良知说与本心说上升为一形上原理，而与《中庸》《易传》之诚体、易体合一，此处牟先生再提象山、阳明之"心即理"说，即是将阳明所言之心说为孟子的本心。此说没有问题，有问题的是"心即理"的命题诠释。"心即理"本来就存在着两条思维脉络，其一为本心具性善之理，此为存有论旨；其二为心做工夫而完全呈现性善之理，此为工夫境界论旨。此处牟先生说为心就是理，若就第一路说，则气禀之心无处安排；若就第二路说，则未见言工夫即倡此说亦有不妥。牟先生向来特重做工夫以成圣境时之"心即理"义，但却又将此义说成是本体宇宙论的意旨，是将圣人之作为说成天道之作为，如此则混同了工夫境界论与本体宇宙论。说圣人境界中之心的状态与天道为一，这是理所当然的。但把圣人之作为说成了天道的作为时，即几乎将圣人说成了佛教的毗卢遮那佛之全身放光而成宇宙之意旨，亦有替代耶教言上帝创造万物的理论氛围。阳明有类似的话，但不能做此种解读，而牟先生则做了此种解读，此即牟先生诠释阳明学的纲领，亦是牟先生《心体与性体》全书的纲领，牟先生专题谈阳明学是在《从陆象山到刘蕺山》书中，而上述的意旨即藉阳明文句诠释而不断托出。

牟先生从心概念与本心概念转入讨论良知概念与天理概念，其言：

> 阳明即依此义而把良知提升上来以之代表本心，以之综括孟子所言的四端之心。……天理就是良知之自然明觉之所呈现，明觉之即呈现之，……意即"天理之自然地而非造作地，昭昭明明而即在本心灵觉中之具体地而非抽象地呈现"。……故凡阳明言明觉皆是内敛地主宰贯彻地言其存有论的意义，而非外指地及物地言其认知的意义。……它是存有论地呈现之，而不是横列地认知之。而就此决定活动本身说，它是活动，它同时亦即是存有。良知是即活动即存有的。……良知是天理之自然而明觉处，则天理虽客观而亦主观，天理是良知之必然而不可移处，则良知虽

---

① 牟宗三《从陆象山到刘蕺山》，页216。

主观而亦客观。此即是"心即理","心外无理","良知之天理"诸语之实义。①

笔者讨论牟先生哲学时，特别关切本体宇宙论义旨与工夫境界论义旨的区分问题，意即是谈天道流行与谈主体活动的问题意识的区分的问题。牟先生说，良知非只是认知，而是有具体地呈现，是一活动而有存有论意旨。牟先生说的存有论，其实是并合本体宇宙论与工夫境界论地说的，存有论用在本体宇宙论问题的讨论是没有疑义的②，但用在工夫境界论的讨论就等于是把主体的实践活动也说成了存有论。依笔者之见，此种命题应说为工夫境界论较为恰当。然而，牟先生却是合在一起使用，这种工夫论与形上学不分的做法③，就会使得牟先生也将朱熹与王阳明不同的工夫论类型说成是不同的形上学类型了。

依据上述牟先生的语意，说良知不只是客观地认识事物，而是能连带地有主体的实践活动，这样的说法，是很符合孟子意旨及阳明学说的。这就是主体的实践活动，也就是在谈主体的做工夫，因此"心即理"、"心外无理"、"良知之天理"诸语实在就是主体以天理为价值意识而做着修养的工夫，及至完全完成，而使主体达到天理完全呈现的境界。因此笔者要强调，被牟先生特别看重的阳明的这些话语，是工夫境界语，它当然与形上学的本体宇宙论语言有理论的内在关系，但是混同这两种问题的结果，就会把工夫境界论当成了本体宇宙论，于是王阳明的工夫论便成了一种特殊型态的形上学，而有以别异于朱熹认知心进路的理气说的形上学。这一部分正是笔者讨论牟先生思想时一向最努力

---

① 牟宗三《从陆象山到刘蕺山》，页 217–220。
② 此处说没有疑义是说就牟先生的用法言，但笔者另有将存有论与本体论两分的用法，存有论指抽象的概念思辨之学，本体论指实践的价值意识之学。这是为区分讨论本体宇宙论与讨论形上学存有论时而做的区别，是为了在中国哲学的实践哲学特质的讨论下，本体宇宙论与工夫境界论有直接推演的关系，而讨论形上学存有论时，是仅就概念定义做的抽象讨论，本身不与工夫境界论直接推演，但亦不妨碍工夫境界论的命题意旨。朱熹的理气论就是这种意义下的存有论之学，却时常被放在不好的本体宇宙论脉络下解读，而遭受误解与批评。
③ 形上学就实践哲学说，有本体论与宇宙论。就思辨哲学说，就是前注中所谓之存有论哲学。

辨析的问题。

三、牟宗三从良知概念说的圆教形上学

以下，牟先生谈良知概念的形上学立场再清楚不过了：

> 良知感应无外，必与天地万物全体相感应。此即含着良知之绝对普遍性。心外无理，心外无物。此即佛家所谓圆教。必如此，方能圆满。由此，良知不但是道德实践之根据，而且亦是一切存在之存有论的根据。由此，良知亦有其形而上的实体之意义。在此，吾人说"道德的形上学"。这不是西方哲学传统中客观分解的以及观解的形上学，乃是实践的形上学，亦可曰圆教下的实践形上学——道德实践中良知感应所及之物与存有论的存在之物两者之间并无距离。当然如果我们割离道德实践而单客观地看存在之物，自可讲出一套存有论，而不必能说它是道德的形上学。但这样割离地客观地看存在之物不是儒家之所注意，而且即使这样讲出一套存有论，亦不是究竟的。儒家可以把它看成是知解层上的观解形上学，此则是没有定准的，由康德的批判即可知。因此，说到究竟，只有这么一个圆教下的实践的形上学，此则乃是必然的。①

上文中牟先生说出了由良知以为道德实践义下的圆满的存有论，这是儒家的东方式形上学，以及非涉及实践而言之客观知解的形上学，那是西方式的形上学。也以此两分而说朱、王之别。但笔者是不同意这样的区分的。一方面笔者不主张建构圆满的形上学，二方面笔者不同意朱熹的形上学只是知解的形上学。依据上述论旨，本文以下的讨论主要针对这种圆满的形上学之解构而说，至于朱熹形上学问题，笔者另有它书处理②。

说世界是由道德意志义的天道之创造作用而有，这是儒家的一般通义，因

---

① 牟宗三《从陆象山到刘蕺山》，页 223-224。
② 参见拙著：《南宋儒学》，台湾商务印书馆。

此就儒家而言，天地万物的存在就是依据道德意志而有的。笔者以为，话说到这里就足够了。这已经近似柏拉图的世界依理型而有，或黑格尔的世界依绝对精神而有之形上学问题的解答模式了。在这个意思下的道德的形上学，自另有工夫论旨及境界论旨之可谈之处。意即是，主体的良知即是天道天理的赋命，良知在主体的作用，即应扮演主宰者的角色，主体以良知为主宰，主体之作为与天道之作用在价值意识的方向上是一致的，就人而言，良知的角色同于整体存在界的道体，在良知中有仁义礼知之善性，在道体中也有仁义礼知之天理，善性即天理，故程朱言"性即理"，此义阳明同于程朱。当主体的实践活动达至极致，即主体成圣境，天下因而大治时，则主体的活动与宇宙的秩序合一，此即最高境界的完成。这个完成，可以证成天道是道德意志中心的形上学立场，但是，假若未有圣人治世，天道依然必须说为是道德意志中心的，因此有无圣人的实践仍无关乎天地万物是否在道体依天理的流行中而有其存在，因为不管人伦秩序是否如理，天地万物的存在及其活动都仍然依据着天道的意志而存在及活动着，只是它永恒地等待着人间世界有圣人能来治理而致其天下太平富庶繁荣而已。是否天下大治富庶繁荣是一回事，天道四时行百物生是另一回事，四时行百物生是提供正德、利用、厚生的可能性的依据，天道的作为无息，人道的是否依天道而行自是人道之事，非关天道之能否被证成。然人依天道而行，而致人伦秩序大治完备，这是就人的实践而言的道德的形上学理论的被证成。这个依天道而行即是实践的行动，实践的行动仍有其理论，此即工夫论。阳明学之重心即在工夫论，工夫论使形上学在理论上有被保证可以成立的可能性。然真正之证成却是在实际的行动中，而不是有工夫理论即是证成了，有工夫理论只是完成了系统性，完成了形上学理论之所以可被证成为真时所需的理论。形上学是形上学，即实践哲学进路的本体宇宙论或思辨哲学进路的存有论部分，而工夫论与境界论又是另一问题。王阳明主要谈工夫论，然其说预设了形上学，意旨是天地万物的存在依道德意志而有，是道德意志义的道体的创造作用而有的天地万物的存在，工夫论旨是要彰显这个道德创生的宇宙秩序使其在人伦社会上落实，落实之而致理论上说天地万物是由道德意志创生的形上学理论圆满完成，理论完成是一回事，实践而致天下大治才是实际的证成。

然依牟先生的意见，阳明的工夫论旨被并同入天道的活动，人伦社会的礼

478

乐教化活动等同于自然世界的四时行百物生，绾合人伦世界的社会活动与天地万物的生灭变化为一，说成了一套形上学，曰"道德的形上学"，意味由道德的进路说成及证成的形上学，或曰实践下的圆教的形上学，意味因实践而致世界圆满的圆教义形上学。笔者完全同意儒家是以道德意志的创造活动而说世界存在依据的道德的形上学，更欲依此形上学而追求圆满的世界的圆教理想。但是，现实世界的事实上圆满与否并不妨碍这一套形上学的立场，只是现实世界的事实上圆满可以证成这一套形上学为真，至于追求圆满的个人主体的实践活动，则是依据这一套形上学而推出的理论，包括如何实践的工夫论以及实践完成后的主体状态的境界论，故而工夫论、境界论与形上学有其理论的内在推演性，但仍不必将之说为即是形上学，说为动态的存有论，说为圆满的圆教哲学，它只是使形上学被证成的理论。

说良知既是道德实践的依据又是一切存在的依据，这等于是说了良知作用的普遍性，然而，说良知之普遍性只能等于是说主体的良知与天理一致，故而有其普遍性，是价值意识内涵一致义下的普遍性，原非本体宇宙论的创造生发活动义下的普遍性，但牟先生却说"良知是一切存在之存有论的根据"，又说"良知亦有其形而上的实体之意义"。如果牟先生的意思是将良知说成天理，而天理即是道体的价值意识面向，那么说上述两命题都是可以的。但是，牟先生却差不多还是就着主体的良知而说的上述命题，这样就把主体的致良知的作用等同于天道的创造生发活动，这差不多是把人的道德实践活动当成了造化的本身了。牟先生会有这样的思路的跃进，关键即在，只有主体才能谈实践，而牟先生则认定在实践中才可以证成普遍原理为真，更才可以追求理想世界之圆满实现，牟先生为倡说中国哲学的实践特质才是可以证成普遍原理的形上学型态，所以才把王阳明良知说的工夫论说成了道德的形上学与圆教下的实践形上学，这样就可以获得本体宇宙论被保证为真的理论效果，于是而有超越康德《实践理性批判》中三大普遍原理仅有设准地位的理论效果，主张在致良知的道德实践及存在依据的理论定位中，这一套儒家的形上学不仅理论圆满更有实践的圆满而致有被证成为真的圆教义的形上学地位。牟先生这样建构了儒家形上学之后，便自然要与仅仅是客观解析现象世界的观解形上学做区分，亦即是要与不能落实理想世界的观解形上学做区分，后者都因为不涉及实践，因而不究竟，故而即不圆满。后者即是其所认定的程朱形上学型态。

笔者仍主张谈实践活动的理论要与谈形上学的本体宇宙论理论分开来建构，但这并不会就成了知解层面的观解形上学，它还是实践哲学进路的本体宇宙论之学，它是工夫境界论的形上依据之学，它可以推演出工夫论与境界论，从而形成本体论、宇宙论、工夫论、境界论互为推演的实践哲学系统，以此为系统，即是实践哲学的理论完成，以此为架构，更可以解读中国哲学各家系统的理论义涵；但是，即便是知解层面的观解形上学亦非即是无用之学或与实践无关之学，它只是属于思辨哲学进路的存有论之学，它将前此之本体宇宙工夫境界之学所涉及到的所有存有范畴予以概念界定，定义之、关系之、从而能更有效地使用之而关联至实践哲学的各个领域中。本体宇宙论从流行与活动说天地万物，存有论从定义与关系说本体宇宙论中所使用的概念。各种理论负担着各自的功能，回答着各自的问题，没有哪一种问题才是究竟的问题，因此也就没有哪一种理论就是究竟的理论。说儒家不在意观解的形上学，此诚不然，朱熹就十分在意，当理论有需要的时候就会构作观解的形上学，且观解的形上学不会与儒家根本的实践要求冲突、脱钩、无关、甚或歧出，说这些话都是因为只能紧紧守在一种问题、一种理论的优劣较竞心态下才有的立场。

四、牟宗三从圣人境界说的圆教形上学

牟先生上述立场又在诠释阳明"一体说"中再度深入发挥，参见其言：

> 阳明从良知（明觉）之感应说万物一体，与明道从人心之感通说万物一体完全相同，这是儒家所共同承认的，无人能有异议。从明觉感应说物，这个"物"同时是道德实践的，同时也是存有论的，两者间并无距离。……我们不能从原则上给它划一个界线，其极必是以天地万物为一体。这个"一体"同时是道德实践的，同时也是存有论的……圆教下的存有论的。圣人或大人与天地合德，与日月合明，与鬼神合吉凶，乃必然如此。"感应"或"感通"不是感性中之接受或被影响，亦不是心理学中的刺激与反应。实乃是即寂即感，神感神应之超越的、创生的、如如实现之

的感应，这必是康德所说的人类所不能有的"智的直觉"之感应。①

牟先生将阳明与明道所说的万物一体之意旨，置放在实践中谈，亦即是在致良知的活动中谈，而说为是存有论的，而且是圆教下的存有论，意即是在圣人境界中谈的存有论，而且有康德的智的直觉之意旨。牟先生此说十分复杂，绾合了太多不同的哲学问题于一种情况中谈。笔者之意，即是应予以拆解，拆解之成为有工夫论与境界哲学的部分，以及有形上学的本体论和宇宙论部分。笔者之意即是，牟先生在一个阳明的良知说中就绾合了本体宇宙工夫境界论于一体，这是因为，牟先生以阳明所言的主体的良知发动而与天地万物为一体的命题为基础，一方面将主体的良知视为智的直觉，甚且即是与天道的作用同体，因此当主体与天地万物为一体的时候，此时亦即天道以万物为一体的意旨，如此即由谈主体的良知转成谈天道的作用。谈天道的作用自然即是存有论的，谈主体的良知之活动自然是实践的，谈主体良知发动而与万物一体自然是指圣人境界的，于是牟先生实在是把阳明讲的良知发动而与天地万物一体的主体工夫境界论的话语同时当成了天道的创生作用之本体宇宙论的话语，也就因此同时是存有论的话语，并且即是一套动态的存有论。这样思考的结果，对牟先生而言，他获得了一个优异于西方哲学的理论结果，即是这一套存有论，是一套活动的而非仅知解的存有论，并且，藉由实践而可以实证，于是，在牟先生诠解下的阳明学进路的儒家哲学，便成了一套动态的而非仅知解的，以及实践的且可证成的存有论。

笔者的意见则是，动态的存有论的概念是叠床架屋的做法，讨论实践哲学的本体宇宙论应与讨论实践哲学的工夫境界论分开，而且两者之间的四个哲学基本问题是彼此有理论上的推演关系的。至于被牟先生视为观解型态的存有论，仍可保持它自身独立的理论功能，不必像牟先生对待程朱哲学一般，将之视为非动态的存有论而与先秦儒学的型态为歧出。亦即，存有论就是静态地、观解地解析其概念意旨与彼此关系即可。动态的概念要两分为是对整体存在界的活动叙述、还是对个别主体间的实践论述，前者就是本体宇宙论，后者

---

① 牟宗三《从陆象山到刘蕺山》，页225。

就是工夫境界论。依王阳明的良知呈现而与天地万物一体说，良知呈现即是工夫论，与万物一体即是主体的圣人境界。而良知呈现及与万物一体则都是预设在儒家的本体宇宙论的系统内才会发生的事。《中庸》《易传》及周敦颐、张载的系统内都已谈了儒家形上学的本体宇宙论了，而王阳明谈的就是主题实践的工夫论与境界论，后者预设了前者，后者的实践也可以说在其成功之时即证成了前者。但后者的理论意义并不即是前者，牟先生将是实践的说为亦是存有论的，即是将后者亦当成了前者，即是将主体良知实践而完全呈现至与天地万物一体的圣人境界说为天地万物之生发变化，此即是将圣人境界与天道流行说成了同一件事，天道流行是亘古不变的，圣人境界是万世一遇的，两者不能等同，把圣人境界说成了人类的最高境界即可，但不必把圣人境界说成为整体存在界的实况。究其实，就是太过企求一套理想的形上学所致，以至于把形上学论述与主体实践活动的论述合为一谈，以致理想的主体境界变成了完美的世界观。牟先生所谓之圆教是教化的圆满，但他将教化的圆满上升为形上学的最理想型态，而在这个型态中，遂不能容纳一般形上学的存有论意旨，即程朱形上学的其中一部分之说，这又是太过高举陆王以致贬抑程朱的做法了。

五、王阳明的形上学论旨

依上节所言，牟先生的诠释并非于阳明无据，事实上阳明自己也是将良知上升为本体宇宙论的概念的。不过，问题的关键在于，不论阳明如何上升良知概念于本体宇宙论的意旨中，谈本体宇宙论就是本体宇宙论，谈工夫境界论就是工夫境界论，仍不需另外再创造一套动态的存有论，或圆教的形上学，这一部分仍然只是牟先生自己的当代新儒学创作系统，而非对阳明本体宇宙论的准确理解。牟先生引了两段阳明的谈话，最关键处如下：

> 我的灵明，便是天、地、鬼、神的主宰。天没有我的灵明，谁去仰他高？地没有我的灵明，谁去俯他深？鬼、神没有我的灵明，谁去辨他吉、凶、灾、祥？天、地、鬼、神、万物，离却我的灵明，便没有天、地、鬼、神、万物了；我的灵明，离却天、地、鬼、神、万物，亦没有我的

灵明。如此，便是一气流通的，如何与他间隔得？

> 良知是造化的精灵，这些精灵，生天生地，成鬼成帝，皆从此出，真是与物无对。

第一段先从认识上讲天地万物基于主体的灵明而有，但接着又说主体的灵明与天地万物为一体，语气中似已透出灵明造生天地万物之义。第二段话语意旨的表面意义就是明指良知灵明造生天地万物。以下，还有几段谈话意旨更为鲜明而牟先生未及直接引出讨论的：

> 人的良知，就是草、木、瓦、石的良知；若草、木、瓦、石无人的良知，不可以为草、木、瓦、石矣。
>
> 夫良知一也，以其妙用而言谓之神，以其流行而言谓之气。
>
> 良知之虚便是天之太虚，良知之无便是太虚之无形，日、月、风、雷、山、川、民、物，凡有貌象形色，皆在太虚无形中发用流行，未尝作得天的障碍。

第一段将良知由人类的价值意识主体上升为天地万物的存有论实体，第二段与第三段将良知直接说为张载所言之太虚即气。我们必须这样理解，在阳明的话语意旨中，良知已经从人类主体的价值意识之主宰心之概念，上升为天地万物的创造性实体，即一般始源义及原理义的道体。笔者认为，定义人人可下，系统人人可造，这就是阳明辩证道佛的儒学创作，然而，以良知说天道流行，这就是本体宇宙论旨，以良知说主体性善本质，这就是人性论旨，以良知说主体实践活动，这就是工夫论旨，以良知说主体完全呈现天理，这就是境界论旨，各种义涵皆意旨清晰，但切勿混在一起成为一套系统，牟先生的诠释就是走上了混在一起成一套系统的路上，如此便形成了有一与程朱别异的工夫境界论旨及本体宇宙论旨的陆王系统。参见：

> 案："良知是造化的精灵"，这是存有论地说，"人若复得他"以下是实践地说。"复得他完完全全，无少亏欠"，即含着圆顿之教。

若依牟先生上述之说，其存有论即实践哲学的本体宇宙论，其实践地说即说及工夫论，其圆顿之教即是就境界哲学而说。可见，阳明话语本就有个别意旨，若牟先生皆如此分开地界说阳明意旨，则笔者即是完全同意，然而实非如此，牟先生于《心体与性体》综论部也好，《圆善论》也好，以及本章后文也好，都不断地依此原型提出他特有的道德的形上学之说，参见其言：

> 就事言，良知明觉是吾实践德行之根据；就物言，良知明觉是天地万物之存有论的根据。故主观地说，是由仁心之感通而为一体，而客观地说，则此一体之仁心顿时即是天地万物之生化之理。……中庸言诚，至明道而由仁说，至阳明而由良知明觉说，其实皆是说的这同一本体。是故就成己与成物之分而有事与物之不同，然而其根据则是一本而无二。就成己而言，是道德实践，就成物言，是形上学，然而是在合内外之道之实践下，亦即是在圆教下的形上学，故是实践的形上学，亦曰道德的形上学。①

成己是实践的活动，故是工夫论旨，若言及成事，亦是主体的社会实践活动，亦是工夫论旨。若言成物之义是成事，则仍是工夫论旨，若言成物是指天地万物的生成，则当然是形上学论旨，但天地万物的生成与主体的成己成事之社会实践活动不是一回事。在《中庸》《易传》及宋明诸儒之学说中，确实论及成己之主体实践的工夫论，以及成物之大化流行的形上学，但就牟先生的诠释而言，却是将此两者当做同一套理论，亦即同一个事件，同一个状态，同一个世界。所以才有"圆教的形上学、实践的形上学、道德的形上学"等概念之出现。要说这样的一个状态，则主体实践已成圣境时亦是可说的，但这就是"境界哲学"的论旨，而非"圆教的形上学"。要说这一个活动，则"诚之者人之道"的实践活动即是，但它就是"工夫论旨"，却不必是"实践的形上学"。若要说"道德的形上学"，则说"天道"为"由道德意志之普遍原理以为之最高实体而创生天地万物"即可，但毋须并合主体的良知活动而说为实践的及圆

---

① 牟宗三《从陆象山到刘蕺山》，页241。

教的形上学。笔者要再申说，牟先生要建立这样一套新颖的当代新儒学仍然是可以的，所谓可以就是概念自定义、系统自创、各说各话即是，但是有一点是不可以的，即是文本诠释，不仅是对程朱之文本诠释不对题，甚至对陆王的文本诠释亦不对题。事实上，就是因为这一套嵌入了形上学的本体工夫论旨，就使得牟先生在谈儒家工夫论的时候，过于拘谨狭隘，且刻意排斥程朱之说，而致牺牲了正确的文本诠释。这样的意见再次出现在另文中：

> 就成物言，是宇宙生化之原理，亦即道德形上学之存有论的原理，使物物皆如如地得其所而然其然，即良知明觉之同于天命实体而于穆不已也。在圆教下，道德创造与宇宙生化是一，一是皆在明觉感应中朗现。①

就本文言，天道以良知明觉感应生化万物，使物得其所然，这是形上学的存有论说，说宇宙创造即是一道德创造，这应是原始儒家在《中庸》《易传》中的立场无误。这样的说法只是将天道、天命、诚体、神体、易体等形上道体的概念以甚具主体实践意味的良知概念转用而已，但当牟先生讲到圆教的时候，却又是将主体的实践以成圣境的活动说进来这个宇宙生化的秩序中，并必及如此才是圆教的，是圆教的就是主体的实践臻至圆满，而使天下有其道德秩序之旨。这就需要主体的实践活动不只是主观的主体自己的德性纯化，更需要客观的社会秩序亦已纯化。至于自然秩序，就天道作用而言，必须定义为本来就是纯化的，而不是经主体实践后才是纯化的。主体的实践只是配合自然秩序而将社会秩序亦予纯化而已，若要谈纯化社会秩序而及自然秩序的改变，这就进入了董仲舒的"天人感应"说了，但牟先生所想应非此事。故而牟先生所说的圆教便只能是主体实践导致社会秩序纯化义下之圆，是道德秩序把自己说为宇宙秩序。这是社会政治哲学，这套社会政治哲学依据道德的形上学而落实，但不能即将这套社会政治哲学即说为形上学，要硬说也可以，但这套形上学就确实是遗漏了自然秩序进路的形上学，亦即遗漏了气化宇宙论层面的自然哲学，这一步的遗漏，就会引生对于人类主体的气性生命的讨论的遗漏，也就

---

① 牟宗三《从陆象山到刘蕺山》，页242。

是对程朱一路的理气说的形上学问题意识的遗漏,这在牟先生讨论张载形上学意旨之言于太虚概念时即有此项缺失①。总之,笔者主张,被牟先生说为圆教义的形上学之对象,实言之就只是圣人的主观境界而已,是牟先生自己言之过溢,故说成为圆教义的道德的形上学。

六、牟宗三批评程朱非本质工夫

阳明谈致良知以为实践活动的意旨,在牟先生的诠释中,即以致良知的本体工夫为圆教的意旨。笔者的立场是,说主体的实践至圣境绝对是儒学的理想,但即此圣境说为形上学却是不恰当的,因为正是如此,使得牟先生将非直接说圣境的其他的工夫境界论述视为不圆满的形上学,这就严重地影响了各家儒学经典的准确诠释了。参见以下牟先生的讨论:

> 阳明言"致"字,直接地是"向前推进"底意思,等于孟子所谓"扩充"。"致良知"是把良知知天理或良知所觉之是非善恶不让它为私欲所间隔而充分地把它呈现出来以使之见之于行事,即成道德行为。……能如此扩充之,则吾之全部生命便全体皆是良知天理之流行,……"致"表示行动,见于行事。但如何能"致"呢?此并无绕出去的巧妙方法。……只因良知人人本有,它虽是超越的,亦时时不自觉地呈露。致良知底致字,在此致中即含有警觉底意思,而即以警觉开始其致。警觉亦名曰"逆觉",即随其呈露反而自觉地意识及之,不令其滑过。故逆觉中即含有一种肯认或体认,此名曰"逆觉体证"。……人人有此良知,然为私欲蒙蔽,则虽有而不露。即或随时可有不自觉的呈露,所谓透露一点端倪,然为私欲,气质,以及内外种种主观感性条件所阻隔,亦不能使其必然有呈露而又可以缩回去。要想自觉地使其必然有呈露,则必须通过逆觉体证而肯认之。若问,即使已通过逆觉体证而肯认之矣,然而私欲气质以及种种主观感性

---

① 参见:杜保瑞《牟宗三以道体收摄性体心体的张载诠释之方法论反省》,《哲学与文化月刊》437期,2010年10月。本文亦已收录于本书中。

条件仍阻隔之，而它亦仍不能顺适调畅地贯通下来，则又如何？曰：此亦无绕出去的巧妙办法。此中本质的关键仍在良知本身之力量。良知明觉若真通过逆觉体证而被肯认，则它本身即是私欲气质等之大克星，其本身就有一种不容已地要涌现出来的力量。此即阳明所以言知行合一之故，亦即孟子所言之良知良能也。良知固即是理，然此理字是从良知明觉说，不是离开良知明觉而与心为二的那个空悬的寡头的理。"心理是一"（不是合一）的心（良知明觉）才有那种不容已地要涌现出来的力量。若与心为二的那个空头的理，则无此力量，因此，要想使理能够贯通下来，则必须绕出去而讲其他的工夫，如居敬（后天的敬），涵养，格物，穷理等等，此便是朱子之一套。这一套工夫并非不重要，但依王学看来，则只能是助缘，而不是本质的工夫。本质的工夫唯在逆觉体证，所依靠的本质的根据唯在良知本身的力量。此就道德实践说乃是必然的。以助缘为主力乃是本末颠倒。凡顺孟子下来者，如象山，如阳明，皆并非不知气质之病痛，亦并非不知教育，学问等之重要，但此等后天的工夫并非本质的。故就内圣之学之道德实践，必从先天开工夫，而言逆觉体证也。[①]

牟先生整段谈话的理论基础都在《心体与性体》中表述过了，基本上就是将程朱谈整体存在界的理气说之形上学系统，并合程朱谈先知后行的工夫次第说，以与陆王的心即理说及致良知说做对比，而提出陆王之说才是圆满的形上学。而牟先生在《从陆象山到刘蕺山》书中谈王阳明的部分，便只是前书的再申述而已。从上文看来，牟先生谈致良知的观念，实在就是一套工夫论的观念，实践主体以良知道体为价值蕲向，纯粹化主体意志为仁义礼知之价值意识，这就是儒释道三教共通的本体工夫模式，只儒学之本体为仁义礼知之良知概念而已，而价值意识义之天道是人类存有者先天本有的，即良知是先天本有的，因此牟先生说为先天工夫，而非后天工夫。此说却需厘清。主体实践所依据之良知是先天本有的，但主体是有了生命以后的后天产物，否则何必另言先天？而主体之实践义为即在后天的不理想状态中进行的，亦即是在良知非能完

---

① 牟宗三《从陆象山到刘蕺山》，页229-231。

全恢复地呈现的状态中作进行起来的，因此工夫之施做必是在后天中依据先天本有之良知而作用的意思，否则又何须言做工夫？此即牟先生说必有私欲气质之阻隔之意，而当遭受阻隔时亦无巧妙方法，仍是良知提起一事而已，即是致良知而已，即是知行合一而已，此说亦无误。但是，说到程朱之学为助缘而非本质，说到良知是心理为一而非为二，则是混淆不同问题的不当批评。

阳明批评程朱为析心理为二，实际上阳明是在讲知行合一的工夫境界论旨，批评时人之心与天理未能真诚合一，然现实上既有不合一的状态，则形上学存有论即应对于此一状态予以界定讨论，于是而有程朱哲学中之说整体存在界的理气说的存有论，以及说道德实践主体的心性情说的存有论，以及说人死后之魂魄说的存有论。这些理论只是要说明存在界的一般现实情况，这就是一般形上学要交代的理论项目。程朱的说明就是要强调人类主体亦是一理气共构的现实，就实践主体而言，主宰的是心，心涵天理之性，是先天本有的且是纯粹至善的，但因后天之气的存在，使得主体的生命状态有善有恶，此即是情，导情入性以为善即是良知的呈现，未能导情入性，即主体之心未能将天理完全呈现，此时天理以性之意旨仍为人心先天本有，故终将必能为善，但现实上目前并未做到。程朱并未主张心不需即理、如理以与天理一致，而是在说明心未能如理时的存有状态，但因心仍具性，性即理，故心事实上先天本具此理，故而只要愿意做工夫，即能心即理，故而程朱之说与阳明之说无有理论之冲突在。阳明之说在心必须做工夫以为心即理上强调，即知行合一之强调，即需致良知之强调。良知本具，复反之、逆觉之、致之即能心与理为一，故而阳明是在说工夫论的心理为一，程朱是在说存有论的心理有二之状态，后说与前说无有任何理论矛盾或不同之处。然而，牟先生必说为不同，甚至亦牵连至程朱言于居敬、涵养、格物、穷理等为后天工夫，实无必要。工夫都是主体在后天的状态中做的，所以才有气质私欲之阻隔。工夫都是要复反先天本性的，这就是本体工夫论旨，就是儒者共义。因此居敬、涵养、格物、穷理等无一不是本体工夫，无一不是求放心工夫，无一不是致良知工夫。只是本体工夫的语言表达方式有多种类型，有气质之病痛即需对治之，此即是致良知。于知识上有所不足，即需求学问，即需教育，此即是致良知。从无所谓后天的非本质工夫之事。工夫都是本质的工夫，因为都是本体工夫。工夫都是后天不完美的普通人

488

在做的，阳明除非是天生圣人，否则亦是在其后天生命中百死千难地锻炼的，至其工夫纯熟之时，即是逆觉体证而臻心即理之境界。主体实做工夫，境界即上升，心即与理为一。主体若不做工夫，则心志散漫，甚至会有私欲气质之阻隔，而落入为恶状态。此时即需教育、问学，此时所做之居敬、涵养、格物、穷理等工夫都是致良知的同义辞，都是本体工夫，都是逆觉体证。

牟先生认定程朱之言于工夫是后天的非本质工夫，只有一个原因，就是牟先生只对着主体成圣之境界而说的，在成圣境界中，主体之心与天理完全合一，主体心之作为即是天理之流行，此时也根本不必谈工夫了，只以诚敬守之即可，此即明道之识仁意旨。但是，这是境界论的意旨，谈工夫论，都是在心理尚不合一的状态中谈的。故而牟先生拆解过甚，批评过度，言语失当。

七、牟先生另创良知坎陷说

阳明就《大学》讲本体工夫，实际上，《大学》的本体工夫特重"工夫次第"义，程朱之诠解从此一路，阳明之诠解实为创造，创造地将格物致知皆以诚意正心义解之，此举则导致格物致知义之追求客观外物知识的义涵滑落，亦模糊了先知后行的工夫次第义。以上诠释的缺点是一回事，但阳明仍有权力自造一系统创作之并言说之。不过，当牟先生一味地肯定并维护阳明学说时，牟先生自己也发现了对于事物之客观知解的问题必须有以处理，实际上阳明也是有所处理的，阳明的处理就是并不否认客观知识之追求，只是就道德实践而言，去强调那个更重要的宗旨而已，更重要的是诚意正心的致良知的本体工夫之贯彻落实，这还是主体意志的纯粹化的工夫问题，即是要求知行合一的实践问题。阳明的响应亦无问题，只是对于《大学》的文本诠释仍有一隔，面对此一问题，牟先生的处理则不是回头去维护《大学》文本诠释的正解，而是在阳明的诠释立场下自己再创作一理论，以收拾对外在世界的客观知识的认识问题，且是仍收拾在致良知的道德形上学系统内。

牟先生的做法有两项重点，其一为制作一良知坎陷说以面对客观世界的知识认识问题，其二为再度将程朱之学亦排斥在面对客观知识的认识系统之外。亦即，原来在《大学》本义中的客观知识之认识的理论部分，牟先生亦要依阳明的致良知说予以收进来，而对程朱本来就重视客观知识认识的工夫次第理论，牟先生则再度说为是一种接近致良知说的本体工夫，以致仍为一与认识客观知识无关之理论。牟先生对朱熹真是不公平。参见其言：

> 若指作圣贤言，则物限于生活行为上说，自已足矣。然而不碍尚有桌子椅子等等一种物，此将如何统设之于致良知教中？复次，此物如其为一物，有理乎？无理乎？如其有理也，将何以穷之？此自非穷良知之天理即可尽。良知之天理流于生活行为中而贯之，亦流于桌子椅子中而成其为桌子椅子耶？此故甚难矣。然则，吾将如何对付此一种物？此自是知识之问题，而为先哲所不措意者。然在今日，则不能不有以疏解之。关于桌子椅子之一套与阳明子致良知之一套完全两会事，然而不能不通而归于一。桌子椅子亦在天心天理之贯彻中，此将亦为可成之命题。然徒由吾人日常生活之致良知上则不能成立之。如成立此命题，不知要经多少曲折。盖此为一形上学之命题，系于客观而绝对之唯心论之成立，即"乾坤知能"之成立，亦即"无声无嗅独知时，此是乾坤万有基"一主断之成立。然无论将来如何，即使此命题成立矣，而在眼前致良知中，总有桌子椅子一种物间隔而度不过，因而总有此遗漏而不能尽。吾人需有以说明之。看它如何能进入致良知之教义中。此是知识问题也。①

本文有两个重点，其一是将良知教说为一套形上学系统，其二是将知识问题另起炉灶后又收归良知教中。首先，就形上学问题言，牟先生以阳明致良知为形上学问题，且为客观绝对之唯心论。笔者认为，这正是形上学与工夫论问题不分的情况，或说是必欲将工夫论问题与形上学问题结为一套来谈。其次，对于知识的问题，是《大学》文本中特别重视的问题，为了配合《大学》格物致知的诠释，所以必须讨论其中的物概念，此当即是人伦社会的事务义之物，而且此时面对的正就是一个知识的问题。牟先生认为必须讨论此客观存在义之自然物及人为器物问题，讨论其有理无理，且认为这种知识问题是先哲所不措

---

① 牟宗三《从陆象山到刘蕺山》，页 246–247。

意者。实则不然，程朱已处理及此，只是牟先生不能正面正视肯定之而已，依牟先生后文的立场，知识之问题就是进入知识之细节系统，笔者要强调的是，对知识问题的重视态度就是《大学》本意，也是程朱诠释《大学》的立场，光是这一个立场的强调，程朱之正确诠释就应该予以高度肯定。更何况，程朱理学更是在此项问题走得最远的儒学系统，比起王阳明仅仅是不否定的立场，程朱之讨论是更具实质性地多了。

在程朱的诠解下，格物致知的对象包含价值意识之总原理，即仁义礼知之天理问题；也包含处理社会人伦事务的原理，即公共政策的做法；亦包含自然物与人为器物之存在原理，此即形上学存有论之存有原理问题，即牟先生此处所设问之有无其理问题所涉及的。而牟先生则坦言此则非是良知天理能对付的，为何不能对付？因为依牟先生之理论建构，良知天理是形上学问题，且是客观而绝对之唯心论系统的立场，故而无论如何，客观知识结构义的自然物与人为器物之理就是谈不到的。说谈到多么地细节以致成就科学知识这自然亦非程朱的成果，但说谈到更说重视则程朱已经走在这条路上了。牟先生认为王阳明的良知到不了这一块，是因为牟先生自己将知识的问题交由本体工夫论处理，而工夫论的问题又提升为形上学问题来处理，结果建构了一套客观绝对之唯心论系统，因此就完全触碰不了一般事物之知识的问题了。

说形上学或儒家形上学是客观的系统是可以的，但说为唯心论的义旨就需要追究了。依牟先生，那就是在主体实践的活动中就其成圣境而说为整体存在之客观绝对唯心论了。所以其唯心是唯心在主体的实践活动上，但是主体的实践活动何须说为是形上学呢？主体实践以成圣境更何须说为是圆满的形上学呢？圆满只是家国天下的圆满，无须说为是形上学的圆满，形上学只需说其究竟义即可。由于牟先生这一套主体实践成圣境的客观绝对唯心论系统不能谈客观事物的知识问题，因此牟先生认为必须另找途径以说及之。但是其说及之之目的却仍是在以良知发动为主轴的说及之的途径中，这是因为，良知是造化的本体，天下万物皆出自良知，无论依王阳明还是依牟宗三皆是如此。良知既生化万物，则关于外物之客观的知识问题仍须与良知的活动有其关系。至于真正在谈客观原理的程朱之学，牟先生依然不将其放在此处讨论。参见其言：

良知能断制"用桌子"之行为,而不能断制"桌子"之何所是。……虽有造桌子之诚意,而意不能达;虽有良知天理之判决此行为之必应作,然终无由以施其作。此不得究良知天理之不足,盖良知天理所负之责任不在此。此应归咎于对造桌子之无知识也。就此观之,造桌子之行为要贯彻而实现,除良知天理以及致良知之天理外,还须有造桌子之知识为条件。一切行为皆须有此知识之条件。是以在致良知中,此"致"字不单表示吾人作此行为之修养工夫之一套(就此套言,一切工夫皆集中于致),且亦表示须有知识之一套以补充之。此知识之一套,非良知天理所可给,须知之于外物而待学。因此,每一行为实是行为宇宙与知识宇宙两者之融一。(此亦是知行合一原则之一例。)良知天理决定行为之当作,致良知则是由意志律而实现此行为。然在"致"字上,亦复当有知识所知之事物律以实现此行为。吾人可曰:意志律是此行为之形式因,事物律则是其材质因。依是,就在"致"字上,吾人不单有天理之贯彻以正当此行为,且即于此而透露出一"物理"以实现此行为。(实现不只靠物理,而物理却也是实现之一具。)……就此全套言,皆系于良知之天理,犹网之系于纲。从此言之,心外无物,心外无理。然而此全套中单单那一分却是全套之出气筒,却是一个通孔。由此而可通于外。在此而有内外之别,心理之二。此个通孔是不可少的。没有它,吾人不能完成吾人之行为,不能达致良知之天理于阳明所说之事事物物上而正之。是以此知识之一外乃所以成就行为宇宙之统于内。由孔而出之,始能自外而至之。(自外至者无主不止。)[1]

牟先生这一段话说得很辛苦,之所以这么辛苦,是因为他把只是道德实践活动的良知发动义说成了同时是天道作用的大化流行,但是现在却对制造桌子这等需要外在客观知识的事情,认为不是单靠道德意识就可掌握的,于是将良知的作用说成两套。一为主套,即本体工夫论的一套,由天理来,是意志律,以道德意识贯彻实践的一套,它造成的存有论效果即是心理不二;另一为副套,却是道德实践的通孔,没有它仍办不成道德事业,但它是物理的知识,是

---

[1] 牟宗三《从陆象山到刘蕺山》,页250–251。

事物律，因此有内外之别、心理之二。牟先生这么辛苦的定义，就是他不分本体宇宙论和存有论的后果，也是他不愿肯定程朱理气论的下场。其实牟先生此处讨论的问题早在程朱理学中都已处理了，朱熹所言之理即是包括了价值意识及存有原理。说存有原理时不涉及实践活动，因此有客观的物理在，物理不依人心而存在或变化，但却因此被阳明批评为二分，被象山批评为支离。然而，此处之为二并非有对立义，只是从存有论地位上说其属性不同而已，所以，说到底，其实是原本阳明对朱熹析心与理为二的批评本身是不恰当的。牟先生前此接受王阳明的立场，现在，自己要再度为这个立场建立存有论的成立意义。也就是说，当初阳明说朱熹为二分的时候，可以只是存有论讨论上的二分之定位义，无须引申有工夫论上的支离义，更不应持批评否定的态度。现在，牟先生要结合不分与二分两说为有关联的系统，且同置于良知说下，故而诡谲缠绕曲折地重说此义，牟先生之爱戴阳明学，真是令人忌妒。

牟先生说客观知识之掌握为主体实践之一通孔，且致良知于事事物物之实践活动中必须要有此一知识之掌握，否则不能成功其实践。依牟先生此说，岂不甚为看重此与心为二之理，此物理之理，此事物之律，此客观之知。然而，从工夫次第进路说的《大学》格致工夫，先知后行工夫，此时所探究追问的不就是公共政策之知识、客观物理之知识等等，先知晓此些知识才能正心诚意修齐治平，则顺着《大学》原义及程朱《大学》解，这些问题就早已被处理了。惜阳明未走此路，只以主体价值意识之决断为工夫之首要，此说亦不误，只是对于《大学》原旨中对外在事物之知之看重的一面未能正面面对而已。然牟先生却欲从阳明言致良知的道德实践工夫中曲折坎陷地亦要面对此问题，谓其亦是致良知工夫内事项，只是所知之理有所不同。行为宇宙所知者为仁义礼知之理，知识宇宙所知者为物理、事理、公共政策之理，在存有论地位上，前者心理为一，后者心理是二。笔者不能否认牟先生所建立之此说，不能认为此说有谬误，但此说之建立实是缘于致良知说本身扩充得太过了之后才警觉地必须收拾基本问题而提出的，此处所提出的观点，程朱诠解《大学》时早已关注及之，而程朱之论曾遭阳明以心理为二之批评，牟先生于《心体与性体》书中亦驳程朱之学为理气二分、心性情三分的只存有不活动的存有论，前此批评过当，后此又不能不要此种理论，此诚奇怪之事也。

牟先生为说良知作用的知识宇宙世界，将良知之作用予以创造性地转化，转化之而提出坎陷说，实在也是一过溢之后的扭曲之论。其言：

> 此言将知识摄入致良知教义中。然知识虽待外，而亦必有待于吾心之领取。领取是了别。了别之用仍是吾心之所发。……即在致字上，吾心之良知亦须决定自己转而为了别。了别之用仍是吾心之所发。……即在致字上，吾心之良知亦须决定自己转而为了别。此种转化是良知自己决定坎陷其自己，此亦是其天理之一环。坎陷其自己而为了别以从物。从物始能知物，知物始能宰物。及其可以宰也，它复自坎陷中涌出其自己而复会物以归己，成为自己之所统与所摄。……此方是融摄知识之真实义。在行为宇宙中成就了知识宇宙，而复统摄了知识宇宙。在知识宇宙中，物暂为外，而心因其是识心，是良知自己决定之坎陷，故亦暂时与物而为二。……在良知天理决定去成就"知亲"这件行为中，良知天心即需同时决定坎陷其自己而为了别心以从事去了别"亲"这个"知识物"。就在此副套之致良知行为中，天心即转化为了别心。既为了别心，必有了别心之所对。故即在此时，心与物为二，且为内外。"知亲"这件行为为良知天理之所决定，故不能外于良知之天理，故曰心外无物。然在"知亲"这件行为中，要去实质了解"亲"这个知识物，则天心转化为了别心，了别心即与"亲"这个知识物为二为内外。了别心是天心之坎陷，而二与内外即因此坎陷而置定。[①]

牟先生此文，是在讨论阳明被问到对客观知识的认知问题时，针对阳明的回答而做的发挥，阳明的回答就是客观知识也是要知道的，不过关键重点仍在良知的发动，亦即道德意志的发动仍是优位，至于对客观知识的认识就是转化一下就出来了。牟先生以上的发挥，倒是郑重其事地就良知之作用的不同，以说对此客观知识之认识能力是何种意义的良知。牟先生特创"了别心"此概念以说之，并说"了别心"是良知自我转化后的作为，亦属良知，却是良知"自

---

① 牟宗三《从陆象山到刘蕺山》，页252–253。

我坎陷"后才有的。依阳明之意，原先，在致良知的活动中是与物无对，心物是一，依牟先生之发挥，现在，良知坎陷为了别心时，则是与物有对，而有内外，故能识物。牟先生所发挥之此说，简直就是把被阳明批评为心外之理的朱熹思想又予以还原了。此说中心与物二，复心内物外，这都是阳明批评朱熹格物穷理说的意见。牟先生为何要进此言呢？理由很清楚，客观认识亦是实践中必须要有的环节，前此已将致良知的合内外、合心物、合天人义彻底坚实了，但为顾及认识客观外物知识，故需增添良知作用之了别心义，此一了别心在作用时，就是要知晓原先未知的外在事物之知识，故又容许心物为二了。其实，依朱熹之言于格物致知穷理说时，本来就是依《大学》做文本诠释而说的，大学言欲明明德于天下，必先治国必先齐家必先正心必先诚意必先致知格物，此时之格物致知确实有闻见之知的意义在，确实有外物之知的意义在，确实先倡导知再倡导行，确实主张先知后行，确实主张穷事物之理之后再发为诚意正心以修齐治平，这就是为平治天下需先有的客观具体知识之认识，先知后行，此知亦是明明德的本体工夫之所蕴含，此知亦必须是以价值意识之决断为最后的决断，亦是以道德意识统摄客观知识，亦是以实践至平治天下为格物致知之真正完成，因为《大学》本就是以平治天下为最终目的，本就是为此一伟大事业提出本末先后的工夫次第说而已，依此而有客观事物之认识之强调，而提出先知后行之意旨。就其仍需断之以道德意识言，其实不需两分为道德心与认知心，即如牟先生此处所为之良知之心与良知之坎陷后的了别心。就其认识外物之客观知识以作为正德利用厚生之依据而言，亦毋须批评其义为理在心外、心物为二，说理在心外、心物为二是就工夫实践上批评时人未能落实实践，阳明是就人病所为之批评。以为朱熹之说导致人病之说是对朱熹之意旨之不恰当的指控，而阳明正是进行了这样的指控；以为朱熹之说主张理在心外、心物为二的存有论立场，这还是对朱熹之说之不准确的诠释，而牟先生此刻却正在进行这样的创作，就是在提出存有论上客观事物之知识与主体的良知心是二非一的理论。牟先生可以建立这样的存有论哲学，但朱熹之学不须承担这样的理论定位。这样的定位是依据阳明从人病的批评立场转出的存有论定位。这是牟先生诠释下的阳明新哲学。再见其言：

是以每一致良知行为自身有一双重性：一是天心天理所决定断制之行为系统，一是天心自己决定坎陷其自己所转化之了别心所成之知识系统。此两者在每一致良知之行为中是凝一的。……此种坎陷亦是良知天理之不容已，是良知天理发而为决定去知什么是事亲如何去事亲这个知识行为中必然有的坎陷。坎陷后而了解什么是事亲如何去事亲，然后才能实现"事亲"这件行为。……原来天心与了别心只是一心。只要为成就这件事，天心不能一于天心，而必须坎陷其自己而为一了别心。而若此坎陷亦为良知天理之不容已，则了别心亦天心矣，每一个致良知之行为皆可如此论。"行事亲"与"知事亲"是同时并起的。惟"知事亲"是一知识行为，由此行为可以成知识系统。①

牟先生此说就是要将了别心说为良知心实践时所必然蕴含的环节，如果前此朱熹之格物致知说被批评为客观认知的横摄系统，牟先生此处就是在为这种客观认知的横摄系统建立其理论存在的必要性，多出来的就是主张此两种作用是一时并起，以及了别心是依据良知心坎陷而建立的，总之是说，道德实践的历程中其理论意义上必有此二环节。若依牟先生此处之创作，则何须批评朱熹依《大学》言先知后行？格致诚正修齐治平亦是一个行为中的意义次第而已，先知后行中之知行亦是一个行动的两个意义面向而已，依《大学》语脉已说明清楚，依牟先生之创作亦只指涉同样道理而已。然而，前此已经批评朱熹为认知静涵的横摄系统，此处虽然承认其说之理论意义，牟先生对朱熹的否定态度却仍不放松，继良知坎陷说之后，又再度创为新说以批评朱熹。再见其言：

良知既只是一个天心灵明，所以到致良知时，知识便必须含其中。知识是良知之贯彻中逼出来的。否则，无通气处，便要窒死。良知天理自然要贯彻。不贯彻，只是物欲之间隔。若自其本性言，或吾人良知天理真实涌发时，它必然要贯彻，不待致而自致。致良知原为有物欲间隔者说。去其间隔而一旦发现出本性之真实无妄，则良知天理之真诚恻坦，或良知天

---

① 牟宗三《从陆象山到刘蕺山》，页 254–255。

理之善，自能不容已其涌发而贯彻于事事物物。其涌发不容已，则其坎陷其自己而为了别心亦不容已，盖此即其涌发贯彻历程中之一回环。若缺少此一回环，它还是贯澈不下来。一有回环，便成知识。知识便有物对。有物对便有物之理而在外。此问题若予以形上之解析，便是"个体"问题。灵知是一，吾的灵知便是盖天盖地的那个灵知。然盖天盖地那个灵知是乾坤之知能，是总摄全宇宙而言之的。而吾的知能虽就是那个乾坤之知能，而"我"却是一个体。良知在"我"这个个体，亦在"他"那个个体。说到个体便有对，有对便有殊。有对，此其所以与我为二而为内外；有殊，此其所以彼此个体皆有其自理（此理是形下的），因而必须从物而知之。所以知识系统在个体上成立。良知虽一，而不能不有分殊。个体便在分殊上说。乾坤知能既成就了全宇宙以及万万个体，所以在"我"这个个体上要致良知而成行为宇宙，而将全宇宙摄于吾之行为宇宙中，便不能不有一知识宇宙，而复将全宇宙摄于知识系统中。吾人于此知识宇宙只在说明知识之容纳为已足。此所说之知识之容纳，不惟阳明无此义，即朱子亦无此义也。盖朱子之格物穷理义，虽可以顺而含有知识义，而其本意实不在言知识。其所谓格物穷理，意在当机体察，乃含于动察之中：察之于念虑之微，求之于文字之中，验之于事物之着，索之于讲论之际，皆是格物，亦皆是穷理。而此格物穷理却是去病存体，旨在求得普遍而超越之一贯之理，所以仍是一套道德工夫，不在成知识也。吾人现在既顺致良知教而容纳知识，则朱子此一套在整个知识系统之关键上自不甚肯要，然于虑的工夫上，则亦无甚可讥议也。吾人将在知识系统之统于行为系统上说明知识义之穷理，将在行为系统之发于良知天心上说明阳明义之穷理尽性，将在虑的心知工夫上吸纳朱子之动察静养。而若识得良知天心之大本原，握得良知之大头脑，则动察静养皆无不可，亦无所谓支离矣。[①]

牟先生此文之重点有二。首先，扩充良知之功能于知识宇宙中，良知原为行为宇宙中之概念，所谓行为宇宙其实是将主体实践义并合大化流行义而为一

---

① 牟宗三《从陆象山到刘蕺山》，页258–259。

整体的行为宇宙，亦即将本体宇宙论与工夫境界论的论述皆依据良知概念之在天及在人之作用而合两为一。然而，此两固可合而为一，但是，具体说于人的道德实践情境中时，仍为人与客观世界——事物的实际互动之事，此事业中有人我、有他心、有外在事物，此人我、他心、外物——个体仍需有知识之细节在，就此知识之细节，必须知晓，否则，实践无着落处，其言："无通气处，便要窒死。""若缺少此一回环，它还是贯澈不下来。一有回环，便成知识。"这些话，不过就是《大学》中"欲诚其意，必致其知，致知在格物"的作用，牟先生又言："知识便有物对。有物对便有物之理而在外。"这些话，又是阳明批评朱熹理在心外时要否定的立场，但牟先生将它检起来了。问题是，阳明本来不需要如此批评朱熹的，牟先生本来不需要依据阳明对朱熹的批评亦倡言朱熹是理气二分、心性情三分的只存有不活动的理的，但牟先生前此批评了，而牟先生现在又要建立被他自己批评过的意见了，虽然建立了，却否认这是朱熹的理论型态。这就进入本文的第二个重点，也就是，要说朱熹之格物致知穷理并不是在建立这些客观世界的知识细节，而是一如阳明所为之行为宇宙中的本体工夫之学，即是其所言："此所说之知识之容纳，不惟阳明无此义，即朱子亦无此义也。"接下来整段的谈话要点，就是在说朱熹的格物致知工夫并不是真正在建立客观知识，而是更接近阳明的建立道德价值判断的活动，于是所有朱熹的穷理、静涵、动察之学变成了阳明的致良知学，因而亦无所谓支离之病矣。天啊！哲学讨论可以这样不公平吗？前此不能正确理解准确诠释朱熹依《大学》所讲的格致之学，而极尽攻击之能事，以认知的横摄静涵系统说朱熹，后此又要争取认知活动于系统内，故又再度排斥朱熹在此系统，而将其推回无所谓支离的道德价值系统。牟先生的哲学对朱熹的预设成见之反对立场，可以说，已经不是哲学讨论应有的态度了，说其十二万分地无理可也。

八、结语

牟先生一味维护陆王学以批判程朱学，但面对理论世界的实际时，他的做法几乎就是"只许州官放火，不许百姓点灯。"一直以来，笔者认为中国哲学除了三教要辩证以外，在各家系统内都应该是一脉相承、互相发明的，只有偏执的哲学家才硬要区分你我、究竟高下。甚至，三教之间也只是因为整个世界观及问题意识的不同而有系统相的差异，因此可以沟通融会却不需辩证互难，这是笔者研究中国哲学的基本立场。本文之作，针对牟宗三先生的阳明学诠释，提出讨论的意见，基本上不同意牟先生依阳明意旨而批判程朱的立场，至于依阳明学旨而建立的圆教的形上学，笔者表示接受牟先生的新儒学的创作成果，但仍不同意他以这套系统为标准对程朱提出的批判意见。

第十八章：对牟宗三诠释刘蕺山以心着性的方法论反思

一、前言

牟宗三先生在完成了诠释宋代儒学的巨作《心体与性体》后，转向中国佛学研究，撰写《佛性与般若》，然后，又回到宋明儒学阵营，处理象山心学以至阳明心学一段，当然，有些作品是早先已经完成，但整本专书的内容之定稿，确实就是在《心体与性体》及《佛性与般若》之后的事。这其中，牟先生对刘蕺山哲学的处理，是本章要讨论的对象。重点在于，找出牟先生对刘蕺山哲学的定位，反省牟先生哲学建构的方法论体系。

牟先生在《从陆象山到刘蕺山》一书第六章中谈《刘蕺山的慎独之学》以两节的架构提出"归显于密"、"以心着性"两大纲领性观点，本章之进行，即将以此两节的进度，集中讨论牟先生如何说明及证成这两大观点。牟先生讨论蕺山学，文分两节，第一节为综述，第二节为引文献以作系统的陈述。其实，就是先整体地陈述他对蕺山学的纲领性意见之后，再附以文献疏解以为深入之讨论。第一节有七点，第二节有十二个段落，前十一段落为文献疏解，最后一段为总结。为讨论之方便、效率及清楚起见，本文之作，将依牟先生行文的次序，整理出要点以为本章之小节的名目及次序，共十节。以下述之。

二、定位刘蕺山为"归显于密"与"以心着性"

牟先生于综述中即提出对蕺山学的整体定位,即是"归显于密"与"以心着性"。当然,这是经过相当的讨论过程之后才提出的,牟先生对刘蕺山哲学的定位,首先是以蕺山学为对治王学之流弊而起者,但牟先生认为,蕺山所言之王学流弊,只是人病而非法病,至于王学之所以会有蕺山所言之流弊,则是因其为显教之故,故而蕺山对治之而有密教之系统。那么,何谓显密?如何归显于密?首先,牟先生言:

> 刘蕺山之学乃乘王学之流弊而起者。其言王学之弊云:"今天下争言良知矣。及其弊也,猖狂者参之以情识,而一是皆良;超洁者荡之以玄虚,而夷良于贼。"(刘子全书卷六,证学杂解解二十五。)此数语,吾前曾屡引过,并谓此是人病,非法病。但何以王学偏有此人病?盖王学者显教也。凡心学皆显教。若无真实工夫以贞定得住,稍有偏差,便流于此人病。良知之妙用是圆而神者。虽云"良知之天理",然天理在良知之妙用中呈现,则亦随从良知妙用之圆而神而亦为圆而神地呈现。圆而神者即于人伦日用,随机流行,而一现全现也。良知为一圆莹之纯动用,而无所谓隐曲者,此即所谓"显"。其随机流行,如珠走盘,而无方所,然而又能泛应曲当,而无滞碍,此即所谓圆而神,而亦是"显"义也。顺"本心即理"而行,直方大,不习无不利,沛然莫之能御,实事实理坦然明白,自应如此。此盖即康德所谓神圣意志:他所应当是的即是他所必然地自会是的。若依象山的话头说,即是"然恻隐自会恻隐"。这是一条鞭地顺"本心即理"之本心为一呈现而说,故为显教也。但人亦有感性之杂。所谓"即于人伦日用,随机流行,而一现全现",一现全现者岂真是良知之天理乎?混情识为良知而不自觉者多矣。此即所谓"猖狂者参之以情识,而一是皆良"也。此流弊大体见之于泰州派。至于专讲那圆而神以为本体,而不知切于人伦日用,通过笃行,以成己成物,则乃所谓"超洁者荡之以玄虚,而夷良于贼"也。此流弊大抵是顺王龙溪而来。然流弊自是流弊,教法自是教法。言本心即理,言良知,这只是如象山所谓先辨端绪得

失。并非一言本心即理,一言良知,便保你能"沛然莫之能御"也。故进一步须言"致良知",而象山亦言"迁善改过,切己自反",须时时有赖于"博学、审问、谨思、明辨、笃行"也。若真能依四句教从事"致良知"之笃行工夫,则亦可无此流弊。猖狂者自是猖狂,混杂者自是混杂,何与于良知教耶?故云是人病,非法病也。①

牟先生此文之作,即在说明:阳明学即是显教,但显教亦有流弊,故蕺山为密教以纠之。依据牟先生向来的理论模型以及概念使用,形上学与工夫论是不分的,儒释道各学派皆以工夫实践而成一人文教化之系统,故言于"教"时即含形上学及工夫论意旨,故"显教"一词中实包含形上学及工夫论的特殊模式,此即在性善论的前提下,讲直接发用的本体工夫之意,直接肯定主体有价值自觉的能力,一旦自觉,即是孟子之扩而充之、阳明之致吾心之良知于事事物物、也是象山所自谓之易简工夫终久大的模式,故而确实是在日常生活中随时兴起即可肆应无穷的,只是,如果自觉不足,则或为情识,或为虚玄,前者阳明后学王艮型态之弊,后者阳明后学龙溪型态之弊,此正是蕺山立"密教"以纠"显教"之弊的重要原因。以上,此文之主旨规模,以下,进行若干细节的讨论。

牟先生说蕺山承阳明流弊而起,笔者同意。说蕺山所驳斥者为阳明学之人病而非法病,笔者也同意。但说到"凡心学皆显教",笔者有意见。牟先生以显密对比阳明与蕺山,其实是工夫论的比较,然而儒家的工夫论没有不是心学的,也就是说密教也是心学。这是就工夫论说,若就形上学说,区分心学、理学、性学、气学的意义不大,因为没有一个学派的理论系统是单一范畴能建构成功的,也没有一个哲学问题真正是在追问属心、属性、属理、属气的,通常只是后人在理解时简化地以单一范畴诠释之而已②。牟先生已以心学、理学说陆王、程朱,如其言于"心即理"与"性即理"之区分者,此处则有心宗、性宗之分,此分固来自蕺山本人,但牟先生亦善承之,而讲"以心着性",此暂

---

① 参见:牟宗三《从陆象山到刘蕺山》,台湾学生书局,1979年8月初版,页452。
② 详细的讨论参见拙著:《中国哲学的基本哲学问题与概念范畴》,山东大学《文史哲》学报,2009年7月第4期,页49-58。本文收入拙著:《中国哲学方法论》,台湾商务印书馆。

不论，后文详之。此处，笔者要说，密教亦是心学，因为心学就是本体工夫论的哲学，故不能说凡心学皆显教也。牟先生似是以"以心着性"则是密教，但"以心着性"仍是心学。其实，真正的关键在于，心学、性学、理学、气学皆是意旨不明的理论表述方式，心学多为工夫论，理学多为存有论，气学多为宇宙论，性学便是本体论。以此别异，则工夫论不能不是心学，因为就是心在做工夫的，心是主宰，本体工夫以之作用，故而要说显密之别，不能是在形上学意义下的理气心性之不同中做分别，只能是在工夫论的模式中做分别，当然也可以说是在心学内部中做分别。而这个分别，阳明良知教、蕺山诚意教就是一显一密，重点是诚意教要收拾的心念的层次是更多更密更复杂的，故曰密教。良知教以性善本体一路透发就臻至极境，故曰显教，这是忽略细节只讲重点的模式。诚意教则不放过修心过程中的细微念头，逐一收拾，以此表达本体工夫的深度，故曰密教。

牟先生说显教易有情识虚玄之病，但这是人病，笔者同意。为何显教易有此弊病呢？关键就在，显教教法太简易，掌握宗旨就可执行，但是人心隐微，不易察觉，过程中流入虚伪放荡就难免了。也正是因此，就需要做工夫的过程更为繁复仔细的密教助之。也可以说，密教似渐教，显教似顿教；显教易简，密教繁琐；顿教就结果说，渐教就过程说。

显教如上说，密教即"以心着性"则见下文：

> 然既随此教法而有如此之流弊（人病），则乘此流弊之机而重新反省，亦可重开一新学路。乘此机虽可重开一新学路，然并非因此即能证明王学为非是。此不过更端别起（不是象山所说的"异端"），重新予以调整，直下能堵住那种流弊而已。[1]

此更端别起，重开一新学路者，即是"归显于密"，即，将心学之显教归于慎独之密教是也。《大学》《中庸》俱言慎独。依刘蕺山，大学之言慎独是从心体说，中庸之言慎独是从性体说。依此言有心宗性宗之分。[2]

---

[1] 参见：牟宗三《从陆象山到刘蕺山》，页452。
[2] 参见：牟宗三《从陆象山到刘蕺山》，页453。

本文明确地是以蕺山学为对阳明学之流弊之反省而新起之学，此说亦可接受。阳明而后，几乎天下儒者皆阳明后学，但流弊甚兹，蕺山学建立之际，即是在此环境氛围中。但牟先生又认为，蕺山学只是防治阳明学之流弊之学，从另外一些路向进行工夫，以免除原来的缺点。因此蕺山学仍是阳明学系统，至少是与阳明学可以沟通交流合作共事的系统。此一新路向即是"归显于密"之路，亦是由心体到性体之路，是从《大学》之慎独到《中庸》之慎独之路。是心学之显教之路到性学之"以心着性"之密教之路。依笔者，牟先生说的显密其实就是工夫理论的模式之易简与繁琐之别而已，依牟先生，这却是心体与性体或心宗与性宗之别。虽然，两者可以合为一系，但理论的模式有别，参见其言：

> 此即第一步先将良知之显教归于"意根最微"之密教也。然意与知俱多于心，而心则在自觉活动范围内，刘蕺山所谓"心本人者也"。自觉必有超自觉者以为其体，此即"隐乎微乎穆穆乎不已者乎"之性体。刘蕺山云："性本天者也"。"天非人不尽"者，意即天若离开人能即无以充尽而实现之者。"性非心不体"者，意即性体若离开心体即无以体验体现而体证之者。体证之即所以彰着之。是则心与性之关系乃是一形着之关系，亦是一自觉与超自觉之关系。自形着关系言，则性体之具体而真实的内容与意义尽在心体中见，心体即足以彰着之。若非然者，则性体即只有客观而形式的意义，其具真实的意义不可见。是以在形着关系中，性体要逐步主观化，内在化。然在自觉与超自觉之关系中，则心体之主观活动亦步步要融摄于超越之性体中，而得其客观之贞定——通过其形著作用而性体内在化主观化即是心体之超越化与客观化，即因此而得其客观之贞定，即可堵住其"情识而肆"，亦可堵住其"虚玄而荡"。此是第二步将心体之显教复摄归于性体之密教也。经过以上两步归显于密，最后仍可心性是一。①

这一段话说明蕺山承阳明之弊而另起新路向时，可分两步以识之。第一步

---

① 参见：牟宗三《从陆象山到刘蕺山》，页 453-454。

由知入意，第二步由心入性。由知入意是就《大学》心意知物的架构说的，心意知物本来不是一套架构，而是格物致知的工夫以及诚意正心的工夫，由于阳明将致知工夫说为致吾心之良知，良知本身即是一有独立意义之概念，故而连带地正心之心、诚意之意、致良知之知、格物之物便都成了有特定意义且值得讨论的概念，这是在阳明系统中形成的，此即其"四句教"及其后之"四无教"之运用模式。牟先生讨论蕺山学，承此架构，以蕺山为由阳明之知概念而进入意概念的新系统。但是，由知入意究是何意？不过是舍致知而以诚意为《大学》工夫的最核心宗旨，甚至可以说，针对同样的本体工夫问题，从阳明以《大学》的致知概念的表达方式转变为蕺山的以诚意为主的表达方式。可以说，不过是藉致知发挥和藉诚意发挥的转变而已。针对致知和诚意的差异，牟先生对蕺山的转变可以接受，但是对蕺山对致知系统的批评则不能接受。这当然是因为牟先生已完全接受阳明良知教，这也是因为必以诚意替代致知的辩论只能是以繁琐的定义而拉开差距以比较优劣而已。

就第二步由心入性而言，牟先生的说明是心必预设性，自觉之心必有超自觉的性体以为支助，而性体当然也必须依赖心体以彰显之，心性关系是一形着关系，心体要超越化客观化是显教之路，但性体要内在化主观化则是密教之路，当然后者还须依赖前者，因此牟先生最后还是要说心性是一的话。笔者以为，说心说性都是理论发展的用词不同而已，究其实，孟子已心性并说，后儒的系统不管是主要强调心还是心性同置，都是共同默认心性的系统，象山、阳明岂无孟子性善论的预设，而只是说心的系统？蕺山两分心性二宗，也只是在理论的精细度上更为深入，而并不是有提出不同于孟子、象山、阳明的理论模型。因此，要说心学，则孟子、象山、阳明、蕺山皆是，要说"以心着性"，则亦是四家皆是，说由心体而入性体其实是没有什么改变理论的实义的，因此从这一由心入性之路向说，笔者以为其与心学之路是难辨雌雄的。其差异一如"由知入意"之非关根本一般，反而都不如另一路"归显于密"的诠释，确实是有说出一些颇有价值的新论点，如说蕺山为密教是有更具体精密的约束以为工夫之实践，而阳明之显教则只顾一心之开展故易有一发不可收拾之弊病。

牟先生"以心着性"的理论模型在谈胡五峰时即已提出，其实义即在提出一具人性论、本体论及本体工夫论的完备的理论，牟先生爱铸新辞而以"以心着性"说之,实际上胡五峰、刘蕺山皆未有此语。牟先生又特爱对立程朱、陆王,但是,陆王中有程朱,胡五峰、刘蕺山中也有程朱,于是程朱、陆王、五峰蕺山各以其被牟先生认定之理论特色而为三系,虽为三系,牟先生心中其实只有程朱为别系,故而陆王、五峰蕺山仍可合而为一,就在这种既欲别异之又要合一之的心态下,"以心着性"的模型,不仅变得系统模糊,且与心学型态也界线难明了。以下二文,即是牟先生界定象山、阳明与蕺山学的同异辨正。参见其言:

(一)心性之所以能总归是一者,因刘蕺山所说之心,不是朱子所说之形而下的"气之灵"之心,乃是"意根最微"之意与良知之知,除继承陆、王所说之心外,复特标出作为"心之所存"之意,此种心仍是超越的道德的自由自律之真心,而非与理为二之格物穷理之心(认知意义的心);又,其所言之性亦不是朱子"性即理"之性,即作为"只是理"之性,只存有而不活动之性,乃是本"于穆不已"而言之性,乃是"即存有即活动"之性,其内容与自心体而说者完全相同,不过一是客观而形式地说,一是主观而具体地说,故两者既显形着之关系以及自觉与超自觉之关系,复能不可以分合言而总归是一也。若如朱子所了解之心与理(性)则不能是一也。(二)象山本孟子言本心即性,以为"情、性、心、才都只是一般物事,言偶不同耳。"(《孟子·告子篇》公都子问性善章以及牛山之木章都涉及情字才字。情实也,指性之实言,非情感之情。才亦指性之能言,非一般之才能。情与才不是两个独立的概念。故象山说"都只是一般物事"是对的。)然当李伯敏再问时,则答曰:"若必欲说时,则在天者为性,在人者为心。此盖随吾友而言,其实不须如此。"象山以为只就它们"都只是一般物事"着实"理会实处,就心上理会",便自能通晓。否则徒"腾口说,为人不为己。"虽然如此,然性与心究竟是两个字眼"。"为人"的方便亦是需要的。是故"若必欲说时,则在天者为性,在人者为心。"象山此说亦刘蕺山所谓"性本天者也,心本人者也"之意。对于此种字眼,基本处盖有共同之理解,不会相差太远。"在天者为性","天"是自然义,定然如此义,亦含有客观地说之之意。故就其自然而客观如此而言，则谓之性。"在人者为心"，人是人能义，主观的自觉活动之意。故就其能自觉活动而呈现其为如此如此者，则谓之心。实即是一也。象山虽如此分说，然彼特重在心，只就心说，而且一说便说到极，并不分别地特说性天之尊，此其所以为心学，亦为显教也。象山如此，阳明亦如此。[①]

牟先生以蕺山、五峰学为"以心着性"之学，似与象山、阳明之心学不同，但牟先生真正要建立的诠释观点，是程朱、陆王的别异，故而"以心着性"固与心学不同，但总不如心学与理学之差异来得大，最后，心学与"以心着性"之性学仍是需要合一的。本文即说心性之必须合一。此处有两条线索。其一为心性情理气之分言的存有论进路，其二为心性情理气之合言的工夫境界论进路。实际上，牟先生并没有这两种进路之不同的思路，这是笔者替牟先生说出来的两路，牟先生混而不分，这也就是为什么他可以严分朱陆为二，而又合陆王、五峰蕺山为一的原因了。就存有论进路而言，一切概念皆是分设的，讨论这种存有论问题的立场并不妨碍工夫境界论进路的立场，牟先生就是对这两种进路不予区分，以致把两种进路的不同意见以为是同一问题的不同立场，从而把同一学派的儒学分为三系。虽然，程朱、陆王本身就争执不停，但今人为学，并不是要去接续旧人的争端，而是要去解消旧人的争端，只要有更好的研究工具，就能清楚旧的争端的不必要性。

牟先生说朱子的理气心性诸意见，笔者已有多文讨论之，此处不再深入[②]。重点是，朱熹是存有论进路地分解诸概念，若就存有论说，象山亦分心性，陆王亦言气禀，因此并不是单独只有朱熹说"心是气之灵爽"，从而有"心无法与性理合一"的限制，这根本是宋明儒学的共法，大家都必须接受此义。又，说到工夫论，必定是心为主宰以进行的，而所进行的必定是本体工夫，既是本体工夫就必定是以性以理为蕲向标的，故而必是本于性以为心之行，故说"以

---

① 参见：牟宗三《从陆象山到刘蕺山》，页455-456。
② 参见：杜保瑞《对牟宗三诠释朱熹以《大学》为规模的方法论反省》，《人文与价值——朱子学国际学术研讨会暨朱子诞辰880周年纪念会论文集》，上海：华东师范大学出版社，2011年9月，页504-524。杜保瑞《对牟宗三批评朱熹与程颐依《大学》建立体系的方法论反省》，《哲学与文化》，2009年8月，第423期，页57-76。以上二文，皆收录于本书中。

心着性"确实是对的，心性在本体工夫的关系上是分不开的。又就境界论说，则是心之实践已如性如理而全与理合一，此即天人合一之境界，此时更是心性理气天道才情皆合一了，此实蕺山学的重要特色之一①。

就上文第一段言，牟先生以朱熹与蕺山，一就客观形式地说，一就主观具体地说，这就是笔者所谓的朱熹是在谈概念关系的存有论问题，而蕺山是在谈工夫论问题，工夫自是主体的活动，故为主观而具体，存有论自是要做清楚的分析定义，故是客观地与形式地，此两种进路，问题不同，答案不同，自无对立的立场。这也是牟先生一贯论于朱陆之争的立场，但究其实，程朱于存有论进路之余，亦论本体工夫，陆王于工夫论进路之外，亦接受存有论进路的命题立场。只因牟宗三先生于朱陆别异用力过度，将差异视为优劣高下的对比，突出朱陆命题理论的某一方，因而界定如此。

就上文第二段言，牟先生首先是在说象山也有存有论进路，其次是在说，象山主要还是心学的型态。其实，象山言性言天就是存有论问题意识下的回答，此举本不妨碍其于工夫论的观念，因此象山虽然偶有分别心性人天的话头，也完全不妨碍他可以走回心学之路。象山重言本体工夫，故为心学，谈本体工夫时就不是谈存有论时，因此做性天之分不是重点，但绝对在理论上预设了性天之理以为心行之目的蕲向，象山如此，阳明亦然。既然如此，若非存有论问题意识，则说心性之分确乎不是重点了。因此说有"心学"为显教以及有"以心着性"之学为密教也不是真的很重要的界定。既然如此，分心分性也不是理论的重头了，牟先生就自己在工夫境界论脉络上主张心性之合一。参见其言：

> 心性之别只是同一实体之主客地说之异。象山、阳明、五峰、蕺山皆如此理解也。唯阳明虽亦如此分说性与心两字眼，然彼与象山同，亦是特重心体，知体，且只就良知说，而且亦是一说便说到极，并不分别地特说性天之尊，性天只是捎带着说，终于良知即是性，心体即是天（重看前

---

① 笔者主张刘蕺山形上思想的合一说，参见拙著《刘蕺山的功夫理论与形上思想》，台北：花木兰出版社，2009年9月初版。

第四章丙中之第三辩），此其所以为心学，亦为显教也。但蕺山归显于密，则必先特说性天之尊，分设心性，以言形着关系以及自觉与超自觉之关系，以"见此心之妙，而心之与性不可以分合言"，而总归是一也。及其总归是一，则与心学亦无以异矣。故吾在心体与性体中总说此两系为同一圆圈之两来往，而可合为一大系也。虽可合为一大系，而在进路上毕竟有不同，是故义理间架亦不同，一为显教，一为归显于密也。由以上两面，既与伊川、朱子不同，又与陆、王不同，而见其为一独特之间架，故我总说宋明儒当分为三系也。①

本文说心性分不得，实为一实体之两面，但又要说象山、阳明是心学，是显教之类型，而蕺山是说性天之尊，分设心性，并以心着性，从而为密教之类型，所以还是两类，但虽为两类，大关节上还是一型。本文说心性之分别不是重点，说心性之合一才是重点。以心性为同一实体之两面之说，已见牟先生谈于张载、程颢之学中了②，牟先生言心有五义，性也有五义，心性一一符合，实心性不分而为同一实体。此说十分含混笼统，实则混和许多哲学问题于一炉中，目的只是为与程朱划分界线。程朱分理气为二、分心性情为三，牟先生就立心性五义，且皆同合，故陆王心学和蕺山五峰"以心着性"之学可以二合一，故宋明儒学三系中有两系是同一类型的。此处，同一实体之说甚为不清，其成立只在境界论中，若就存有论的解析而言，应是不当之理。说宋明儒应该分为几系以及与程朱之辨义并非本文重点，便暂不论。

三、对刘蕺山批判王阳明意见的驳议

王阳明依《大学》立"心意知物"四句教系统，使"心意知物"成为了重要的理论范畴，蕺山反对阳明后学之情识虚玄，重新约定了心意知物的使用

---

① 参见：牟宗三《从陆象山到刘蕺山》，页457。
② 参见：杜保瑞《牟宗三以道体收摄性体心体的张载诠释之方法论反省》，《哲学与文化月刊》，2010年10月，437期。杜保瑞《牟宗三对程颢诠释的方法论反省》，《嘉大中文学报》，2011年9月，第六期，页35–92。以上二文亦收录于本书中。

意义，也重新安排了正心诚意致知格物的工夫论意旨，处处皆与阳明不同。对此，牟先生十分不认同。笔者以为，阳明确实是依《大学》讲了一套孟子教法，免不了创造新解，但宗旨确是儒家的无误，然而，蕺山学亦是儒学，却一一修改阳明的原意，面对此局，牟先生的做法是，同意蕺山可以自创系统进行扭转，但批评蕺山对阳明所做的攻击，认为这些攻击是无谓的，一方面只是语意约定的转变，二方面则是归显于密的特质差异。参见其言：

> 则乘此流弊之机而重新反省，亦可重开一新学路。乘此机虽可重开一新学路，然并非因此即能证明王学为非是。[1]
>
> 阳明之致良知教自是独立一套，不过依附大学说之而已。大学之致知固不必是致良知，然其所说之诚意却未必不是大学之原义。汝能确定大学之"意"必是汝所说之"意根最微"之意，而决不是意念之意乎？说意是"心之所存"固好，说"知藏于意"亦不错，这只是另一套。在汝说诚意，在阳明即说致良知，两者之地位及层次皆相等，而"知之与意"既"只是一合相"，又云"即知即意"，则说诚意岂不与致知等乎？在阳明，致知以诚意（转化意念），即等于蕺山之"诚意"以化念还心也。如此消融岂不两得？何苦穿凿周纳以横破之？（破不如理为横破。）[2]

由本文可见，牟先生并不能说蕺山的《大学》诠释是错的，但是对心意知物的定义，牟先生认为蕺山没有必要一定要说阳明的使用意义不对，牟先生对阳明的创造性《大学》诠释已经是完全接受且继续创造理论予以证成之，故而不能忍受蕺山的攻击，这也等于是对牟先生的攻击。在《从陆象山到刘蕺山》书中的第一节之3、4、5小段，牟先生花了许多篇幅在替阳明与蕺山一一辩驳，此处的讨论颇为繁琐，本文即不再深入追问。

四、对刘蕺山的人格意境的衡定

---

[1] 参见：牟宗三《从陆象山到刘蕺山》，页452。
[2] 参见：牟宗三《从陆象山到刘蕺山》，页469。

牟先生综述蕺山学之后,再从人格意境讨论蕺山学性格,其实就是再找一个讨论的进路以定位对蕺山学宗旨的意见,而这个意见,亦是符合前说归显于密的基本型态的。参见其言:

> 现在再就其践履造诣境界略说几句。在此方面,其斋庄端肃,凝敛宁静之风格大类朱子。但不同于朱子者,朱子是外延型的,而蕺山是内容型的。朱子之底子是即物穷理,心静理明。蕺山之底子是诚意慎独,"从深根宁极中证入"。黄梨洲说他"从严毅清苦之中发为光风霁月",其严毅清苦类朱子,而底子不同也。刘汋亦说其父"盛年用功过于严毅,平居斋庄端肃,见之者不寒而栗。及晚年造履益醇,涵养益粹,又如坐春风中,不觉浃于肌肤之深也"。凡此皆类朱子,而底子不同。姚希孟说其"退藏微密之妙,从深根宁极中证入,非吾辈可望其项背"。此则说的最为恰当。此即其归显于密,所以为内容型者也。正因为归显于密,故显得太紧。"从严毅清苦之中发为光风霁月",正显紧相也。此虽可以堵绝情识而肆,虚玄而荡,然而亦太清苦矣,未至化境。若再能以显教化脱之,则当大成。王学门下,如泰州派所重视者,正向往此化境。汝以归显于密救其弊,彼亦可以显教救汝之紧。此中展转对治,正显工夫之无穷无尽;任一路皆是圣路,亦皆可有偏。未至圣人,皆不免有偏。然而刘蕺山亦不可及。其人谱所述工夫历程,如一曰微过,独知主之;二曰隐过,七情主之;三曰显过,九容主之;四曰大过,五伦主之;五曰丛过,百行主之;此工夫历程可谓深远矣。无人敢说能作至何境,此所以成圣之不易也。[①]

蕺山的性格是绝对严苦的,他于崇祯皇帝自缢身亡后亦绝食殉国而死,其性格之刚毅可见一斑,牟先生的这段文字倒是显出十分符合归显于密的性格。不过,文中说蕺山的这种风格与朱子有相近之处,但蕺山是内容型,而朱子是外延型的,此说笔者不同意,此说仍是站在朱熹就是横摄认知系统而言的,亦即朱熹只管外在客观认知,谈不上主体内心的实践修养,故有外延与内容之

[①] 参见:牟宗三《从陆象山到刘蕺山》,页487。

别。有关牟先生对朱熹的种种不公平的评价，笔者已有它文述之，此处不再深入，但表明反对立场即可。不过，牟先生说蕺山风格类朱子的话，笔者十分同意，朱子强调先知后行、工夫次第，属渐教，顿渐跟显密可有一定的模拟性，渐教重次第，要求严格，不能躐等；密教破隐微，严格内敛，不容狂放，此与朱熹讲主敬，重收敛、专一、谨畏等都是同类型的工夫①。

最后，牟先生以蕺山的这种清苦严毅的性格仍可臻至圣人之境，尤其是《人谱》所提出的一层深入一层的细微工夫理论，此义，在牟书第一章第二节文末又有更深入的发挥。并且，意见更为强势而明确，后文再述。

五、两分心宗与性宗谈蕺山之学

牟先生于本章第二节引文献以作系统的陈述处，所讨论的就是蕺山最重要的哲学文本，同时也是牟先生诠释的最核心观念，即"以心着性"及"归显于密"说，前者在心性分宗的脉络上谈，后者在《人谱》著作的介绍中说。首先，牟先生将蕺山两分心宗性宗的说法拿出来讨论，蕺山虽立性宗心宗，但重点在讲工夫论的不同理论模型，并无意藉二分两宗而建立差异。经牟先生的阐释，则是要将理论模式朝向他在诠释张载、程颢的性心合义之要点上，牟先生的做法则是，将两宗的差异再说得更清楚些，但是最终仍主性心合义。牟先生的依据即是：刘蕺山于《易衍》书中讨论的性宗心宗问题。牟先生接续讨论，参见其言：

《易衍》共四十二章，此第七章合《中庸》《易传》而为"先天之易"，由此而言性宗之慎独，戒慎恐惧于不睹不闻之独时而呈现性体也。于独时呈现性体，故此性体亦曰"独体"。此性体以"维天之命于穆不已"来规定，"至哉独乎！隐乎，微乎，穆穆乎不已者乎！"《中庸》说此为"天之

---

① 参见：杜保瑞《朱熹谈本体工夫的项目与义涵》，《宋代新儒学的精神世界——以朱子学为中心》，华东师范大学出版社，2009年6月，页87—111。本文书录于拙著《南宋儒学》，台湾商务印书馆。

所以为天"。统天地万物说言曰"天",即道体也,即创造的实体也,吾亦名之曰"创造性之自己"。对个体而言,则曰性体。性体与道体,立名之分际有异,而其内容的意义则一也。说"性体",乃自其为固有而无假于外铄,为自然而定然者,而言,故象山云:"在天者为性,在人者为心。"而蕺山亦云:"性本天者也,心本人者也。"(《易衍》第八章,见下)。此所谓"在天"或"本天",即自然而定然义。吾亦说性体与道体是客观地言之,即就其为自然而定然者而客观地言之也。说此"隐乎,微乎,穆穆乎不已者乎"之性体乃是分解地显体以言之,然此性体不空悬,必与"喜怒哀乐四气周流"为一体而运,此是具体地融即地言之;而喜怒哀乐亦是自其自然者而言,故亦属于性宗也。"存此之谓中,发此之谓和",此言中和亦自性宗而言也,顺性体而来之自然之中和也,亦客观地说之之中和也。①

蕺山说先天易,转入工夫论议题,说天道是体用一原、显微无间,君子所以慎独也,以此是性宗。牟宗三先生发挥此性宗之言于上,重点有四:其一在说明蕺山言性宗,说慎独工夫,重视主体内在本体的价值发扬,由本体收敛主体以为工夫的模式。其二在说性体与道体之内容意义为一,性体即道体之个体化,道体乃整体存在界之创生原理,性体即其赋命于人存有者之主体者,性体道体价值意识是一,故牟先生说其内容是一。其三在说此性体道体是道德实践活动的客观面言之者,亦即道德实践有其主体以为主观面的挺立,但所实践的意旨应有其在天地间的客观义,此客观义由性体担当之。其四,性体不虚悬,必有实义,即有具体呈现之旨,此即喜怒哀乐发而中节之谓。此说实已说及工夫论,与第一项重点的意旨互相呼应。此亦牟先生终于会将性体与心体合一的原因。

前说性宗,以下说心宗,性宗心宗虽立名于蕺山,实际上谈的是工夫理论的模型,然而,牟先生的诠释,却逐步走上存有论形上学的模型。蕺山于《易衍》中续言后天易,实际上还是说得工夫论旨,只后天易由心宗言,其言:

---

① 参见:牟宗三《从陆象山到刘蕺山》,页489-490。

"天非人不尽，性非心不体也。心也者觉而已矣。"①牟先生发挥如下：

> 案：此为心宗之慎独，慎独之实功。实功在心处见，其要即诚意，此为大学之慎独。"先天之易"处"天命不已"处说起，是超越地客观地言之，由之以言道体性体也。性体本天，即本乎其自然而定然如此而无增损于人为者也。人为虽不能增损之，然而却可以尽而体之。尽而体之者是心，故"心本人者也"，言本乎人之自觉活动反显超越的意根诚体与良知，从事于诚意致知（照蕺山系统理解），以彰着乎性体也，即尽而体之也。性本天，心本人，天人对举，即示性体固有，自然而定然，而心体则表现人能也。横渠云："心能尽性，人能弘道也。"以心成性，以心着性，横渠首言之，五峰继而特言之，至蕺山分性宗与心宗，归显于密，而大显。此一系义理乃承北宋首三家之规模，经过伊川、朱子之歧出，陆、王心学之扭转，而为综和地开出者。②

这一段文字重点有二，其一旨在说出心宗为人能之实义，人心尽而体之，以心成性，以心着性，性者先天易，心者后天易，性者超越客观地言之，心者表现人能也，是主观面地言之。心宗既是主观之言，即是谈主体的工夫操作，谈慎独而由心实践落实之者。其实，一切工夫论都是心在实践的，由性宗谈工夫论时还是心在实践的，此即牟先生后来讲合性于心、心性为一所以可能之原因。第二项重点在说明此心性合主客合的路数是正宗儒家的路数，是横渠、五峰、象山、阳明、蕺山一脉相承之路数。说一脉相承笔者不反对，但说伊川朱子为歧出时则笔者不赞成，此一立场笔者已申说于其他著作中，此处暂不申论③。以上从先后天易说性心二宗的两个重点尚未深入牟先生说心宗、性宗的实际思维底蕴，及其所发挥的性心合一之旨。下一段文字就深入得多了，参见其言：

---

① 参见：牟宗三《从陆象山到刘蕺山》，页490。
② 参见：牟宗三《从陆象山到刘蕺山》，页491。
③ 参见：杜保瑞，《南宋儒学》，台湾商务印书馆，2010年9月初版。

又，心宗之慎独犹在自觉活动范围内。在此自觉活动范围内，意知是终极的，故意曰意体，知曰知体，因此得名曰超越的本心。此本心之所以为本心正在其类乎超绝而客观的性体，由性体之然而然也。故前性宗章说性体是"心之所以为心"。此即由自觉者而进至超自觉者。由自觉说心，由超自觉说性。性是心之性，心是性之心。性是心之性，"则心一天也"……心形着性而融即于性，则人也而亦天也，自觉即超自觉也，故陆王径直说心就是性。心是性之心，则性一人也，超自觉者即由自觉而见，性内在于心而主观化，则天也而亦人也。是故性与心之别只是同一实体之客观地言之与主观地言之之别耳。客观地言之之性即是"心之所以为心"，言心虽活动而不流也，流则驰而逐于感，即非心也，是则性即是心之客观性，即活动即存有也。主观地言之之心即是性之所以得其具体而真实的意义者，言性虽超绝而客观而却不荡也，荡则空洞而不知其为何物也，即非性矣，是则心即是性之主观性，即存有即活动也。是故"心性不可以分合言"，而总归是一也。蕺山是就意是心之所存以及知藏于意而亦说意与知是"心之所以为心"，此"所以"是内处的所以，即内在于心而说其所存以为主也，即说其自身之超越的本质也。说性是"心之所以为心"，此"所以"是超绝的所以，统就意知之心而言其超自觉的超绝性与客观性也。以上易衍两章，点出性宗与心宗，是蕺山慎独学之纲领。其他千言万语皆是顺此纲领而展转引申者。①

蕺山实际上说心宗又说性宗，说工夫由两路之任一路说皆可，正是由心而发出及由性而收回两种模式之转换，牟先生的诠释努力却是放在建立一形上实体的圆满义从而收编两义合而为一的做法。这有三步，其一为由心说性，说性是心之性。其二为由性说心，说心是性之心。由心说性者将心说为本心，本心即性，心融性于内而使心即性即天，"人亦天也"。笔者以为，牟先生此说有种种跳跃，关键即是将主体的主宰以本体收之而后即直接说主宰为本体，为道体，为天。其实，主体还是主体，心还是心，只是心以本体的价值意识为工夫

---

① 参见：牟宗三《从陆象山到刘蕺山》，页493-494。

之蕲向而全心是仁义礼知之价值流行,从而完全呈显天道,但并非心即是天道,或心即是天。第二步,从性说,说心是性之心,则性下降于心,性内在于心而主观化,"天亦人也"!笔者以为,此说亦是有种种跳跃,且跳跃得更为任意。性入于心仍是心为主动的,这是工夫论语言,若说是天道赋命则是存有论语言,只要是说主体实践就是工夫论语言,工夫论语言就必定是心在主宰,所以不是存有论义的性体入于人心,而是主体的心以性为目标而彰着之,或以性为本质而复返之,则此与前面第一步之意旨全同。所以牟先生的"天亦人也"之说颇有怪异。总之,说存有论,则天道道体赋命于主体而为性体;说工夫论,主体实践贴合道体而成"心即性"、"心即理"矣!但是,牟先生不分存有论与工夫论,故而建立了一套存有论与工夫论混合为一的理论,此即心性合一说,也就是同一实体的主客两面说。以下进入第三步。第三步是,经由上二层之思路,则说性体与心体实是一实体之主客两面。于是即存有即活动,又即活动即存有。此说,正是形上学工夫论不分的极致典型。此时,心体与性体皆实体矣,皆天道实体以为普遍原理亦皆道德主体以为实践活动。此二义之结合,除了建构一个抽象诡谲、话头漂亮的思辨系统之外,其实没有什么理论功能的实义。说道德实践主体时,人存有者是活生生有血有泪有善有恶有存天理去人欲的实践活动,当其达至圣境时则是从心所欲不逾矩,此时不必论实体,论主体才是重点。说天道创生意旨时,则是道体以仁义价值以为意志原理,配合气化宇宙论而生天地万物,此时不必论心体,论实体才是重点。所以,牟先生以心体与性体意旨全同合一的做法,说其为同一实体的主客两面的说法,其实没有理论实义,只是学者的漂亮话头,装饰光景,好为惊人之语,说得诡谲相即,但却是实义不明,理论功能不显,没有实际用处。

总结而言,从心说从性说都可以说本体工夫,从心说重于直接发展,从性说重于约束治理,心学是显教系统,性学是密教系统,此义,笔者十分可以接受。但是,若企图将此工夫论进路的不同模型上升为都是存有论形上学的理论模型而谈其同异,则必导致理论定位滑失,便成了一些虚说的话头!

六、以刘蕺山人谱为内圣之学的完成

牟先生以蕺山学有"以心着性"、"归显于密"的两大重点,"以心着性"说笔者以为是牟先生自己的刻意铸辞,为建立三系说且置程朱于别子之列而设,故而笔者以为此说意义不大。但是,以"由心学入性学而论归显于密说"就确实有说出蕺山工夫论特色的要点。心学进路说工夫主直接发挥性善本体的意旨,开朗、光明、自信、乐观,性学进路说工夫主自我约束,故层层转深、兢兢业业,如临深渊、如履薄冰。故心学为显明教法,性学为隐微教法,以此说显密,比喻恰当。为此,牟先生以为蕺山《人谱》之作实为密教之经典,亦为宋明儒学谈成圣之路的完成。参见其言:

> 依刘蕺山之人谱,可清楚地使吾人见到心体性体之真与过恶之妄皆在诚意慎独之道德实践中被意识到,抑且不只被意识到,而且心体性体之真可实践地被呈现,过恶之妄可清楚地被照察到而且可实践地被化除掉。自孔子提出改过一观念后,人皆说改过,说过恶,盖过恶是日常现实生活中很容易意识到者,然大皆是就现实生活之皮面现象学地说此改,说此过。自刘蕺山之人谱始能完整地彻底而透体地说之,因而可使吾人有一确定之概念。从气质之偏说过恶亦将收于此而确定之。其实气质之偏本身无所谓过恶。个体存在自有各种不同的气质。偏者只是"各种不同"之谓,多姿多采之谓,特殊各别之谓,亦犹如说才性。其本身无所谓过恶也。顺其特殊各别之偏,通过感性之影响,使心体不能清明作主,以致行为乖妄,心术不正,始成为过恶。是则过恶是吾人之行为离其真体之天而不真依顺于真体之理者,是感性、气质、真体三者相交会所成之虚幻物。是则感性、动物性其本身亦无所谓过恶。①

本文重点有二,首先,谈密教就是从过恶之改过谈起,亦即性宗以收敛为进路,对比于心宗以发扬为进路,确实密教以改过为做工夫的途径。牟先生首先说孔子《论语》就说改过,而蕺山《人谱》一书就是由层层微细过恶之改善而谈的工夫路数,正是此型的经典,此说,笔者十分同意。其次,牟先生说

---

① 参见:牟宗三《从陆象山到刘蕺山》,页536。

过恶与气禀的关系，主张过恶固然是依据偏差之气禀为基础不被主体整治而形成，但绝不表示气禀是恶，只是主体不能治气禀之偏，因而在行为中有所过恶，因此，所谓恶就是行为恶，而不是气禀恶。说气禀恶，则一切性善说皆失效了。牟先生此说，在笔者诠释程朱性善论旨时即如此界定①，则牟先生可以为蕺山定位如此，却不能让程朱之性善说有善绍孟子的地位，则牟先生不是以成见批判朱熹是什么？

牟先生对于蕺山由过恶之化除以说道德实践之路十分赞赏，但是，却对讨论恶之形成的存有论建构有所批评，以柏拉图的理论为对象讨论之又批判之，其实，这又是犯一哲学基本问题错置之误。参见其言：

> 是故真体须呈现，过恶须化除，而动物性、气性、才性、气质则只能说变化或转化而不能说化除。因此，凡从此等方面论善恶皆得消融于人谱中而与过恶有简别，使吾人对于此等方面有恰当之安排，并对于过恶有确定之了解。佛家说无明是由智与识之分别说照出，其底子是苦、空、无常与无我，此固已具体而真切矣，然不如儒家之由道德意识入为更具体而真切。佛家犹如此，而何况基督教之神话式或象征式地说原罪乎？顺柏拉图传统下来，以存有之圆满说善，恶是善之缺无，其本身非是一正面之存有，此种从存有之圆满否说善恶，善恶只是一思解之概念，使人无真切之实践上的感受，徒为一可喜之议论而已。是故这一切说法皆当消融于人谱中而得其实义。罪过，过恶，是道德意识中的观念。道德意识愈强，罪恶观念愈深而切，而且亦只有在道意识中始能真切地化除罪恶。儒圣立教自道德意识入。自曾子讲守约慎独后，通过宋明儒的发展，这道德意识中的内圣之学，成德之教，至蕺山而为更深度更完备地完成。是故道德实践中正反两面更为真切而深入，而过恶意识亦更为彻底而穷源，此为内圣之学所应有之文章。②

---

① 参见拙著，《北宋儒学》，台湾商务印书馆，2005年4月初版，页235。《南宋儒学》，台湾商务印书馆，2010年9月初版，页277。

② 参见：牟宗三《从陆象山到刘蕺山》，页537–538。

本文涉及问题有三，其一为与佛家之对比，其二为对柏拉图存有论之批评，其三为对蕺山改过之学的称赞。首先牟先生说佛家之无明、苦、空，正是正视过恶之学，笔者同意，但佛家讲的过恶甚至是以心意识的结构而成为存在的生因，亦即存有者直接因无明业识而有其存在，显然，佛家说过恶说得比儒家的分量要重得多了。但牟先生又要强调儒家比起佛教谈过恶谈得更具体而真切，甚至比柏拉图的存有论进路要真切。这就转入第二项重点。

牟先生说柏拉图以存有论的圆满说善恶，恶是善的缺乏，非正面之存有，如此说善恶，牟先生批评这只是一思解之概念，使人无真切感受，只是一套可以接受的理论而已。笔者以为，这就是牟先生向来的做法，把工夫论拿来和形上学做比较，从而说工夫论较具体真切可以实践，故而优于形上学。柏拉图之说法，是要为为何有恶予一存有论的地位之说明，此一说明完成，方能于理上安心于去恶向善的实践活动，而道德意识便不只是属于意气任意的动作而已。存有论的说明是哲学家的任务，这和朱熹讲气禀是同样的道理，牟先生将朱熹和柏拉图存有论都视为空理，只存在不活动，这样的批评是不对的。存有论的问题说清楚了，实践的道理就更能讲清楚了。不见陆王之工夫论都预设程朱之理气说进路的存有论吗？哲学史研究应准确定位理论的功能从而了解其意旨即可，不必强调其一批评其二，这样的做法反而多使理论的面目功能意旨受到曲解而不明。

第三，牟先生强调蕺山的改过说正是强烈的道德意识的具体落实，从而是内圣之学应有的理论。此说笔者同意。理论常是看它在面对什么问题而建立的，实在不需要依据某一标准然后就去批评那些理论好、那些理论不好，蕺山学有其价值，能被说出当然是很好的事情，但前此朱熹的主敬说，竟被牟先生诡谲地说为只是徒具形式而没有内容的工夫方法，这样说实在是不必要的。

下文实为一总结：

> 象山兴起，本孟子明本心，辨端绪之得失，遂扭转朱子之歧出，而归于正。阳明承之言致良知，使"明本心"更为确切可行者。至蕺山"归显于密"，言慎独，明标心宗与性宗，不期然而自然走上胡五峰"以心着性"之义理间架，而又着人谱以明实践之历程，如是，内圣之学、成德之教之

全谱至此遂彻底穷源而完备，而三系之分亦成为显然可见者，而陆、王系与胡、刘系总可合而为一大系，同一圆圈之两来往，亦成为显然可见者。自实践规模言，象山提纲挈领，略举端绪；至阳明而较详。然而学者用心亦可回环参用，不可执一。如若顺蕺山人谱作实践，觉得太紧、太清苦，则可参详致良知以稍活之，又可参详象山之明本心以更活之。反之，如若觉得象山之明本心太疏阔，无下手处，则可参之以致良知。如若觉得致良知仍稍疏，则再详之以人谱。①

本文说朱陆部分此暂不论，另文已为之。说象山本孟子下阳明续蕺山的说法笔者同意。尤其可贵的是，以象山之心学上阳明心学再上蕺山性学的说法，此一说法，正是工夫由心向性、由显向密逐步升级层层转密的方式，此说笔者甚为同意。从象山路线做工夫开始，这是心学之显学，只立乎其心之大者一句，即是彻上彻下之学，然而，若觉疏阔，则可实之以阳明致良知学，良知已是本心、已是性，扩而充之于事事物物，实践的动能就更大些了。若仍不易把持自己，则入蕺山以心着性、归显于密、改过向善之学，则有更为具体的次第步骤以及验证的标准。这样疏通三家工夫论的做法就是笔者最为支持的中国哲学研究的方法，然而，陆王、蕺山之间可以如此，何程朱之不可？程朱之学，下学上达渐教之学，心学有显密之分，圣教有顿渐之别，讲工夫入手者都是顿教，讲次第进展者都是渐教，没有什么渐教之学与本体有隔而上不去的事情，否则蕺山改过说诸历程之次第升进也不能成圣教了。其实，牟先生已于《心体与性体》之综论部说此为内圣之学，而非外王之学。笔者以为，儒学岂能只是内圣而遗漏外王？外王又岂能不依内圣而成立？是故格致诚正修齐治平之外王絜矩之道正是由内圣而发展出来的，此外王学可有顿渐之分，顿教说入手，渐教说过程，亦非顿教直入圣境而渐教始终在底层，此又另一重大儒学诠释议题，另待它文。

---

① 参见：牟宗三《从陆象山到刘蕺山》，页539–540。

七、结论

　　牟宗三先生一生诠释儒释道三家，又排比中西哲学，历经《才性与玄理》《心体与性体》《佛性与般若》，晚年又编写《从陆象山到刘蕺山》以及《圆善论》之作。其中，《从陆象山到刘蕺山》一书，对刘蕺山的讨论，具有两项特色。第一，这是牟先生集合他在儒释道诠释的所有成果，落实到对刘蕺山诠释的综合表现，因此可以看出他的哲学思路的全部纲要；第二，他对蕺山学的诠释提出两项核心宗旨，一为以心着性，二为归显于密，前者与心学进路难分难舍，可以说是一项多余的观点，一方面刻意与心学别异，又不能不与心学求同，二方面其实只成就了与程朱两分理气三分心性情的型态不同之学而已。至于后者，确实是对蕺山的工夫论指出提纲契领的特点，且又能与象山、阳明对工夫论的讨论有重点之别异，也可以说就是一简易与繁琐的路线之别。

　　本文对牟先生讨论蕺山学的意见做反思，牟先生主"以心着性"、"归显于密"定位蕺山纲领，"以心着性说"笔者有意见，"归显于密说"笔者认同之且以为善解。牟先生说心学皆显教，笔者以为，密教也是心学，心学指其主体性价值自觉之本体工夫论之学，至于分心宗性宗之学，这只是心学本体工夫论之学的不同理论模型，一为扩充工夫模型即显教模型，一为收敛工夫模型即密教模型，牟先生以"以心着性"说之，前显教之学即是象山之"立吾心之大者"及阳明之"致良知于事事物物"的说法者，其实，孟子有"扩而充之"之学，岂不也有"求放心"之学，亦即孟子心学中有心宗有性宗有显教有密教，而孟子亦有诸多公共政策之意见，因此是下学上达以至治国平天下之渐教之学。圣学于孔孟处即已灿然，后人的发挥都是依圣教而深化的道理，不必高此低彼自作聪明地展开内部战争。

　　蕺山学为牟先生著述讨论宋明儒学的最后一家，意旨上没有太多新意，只是以过去的成果定位蕺山而已，但对蕺山学的定位亦极有特色，述之如上。

后 记

　　本书各章之写作，前后将近二十年，自始就是有计划的系列研究工程，同时之间，笔者亦进行了《北宋儒学》《南宋儒学》《中国哲学方法论》之出版，而与此书同时进行并完成者，尚有随后即将出版的《牟宗三道佛平议》之专书，事实上，笔者亦同时进行当代中国哲学家方东美、唐君毅、劳思光、冯友兰的研究及写作，并极有可能在未来两三年内一一集结出版。笔者以为，二十世纪中国哲学家们的伟大贡献，就在于能够让中国传统学术思想的各家智慧被哲学学术化地论述，而这个工程，本身就是中国哲学再创造的过程。然而，创造不能基于对传统的误解，而儒释道三教作为人生智慧之学，它们被误解的可能性是很大的，关键就是智慧深奥，是以当代大哲们，首先都必须有深刻的国学智慧，同时还要有精湛的哲学专技训练，才能有重大的创造性贡献。然而，贡献诚固其然，检讨亦极重要，如此才有继续创造的进展。

　　本书之作，即是针对牟宗三先生儒学创作的反思之作，反思进而超越，对牟先生哲学的超越之最大启发，应该就是当代中国哲学知识论的研究。这是因为，牟先生自创的许多谈论中国哲学理论的专有术语，有一些是把工夫论当作动态存有论说的，有一些是把知识论当作形上学的圆满宗旨说的，也就是说，牟先生把来自西方哲学训练中的哲学学门的所有重要问题都一齐塞进中国儒家哲学的讨论中了，它创造了一套动态的道德的形上学之说，却是在基于对宋明儒学和先秦儒学各家理论的特殊诠释下的成果，在这些诠释中却充满了哲学基本问题的混淆，澄清其说的任务首要在于重新厘清问题，其次在于更为专技地深入他所讨论过的问题，厘清问题就在一套良好的中国哲学解释架构的工具之中，这就是笔者以宇宙论。本体论、工夫论、境界论的四方架构为基础所建构的中国哲学方法论理论，但是，要更深入地讨论，那就是要进入中国哲学特殊的实践哲学的知识论问题去讨论了，这样的讨论是没有前人之作可资借镜的。牟先生不断地讲圆满、圆教的话，其实就是在面对学派理论不但系统一致，更且能被实践而证成其真的问题，但这就是知识论和形上学体系的问题意识混淆的做法，系统一致性讲清楚就是理论的完成，但涉及人生问题的儒释道三教之证成，是在主体的亲身操作而有亲证的经验中，操作是工夫理论在谈的，因此牟先生就时常将有工夫论的理论当成了有工夫的实践从而实现而证成了理论。笔者以为，工夫论是实践哲学的核心理论，然而证成为真却需是人的实践活动，不是有工夫论就是有了理论的证成，而是有实践的实现才是实践哲学的证成。而且，证成教主的创作以说整个理论是真理是一种层次，证成学习者的实践以说他的学习是正确的又是另一种层次，这些，都没有在当代哲学界的讨论中被正式展开，这也是笔者认为的应该展开的新问题新理论，也就是具有实践哲学特色的知识论理论，这就是在对牟先生著作反思中发掘出来的极有不足之处，极应更加深入地钻研讨论的新问题。它有待笔者未来的继续钻研。这个工程已经开始，但还没有完成。

本书暂结至此，笔者的研究与创作还有后续。

二〇一六年二月九日星期二农历新年大年初二